ÉTUDES OUGARITIQUES

I

D1752629

Publications de la Mission Archéologique Française de Ras Shamra-Ougarit,
sous la direction d'Yves CALVET et Marguerite YON

Déjà parus dans la même série Ras Shamra-Ougarit :

RSO I : O. Callot, *Une maison à Ougarit. Études d'architecture domestique*, 1983.

RSO II : D. Pardee, *Les textes hippiatriques*, 1986.

RSO III : M. Yon *et alii*, *Le Centre de la ville, 38-44e campagnes (1978-1984)*, 1987.

RSO IV : D. Pardee, *Les textes para-mythologiques de la 24e campagne (1961)*, 1988.

RSO V : *La Trouvaille épigraphique de l'Ougarit* (= *TEO*) :
1 : P. Bordreuil, D. Pardee *et alii*, *Concordance*, 1989.
2 : J.-L. Cunchillos, *Bibliographie*, 1990.

RSO VI : M. Yon *et alii*, *Arts et industries de la pierre*, 1991.

RSO VII : P. Bordreuil *et alii*, *Une bibliothèque au sud de la ville,* Les textes de la 34e campagne (1973)*, 1991.

RSO VIII : H. de Contenson, *Préhistoire de Ras Shamra. Les sondages stratigraphiques de 1955 à 1976*, 2 vol. (texte et illustrations), 1992.

RSO IX : P. Amiet, *Corpus des cylindres de Ras Shamra-Ougarit*, II : *Sceaux-cylindriques en hématite et pierres diverses*, 1992.

RSO X : O. Callot, *La tranchée « Ville Sud »*, 1994.

RSO XI : M. Yon, M. Sznycer et P. Bordreuil (édit.), *Le pays d'Ougarit autour de 1200 av. J.-C., Actes du Colloque international (Paris, 1993)*, 1995.

RSO XII : D. Pardee, *Les textes rituels*, 2000.

RSO XIII : M. Yon, V. Karageorghis et N. Hirschfeld, *Céramiques mycéniennes*, coédition Fondation A.G. Leventis - ERC, Nicosie - Paris, 2000.

Document de couverture : « batiment au vase de pierre » sur le tell de Ras Shamra, septembre 1994.
Vignette de la page de titre : tablette d'incantation en faveur d'Ourtenou (en langue ougaritique), RCS 92.2014.

Ministère des Affaires Étrangères
Direction Générale de la Coopération internationale et du Développement
Division des Sciences Sociales et de l'Archéologie

ISBN 2-86538-284-2

© Éditions Recherche sur les Civilisations, Paris, 2001.
ADPF
6, rue Ferrus — 75014 Paris

RAS SHAMRA-OUGARIT

XIV

ÉTUDES OUGARITIQUES
I

Travaux 1985-1995

sous la direction de

Marguerite YON et Daniel ARNAUD

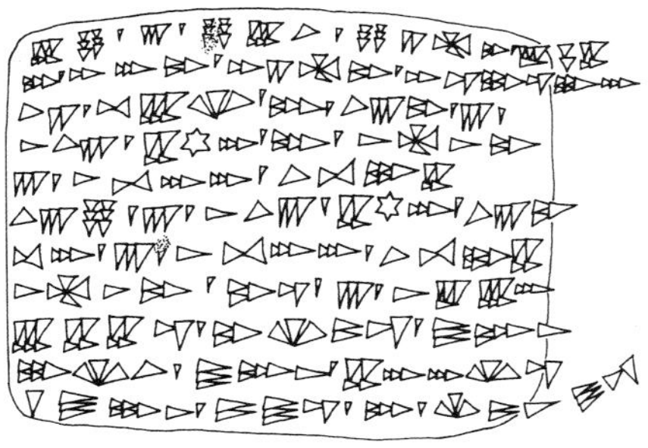

Éditions Recherche sur les Civilisations

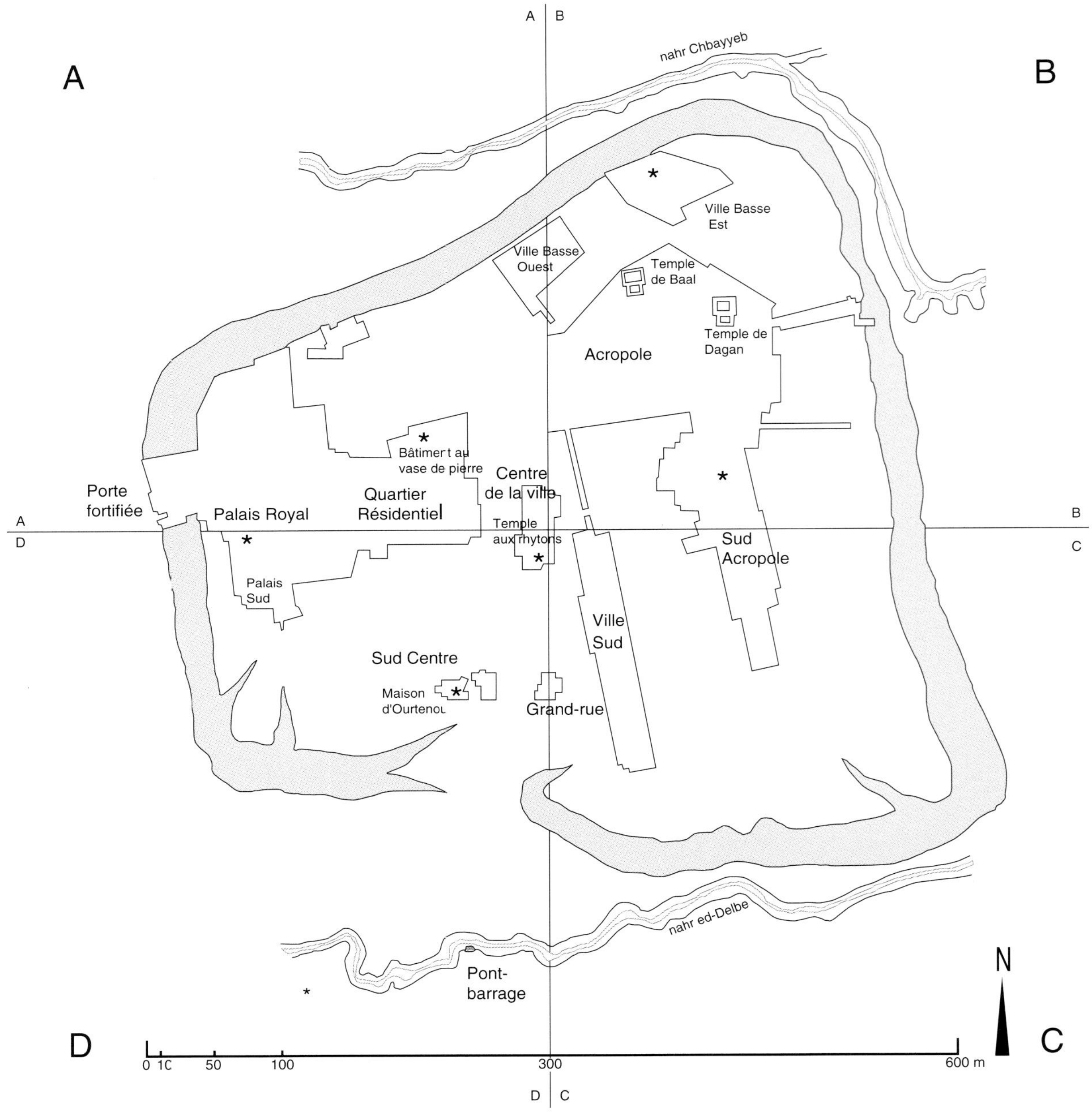

Plan du tell de Ras Shamra : état 1995.

* Sites concernés dans ce volume.

SOMMAIRE

AVANT-PROPOS, par Yves CALVET et Marguerite YON 7

PREMIÈRE PARTIE : FOUILLES ANCIENNES ET RÉCENTES
Travaux de terrain et études de mobilier,
publiés sous la direction de Marguerite YON

INTRODUCTION (M. Y.) 9

CHAPITRE I : UN PLAN DES FOUILLES 1929-1935
à Minet el-Beida, le port d'Ougarit, par Sophie MARCHEGAY 11

CHAPITRE II : NAISSANCE ET DÉVELOPPEMENT D'UNE MAISON
dans la « Ville Basse » orientale d'Ougarit (fouille 1936), par Corinne CASTEL 41

CHAPITRE III : LE « BÂTIMENT AU VASE DE PIERRE »
du « Quartier Résidentiel » d'Ougarit (fouille 1966), par Olivier CALLOT et Yves CALVET 65

CHAPITRE IV : UNE MAISON AU SUD DU « TEMPLE AUX RHYTONS » (fouilles 1979-1990)
par Joël MALLET et Valérie MATOÏAN :
1. Stratigraphie et architecture (J. MALLET) 83
2. Le mobilier (V. MATOÏAN) 107
3. Inventaire des objets (J. MALLET, V. MATOÏAN, avec la collaboration de M. YON) 135
4. Figures : Commentaire des photos du chantier (J. MALLET), le mobilier (V. MATOÏAN) 147
5. *Annexe* : Une série ougaritienne de clous en terre cuite à décor piqueté
(V. MATOÏAN, avec un *Appendice technique* par A. BOQUILLON) 183

CHAPITRE V : LES IVOIRES INSCRITS DU PALAIS ROYAL (fouille 1955)
par Jacqueline GACHET et Dennis PARDEE :
1. *Corpus* (J. GACHET) 191
2. Les inscriptions (D. PARDEE) 202

CHAPITRE VI : UNE INSCRIPTION PHÉNICIENNE
trouvée à Ras Shamra (fouille 1963), par Stanislav SEGERT 231

SECONDE PARTIE : UNE BIBLIOTHÈQUE AU SUD DE LA VILLE * *

Textes de la « Maison d'Ourtenou » trouvés en 1986, 1988 et 1992,

publiés sous la direction de Daniel ARNAUD

INTRODUCTION (D. A.) 235

CHAPITRE VII : TEXTES SYLLABIQUES

1 : Textes lexicographiques, par Béatrice ANDRÉ-SALVINI (liste) 237
2 : Une lettre d'Égypte, par Sylvie LACKENBACHER (n° **1**) 239
3 : Lettres, par Florence MALBRAN-LABAT (n^{os} **2-4**) 249
4 : Lettres, par Daniel ARNAUD (n^{os} **5-21**) 257
Annexe : Le jargon épistolaire de Sidon 291
5 : Textes administratifs religieux et profanes, par Daniel ARNAUD (n^{os} **22-28**) 323
6 : Textes de bibliothèque, par Daniel ARNAUD (n^{os} **29-30**) 333
7 : Textes hittites, par Mirjo SALVINI (n° **31 a** et **b**) 339

CHAPITRE VIII : TEXTES ALPHABÉTIQUES

8 : Abécédaire, par Pierre BORDREUIL et Dennis PARDEE (n° **32**) 341
9 : Bordereaux et listes, par Pierre BORDREUIL et Dennis PARDEE (n^{os} **33-48**) 349
10 : Lettres, par Pierre BORDREUIL et Dennis PARDEE (n^{os} **49-51**) 371
11 : Une incantation, par Pierre BORDREUIL et Dennis PARDEE (n° **52**) 387
12 : Texte mythico-magique, par André CAQUOT et Anne-Sophie DALIX (n° **53**) 393
13 : Fragments 407

ANNEXES À LA SECONDE PARTIE

Index accadien (syllabique) 409
Index ougaritique (alphabétique) 411
Concordance avec les numéros d'inventaire RS de la mission 415
Bibliographie et abréviations 417

AVANT-PROPOS

Yves CALVET et Marguerite YON

En 1928 a eu lieu la première découverte à Minet el-Beida d'une tombe de l'Âge du Bronze récent. C'est l'année suivante qu'une mission française a entrepris des fouilles sur ce site ainsi que sur le tell voisin de Ras Shamra : et à l'exception de la période de la Seconde Guerre mondiale, elle a poursuivi régulièrement son travail jusqu'à ce jour.

Au cours des quelque 70 années d'existence de la mission, mutatis mutandis, *une continuité certaine a été assurée par des équipes successives, et de nombreux chercheurs et techniciens de toutes spécialités. Mais la richesse exceptionnelle du site et de son histoire est telle que l'on ne voit pas comment on pourrait épuiser toutes les possibilités de recherches, et ses implications concernent tous les spécialistes de la Méditerranée orientale antique aussi bien que ceux qui s'intéressent aux antécédents de la civilisation occidentale.*

Chaque campagne apporte son lot de découvertes qui précisent, complètent, voire corrigent les points de vue historiques, tout en ouvrant de nouvelles perspectives. L'effort pour exploiter les découvertes et en diffuser les résultats est un des objectifs que s'est fixés la mission, dans la série Ras Shamra-Ougarit *qui paraît aux Éditions Recherche sur les Civilisations (ERC).*

Diverses monographies ont été publiées récemment – en 2000 les volumes XII *:* Textes rituels, *et* XIII *:* Céramiques mycéniennes *– et d'autres sont en préparation sur des sujets aussi divers que les productions céramiques, l'art des ivoiriers, les tablettes administratives, l'architecture palatiale et funéraire, pour ne citer que ceux-là.*

Mais en outre, un certain nombre d'études ponctuelles menées au cours de la période 1985-1995 par l'équipe de la mission française de Ras Shamra sont parvenues à leur achèvement. Et pour éviter de faire attendre plus longtemps leur diffusion, nous avons jugé utile de les rassembler dans ce nouveau volume de la série RSO, *qui porte le numéro* XIV *sous le titre d'*Études ougaritiques I *; d'autres volumes suivront au cours des années qui viennent.*

Dans la première partie sont réunies par M. Yon des contributions dont certaines portent sur des découvertes faites au cours de campagnes anciennes (entre 1929 et 1966), mais restées inédites ou peu exploitées jusqu'ici, tandis que d'autres sont le résultat des fouilles que nous avons menées depuis 1978. Plusieurs dossiers ont ainsi été réexaminés à la lumière des acquis récents, soit en utilisant et en comparant des documents anciens – plans, photographies, notes de fouilles –, lorsque l'accès au site était impossible (comme à Minet el-Beida), soit en procédant sur le tell de Ras Shamra au dégagement des restes architecturaux anciennement fouillés et à des sondages de vérification, soit enfin en reclassant le matériel déposé depuis lontemps dans les réserves des musées. Quant aux découvertes faites de 1978 à 1985, elles ont déjà donné lieu à plusieurs publications, que ce soit dans des volumes de la série RSO *ou dans des articles de revue (notamment* Syria*). Mais les fouilles poursuivies après 1985, et terminées (au Centre de la Ville en particulier), restaient à publier.*

La seconde partie, dont D. Arnaud assure la direction scientifique, est consacrée à la publication de quelque soixante tablettes et fragments inédits, rédigés essentiellement en accadien et en langue locale ougaritique, trouvés au cours des campagnes de 1986, 1988 et 1992.

On sait qu'en 1973, une centaine de tablettes avait été découverte fortuitement au sud de la ville dans des déblais non archéologiques récents : c'est ce lot qui a fait l'objet en 1991 du volume RSO VII (Une bibliothèque au sud de la ville *, Les textes de la 34ᵉ campagne, 1973). *La mission française a obtenu à partir de 1986 l'autorisation d'entreprendre une fouille (site dit ensuite « Sud Centre ») pour chercher à découvrir la provenance de ces documents, et éventuellement d'en fouiller le site d'origine. La fouille a révélé peu à peu des bâtiments d'habitation, que nous avons désignés comme « la maison d'Ourtenou », et qui ont livré de très considérables archives. Les tablettes apparues au cours des campagnes de 1986 à 1992 avaient pu être rapidement nettoyées et restaurées au laboratoire du musée de Damas, ce qui a permis aux épigraphistes de la mission de les étudier. C'est pourquoi nous avons souhaité publier déjà ces documents sans attendre d'avoir terminé l'étude du vaste ensemble architectural dont l'exploration, extrêmement fructueuse, a continué jusqu'à 2000 à fournir des textes nouveaux.*

Le lot de textes publié aujourd'hui en seconde partie de ce volume – « Une bibliothèque au sud de la ville * *, Textes trouvés en 1986, 1988 et 1992 » *– constitue donc la suite du volume* RSO VII. *Les remarquables découvertes faites au même endroit en 1994 (plus de 400 tablettes), puis en 1996, 1999 et 2000, qui font partie du même ensemble et sont actuellement en cours d'étude, seront publiées ultérieurement dans une troisième livraison* (« Une bibliothèque au sud de la ville * * * »).

Y. Calvet, Directeur de la mission depuis 1998
et M. Yon, Directrice de la mission 1978-1998.

Lyon, 15 décembre 2000

L'illustration provient, à quelques exceptions près, des archives de la mission.

Les archives anciennes sont déposées à Paris au Collège de France, et nous remercions B. Arzens ainsi que J. Lagarce pour leur aide dans les recherches de documents ; les archives postérieures à 1978 sont à l'Institut F. Courby (Maison de l'Orient, Lyon). Sauf mention autre, les plans et relevés de 1985-1995 publiés dans ce volume ont été assurés par O. Callot, G. Hadji-Minaglou, les dessins d'objets par V. Bernard, J. Chevalier, C. Florimont, L. Volay. Les tablettes ont été copiées d'après les originaux par les épigraphistes qui les ont étudiées, et les encrages ont bénéficié de l'aide de C. Florimont (musée du Louvre). Les photos des campagnes récentes sont pour la plupart d'A. Caubet, V. Matoïan, M. Roumi, à l'exception de quelques clichés des auteurs des articles. Que tous trouvent ici l'expression de notre reconnaissance.

Maquette M. Yon.

PREMIÈRE PARTIE

FOUILLES ANCIENNES ET RÉCENTES

Travaux de terrain et études de mobilier

sous la direction de Marguerite YON

INTRODUCTION

Au cours de ces dernières années, la mission française s'est attachée à exploiter au mieux les découvertes faites au cours des années sur le tell de Ras Shamra qui porte la capitale de l'ancien royaume d'Ougarit, et à Minet el-Beida, le port situé à moins d'un kilomètre.

La vaste étendue du site, ainsi que la diversité des découvertes, nous ont incités depuis 1978 à mener une double enquête : d'une part il était nécessaire d'entreprendre de nouveaux chantiers, selon les procédures ordinaires de l'archéologie de la fin du 2e millénaire, mais d'autre part on avait la chance de pouvoir exploiter au mieux les données des fouilles anciennes, que les progrès des techniques et des connaissances historiques permettent aujourd'hui de rendre plus parlantes. C'est ainsi que des travaux d'envergure menés selon ces deux approches, et concernant essentiellement la dernière phase de l'histoire d'Ougarit à la fin du Bronze récent, ont donné lieu à des volumes de la série *Ras Shamra-Ougarit* – tels le volume III pour des fouilles que nous avons nous-mêmes menées ou le volume X pour le réexamen de fouilles anciennes –, sans parler de nombreux rapports et articles.

L'exploitation des archives inédites et de documents récemment retrouvés a donné à S. MARCHEGAY (chap. I) l'occasion de faire le bilan de ce que l'on pouvait établir de sûr concernant Minet el-Beida : la fouille de l'établissement portuaire commencée en 1929 s'est arrêtée en 1935, et elle est restée inédite. Le site lui-même est inaccessible à la mission française depuis le début des années 1960. Mais à défaut de revoir le terrain, la comparaison avec ce que les recherches architecturales et urbanistiques menées sur le tell voisin ont apporté ces dernières décennies fait considérer d'un œil neuf les observations, les photos, les croquis, le plan (incomplet), amassés il y a plus de soixante ans dans l'exploration du site. On est ainsi aujourd'hui à même de mieux comprendre des découvertes que l'absence d'éléments de comparaison rendait alors difficiles à interpréter.

Sur le tell de Ras Shamra en revanche, rien n'empêchait de revoir les restes architecturaux des fouilles anciennes, voire de les refouiller pour mieux comprendre les informations anciennes que donnent les archives de fouille et des rapports relativement détaillés. Ainsi, dans la « Ville Basse orientale » fouillée en 1937, C. CASTEL (chap. II) a pu, en reprenant des travaux de chantier de 1994 à 1998, suivre la naissance et le développement d'une maison ougaritique ordinaire, dans un quartier jusqu'ici mal connu. Dans le « Quartier Résidentiel », un ensemble architectural dit le « bâtiment au vase de pierre » fouillé en 1966, présente un cas un peu différent, dans la mesure où aucun rapport n'a été publié ; il a fallu se contenter des notes de chantier, qu'O. CALLOT et Y. CALVET (chap. III) ont complétées par des nettoyages et des sondages en 1992, pour en analyser le plan tout à fait atypique.

Ces zones de fouilles anciennes, dégagées parfois sur de grandes surfaces, donnaient des vues générales, mais dont la stratigraphie avait presque entièrement disparu ainsi que le mobilier qui l'accompagnait : par contraste, la fouille du « Centre de la ville » dans les années 1980 a donné l'occasion de comparer ces zones anciennes avec la progression d'une fouille dont on a pu suivre les données stratigraphiques et exploiter le mobilier. Dans ce quartier, au sud du « temple aux rhytons », a été trouvé un petit ensemble architectural aux restes assez spectaculaires, puisque les murs sont conservés sur plusieurs mètres de haut : c'est une « maison » dont le plan au sol méritait une analyse, et dont on peut présenter tout le mobilier associé de sa dernière phase : c'est ce qu'ont fait J. MALLET (pour la stratigraphie) et V. MATOÏAN (étude du mobilier, chap. IV). On peut ainsi proposer une interprétation utilitaire et sociologique d'une construction destinée à abriter une petite entreprise aux activités à la fois artisanales et commerciales, et où habitait sans doute aussi la famille de son propriétaire (chap. IV).

Enfin, à côté des études portant proprement sur l'architecture, la remise en ordre pour inventaire des objets autrefois déposés dans les réserves des musées, et restés largement inexploités, a beaucoup progressé. Particulièrement importante est la redécouverte de petits objets d'ivoire inscrits trouvés dans le Palais royal en 1955 : J. GACHET y a reconnu en 1990 des foies de divination miniatures dont elle dresse ici le catalogue complet ; D. PARDEE en reprend les inscriptions, qui avaient fait l'objet d'une première publication avant que leur nature soit identifiée, et qu'il a pu revoir et étudier systématiquement au musée de Damas en 1994 et 1995 (chap. V).

Enfin, il a paru utile de donner ici l'étude d'une inscription phénicienne sur jarre, trouvée dans les installations d'époque perse (au nord de la tranchée sud-acropole), dans les fouilles de 1963 ; S. SEGERT avait alors rédigé à la demande de C. Schaeffer un article qui n'avait pu paraître dans *Ugaritica* VI ; il en donne ici le texte revu et complété en 1999 (chap. VI).

CHAPITRE PREMIER

UN PLAN DES FOUILLES 1929-1935
à Minet el-Beida, le port d'Ougarit

Sophie MARCHEGAY

En septembre 1993, Annie Caubet et Marguerite Yon retrouvaient dans les archives de Jacques-Claude Courtois léguées par sa famille [1] le tirage d'un plan *(Fig. 4).* Il ne portait aucune légende, mais une annotation de la main de J.-C. Courtois : « Plan (très précieux) inédit des fouilles de Minet el-Beida. »

C'est un tirage sur papier du calque original qui paraît avoir disparu [2]. La date de ce plan n'est pas indiquée, mais nous savons qu'il nous donne un état du site à la fin des fouilles, c'est-à-dire vers 1935-1936. Malgré le caractère ancien de ce plan, exécuté à une époque où l'architecture du Bronze récent au Proche-Orient était mal connue et où les techniques de relevé en archéologie étaient moins rigoureuses qu'aujourd'hui, il demeure effectivement un document « très précieux ». Il constitue actuellement l'unique plan que nous ayons retrouvé dans les archives des fouilles du site de Minet el-Beida, le port d'Ougarit, qui n'ont jamais été publiées.

Aux débuts de l'archéologie proche-orientale, il n'était pas facile d'entreprendre la fouille d'une cité appartenant à une civilisation inconnue. Telle fut pourtant la tâche passionnante, mais aussi difficile que C. Schaeffer, l'inventeur d'Ougarit, entreprit lorsqu'il commença les fouilles de Minet el-Beida et de Ras Shamra en 1929. Aujourd'hui l'archéologie du Proche-Orient a fait de grands progrès, et le site d'Ougarit continue de contribuer à celle-ci d'une manière particulièrement active. Les recherches sur les vestiges d'Ougarit dégagés jusqu'à ce jour ont beaucoup apporté à la connaissance de l'architecture au Bronze récent dans le Levant. Des études plus spécifiques à Minet el-Beida sont parues auxquelles nous faisons ici référence (voir bibliographie). Ainsi, l'épigraphie a permis de connaître le nom antique du port d'Ougarit : *Mahadou* [3]. C'est à la lumière des recherches récentes que nous nous sommes efforcée de reconstituer les fouilles de Minet el-Beida. Notre travail a été de confronter la documentation disponible (publiée ou conservée en archives inédites) avec le plan, afin d'identifier et de localiser les principales découvertes mentionnées dans les rapports publiés (tombes, bâtiments, ensembles de matériel, *cf. Fig.* 5).

Après une présentation du plan et du site, nous suivrons l'évolution des fouilles, campagne après campagne. Mais il est auparavant nécessaire de montrer combien la documentation sur le sujet est difficile à utiliser, ce qui explique les limites de cette étude où la part d'hypothèse reste grande.

---

1. J.-C. Courtois, archéologue, a fouillé à Ras Shamra aux côtés de C. Schaeffer. À sa mort en 1991, ses dossiers ont été déposés au musée du Louvre et dans les archives de la mission, et nous remercions M. Yon et A. Caubet qui nous ont confié ce dossier, et nous ont apporté leur aide au cours de nos recherches. Nous remercions aussi O. Callot de ses conseils, ainsi que B. Arzens et J. Lagarce qui nous ont aidée à consulter les documents d'archives de la mission conservés au Collège de France.

2. Le calque original n'ayant pas été retrouvé jusqu'ici, ce tirage sur papier constitue donc à ce jour le document de référence. Il est aujourd'hui conservé dans les archives de la Mission archéologique française de Ras Shamra-Ougarit à la Maison de l'Orient méditerranéen (Lyon) : plan n° RS-120 (138 x 86 cm).

3. Sur le nom de Mahadou, voir Astour 1970 ; sur Minet el-Beida : Saadé 1995 ; Yon 1994. Pour l'architecture au Bronze récent à Ougarit, voir en particulier : Callot, *RSO* I, 1983 ; *RSO* X, 1994 ; M. Yon *et alii, RSO* III, 1987, p. 109-119.

Les informations disponibles sont très incomplètes, une partie des archives ayant disparu pendant la Seconde Guerre mondiale. De plus, il est impossible d'aller les vérifier sur le terrain, puisque depuis 1961 le site a été recouvert par la construction d'une base militaire syrienne, et toute la zone de Minet el-Beida est interdite au public. Les notes de fouille et les rapports publiés constituent l'essentiel d'une documentation très partielle : ils reflètent notamment l'intérêt que le fouilleur accordait en priorité aux objets, ses difficultés et ses incompréhensions face au caractère très nouveau de ses découvertes au début des fouilles. Il est ainsi fort peu question d'architecture, encore moins d'urbanisme. Les seuls monuments relativement bien documentés sont les tombes (mais pas toutes), car le fouilleur avait d'abord cru explorer une nécropole. Ce n'est qu'à la fin des fouilles, après avoir fait un rapprochement avec celles qu'il menait en parallèle à Ras Shamra, que le fouilleur comprit que le site de Minet el-Beida était un établissement urbain avec des tombes construites sous le sol des maisons, comme dans la métropole voisine d'Ougarit (*Syria* 1935, p. 168). Dans la perspective erronée d'une nécropole, les interprétations du fouilleur sont à envisager avec la plus grande prudence, en particulier celles des premières campagnes : les aménagements utilitaires par exemple (puits, puisards, canalisations, escaliers effondrés) ont été souvent interprétés à tort comme des constructions votives et cultuelles, et chaque ensemble de matériel devenait systématiquement un dépôt votif. D'autre part, les méthodes de fouilles et l'approche scientifique de l'époque étaient bien évidemment très différentes de celles d'aujourd'hui. Beaucoup d'informations indispensables ont été ainsi perdues, en particulier celles qui concernent la stratigraphie du site.

Les rapports de fouille préliminaires publiés dans la revue *Syria* de 1929 à 1935 [4] constituent la principale source d'information sur les fouilles de Minet el-Beida, mais il s'agit de données provisoires qui n'ont jamais été reprises dans le cadre d'une publication. Les notes de fouilles de C. Schaeffer de 1929 à 1935 se présentent sous la forme d'un journal illustré de quelques dessins d'objets et de croquis de certaines parties du chantier. Ces derniers sont difficiles à déchiffrer (à titre d'exemple, celui que nous reproduisons ici *figure 10a* est parmi les plus lisibles). De plus ils sont peu exploitables : à l'exception des tombes, l'architecture est très rarement indiquée, et l'échelle est faussée par des proportions inexactes. Il est donc difficile de rétablir ces croquis à l'échelle du plan. En réalité ces dessins étaient avant tout destinés à localiser le matériel en plan, mais d'une manière particulièrement abstraite, car la plupart du temps il n'y a pas de repère architectural. D'autre part, les altitudes mentionnées ne sont pas utilisables, puisqu'elles ont été prises depuis « la surface », c'est-à-dire depuis le sommet de la berme la plus proche dont l'altitude, changeante, nous est inconnue.

Quant aux inventaires, seuls ceux de 1931, 1932 et 1934 sont conservés. Quelques photos aériennes anciennes du site, ainsi que des photos de fouilles (non légendées, en cours d'identification) s'ajoutent à la documentation que nous avons utilisée. À l'exception du plan, l'ensemble des archives des fouilles de Minet el-Beida est conservé dans les archives de la mission au Collège de France (Paris).

Le plan

Le plan ancien *(Fig. 4)* ne porte ni titre, ni échelle, ni orientation. J.-C. Courtois a indiqué au crayon l'identification du plan au revers de celui-ci, une orientation approximative dans l'angle inférieur gauche, près de la tombe VI – notre tombe 1007 [5] – au sud-ouest du chantier, ainsi que trois références bibliographiques dans *Ugaritica* I : « T. VI, *cf. Ug.* I, pl. XV, 1-2 », « *Cf. Ug.* I, pl. VIII, 2 », et « *Ug.* I, pl. IX » près d'un « dépôt de jarres » que J.-C. Courtois identifie au « dépôt aux 80 jarres ». Ces références, ainsi que d'autres (dans *Syria* en particulier, 1929-1935), lui ont certainement permis d'identifier sur le plan le site lui-même et la tombe VI, à moins que C. Schaeffer lui-même ne lui en ait donné la confirmation.

---

4. *Syria* 10, 1929, p. 16-21 et p. 285-303 ; *Syria* 12, 1931, p. 1-14 ; *Syria* 13, 1932, p. 1-27 ; *Syria* 14, 1933, p. 93-127 ; *Syria* 16, 1935, p. 141-180.

5. Les tombes de Minet el-Beida avaient une numérotation en chiffres romains propre à ce site ; mais le même système de numérotation a été repris pour les tombes du tell de Ras Shamra, ce qui entraîne des confusions. Dans notre thèse (Marchegay 1999), où l'étude des tombes de Minet el-Beida est reprise de façon plus approfondie, nous avons procédé à une nouvelle numérotation continue de l'ensemble des tombes d'Ougarit, c'est-à-dire de Ras Shamra et Minet el-Beida : on trouvera plus loin, p. 24, la liste des équivalences pour Minet el-Beida.

Ce plan a été exécuté au plus tôt en 1935. S'il a été réalisé à la fin des fouilles, la date de 1935 est plausible. Au terme de la 7e campagne de fouilles, de mars à juin 1935, presque exclusivement consacrée à Ras Shamra, C. Schaeffer indique qu'il n'a pu faire à Minet el-Beida « que quelques dégagements peu étendus » destinés à compléter les plans, et que « les architectes ont terminé les relevés à l'aide desquels on peut maintenant reconnaître que le quartier du port était organisé exactement comme la ville de l'époque mycénienne sur le tell » (*Syria* 1936, p. 148). Si l'on compare les vues aériennes du site en 1934 (voir *Ugaritica* I, pl. VIII:2) avec celles de la fin des fouilles *(Fig. 2)*, les dégagements en question se situent vraisemblablement au nord-est du chantier. Les architectes étaient Georges Chenet, Jean de Jaegher et Paul Pironin. Ce dernier est peut-être le principal auteur de ce plan ; arrivé dans la mission à la fin des fouilles de Minet el-Beida, il a exécuté par la suite plusieurs relevés des fouilles de Ras Shamra où l'on reconnaît son graphisme. Quant à l'échelle du plan, nous avons pu la restituer au 1/100, grâce aux tombes dont on connaissait les dimensions. Cette échelle fut d'ailleurs couramment utilisée pour les plans des fouilles anciennes de Ras Shamra.

Dans un premier temps, il nous semblait que ce plan était inachevé. Outre le fait qu'il ne porte aucune légende (mais peut-être était-ce volontaire, dans l'attente d'une maquette pour la publication ?), il présente de larges zones vierges, isolant des ensembles de structures architecturales. On a alors parfois l'impression – trompeuse – qu'il s'agit de bâtiments, ou du moins d'unités architecturales. Mais après un examen de quelques photos aériennes du site, en particulier de la plus « tardive » prise à la fin des fouilles, il nous a paru évident que ces « vides » correspondaient en réalité à des zones non fouillées, c'est-à-dire à de grandes bermes, plus ou moins régulières, que l'on distingue bien sur les photos anciennes. Le cliché de 1936 *(Fig. 2)* nous a ainsi permis de restituer – très approximativement – les limites du chantier sur le plan.

Ce plan est donc un relevé à peu près complet des fouilles de Minet el-Beida telles qu'elles se présentaient vers 1935. Cependant, toutes les informations relatives à l'architecture et à l'urbanisme du site n'ont malheureusement pas pu être systématiquement vérifiées sur le plan. Les problèmes relatifs à la documentation dont nous avons parlé plus haut ne sont pas les seuls responsables ; nous verrons en effet que certaines structures architecturales ne peuvent être localisées avec précision, car au moment du relevé elles n'étaient déjà plus visibles, détruites par le développement de la fouille et les réenfouissements.

Le site

Les ruines de Minet el-Beida sont situées sur la côte syrienne, à 13 km au nord de Lattaquié, et à moins de 1 km au nord-ouest du tell de Ras Shamra *(Fig. 1)*. Le port d'Ougarit bénéficiait d'une excellente situation géographique, dans un bassin naturel qui constitue l'abri le plus important de la côte syrienne septentrionale [6]. Au nord et au sud-ouest, l'entrée de la baie s'ouvre dans une falaise de craie blanche visible de loin par les bateaux, qui est à l'origine du nom de « port blanc » donné dans l'antiquité grecque *(Leukos Limen)* et encore aujourd'hui (Minet el-Beida). À l'est et au sud-est, l'embouchure du Nahr el-Fidd (où se jettent le Nahr Chbayyeb et le Nahr ad-Delbé, les deux cours d'eau qui entourent le tell de Ras Shamra) constituait une plage de sable et de graviers fins particulièrement pratique pour tirer des bateaux. Le site fouillé est au sud de la baie, qui dans l'antiquité devait avoir une forme sensiblement différente : l'érosion de la mer a probablement un peu élargi l'ouverture sur la mer, et les alluvions du Nahr el-Fidd ont peu à peu comblé une partie de la baie, jadis plus étendue (superficie actuelle environ 70 ha). C. Schaeffer a ainsi calculé que le rivage antique devait se situer à environ 120 m en recul par rapport à la rive de 1932, à environ 200 m des fouilles (*Syria*, 1933, p. 94).

Les fouilles ont dégagé seulement un quartier d'habitation du port. Les installations portuaires proprement dites n'ont pas été découvertes. Les vestiges archéologiques attestent d'une occupation du site relativement courte : à partir du XVe s. av. J.-C., une agglomération se serait formée au moins au sud-est de la baie, et serait restée en activité jusque vers 1180 av. J.-C., date de la destruction d'Ougarit. Cependant l'activité du port existait probablement avant la fin du Bronze récent, mais les fouilles n'ont pas retrouvé

6. Voir à ce sujet *Syria* 1929, p. 16-17 ; Yon 1992 ; 1994 ; Saadé 1995 ; *cf.* Yon 1997.

jusqu'à ce jour les traces d'installations portuaires plus anciennes. Plusieurs indices semblent distinguer deux périodes d'occupation du site, qui se sont presque aussitôt succédé (fin XVe-XIVe s., et XIIIe s.-début XIIe s. av. J.-C.). En ce qui concerne les activités de cet établissement portuaire, son caractère commercial se retrouve dans son nom, *Mahadou*, terme qui signifie en arabe un endroit où l'on se procure quelque chose [7]. Le port était étroitement lié à Ougarit, car il appartenait au district métropolitain (formé d'Ougarit, la capitale, de *Mahadou*, son port, et de *Rešou*, un autre port) qui était considéré comme une entité administrative indépendante dans le royaume d'Ougarit [8].

Les fouilles

Vers 1927 ou 1928, la découverte fortuite d'un caveau du Bronze Récent (Tombe I [T. 1003]) par un paysan près du rivage de la baie de Minet el-Beida déclencha une première mission exploratoire conduite par Léon Albanèse en mars 1928 [9], puis une mission officielle française en 1929 dirigée par C. Schaeffer, sur la proposition de René Dussaud, conservateur du département des Antiquités orientales au Louvre [10]. Six campagnes de fouilles se succédèrent de 1929 à 1935 (sauf en 1933). Par la suite, les fouilles du site du Bronze récent ne furent jamais reprises. En 1957 et 1958 la Direction des Antiquités de Syrie effectua des recherches sur les installations portuaires plus tardives (époques romaine et byzantine, VIe-Ve s. av. J.-C.), à proximité des fouilles précédentes [11]. Depuis 1961, l'installation d'une base militaire syrienne sur l'emplacement des fouilles en interdit l'accès.

À la fin des fouilles, en 1935, les limites du chantier se présentaient sous la forme d'un rectangle plus ou moins régulier, orienté ouest/est, d'environ 140 m de long sur 85 m de large, soit une superficie totale de plus de 12 000 m^2. En ne tenant pas compte des zones non fouillées (parties en grisé sur le plan, *cf. Fig. 5*), on obtient une superficie à peu près réduite de moitié, soit plus de 6 000 m^2, qui correspond à celle de l'ensemble des constructions dégagées *stricto sensu* [12]. Mais il faut y ajouter les réenfouissements de tranchées entières, comme celle du « dépôt à l'enceinte » (*cf.* ci-dessous), qu'il est difficile de quantifier, ainsi que des sondages effectués en dehors du périmètre considéré, qui ne figurent pas sur le plan. Il s'agit en particulier des tranchées de 1929, au nord et à l'est du tertre qui recouvrait jusqu'en 1934 la tombe VII [T. 1001] (*Fig. 6*, et voir plus loin les fouilles de 1929). De plus, deux tranchées parallèles orientées nord/sud sont situées au nord-est de la limite externe du chantier. Ces sondages étaient encore visibles en 1932 (*Fig. 3*, à l'extrême droite). Les découvertes n'ayant pas été jugées significatives, les fouilles ne se sont pas étendues à cet endroit, et il n'y a pas eu de relevé.

Le système de dégagement des vestiges utilisé à Minet el-Beida et à Ras Shamra se faisait par de longues tranchées parallèles et relativement étroites (parfois entre 1 et 2 m de large), orientées nord/sud ou est/ouest, ou encore des tranchées « coudées », creusées jusqu'au sol naturel. Ainsi par exemple en 1931, le premier jour de fouille, C. Schaeffer déclare : « Ouvrons champ Kaled à l'ouest des fouilles de 1930 deux tranchées parallèles de 60 m environ sur 4 m, distantes l'une de l'autre de 10 m. » [13] Les tranchées étaient ensuite progressivement élargies, mais à Minet el-Beida elles n'ont pas été complètement rejointes. Comme nous l'avons dit, de grandes bermes les séparent, et nous empêchent d'avoir une vision globale.

---

7. Voir note 3. Sur la toponymie, *cf.* Amadasi-Guzzo 1982 ; Teixidor 1983.

8. Voir à ce sujet Astour 1995.

9. *Syria* 1929, p. 16-21. La date exacte de la découverte de la tombe I [T. 1003] varie selon les rapports : en 1927 (*Syria* 1935, p. 170) ou en mars 1928 (*Syria* 1929, p. 285).

10. Pour l'histoire de l'exploration archéologique et la bibliographie, voir Saadé 1979 ; Yon 1994 et 1997.

11. Abdul-Hak 1958-1959.

12. En 1931, au terme de la troisième campagne, C. Schaeffer indiquait « une superficie de 8 000 mètres carrés environ, dont la moitié au moins fouillée exhaustivement » (*Syria* 1932, p. 10).

13. *Journal de la 3e campagne de fouille à Minet el-Beida et à Ras Shamra, 1931*, Archives du Collège de France (inédit), p. 13. Une vue partielle du chantier de 1931 dans *Syria* 1931 (fig. 1 p. 2) donne un aperçu de ce genre de tranchées.

Prospection de 1928

Au printemps 1928, la première mission exploratoire fut consacrée à une prospection de la région de Ras Shamra, et à la fouille de la tombe I [T. 1003] découverte peu de temps auparavant (*Syria* 1929, p. 16-21). La tombe suscita très vite l'intérêt en raison d'abord de son architecture, que le fouilleur compara aussitôt à celle des tombes mycéniennes (comme l'ont été plus tard d'autres tombes de Ras Shamra), soulignant le caractère nouveau de ce type d'architecture sur le territoire syrien. Les quelques vases épargnés par le pillage de la tombe furent aisément identifiés, puisqu'il s'agissait de céramique importée chypriote et mycénienne des XIIIe et XIIe s. av. J.-C. La tombe fut ainsi identifiée et datée. Deux tranchées perpendiculaires peu profondes furent creusées dans un tertre à proximité de cette tombe. Il s'agit du tertre au nord qui recouvre la tombe VII [T. 1001] *(Fig. 6)*. Le niveau du Bronze récent n'a pas été atteint, et la céramique recueillie datait vraisemblablement de la période romaine ou byzantine.

Les fouilles de 1929

En 1929 *(Fig. 6)*, la première campagne de fouilles officielles à Minet el-Beida se déroula au nord-est du site (*Syria* 1929, p. 16 à 21). Les fouilles se concentrèrent aux alentours immédiats de la tombe I [T. 1003], le but de cette campagne étant de découvrir d'autres tombes de « la nécropole présumée ». Le fouilleur distingua deux zones : celle des « 80 dépôts » située au nord de la tombe I [T. 1003] (vers la mer), zone qui n'a pas été relevée, et celle des tombes au sud et au sud-est (*Syria* 1929, p. 286-290, pl. LI, LII).

La région des « 80 dépôts »

La région des « 80 dépôts » correspond aux tranchées 1, 7, 9, 10, 11, 12 et 13, creusées autour et au nord du tertre recouvrant la tombe VII [T. 1001] et les bâtiments au nord-est du site (*Fig. 6* : notre reconstitution schématique de ces tranchées d'après des croquis de C. Schaeffer). Les tranchées aux « 80 dépôts » n'ont pas été élargies et jointes par la suite, car la fouille n'a pas été poursuivie à cet endroit. Mais les trouvailles à proximité immédiate des tranchées ont été localisées dans celles-ci par le fouilleur, ce qui nous a conduite parfois à élargir la limite de certaines tranchées.

Il est difficile de savoir à quoi correspondent ces « dépôts » en raison de leur contexte archéologique et stratigraphique ; le numéro de tranchée est la seule indication de localisation, et leurs altitudes sont très vagues, avec des « profondeurs variant entre 0,60 et 2 m » (*Syria* 1929, p. 286). Il semble néanmoins que le terme de « dépôt » ait été systématiquement attribué à chaque groupe de matériel, dont la nature est extrêmement variée : céramique surtout (locale, chypriote, plus rarement mycénienne), objets en bronze, faïence, os ou ivoire, poids en terre cuite et en pierre, percés ou non, galets, coquillages (en particulier dans les dépôts les plus proches de la mer), ossements d'animaux... Cette interprétation n'a pas été faite dans la seule « région des 80 dépôts », mais sur l'ensemble du site. En réalité, ces « dépôts » n'avaient pas forcément tous une destination votive, mais simplement utilitaire. Cependant, le fait que C. Schaeffer pensait fouiller une nécropole a fait attribuer un caractère votif et cultuel à ses découvertes. En revanche, un « dépôt » se distingue des autres par son matériel : il s'agit du « dépôt égyptien », ainsi nommé dans les notes du fouilleur en raison des statuettes en bronze d'inspiration égyptienne découvertes à cet endroit. Il se situe au nord du tertre recouvrant la tombe VII [T. 1001], à l'extrémité sud de la tranchée 12 *(Fig. 6)* [14]. Dans le rapport des fouilles de 1929, C. Schaeffer mentionne d'abord « un muret haut de 50 cm, coupé en angle droit, qui formait jadis peut-être une *cella* », avec des niches dans lesquelles étaient placées les « dépôts céramiques » ainsi que des objets plus « précieux » : armes en bronze, perles en cornaline, gobelet en pâte vitreuse (*Syria* 1929, p. 287-288, pl. LII:5). Puis, au sud et au sud-est du dépôt précédent, « un autre mur plus petit, autour duquel étaient placés plusieurs dépôts céramiques », à l'est duquel se situait le « dépôt égyptien ». Parmi les objets les plus caractéristiques de cet ensemble se trouvaient une applique murale en terre cuite (incomplète) [15] ainsi que deux statuettes de faucon, une statuette de dieu assis et une statuette de divinité dans

14. Pour ces deux « dépôts », voir *Syria* 1929, p. 288-290, pl. III, LII:1, 2 et 3, pl. LIV:1.
15. *Syria* 1929, p. 289, fig. 3. Sur ce type d'objet (brûle-parfum ? lampe ?), *cf.* Yon 1981, p. 24 et fig. 26.

l'attitude de la marche, tous en bronze [16]. Les statuettes en bronze indiquent la vocation probablement cultuelle de ce secteur et, dans ce cas, on peut effectivement envisager la destination votive de ces objets.

Le sud du chantier de 1929

Dans la partie sud du chantier de 1929 (qui, elle, a été relevée), trois tombes construites furent dégagées (tombes II, III et IV [T. 1006, 1005 et 1002], *cf.* fig. 6) ainsi que diverses constructions auxquelles le rapport de fouilles ne fait quasiment aucune allusion. Celles-ci semblent mieux conservées à l'est du chantier, mais leur relevé n'est pas très explicite : il semble qu'au moins deux niveaux de murs (directement ?) superposés soient représentés, mais il est difficile de les distinguer et de les associer à un niveau stratigraphique connu.

En ce qui concerne les tombes, le fouilleur indique que la tombe II [T. 1006] a été découverte à « 14 m au sud de la tombe voûtée en encorbellement découverte fortuitement en 1928 » (= tombe I [T. 1003]), ce qui correspond effectivement à la distance entre ces deux tombes à l'échelle du plan. La tombe II [T. 1006] était une grande tombe en pierre de taille, dotée d'une petite « annexe » dans l'angle sud-ouest de la chambre funéraire. Les assises supérieures de la tombe, et par la même occasion sa couverture, n'étaient pas conservées lorsqu'elle fut découverte, et elle a été relevée ainsi. Le fouilleur en a déduit qu'il s'agissait d'une tombe « inachevée », mais en réalité il s'agit plutôt d'un pillage de pierres. Celui-ci a été fréquemment pratiqué depuis l'antiquité sur le tell et à Minet el-Beida. Les grandes tombes construites en pierre de taille offraient une source importante d'approvisionnement en blocs taillés : la tombe VII (Ville Basse Est) de Ras Shamra et les tombes II, VI et VII [T. 1006, 1007 et 1001] de Minet el-Beida ont ainsi été détruites. De plus, si ces tombes avaient été vraiment inachevées, aucune trace de mobilier funéraire – même pillé – n'y aurait été découvert. Or il n'en est rien ; certes, le matériel de la tombe II était fragmentaire et épars, car il avait été pillé, mais il était présent, dans une couche de terre noire épaisse de 10 cm qui recouvrait le dallage de la chambre funéraire, entre autres : céramique locale et chypriote, objets en bronze, perle, fragment de vase en pâte de verre égyptien, pierre à cupule.

Les « dépôts de coquilles de murex écrasées », de « tessons de poteries grossières, de déchets de cuivre ou de bronze » et les puits indiqués à proximité de la tombe par le fouilleur (*Syria* 1929, p. 290-291) se situent dans les trois pièces immédiatement au nord-ouest de la tombe II [T. 1006].

À environ 5 m à l'ouest de la tombe II [T. 1006], dans la tranchée « 8 » orientée nord/sud, une canalisation en pierre sur deux niveaux figure d'une manière très isolée sur le plan *(Fig. 6* n° 1 *; 9a-b).* Cette canalisation a été décrite comme une « cascade votive » ou une « sorte de conduite d'eau funéraire, aboutissant à une jarre et une pierre percée » (*Syria* 1929, p. 291, pl. LV:2). En réalité, il s'agissait d'un système d'évacuation des eaux appartenant vraisemblablement à une construction détruite dont il reste quelques pierres de taille ; l'une d'elles jouxte la canalisation supérieure *(Fig. 9b).* Quant à la pierre percée, elle ne recouvrait pas un puisard et elle n'a pas été identifiée avec certitude comme une ancre [17].

Immédiatement à l'ouest de la tranchée « 8 » s'étendait une zone non fouillée, large d'environ 10 m, au-delà de laquelle deux autres tombes furent découvertes.

La tombe III [T. 1005] [18] n'était pas « cachée sous un dallage », comme l'a indiqué le fouilleur, mais elle avait simplement conservé presque toute sa couverture *(Fig. 6).* Elle avait été aménagée sous le sol d'une habitation construite en moellons, dont les angles de murs et les jambages de portes étaient renforcés de pierres de taille. Cependant seules ces pierres figurent sur le plan ; ce sont les archives de fouilles qui nous renseignent un peu plus sur l'organisation de cette maison qui comptait plusieurs pièces (au moins six). La pièce au nord possédait un escalier – dont il restait le massif d'appui en moellons et au moins trois marches en pierre de taille –, un puits à margelle carrée et une canalisation en pierre. Il s'agissait peut-être du vestibule donnant accès à la rue supposée au nord. Au sud de cette pièce se trouvait la pièce abritant la tombe III [T. 1005]. La construction particulièrement soignée de la tombe place cette dernière parmi les plus belles tombes d'Ougarit. De plus, malgré son pillage, elle a livré un très riche matériel, notamment un couvercle de pyxide en ivoire figurant une déesse entre deux bouquetins [19], des vases en céramique, faïence et albâtre, des

16. Faucons : *Syria* 1929, pl. LII:1, 2 et 3 ; statuette assise : pl. LIV:1 ; statuette debout : pl. III.
17. Frost 1991, pl. IX:x.
18. *Syria* 1929, p. 291-293, pl. LV-LVIII.
19. *Syria* 1929 pl. LVI = Louvre AO 11601.

bijoux, ainsi que les squelettes d'au moins trois individus. Ce matériel avait été très perturbé par les pilleurs dans la chambre funéraire, par le sommet de laquelle ils s'étaient introduits. Mais ils avaient laissé le *dromos* intact, et le matériel était encore en place sur les marches de l'escalier, ce qui est suffisamment rare pour être signalé [20].

La tombe IV [T. 1002] [21], désignée comme « tombe sous dalles » se situe au nord de la tombe III [T. 1005] *(Fig. 6)* ; elle est orientée approximativement nord/sud, le *dromos* étant au nord. Le relevé de la tombe sur le plan est très incomplet : il manque les murs nord, ouest et est de la chambre funéraire, le mur nord du *dromos* et la couverture de la tombe. La tombe était à l'origine couverte d'« énormes dalles » qui ont été enlevées lors de la fouille. Les murs de la tombe étaient construits en moellons et inclinés vers l'intérieur ; seuls les jambages de la porte entre le *dromos* et la chambre funéraire étaient en pierre de taille. Une inhumation datant probablement de la période finale d'occupation du site (vers le XIIIe s. av. J.-C.) reposait directement sous les dalles de couverture du *dromos*. Il semble que cette tombe ait été construite au cours de la première période d'occupation du site (fin XVe s. ou début du XIVe s. av. J.-C.) et qu'elle ait été réutilisée plus tard pour cette inhumation. Le matériel funéraire contenait principalement de la céramique mycénienne peinte, quelques vases chypriotes, de la céramique locale et des vases en faïence [22].

Les fouilles de 1930

En 1930, la deuxième campagne de fouilles *(Fig. 7a)* se déroula à l'ouest du chantier de 1929 (*Syria* 1931, p. 1-14). Le problème d'évacuation des déblais qui avait causé tant de soucis au fouilleur pendant la première campagne fut résolu par l'installation d'un réseau de rails Decauville (également utilisé à Ras Shamra). Les terres furent transportées au nord du chantier, comme on peut le voir sur la photo aérienne de 1932 *(Fig. 3)*.

« Une grande construction composée de 13 chambres et couloirs »

La découverte la plus importante de cette campagne ne fut pas celle d'une nouvelle tombe, mais d'un ensemble de constructions en moellons situé au nord du chantier *(Fig. 7a* n° 1*)*. Cet ensemble fut considéré comme un seul et même bâtiment : « une grande construction composée de 13 chambres et couloirs » (*Syria* 1931, p. 2-4). Malgré l'affirmation du fouilleur qui disait constater une « absence complète de toute trace d'habitat dans ces constructions », une partie de celles-ci présente d'un point de vue architectural les caractéristiques d'un type de petite maison d'Ougarit à la fin du Bronze récent. Trois plans de ce bâtiment sont conservés, mais ils présentent chacun des détails différents *(Fig. 10a-b, 11a)*. Le croquis qui illustre le carnet de fouilles de C. Schaeffer en 1930 *(Fig. 10a)* est, sinon le plus crédible, du moins le plus complet. À l'exception de quelques croquis de tombes, aucun autre plan de construction n'est conservé dans les archives de l'ensemble des fouilles de Minet el-Beida. Les notes de fouille sont malheureusement très avares en commentaires sur l'architecture, et les quelques photos de cette construction, très partielles et peu lisibles, sont d'une aide limitée *(Fig. 12* et *13)*. En confrontant ces trois plans, les photos, et en les comparant à d'autres maisons similaires contemporaines d'Ougarit [23], nous avons tenté de reconstituer l'organisation de cette maison, dont nous proposons un plan schématique sous toutes réserves, puisqu'il nous est impossible d'aller vérifier ces informations sur le terrain *(Fig. 11b)*.

La maison était de plan rectangulaire et mesurait environ 12 m de long sur 9 m de large. D'après les plans *(Fig. 10a* et *b)*, elle était en majorité construite de moellons et renforcée par endroits de pierres de taille, aux angles et aux extrémités des murs où elles servaient par la même occasion de piédroits aux portes. L'élévation des murs était déjà en grande partie détruite lors de la fouille *(Fig. 12a)*, comme pour la plupart des autres bâtiments dégagés sur le site. Les plans du bâtiment ont probablement été en partie relevés au niveau des fondations. Ainsi, par exemple, les petites pièces du fond, à l'ouest de la maison, semblent aveugles, car

20. « Sur chacune des marches, le long des deux murs du couloir ou *dromos*, laissant le milieu de l'escalier libre, étaient déposées des offrandes : bilbils, vases coniques, plats ordinaires [...]. Tout contre la porte reposait le crâne fort bien conservé et nettement brachycéphale d'un individu de 20 à 30 ans au maximum [...]. » *Syria* 1929, p. 292.

21. Pour l'identifier, nous nous sommes aidée des notes du fouilleur de 1929.

22. *Ugaritica* II, p. 150, fig. 57.

23. Ce type de maison sans cour correspond au Type 1 de la typologie d'O. Callot (1994 : *e.g.* Ville Sud : îlot XIV, maison B), que l'on trouve aussi dans les autres quartiers de la ville.

leurs murs de refend étaient conservés en fondation seulement, à un niveau où l'emplacement des portes n'était pas marqué. Le croquis de C. Schaeffer *(Fig. 10a)* indique cependant quelques pierres de taille, mais qui marquent en réalité le début de l'élévation des murs *(Fig. 12a)*. Le bâtiment possédait deux entrées sur la même façade qui donnaient sur la rue supposée, au sud-est. Par l'entrée la plus au nord, on accédait à un vestibule avec un escalier à deux volées en pierre de taille conduisant à un étage, puis à une pièce principale. Un puisard servant de latrines était conservé sous l'escalier. Un puits fermé d'une dalle percée, à l'extérieur de la maison, était appuyé contre le mur est (puits P2, *fig. 11b et 12a*). Le puits était entouré d'un « muret » semi-circulaire posé sur de la terre. Au nord de la construction, plusieurs grandes jarres *(Fig. 11b, 12c-d)* étaient placées dans deux petites pièces [24] et sur deux niveaux qui correspondaient peut-être à deux états, le col de certaines jarres étant pris dans un sol.

Le fouilleur met en relation la construction avec une des tombes proches, sans doute la tombe III [T. 1005] ou la tombe IV [T. 1002], plus au nord (?), mais cette dernière n'est pas dans la direction indiquée par le fouilleur *(Fig. 8a ; 11a)*. Cette relation est très discutable d'un point de vue architectural, et même inexistante à notre avis, car la tombe III [T. 1005] était construite sous un autre bâtiment, au sud d'une rue supposée *(Fig. 8a)*. La seule forme de relation que l'on pourrait *éventuellement* envisager aujourd'hui (mais pas à l'époque de ces découvertes) est une relation « sociale », mais nous n'en avons cependant ici aucune preuve. En effet si l'on considère que l'utilisation des tombes à Ougarit au Bronze récent n'était pas toujours exclusivement réservée aux habitants d'une seule maison, mais pouvait être une installation communautaire (famille au sens large, clan), un lien social aurait pu unir les habitants de ces deux maisons, qui auraient inhumé leurs morts dans la même tombe. À proximité de cette construction, il est également question d'« une deuxième construction du même genre au sud de la première, elle aussi reliée par un couloir à une tombe » (*Syria* 1931, p. 3). Si l'on considère l'état du chantier en 1930 *(Fig. 7a)*, le seul bâtiment correspondant à cette courte description ne peut être que celui qui abrite la même tombe, la tombe III [T. 1005]. Or le fouilleur semble faire une distinction entre les deux tombes reliées chacune à un bâtiment distinct (?).

« Une série de constructions funéraires et votives »

Dans son rapport, le fouilleur mentionne aussi la découverte de « toute une série de constructions funéraires et votives » (*Syria* 1931, p. 1-2). Comme nous l'avons dit plus haut (p. 12), ces aménagements étaient en réalité des systèmes d'écoulement des eaux : puits, canalisations en terre cuite ou en pierre aboutissant à des puisards [25]. À l'extérieur de l'angle nord-ouest de la construction, une canalisation en pierre aboutissait à un puisard recouvert d'un sol (« aire de béton ») sur lequel reposaient deux cruches (puits P1 : *Fig. 11b, 13d)*. Ce sol recouvre également trois pierres allongées et juxtaposées en calcaire blanc *(Fig. 13d,* au premier plan) ; des pierres semblables avaient été découvertes en 1929, dans la tranchée « 8 », au sud de la canalisation (*Fig. 9a*, au premier plan). Au sud de la construction, des aménagements figurent d'une manière isolée sur le plan : une vasque en pierre faite de cinq dalles superposées posées de champ *(Fig. 11b, 13a)*, un « fond de cuve avec tuyau d'écoulement en terre cuite » *(Fig. 11b, 13b)* et trois marches d'un escalier *(Fig. 11b)*.

Certains escaliers en partie effondrés furent également interprétés comme des « constructions votives », ou des « autels rustiques », comme par exemple la « construction votive en forme de double escalier » que le fouilleur décrit comme une « voûte en encorbellement faite de dalles allongées, couchées sur un noyau de terre et de pierrailles » *(Fig. 7a, 13c)*. Cet escalier ne figure pas sur le plan général, sans doute parce qu'il a été ouvert par la fouille : les huit marches en pierre de taille ont été enlevées, laissant apparent le soubassement en moellons (*Syria* 1931, pl. I:4). Les croquis et les notes de fouilles indiquent qu'il était situé au sud de « la construction aux 13 chambres et couloirs », de l'autre côté de la rue supposée, et à 1 m au sud-est de la margelle carrée d'un puits. La pièce qui contenait cet escalier servait entre autres à entreposer des jarres (de grandes jarres entières et de très nombreux tessons de grosses jarres y ont été découverts). Le reste du matériel confirme l'usage domestique de cette pièce : puits à margelle monolithe d'ouverture presque carrée, meule et son rouleau, nombreux morceaux de bitume, débris de bronze (fragments de spatule et couteau).

24. Le mur nord/sud séparant ces deux pièces a été restitué d'après les notes et croquis du fouilleur (*Fig. 10b*).

25. Les mêmes interprétations erronées ont été faites à Ras Shamra, à propos par exemple de canalisations à proximité de certaines tombes. Voir à ce propos Pitard 1994.

Les fouilles de 1931

En 1931, les fouilles de la troisième campagne s'étendirent à l'ouest et au sud-ouest des chantiers de 1929 et 1930 *(Fig. 7b)*. C. Schaeffer signale principalement la découverte de très nombreux « dépôts » – plus de 400, dont le « dépôt aux 80 jarres » –, de « *cellæ* accolées », et d'une « enceinte ».

Le « dépôt aux 80 jarres »

En 1931, C. Schaeffer dégageait des « *cellæ* isolées ou accolées les unes aux autres [...], démunies d'entrée et recouvertes d'une couche de béton » sous lesquelles étaient enfouis de grandes jarres et du matériel divers (vases, flèches, poignard, outils en bronze). L'une de ces pièces « contenait 80 jarres posées en lignes serrées dans un rectangle de murs avec petite entrée en pierre de taille [26] » *(Fig. 7b* n° 1, *14a-b)*. Le matériel exhumé, dont les jarres, appartenait au premier état des pièces ; par la suite ces pièces ont été rasées au niveau des fondations, ce qui explique le fait que le fouilleur les ait découvertes démunies d'entrée. D'autres structures ont été directement construites sur les précédentes, sans que les jarres aient été enlevées ; un nouveau sol (la « couche de béton ») séparait les deux états. Sur une photo de ces « *cellæ* » (voir *Syria* 1932, p. 3, fig. 2), on aperçoit quelques pierres de taille qui encadrent un seuil ou qui renforcent l'angle d'un mur des constructions du second état (les sols ne sont plus visibles, car ils ont été détruits par la fouille).

L'architecte a indiqué sur le plan général deux ensembles de jarres au sud du chantier de 1931 *(Fig. 4, 7b)*. J.-C. Courtois a reconnu dans celui le plus au nord le « dépôt aux 80 jarres » : il a noté à cet endroit la référence bibliographique d'une photographie de ces jarres (*Ugaritica* I, pl. IX). Nous ne sommes pas certains de leur localisation exacte, car d'autres ensembles de jarres ont été découverts, mais ils n'ont pas tous été notés ainsi sur le plan. Cependant, ces deux groupes de jarres se situent effectivement dans le secteur nouvellement fouillé en 1931 *(Fig. 7b)*, et d'après les photographies *(Fig. 14)* le dépôt indiqué par J.-C. Courtois semble être le bon : dans son carnet de fouilles de 1931, C. Schaeffer décrit ce dépôt et précise notamment l'orientation des jarres : « le grand dépôt à jarres au point 109 continue d'être dégagé, apparaissent de part et d'autre des murs. [...] Nous comptons 80 jarres rangées en général en lignes de 8, inclinées vers le nord, vers le sud quelques-unes sont couchées sur les autres, l'ensemble est entouré de murets de 0,60 m d'épaisseur ; le muret ouest continue vers le sud. L'ouverture des jarres se trouve à 0,90 m au-dessous du sol actuel. » D'après les photographies, la pièce semble petite et de plan rectangulaire, et le seuil est dans la direction opposée à celle des jarres, donc au sud. Si l'on considère que le mur ouest de cette pièce est resté dans la berme et n'a pas été complètement dégagé, alors ce dépôt pourrait effectivement être celui identifié par J.-C. Courtois. Une grande partie des jarres était brisée. Il s'agit de jarres identiques de type « cananéen ». D'après l'inventaire de 1931, une seule jarre complète semble avoir été enregistrée, qui est aujourd'hui conservée au musée du Louvre [27].

L'« enceinte »

Au nord du dépôt aux 80 jarres fut dégagée « une vaste construction très soignée », que le fouilleur nomma « enceinte » ou « monument aux bénitiers », où fut découvert un ensemble de matériel appelé le « dépôt 213 » (d'après le point topographique) ou encore le « dépôt à l'enceinte » (*Syria* 1932, p. 4-10, pl. V:1, 2 et 5). L'« enceinte » comportait en particulier un muret flanqué de deux « cuves » en pierre de 0,55 m de diamètre. Cette construction, ainsi que les structures dégagées dans cette tranchée, n'apparaissent pas sur le plan, car elles ont été réenfouies. Elles n'étaient donc plus visibles lorsque le plan a été dessiné, à la fin des fouilles de Minet el-Beida. En 1932, au début de la troisième campagne – soit un an après la fouille de cette tranchée –, C. Schaeffer écrivait en effet dans ses notes : « 18 avril : suite préparation fouilles Minet el-Beida. Révision du plan et additions. Étude du dépôt 213 et du monument aux bénitiers avant réenfouissement (dépôt à l'enceinte), photographies et levées, dessins [...] ; 20 avril (1er jour de fouille) : fouille près du dépôt 213. Enlèvement des deux vases bénitiers et des pierres des murets [28] ».

Les rapports et les notes de fouille ne précisent pas la localisation de cette construction ; nous savons seulement qu'elle était « au nord du dépôt aux 80 jarres », mais celui-ci n'est pas non plus clairement localisé

---

26. *Syria* 1932, p. 3. Deux photographies de ce « dépôt (ou entrepôt) aux 80 jarres » ont été publiées dans *Syria* 1932, pl. II, 3 et *Ugaritica I*, pl. IX. *Cf.* aussi Yon 1997, p. 152.

27. H. 52 cm, larg. 35 cm. RS 3.257 = Louvre AO 14876. Caubet 1994, p. 259 ; Yon 1997, p. 153 n° 30.

28. Schaeffer, *Notes de fouilles,* 1932, p. 26 et 29.

par le fouilleur. D'après l'état du chantier en 1931 *(Fig. 7b)*, et en procédant par élimination, on peut supposer qu'il s'agissait de la tranchée à l'extrémité nord-ouest du chantier. Une vue partielle du nord du chantier de 1931 nous a permis de localiser avec plus de précision l'« enceinte » et cette zone fouillée puis réenfouie *(Fig. 15a)*. À l'arrière-plan à droite, on distingue les ruines de « la construction aux 13 chambres et couloirs » dégagée en 1930, puis au centre (c'est-à-dire vers l'ouest) une tranchée dont les vestiges ont été relevés, au premier plan à gauche la tranchée en question avec « l'enceinte » et son muret flanqué des deux « cuves » bien reconnaissables. Enfin, à l'extrême droite, on voit la partie nord de la tranchée qui contenait « l'entrepôt aux 80 jarres ». D'autre part, les notes de fouilles de 1932 concernant la tombe V [T. 1004] nous indiquent sa proximité avec la « *cella* au dépôt 213 », et à l'est de la tombe (voir plus loin les fouilles de 1932), ce qui confirme la localisation du dépôt 213 dans ce secteur.

L'orientation de la construction est en partie connue *(Fig. 15b)* : le mur est orienté sud-ouest/nord-est, ainsi que le muret flanqué des vasques, et les deux murets qui sont perpendiculaires à ce dernier (niveau inférieur) sont orientés ouest/est. Le muret ouest/est du niveau supérieur (premier état) « fait retour à angle droit sur 1,20 m immédiatement au-dessous du muret supérieur (soit deux cadres absolument superposés) [29] ». Deux états dans l'architecture et l'occupation de la construction sont mentionnés : l'« enceinte » a d'abord subi « une première destruction par le feu [...], puis elle a été restituée, semble-t-il, et, à cette occasion, fut rétablie à une profondeur moindre sa curieuse enceinte rectangulaire en pierre de taille à laquelle on adjoignit alors deux grandes cuves en forme d'entonnoir non percé » (*Syria* 1932, p. 4-5) de 55 cm de diamètre aux angles du bâtiment. En réalité l'« enceinte » ne semble pas constituée de murs véritables, mais d'une sorte de conglomérat de terre et de pierres surmonté de petites dalles rectangulaires alignées ; peut-être était-ce une sorte de « pas de porte » aménagé exactement dans l'axe du seuil (voir *Syria* 1932, pl. V:1-2), et qui a été reconstruit à un niveau supérieur selon le même plan, avec deux cuves en pierre placées vers l'extérieur. Doit-on penser que ces cuves étaient déjà présentes dans le premier état, et qu'elles ont été rehaussées lors de la construction des structures du second état ? Le mur en revanche semble appartenir aux deux états, la même porte a pu être également utilisée dans le deuxième état, avec un rehaussement du seuil (?).

Sous le sol du dernier état de cette construction a été découvert un matériel exceptionnel par sa qualité et sa quantité (près d'un millier de vases), pratiquement intact : plusieurs centaines de vases de fabrication locale et d'importation, des vases en albâtre, des boîtes à fard en ivoire, des vases et objets en faïence (dont un petit masque humain), des pendentifs en or, des perles en pâte de verre multicolore, etc. Les vases étaient mêlés à de très nombreux ossements de mouton. La même appellation (« dépôt 213 » ou « dépôt à l'enceinte ») désigne l'ensemble du matériel, mais il appartient uniquement au premier état, et il a été découvert dans deux pièces différentes. Dans ses notes, le fouilleur mentionne pourtant un dépôt 213 bis pour la pièce à l'ouest du mur, et un dépôt 213 pour l'« enceinte » elle-même ; mais il ne fait aucune remarque sur cette séparation, et n'en tient pas compte dans son rapport. Sous le sol du deuxième état qui recouvre la couche d'incendie (« suie noire ») séparant les deux niveaux de construction, les vases reposaient sur le sol du premier état (« aire calcaire battue épaisse de 10 cm ») aménagé près du sol naturel (« terre brun-noir reposant sur craie en place »). Ce sol correspond vraisemblablement à la première occupation du site (fin XVe s.-début XIVe s. av. J.-C.). En 1932, dans ses notes sur la tombe V [T. 1004] où il remarquait la proximité de celle-ci et du dépôt 213, le fouilleur rajoutait : « Le dépôt 213 doit être plus ancien sur la tombe V et n'a sans doute rien à faire avec celle-ci. Il est plutôt contemporain des sépultures 1 et 2 [30] » (c'est-à-dire de la fin du XVe ou du début du XIVe s., voir plus loin les fouilles de 1932).

Le « dépôt à l'enceinte » et le « dépôt aux 80 jarres » appartiennent donc au premier état des constructions qui les contiennent. Ces deux exemples nous permettent de souligner que les fouilles de Minet el-Beida ont dégagé deux niveaux d'occupation très proches dans le temps (aucune couche d'abandon n'est signalée entre ces deux niveaux, comme par exemple pour l'« enceinte »). Les rapports de fouilles n'ont pas toujours clairement indiqué cette différence de niveaux, et il n'est pas non plus possible de distinguer sur le plan les deux états. À Minet el-Beida comme plus tard à Ras Shamra, les premières fouilles dégageaient les

29. *Ibid.* p. 61.

30. C. Schaeffer, *Notes de fouilles*, 1932, p. 56 : il s'agit d'une annotation dans la marge rajoutée après la fouille, le 21 septembre 1932 à Strasbourg.

structures jusqu'à la base de leurs fondations, mais souvent sans tenir compte de l'emplacement de sols ni des différents niveaux d'occupation. Dans le cas de ces « *cellæ* », il ne s'agit pas de fondations dégagées mais de deux états d'occupation. Si leur reconstruction a suivi les mêmes plans que ceux des bâtiments précédents, comme c'est sans doute ici le cas ainsi que pour d'autres bâtiments dans ce secteur (*cf.* l'« enceinte », voir ci-dessus), les structures du premier état ont en fait servi de fondations à celles du second état.

Les fouilles de 1932

La 4e campagne de fouilles de 1932 se déroula à l'ouest du chantier de 1931 *(Fig. 8a)*. De nouvelles habitations furent découvertes avec leurs aménagements utilitaires, deux nouvelles tombes (tombes V et VI [T. 1004 et 1007]) ainsi que des sépultures en fosse.

Les sépultures en fosse

Des tombes en fosse ont été découvertes au sommet de la falaise au nord de la baie de Minet el-Beida. Certaines dataient de l'époque romaine, probablement liées à une installation de cette époque à proximité. Une sépulture en partie détruite par l'érosion de la falaise datait de la fin du Bronze récent, et contenait des fragments de vases chypriotes et mycéniens des XIV-XIIIe s. av. J.-C. D'autres sépultures de cette époque ont été découvertes au nord du site de Minet el-Beida : deux d'entre elles (« sépultures 1 et 2 » : *Syria* 1933, p. 97-100) ont été découvertes intactes, au nord de la tombe V [T. 1004]. Les inhumations étaient placées dans des fosses de forme rectangulaire à ovale, taillées dans la roche. Elles pouvaient accueillir plusieurs inhumations dans une seule fosse. Elles étaient visiblement recouvertes de constructions : « des murs aboutissant à la tombe V sont superposés aux sépultures 1 et 2 ». Selon le fouilleur, ces constructions étaient postérieures, mais elles ne sont pas figurées sur le plan des fouilles. Les vases chypriotes du mobilier funéraire ont permis de dater ces sépultures du XVe s. ou du début du XIVe s. L'absence de céramique mycénienne a conduit le fouilleur à marquer l'antériorité de ces inhumations par rapport à celles des tombes à chambre construite de Minet el-Beida. Nous ignorons si cette affirmation est juste, faute d'informations précises sur le contexte archéologique de ces sépultures. Cependant, la présence de ces inhumations en fosse à la fin du Bronze récent est une indication très précieuse sur les pratiques funéraires de cette époque à Ougarit. En effet, dans l'état actuel des fouilles des niveaux du Bronze récent sur le site de Ras Shamra, il n'existe pas de tombe en fosse, mais uniquement des tombes à chambre construite. Les sépultures de Minet el-Beida prouvent donc qu'il existait, à la même époque que celle des tombes construites, un autre type de pratique funéraire.

Les tombes V et VI [T. 1004 et 1007]

La tombe V [T. 1004] (*Syria* 1933, p. 100-102, pl. IX-X) n'est pas facilement identifiable sur le plan. Nous l'avons localisée grâce à la tombe VI [T. 1007], qui se situait « à 40 m au sud-ouest de la tombe V ». D'après ces indications, nous supposons qu'il s'agit de la construction en moellons au nord du chantier *(Fig. 8a)*. Cependant, le relevé est très incomplet : seulement trois murs de petites dimensions délimitent un espace rectangulaire ouvert au nord. Si cet espace correspond à la chambre funéraire, ses dimensions intérieures sont plus étroites que celles qu'indique le fouilleur (2,50 x 3 m), à moins qu'il ne s'agisse du dromos. En tout cas le plan schématique publié par le fouilleur (*Syria* 1933, p. 101, fig. 5) est plus complet, même s'il manque l'échelle et l'orientation. Il est probable que la tombe était très détruite lorsque l'architecte en releva les ruines, en raison d'abord du pillage qui l'avait en partie endommagée, puis de la fouille qui avait notamment enlevé les dalles de couverture. La tombe V [T. 1004] était construite de la même manière que la tombe IV [T. 1002] (1929), avec des murs en moellons inclinés vers l'intérieur, et une couverture de grandes dalles plates. Malgré le pillage de la tombe, le fouilleur put dénombrer au moins cinq squelettes. Parmi le mobilier funéraire, la céramique mycénienne peinte (vases à étrier, plats, rhytons, hydries, cratères, etc.) date la tombe des XIVe-XIIIe s av. J.-C.

L'identification de la tombe VI [T. 1007] (*Syria* 1933, p. 102-106, pl. XI-XII) est aisée, car J.-C. Courtois avait rajouté au crayon le numéro de la tombe, avec une référence à *Ugaritica* I, pl. XV:1-2, où est figurée la tombe VI [T. 1007]. Les dimensions exceptionnelles de la chambre funéraire (6,50 x 3,50 m) font d'elle la plus grande tombe connue du royaume d'Ougarit. La tombe était en grande partie détruite lorsqu'elle fut découverte : elle avait été pillée non seulement de son mobilier funéraire, mais aussi des pierres de sa couverture et de ses murs, dont il ne restait plus que deux assises et son dallage. Seule la petite annexe au sud-est qui servit d'ossuaire semblait à peu près intacte. D'après les fragments de clés de voûte en forme de « T » retrouvés dans la tombe, les murs de celle-ci étaient probablement construits en encorbellement et formaient une voûte fermée au sommet par ces clés en « T ». Une épaisse « couche de boue et de terre d'infiltration » avait protégé ce qui restait du matériel funéraire. Les restes d'au moins 28 individus ont été dénombrés, dont « des hommes d'âge moyen et des vieillards, des femmes et des enfants ». Les vestiges du mobilier funéraire nous donnent une idée de sa richesse passée : bijoux en or, objets en albâtre, en ivoire, et une grande quantité de vases en faïence, en fritte et en verre dont certains ont été retrouvés intacts dans l'annexe. Le mobilier céramique était important (« des centaines de vases écrasés ») et constitué en partie de vases mycéniens et chypriotes qui datent la tombe du XIVe s., mais surtout du XIIIe s. av. J.-C.

Les « enclos rituels entre les tombes V et VI »

« Une vaste construction en petits moellons où se juxtaposent de nombreux enclos à ciel ouvert » fut dégagée au nord de la tombe VI [T. 1007], que le fouilleur qualifia d'« enclos rituels » (*Syria* 1933, p. 106-108, *cf.* ici *Fig. 8a* n° 2 ; *16*). Il s'agit probablement d'une partie d'un îlot d'habitations dont seule la partie basse des murs était conservée – comme dans le reste du site –, mais il faut restituer l'élévation totale des murs, le plafond, et peut-être même un étage. Le terme d'« enclos » n'est donc pas approprié. Le fouilleur rapprocha pourtant l'architecture de cette construction de celle de la « construction aux 13 chambres et couloirs ». C'est en effet le même type d'architecture domestique, avec des aménagements utilitaires semblables. Plusieurs pièces de taille variable (de « 6 à 20 m^{2} ») étaient construites en moellons, avec des portes dont les jambages étaient en pierre de taille. La fouille n'ayant dégagé qu'une partie de l'îlot, on ne peut en mesurer l'ampleur.

On distingue au moins une habitation, mais il est aussi difficile d'en fixer les limites. Au nord, le long mur orienté ouest-est qui sépare une partie de la construction d'un espace rectangulaire revêtu d'un sol en terre battue constitue peut-être la limite nord de la maison. La limite est de la maison se situait à peu près au niveau de l'angle sud-est relevé. La limite sud était marquée par une rue orientée nord-ouest-sud-est qui séparait cette maison de la construction abritant la tombe VI [T. 1007] au sud-ouest (*Fig. 5* ; *16a*). À l'ouest, la maison s'étendait au-delà de l'arrêt de fouille, avec au moins deux pièces supplémentaires. On accédait à la maison depuis la rue au sud, par une porte aux jambages en pierre de taille. Le rez-de-chaussée était pourvu des aménagements utilitaires habituels, qui ont été interprétés ici aussi comme des « dispositifs destinés à recevoir des libations » : puits, puisards, canalisations en pierre et en terre cuite : dans le vestibule, en particulier, une canalisation en pierre encore en partie recouverte de dalles débouchait dans la rue ; surfaces de broyage en pierre. Les sols des pièces étaient en terre battue. Le fouilleur a distingué deux niveaux de sols : « un sol surélevé fait d'une couche de béton lissé à la surface divisait chaque enclos en deux étages », qui correspondaient vraisemblablement à deux états d'occupation. La céramique chypriote et mycénienne a daté ces constructions des XIVe et XIIIe s. av. J.-C., mais il est plus difficile de dater précisément chaque état.

Le fouilleur a noté des traces de restauration et pense qu'il s'agit de « constructions postérieures » à un pillage, dans lesquelles il n'a pas découvert de céramique chypriote ni mycénienne, mais une céramique locale grossière. Nous ne possédons pas d'informations plus précises sur les modifications de cet habitat. Quant au matériel, la seule présence de céramique locale – même de facture grossière – et l'absence de céramique importée par endroits ne sont pas forcément une preuve du caractère plus récent de ces constructions.

Enfin la « destination purement rituelle » de ces constructions et de leurs aménagements est sans doute à revoir. On sait aujourd'hui que la proximité des tombes n'est pas la preuve de la vocation cultuelle des constructions qui les abritaient, ni de la destination rituelle de leurs aménagements (systèmes d'écoulement des eaux usées). En revanche, certains objets comme des idoles féminines peuvent témoigner d'un culte domestique.

Les fouilles de 1934

Il n'y a pas eu de fouille en 1933. Les fouilles de 1934 se déroulèrent à l'est du site, dans la zone en partie fouillée en 1929 (*Fig. 8b*).

Les constructions au sud de la tombe III [T. 1005]

Au sud de la tombe III [T. 1005] fut dégagé « un vaste bâtiment se composant de nombreuses chambres [...] alignées en deux rangées séparées par un mur traversant d'un bout à l'autre le bâtiment » (*Syria* 1929, p. 169). La partie ouest de ces constructions avait d'abord été fouillée en 1932 ; il s'agit du chantier dit « adjudant ». Ce chantier n'est pas mentionné dans le rapport des fouilles de 1932, mais il est visible sur la vue aérienne de 1932 (*Fig. 3* ; *8a* n° 1). Il s'agit de constructions en moellons avec plusieurs « pièces » dont l'une possède un puits, et au centre un long mur orienté approximativement ouest-est. Cependant le relevé de l'ensemble est très incomplet (arrêts de fouille, au sud en particulier ; destructions), et il est impossible de délimiter le ou les bâtiment(s). Le matériel ne nous renseigne pas sur la destination de ces pièces qui ont été découvertes « complètement vides ». Le fouilleur les a cependant interprétées comme des entrepôts, en raison des grandes dimensions des pièces.

La partie est fut dégagée en 1934 (tranchée du 8 mai, tranchée du 12 mai, tranchée du 22 mai, *Fig. 8b*, n° 1). Les pièces, de dimensions plus réduites qu'à l'ouest, appartenaient selon le fouilleur à une « habitation ». Celle-ci possédait notamment une « petite cour au sol dallé de blocs calcaires plats, qui contenait le puits avec margelle monolithe et, dans un angle de mur, un four à pain à paroi en terre fortement cuite ». Cette « cour » n'est pas facilement repérable sur le plan car le dallage n'y figure pas (d'ailleurs aucune pièce dallée n'a été représentée sur le plan de l'ensemble du site, à l'exception du dallage de la tombe VI). Il s'agit probablement de la pièce rectangulaire, orientée nord-sud, où figurent au nord un reste de sol et au sud la margelle monolithe d'un puits. Dans ses notes, le fouilleur indique que le four était situé dans un angle de mur, et avait un diamètre de 0,95 m. Sa taille et sa localisation ne correspondent pas à celles des deux objets circulaires de taille plus réduite dessinés sur le sol et sur le mur au nord, et qui étaient sans doute des jarres. À l'est, la petite pièce rectangulaire orientée ouest/est et représentée sans ouverture correspond à la pièce contiguë où fut trouvée « une stèle trouée autour de laquelle gisaient un brûle-encens (ou lampe) en forme de louche et la moitié supérieure d'une idole mycénienne en forme de déesse paraissant ailée ». Cependant, d'après les notes de fouilles, si les deux premiers objets ont bien été exhumés au même endroit, le fragment d'idole mycénienne a été découvert à près de 2 m au nord dans la pièce voisine, et 35 cm plus bas que les autres objets. Nous doutons donc du rapport établi entre les trois objets, et de la destination cultuelle de cette pièce.

L'ensemble des constructions a été interprété comme la maison d'un marchand (à l'est), avec ses entrepôts (à l'ouest).

La région des tombes I et II [T. 1003 et 1006]

La partie ouest de cette zone avait été déjà fouillée en 1929. En 1934, trois tranchées parallèles et contiguës, orientées nord/sud, furent ouvertes dans la région des tombes I [T. 1003] et II [T. 1006] : (d'ouest en est) la tranchée du 9 mai, entre la tombe I et la tombe II ; la tranchée du 17 mai et la tranchée du 22 mai *(Fig. 8b* et *17)*. Dans son rapport, le fouilleur décrit un « bâtiment » semblable à celui dégagé au sud de la tombe III [T. 1005], composé d'« une série de grandes pièces disposées le long d'un mur de refend ». Ce mur, orienté nord-sud, ferme à l'est la pièce contenant la tombe VII [T. 1001]. Il est visible sur une photo *(Syria* 1935, pl. XXXIV:3), où l'on pourrait croire qu'il se poursuit plus au sud, comme l'indique le fouilleur. Cependant sur le relevé il y a effectivement plusieurs murs dans le même prolongement, mais il y a une rupture après l'angle sud-est de la pièce de la tombe VII *(Fig. 8b)*. Le matériel est brièvement évoqué dans le rapport, seulement à titre d'élément de datation (nombreux fragments de céramique chypriote et mycénienne, cylindres). Il est surtout question de deux états de constructions. Celles datant de la première période d'occupation du site, dont « les fondations descendent partout jusqu'au sous-sol vierge », remontent à la fin du XVe s. et au XIVe s. Les constructions postérieures, du XIIIe s. et du début du XIIe s., se sont superposées aux précédentes. Les tombes I, II et VII [T. 1003, 1006 et 1001] ont été aménagées dans des habitations de cette époque. Sur le plan, on voit effectivement certains murs qui se superposent, en particulier au sud-est de la tombe I. Les deux états ont été représentés sur le plan, mais sans qu'ils soient distingués, comme pour l'ensemble des constructions relevées sur le plan, ce qui est une des raisons pour lesquelles la lecture de celui-ci est difficile.

La région de la tombe VII [T. 1001]

Cette zone (*Syria* 1935, p. 169-171) était recouverte d'un tertre artificiel qui a d'abord été désigné comme un « tumulus » (*Fig. 6*). Après sa fouille en 1934, le fouilleur rectifia cette interprétation (« Le soi-disant tumulus de Minet el-Beida » : *Syria* 1935, p. 170-171). La région avait été d'abord sommairement explorée par des tranchées-sondages : en 1928, deux tranchées creusées au centre du tertre (*cf.* fouilles de 1928 : *Syria* 1929, p. 20) ; en 1929, trois tranchées de recherche creusées au nord-ouest et au sud-ouest du tertre, que l'on peut distinguer sur la vue aérienne de 1932 *(Fig. 3)*. En 1934, les trois tranchées creusées entre les tombes I et II *(cf.* ci-dessus) furent prolongées d'environ 25 m au-delà de la tombe I, vers le nord, pour la fouille du tertre. Un grand bâtiment de plan rectangulaire fut dégagé, avec au centre une grande pièce abritant la chambre funéraire de la tombe VII et au sud deux petites pièces dont l'une donnait accès au *dromos* de la tombe.

Nous possédons très peu d'informations sur la fouille de la tombe VII [T. 1001]. Le rapport de fouilles est très bref à son sujet, les notes de fouilles également, où le fouilleur ne mentionne pas de matériel. La tombe était très détruite, le mur est en particulier avait disparu. Elle était construite en pierre de taille, possédait au moins deux niches dans le mur nord, et le dallage de la chambre funéraire était en partie arraché. Les murs formaient jadis un encorbellement, dont « plusieurs dalles d'encorbellement gisaient sur le fond, tombées anciennement ». Nous ignorons si l'absence de matériel est due à une lacune des notes de fouilles, ou bien si réellement aucun matériel funéraire n'a été retrouvé dans la tombe. Dans ce cas, il est possible (mais nous n'en avons pas la preuve) que cette tombe n'ait pas été utilisée, et que sa construction n'ait pas été achevée au moment de la destruction de la ville. Les pilleurs de pierres ne seraient pas alors les seuls responsables de l'état dans lequel la tombe a été découverte.

Après les fouilles de 1934, C. Schaeffer élargit son interprétation du site de Minet el-Beida. Les fouilles menées en parallèle sur le tell de Ras Shamra ont mis en évidence la similitude entre les deux agglomérations pour la période comprise entre la fin du XVe s. et le début du XIIe s. av. J.-C. : même organisation urbaine, même architecture, présence de tombes construites sous les maisons, même type de matériel. Dans son rapport de la campagne de 1934, le fouilleur ne parlait plus seulement du site de Minet el-Beida comme d'une « nécropole doublée d'un lieu de culte » : il y reconnaissait « le quartier du port de l'ancien Ugarit », établi à partir de la fin du XVe s. av. J.-C. (*Syria* 1935, p. 168). Il confirmait aussi plus tard les deux principales périodes d'occupation du site : « un niveau inférieur contemporain des XVe et XIVe s. et un niveau supérieur de la fin du XIVe s. et du XIIIe s. » (*Syria* 1937, p. 140-141). Sur le site, la rupture entre ces deux périodes était indiquée par d'importantes traces d'incendie et des destructions visibles dans les constructions de la couche inférieure. Les constructions du niveau supérieur ont été faites directement sur les ruines des précédentes. L'absence de couche d'abandon entre les deux niveaux indiquait une réoccupation rapide du site, probablement après une destruction brutale de la ville (tremblement de terre, raz de marée ?) au cours du XIVe s.

Nouvelle numérotation des tombes I-VII de Minet el-Beida (Marchegay 1999) :

Schaeffer	*Marchegay*
Tombe I :	T. 1003
Tombe II :	T. 1006
Tombe III :	T. 1005
Tombe IV :	T. 1002
Tombe V :	T. 1004
Tombe VI :	T. 1007
Tombe VII :	T. 1001

INDEX BIBLIOGRAPHIQUE

ABDUL-HAK (E.), 1958-1959, « Leukos Limen », dans « Découvertes archéologiques récentes », *AAAS* VIII-IX, p. 83-86.

AMADASI-GUZZO (M.-G.), 1982, « Il vocabolo M'HD/MHZ in ugaritico e fenicio », *Materiali lessicali ed epigrafici*, I. *Collezione di Studi Fenici* 13, Roma p. 31-36.

ALBANESE (L.), 1929, « Note sur Ras Shamra », *Syria* 10, p. 16-20.

ASTOUR (M.), 1970, « Ma'hadu, le port d'Ugarit », *Journal of Economical and Social History of the Orient* 13, Leiden, p. 113-127.

ASTOUR (M.), 1995, « La topographie du Royaume d'Ougarit », in *RSO* XI , p. 55-71.

CALLOT (O.), 1983, *RSO* I, *Une maison à Ougarit. Études d'architecture domestique*, Paris.

CALLOT (O.), 1994, *RSO* X, *La tranchée « Ville Sud ». Études d'architecture domestique*, Paris.

CAUBET (A.), 1994, *Pharaonen und fremde Dynastien im Dunkel*, Vienne, p. 259.

COURTOIS (J.-C.), 1979, *s.v.* « Ras Shamra : Archéologie », *Supplément au Dictionnaire de la Bible*, Paris, col. 1283-1287.

DUSSAUD (R.), 1929, « Note additionnelle », *Syria* 10, p. 20-21 et p. 297-303.

FROST (H.), 1991 « Anchors sacred and profane. Ugarit-Ras Shamra, 1986 ; the stone anchors revised and compared », in *RSO* VI, p. 355-410.

MARCHEGAY (S.), 1999, *Les tombes d'Ougarit : architecture, localisation et relation avec l'habitat*, Thèse université Lyon-2.

PITARD (W. T.), 1994, « The *Libation Installations* of the Tombs at Ugarit », *Biblical Archaeologist*, vol. 57 n° 1, march 1994, p. 20-37.

RSO = *Ras Shamra-Ougarit*, ERC, Paris :

RSO III, *Le Centre de la ville,* dir. M. Yon, 1987.

RSO VI, *Arts et Industries de la pierre*, dir. M. Yon, 1991.

RSO XI, *Le pays d'Ougarit autour de 1200 av. J.-C., Actes du colloque de Paris, 1993*, dir. M. Yon, M. Sznycer, P. Bordreuil, 1995.

RSO XIII, M. Yon, V. Karageorghis & N. Hirschfeld, *Céramiques mycéniennes*, 2000.

SAADÉ (G.), 1979, *Ougarit, métropole cananéenne*, Lattaquié, p. 148-152.

SAADÉ (G.), 1995, « Le port d'Ougarit », in *RSO* XI, p. 211-225.

SCHAEFFER (C. F.-A.), 1929, « Les fouilles de Minet el-Beida et de Ras Shamra (campagne du printemps 1929). Rapport sommaire », *Syria* 10, p. 285-303.

SCHAEFFER (C. F.-A.), 1931, « Les fouilles de Minet el-Beida et de Ras Shamra, 2e campagne (printemps 1930). Rapport sommaire », *Syria* 12, p. 1-14.

SCHAEFFER (C. F.-A.), 1932, « Les fouilles de Minet el-Beida et de Ras Shamra, 3e campagne (printemps 1930). Rapport sommaire », *Syria* 13, p. 1-24.

SCHAEFFER (C. F.-A.), 1932, « Note additionnelle à propos du nom ancien de la ville de Ras Shamra », *Syria* 13, p. 24.

SCHAEFFER (C. F.-A.), 1933, « Les fouilles de Minet el-Beida et de Ras Shamra, 4e campagne (printemps 1932). Rapport sommaire », *Syria* 14, p. 3-120.

SCHAEFFER (C. F.-A.), 1934, « Les fouilles de Ras Shamra, 5e campagne (printemps 1933). Rapport sommaire », *Syria*, 15, p. 105-115, pl. XI.

SCHAEFFER (C. F.-A.), 1935, « Les fouilles de Ras Shamra (Ugarit) 6^{e} campagne (printemps 1934). Rapport sommaire », *Syria* 16, p. 166-173.

SCHAEFFER (C. F.-A.), 1936, « Les fouilles de Ras Shamra-Ugarit, 7^{e} campagne (printemps 1935). Rapport sommaire », *Syria* 17, p. 126-148.

SCHAEFFER (C. F.-A.), 1937, « Les fouilles de Ras Shamra-Ugarit, 8^{e} campagne (printemps 1936). Rapport sommaire », *Syria* 18, p. 140-141.

SCHAEFFER (C. F.-A.), 1939, *Ugaritica* I, Paris.

SCHAEFFER (C. F.-A.), 1949, *Ugaritica* II, Paris.

TEIXIDOR (J.), 1983, « Palmyrene MHWZ and Ugaritic MIHD », *Ugarit-Forschungen* 15, p. 309-311.

YON (M.), 1981, *Dictionnaire illustré multilingue de la céramique du Proche-Orient ancien*, Lyon.

YON (M.), 1992, « The end of the kingdom of Ugarit », in *The Crisis Years, the 12th century BC. From beyond the Danube to the Tigris, Symposium Providence 1989*, Sharp-Joukowsky (M.) & Ward (W. A.) eds., p. 111-122.

YON (M.), 1994, « Minet el-Beida », *Reallexikon für Assyriologie*, ed. De Gruyter, Band 8. 3/4, München, p. 213-215.

YON (M.), 1997, « Ougarit et le port de Mahadou / Minet el-Beida », *Res Maritimae, Symposium Nicosia 1994*, S. Swiny, R. Hohfelder & H. Swiny eds, Atlanta 1997, p. 357-369.

YON (M.), 1997, *La cité d'Ougarit sur le tell de Ras Shamra*, ERC, Paris.

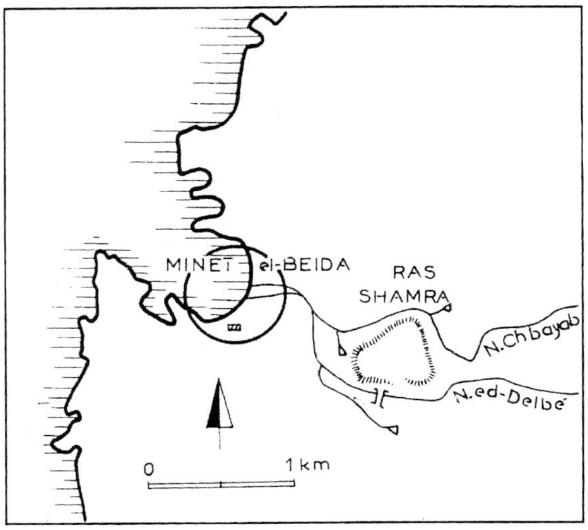

Figure 1. La région d'Ougarit : la capitale (tell de Ras Shamra) et son port Minet el-Beida.

Figure 2. Vue aérienne du site de Minet el-Beida à la fin des fouilles, vers le nord. (Photo aérienne de l'Armée du Levant, 6 juin 1936.)

(Archives mission)

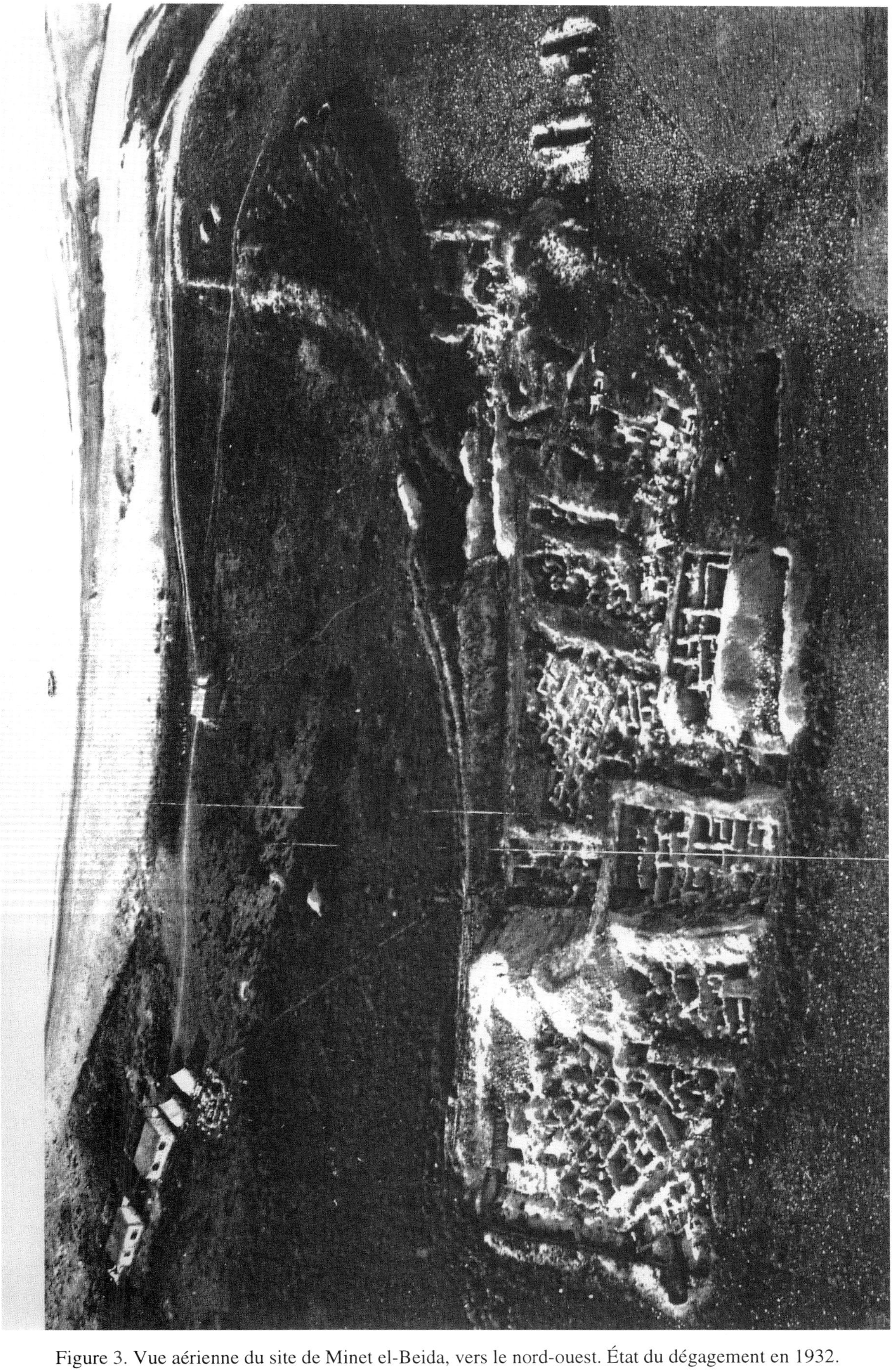

Figure 3. Vue aérienne du site de Minet el-Beida, vers le nord-ouest. État du dégagement en 1932.

(Archives mission)

Figure 4. Plan des fouilles de Minet el-Beida : tirage retrouvé en 1993 dans les dossiers de J.-C. Courtois.
(Archives mission)

Figure 5. Minet el-Beida, vers 1935, plan revu en 1995 : avec orientation,
essai de localisation schématique des zones fouillées, des tombes, de quelques bâtiments et de rues.

(Révision S. Marchegay)

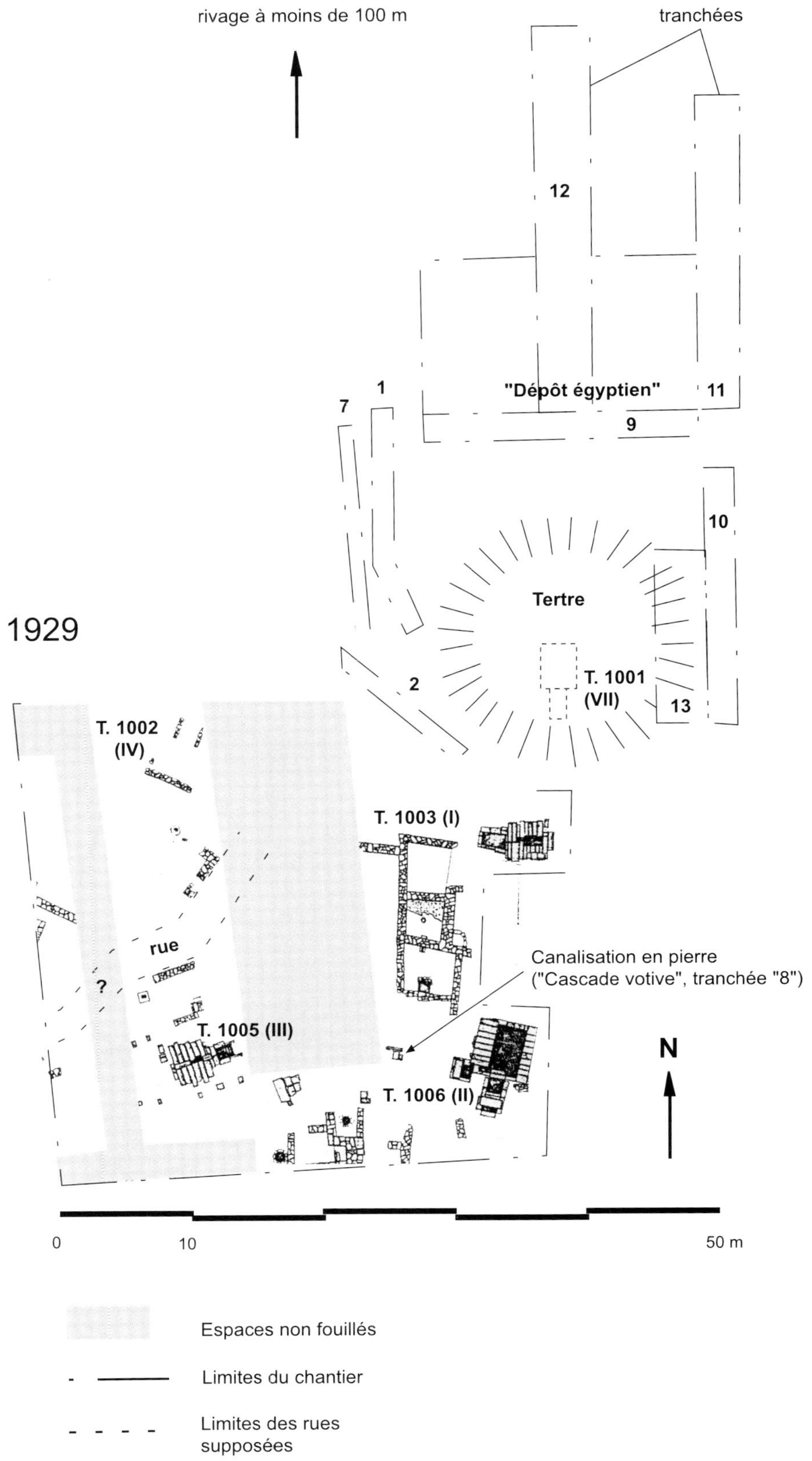

Figure 6. Les fouilles de Minet el-Beida en 1929. Au nord-est : le tertre recouvrant la tombe VII. Essai de reconstitution schématique des zones fouillées ne figurant pas sur le plan général : tranchées 1, 2, 7, 9, 10, 11, 12 et 13 (« région des 80 dépôts »).

(Révision S. Marchegay)

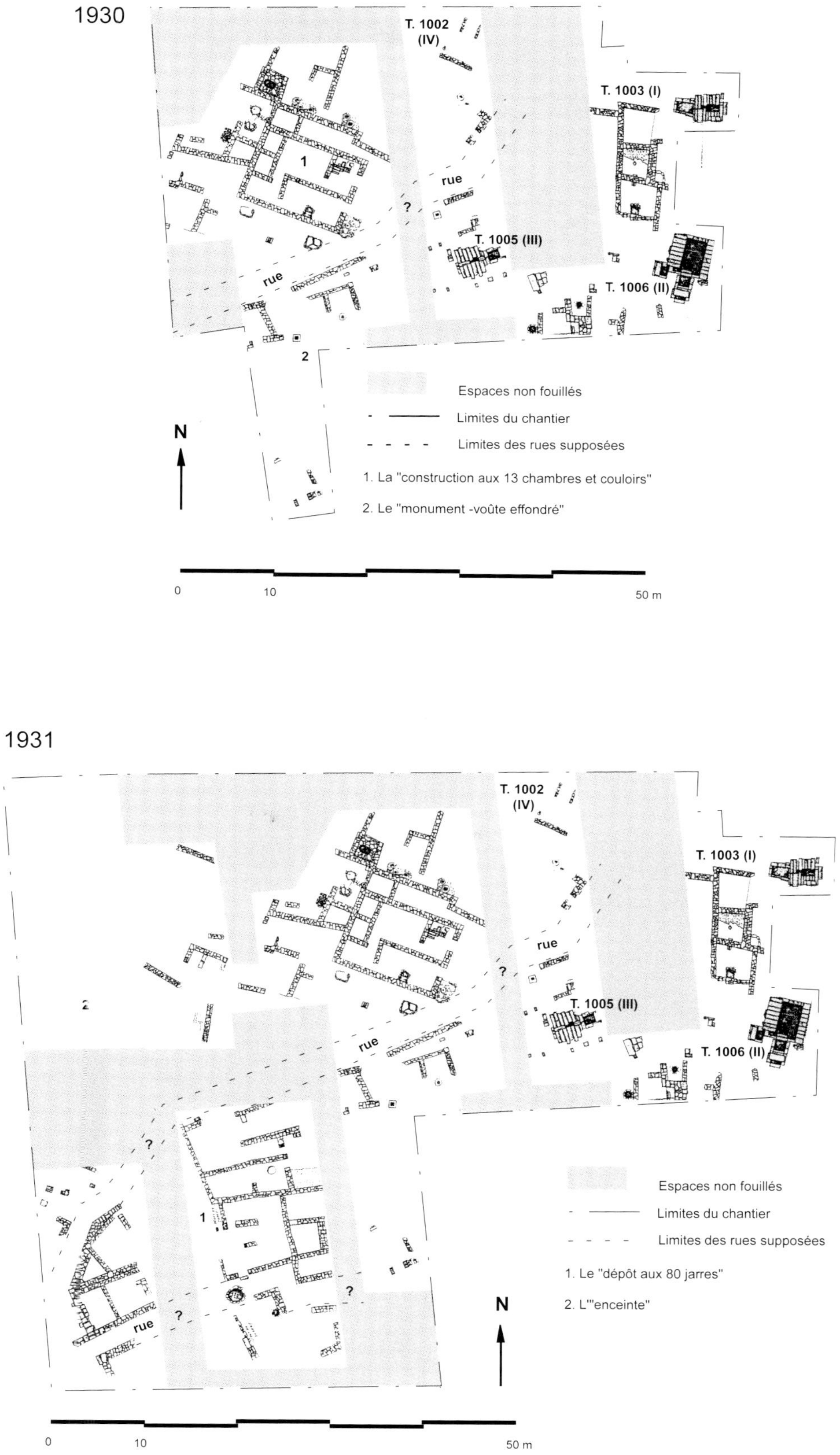

Figure 7. Les fouilles de Minet el-Beida en 1930 (a) et 1931 (b).
Essai de reconstitution schématique de l'extension des fouilles.

(Révision S. Marchegay)

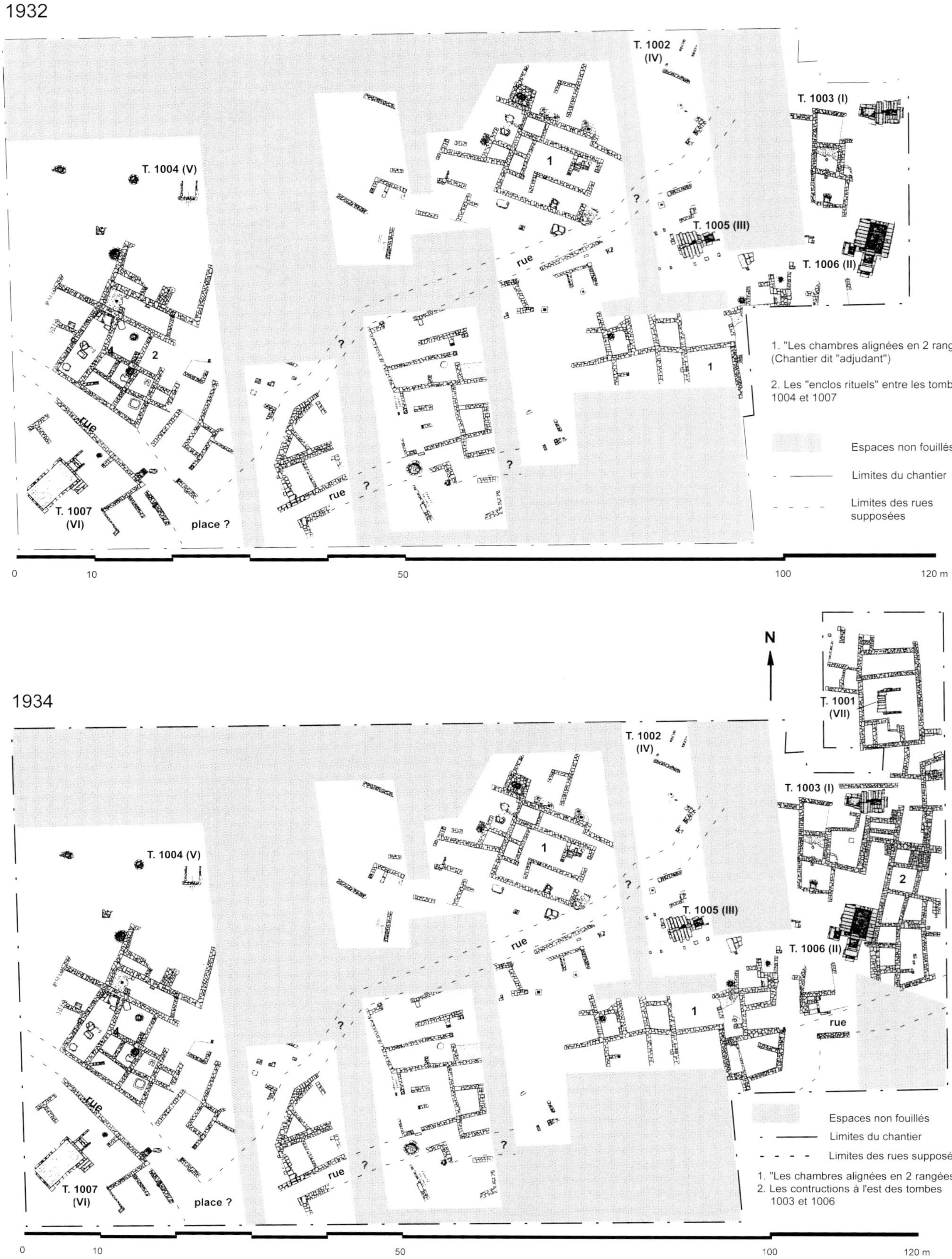

Figure 8. Les fouilles de Minet el-Beida en 1932 (a) et 1934 (b) :
essai de reconstitution schématique de l'extension des fouilles.

(Révision S. Marchegay)

a

b

Figure 9. Minet el-Beida 1929.

a : La tranchée « 8 », vers le nord, avec la canalisation en pierre (« cascade votive »).

b : Détail de la canalisation, d'après *Syria* 1929, pl. LV:2 : « Dispositif en forme de conduite d'eau ».

(Archives mission)

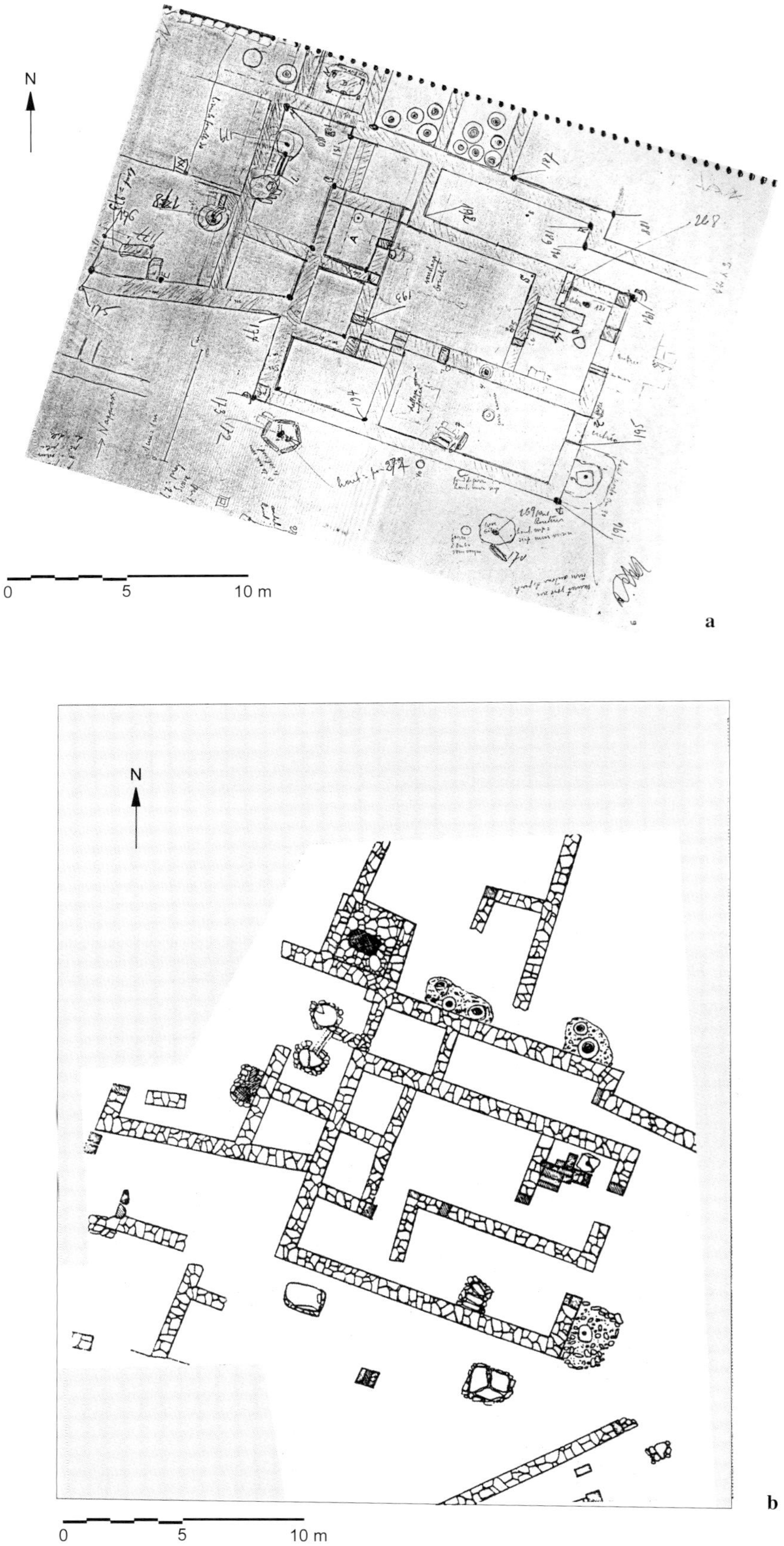

Figure 10. Minet el-Beida 1930 : la « construction aux 13 chambres et couloirs ».
a : Croquis C. Schaeffer, carnets de fouilles de 1930 (l'orientation au nord est de S. M.).
b : Détail du plan général (voir *fig. 6*, n° 1).

(Archives mission)

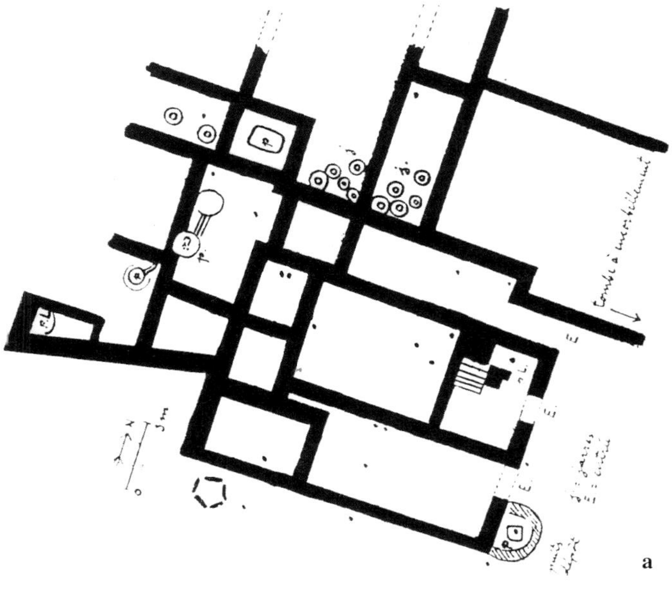

a

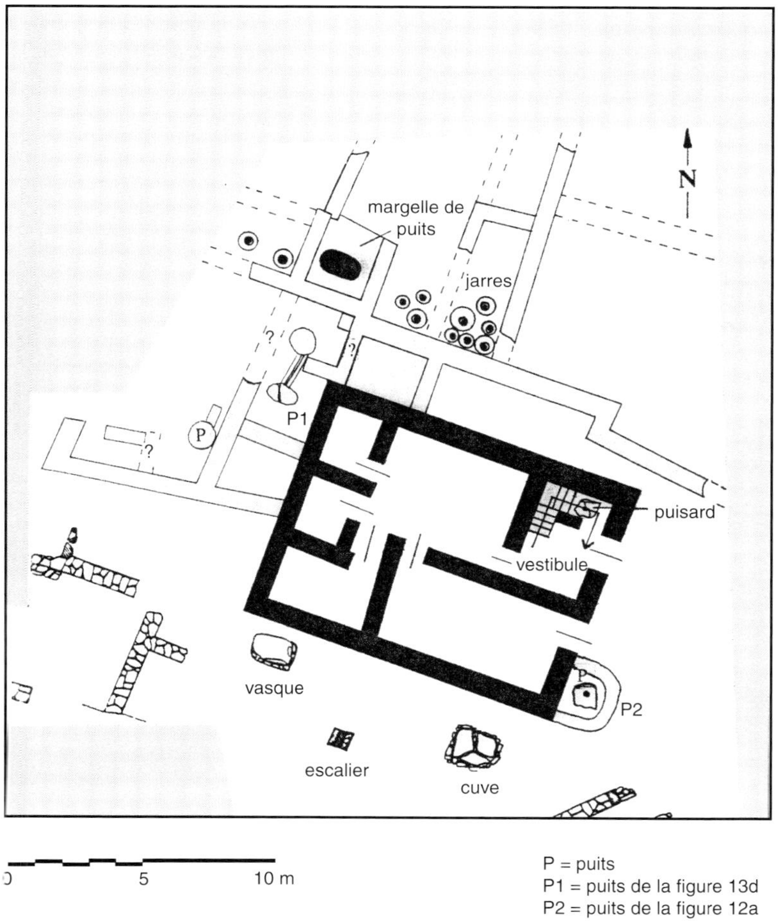

b

Figure 11. Minet el-Beida 1930 : la « construction aux 13 chambres et couloirs ».
a : Croquis C. Schaeffer, publié dans *Syria* 12, 1931, p. 3, fig. 1 b : Essai de reconstitution schématique.
L'orientation au nord est de S. M.

a. Vue de la partie sud-est de la construction, vers le nord. Au premier plan, le puits entouré d'un « muret » (archives mission, inédit).

b. Vue de l'escalier, vers le nord. (*Cf. Syria* 12, 1931, pl. II:2 : « Escalier et puits ou latrine de la construction près des tombes à voûte à encorbellement »).

c. Grandes jarres au nord de la construction. (*Cf. Syria* 12, 1931, pl. II:3 : « Grandes jarres en place dans une des chambres »).

d. Grandes jarres en place au nord de la construction. (*Cf. Syria* 12, 1931, pl. I:2 : « Jarres de provisions en place »).

Figure 12. Minet el-Beida 1930 : la « construction aux 13 chambres et couloirs ».

(Archives mission)

a. Vasque au sud de la construction,
(*Cf. Syria* 12, 1931, pl. XIV:4 :
« Vasque faite de cinq dalles posées de champ »).

b. Fond de cuve avec écoulement,
au sud de la construction
(*Cf. Syria* 12, 1931, pl. XIV:1 : « Fond de bassin
en béton avec tuyau d'écoulement en terre cuite »).

c. Escalier effondré (*Cf. Syria* 12, 1931, pl. I:3 :
« Construction votive en forme de double escalier
entourée de vases et de mortiers »).

d. Dégagement d'une canalisation aboutissant
à un puits sous les vases et les pierres au premier plan.
(*Cf. Syria* 1931, pl. XIV, 2 : « Conduite d'eau en pierre
aboutissant à un puits fermé par une couche en béton
et portant 2 vases »).

Figure 13. Minet el-Beida 1930. La « construction aux 13 chambres et couloirs ».

(Archives mission)

a

b

Figure 14. Le « dépôt aux 80 jarres ». Minet el-Beida 1931.
a : Vue vers le sud-ouest (*Cf. Ugaritica* I, pl. IX : « Entrepôt de plus de 80 jarres d'un commerçant en huile ou en vin. Quartier du port d'Ugarit à Minet el-Beida, XVe-XIVe s. »).
b : Vue vers le nord. (Archives mission)

a

b

Figure 15. L'« édifice à enceinte ». Minet el-Beida 1931.

a : La partie nord du chantier, vers le nord-est. Au premier plan à gauche, la tranchée contenant l'« enceinte ».
b : Vue de détail de l'« enceinte », vers l'est (*Cf. Syria* 1932, pl. V:2 : « L'enceinte supérieure en partie enlevée ; les restes de l'enceinte supérieure et les *cellæ* voisines vues du sud après la fouille »).

(Archives mission)

Figure 16. Les constructions entre les tombes V et VI (les « enclos rituels »). Minet el-Beida 1932.
(*Cf. Syria* 14, 1933, pl. XIII:3 : « Ensemble des enclos après le dégagement avec à droite deux tables à libation en place ; à gauche séparé des enclos par un mur, le dromos de la tombe VI »).

Figure 17. Les constructions à l'est des tombes I et II.
(*Cf. Syria* 16, 1935, pl. XXXIV:2 : « Construction antérieure à la tombe mycénienne II, partie est en cours de dégagement »).

(Archives mission)

CHAPITRE II

NAISSANCE ET DÉVELOPPEMENT D'UNE MAISON dans la « Ville Basse » orientale d'Ougarit (fouille 1936)

Corinne CASTEL

Depuis 1978, la mission de Ras Shamra [1] s'attache tout particulièrement à l'étude de l'architecture domestique d'Ougarit, soit en procédant sur le tell de Ras Shamra *(Fig. 1)* à des fouilles systématiques dans des secteurs nouvellement dégagés, soit en analysant des quartiers autrefois mis au jour, mais restés encore largement inédits [2]. Ce dernier axe de recherche offre un double avantage : il permet d'avoir accès rapidement à l'information dans la mesure où le travail de fouille est déjà effectué ; il permet, par ailleurs, de conduire à moyen terme une étude architecturale et urbanistique sur l'ensemble d'un quartier, puisque C. Schaeffer et ses successeurs ont exploré des secteurs bâtis d'une vaste superficie. Ce type de recherche est rendu possible par l'état de conservation relativement bon des vestiges en pierre anciennement dégagés.

C'est dans cette optique que nous avons étudié à partir de 1994, au cours de quatre campagnes sur le terrain, un quartier fouillé dans la « Ville Basse Est » *(Fig. 2a-b)* par C. Schaeffer entre 1935 et 1937 (7e, 8e et 9e campagnes). Ce secteur, qui avoisine 3 000 m^2, est situé dans le quadrant B du tell, à une dizaine de mètres en contrebas de l'« Acropole » où s'élèvent les temples attribués à Baal et à Dagan [3]. Le gigantesque cône de déblais issu des fouilles le sépare de la « Ville Basse Ouest » *(Fig. 3)*. Largement envahi par la végétation depuis l'arrêt des travaux, et relativement difficile d'accès, ce quartier n'était connu jusqu'alors que par des rapports de fouille succincts parus dans *Syria* [4], et repris dans les publications postérieures. L'examen des cahiers de fouille manuscrits restés inédits n'apporte malheureusement guère plus d'informations car les rapports publiés ne sont, le plus souvent, qu'un écho fidèle de ces notes.

Les renseignements publiés ne concernaient qu'exceptionnellement l'architecture et l'urbanisme. Le fouilleur s'est intéressé surtout aux tombes (seulement les plus spectaculaires et les plus riches en matériel,

---

1. Je tiens ici à remercier chaleureusement Marguerite Yon qui m'a accueillie à partir de 1994 dans son équipe, et m'a confié la responsabilité de l'étude de la « Ville Basse Est » d'Ougarit. Ses observations et ses conseils m'ont été d'un constant secours, ainsi que ceux d'Olivier Callot et d'Yves Calvet, en particulier, qui m'ont fait profiter de leur expérience à Ras Shamra ; les résultats que je propose ici doivent beaucoup aux études détaillées de l'habitat qu'ils ont menées ailleurs sur le site. Mes remerciements vont aussi à Joël Mallet qui m'a initiée à la céramique du Bronze moyen levantin, à Olivier Quintanel et Nelly Martin, topographes, ainsi qu'à Laurent Volay et Gisèle Hadjiminaglou, architectes, auxquels je dois les relevés inédits et les coupes présentées ici, dressées d'après mes propres croquis cotés (sauf *fig. 10 b* due à O. Callot).

2. Voir analyse générale du site : Yon 1997. Fouille nouvelle : mise au jour de plusieurs maisons dans le quartier du « Centre de la Ville », dont les maisons A, B, E publiées par M. Yon, P. Lombard et M. Renisio (1987), la maison C par J. Gachet (1997), et la maison située au sud du « temple aux rhytons », étudiée dans ce volume par J. Mallet et V. Matoïan ; récemment, dégagement de la maison dite d'Ourtenou au sud du site. Reprise de fouilles anciennes : tranchée « Ville Sud » fouillée en 1959-1960, et réétudiée par O. Callot (*RSO* I, 1983 : maison A ; *RSO* X, 1993 : ensemble de la tranchée).

3. Nous reprenons ici par commodité l'appellation « Ville Basse », bien que ce secteur se trouve en réalité au-dessus de la plaine, à une altitude moyenne comparable à celle de la « Ville Sud ». Sur les désignations conventionnelles des différentes zones du tell : Yon 1997, p. 37.

4. Schaeffer 1936, p. 137-147 ; 1937, p. 126-154 ; 1938, p. 197-255 ; 1951, p. 20.

semble-t-il) et en particulier au matériel importé qu'elles ont souvent livré en abondance. La documentation graphique se résume à un plan schématique réduit à l'échelle approximative de 1/400 *(Fig. 4)*, accompagné de quelques coupes et élévations de tombes. Elle nous a été fort utile pour évaluer la dégradation des vestiges depuis les années 1930, et aider à restituer à l'occasion certains éléments aujourd'hui effondrés ou totalement disparus. Elle s'avérait cependant insuffisante pour mener une véritable analyse des maisons et de leur environnement, qui ne pouvait être envisagée que sur le terrain.

La partie orientale de la Ville Basse offrait l'occasion d'analyser des unités d'habitation complètes et inédites. Pour conduire une étude détaillée de l'habitat et tenter de comprendre son évolution, nous avons choisi un îlot entièrement dégagé dans son dernier état, et relativement bien conservé – l'îlot I qui regroupe sept d'entre elles *(Fig. 5)*. Un sondage en profondeur mené autrefois sous la tombe 104 [5] (ancien n° XXVI = Marchegay 1999, tombe n° 10) jusqu'à la roche mère, et le déchaussement par la fouille ancienne des fondations et parfois de murs antérieurs, montraient par ailleurs que ce quartier a connu une occupation de longue durée. En effet, l'épaisseur des couches archéologiques y atteint une dizaine de mètres. Cela nous a permis de combiner l'analyse architecturale de l'état final des maisons et une approche diachronique (sans procéder à une nouvelle fouille), de façon à tenir compte de l'évolution structurelle et architecturale des habitations. Enfin, ce genre d'étude nous a conduite à remettre en question l'attribution chronologique du quartier à « l'époque hyksôs », c'est-à-dire au Bronze moyen selon la terminologie actuelle. Ce dernier point méritait d'être vérifié dans la mesure de nos moyens, d'autant plus soigneusement que cette période est encore fort mal connue à Ougarit.

Parmi les sept maisons de l'îlot I que nous avons analysées en détail, nous nous attacherons ici à la maison B, qui est exemplaire à plus d'un titre pour l'ensemble de l'îlot [6]. Il faut rappeler que l'on ne dispose d'aucune description du bâtiment par le fouilleur, malgré l'importance des travaux effectués dans cette habitation en 1936. La fouille en profondeur menée dans certains espaces a fait disparaître presque complètement les sols de l'état final de la maison ; elle a cependant permis de remettre au jour non seulement les fondations, mais aussi des témoins des niveaux antérieurs. Ces témoins, ainsi que des bouleversements perceptibles notamment dans les circulations, montrent combien le tissu urbain d'Ougarit était vivant. Ils permettent de poser quelques jalons pour interpréter l'histoire de la demeure et, partant, l'histoire du quartier.

Description et analyse de la maison B dans l'état final du quartier

Insertion dans le quartier

La maison B se trouve au nord-ouest [7] de l'îlot I, lui-même délimité par trois rues et une impasse *(Fig. 5)*. Malgré l'étroite imbrication des habitations liées structurellement les unes aux autres dans l'îlot, il nous a été possible de les individualiser en nous fondant sur l'emplacement des passages conservés et l'analyse des circulations. La maison B est apparue ainsi à la fois voisine et mitoyenne de quatre autres maisons : A, C, D et G. Dans son dernier état, elle partage en particulier de longs murs mitoyens avec les maisons A à l'ouest et C à l'est. Elle ouvre au nord, par une porte unique, sur la rue 1 (la « rue du rempart » de C. Schaeffer) qui constitue un axe majeur de circulation reconnu sur une longueur de près de 70 m, et qui se prolonge bien au-delà de la Ville Basse Est, dans la Ville Basse occidentale. Le seuil monolithe (passage 41) avait basculé dans la rue à la reprise des travaux, mais il était aisé de le remettre à son emplacement originel, encore visible dans la construction.

5. Conformément au système utilisé aujourd'hui dans les autres secteurs du site, nous désignons selon une numérotation continue chaque pièce, mur, passage et aménagement immobilier, ainsi que les tombes, même si certaines d'entre elles avaient déjà été numérotées par le fouilleur. Rappelons, en effet, que C. Schaeffer a enregistré en chiffres romains les inhumations qu'il a dégagées ; mais toutes n'ont pas été numérotées (notamment dans l'îlot étudié) et, inversement, certaines portent les mêmes numéros que d'autres tombes de Ras Shamra : voir le récent répertoire général des tombes établi par S. Marchegay, 1999.

6. La publication finale de l'ensemble de la Ville Basse Est est en préparation.

7. Pour simplifier la description, nous parlerons des directions nord, sud, est et ouest, bien que les constructions et l'îlot ne soient pas orientés exactement ici selon les points cardinaux.

Dans son état final, le plan de la maison B est régulier et de forme approximativement rectangulaire. Il résulte pourtant de remaniements importants, comme on le verra, qui montrent l'ancienneté relative de cette habitation par rapport aux autres bâtiments qui composent l'îlot I. Les unités d'habitation de l'îlot tel qu'il nous apparaît dans l'état final du quartier ont pourtant toutes été bâties en un laps de temps relativement court que l'on peut situer à la dernière phase de l'existence d'Ougarit. Toutes les demeures de ce quartier sont à peu près contemporaines, à l'échelle de l'âge du Bronze récent [8], comme en témoignent les types architecturaux des maisons elles-mêmes et des tombes qui leur sont associées, ainsi que le matériel [9]. Nous avons pratiqué, par ailleurs, sept sondages dans les rues 1 et 2, au pied des murs extérieurs des îlots I, II, III et V, qui nous ont montré que la rue 1 elle-même est une création très tardive, tandis que la rue 2 avait été dessinée à un emplacement resté vierge de construction *(Fig. 5)*.

Caractéristiques générales

Dans son dernier état, la maison B a une emprise au sol de 83 m^2 environ, tandis que l'on peut estimer la superficie habitable au rez-de-chaussée à 57 m^2 environ. Elle entre ainsi dans la catégorie des habitations de taille moyenne d'Ougarit [10], et occupe une superficie proche de la moyenne par rapport aux autres unités d'habitation de l'îlot : cinq de ces habitations ont une superficie totale comprise entre 50 et 75 m^2, la sixième atteint près de 260 m^2 dans son dernier état.

Les murs conservés, rarement liés, sont construits en moellons bruts, auxquels sont parfois mêlées quelques pierres plus grosses non équarries, sans appareil régulier *(Fig. 6)*. Quelques piles constituées de beaux blocs de pierre taillée soulignent parfois un passage (à l'entrée de la maison et sans doute entre les espaces 60 et 37) [11]. Elles permettent, par ailleurs, de renforcer un angle de mur comme à l'angle commun aux maisons A et B, au sud-ouest.

La maison B a été largement dégagée par les intempéries et les fouilles anciennes, au point de mettre à nu la base des murs fondés le plus haut et de faire apparaître des éléments appartenant au niveau antérieur *(Fig. 7)*. La fouille ancienne a fait disparaître la plupart des sols du dernier état de la maison, mais C. Schaeffer a laissé un témoin que nous avons pu retrouver dans l'angle nord-est de la pièce 38, à 18,60 m d'altitude *(Fig. 6a)*. Le seuil d'entrée de la maison lui-même peut être restitué à 18,63 m. Différents indices permettent de retrouver les altitudes des éléments qui ont disparu : seuil, sommet des tombes, base de l'escalier... Ils sont d'autant plus nécessaires que l'appareil de la partie haute des murs et celui des fondations ne se distinguent pas. Tous les murs sont fondés au moins sur une quinzaine de centimètres, autant qu'on puisse en juger d'après les altitudes restituables des sols. Seul, le mur septentrional de l'espace 38 présente une semelle de fondation, épaisse d'environ 10 cm.

Les fondations forment un réseau continu de murs. Cette caractéristique, constante à Ougarit, a conduit le fouilleur à représenter au sud-est une pièce sans porte (*locus* 38). L'épaisseur des murs est particulièrement homogène, puisqu'elle est comprise entre 0,58 m et 0,62 m, qu'il s'agisse du mur extérieur sur la rue 1, des murs mitoyens ou des murs de refends. Ce calibre moyen est fréquent dans l'habitat du Bronze récent d'Ougarit. On n'a retrouvé aucune trace de l'enduit de terre qui devait les recouvir, ni aucun vestige des

---

8. Seules les maisons B et D remontent peut-être au début du Bronze récent (on tentera de le montrer ici pour la première), avant de connaître des remaniements à la fin de la période. Toutes les autres demeures de l'îlot I sont construites à la fin de l'histoire de la ville, soit à la fin du XIIIe s. Mais chaque unité d'habitation a sa propre histoire, évolue et se développe à son propre rythme ; l'entreprise, difficile, d'établir une chronologie relative entre les différentes unités d habitations ne présenterait donc pas grand intérêt. On notera seulement que la maison A a certainement été construite un peu après le dernier état de la maison B, à en juger par le placage de ses murs contre ceux de la maison que nous présentons ici.

9. Il s'agit essentiellement du matériel découvert dans certains caveaux funéraires, et en particulier de la céramique importée qui a fait parfois l'objet de quelques descriptions faites par le fouilleur.

10. *Cf.* Courtois 1979, p. 106, 108.

11. Le plan des fouilles anciennes permet de penser que la pièce 60 était fermée par un mur, au milieu duquel était ménagé un passage permettant d'accéder au *locus* 37 : ce passage paraît d'autant plus assuré que le graphisme du montant occidental évoque une pile en pierre de taille. En 1994, seule la partie orientale du mur était encore en place, mais l'arrachement du tronçon de mur conservé à l'est ne laisse aucun doute sur le fait qu'il se poursuivait vers l'ouest. Mais si nos travaux montrent que le passage entre les *locus* 60 et 37 a bien existé, ils permettent cependant de penser qu'il était en fait décalé vers l'ouest par rapport à ce que montre le plan ancien.

sablières qui existaient peut-être à l'origine, sans doute à cause de l'état médiocre de conservation des vestiges lorsqu'on a repris les travaux en 1994. Certains murs atteignent pourtant encore 0,60 m de haut dans leur partie supérieure ; d'autres ont partiellement disparu.

Mais globalement, le plan de la maison reste aisément identifiable. Dans son état final, il se composait au rez-de-chaussée de cinq espaces : un vestibule (*locus* 60), peut-être une cour (*locus* 37) et un petit local de rangement (*locus* 39) que surplombait un escalier (*locus* 56). La présence d'un véritable escalier, au moins en partie maçonné et qui fait partie de la structure de la maison, l'épaisseur des murs, et l'économie générale de l'habitation, font penser qu'il donnait accès à un étage construit, et non pas seulement au toit en terrasse *(Fig. 8a-b)* [12]. L'espace habitable paraîtrait, en effet, singulièrement réduit s'il se limitait au rez-de-chaussée, et les murs porteurs sont suffisamment épais pour avoir supporté à la fois un étage et un toit en terrasse. Les murs du rez-de-chaussée se prolongeaient sans doute au premier niveau, et le plan de l'étage devait reproduire le plan du rez-de-chaussée, pour des raisons de contraintes architectoniques aussi bien que d'économie de l'espace.

Dans son état final, la maison surplombe deux tombes construites : la tombe 57 (= Marchegay 1999, tombe n° 7), située sous le *locus* 60 *(Fig. 9a)*, et la tombe 58 (= Marchegay 1999, tombe n° 8) surmontée par l'espace 37 (*Fig. 9b*). Seule la seconde avait été enregistrée par le fouilleur (sous le numéro XXIX), qui décrit succinctement quelques vases et une lampe qu'il attribue à l'« Ugarit Récent 2 » (1450-1365), dans un ensemble de matériel qui était certainement plus abondant (*cf.* Annexe et *fig. 10*) [13].

L'organisation de l'espace intérieur *(Fig. 5-6)*

Locus 60

Cette pièce en longueur est particulièrement érodée : les murs qui la délimitent ne sont conservés que très partiellement, et parfois, comme à l'ouest, uniquement en fondation *(Fig. 7)*. Son emplacement et son importance dans la distribution des circulations permettent de la considérer comme un véritable vestibule.

Au nord-est, trois blocs de pierre soigneusement taillés permettent de restituer avec certitude un passage (*locus* 52) entre ce vestibule et le *locus* 36.

Le plan des fouilleurs laisse à penser qu'une porte (*locus* 42) permettait d'accéder au *locus* 37, au sud. Cette porte semble d'autant plus assurée que le graphisme du plan anciennement publié évoque une pile en pierre de taille pour le montant occidental *(Fig. 4)*. En 1994, seule la partie orientale de ce mur était encore en place, mais l'arrachement que nous avons pu observer montre sans aucun doute qu'il se poursuivait vers l'ouest.

Du vestibule 60, on accédait aussi à l'escalier qui permettait de monter à l'étage, selon une disposition fonctionnelle fréquente à Ougarit *(Fig. 8a)*. L'escalier s'inscrit architecturalement dans la pièce 60. La cage est formée d'un unique muret (*locus* 53) et du mur occidental de la pièce 39 qui lui est parallèle, et sert aussi de mur mitoyen *(Fig. 6* et *8b)*. Le mur de cage à l'est n'est aujourd'hui conservé qu'en fondation, mais on peut estimer qu'une ouverture y était ménagée au nord. Elle permettait, en effet, d'accéder, immédiatement à droite en entrant dans la maison, à un petit réduit (*locus 39*), installé sous la volée de marches, comme c'est souvent le cas à Ougarit. Cet espace (0,80 m sur 1 m environ, correspondant à la largeur de l'escalier, pour environ 1,60 m de haut comme on le verra), compris entre l'arrêt du soubassement et le mur septentrional, est suffisant pour avoir servi de petit débarras.

Trois marches monolithes ont été retrouvées en 1994 [14]. Elles étaient légèrement déversées, calées par des assises de petites pierres plates, et elles présentaient un léger recouvrement. Elles reposaient encore sur le soubassement, fait d'un massif d'une longueur totale de 2,20 m environ, constitué de moellons mêlés à des

12. Dans le rapport de fouille de la 8e campagne, 1936 (Schaeffer 1937, pl. XX, fig. 1), une photographie montre la partie occidentale de l'îlot au cours des travaux de dégagement : deux rouleaux de toit sont disposés au sommet du mur commun aux maisons A et G et qui longe la rue 2. Certes, ils n'étaient plus sur le lieu de leur découverte ; on peut néanmoins supposer qu'ils proviennent des maisons en cours de fouille, et probablement des maisons A et G. Par ailleurs, C. Schaeffer publie dans le même rapport (fig. 2 p. 132) une autre photographie de trois rouleaux de toit, hors contexte, d'une « longueur de 0,51 à 0,60 m » précise-t-il. Ces trouvailles plaident de nouveau en faveur de la restitution de toits en terrasse, comme ailleurs à Ougarit.

13. Schaeffer 1949, p. 162 et fig. 63.

14. L'escalier s'est effondré depuis, dans le *dromos* sous-jacent.

pierres plus grosses. Cette longueur ajoutée à celle qui le sépare du mur 40 au nord (soit 3 m en tout), la dimension du giron des degrés encore en place (0,30 m) et celle des contremarches (0,19 m en moyenne), permettent d'estimer qu'une volée unique conduisait au niveau supérieur. En effet, on peut concevoir que quatre ou, plus probablement, cinq ou même six autres marches en pierre pouvaient prendre appui sur la partie aujourd'hui mise à nu du soubassement, longue de 1,30 m (si l'on admet que leur largeur était de dimensions comparables aux degrés conservés ou légèrement inférieures) [15]. Si l'on accepte notre restitution, et si l'on suppose une hauteur de marches supérieure – ne serait-ce que de 5 cm – à celle des degrés encore en place (on aurait alors des contremarches de 0,25 m, ce qui n'a rien d'extraordinaire), on atteignait le sol de l'étage à 2 m (voire à 2,30 m si l'on restitue six marches supplémentaires), après une dernière hauteur de marche correspondant à l'épaisseur du plafond. La hauteur sous plafond dans le petit local 39 permettait alors de se tenir debout. Cette restitution, qui laisse accessible la porte d'entrée de la maison, ne justifie pas que l'on restitue en plus une échelle dans le sens est/ouest pour accéder à l'étage.

La tombe 57 (*Fig. 7* et *8a*)

Le vestibule 60 surplombe une tombe inutilisable dans le dernier état de la maison (*Fig. 10*), et que le fouilleur n'a ni décrite ni même numérotée. Le *dromos*, qui a été amputé à son extrémité, se trouve au nord. Il était directement accessible en pénétrant dans l'habitation, selon un usage fréquent à Ougarit. Il ne mesure plus aujourd'hui que 1,02 m de long (dans le sens nord/sud) pour une largeur de 0,85 m environ. Il est aligné sur la paroi occidentale de la chambre funéraire, et donc décentré, malgré ce que le plan publié pouvait laisser présumer. Le long mur qui constitue la limite occidentale du *dromos* et du caveau a servi de fondation au mur 15 du niveau d'habitation. Le couloir d'accès est grossièrement construit en petits moellons. Une dalle encore en place, utilisée en guise de linteau au-dessus du passage réunissant le *dromos* et la chambre funéraire, permet de penser que sa couverture était sans doute à l'origine faite de traverses. Le sol en moellons est assez irrégulier et relativement plan. Nous n'y avons retrouvé aucune marche, soit parce qu'il n'y en a jamais eu (on peut alors parler d'un puits d'accès plutôt que d'un véritable *dromos*), soit, ce qui est moins probable, parce qu'elles ont été enlevées, éventuellement récupérées pour être réutilisées ailleurs, lors du réaménagement de l'édifice. En 1994, on a retrouvé le puits d'accès rempli jusqu'au sommet d'une terre très compacte et homogène, qui ne pouvait être confondue avec de la terre d'infiltration. La fouille a permis de retrouver une quantité non négligeable de matériel datant principalement du Bronze moyen II.

Parmi les objets caractéristiques de cette époque, on note en particulier *(Fig. 11)* des fragments d'au moins deux cruchettes piriformes à fond en bouton (l'une est revêtue d'un engobe non lustré, l'autre d'un engobe rouge orangé lustré verticalement), deux tessons de céramique chypriote bichrome décorés de motifs géométriques peints en noir et rouge sur fond beige, une lampe-coupelle complète (RS 94.8071), et plusieurs fragments d'autres lampes à huile du même type (pâte beige et parois fines), ainsi que plusieurs bords et fonds en disque plat et bases annulaires, en terre beige fine. Par ailleurs, nous avons découvert des fragments de bords de très grandes jarres, quelques os d'animaux et deux objets en silex (un grattoir sur éclat légèrement retouché et une lame fragmentaire qui présente de nombreuses petites retouches). Par-dessus cette terre de remplissage, il semble que l'on ait disposé un lit irrégulier de petits moellons pour mieux asseoir le soubassement de l'escalier.

La nature du remplissage du puits d'accès montre clairement qu'il fut comblé volontairement. On peut rapprocher cette particularité de la construction de l'escalier, car ce dernier condamne l'accès à la tombe. Ces transformations remontent vraisemblablement au Bronze récent, malgré la datation du matériel retrouvé dans le remplissage. En effet, la terre qui a servi au comblement et le matériel qu'elle contenait sont sans doute issus du voisinage immédiat et proviennent vraisemblablement du creusement de la nouvelle tombe située plus au sud (sous le *locus* 37). Or, cette dernière est clairement datée du Bronze récent, grâce au matériel découvert par C. Schaeffer *(Fig. 8c)*. Généralement, les tombes d'Ougarit sont pourvues d'un accès indépendant depuis la rue, ce qui permet de résoudre en partie le problème de la mobilité foncière. En effet, cette disposition permet aux anciens propriétaires, après une cession immobilière, de rendre visite à leurs morts sans être gênés par les nouveaux occupants et sans les importuner : tel est le cas, par exemple, dans la

---

15. On rappellera, par exemple, que les marches de l'escalier 1070 de la maison B dans le quartier du Centre de la Ville ont 0,22 m de haut pour une profondeur de giron de 0,20 à 0,22 m (Yon 1987, p. 69).

maison voisine A. Ici, en revanche, on remarquera que les habitants de la maison n'ont pas hésité à condamner définitivement une tombe pour réaménager leur demeure.

On passait du puits d'accès à la chambre funéraire par l'intermédiaire d'un passage haut de 0,90 m, aux montants faits de pierres taillées disposées verticalement. La chambre funéraire, orientée nord-sud, mesure 1,57 m sur 1,31 m. Le sol en terre battue a été retrouvé au fond d'un petit sondage à l'altitude de 16 m. Il se trouve à 1,10 m sous le sommet du seuil qui réunit *dromos* et caveau, et à 1,90 m sous les dalles de la couverture. Les parois en moellons et grosses pierres sont irrégulièrement appareillées [16] (l'une d'entre elles est aujourd'hui éventrée par le tronc et les racines d'un figuier qui s'est développé depuis les fouilles des années trente). Nous n'avons retrouvé aucune niche.

De longues dalles de plus de 1,30 m, disposées dans le sens nord/sud, recouvraient le caveau ; une seule est encore en place à l'ouest, et sa largeur maximale de 0,48 m permet d'estimer que deux dalles supplémentaires suffisaient à recouvrir la chambre funéraire dans le sens est/ouest, comme le suggère le plan publié par le fouilleur. Une autre grande dalle, large de 1,35 m et disposée dans le sens transversal, recouvrait partiellement le caveau dans sa partie méridionale. La dalle est aujourd'hui basculée vers le sud, et son extrémité septentrionale est taillée en arc de cercle assez régulier, ce qui laisse penser que les pilleurs de la tombe se sont introduits par là.

On remarquera que nous avons retrouvé en 1994 [17] le caveau funéraire vide, simplement encombré de quelques moellons écroulés. Mais bien que l'escalier ait scellé définitivement la tombe, il n'est pas sûr que la chambre funéraire ait été vidée de son mobilier avant son abandon. En effet, elle fut sans doute pillée postérieurement, comme l'atteste l'ouverture au sommet du caveau par où l'on pénètre encore aujourd'hui dans la tombe, à moins de supposer que les pilleurs eux-mêmes se soient retrouvés devant une pièce vide.

Locus 36

Le *locus* 36, vaste espace de plus de 18 m^2, est accessible depuis le vestibule 60 à en juger d'après le plan des fouilleurs et le montant en pierre taillée encore en place. Un passage le reliait probablement au *locus* 38, situé au sud. En effet, là où C. Schaeffer place un mur continu, nous avons pu observer qu'un tronçon de 1 m de long n'est conservé qu'au niveau des fondations, alors que de part et d'autre la partie haute du mur existait encore en 1994. Nous pouvons sans doute restituer un passage à cet endroit (*locus* 48). Les fouilles anciennes ont largement bouleversé ce secteur, un surcreusement important du sol ayant mis à nu les fondations des murs.

Ces circonstances expliquent sans doute la mention dans les documents non publiés d'un nombre important d'objets découverts dans ce *locus* (*cf.* Annexe p. 52). On ne peut être sûr cependant qu'ils appartiennent bien au niveau d'habitation de la maison B. En effet, en superposant aux plans des maisons les *points topographiques* fournis par le fouilleur dans un « schéma de situation des objets » (offrant ainsi un repérage approximatif de la localisation des objets par rapport aux différents *locus* : *cf. fig. 6b)*, nous avons pu les localiser en plan ; mais ces points nous laissent dans l'ignorance de l'altitude à laquelle les objets ont été retrouvés. C'est dire qu'ils n'ont peut-être rien à voir avec la maison, puisqu'ils peuvent éventuellement provenir des remblais sous les sols, de niveaux inférieurs ou, au contraire, des couches de surface.

A moins que l'érosion et les dégagements des années 1930 n'aient fait disparaître une partition interne de cet espace, le *locus* 36 est large de 3,30 m environ pour une longueur moyenne de 5,65 m. On manque d'argument pour l'interpréter comme un espace à ciel ouvert [18], et l'économie générale de la maison laisse penser plutôt qu'un espace à l'air libre, permettant d'éclairer et d'aérer l'arrière de l'habitation, se trouve à l'emplacement du *locus* 38. Si donc l'espace 36 est pourvu d'une couverture, il faut sans doute restituer un poteau central intermédiaire ; les dimensions relativement modestes de la maison font supposer, en effet, que le propriétaire pouvait hésiter à faire l'acquisition de grandes pièces de bois onéreuses.

16. Le mur ouest est épais de 0,40 m, et le mur est de 0,60 m. La présence de décombres et de l'escalier 56 au nord n'a pas permis de mesurer l'épaisseur du mur septentrional. Au sud, la grande dalle qui servait à l'origine à recouvrir la chambre funéraire cache l'épaisseur du mur méridional.

17. On ignore tout du caveau lors de sa découverte, en 1937.

18. Cela ne peut être exclu tout à fait cependant, puisque cette disposition permettrait d'éclairer et d'aérer la pièce 38 si cette dernière est couverte, laissant la pièce 37 éclairée en second jour.

Locus 37

L'espace 37, situé dans la partie arrière de la maison, est accessible depuis le vestibule 60. Il ouvre sans doute aussi à l'est sur l'espace 38, alors que le fouilleur, confronté à des murs conservés uniquement en fondation, fait de ce dernier *locus* une pièce sans porte. L'existence de ce passage paraît justifiée par des raisons morphologiques, telles que la nécessité de circulation, et, si l'on admet que l'espace 38 a servi de puits de lumière, un meilleur éclairage de la pièce 37, qui dans le cas contraire ne serait éclairée qu'en second jour par le vestibule. Le problème de la couverture dans l'espace 37 se pose dans les mêmes termes que pour le *locus* 36, puisqu'il mesure 3,80 m de large, dans le sens est/ouest.

La pièce 37 surplombe la tombe 58 *(Fig. 9a)*. Au-dessus de l'angle nord-est du *dromos* de cette tombe, entre la pièce 37 et le vestibule, nous avons retrouvé un vestige de sol en terre battue, à 18,26 m ; son altitude est légèrement inférieure à celle de la couverture du *dromos* (18,29 m), qui devait être elle-même recouverte d'une couche de terre épaisse de 0,10 m à 0,50 m [19], lorsqu'elle était en usage. Il se trouve, en revanche, à une trentaine de centimètres au-dessus de la couverture de la première tombe de la maison (tombe 57), ce qui paraît cohérent s'il est associé à cette tombe. Ce vestige de sol se trouve aussi à une altitude inférieure de 0,35 m environ par rapport au niveau de sol que l'on peut restituer dans les autres *locus,* à l'état final. En effet, le sommet du seuil d'entrée est restituable à 18,65 m et le témoin de sol le plus haut dans le *locus* 38 se trouve à 18,60 m. Le vestige de sol découvert entre les *locus* 60 et 37 se trouve, enfin, là où C. Schaeffer restituait le mur séparant ces deux espaces. Il faut donc considérer qu'il appartenait à un état antérieur à la construction du mur 47 et à celle de la tombe 58. La séparation entre les *locus* 60 et 37 ne remonte donc qu'à l'état final de la maison et ce sol pourrait être contemporain de la tombe 57.

La tombe 58 (*Fig. 7* et *9a*)

Le *locus* 37 surplombe la tombe 58 (ancien n° XXIX = Marchegay 1999, tombe n° 8). Un examen détaillé de cet aménagement a permis de montrer qu'il présente deux états de construction bien distincts.

Dans un premier état, la tombe est pourvue d'un *dromos* désaxé, aménagé au nord-ouest de la chambre funéraire, selon une disposition exceptionnelle à Ougarit. On ne connaît qu'un seul autre *dromos* coudé, dans la « Tranchée Ville Sud » (Secteur central, îlot VI), qui évoque une organisation relativement semblable : dans ce dernier cas, on peut l'attribuer à un remaniement, datant du second état du secteur, qui aurait contraint le constructeur à adopter ce plan particulier en raison d'une nouvelle topographie des lieux [20]. Dans la maison B de la Ville Basse orientale, il est impossible, en l'état actuel des fouilles, de vérifier si le *dromos* désaxé est une disposition initiale ou si elle résulte, là aussi, d'un remaniement. En tout état de cause, il est vraisemblable qu'un mur antérieur devait gêner la construction d'un couloir d'accès aménagé dans l'axe de la chambre.

Le seuil, le linteau et le montant sud-ouest, taillés dans des blocs monolithes encore en place, signalent l'entrée originelle du caveau, qui était haute de moins de 1 m *(Fig. 14a-b)*. C'est sans doute au moment où fut aménagé un nouveau couloir d'accès à la tombe que le passage fut soigneusement bouché par des pierres de taille encore visibles.

Le nouveau *dromos* est aménagé dans l'axe de la chambre funéraire, dans le prolongement de sa paroi occidentale. On descend au caveau par l'intermédiaire de trois marches taillées dans des blocs de dimensions différentes. L'entrée donnant sur l'extérieur est alors fermée par une simple dalle de 0,68 m de large et de 0,45 m de haut disposée verticalement, que l'on a retrouvée *in situ (Fig. 13)*. En effet, c'est par le sommet de la chambre funéraire que les pilleurs (et nous-mêmes après eux !) se sont introduits dans la tombe, autant qu'on puisse en juger d'après le peu de matériel publié (car le plan de C. Schaeffer présente une couverture intacte). On remarquera que la longueur du nouveau *dromos* est liée à la place disponible, comprise entre le caveau et l'ancienne tombe 57, sous le vestibule 60 du dernier état *(Fig. 7)*. Sa couverture est constituée de deux traverses encore en place, qui affleuraient à la surface du dernier sol d'habitat, à en juger d'après leur altitude et celle du vestige de sol conservé à proximité.

La chambre funéraire ne semble pas avoir subi de transformation comme en a connu le couloir d'accès. Elle est construite en moellons, selon un plan rectangulaire. Les traverses qui s'appuyaient sur les parois

19. *Cf.* Salles 1987, p. 159.
20. Callot 1994, p. 173 et fig. 65.

verticales ont aujourd'hui totalement disparu. Le sol du caveau a été retrouvé au fond d'un petit sondage. Il s'agit d'un sol de terre battue mêlée de chaux, semble-t-il, et de petits gravillons. Il est épais de 1,5 cm, présente une surface dure, lisse, particulièrement soignée, et remonte contre la paroi septentrionale de la chambre. Il se trouve à l'altitude de 16,31 m, soit à 1,62 m de la couverture.

Quatre niches ont été aménagées dans le caveau. La plus grande, au nord-est, haute de 0,62 m et large de 0,32 m, s'ouvre à une vingtaine de centimètres sous la couverture. Son caractère exceptionnel tient à sa grande profondeur (1,16 m). Outre qu'elle est due en partie aux saccages des pilleurs, elle s'explique sans doute aussi par la nature des offrandes funéraires que l'on y entreposait ou parce qu'il s'agit plutôt d'un ossuaire. Aucun indice ne permet de confirmer l'une ou l'autre de ces hypothèses. Trois autres niches de plus petite taille ont été repérées : deux de dimensions identiques (h. 0,24 m ; larg. 0,31 m ; prof. 0,40 m) se font presque face, et ont été aménagées au sud dans les longs murs de la chambre ; une troisième, légèrement plus grande à l'ouverture, mais moins profonde (h. 0,51 m ; larg. 0,36 m ; prof. 0,32 m), est construite dans le mur du fond.

C. Schaeffer a retrouvé dans cette tombe un matériel homogène, aisément datable du Bronze récent (*cf.* annexe et *fig. 8c*).

Locus 38

Le plan fourni par les fouilleurs ne restitue aucune porte permettant d'accéder au *locus* 38. Les murs qui séparent les espaces 36 et 38 d'une part, 37 et 38 d'autre part, sont conservés essentiellement en fondation, ou ont même disparu totalement à l'heure actuelle. On a vu cependant qu'on peut supposer avec vraisemblance une porte de chaque côté. Ce *locus* 38 peut être interprété comme un puits de lumière, dans la mesure où il s'agit d'un espace situé à l'arrière de la maison et sans doute en communication avec deux autres pièces. Si notre hypothèse est la bonne, il complète l'éclairage des pièces 36 et surtout 37, qui autrement ne seraient éclairées qu'en second jour. Il offre par ailleurs une aération à l'arrière du bâtiment. La présence d'un puits dans l'angle nord-est du *locus* fournit un indice supplémentaire de la validité de cette restitution : elle permet de penser, en effet, que cet espace était dévolu à des activités domestiques dont on peut estimer qu'elles requéraient un minimum d'éclairage.

Dans l'angle nord-est du *locus* a été retrouvé un très petit vestige de sol en terre battue. Il se trouve à 18,60 m, altitude qui correspond à celle du seuil d'entrée de la maison (18,65 m). Ce sol peut être associé aux murs qui délimitent la pièce, tous fondés très haut.

Mais les fouilles effectuées en profondeur dans ce secteur ont permis de mettre au jour des témoignages de niveaux plus anciens. Le mur oriental de l'espace 38 (mur 49) repose ainsi, en partie seulement, sur un mur antérieur (mur 54) légèrement en avant par rapport au nu du mur du niveau supérieur (sur environ 0,13 m) au centre du *locus (Fig. 13a-b)*, alors que les deux éléments de maçonnerie se confondent plus au sud. En d'autres termes, le mur du niveau antérieur, qui ne commence qu'à 1,76 m au sud de l'angle nord-est de la pièce 38, est orienté un peu différemment par rapport au mur du dernier état de construction [21]. Il est construit en moellons et présente, à son extrémité septentrionale et à son sommet, une pierre de taille qui peut être identifiée avec le montant méridional d'un passage *(Fig. 14a)*. En effet, immédiatement au nord du mur ancien on a repéré en coupe une porte, à l'aplomb du mur le plus récent. Il n'est pas possible de reconnaître la largeur du passage d'origine du côté de la maison B, car le montant septentrional est aujourd'hui caché à la vue par l'état récent du puits creusé dans l'angle nord-est de la pièce. Mais nous avons pu l'observer du côté de la maison C voisine : cette porte faisait 1,10 m de large. Cette découverte révèle que la maison B (ainsi que la maison C à l'est) a été établie directement sur une construction antérieure, qui se développait vers le sud.

On notera que le plan du bâtiment du niveau antérieur, qui n'a été que très partiellement repéré, diverge notablement de celui de la maison B telle qu'on peut l'identifier dans l'état final du quartier. Ce mur ancien 54 correspond stratigraphiquement à un deuxième sol en terre battue dont nous avons retrouvé un témoignage, au nord, à une altitude de 17,81 m. Ce sol, à en juger par son altitude, recouvrait une inhumation en double

21. Les travaux dans la maison C voisine ont montré qu'on peut identifier ce mur antérieur avec le mur situé sous le mur 69 qui limite la maison C au sud. La tête de mur repérée dans le *locus* 38 représente l'angle formé par ces deux éléments.

jarre, étonnamment préservée *in situ* jusqu'en 1994 *(Fig. 15b)*. Cette tombe, qui a été retrouvée à l'aplomb de l'angle nord-ouest du *locus* 38, est constituée de deux fonds plats de jarres semblables du Bronze moyen, disposés face à face et écrasés sur place par un amas de terre et de pierres. Longue de 0,66 m, elle était orientée nord-est/sud-ouest. À l'intérieur ont été retrouvés les os très mal conservés d'un bébé, qui semble avoir été installé en position fœtale sur le côté gauche. Au squelette était associée une cruchette intacte de type chypriote *White painted* de la fin du Bronze moyen, ornée sur la panse d'un décor (assez effacé) de bandes peintes en noir (RS 94.8061 : *Fig. 12a*).

À proximité de l'inhumation, deux objets complets ont été retrouvés dans le remplissage, sous le niveau du sol ancien : un os taillé en poinçon (RS 94.8070), difficile à dater (L. 2,9 cm), ainsi qu'une petite *harpè* ou faucille (RS 94.8069 : *Fig. 12b*) miniature en bronze, complète (L. 9,2 cm ; larg. 1,3 cm ; ép. de la lame 0,3 cm). La lame de cette faucille est courbe et plate, son extrémité presque rectangulaire ; la soie se distingue à peine de la lame et se referme partiellement sur elle-même à une extrémité ; elle est ployée légèrement en oblique par rapport à l'axe de la lame. On peut la rattacher à un type fréquent à Ougarit, et caractéristique, selon J. Deshayes [22], de la métallurgie du Bronze récent II-III sur le littoral nord-est de la Méditerranée. Si cette attribution chronologique est juste, cet outil provient des niveaux supérieurs et son emplacement d'origine a été bouleversé depuis les fouilles des années 1930.

Le mur 54 repose à son tour partiellement sur un troisième mur en moellons (mur 55) *(Fig. 14b)* qui ne fait que 0,47 m de large et a été dégagé sur 0,24 m de haut. Celui-ci se situe à l'aplomb du montant d'une porte appartenant à la construction ancienne, et part légèrement vers le sud-ouest. Son extrémité occidentale a totalement disparu et on n'a mis au jour aucun sol qui puisse lui être associé. Il témoigne tout au moins qu'une construction plus ancienne encore se trouvait à l'emplacement de la maison B. L'absence de couche de terre entre ces trois niveaux architecturaux montre que ce secteur a été plusieurs fois reconstruit, sans qu'il y ait eu de période d'abandon intermédiaire.

Le puits lui-même témoigne de la durée de l'occupation dans ce secteur puisqu'il a été rehaussé au moins une fois. Il est seulement signalé sur le plan des fouilleurs par ce qui pourrait être interprété comme la dalle, aujourd'hui disparue, qui le recouvrait ; la margelle elle-même n'a pas été retrouvée. En revanche, les petites pierres qui couronnaient l'orifice et devaient lui servir de lit de pose sont encore en place à l'altitude du sol le plus récent. Le puits proprement dit a au sommet un diamètre de 0,60 m. Il est construit en moellons, dans sa partie supérieure au moins. Son dégagement, dans les années 1930, sur une hauteur de 1,20 m, nous a permis d'observer une rupture de l'appareil dans le sens horizontal, à une altitude approximativement comparable à celle du sol le plus ancien qu'on ait repéré. Cette reprise montre que le puits est antérieur à la maison du dernier état, et qu'on l'a rehaussé en ajoutant des assises pour continuer à l'utiliser lors de l'installation du nouveau sol et malgré le changement de plan de la construction qui l'abritait. Cet ouvrage a donc assuré l'approvisionnement en eau de cette habitation sur une longue période.

La maison B : un jalon pour interpréter l'histoire de l'îlot

Plusieurs éléments permettent de poser quelques jalons pour interpréter l'histoire de la maison B et, partant, celle de l'îlot I dans son ensemble. Il s'agit d'indices architecturaux – comme les liaisonnements de murs, la profondeur variée des fondations, ou les remaniements observés dans l'architecture des tombes – ou bien d'indices résultant d'un examen de la stratigraphie, qu'il a été possible d'observer grâce à la fouille ancienne menée en profondeur dans le *locus* 38. La découverte récente dans ce même *locus* de quelques vases ou tessons stratifiés, typologiquement bien reconnaissables, nous a servi d'ancrage chronologique. En fait, les éléments de datation précise manquent cruellement. Ceux que nous tentons d'apporter doivent être pris avec beaucoup de circonspection, car aucun document écrit daté n'a été retrouvé *in situ*. Ils sont donc fondés sur des critères typologiques du matériel et sur la stratigraphie. Les conclusions les plus solides que nous pouvons avancer concernent donc avant tout la chronologie relative.

Les différents indices recueillis permettent de supposer l'existence de trois constructions directement superposées (*Fig. 7* et *14b*), ce qui montre la permanence de l'occupation de ce secteur par les habitants

---

22. Deshayes 1960, p. 145 et 340.

d'Ougarit. Les deux plus anciennes constructions ont été mises au jour très partiellement. Seule la dernière nous est connue dans son intégralité.

Niveau I. De la plus ancienne, nous n'avons retrouvé, sous l'espace 38, qu'un mur difficile à dater et orienté comme les murs de l'état le plus récent (*locus* 55).

Niveau II. Au-dessus fut établie une nouvelle construction dont nous n'avons qu'une image très partielle : un mur (*locus* 54), percé d'une porte, et un lambeau de sol situé à 17,81 m, en sont encore visibles sous le locus 38. Le premier état du puits 59 était clairement associé à ce bâtiment. Par ailleurs, bien qu'il se trouve, en altitude absolue, à plus de 40 cm au-dessus du sol retrouvé dans l'espace 38, le vestige de sol mis au jour entre les *locus* 37 et 60 peut sans doute être rattaché à ce niveau ancien, comme on l'a vu plus haut. On peut faire remonter avec vraisemblance ce bâtiment du niveau II au XIXe siècle environ, grâce à la découverte, sous le niveau du sol de l'espace 38, de l'inhumation du bébé, à laquelle était adjointe une cruchette chypriote caractéristique du Bronze moyen II (*Fig. 12a*).

Niveau III. La tombe 57 elle-même pourrait être attribuée sans doute à ce niveau architectural, éventuellement à un niveau plus ancien, et on peut estimer que la construction qui lui était associée était déjà une maison ; mais le matériel du Bronze moyen II qu'on y a retrouvé, mêlé à quelques tessons du Bronze récent II, ne permet pas d'assurer cette attribution chronologique. Il provient, en effet, d'un comblement volontaire, lorsque la tombe est définitivement abandonnée, et il peut provenir du secteur creusé sous le *locus* 37 pour y aménager la nouvelle tombe 58. Il est certain, tout au moins, que l'accès à la tombe 57 est fermé lorsque l'escalier qui permet de monter à l'étage est installé. L'aménagement d'une nouvelle tombe (*locus* 58) datée par son matériel, située au sud de la précédente et à une altitude comparable, montre que ces transformations se produisent au Bronze récent.

Selon une tradition bien établie à Ougarit et dans la région à l'Âge du Bronze, les habitants de cette maison n'ont sans doute pas tardé à remplacer la tombe d'origine, qui est probablement restée en usage pendant plusieurs générations, mais a été rendue inutilisable par la construction de l'escalier.

– *1er état de construction.* Dans un premier temps, on accédait à la nouvelle tombe 58 par un *dromos* désaxé qui montre que la maison du niveau III s'étendait plus à l'ouest que ce qu'indique son état final. On conçoit mal, en effet, une tombe dont le caveau est inscrit dans une maison, mais dont le couloir d'accès ouvre dans l'habitation voisine. Or, on constate qu'une pile en pierres de taille encore conservée sur cinq assises surplombe le montant occidental du *dromos* et constitue une tête de mur *(Fig. 10).* Ainsi, la partie septentrionale du mur qui ferme la pièce 37 à l'ouest n'est pas liée au tronçon méridional. On peut donc considérer qu'il s'agit d'un mur postérieur, plaqué contre la maçonnerie préexistante. La pile peut alors être interprétée comme le jambage méridional d'un ancien passage reliant la pièce 37 à la pièce voisine plus à l'ouest. Selon une disposition fréquente à Ougarit, caveau funéraire et couloir d'accès se trouvaient alors surmontés de deux pièces différentes appartenant à la même habitation.

– *2e état de construction.* Le bouchage du *dromos* désaxé témoigne d'une transformation radicale de la demeure, car il peut certainement être mis en relation avec la construction du mur qui le surplombe, séparant désormais les deux maisons A et B dans leur partie méridionale. C'est sans doute à ce moment-là que l'on condamne définitivement l'accès initial à la tombe pour éviter qu'il n'ouvre chez les voisins. Un nouveau *dromos* aligné sur la chambre funéraire est alors construit.

Par ailleurs, ce deuxième état de construction de la tombe coïncide avec le réaménagement complet de la partie méridionale de la demeure. Comme le montre la faible épaisseur des fondations des murs les plus hauts dans ce secteur, le plan que l'on peut dresser aujourd'hui de la partie méridionale de la maison ne peut être attribué qu'à un réaménagement très tardif, qui bouleverse d'ailleurs très sensiblement le plan de l'édifice, plus vaste à l'origine. Les limites occidentale et orientale de la maison, telle qu'elle apparaît aujourd'hui, sont posées. Le puits est alors rehaussé pour qu'il puisse continuer d'être utilisé. Un nouveau sol est aménagé dans la pièce 38, à l'altitude de 18,60 m, soit 0,80 m au-dessus du précédent. Il est cohérent avec l'altitude du seuil à l'entrée de la maison dans son état final.

Ces nouveaux bouleversements qui donnent sa physionomie actuelle à la demeure sont difficiles à dater, quoique le matériel retrouvé dans la tombe 58 permette d'assurer qu'ils se situent au Bronze récent. Or, la maison B fut occupée assez longtemps (le temps que plusieurs générations y habitent sans doute) pour avoir été l'objet de remaniements importants : rétrécissement, rehaussement des sols... On peut donc raisonnablement estimer qu'elle remonte au début du Bronze récent, tandis que les remaniements datent de la fin de la période, comme la construction de la plupart des autres maisons de l'îlot.

Plusieurs enseignements découlent de cette reconstitution. Tout d'abord, l'analyse aussi détaillée que possible des relations entre l'architecture de maisons et les tombes construites dans leur sous-sol montre que les pièces qui abritent ces dernières ne leur sont pas toujours contemporaines.

On remarque ensuite que le terrain affecté à la maison B au Bronze récent fut occupé sans interruption pendant plusieurs siècles. La maison B a été établie au sud à l'emplacement d'une construction antérieure (vraisemblablement du Bronze moyen II) qui s'étendait aussi sous la partie méridionale de la maison C. Ce bâtiment antérieur, une autre demeure sans doute, fut réutilisé partiellement pour asseoir les fondations des deux nouvelles habitations B et C, sans période d'abandon entre les deux niveaux de construction, semble-t-il.

Par ailleurs, l'évolution de la maison B va dans le sens d'un rétrécissement de l'espace habitable, au fur et à mesure que l'on avance dans le temps et que l'îlot se développe. Parallèlement, au sein même de l'îlot, la maison D s'agrandit alors largement, en empiétant sur l'espace public. Avec le temps, la densité urbaine augmente donc dans ce quartier, phénomène qu'il faut sans doute mettre en relation avec un accroissement de la population ougaritienne : au vu de l'étude synchronique du secteur, on peut considérer que cet accroissement du nombre d'habitants est perceptible surtout à la fin du Bronze récent (niveau III, 2e état de construction, pour la maison B). Cette hypothèse est d'autant plus séduisante que le phénomène a déjà été observé dans d'autres secteurs de la ville [23] et que les textes se font l'écho de mouvements de la population du royaume, des campagnes vers la capitale, dus peut-être à une pression fiscale de plus en plus forte vers la fin du XIIIe s. [24]. Cet accroissement de la population ne s'accompagne pas nécessairement de son appauvrissement, comme le montrent le développement de la maison D et la multiplication des unités d'habitation par ailleurs (construction des maisons A, C, E, F et G). Il révèle, en revanche, la capacité d'adaptation et la liberté des constructeurs face aux contraintes urbaines, puisqu'ils n'hésitent pas à remodeler largement la physionomie d'un quartier selon les besoins.

Les plans et coupes sont de G. Hadji-Minaglou (certains d'après des relevés de l'auteur), sauf la figure 4, *qui provient des archives anciennes, et la* figure 10, *due à O. Callot.*

23. Par exemple dans le quartier du « Centre de la Ville » : Yon 1987, p. 118.
24. Liverani 1979.

ANNEXE : MOBILIER

Fouilles anciennes (1936)

En ce qui concerne le matériel publié par le fouilleur, la localisation des trouvailles que nous proposons est approximative et hypothétique ; nous n'avons pu le repérer par rapport à nos différents *locus* qu'en superposant le *schéma de situation des objets* (archives inédites) à notre plan de maison (*Fig. 6b*). Les *points topographiques* (abrégés : *p.t.*) avaient été conçus pour permettre de localiser sur un plan les objets découverts, mais on ignore leur altitude : ils n'ont donc peut-être rien à voir avec les maisons.

1. Matériel publié :

Tombe 58 (ancien n° XXIX), sous le *locus* 37, 1936 (*fig. 8c*) : Schaeffer 1949, fig. 63, n° 1-5) :
n° 1 : fragment de bol en terre cuite lustrée rouge à anse ogivale ;
n° 2 : fragment de coupe mycénienne peinte en rouge et blanc sur engobe crème ;
n° 3 : fragments d'un flacon fusiforme (*spindle bottle*) en terre lustrée rouge clair ;
n° 4 : fragment de vase mycénien du type à étrier, peint en rouge sur engobe beige ;
n° 5 : lampe en terre cuite chamois, sans engobe.
Vases datés par Schaeffer (1949, p. 162) de l'« Ugarit récent 2 » (1450-1365).

2. Matériel mentionné dans les notes de fouilles et inventaires anciens (inédits)
d'après le schéma de situation des objets *(Fig. 6 b)* :

Locus 36. La superposition du schéma de situation des objets et du plan de l'habitation montre plusieurs objets isolés (*p.t.* 1386, 1387, 1335, 1333) et un *dépôt* (*p.t.* 1388) dans ce *locus* ou à la limite (*p.t.* 1389) ; mais on ignore le lieu de trouvaille précis, l'altitude, et même la nature de ces objets, car il n'y en a aucune trace dans les notes de fouille.

Locus 37. Un objet isolé noté *p.t.* 1337 a été retrouvé *sur* le caveau funéraire (schéma de situation des objets) ; d'après les inventaires anciens : plateau de balance en bronze (RS 8.307 ; ø 16 cm, aujourd'hui au Louvre AO 19120). Selon le cahier de fouille de la 8e campagne, il a été retrouvé à 1,60 m de la surface de l'époque, soit largement au-dessus de la tombe XXIX d'après les recoupements. Quelques lignes plus loin, le cahier de 1936 mentionne que l'autre plateau a été retrouvé un peu plus tard 0,50 m plus bas et 1 m plus au nord. Il semble que ces objets provenaient du remplissage du *locus* 37, et appartenaient sans doute à l'état final de la maison.

Une tablette syllabique avec une empreinte de sceau-cylindre (RS 8.303, aujourd'hui au musée d'Alep M 3388) est notée sur le schéma de situation des objets : numéro *p.t.* 1334. D'après l'altitude mentionnée dans le cahier de fouille, elle provient aussi du remplissage du niveau supérieur (publ. Schaeffer 1937, p. 248 ; Nougayrol 1955, p. 110).

Enfin, le réexamen des notes de fouille a permis de retrouver la trace de trois objets découverts dans la tombe 58 (ancien n° XXIX) ou à proximité, sans que l'on sache où précisément, ni même s'il s'agit du même niveau. Dans la tombe : en plus de la céramique, une bague à cartouche en bronze (ø 2,4 cm, numérotée RS 8.328 dans le cahier), et deux fragments de vase en fritte (RS 8.351). À proximité de la tombe : un poids en hématite en forme d'olive et à base aplatie (RS 8.329, poids 16,8 g, L. 3,9 cm) ; ces trois objets sont aujourd'hui conservés au musée d'Alep.

Matériel retrouvé en 1994 (objets complets seulement)

Description	*Locus*	*Position*	*N° d'inventaire*
Lampe, fin BM (?)	57	remplissage du puits d'accès dans la tombe	RS 94.8071
Grattoir sur éclat en silex retouché	57	*idem*	RS 94.8101
Cruchette chypriote *White painted*, BM II ?	38	dans inhumation de bébé en jarre, sous le niveau du sol inférieur	RS 94.8061
Faucille miniature en bronze, BR II-III (?) (L. 9,2 ; larg. 1,3 ; ép. 0,3 cm)	38	dans le remplissage, sous le niveau du sol inférieur	RS 94.8069
Os taillé en poinçon (L. 2,9 cm)	38	*idem*	RS 94.8070

RÉFÉRENCES BIBLIOGRAPHIQUES

CALLOT (O.), 1983, *RSO* I, *Une maison à Ougarit.*

CALLOT (O.), 1994, *RSO* X, *La tranchée « Ville Sud ».*

COURTOIS (J.-C.), 1979, « L'architecture domestique à Ugarit au Bronze Récent », p. 105-134, *Ugarit-Forschungen* 11, p. 105-134.

DESHAYES (J.), 1960, *Les outils de bronze, de l'Indus au Danube (IVe au IIe millénaire)*, Geuthner, Paris.

GACHET (J.), 1996, « Le Centre de la Ville d'Ougarit : la maison C », *Syria* 73, p. 153-184.

LIVERANI (M.), 1979, *s.v.* « Ras Shamra, II : histoire », in *Supplément au Dictionnaire de la Bible*, Paris, col. 1295-1348.

MARCHEGAY (S.), 1999, *Les tombes d'Ougarit : architecture, localisation et relations avec l'habitat*, Thèse de l'université Lyon 2.

NOUGAYROL (J.), 1955, *Palais Royal d'Ugarit III, Textes accadiens et hourrites des archives Est, Ouest et Centrales*, Geuthner, Paris.

RSO = *Ras-Shamra Ougarit*, ERC, Paris.

SALLES (J.-F.), 1987, « Deux nouvelles tombes de Ras Shamra », *in* M. YON, *RSO* III, p. 157-195.

SCHAEFFER (C.), 1936, « Les fouilles de Ras Shamra-Ugarit ; septième campagne (printemps 1935), rapport sommaire », *Syria* 17 p. 105-147.

SCHAEFFER (C.), 1937, « Les fouilles de Ras Shamra-Ugarit ; huitième campagne (printemps 1936), rapport sommaire », *Syria* 18, p. 125-154.

SCHAEFFER (C.), 1938, « Les fouilles de Ras Shamra-Ugarit ; neuvième campagne (printemps 1937), rapport sommaire », *Syria* 19, p. 193-255.

SCHAEFFER (C.), 1949, *Ugaritica* II, Geuthner, Paris.

SCHAEFFER (C.), 1951, « Reprise des recherches archéologiques à Ras Shamra-Ugarit ; sondages de 1948 et 1949 et campagne de 1950 », *Syria* 28, p. 1-21.

YON (M.), 1997, *La cité d'Ougarit sur le tell de Ras Shamra*, ERC, Paris.

YON (sous la direction de M.), 1987, *RSO* III, *Le Centre de la Ville, 38e-44e campagnes (1978-1984).*

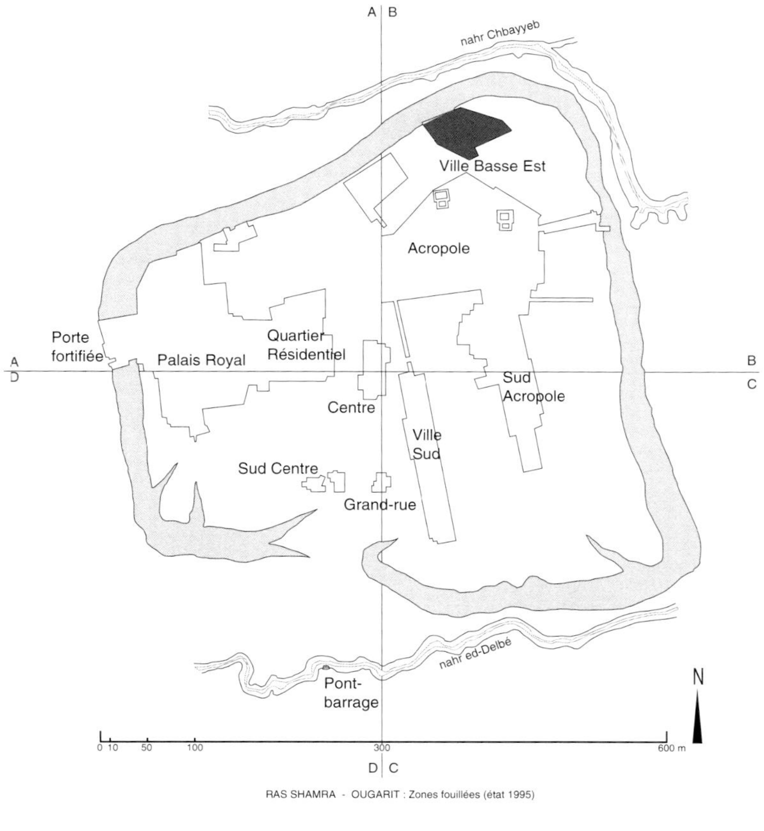

Figure 1. Le tell de Ras Shamra : Ville Basse Est (zones fouillées, état 1994).

(DAO Mission française)

a

b

Figure 2. La Ville Basse orientale en 1994.
a : Partie ouest de l'îlot I, vers le nord ; à gauche, la rue 2 (anciennement « rue de la *harpè* ») bute sur une maison en pierre de taille du Bronze Récent II.
b : Angle nord-ouest de l'îlot I après dégagement, vers l'est ; au premier plan, mur oriental de la maison A longeant la rue 2.

(Archives mission)

Figure 3. Vue aérienne des fouilles à la fin de la 8e campagne (juin 1936), vers le nord.
(*Cf.* Schaeffer 1937, pl. XXVII).
(Archives mission)

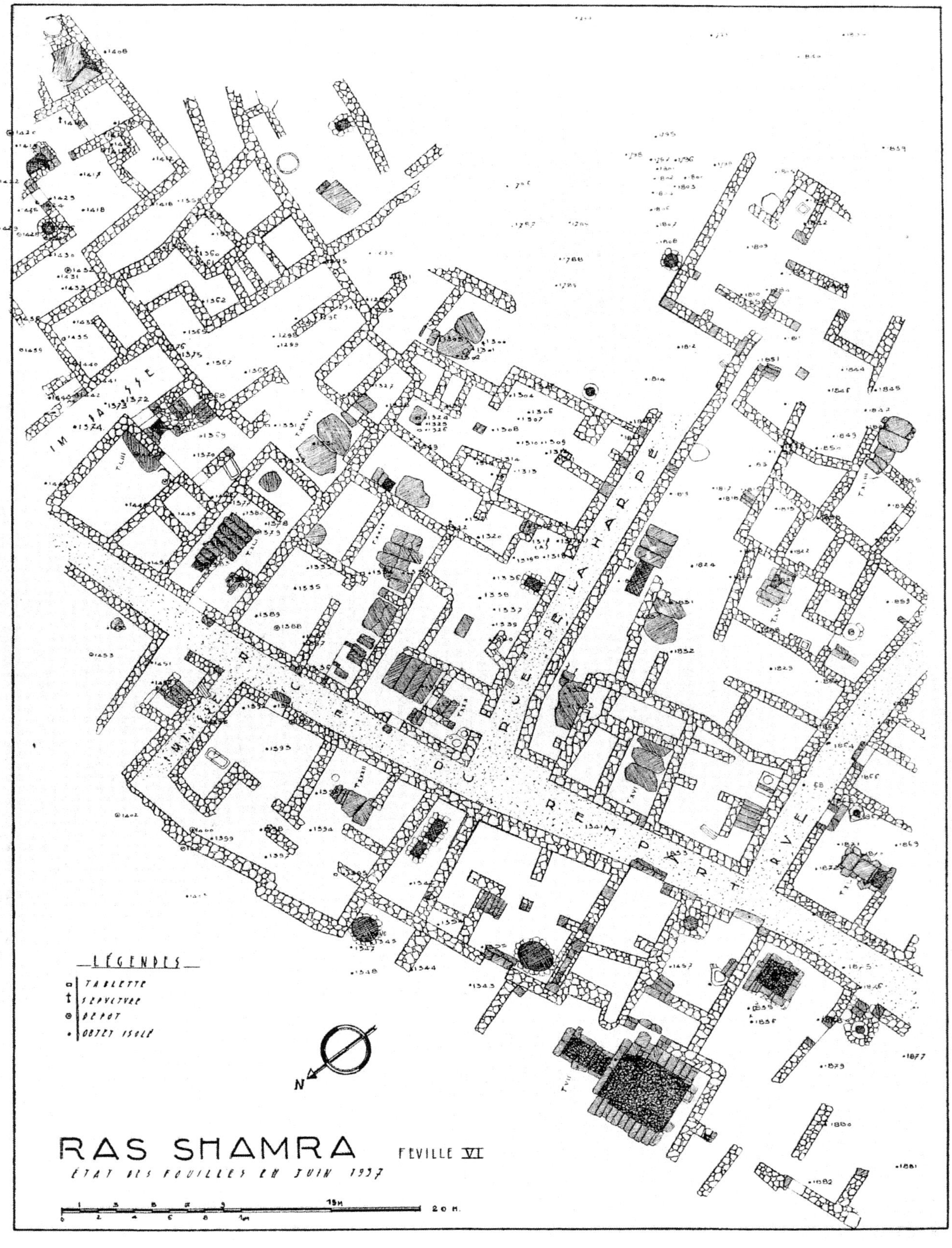

Figure 4. Plan de la Ville Basse Est à la fin de la 9e campagne, 1937.
(D'après Schaeffer 1938, p. 198, fig. 2.)

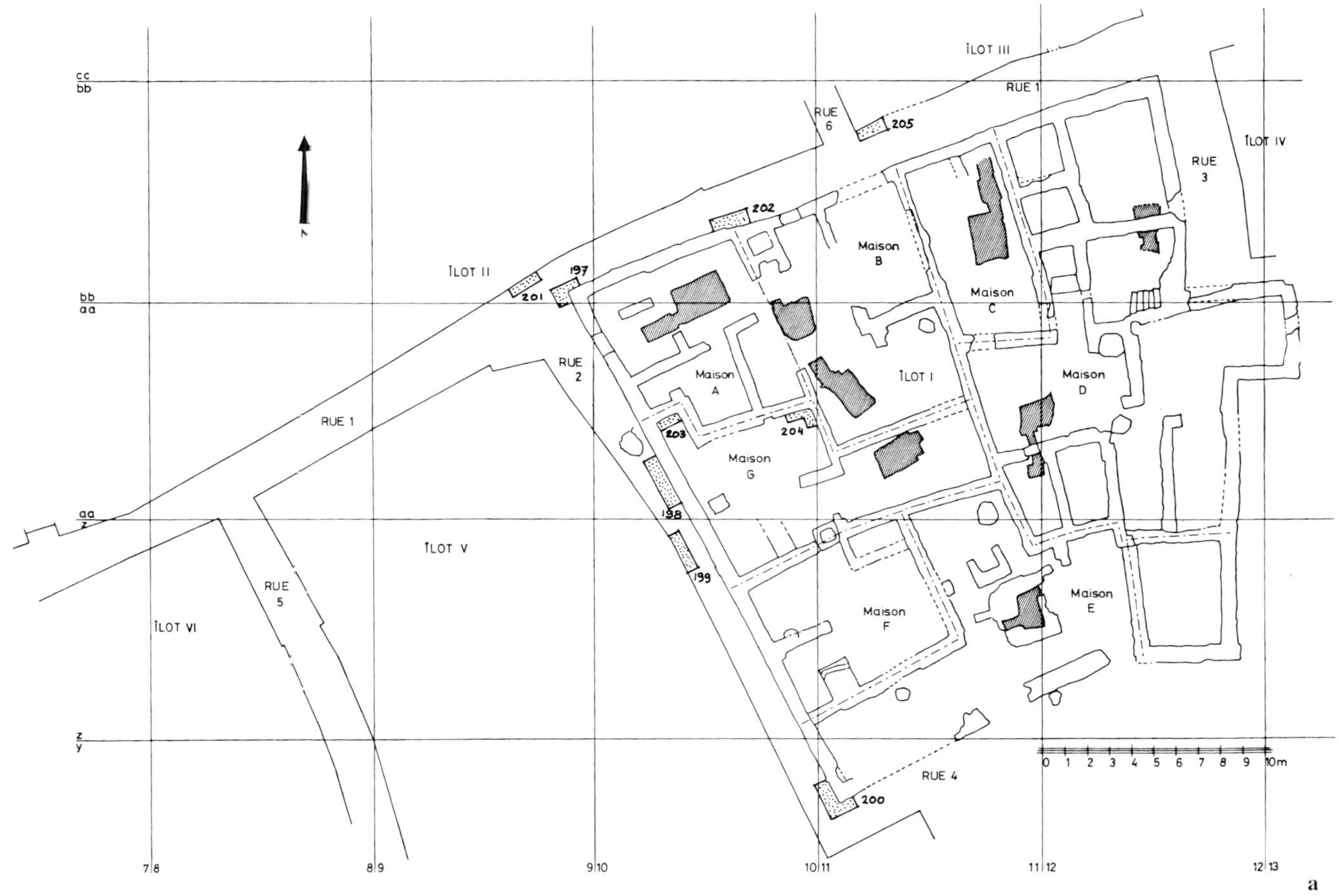

Figure 5. Plan schématique de la Ville Basse Est :
intégration de l'îlot I dans le quadrillage topographique, et localisation des sondages effectués en 1997.

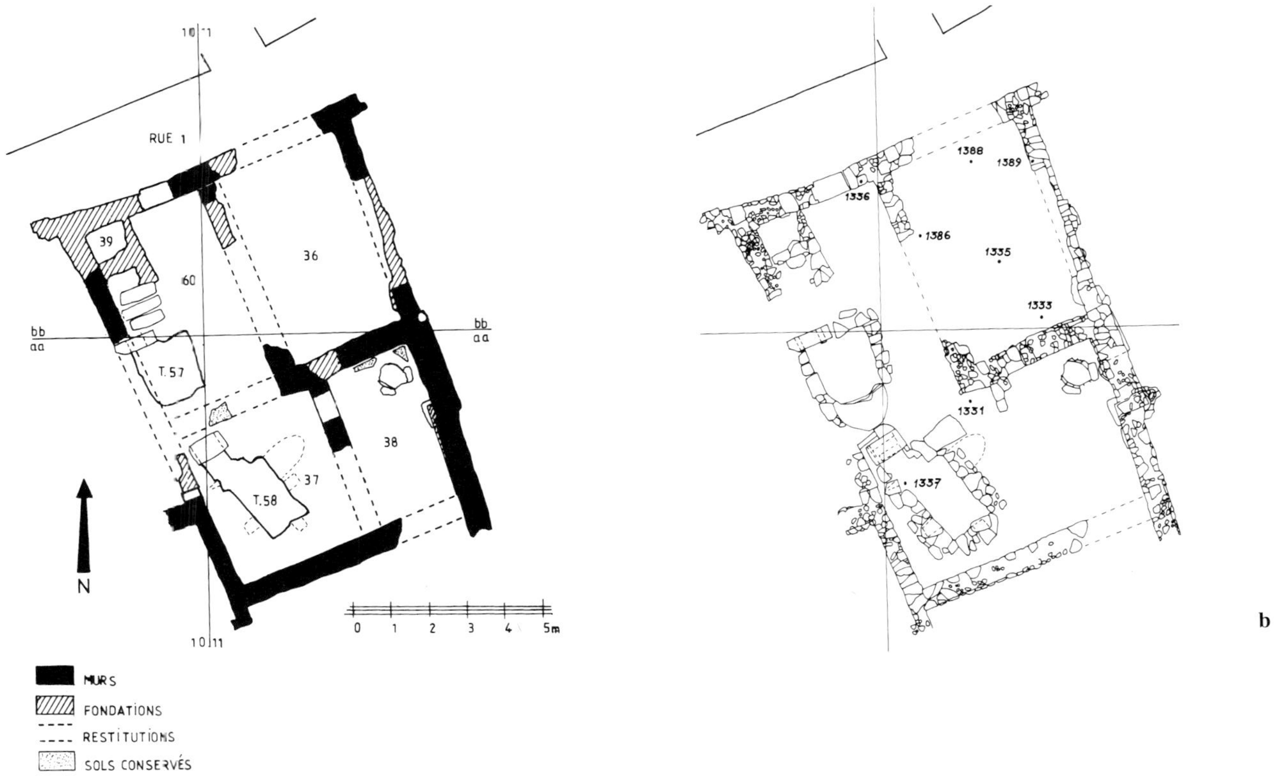

Figure 6. Plan de la maison B.
a : Schéma indiquant les murs conservés en élévation et en fondation, état 1996.
b : Situation des *points topographiques* signalés par le fouilleur (d'après archives de la mission).

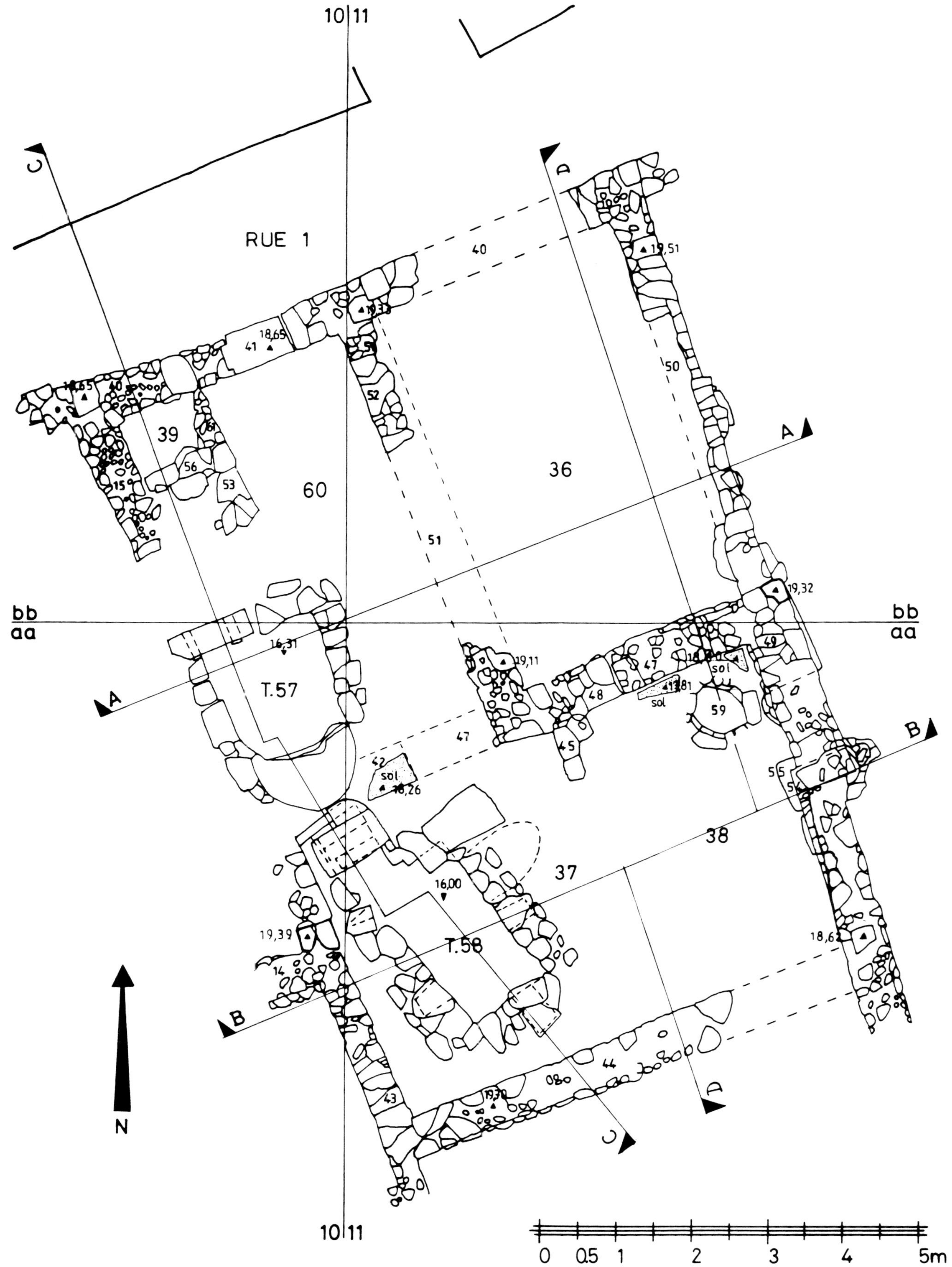

Figure 7. Les restes architecturaux de la maison B, 1996.

a

b

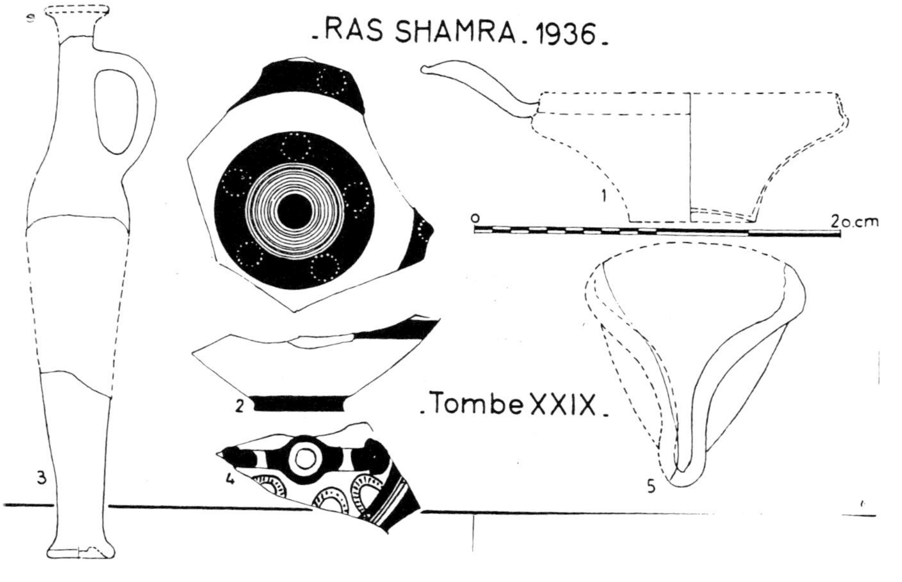

c

Figure 8. La maison B.
a : Partie occidentale en 1994, vers le nord ; au premier plan, la tombe 58 ; au second plan, la tombe 57 surmontée par l'escalier 56 qui en condamne l'accès.
b : Partie occidentale en 1994, vers le sud-est ; au premier plan, soubassement de l'escalier 56 ; au second plan, tombe 58.
c : Matériel céramique retrouvé en 1936 dans la tombe 58 : Schaeffer 1949, p. 163, fig. 63 (tombe XXIX).

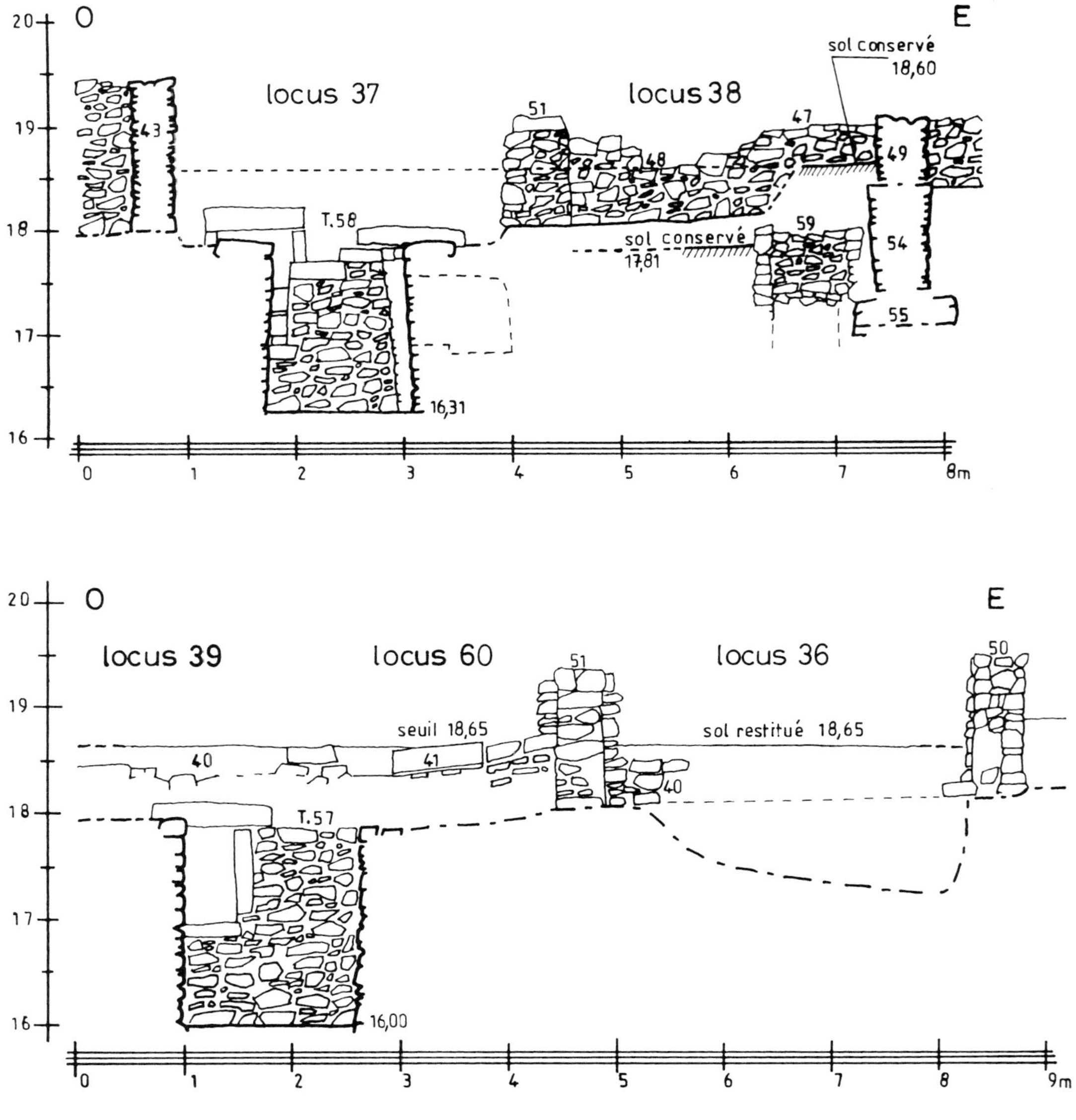

Figure 9. Coupes est/ouest dans la maison B (1997) : voir plan *fig. 7*.
a : Coupe A-A sur la tombe 57. b : Coupe B-B sur la tombe 58.

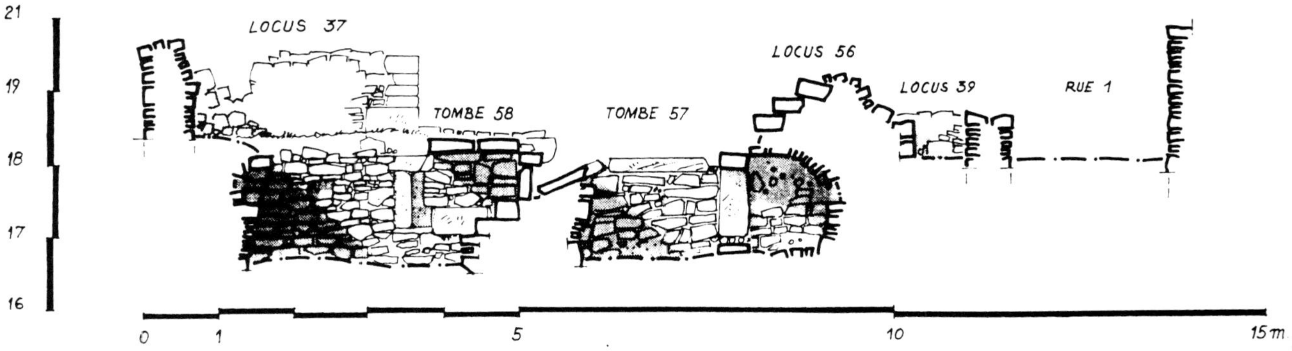

Figure 10. Coupe C-C nord/sud dans la maison B (1994) : voir plan *fig. 7*.

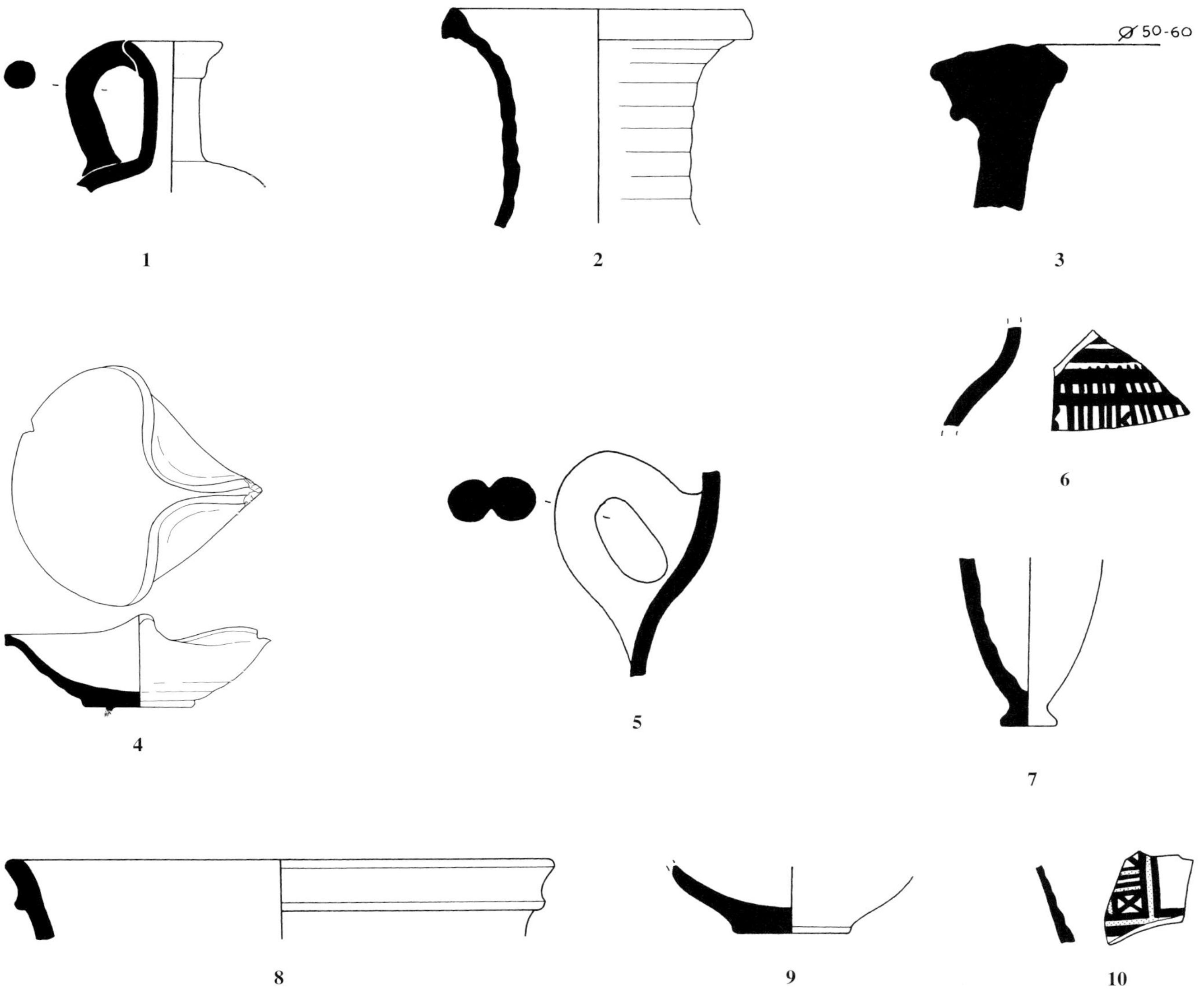

Figure 11. Échantillon représentatif de la céramique retrouvée en 1994 dans le puits d'accès à la tombe 57.

1 : RS 94.8064. 2 : 94.8065. 3 : 94.8094. 4 : 94.8071. 5 : 94.8078. 6 : 94.8097. 7 : 94.8062. 8 : 94.8090. 9 : 94.8073. 10 : 94.8084.

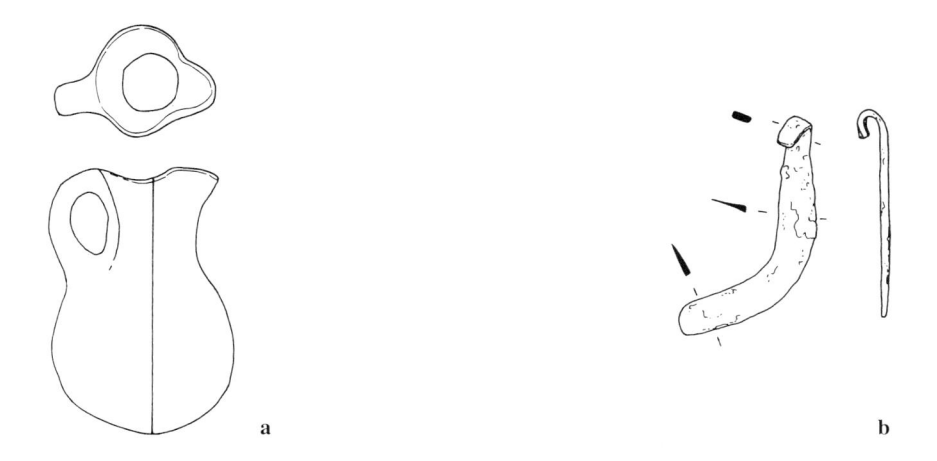

Figure 12. Objets complets retrouvés en 1994 dans le *locus* 38.

a : RS 94.8061 : cruchette chypriote *White Painted*. b : RS 94.8069 : faucille miniature en bronze.

a

b

Figure 13. Tombe 58 de la maison B, 1994.

a : Vue vers le *dromos* du dernier état ; à gauche, *dromos* désaxé et finalement bouché du premier état.

b : *Dromos* désaxé et deuxième dromos à droite.

(Archives mission)

a

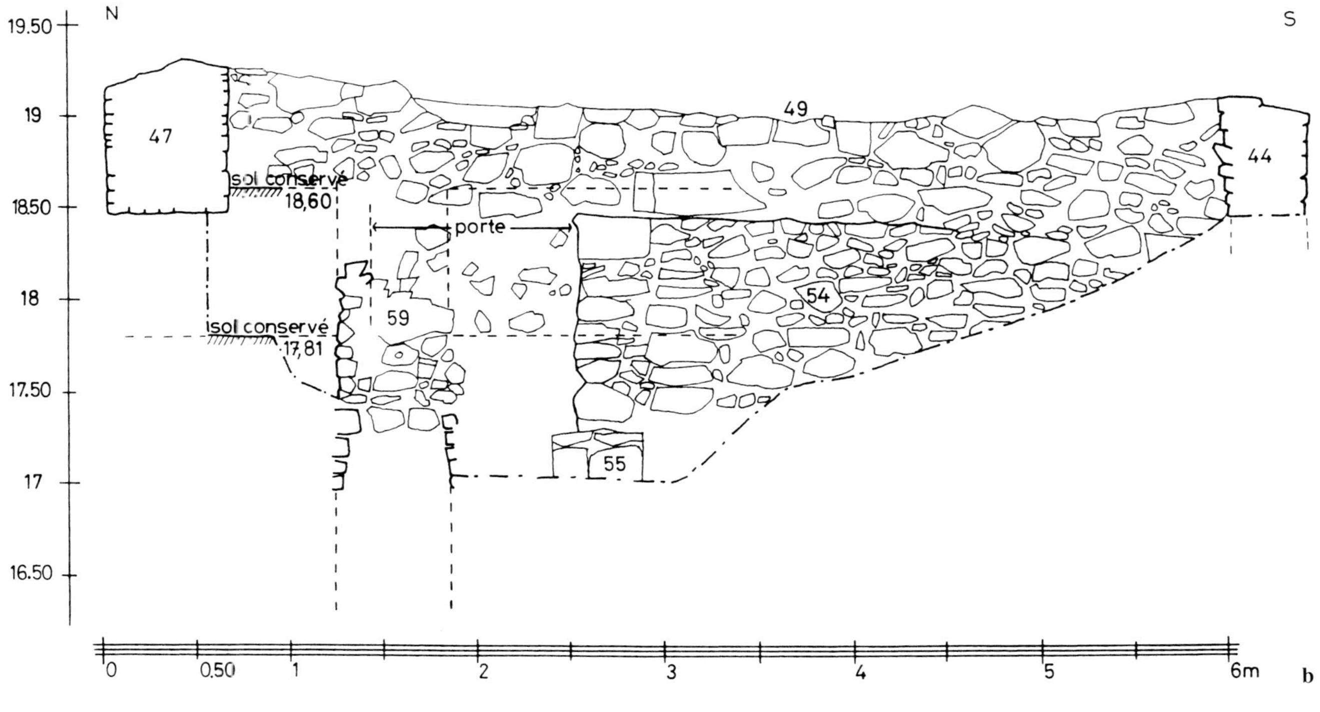

b

Figure 14. Le *locus* 38.

a : Angle nord-est (1994). b : Élévation montrant la superposition des murs 49, 54, et 55 à l'est du *locus* 38.

a

b

Figure 15. Le *locus* 38 (1994).

a : Superposition des trois murs dans l'angle nord-est.

b : Inhumation en double jarre dans l'angle nord-ouest.

(Archives mission)

CHAPITRE III

LE « BÂTIMENT AU VASE DE PIERRE »
du « Quartier Résidentiel » d'Ougarit (fouille 1966)

Olivier CALLOT et Yves CALVET

Le quartier d'habitation situé à l'est du palais royal d'Ougarit a fait l'objet d'une exploration intense dans les années soixante. Il est composé essentiellement de demeures privées, dont certaines ont fourni une grosse moisson épigraphique (maisons dites de Rashapabou, de Rapanou...), mais aussi des séries d'objets prestigieux (maison « de l'armurier »...) [1]. Mais il existe un bâtiment qui, manifestement, n'a pas vocation d'habitation. Les visiteurs de Ras Shamra connaissent bien l'énorme vase de pierre visible au fond d'un vaste espace, lorsque l'on arrive du palais. Le caractère singulier de cet édifice amène à se poser des questions à son sujet, d'autant plus qu'il se trouve à proximité immédiate du palais.

Les vestiges architecturaux permettent-ils d'en proposer une restitution, même partielle ? Peut-on lui assigner une fonction particulière dans ce quartier de maisons ? Le matériel exhumé lors de la fouille apporte-t-il une aide à cet égard ? Pour tenter d'apporter une réponse à ces questions, il faut préciser d'abord toutes les données que l'on peut encore avoir sur la fouille de ce bâtiment : données architecturales, stratigraphie, trouvailles *in situ*. Alors seulement, on pourra envisager une restitution architecturale de l'édifice et, ensuite, s'interroger sur la fonction du « bâtiment au vase de pierre ».

Ce que nous savons de ce bâtiment

Historique de la fouille

Le bâtiment dit « au vase de pierre » est inséré dans un îlot du « Quartier Résidentiel » d'Ougarit [2]. Les premiers vestiges en sont apparus en novembre 1966 (29e campagne de fouille à Ras Shamra), au cours du creusement de plusieurs tranchées successives ouest/est, au nord-est du palais royal [3]. La fouille de l'édifice s'est poursuivie au cours des campagnes suivantes, mais la documentation disponible ne permet pas de dire quand l'exploration en a été achevée. Les résultats des travaux archéologiques réalisés dans tout ce quartier n'ont pas été publiés [4].

Gabriel Saadé, dans son ouvrage sur Ougarit paru en 1979, en parle en ces termes [5] :

> « Dans la partie nord-ouest du quartier résidentiel, non loin de l'aile nord-est du Palais Royal, on a dégagé une cour presque rectangulaire [*note* : Renseignements donnés par M. J.-C. Courtois, 5.9.76]. Sa grande

1. Ce quartier a porté plusieurs appellations selon les moments et selon la volonté interprétative des auteurs qui en ont parlé : « Quartier Égéen », « Quartier Résidentiel » (sur l'emploi de ces termes, voir Yon 1997, p. 37).

2. Il se trouve en Ac-d/12-13 du carroyage utilisé aujourd'hui à Ras Shamra : M. Yon, « Ras Shamra-Ougarit 1988-1989 (48e et 49e campagnes) », *in* « Chronique archéologique », *Syria* 67, 1990, p. 442-449.

3. La fouille de cette tranchée a été menée en 1966 par Jean-Louis Huot (partie sud), puis par Jacques-Claude Courtois (partie nord). Nous remercions J.-L. Huot des informations qu'il nous a communiquées oralement. Voir la localisation dans Yon 1997, p. 78, fig. 36-38.

4. *Cf.* Saadé 1979, p. 46.

5. Saadé 1979, p. 123 ; voir aussi fig. 29, n° 6, p. 121, et fig. 31, p. 124.

porte d'entrée se trouve du côté ouest. Dans sa partie orientale, on voit une énorme cuve circulaire monolithe, taillée dans un calcaire fin (fig. 31). Le long du mur nord, il y avait, semble-t-il, une sorte de galerie qui devait être entièrement construite en bois, comme le prouvent les fragments de longues poutres carbonisées retrouvés en cet endroit. On a découvert dans cette cour de grands cratères, imités des cratères mycéniens, qui devaient servir à puiser ou à porter soit de l'eau soit du vin dans la cuve en calcaire. »

En revanche J.-C. Courtois, dans la notice « Ras Shamra » du *Supplément au Dictionnaire de la Bible* paru en 1979, ne mentionne pas ce bâtiment dans les colonnes consacrées au quartier « égéen » [6]. C. Schaeffer avait résumé les résultats de la 29e campagne de fouilles à Ras Shamra (1966) dans l'*Annuaire du Collège de France* de 1967, où il n'y consacrait que cinq lignes [7]. Le seul plan publié du quartier résidentiel avant les années 80 ne reportait que quelques murs du « bâtiment au vase de pierre » et des édifices adjacents, et la représentation, conventionnelle et incomplète, reflétait mal les vestiges fouillés [8]. Des schémas du quartier et de l'îlot, revus et corrigés à partir des nouveaux relevés effectués récemment, donnent déjà une image plus claire de cet ensemble [9].

Gabriel Saadé [10] nous avait signalé que les fragments de poutres de bois cités plus haut étaient parmi les échantillons qui avaient été analysés pour en déterminer l'espèce. Dix analyses ont été publiées [11], mais le texte ne donnait que des résultats bruts sans préciser l'origine des échantillons. On ignore donc quels sont ceux qui viennent du « bâtiment au vase de pierre ».

Un sondage rectangulaire (3,70 m nord/sud sur 3 m ouest/est) est toujours visible au milieu de la plus grande pièce du bâtiment, mais on ne possède aucun renseignement sur les résultats obtenus. Nous n'avons en fin de compte pratiquement aucune information sur la fouille de ce bâtiment, et seules nos observations de terrain, plus de 25 ans après sa découverte, en ont permis une analyse détaillée.

Description des vestiges archéologiques et du matériel

Les contours du « bâtiment au vase de pierre », dans son dernier état archéologique, sont relativement clairs. Sa façade d'entrée, à l'ouest, donne sur une petite place bordée par la « rue du Palais » au nord et une petite impasse au sud. À l'est, des murs mitoyens le séparent d'un ensemble constitué de pièces communicantes qui pourraient correspondre à une même maison. Au sud, il est flanqué d'un petit espace au plan trapézoïdal, muni d'une cloison est/ouest en son milieu : ce pourrait être une dépendance appartenant au bâtiment. Son plan a une forme trapézoïdale, avec, au nord-est, un angle rentrant correspondant à un bâtiment voisin. Il occupe une surface au sol de 198 m^2, et la « dépendance » une surface de 75 m^2 : soit 273 m^2 pour l'ensemble.

La construction antérieure

La petite place située à l'ouest du « bâtiment au vase de pierre » a été fouillée au-dessous des sols qui lui correspondent. Ainsi ont été mis au jour quelques murs d'un bâtiment antérieur, dont les ruines ont été enfouies au moment de la construction du nouvel édifice.

Il s'agit de murs aux parements de pierres de taille et bourrage central, fondés sur des assises de très gros moellons ; nous les avons dégagés partiellement dans un sondage de contrôle en 1998. Vraisemblablement, on se trouve là à l'entrée d'un bâtiment qui ouvre à l'ouest par une large porte (2,40 m), dont les montants ne dessinent pas des feuillures, mais des pans coupés obliques *(Fig. 1)*. On suit le mur de façade sur un peu

---

6. Courtois 1979, § K, col. 1249 à 1261.

7. Schaeffer 1967, p. 375. Courtois 1979b évoque le bâtiment au vase de pierre à propos de l'analyse qu'il présente d'une maison voisine située plus au sud ; il renvoie à Schaeffer 1967 à ce propos.

8. Par exemple Courtois 1979, fig. 919, col. 1211-1212.

9. Yon 1997, p. 75, fig. 30, et p. 77, fig. 37.

10. Communication orale du 13.5.1992. Nous sommes redevables à G. Saadé d'un grand nombre d'informations inédites sur les fouilles de Ras Shamra. Malheureusement, il n'est plus là pour nous en donner, mais nous tenons à rendre hommage à sa mémoire à l'occasion de la parution de ce travail.

11. Jacquiot 1978, p. 155-159. Seuls deux échantillons portent en référence la mention Pt (point topographique) : Pt 1460 (RS 54), qui correspond à un point topographique du palais (dallage de la cour V, au nord/nord-est du puits : *Ugaritica* IV, dépliant I) et Pt 1088, dont nous n'avons pas encore retrouvé l'emplacement.

plus de 6 mètres au sud ; au nord, ce mur présente un décrochement vers l'est ; le « bâtiment au vase de pierre » a recouvert ensuite les ruines de cet édifice, dont la qualité de construction est manifeste.

Le sondage de contrôle effectué à l'extérieur du montant nord de la porte d'entrée de ce bâtiment a distingué deux couches de remplissage. La couche supérieure correspond à la condamnation de l'ancien édifice, au moment de la construction du « bâtiment au vase de pierre ». Les ruines et les parties vides ont été comblées pour former un soubassement. La céramique de cette couche date de la fin du Bronze récent. La couche inférieure, formée de terre très rouge, se situe sous le sol de l'ancien bâtiment, au niveau des fondations. Elle correspond à sa construction. L'assemblage céramique comporte des tessons datant du début à la fin du Bronze récent, mais ils sont peu nombreux et ne permettent pas d'assigner une date sûre à l'ancien bâtiment. Le remplissage a fourni quelques fragments de vases du Bronze moyen, remontés des couches antérieures.

Les limites extérieures du bâtiment au vase de pierre (Fig. 1 et 2)

La façade d'entrée, à l'ouest, s'étend sur 12 m de long. L'épaisseur du mur est de 0,95 m et présente une large porte centrale (1,80 m), munie d'un seuil monolithe. Le niveau du sol extérieur, disparu aujourd'hui, arrivait à mi-hauteur de la pierre de seuil. Ce sol recouvrait les ruines du bâtiment antérieur. Les fondations du mur sont en moellons bien appareillés et de même épaisseur que le mur. L'élévation est également en moellons, avec des assises de réglage en moellons plus importants, à l'exception des angles et des montants de la porte d'entrée qui sont réalisés en pierres de taille. Les blocs d'angle comportent des trous de goujon, destinés à recevoir des tenons qui fixaient des pièces de bois horizontales et verticales. L'angle sud-ouest de l'édifice est fortement fondé et, cas exceptionnel, les assises sont en saillie. Des montants de la porte, il ne subsiste qu'une assise dont le lit d'attente est lisse. Il en existait une seconde qui comportait aussi des trous de goujon. Deux blocs tombés *(Fig. 3a-b)* peuvent être replacés sur ces montants ; ils étaient pourvus d'une feuillure.

La partie sud est renforcée par un contrefort de 0,95 m d'épaisseur sur 1,10 m de long. Ce contrefort, lié au mur de façade, est fondé moins profondément que le mur qu'il étaie.

Au nord, le long de la « rue du Palais », le bâtiment est limité par un mur en moellons du même type que le mur ouest (épaisseur 0,75 m), sauf à l'angle nord-ouest où il y a un chaînage de pierres de taille. L'angle nord-est, aujourd'hui très détruit par une fosse, présentait sans doute un appareil identique. Il n'y a pas de porte de ce côté. Une canalisation (L. 1,20 m ; l. 0,40 m ; h. 0,29 m) issue de la pièce 5, dans l'angle nord-ouest, se déverse dans la rue ; elle dépasse de 0,30 m à l'extérieur et de 0,15 m à l'intérieur. Apparemment il n'existe pas de puisard sous cette canalisation ; un sondage réalisé sous le déversoir n'a rien donné de concluant.

À l'est, on trouve d'abord au nord un mur en moellons formant un angle droit qui semble pénétrer dans le bâtiment. Puis, au sud, un mur, lui aussi en moellons, assez médiocrement construit. Tous ces murs correspondent aux maisons voisines, à l'est.

Du côté sud, le mur a été renforcé par un doublage en pierres de taille. Le mur d'origine, en moellons (épaisseur, 0,95 m) semble être de la même facture que les murs de la façade ouest. Mais ce qu'il en reste est très mal conservé, en particulier dans la partie centrale ; il n'est pas lié au mur est, qui se poursuit vers le sud.

Au sud-ouest, l'angle est construit en pierres de taille. Un montant dans le même appareil, avec un emplacement de sablière et des trous de goujon, est visible dans le mur à 2,15 m de l'angle, comme si une porte donnant dans l'impasse avait été aménagée là dans un premier état, puis bouchée à l'aide de moellons.

Le doublage non fondé a été plaqué dans un second temps contre le mur sud du bâtiment. Il est construit en pierres de récupération, dont une auge renversée (RS 92.8021 ; voir la description dans l'*Annexe* à la fin de cet article), à l'extrémité ouest *(Fig. 2, CC')* ; certaines de ces pierres de taille comportent des trous de goujon sans justification, dont la présence ne s'explique que par un remploi. Trois assises sont conservées au maximum, dans la partie est. Ce doublage forme une façade régulière au sud du côté des annexes 7, 8 et 9. Un bourrage le lie au mur de moellons de la pièce 1. Il présente un fruit vers le nord, dès l'assise inférieure, montrant qu'il n'est en réalité qu'un renforcement. L'épaisseur totale de l'ensemble atteint 1,80 m.

L'intérieur du bâtiment : les pièces 1 et 2

La pièce 1. Elle est en forme de parallélogramme et mesure 10,10 m sur 6,30 m. Le sol a partiellement disparu, mais son altitude est donnée par un léger retrait au bas du seuil de l'entrée ouest. Des traces de violent incendie (concrétions minérales) bordent encore la paroi nord de la pièce et il subsiste dans ce secteur des traces de l'enduit blanc qui recouvrait le sol. Comme on l'a signalé plus haut, de nombreux fragments de bois brûlé ont été retrouvés sur le sol au moment de la fouille. Une large ouverture à l'est (l. 3,90 m) donne sur la pièce 2 ; elle est bordée par deux montants de pierres de taille, munis de feuillures (0,25 m x 0,25 m), sauf le bloc du bas. Le montant sud est conservé jusqu'à la troisième assise, sans trous de goujon, mais des blocs tombés à proximité, dans la pièce 2, en comportent et viennent certainement de ce montant sud. Le montant nord, très mal conservé (une assise), était symétrique. De part et d'autre des montants, le mur est en moellons (épaisseur 0,95 m). Il est conservé sur une très faible hauteur.

Un énorme vase de pierre (RS 92.8018, *Fig. 3e*) en place, haut de plus de 1 m, obstrue la partie du sud du passage ; il était sans doute légèrement enfoncé dans le sol (voir sa description dans l'*Annexe* à la fin de cet article). Il en existait un deuxième (RS 92.8019, *Fig. 3f*), à peu près identique, dont nous avons retrouvé en 1992 un fragment dans l'angle nord-ouest de la pièce, mais il avait été déplacé de son lieu de trouvaille originel au moment de la fouille de 1966 ; à la différence du premier, ce deuxième vase comporte une série de cupules creusées sur son rebord horizontal (voir la description dans l'*Annexe* à la fin de cet article).

Un bloc renversé, parallélépipédique avec base en ressaut, reposait à peu près au milieu du passage, au nord du vase de pierre *(Fig. 3d)*. Il s'agit probablement de la base d'un poteau placé au milieu de l'ouverture. Le mur nord (épaisseur 0,95 m) est en moellons, sauf le montant est, en blocs taillés, de la porte d'angle (l. 1,20 m) qui, au nord-ouest, donne dans la pièce 6. Il n'en subsiste qu'une assise. Le seuil, correspondant au sommet des fondations, est en moellons. À l'ouest, c'est le mur occidental du bâtiment qui fait office de montant.

La pièce 2. De forme grossièrement trapézoïdale, cette pièce présente des contours irréguliers ; elle comporte deux ouvertures sur la paroi ouest : la grande baie vers la pièce 1, au sud, et, dans l'angle nord-ouest, le couloir 3.

Le montant sud du passage 2/3 est détruit sous le niveau du sol. Un gros bloc taillé occupe l'angle, en fondation. Le mur ouest de la pièce 2 se prolonge, en fondation également, vers le nord, où il passe sous le mur septentrional. Plus au nord, on ne le retrouve pas dans la pièce de l'édifice voisin. Le sol de la pièce 2 porte des traces d'enduit blanc, comme dans la pièce 1 ; il avait le même niveau.

L'aile nord

Le couloir 3 (L. 2,50 m ; l. 1 m). C'est un couloir étroit qui relie les pièces 2 et 4. Ses murs sont en moellons, sauf à l'angle nord-ouest, où le montant nord est formé par un chaînage d'angle en pierres de taille appartenant à l'édifice voisin. Le lit d'attente du bloc supérieur comporte deux trous de goujon.

La pièce 4. Cette pièce trapézoïdale est accessible de l'est par le couloir 3 et ouvre sur la pièce 5 à l'ouest par un passage aménagé au nord du mur ouest. Ce dernier est lié au mur sud. Le montant sud du passage n'est pas conservé ; au nord, c'est le mur septentrional qui fait office de montant.

Le sol a totalement disparu ainsi que le seuil 4/5, détruit par une fosse tardive. En outre, cette zone a été très fortement surcreusée au moment de la fouille de 1966 (au moins 1 m sous les sols).

Les pièces 5 et 6. Ces deux espaces ne forment en fait qu'une seule pièce de plan trapézoïdal, occupée au nord par une fondation de moellons très détruite par une fosse. L'accès principal était au sud : c'est la porte conduisant vers la pièce 1. Une seconde porte, très détruite, ouvrait sur la pièce 4 à l'est. Une fondation, faite de deux murs perpendiculaires, sépare les espaces 5 et 6. Bien que cette zone soit perturbée par une fosse tardive, on voit que cette fondation était liée à celles des murs nord et est des espaces 5 et 6. À l'ouest, elle porte une pierre de taille ; il s'agit du seul vestige subsistant d'un escalier qui montait vers l'est, au-dessus de la pièce 5. Le sol a entièrement disparu ; son altitude approximative peut être restituée par celle de la canalisation, qui passe à travers le mur nord et qui était sans doute dissimulée sous le sol, et par la marche d'escalier ainsi que la porte 6/1.

Dans le remplissage sous les fondations, on a retrouvé en 1998 un sceau-cylindre (RS 98.2 ; voir la description en *Annexe*). Une énorme pierre cylindrique (RS 92.8020 ; peut-être une base de colonne ?) se trouvait dans le remblai de la pièce 6 ; un fragment de feuille d'or a été recueilli au-dessous (RS 92.8010). Juste au nord de cette pierre cylindrique, deux autres gros blocs, en partie engagés sous les fondations ouest, appartiennent à l'édifice dont les vestiges ont été retrouvés sous le sol de la place, à l'ouest, devant l'entrée du bâtiment.

L'annexe sud (pièces 7, 8 et 9)

Cette annexe n'est pas en relation directe avec le « bâtiment au vase de pierre ». On y entre par une porte (large de 1,35 m) située dans l'impasse à l'ouest. Mais elle est liée par des murs à l'est, ce qui permet de la rattacher à un même ensemble que celui du « bâtiment au vase de pierre ». Elle a un plan trapézoïdal, avec un mur qui divise en deux la partie est (pièces 8 et 9).

Au nord, l'espace est fermé par le mur sud du bâtiment au vase de pierre. A l'est, le mur appartient aux maisons voisines. Au sud, elle est mitoyenne de la « maison au portique » et s'appuie contre son mur nord. Enfin, à l'ouest, il y a un mur de moellons avec la porte d'accès le long de l'impasse. Dans la pièce 9, deux bases de piliers sont *in situ* le long du mur sud. Le sol en terre battue est conservé par endroits ; son altitude est supérieure à celle des sols du bâtiment.

Cette annexe devait correspondre à deux espaces : une cour au plan en équerre (pièces 7 et 8) et un abri couvert (pièce 9).

On n'a pas retrouvé de matériel dans les nettoyages récents sinon une meule dormante dans la pièce 9 (RS 92.8001 ; voir plus loin la liste du matériel en *Annexe*), mais le cahier de fouille de 1966 signale beaucoup de céramique dans la pièce 7, le long du mur nord : il s'agissait de céramique « imitant la céramique mycénienne [...] ».

Insertion dans le quartier

Le bâtiment au vase de pierre occupe un bel emplacement, plus ou moins dans l'axe de la « rue du Palais ». La place aménagée devant l'entrée dégage bien sa façade ouest et sa porte d'accès. Sa position, à l'intersection de deux voies de circulation, le met aussi en valeur. Les murs visibles depuis la rue ou la place sont de grande qualité, contrastant avec le caractère contourné des murs périphériques, notamment à l'est et au nord-est, avec l'enclave appartenant à un édifice voisin.

Restitution et chronologie

On sait qu'Ougarit a été en bonne partie détruite par un tremblement de terre qui eut lieu vers le milieu du XIIIe siècle. Puis la ville a été reconstruite en subissant de nombreuses transformations, aussi bien dans l'urbanisme que dans les bâtiments eux-mêmes lorsqu'ils ont été réparés. Or il se trouve que le monument qui nous intéresse ici présente des traces de réparations et surtout de consolidations qui pourraient faire penser qu'il a subi les effets de ce séisme [12].

Lors de travaux de nettoyage auxquels nous avons procédé en 1998, nous avons pratiqué un petit sondage devant la façade ouest. Comme nous l'avons dit (voir plus haut le paragraphe consacré à la « construction antérieure »), nous y avons dégagé des vestiges appartenant à un bâtiment plus ancien, orienté différemment et pourvu d'une curieuse porte aux montants en biseau. La céramique recueillie dans ce sondage permet de dater ces vestiges du début du Bronze récent. D'autre part la partie orientale de ce « bâtiment au vase de pierre » présente un plan extrêmement irrégulier dû au fait que les maisons qui le bordent à l'est paraissent largement empiéter sur son emprise au sol. Les quelques sondages que nous avons effectués dans ce secteur ne nous ont pas permis de retrouver de traces, même en fondations, des limites orientales de ce bâtiment, comme si celles-ci n'avaient jamais existé.

C'est ce qui nous a amenés à proposer l'hypothèse suivante, qui paraît très bien correspondre aux événements du milieu du XIIIe s. Il s'agirait d'un bâtiment en partie inachevé, qui a été endommagé par le tremblement de terre ; les ruines ont probablement été laissées à l'abandon pendant un certain temps, ce qui

12. Sur la date de ce séisme, *cf.* Callot 1994.

fait que les constructions voisines se sont en partie installées sur le terrain qui lui était destiné à l'origine ; puis, en définitive, on a tout de même décidé de reprendre les travaux et d'achever, sans transformations majeures, le projet d'origine sur un terrain réduit.

Le premier état

Avant d'étudier ce bâtiment dans son état final, c'est-à-dire postérieur à 1250 av. J.-C. (*Fig. 4b)*, il faut essayer de voir comment il pouvait se présenter tel qu'il était prévu avant le séisme (*Fig. 4a)*. Comme on le voit sur le plan de la *figure 1*, toute la partie ouest du bâtiment présente un plan régulier parfaitement adapté à la parcelle de forme plus ou moins trapézoïdale sur laquelle on l'a implanté. Les murs de moellons sont soigneusement construits et tous les points sensibles – angles et montants de portes – sont renforcés par un appareil de pierres de taille.

La façade principale était à l'ouest, où elle donnait sur un carrefour formé par la « rue du Palais », qui vient de l'ouest, et une seconde artère qui longe le côté est du palais. Les murs, aujourd'hui très détruits, présentent une arase horizontale constante qui doit correspondre au lit d'attente des sablières de bois qui formaient l'armature. La porte principale est légèrement décalée vers le nord. En fait elle est située au centre du panneau délimité au sud par le contrefort chaîné à la façade et au nord par le *locus* 5-6. Cette porte à doubles battants donnait accès au principal espace (pièce 1), qui était une vaste salle. À l'extrémité ouest du mur nord, une porte donne dans le *locus* 6. Cette ouverture avait son symétrique au sud ; ce dernier a été condamné au second état. Au fond de la salle, on trouve une large ouverture qui, à l'origine, était divisée en deux par un poteau axial. La partie inférieure des montants de cette ouverture était construite en pierres de taille, avec une feuillure apparemment décorative *(Fig. 3a)*. Ils devaient être prolongés par un chambranle en bois. Le poteau central, en bois, était placé sur une base de pierre. C'est dans le passage sud de cette ouverture que se trouve aujourd'hui le grand vase de pierre qui date probablement du second état.

Cette double ouverture permettait d'accéder au *locus* 2. On ignore aujourd'hui les dimensions de cette pièce, qui a été amputée de sa partie orientale lors du réaménagement de ce secteur (état 2). Son mur est, mal construit et coudé, appartient à la maison voisine de même que sa paroi nord. Dans un sondage pratiqué dans cette pièce dans l'axe du mur 1/4-6 on a dégagé, à l'extrémité est du mur, une grande pierre de taille qui a pu appartenir au montant ouest d'une porte 2/3 correspondant au projet initial et qui n'a probablement jamais été construite *(Fig. 4a)*. Dans le même sondage, on a retrouvé la fondation d'un mur orienté nord/sud, placé dans l'alignement du montant nord du passage double 1/2 et lié aux autres murs. Au nord, cette fondation ne se prolonge pas au-delà du mur de la maison du second état, comme s'il n'avait jamais été construit. Dans le projet initial on avait probablement prévu là une autre porte qui reliait les *locus* 3 et 4. Quant aux *locus* 2 et 3 du premier état on ignore tout de leurs dimensions (celles que nous indiquons *figure 4a* ne sont que des propositions).

Du *locus* 3 on devait accéder à l'ouest au *locus* 4 dont le plan trapézoïdal, lié à l'urbanisme du quartier, semble être resté à peu près le même aux deux états. De là, il était possible de passer dans le *locus* 5 par une porte située du côté nord-ouest. En effet la paroi 4/5-6 a été détruite par une fosse tardive mais, comme il n'y a pas d'arrachement sur la paroi nord, il est logique de restituer là une ouverture.

Les *locus* 5 et 6 ne forment en fait qu'un seul espace compartimenté par une fondation coudée en partie détruite par la fosse qui a endommagé l'angle nord-est. À l'ouest, cette fondation porte un bloc taillé régulièrement placé en léger porte-à-faux. Une telle disposition des éléments ne peut que correspondre à un escalier, comme on en connaît de nombreux exemples ailleurs dans la ville. Enfin, dans ce *locus*, on retrouve la porte ouvrant au sud-ouest sur la grande salle 1.

C'est ainsi que devait s'organiser le rez-de-chaussée de ce premier état *(Fig. 4a)*. Pour les niveaux supérieurs, comme dans toutes les constructions d'Ougarit, on ne peut proposer que des hypothèses. L'escalier du *locus* 5/6, certainement en bois, montait d'ouest en est et sa partie supérieure devait prendre appui sur le mur est (5-6/4) ; il faut donc admettre que dans cet état le *locus* 4 était prévu pour être couvert et qu'il était très probablement destiné à porter un étage. On notera aussi que la porte 5/4 donnait uniquement accès à un petit local situé sous l'escalier (*locus* 5). Dans ce dernier on trouve une canalisation qui traversait le mur nord pour se déverser dans la rue, où nous n'avons pas pu identifier de puisard. Cependant un local de ce type fait penser à des latrines dont on connaît bien d'autres exemples à Ougarit.

Une autre hypothèse nous est suggérée par les deux portes latérales, sud et nord, de la salle 1 dans le premier état : elles sont placées face à face et définissent une circulation et un espace particulier au rez-de-chaussée. Elles sont en outre situées dans des angles et leurs montants orientaux, en pierres de taille, sont renforcés, particulièrement au sud. Peut-être pourrait-on suggérer l'idée d'une galerie ou tribune en bois située contre la paroi ouest du *locus* 1 qui, à l'étage, devait correspondre à l'espace défini par les deux portes du rez-de-chaussée. Mais ce projet a-t-il été réalisé ? On en doute pour le premier état qui était resté inachevé.

On arrêtera ici l'analyse du premier état de ce bâtiment. En effet, on a vu qu'il ne subsiste absolument rien de son extrémité orientale (*locus* 2 et 3), ce qui semble clairement indiquer que ce bâtiment était en chantier lors du tremblement de terre de 1250. Les murs de la partie occidentale, en particulier ceux du *locus* 1, devaient déjà s'élever à une hauteur raisonnable. Cependant, malgré des renforcements comme ceux de l'angle sud-ouest, la secousse qu'a subie le bâtiment a provoqué des désordres dans toute la superstructure existante.

Le second état

Il semble que ce chantier n'ait pas été repris immédiatement, ce qui peut aisément s'expliquer après cette catastrophe ; et dans ce laps de temps, la configuration de ce secteur de la ville a été en partie transformée. D'une part, à l'ouest, on a élargi le carrefour en procédant à un certain nombre de destructions, par exemple celle de la « maison aux fours ». C'est donc sur une véritable place qu'ouvrait le bâtiment après 1250. D'autre part, à l'est, à la suite de mouvements fonciers, on constate que plusieurs maisons ont été en partie construites sur le terrain qui, à l'origine, était destiné à notre bâtiment. Ces phénomènes de perte, mais aussi de gain de terrain dans les parcelles, semblent avoir été courants lors des reconstructions qui ont suivi le séisme. Cependant, malgré cela, on a tout de même décidé d'achever ce bâtiment en se contentant du terrain de forme irrégulière qui subsistait à l'est.

En premier lieu, il a fallu consolider les parties déjà construites qui avaient été endommagées lors du séisme. Du côté nord, il semble qu'il n'y ait pas eu de réels dégâts, puisque le mur nord de la grande salle qui s'appuie sur les *locus* 5-6 et 4 a pu mieux résister. C'est au sud qu'ont eu lieu les principaux désordres car, de ce côté, le mur du *locus* 1 est isolé, et donc sans soutien comme au nord. S'est-il incliné ou fissuré ? On ne peut plus le voir aujourd'hui. On remarque cependant qu'on a jugé bon de le doubler sur presque toute sa longueur par un second mur élevé en pierres de taille. Il n'en subsiste aujourd'hui que deux ou trois assises ; aussi est-il difficile de savoir s'il s'élevait sur toute la hauteur du mur d'origine ou s'il ne s'agissait que d'une sorte de glacis appuyé contre sa partie inférieure. Tels qu'ils sont aujourd'hui, ces deux murs sont plaqués sans liaison l'un contre l'autre, mais rien n'empêche de penser que, plus haut, ils étaient chaînés l'un à l'autre à l'endroit où les travaux ont repris (*Fig. 5a*). On notera aussi que ce doublage est construit avec des blocs de remploi : on y remarque une auge réutilisée à l'envers, et différents blocs creusés de cuvettes de goujons qui ne correspondent pas à une armature en bois. À l'ouest du doublage, on constate aussi que la porte située à l'angle sud-ouest du *locus* 1 a été bouchée de façon à renforcer le mur à cet endroit sensible. Mis à part ces consolidations, le *locus* 1 restait le même que celui qui avait été prévu dans le projet initial.

Les fouilleurs avaient interprété l'espace 1 comme une cour. Mais à notre avis, il existe suffisamment d'arguments pour refuser une telle hypothèse. Il y a en premier lieu l'organisation même du bâtiment qui dans ce cas aurait été réduit à quelques petits espaces périphériques (*locus* 2 à 6). Ensuite la structure des murs montre clairement qu'ils étaient destinés à supporter une lourde charge, qui ne pouvait être qu'une couverture. Au reste, des renforcements comme le contrefort sud-ouest et le doublage du mur sud ne font qu'étayer l'hypothèse de la couverture. L'existence de cette toiture est parfaitement confirmée par les fouilleurs eux-mêmes, qui disent avoir trouvé des poutres carbonisées le long du mur nord : ils les attribuent à une sorte de galerie qui aurait été édifiée le long de la paroi. Mais si, comme on l'a vu, l'hypothèse d'une galerie n'est pas à rejeter *a priori*, ce n'est certainement pas le long de ce mur qu'elle aurait été construite ; en effet, ainsi placée, elle aurait brisé la majesté voulue du volume en masquant en partie le côté nord de la double ouverture orientale (2/1). Du point de vue technique, la couverture de cet espace ne présentait aucune difficulté (*Fig. 5a*), et il suffisait de deux grosses poutres orientées nord/sud divisant l'espace en trois parties égales. Ces lourdes poutres, aux fortes sections, étaient peut-être en partie soutenues par des aisseliers. Par-dessus, dans le sens est/ouest, on disposait un réseau assez serré de chevrons qui, eux-mêmes, portaient la couverture traditionnelle faite de nattes ou de simples roseaux sur lesquels était installée une épaisse couche de terre argileuse qui assurait l'étanchéité. Cette salle, vu ses dimensions et son organisation, devait certainement avoir une grande hauteur. On mentionnera enfin que le sol de cette salle devait être recouvert par un enduit de mortier.

Au fond de la salle, la double ouverture vers le *locus* 2 est restée la même *(Fig. 5a)*. C'est dans la baie située au sud qu'à été placé le grand vase de pierre qui donne son nom à ce bâtiment. A ce propos on signalera que les fouilleurs de 1966 ont trouvé dans la salle le fragment d'un second vase du même type *(Fig. 3f)* dont l'emplacement d'origine est difficile à préciser.

Le *locus* 2, dont le plan est en forme de trapèze irrégulier, était certainement couvert et fermait le bâtiment du côté oriental. Du côté nord, un passage étroit, ultime vestige du *locus* 3 d'origine, conduisait au *locus* 4. Enfin le *locus* 4, bien que partiellement amputé à l'est, et les *locus* 5 et 6 sont restés les mêmes *(Fig. 4b)*.

Au nord-ouest, l'escalier du *locus* 6 aboutissait à l'étage qui devait couvrir le *locus* 4. Peut-être n'y avait-il pas d'étage au-dessus du *locus* 2, qui formait ainsi un volume plus haut permettant de créer, au rez-de-chaussée, une ouverture plus importante entre 1 et 2 ? En outre, à l'ouest, on pouvait atteindre depuis le palier la galerie qui courait le long du mur occidental de la salle. Bien entendu, cette hypothèse ne vaut que si cette galerie a existé et a été réalisée dans la seconde phase des travaux. L'escalier devait se prolonger par une volée supplémentaire, permettant de gagner une terrasse qui, au nord et à l'est, couvrait l'étage au-dessus des locaux correspondant à 4 et probablement 2. Ainsi ces bâtiments annexes formaient sur deux côtés un solide appui à la salle 1 qui était certainement plus haute *(Fig. 5b-c)*. Enfin, une troisième volée permettait d'atteindre la terrasse supérieure qui couvrait la salle 1 elle-même. L'édicule qui couronnait la cage de l'escalier, plus haut que la terrasse, devait apparaître alors comme une sorte de tour qui, à l'angle nord-ouest, dominait l'ensemble du bâtiment.

On notera aussi que, sur les reconstitutions *(Fig. 5a-c)*, nous avons disposé un certain nombre de fenêtres destinées à éclairer les pièces de ce bâtiment. Il y en a bien sûr à l'étage, au-dessus du *locus* 4. Peut-être existait-il aussi des fenêtres hautes qui éclairaient le rez-de-chaussée. Pour la salle 1, des baies étaient probablement placées au-dessus de l'entrée sur la façade ouest ; mais il y en avait certainement aussi sur les faces latérales, en particulier au sud. En effet, des ouvertures sur ce côté, outre le fait qu'elles donnaient de la lumière à la salle, permettaient aussi d'alléger ce mur très haut qui, malgré son doublage, ne s'appuyait sur rien *(Fig. 5a)*.

Il existe certainement d'autres possibilités de restitution pour ce bâtiment. Celle que nous proposons ici est relativement simple dans son organisation ; elle nous a paru une solution raisonnable pour répondre aux différentes questions que posent les vestiges tels qu'ils se présentent aujourd'hui.

La fonction du bâtiment

Les principaux traits du « bâtiment au vase de pierre » montrent à l'évidence qu'il ne peut pas être une habitation. Il n'en a pas le plan usuel, ni les caractères fréquents : courette, caveau, puits... Le nombre de pièces est très réduit, et la disproportion entre la vaste salle 1 et les autres locaux ne permet guère d'envisager la possibilité d'une vie familiale. La configuration de l'étage confirme cette idée. L'escalier raide est malcommode pour une circulation fréquente. Le niveau supérieur n'a, quant à lui, qu'une surface limitée, insuffisante pour être dévolue à un usage domestique.

La nature du mobilier, du moins ce que nous en connaissons, n'apporte rien qui permette d'expliquer la fonction du bâtiment. Certes, le gros vase en pierre et le reste d'un deuxième récipient identique (évoqué plus haut) ont un caractère exceptionnel par rapport à ce que l'on trouve habituellement dans les ruines d'Ougarit. Mais en l'occurrence, l'utilisation de tels vases ne peut être précisée. Ils ont sans aucun doute contenu un liquide, mais il est impossible d'en préciser la nature, même si l'eau semble la plus vraisemblable, vu la capacité des récipients.

Autant que l'on puisse le savoir d'après les maigres informations données par les fouilleurs de 1966 (notes de fouilles, communications orales..., à défaut de tout rapport concernant cette zone), le mobilier en place dans ce bâtiment était peu abondant. Il ne se différencie guère, apparemment, des trouvailles effectuées dans les bâtiments voisins du quartier résidentiel. Seule la présence d'un certain nombre de cratères mycéniens ou imitant des cratères mycéniens, en quantité notable, peut laisser penser que ces vases appartenaient à un mobilier spécifique, différent de celui que l'on trouve dans les habitations privées. La grande capacité de ces vases et leur valeur intrinsèque laissent souvent penser qu'ils sont plutôt réservés à un usage collectif, surtout quand on les trouve en série.

Mais nous ne connaissons pas la quantité exacte de ces cratères, et il n'a pas été possible jusqu'ici d'en retrouver la trace dans les publications : peut-être certains d'entre eux ont-ils été publiés dans des articles ou des *corpus* sans que leur lieu de trouvaille ait été mentionné. Il faut aussi noter que le local voisin, situé au sud du bâtiment, avait livré au moment de la fouille une grande quantité de céramique (notamment de la céramique mycénienne) ; nous ne savons pas combien, mais nous nous trouvons peut-être devant un dépotoir de vases brisés, laissés pour compte dans le voisinage du lieu où on les utilisait auparavant. A part cela, les rares trouvailles mentionnées dans les notes de fouilles, auxquelles s'ajoutent seulement les rares objets que nous avons recueillis récemment lors du nettoyage des ruines, n'apportent aucune information particulière sur la nature du bâtiment dans lequel ils ont été trouvés.

Les circulations intérieures et l'analyse des espaces permettent-elles de proposer une fonction ? Mis à part le caractère prestigieux de la façade ouest et la grande pièce centrale, le reste du bâtiment ne comporte que des locaux étroits qui ne semblent destinés qu'à assurer un fonctionnement interne, quelle que soit la phase concernée. Pour la partie supérieure de l'édifice, la desserte de l'étage, avec son petit escalier, ne permet d'envisager qu'un rôle annexe.

La proximité du palais royal, la volonté de dégager l'entrée du « bâtiment au vase de pierre » en aménageant dans la dernière phase de la vie de la cité une place qui permette de le voir depuis plusieurs centaines de mètres lorsque l'on arrive de l'ouest par la « rue du Palais », montrent à l'évidence qu'il s'agissait d'un lieu destiné à être visible de loin. Il s'agissait peut-être d'une salle de réunion, mais il est impossible de dire à qui elle était destinée, ni quelles activités y menaient les personnes qui s'y rassemblaient.

OUVRAGES CITÉS

CALLOT (O.), 1994, *Ras Shamra-Ougarit* X, *La tranchée « Ville sud »*, ERC, Paris.

COURTOIS (J.-C.), 1979a, *Supplément au Dictionnaire de la Bible*, s.v. « Ras Shamra », Letouzey et Ané, Paris, col. 1124-1295.

COURTOIS (J.-C.), 1979b, « L'architecture domestique à Ugarit au Bronze récent », *Ugarit Forschungen 11*, p. 105-134.

JACQUIOT (C.), 1978, « Résultat de l'examen de six échantillons de bois provenant des ruines de Ras Shamra », *Ugaritica* VII, Paris, p. 155-159.

SAADÉ (G.), 1979, *Ougarit, métropole cananéenne*, Beyrouth.

SCHAEFFER (C.), 1967, « Archéologie de l'Asie occidentale », *Annuaire du Collège de France*, p. 371-375.

YON (M.), 1997, *La cité d'Ougarit sur le tell de Ras Shamra*, ERC, Paris.

ANNEXE

Matériel inventorié lors des nettoyages et sondages du « bâtiment au vase de pierre » et de son environnement (1992 et 1998)

(Les dimensions sont en centimètres).

RS 92.8001 : meule dormante oblongue, en pierre à gros grain et galets minuscules pris en gangue ; L. 31 ; l. 14,5 ; ép. max. 5,5.

RS 92.8010 : fragment de feuille d'or ; 0,07 x 0,05.

RS 92.8018 *(Fig. 3e)* : grand vase en pierre grise fine et dure ; h. 110 ; diam. max. 171. Forme ovoïde à épaule haute carénée ; rebord horizontal à profil anguleux ; deux tenons diamétralement opposés. Le vase est conservé à l'endroit où il a été découvert, sur le tell de Ras Shamra. Sa forme rappelle celle des petits vases à onguents (pyxides) miniatures en albâtre ou autre pierre.

RS 92.8019 *(Fig. 3f)* : fragment de grand vase en pierre, identique à RS 92.8018 ; h. cons. 34. Mais en plus, le rebord horizontal est creusé de cupules.

RS 92.8020 ; bloc taillé cylindrique en pierre jaune grenue ; l'une des faces discoïdales est taillée en léger retrait (base de colonne ?) ; h. 45 ; diam. 90. Le bloc est sur place, sur le tell de Ras Shamra.

RS 92.8021 ; auge parallélépipédique en pierre grise grenue ; fendue et ébréchée ; L. 112 ; l. 57 ; h. 37. Elle est, à l'endroit de sa découverte sur le tell de Ras Shamra, réutilisée dans la confection du renfort du mur sud du bâtiment, entre les pièces 1 et 7. Elle est posée à l'envers.

RS 98.2 : sceau-cylindre en pierre grise ; deux personnages se tenant par la main et un arbre stylisé.

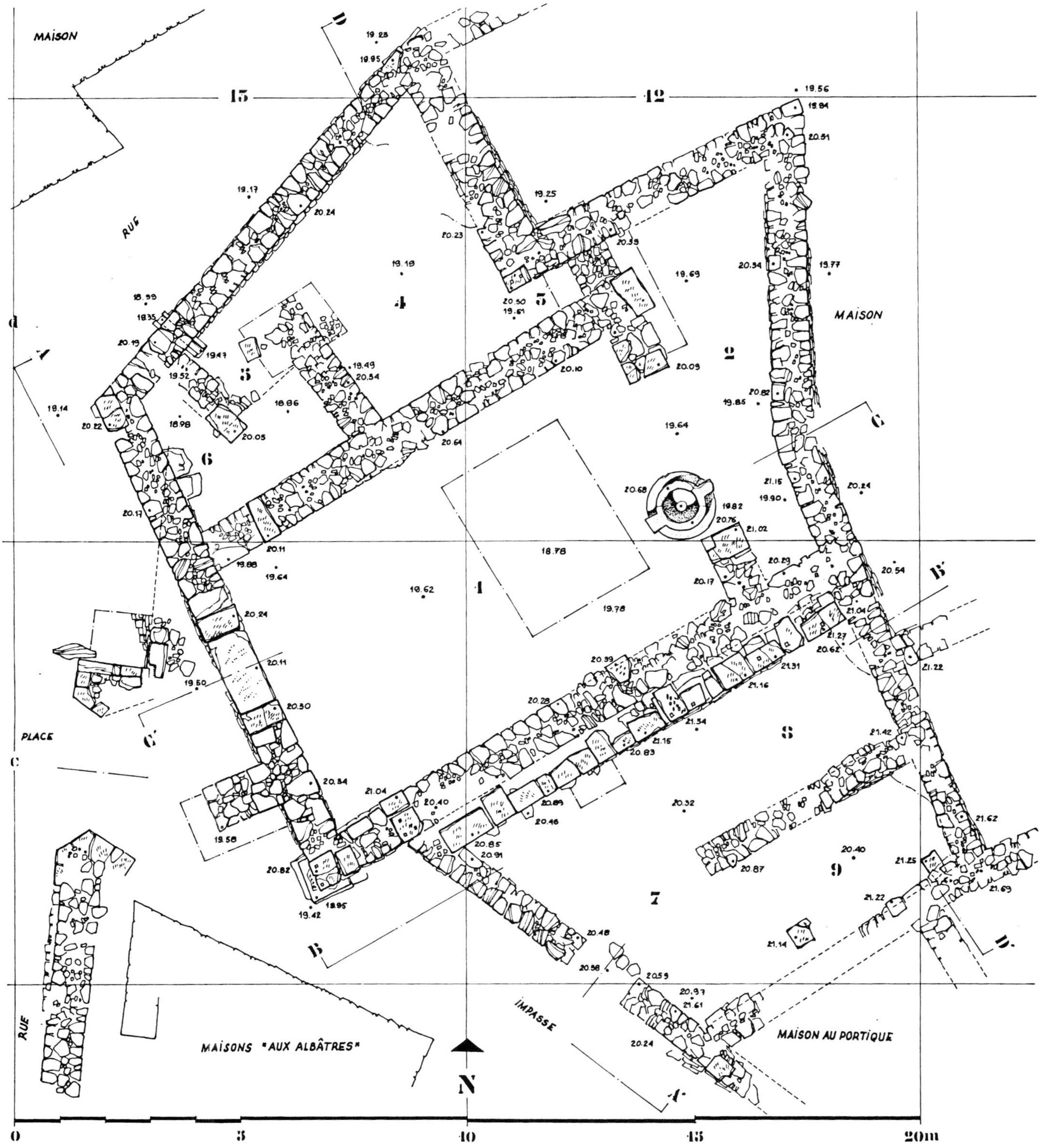

Figure 1. « Bâtiment au vase de pierre » : plan de l'état actuel (1998).

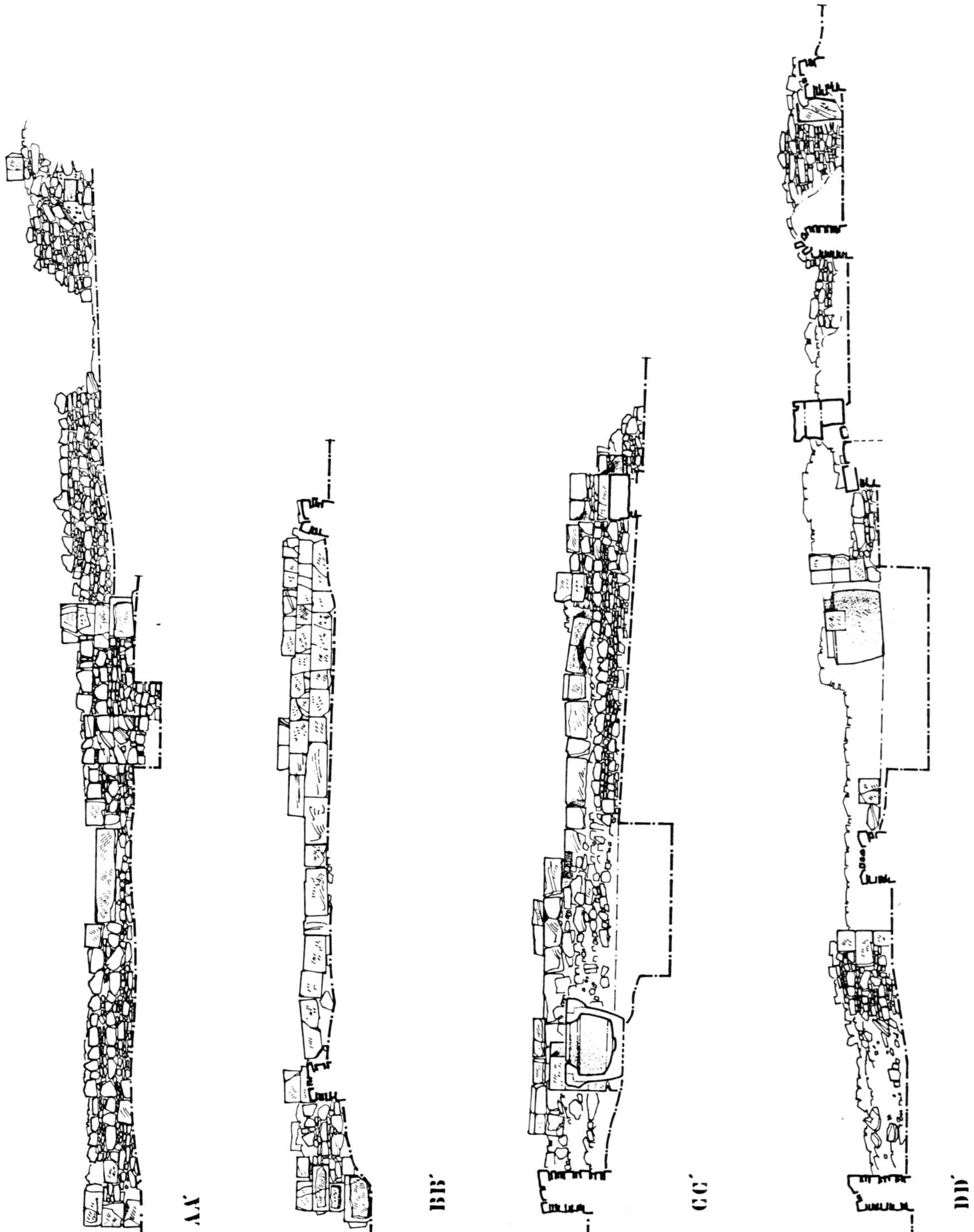

Figure 2. « Bâtiment au vase de pierre » : coupes de l'état actuel (1998).

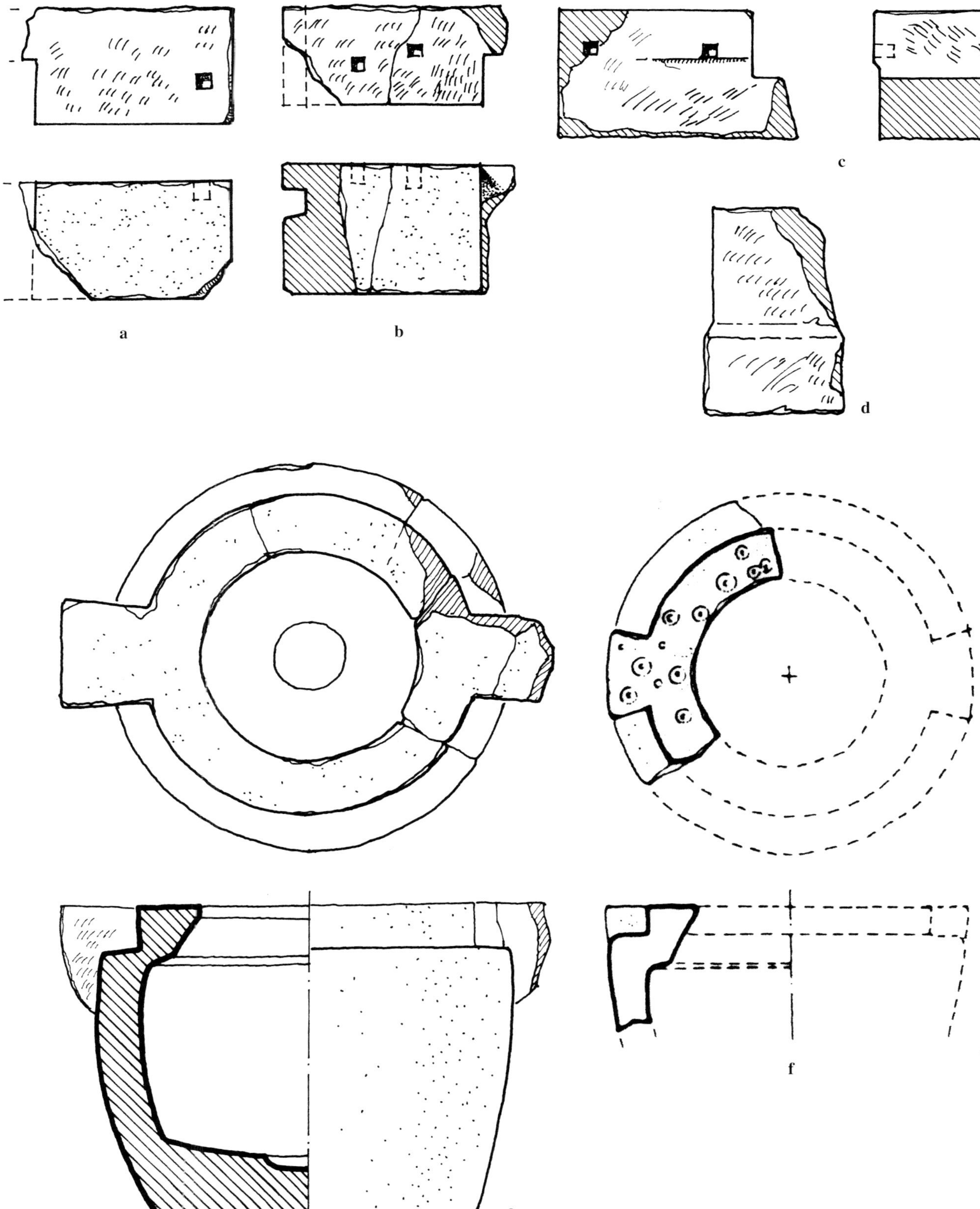

Figure 3. « Bâtiment au vase de pierre ».

a et b. Éléments des montants de la porte ouest du locus 1. c. Élément du montant sud de l'ouverture double à l'est du locus 1. d. Base du poteau central de l'ouverture double (est) du locus 1. e. Le vase de pierre du locus 1 (RS 92.8018). f. Fragment du vase de pierre trouvé dans le locus 1 (RS 92.8019).

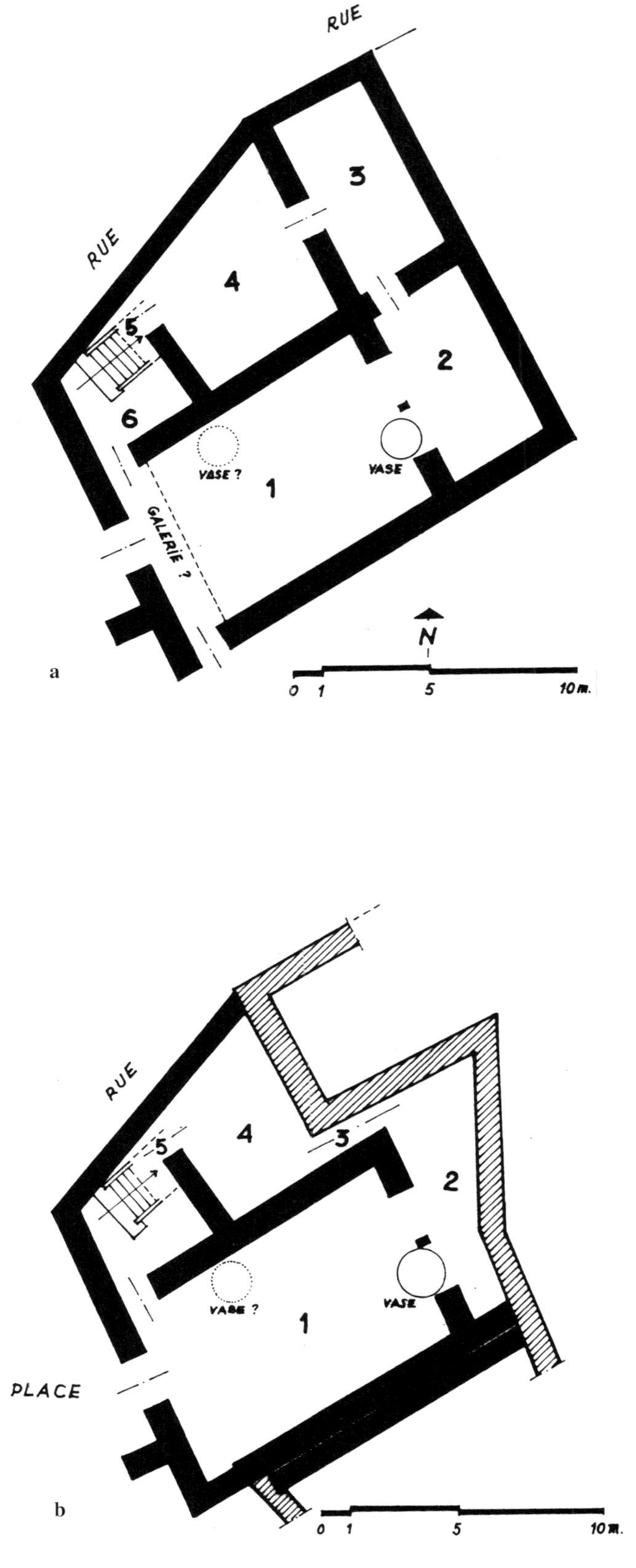

Figure 4. « Bâtiment au vase de pierre » : plan schématique.
a. Hypothèse de restitution du projet original (avant c. 1250 av. J.-C.).
b. Essai de restitution du plan réalisé après c. 1250 av. J.-C.

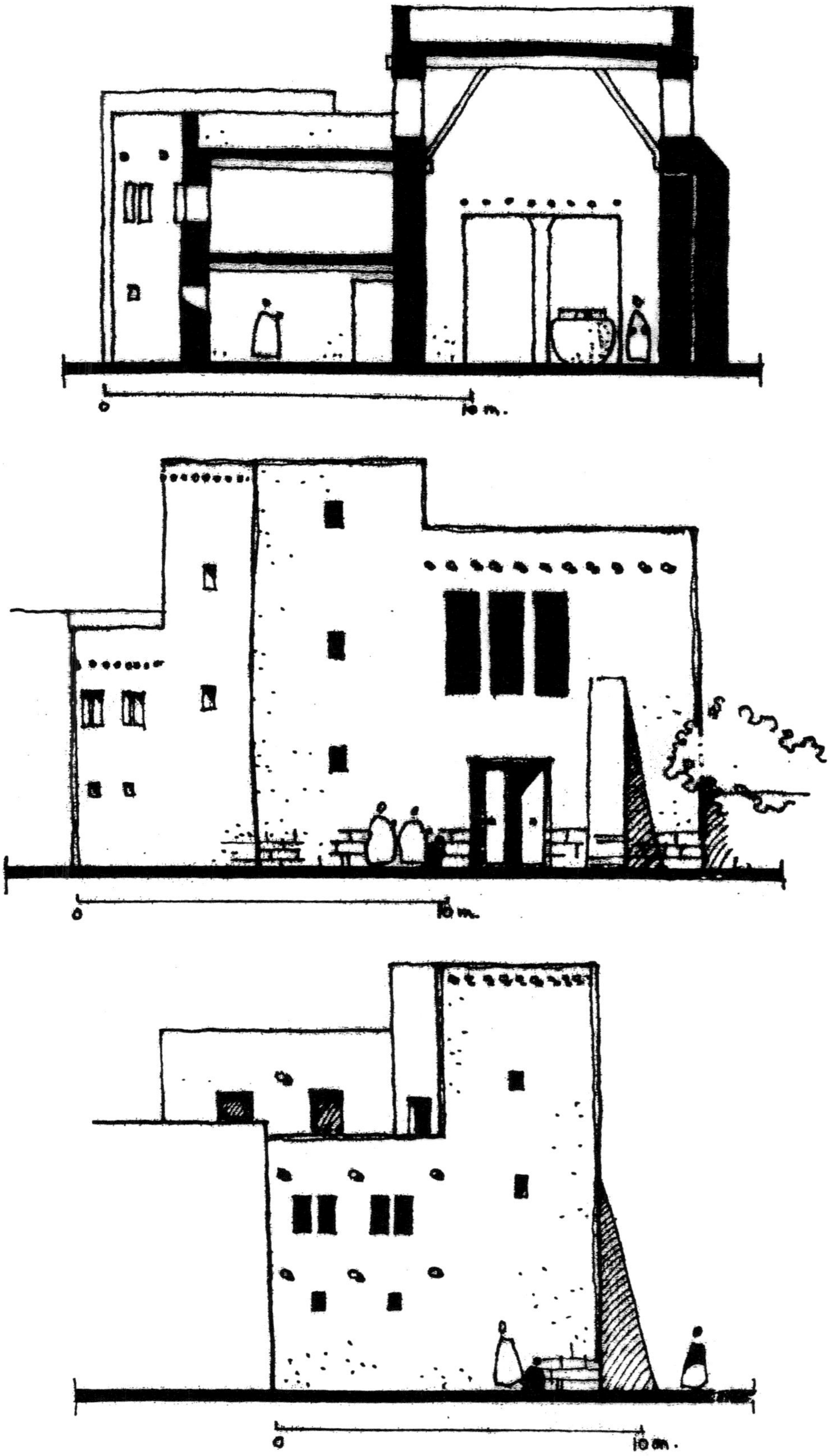

a

b

c

Figure 5. « Bâtiment au vase de pierre » : essais de restitution.
a. Coupe transversale nord-sud. b. Façade ouest. c. Façade nord.

a

b

c

Fig. 6 a, b et c. « Bâtiment au vase de pierre » : le dégagement du vase RS 92.8018 en 1966.

a

b

c

Fig. 7. « Bâtiment au vase de pierre » : vues d'ensemble du bâtiment, 1992,
a. du sud-ouest ; b. du nord-ouest ; c. du nord.

Fig. 8. « Bâtiment au vase de pierre » : détails, 1992.

a. Angle sud-ouest et entrée du bâtiment, vus de l'ouest. b. Le vase de pierre dans l'embrasure de la porte 1/2, vu du nord. c. Le contrefort contre le mur de façade ouest, vu de l'ouest. d. Le sondage dans la construction antérieure, vu de l'ouest.

CHAPITRE IV

UNE MAISON AU SUD DU « TEMPLE AUX RHYTONS »
Fouilles 1979-1990 *(Fig. 1a et 29)*

Joël MALLET et Valérie MATOÏAN

1. Stratigraphie et architecture (J. MALLET)

[notes p. 106]

Dès sa deuxième année d'activité, en 1979 (39e campagne), la Mission archéologique française dirigée par M. Yon découvrait au centre du tell, dans le chantier du quadrant D qui nous avait été confié, le « temple aux rhytons » borné au sud, en bordure de la fouille, par un long mur (locus 9) qui l'avait coupé. En 1981 (41e campagne), l'extension de l'exploration vers le sud-est montra qu'avec le mur 9 commençait un bâtiment dont elle venait de retrouver l'angle nord-est [1] et dont les limites furent atteintes en 1990 (50e campagne).

Ce bâtiment est une maison, de quelque 70 m^2 au sol, qui comprenait un rez-de-chaussée en pierre de six pièces et un étage avec de la brique crue. Il témoigne de l'activité des bâtisseurs de l'Ougarit cananéen à la veille de la catastrophe qui devait en faire, avec le reste de la ville, la proie des flammes et des pillards à l'aube du XIIe s. avant notre ère.

Ses ruines n'étaient nulle part à plus de 40 cm sous la surface du tell, ici presque horizontale à l'altitude moyenne de 21,50 m au-dessus du niveau de la mer. Les quelques endroits où les fondations ont été mises à nu suffisent pour retracer les étapes des remaniements architecturaux du quartier.

Le « temple aux rhytons » avait été élevé dans la seconde moitié du Bronze récent sur un terrain où affleuraient, sinon dépassaient, les vestiges d'une occupation antérieure de quelques siècles (Bronze moyen II, 1re moitié du IIe millénaire av. J.-C.). Quand on entreprit de construire la maison, la moitié sud du temple fut démolie à l'exception de son mur occidental (loc. 170, 166 et 167, *Fig. 1b*) et le déblaiement dépassa ses fondations jusqu'à des murs du Bronze moyen II [2]. C'est sur ces ruines anciennes que fut assise la maison, en contrebas du temple et en faisant sien son mur occidental.

I. Généralités

A. Le déroulement de la fouille

1. La 39e campagne, 1979

Le mur septentrional 9, alors à la limite sud du chantier, ne montra que le parement externe (du côté de la pièce 78) sur une longueur de 8,40 m, à partir de son extrémité ouest et de part et d'autre de la berme entre les carrés D2b/3 et D1b/4, et sur une hauteur maximale de 90 cm dans le premier carré (arrêt de la fouille à 20,43 m dans le couloir et, ailleurs, à 20,21 m, 14 cm plus bas que le sol 14, le dernier de la pièce 78, contemporain du mur) [3], et de 65 cm dans l'autre (fouille arrêtée à 20,70* m).

2. La 40e campagne, 1980

L'extension de la fouille dans D1b/3 (pièce 79), à l'est des carrés précédents, et la disparition de leurs bermes intermédiaires, accrurent la longueur visible du parement externe du mur 9 de 2,60 m, soit 11 m au total, alors que sa hauteur dégagée passait à 1 m dans le couloir 78 (fond de la fouille à 20,09 m), 1,10 m dans la pièce 78 (fond à 20,20 m) et 85 cm dans la pièce 79 (fond à 20,24 m correspondant au second et dernier sol, contemporain du mur) [4].

3. La 41e campagne, 1981

La fouille de deux nouveaux carrés, D1c/1 et D1c/2 au sud de D1b/4 et D1b/3 respectivement, et des bermes entre ces quatre carrés, révéla l'existence de la maison en retrouvant, avec l'extrémité orientale du mur 9, son angle nord-est occupé par la pièce 106. Celle-ci fut vidée de sa couche supérieure de décombres de pierres mêlées de terre grise, sauf un groupe de trois blocs taillés laissés sur le fond à 20,02 m à l'ouest et 20,23 m à l'est (*Fig. 9c*, pièce 106, n° 1). Deux autres pièces s'annonçaient, 110 au sud (déblayée jusqu'à 20,53 m) et 185 à l'ouest (fouillée jusqu'à 20,15 m).

À l'extérieur, dans la pièce 79, le mur 9 fut mis à nu sur 1,40 m de haut en tout, dont 40 cm en fondation, jusqu'au premier sol 122 à 19,78 m qui lui est antérieur, excepté son angle en pierre de taille au pied duquel subsista, à 20,18 m, le sol supérieur. Dans la rue 109 qui longe la maison à l'est, on arrêta le dégagement à 19,95 m [5].

4. La 43e campagne, 1983

Le parement externe du mur 9, seul concerné par cette campagne, fut dégagé dans la pièce 78 jusqu'à 20,03* m à l'entrée du couloir à l'ouest, 19,84* m à son décrochement à l'est (hauteur totale : 1,35 m dont 44 cm en fondation), et son angle nord-est dans la pièce 79, jusqu'à 19,98* m [6]. Mais entre-temps le couloir s'était remblayé jusqu'à 20,27* m.

5. La 44e campagne, 1984

Avec le creusement jusqu'à 19,83* m du couloir 78, prolongé de presque 1 m à l'est [7], s'arrêta le dégagement, à une altitude à peu près égale partout, du parement externe du mur 9.

L'exploration de la maison reprit dans un nouveau carré, D2c/2, et, avec la suppression de ses bermes nord et est, jusqu'au mur 9 et aux pièces 106 et 110, ce qui correspond à la pièce 185 et à presque toute la pièce 184 dont le mur occidental 170 se trouvait dans la berme ouest (comparer *Fig. 8c, 9a*). Dans les deux tiers sud du carré, contigus au mur 102, elle se contenta de retirer la terre grise épaisse de 15 cm qui subsistait de nos anciens déblais entassés à 21,45* m sur la terre noire de la surface originelle (*cf. Fig. 8a* et *c-d*). Au nord, elle descendit, sous la terre noire, dans des décombres de pierres mêlées de terre grise jusqu'à 20,35* m, rattrapant ainsi le niveau de l'angle nord-est de la pièce 185, remblayé de 20 cm depuis 1981 [8].

6. La 46e campagne, 1986

Le champ de fouille de 1984 ne fut pas élargi dans les pièces 184 et 185. Étendu par contre au carré voisin D2c/1 à l'ouest sans toucher à la berme de séparation avec D2c/2, il atteignit avec le nord-ouest de la pièce 168 et, sans qu'on le sût encore, l'extrémité occidentale de la maison.

Dans la moitié sud de D2c/2, la fouille se heurta, sous les décombres de pierres mêlées de terre grise et dès 20,55 m, aux assises de brique crue calcinées 163, tombées du mur méridional 176 de la maison et qu'elle laissa en place (*Fig. 8c, 9c, 10a*). Au nord, passé ces décombres de pierres plus épais, elle rencontra de la terre grise riche en poterie (*Fig. 12c*) et bientôt noircie par du brûlé ; elle ne la traversa entièrement qu'au pied du mur 9, jusqu'à la dalle à 19,56 m du pavage 174 dans la pièce 184 (*Fig. 8c, 13a*), et jusqu'à 19,45 m dans la pièce 185, sans qu'aucun mur ne séparât encore les deux pièces [9].

Dans D2c/1, on retira de la pièce 168, sous à peine 20 cm d'épaisseur de terre noire superficielle, des décombres de pierres et de terre grise jusqu'à 20,90 m. À l'extérieur, on dégagea jusqu'à 20,98 m son mur occidental 167 (hauteur: 51 cm, *Fig. 1a*), jusqu'à 20,67 m son mur septentrional 166 (hauteur : 82 cm) en même temps que, sur un mètre de longueur au sud, le parement endommagé du mur occidental 170 de la pièce 184 (*Fig. 4c*).

7. La 48e campagne, 1988

Au secteur fouillé à l'intérieur de la maison en 1986 s'ajoutèrent la berme entre D2c/1 et D2c/2 (mur occidental 170, *Fig. 9a*) et, au sud, les trois carrés D1c/4, D2c/3 et D2c/4, en enfilade d'est en ouest.

Ainsi les limites de la maison étaient partout virtuellement atteintes. Elles demeurèrent insoupçonnées dans D1c/4 isolé dans ses bermes (angle sud-est) où les travaux cessèrent dès l'apparition des décombres de pierres à 21,05 m sous la terre noire superficielle épaisse de 25 cm et cachée, comme alentour, par la terre grise résiduelle de nos anciens déblais (*Fig. 8a*). Dans D2c/3 et D2c/4 (bermes nord seules comprises), le mur méridional 176, chevauché par la berme commune aux deux carrés (*Fig. 8b*), semblait border, plutôt qu'une rue, un couloir (186) dans lequel il fut exhumé à l'est et à l'ouest respectivement jusqu'à 20,86 m et 20,66 m, soit sur 42 et 52 cm de hauteur, et où le mur 191 ne dépassait que de 7 cm le fond de la fouille à 20,96* m. Le mur occidental 170 ne fut dégagé à l'extérieur que sur 40 cm de haut environ, jusqu'à 20,78 m (*Fig. 1a*).

Dans la pièce 168, la fouille progressa jusqu'à 20,47 m, dans les décombres de pierres et de terre grise (*Fig. 10c*). La découverte du soubassement du refend 183 permit de différencier les trois pièces 178, 184 et 185 qu'on explora, 185 nord et le bout de la berme entre D2c/3 et D2c/4 exceptés, jusqu'au sol (pavage 174 dans 184 et 178 ouest, terre à 19,32 m dans 178 centre et à 19,29 m dans 185 sud), puis, pour 178 est, jusqu'à 19,10 m, dans le remblai de fondation (*Fig. 8a-b, 12a-b*) [10].

8. La 50e campagne, 1990 (Fig. 1a)

En poursuivant les fouilles dans le carré D1c/4, berme sud exclue, on put, grâce à la mise au jour de l'angle sud-est de la pièce 110, délimiter la maison sans devoir agrandir le chantier de 1988, sauf à mordre à l'est sur D1c/3 et uniquement pour englober toute la rue 109.

La façade méridionale fut libérée des décombres de la rue 186 jusqu'à 19,45* m à l'ouest (porte 195), 19,18 m au milieu (porte 181), 19,20 m à l'est ; le mur oriental 104, de ceux de la rue 109 jusqu'à 19,72 m au nord à côté de l'affleurement du mur 175, 19,67 m au sud et 19,49 m ailleurs.

À l'intérieur de la maison, les travaux concernèrent les pièces 106 et 110 jusqu'au sol, le cabinet 206 jusqu'aux fondations, la pièce 178, dans la berme entre D2c/3 et D2c/4, jusqu'au pavage 174, et les pièces 168 et 185 jusqu'aux ruines sous-jacentes du Bronze moyen II.

B. Le remodelage du quartier du « temple aux rhytons »

Le quartier du « temple aux rhytons » s'édifia sur des ruines déclives vers le sud-est [11] qui le contraignirent, en particulier dans le tracé des rues. Sa reconstruction au sud et à l'est du temple accentua l'étagement en taillant dans les ruines mêmes. Partie du bas, elle ne réussit pas à harmoniser rigoureusement les lignes directrices de son plan et celles des bâtiments épargnés, en maintenant pour les murs l'orientation approximative nord-nord-est/sud-sud-ouest et ouest-nord-ouest/est-sud-est. Quand elle eut atteint la rue 109, le nouveau bâtiment (*Fig. 1a, 2b* : 118) vis-à-vis du temple [12] se trouva à 1 m en contrebas et la rue, étranglée à la limite de la praticabilité (70 cm de largeur) entre son mur occidental 100 et le mur oriental 75 du temple. Lors de l'édification de notre maison, le mur 75 fut arasé dans D1b/3 pour redonner aux annexes orientales du temple la porte sur l'extérieur qu'elles venaient de perdre au sud, et complètement démoli dans D1c/2 parce que le mur oriental 104 de la maison, élevé à 1,50 m du mur 100, le mettait carrément dans la rue ainsi déviée vers l'ouest *(Fig. 3b* : 75). La rue 109 *(Fig. 2b, 5c)*, à 20,32 m à sa jonction avec la rue 35 au nord, garde à peu près cette altitude jusqu'à l'arasement à 20,01 m du mur 75, puis, suivant une pente de 7,8 %, rejoint la rue 186 à 19,20 m. La rue 186 *(Fig. 1a)* hérita de celle où devait se trouver l'entrée originelle du « temple aux rhytons » et que la rue 180 *(Fig. 1b)*, peut-être plus étroite, prolongeait à l'ouest, à la limite du chantier. Mais, pour que la nouvelle chaussée inclinée vers l'est-sud-est fût en rapport avec les seuils de la maison, on enleva non seulement l'ancienne mais aussi, au débouché de 180 au moins, une couche de terre argileuse gris verdâtre contemporaine de la pièce BM 199 sous 168 et sur laquelle repose, à 19,70* m, l'angle du mur 167.

C. La structure de la nouvelle maison

1. L'élévation

De la maison, seul a subsisté le rez-de-chaussée en pierre, long, du côté rue, de 12,25 m en façade sud et de 10,25 m à l'est. Cependant, l'escalier 193 de la pièce 110 *(Fig. 5c)*, la poterie écrasée au-dessus des sols dans les pièces 184 (*Fig. 11a* et *13a:*a2), 185 *(Fig. 12c)* et 178, le volume des décombres *(Fig. 8c)* qui ensevelirent les murs et les préservèrent presque partout sur 2 m de haut, ainsi que les assises de brique crue calcinée qui basculèrent de ces murs dans les trois premières pièces *(Fig. 7b, 10a, 9c)*, étayent l'hypothèse de l'existence d'un étage. Sauf dans le cabinet 206 sous le palier de l'escalier, la hauteur du plafond du rez-de-chaussée ne pouvait être inférieure à celle des murs, conservés jusqu'à 21,30* m, où il n'y a aucun point de fixation pour celui-ci.

Les murs encore debout, épais de 70 à 90 cm, n'ont pas tous le même âge. L'occidental *(Fig. 1b)*, continu, non rectiligne, a été repris au temple. Les nouveaux murs, sauf le refend 183 entre les pièces 184 et 185 *(Fig. 4d)*, sont d'un seul tenant réduit aux fondations aux seuils des portes (*Fig. 5d-e :* porte 197). Ils ont donc été édifiés simultanément. Ils ne subirent ni modifications ni réparations, signe d'une vie brève plutôt que d'une solidité à toute épreuve. Dans le cabinet 206 où ils furent construits à 18,55* m dans la terre, par conséquent sans rencontrer d'obstacle, ils ont 70 cm de hauteur de fondation *(Fig. 6c)*.

2. Les matériaux et les techniques de construction

Les matériaux de construction étaient la pierre locale, un calcaire gréseux, brute ou plus ou moins bien équarrie, le bois, la brique crue et l'argile. Les briques, selon leur position stratigraphique, ne peuvent provenir que d'une partie haute. Le bois n'a pas survécu, mais son logement, quand il armait la maçonnerie de pierres est encore visible. Quant à la terre brune et surtout grise des décombres, elle ne doit pas résulter seulement de la décomposition des briques et des enduits muraux, mais aussi de celle du torchis de certains murs, des plafonds et des toits.

La pierre taillée est employée, toujours à joints secs, de préférence aux angles saillants des murs *(Fig. 1a* : angle sud-ouest de la pièce 110), aux jambages des portes *(Fig. 5e* : porte 197) et dans des installations intérieures (marches d'escalier, *Fig. 5c*). Elle n'est généralement pas enterrée, comme pour demeurer visible.

Le corps des murs est fait de moellons secs de taille très variable parés sur les deux faces, avec un remplage de petites pierres. Il montre souvent, à l'intérieur *(Fig. 5* : mur 101, *6a* : mur 192) comme à l'extérieur *(Fig. 1c* : mur 176) de la maison, une alternance d'assises de grosses pierres et d'assises de pierres plus petites et plus allongées, qui devait répondre à un souci de stabilité plutôt que d'esthétique, car un épais enduit argileux la dissimulait, au moins dans certains murs intérieurs *(Fig. 8a* : mur 102, e).

Les parements des nouveaux murs, y compris aux jambages des portes mais pas à la cage de l'escalier 193, étaient armés à hauteur égale de chaque côté du même mur d'un unique chaînage horizontal en bois d'une quinzaine de centimètres de diamètre *(Fig. 1c, 4c, 8b* : mur 176, c) dont la disparition, en créant un porte-à-faux au-dessus de son logement vide, provoqua l'éclatement longitudinal de la partie supérieure des murs *(Fig. 9b* : mur 102, et *11b* : mur 176), et sa chute tant que l'étayage des décombres *(Fig. 10c)* ne s'opposait pas au contre-fruit. C'est là la cause principale de la ruine des murs qui, sinon, sont bien conservés et verticaux sous le chaînage. À la façade de la maison (murs 176 et 191), le logement du chaînage est à 90 cm au-dessus des seuils de pierre et supportait encore une hauteur de mur de 1 m (mur 176). Il était donc placé à mi-hauteur entre le sol et le plafond. Par contre dans la pièce 110, aux murs 101 *(Fig. 5b*:c) et 104, il se trouve aux deux tiers (1,50 m au-dessus du sol). Cette anomalie résulte de la situation de la maison en contrebas du « temple aux rhytons ». Les deux murs étant d'un tenant avec le mur nord 9, on conserva l'altitude du chaînage de ce dernier pour les leurs. Or, le chaînage interne du mur 9 avait déjà dû être placé plus haut que de coutume – à 1,10 m du dallage 174 dans la pièce 184 *(Fig. 12b)* et à 1,30 m du sol 208 dans la pièce 185 – pour que le chaînage externe ne fût pas enterré sous le sol 14 du « temple aux rhytons ». Ajoutons à cela que le sol 213 de la pièce 110 est le plus bas de la maison. Le mur occidental de la maison ne montre pas de chaînage sur ses deux mètres de hauteur *(Fig. 1b, 9a)*. Mais il avait été conçu pour une pièce d'un autre bâtiment, le « temple aux rhytons », dont le sol ne devait pas être beaucoup plus bas que le seuil 82, à 20,31 m de la pièce 55, au nord du mur 9, qui lui faisait suite. Il a pu porter sur son sommet actuel à 21,38 m un chaînage qui se serait retrouvé au plafond dans la nouvelle maison.

Le linteau des portes devait être nécessairement en bois, avec une portée maximum de 1,70 m à la porte sud 181 *(Fig. 8b)*.

Des briques ont survécu grâce à trois circonstances. Crues à l'origine, elles ont été calcinées dans l'incendie de la maison qui les a durcies, mais aussi rendues friables. En tombant par pans, quelques assises (huit au moins dans la pièce 184, *Fig. 10b)* ont pu garder leur cohésion et échapper à l'émiettement total, avant d'être finalement ensevelies sous les décombres de pierres qui les protégèrent pendant trois mille ans des intempéries. Faites d'argile grise ou beige mêlée de paille, pesantes et de grande taille, ces briques étaient presque carrées (60 x 46 x 11-19 cm) et aucune n'a été retrouvée entière. Leur agencement, indéterminable, devait associer de quelque manière une brique et une demi-brique pour tenir l'épaisseur du mur de pierre inférieur. Les briques calcinées proviennent de la partie basse de l'étage, là où l'incendie a été le plus violent, alimenté par un combustible abondant – poutres de bois et claies de roseaux ou de branchages avec lesquelles on avait probablement fabriqué, comme encore de nos jours *(Fig. 13b-c)*, le plafond du rez-de-chaussée – et avivé, pour le porter à une température élevée, par un fort tirage entre la rue (à partir de la pièce 168 et du vestibule 178) et le toit (en passant par la porte intérieure 188 et l'escalier 193 de la pièce 110).

Si tous les murs du rez-de-chaussée sauf un étaient en pierre, ceux de l'étage n'étaient pas partout en brique. L'étage n'avait probablement pas la superficie du rez-de-chaussée, une terrasse ayant pu être aménagée au moins au-dessus des pièces 106 et 110. Le four domestique 204, à 70 cm seulement de l'escalier *(Fig. 2b, 5a)*, gênait le passage, mais on avait dû le placer là précisément parce que l'escalier aboutissait à l'air libre et faisait office de cheminée. Les briques tombées du mur 104 par-dessus l'escalier *(Fig. 7b)* terminaient sa cage sur la terrasse.

La différence de niveau au sol entre la maison et le temple étant de 1 m, la maison adosse au nord la moitié haute de son rez-de-chaussée à la moitié basse de celui du temple, le nouveau mur 9 mitoyen, comme d'ailleurs le mur occidental remployé, n'étant pas conservé plus haut. Si ces deux murs montaient en pierre jusqu'au plafond du rez-de-chaussée du temple, ils limitaient aussi la moitié basse de l'étage de la maison, ayant pu être complétés avec un autre matériau. Cependant, le volume des décombres de pierres dans les pièces 184 *(Fig. 8c)* et 185 laisse penser que la pierre avait été employée jusqu'au plafond de l'étage pour les deux murs.

Le mur de refend 183 entre les deux pièces précédentes *(Fig. 2a)* illustre une troisième technique de construction : un corps fait d'un matériau précaire, probablement du torchis, sur une base en moellons seule, et encore en partie, conservée.

3. L'espace fonctionnel

Alors que de l'étage était tombé, entre autres poteries, un grand nombre de jarres *(Fig. 12c)*, les pièces du rez-de-chaussée étaient à peu près vides et ne nous renseignent pas sur leur destination.

Trois particularités semblent résulter d'une volonté de séparer l'espace de la maison en deux : le décrochement de la façade, le nombre des portes d'entrée et le puits au milieu d'un mur. L'avancée de 20 cm sur la rue de la pièce 110 par rapport au reste de la façade *(Fig. 1a, 2b)*, symétrique du redan du mur septentrional 9, pouvait souligner architecturalement à l'extérieur l'entrée principale de la maison, mais aussi la division du rez-de-chaussée par le mur 102 en deux parties indépendantes possédant chacune son accès à la rue alors qu'un seul au lieu de trois aurait suffi à l'ensemble. Le puits 205 *(Fig. 3a)* dont la margelle remplace le seuil de la porte 188 dans le mur 102 est un ouvrage ancien réutilisé après exhaussement *(Fig. 6e)* et qui fut découvert lors du creusement des fondations. On aurait pu alors modifier le tracé prévu du mur 102 pour lui éviter de rencontrer le puits. Incorporer un puits dans une porte ne facilitait pas le passage, sans non plus l'interdire. C'était surtout une solution pratique pour accéder de part et d'autre à une source indivise d'approvisionnement en eau. Isolée ainsi des autres pièces du rez-de-chaussée, la pièce 110, qui abrite l'escalier, s'intégrait fonctionnellement à l'étage.

Le cloisonnement en trois par un refend unique de l'espace voisin de la pièce 110 à l'ouest est singulier *(Fig. 2a, 4d, 5a)*. Il est incomplet : le mur 183 entre les pièces 184 et 185 les laisse entièrement ouvertes sur le vestibule 178 dont elles annexent chacune une moitié en y prolongeant, l'une son sol de terre, l'autre son pavage. Le plan initial de la maison ne l'avait pas prévu : le mur 183, en effet, est dépourvu de fondations *(Fig. 3a)* et mord sur le sol 208 de la pièce 185. Mais il divise ainsi le reste du rez-de-chaussée en deux parties qui, se partageant le vestibule et comprenant une grande pièce et une petite, sont distribuées selon une certaine symétrie, les petites pièces étant diamétralement opposées.

Les baies des portes, dont l'encadrement et les panneaux ont complètement disparu, procèdent d'une même conception. L'extrémité et aussi, pour celles aménagées dans un coin, la face des murs constituent les jambages sans feuillure ni logement de barre de fermeture, tandis que les seuils, dont la profondeur égale l'épaisseur des murs, ne sont que le sommet à l'air libre de leurs fondations. Les trois portes de la façade méridionale assuraient l'éclairage d'un rez-de-chaussée autrement aveugle.

II. Les murs

A. Les murs extérieurs

1. Le mur occidental (Fig. 1b)

C'est l'ancien mur occidental du « temple aux rhytons » préservé de sa destruction au sud du sanctuaire. Continu mais au tracé brisé, et épais de 70 cm, il se compose de trois tronçons presque orthogonaux, numérotés 170, 166 et 167 du nord au sud, qui ne furent exhumés que sur 60 cm de hauteur à l'extérieur mais complètement presque partout dans la maison.

a. Le mur 170 (Fig. 9a)

Long. interne (pièce 184) : 4,90 m. L'angle saillant qu'il forme au sud-est avec le mur 166 et qui culmine à 21,38 m, 20 cm sous la surface, repose, dans la pièce 184 *(Fig. 12a)*, à 19,68* m (h. 1,70 m), sur de la terre brune, 11 cm plus haut que le pavage 174 (19,57 m) et, du côté de la pièce 168 *(Fig. 1a, 5a)*, à 19,33 m (h. 2,05 m) sur l'angle des murs 200 (sous 166) et 207 (sous le refend 194) du Bronze moyen; les assises en pierre de taille, qui succèdent à 20,11* m aux moellons, signalent la fin des fondations, hautes de 43 cm, et indiquent l'altitude du sol au moment où le mur 170 fut élevé pour le « temple aux rhytons »; les bâtisseurs de la nouvelle maison, obligés, pour mettre les pièces de niveau, de déchausser le mur qu'ils comptaient remployer, dépassèrent ses fondations à un endroit où, assises inégalement sur de la terre, elles n'étaient pas stables. À un mètre de l'angle saillant s'ouvre une brèche large d'1,65 m au sommet du mur, qui se rétrécit jusqu'à 95 cm aux fondations, sa paroi nord restant à peu près verticale, et atteint presque le bas du mur, jusqu'à la première accumulation de décombres sur lesquels elle avait déversé ses moellons *(Fig. 9a*:a). Au nord, le bombement du parement interne, résultat sans doute d'une réfection malhabile effectuée juste avant la construction du mur 9, a cédé à 30 cm de ce dernier et sur 50 cm de large, sous 20,30* m et jusqu'à une assise du pavage.

b. Le mur 166 (Fig. 1a-b, 4c)

Long. interne : 2,45 m, dont 1,95 m dans la pièce 168. Le mur 166, qui s'élève à 21,48 m, est construit à 19,69 m (h. 1,79 m) sur le mur BM 200 *(Fig. 5a)*, avec un retrait croissant vers l'est de 7 à 13 cm, et sur de la terre brune à son extrémité orientale dans la pièce 184 (*cf.* mur 170). Par suite de cette superposition, les nouveaux habitants, en fixant à 19,46 m le premier sol 198 de la pièce, inclurent dans la hauteur de mur utilisable les derniers vingt centimètres du mur du Bronze moyen. L'angle des murs 166-167 *(Fig. 1b)* présente une brèche qui descend jusqu'au sommet à 19,80 m de l'escalier à deux marches BM 202 qui dépassait à moitié du sol 198.

c. Le mur 167 (Fig. 1b, 4c)

Long. jusqu'à son angle à la jonction des rues 180 et 186 : 3,35 m, dont 1,93 m dans la pièce 168 et 52 cm dans la rue. Culminant à 21,57 m, 20 cm sous la surface, le mur 167 a, comme le précédent, repris un mur du Bronze moyen, 201 perpendiculaire à BM 200. Alors que dans la pièce 168 il est, à 20,11 m (65 cm au-dessus du sol 198), en retrait sur lui jusqu'à 7 cm, il double à son extrémité sud l'angle analogue du niveau antérieur et repose à 19,70* m (h. 1,82 m) sur de la terre gris verdâtre *(Fig. 13d)*.

2. La façade méridionale (Fig. 1a)

Seule à ouvrir sur l'extérieur, la façade méridionale, longue de 12,25 m, comprend deux parties, le mur 176 à l'ouest, avec une porte à chaque bout, en retrait de 20 cm sur le mur 191, à l'est, percé d'une porte.

a. Le mur 176 (Fig. 1c, 4c)

Long. externe (rue 186) : 4,13 m et 6,82 m, portes comprises; long. interne 4,15 m (dont de part et d'autre de la porte 196, 0,78 m dans la pièce 168 et 2,73 m dans la pièce 178) et 7,02 m avec les portes. Ép. 85 cm. Sommet à 30 cm sous la surface du tell et à la même altitude partout : 21,23 m à l'ouest, 21,33 m au milieu et 21,28 m à l'est. H. max. dégagée : 2,26 m dans la pièce 168, à compter de la base à 18,97* m *(Fig. 5a)*.

Le parement sud offre un bel exemple de l'alternance approximative d'assises de gros moellons et de pierres plus petites. Le chaînage ceinturait le mur à 20,20 m à l'est et à 20,38* m à l'ouest, à 86 cm des seuils. Il s'est combiné ou a fait place par endroits à des matériaux fondus, ainsi à la porte 195 *(Fig. 1c* : mur 176, n° 2) et, dans la pièce 178, à 1 mètre de la porte 181 *(Fig. 8b* : mur 176, n° 2). Sa disparition déséquilibra particulièrement le parement nord et lui imprima un contre-fruit que les décombres de l'étage arrêtèrent à 15° lorsqu'ils comblèrent, en les soutenant, les ruines du rez-de-chaussée *(Fig. 8b, 10c, 11b)*, mais qui lui fut fatal aussitôt mis à nu. De l'enduit ocre avait subsisté à la porte 196, au-dessus du chaînage, entre 20,50 et 20,70 m. L'extrémité orientale du mur, qui sert de jambage ouest à la porte 181, avait encore, lors de sa découverte en 1988 *(Fig. 8b)*, six assises en pierre de taille à partir du seuil, hautes de 1,93 m (quatre, dont deux parpaings inférieurs, verticales et parfaitement agencées sous le chaînage, et deux au-dessus, disloquées et en surplomb de 25 cm). L'extrémité occidentale du mur, jambage est de la porte 195, n'avait plus au-dessus du chaînage que le parement nord en moellons et grosses pierres haut de 1,71 m à partir du seuil. Sous le chaînage *(Fig. 1a* et *c, 5a)*, les deux assises du bas sont faites de grosses pierres taillées et les deux autres de pierres plus minces et plus allongées, avec des petites dans les interstices.

Les fondations du mur 176 se prolongent pour servir de seuils jusqu'à buter à l'ouest contre le mur BM 201 sous 167 *(Fig. 13d* : seuil 195, et *1b)*, et rejoindre à l'est le mur 102 sous ses pierres taillées angulaires *(Fig. 2b* : seuil 181, et *1a)*. Elles ne furent complètement exhumées que dans la pièce 168 établie dans les ruines de la pièce BM 199. Là *(Fig. 5a)*, elles débordent le mur de 5 à 6 cm. À la porte 195, elles reposent, épaisses de 50 cm, à 18,95* m minimum sur des débris du niveau du Bronze moyen antérieurs à son dernier sol: terre grise inclinée vers l'est puis pierres à l'aplomb du jambage. Ensuite, derrière ce dernier, elles font un ressaut vertical de 40 cm qui remonte de 19,52 m à 19,92* m leur sommet en même temps que le bas du mur proprement dit, pour enjamber le mur BM 207 à moitié sous 194, abaissé par les maçons à 19,11 m au parement ouest et à *19,24 m au parement est sur lequel elles se lient au seuil 196. Le ressaut n'existe pas du côté de la rue où le sommet des fondations est rectiligne *(Fig. 1c)*.

À l'étage, le mur 176 était en brique crue. Dans la pièce 178 *(Fig. 8-11a)*, ses assises calcinées, au moins huit (163), basculèrent à 1,50 m de lui quand elles furent déséquilibrées par le contre-fruit du parement interne privé de son chaînage.

La porte 195 (Fig. 13d). Presque rectangulaire (larg. externe 1,11 m; interne 1,17 m), le seuil, profond au plus de 90 cm, déborde, comme les fondations, le mur 176 de quelques centimètres dans la pièce *(Fig. 5a)*. Il comporte plusieurs moellons de bonne taille (le plus élevé, à 19,64 m, mesure 45 x 36 cm). Mais le seuil devait être plus haut pour au moins égaler le niveau de la rue 186 qui ne pouvait être inférieur à 19,70* m, altitude de base du mur 167 à l'extrême sud où il repose sur de la terre gris verdâtre et aussi altitude de l'autre seuil, 196, de la pièce 168. Au moins trois pierres taillées provenant du jambage est obstruaient la porte. La plus volumineuse (70 x 47/41 x 36 cm) était tombée dans la pièce 168 sur une arête longitudinale, un peu en avant du seuil et parallèlement à lui, en s'enfonçant jusqu'à 19,66 m dans les premiers décombres (sommet du bloc à 20,20 m).

La porte 181 (Fig. 2b, 4b). Le seuil, à 19,36* m, profond de 87 cm (ouest)/90 cm (est), a la forme d'un parallélogramme quelconque (larg. externe : 1,64 m;

interne : 1,67/1,70 m) Dans la rue *(Fig. 1a, 2b)*, il est doublé sur un mètre de long par une rangée de moellons, épaisse de 24 cm et dégagée sur une assise, qui sort de sous le mur 191 en le débordant un peu. On a l'impression que les architectes, ayant assis le mur 191, entreprirent de poursuivre la façade à l'ouest sans rompre l'alignement, puis se ravisèrent. Projetée dans la pièce 178 à 19 cm du mur 176 et à 37 cm de son angle nord-est *(Fig. 8b, 11b* : pièce 178, n° 1), la crapaudine (88.5140, *Fig. 25)* [13] fut retrouvée à plat mais retournée à 19,32 m, sur le sol, et enrobée dans la terre brune de la première couche de décombres de la pièce. Sur le même sol, au sortir de la porte près du mur 176, et également à plat, une meule en conglomérat (90.5208) était prise sous les décombres qui bouchèrent la porte *(Fig. 8a-b* : pièce 178, n° 3). Ceux-ci *(Fig. 8b)* étaient formés de terre d'abord brune, puis grise (respectivement 0,40 et 1,20 m d'épaisseur, mêlée à des moellons et à plusieurs pierres taillées égrenées en particulier par le jambage ouest. La terre grise s'accumula jusqu'à 20,95* m avec une mince couche de terre jaunâtre au-dessus.

b. Le mur 191 (Fig. 1a, 2b)

Long. externe (rue 186) : 5,43 m ; interne (pièce 110) : 3,85 m, y compris la porte 197 qui divise le mur en deux.

La partie ouest. Long. externe : 1,34 m. L'angle saillant qu'elle forme avec le mur 102 *(Fig. 1a)*, haut de 1,66 m et culminant à 21,02 m, est un montant de quatre assises de cinq pierres au total (deux à la seconde assise), assez bien taillées, avec entre les deux dernières un intervalle de 43 cm partagé entre le logement calciné de 14 cm du chaînage à 20,25 m et des moellons au-dessus. Dimensions des pierres, assise inférieure : 69 (nord-sud) x 35 (est-ouest) x 30 (hauteur) cm ; deuxième assise : 35,5 x 41 x 21 pour la pierre sud et 31 x 22 cm pour la face visible de la pierre nord ; troisième assise : 62 x 56,5 x 40 ; assise supérieure : 54,5 x 46 x 34. À l'intérieur *(Fig. 5c* et *e)*, cette partie du mur, longue seulement de 47 cm, et dont l'épaisseur décroît vers l'ouest de 86 à 76 cm, se confond avec le jambage ouest de la porte, haut de 93 cm, détruit au-dessus du chaînage à 20,20 m et fait presque entièrement de pierres taillées bien agencées quoique de dimensions variées, les deux plus hautes (43 et 24 cm), en bas, portant des marques de ciseau, et la plus longue (50 cm), à l'avant-dernière assise au nord, pénétrant dans le mur 102.

La partie est. Long. externe 2,83 m ; interne : 2 m. Ép. : 85 cm. Sommet à 20,78 m au milieu. Chaînage à 20,17 m des deux côtés. Son angle saillant au sud-est de la maison *(Fig. 3a)*, exhumé sur 50 cm de hauteur, n'a plus de parement au-dessus du chaînage et sa dernière assise est une pierre bien taillée, haute de 40 cm, longue de 56 (rue 186) et large de 50 (rue 109), qui repose sur une autre longue de 58 cm au sud. L'autre extrémité du mur, jambage est de la porte 197 *(Fig. 5d)*, n'a plus de hauteur que les 81 cm sous le chaînage, avec une mince seconde assise toute en petits moellons. Dans le cabinet 206 *(Fig. 6c)*, le mur 191 est fondé à 18,55* m sur de la terre grise et a été dégagé sur 2,23 m de hauteur; une assise de grosses pierres (base à 19,23* m) souligne le début de la partie du parement qui n'était pas dissimulée par le sol du cabinet et qui est bombée, et correspond à la marche du seuil 214 *(Fig. 5d* : cabinet 206, n° 1); dessous et en retrait, assises de fondation hautes en tout de 70 cm.

La porte 197 (Fig. 2b, 5d-e). Le seuil, trapézoïdal (larg. : 1,28 m, interne : 1,42 m), est, à 19,35 m, 25 cm plus haut que le sol 213 de la pièce 110.

3. Le mur oriental 104 (Fig. 2b, 3a-b)

Long. externe (rue 109) : 10,25 m ; interne : 5,10 m dans la pièce 110, 2,54 m dans la pièce 106. Ép. 85/90 cm. Sommet à 21,22 m, au droit de la cinquième marche de l'escalier 193 et à 13 cm sous la surface du tell. Les chaînages s'abaissent du nord au sud, progressivement de 20,69 m dans la rue 109 *(Fig. 3a-b*, mur 104, c) et 20,56 m dans la pièce 106 jusqu'à 20,33* m dans le cabinet 206 où *(Fig. 6b*:c), semble-t-il, une rupture de pente les met 20 cm plus bas, à l'altitude de ceux du mur 191.

Dans la pièce 106 *(Fig. 3b, 4a)*, le mur 104 est détruit partout jusqu'à l'altitude des chaînages. Dans le sondage s, au sud, sa hauteur dégagée est de 1,32 m, dont 27 cm sous le sol 190.

Dans la pièce 110, le parement externe un peu concave est également détruit presque partout jusqu'au chaînage *(Fig. 3a)*. L'autre parement, au sud où l'escalier 193 et son mur d'appui 189 l'épaulent *(Fig. 2b)*, est encore aussi élevé (20,91 m) qu'eux (20,77 m), et est resté vertical. Au nord, par contre, où ces contreforts lui manquent, il penche fortement au-dessus du chaînage et sans l'étai de ses propres décombres se serait depuis longtemps complètement écroulé (comparer *Fig. 5c* et *7b*). Dans le cabinet 206 (*Fig. 6c*), il est assis sur de la terre grise, à 18,55* m, et sa hauteur est de 2,36 m, dont 60 cm sous le sol.

Les deux angles saillants du mur 104 sont en pierre de taille dans leur partie encore debout sous le chaînage. L'angle sud, qui le relie au mur 191, a été décrit avec ce dernier. L'angle nord *(Fig. 3b)*, exhumé jusqu'à 19,72 m dans la rue 109, s'élève à 20,69 m et montre quatre assises, chacune d'une seule pierre posée à plat. L'assise inférieure, visible seulement à l'est (long. 38 cm), dépasse de 26 cm du fond de la fouille et est en retrait, à 19,98* m, de 4 à 5 cm sur la suivante. Ce retrait, à la même altitude (20,01 m) que l'arasement du mur oriental 75 du « temple aux rhytons » qui pave la rue à 10 cm du mur 104, indique la fin des fondations. La deuxième assise (47 cm à l'est x 64 au nord x h. 30) et la troisième (66 est x 41,5 nord x 25 cm) croisent leurs grandes et petites faces latérales. La dernière est un parallélépipède très bien taillé de 52 (est) x 40 (nord) x 20 cm.

Le mur 104 avait une superstructure en brique crue dont on a retrouvé une petite partie calcinée (217, cinq assises au sommet) que le contre-fruit consécutif à la disparition du chaînage avait fait basculer vers l'ouest, par-dessus les ruines de l'extrémité nord du mur 192 de l'escalier *(Fig. 7a-b)*.

4. Le mur septentrional 9 (Fig. 1a)

Long. externe (« temple aux rhytons ») 12,20 m; interne : 4,10 m dans la pièce 106, 2,88 m dans la pièce 185, et 2,50 m dans la pièce 184. Ép. 92 cm. Sommet à 21,33 m, 20 cm sous la surface du tell, au redan en pierre de taille du parement nord *(Fig. 4a* : mur 9, n° 1). A aucun endroit le mur 9 n'a été exhumé jusqu'à la base, mais on doit en être tout proche à 18,90* m dans la pièce 185, 2,43 m plus bas *(Fig. 2)*.

Le parement externe (voir Mallet 1987, p. 235) fut mis à nu jusqu'à 19,83* m à l'ouest du redan et 19,78 m à l'est, sur une hauteur maximum de 1,55 m. Dans la pièce 78, il présente un ressaut de quelques centimètres, à 20,48* m à l'ouest et à 20,29* m au redan, qui marque la fin des fondations et correspond à l'altitude du sol de la pièce lors de l'édification du mur, altitude maintenue jusqu'à la fin puisque une brèche, large de 1,40 m, à un mètre du redan a pu s'ouvrir jusqu'aux fondations. Son chaînage ne courait, faiblement incliné de 20,83* m à l'ouest à 20,64* m au redan puis horizontalement jusqu'à la rue 109 (20,69 m), qu'à 35 cm du sol, mais la hauteur des chaînages, qui devait être la même des deux côtés du mur, était fonction non du temple mais de la maison.

À l'intérieur de celle-ci, le sol en contrebas augmentait de plus de 1 m la hauteur libre du mur 9 et en faisait un mur de soutènement, d'où peut-être son épaisseur inhabituelle. Dans la pièce 184 *(Fig. 12b)*, le chaînage posé à 20,74 m se trouvait à 1,18 m du pavage 174. Dans la pièce 185 *(Fig. 2a*, mur 9, n° 1), le ressaut extérieur des fondations a son pendant autour de 20,20* m, mais à 90 cm du sol 208. Une deuxième brèche dans le mur 9, à sa jonction avec le refend 183 qui sépare les deux pièces, s'arrête à 20,27 m, et une troisième, à 25 cm du mur occidental, descend jusqu'aux décombres du toit à 19,85* m *(Fig. 12b)*. Dans la pièce 106, on put encore voir au nord-ouest les moellons bien alignés obliquement contre le mur 9 de l'assise supérieure du parement, déséquilibré par la disparition du chaînage à 20,60* m, qui avait glissé sans se disjoindre sur les décombres de pierres et de terre grise à 21,00* m.

B. Les refends

1. Le mur 101 (Fig. 2b, 4a)

Long. dans la pièce 106 : 4,85 m ; dans la pièce 110 : 4,05 m. Ép. 70 cm. Sommet à 21,18 m. Hauteur dégagée: 1,61 m au-dessus du sol 190 à 19,57 m dans la première pièce, et 2,18 m au-dessus du sol 213 à 19,00 m dans la seconde. Le chaînage à 20,50* m, un peu plus bas à ses extrémités sud-ouest (20,36* m) et nord-ouest (20,38 m), est placé à 93 cm du sol au nord *(Fig. 3c* : c) et à 1,50 m au sud *(Fig. 5b* : c). Une brèche large de 70 cm s'ouvre jusqu'à 20,00* m à sa jonction avec le mur oriental 104 dont il est solidaire. Dans l'angle sud-est de la pièce 106 *(Fig. 4a* : s), le mur 101, exhumé jusqu'à 19,30 m, montre à 19,52 m (quelques centimètres sous le sol 190) un ressaut qui indique le haut des fondations du parement nord.

2. Le mur 102 (Fig. 1a, 3a, 4d, 5a, 8a)

Rectiligne et aligné au nord sur le mur 103 et le redan du mur 9, épais de 75 cm, il comprend deux parties séparées par la porte 188 dans laquelle s'ouvre le puits 205. Long. totale : 6,58 m dans la rue 186 et les pièces 178 et 185, et 5,10 m dans la pièce 110, dont respectivement pour la partie sud 2,92 m et 2,02 m, pour la partie nord 2,31 m et 1,81 m.

La partie sud. Sommet à 21,29 m *(Fig. 8a* : mur 102, n° 1). H. dégagée : 2,20 m des deux côtés. Chaînage à 20,20* m à l'est (1,10 m plus haut que le sol; *Fig. 3a, 5c* : mur 102, c) et à 20,25 m à l'angle saillant qu'elle forme avec le mur 191 (*cf.* ci-dessus, ce mur de la façade méridionale). Au-dessus du chaînage, le mur est détruit au jambage de la porte sur 30 cm de long, alors qu'il penche dans la pièce 110 *(Fig. 2a)* et qu'il est resté vertical, épaulé sans doute plus tôt par les décombres, dans la pièce 178, où son enduit argileux ocre, épais de 3 cm et brûlé, a subsisté au milieu, depuis le bas du chaînage presque jusqu'au sommet du mur, soit sur 84 cm de haut et 80 cm de large *(Fig. 8a* : mur 102, e). Au jambage, haut de 98 cm, les assises de pierres longues (jusqu'à 45 cm) et de faible épaisseur (10 cm en moyenne) alternent avec celles de petits moellons.

La partie nord. Sommet à 21,18 m *(Fig. 9c* : mur 102). Base à 18,80* m, dégagée sur 2 m de long, dont 50 cm dans la porte, du côté de la pièce 185 où elle est construite sur la terre des décombres de la pièce BM 216 et directement sur son mur nord BM 209 (*Fig. 4d)*, ce qui a réduit à 30 cm la hauteur des fondations. H. totale : 2,38 m, dont 2,08 m au-dessus du sol 213. Chaînage à 20,30* m dans la pièce 110 (1,20 m plus haut que le sol ; *Fig. 3a* : mur 102, c), à 20,38 m au nord dans la pièce 185 où il était caché, sauf aux extrémités, par l'enduit qui revêtait encore le mur entre 20,30* m et l'avant-dernière assise *(Fig. 8a* : mur 102, c et e). Au jambage de la porte, le mur est détruit, à l'est jusqu'au chaînage, à l'ouest jusqu'à 19,43* m sur 65 cm de long *(Fig. 1c, 4d)*. Au sommet, lors de sa découverte, les parements qui, avec la disparition du chaînage, avaient progressivement perdu leur aplomb, tenaient encore grâce aux décombres *(Fig. 9b-c)*.

La porte 188 (Fig. 4d, 6d). Les fondations en moellons du mur 102 forment le seuil rectangulaire, large de 1,30 m (est)/1,33 m (ouest) et à fleur de sol, en même temps que la maçonnerie supérieure, sous la margelle, du puits 205.

Le puits 205 (Fig. 4d : porte 188, *6d)*. Il occupe presque tout le passage avec sa margelle, qu'il fallait donc enjamber pour passer d'une pièce à l'autre, situation insolite et dangereuse, imposée par la préexistence du puits à la maison. Son orifice pentagonal, de 53 cm de largeur maximum, est délimité par cinq pierres plates (sommet à 19,35 m au plus haut) posées sur les assises de fondation du mur 102. Celles-ci constituent, sur deux ou trois assises hautes en tout d'une cinquantaine de centimètres, la partie supérieure du puits, exhaussement adapté au diamètre de l'ancienne margelle sur laquelle il repose à 18,80* m. L'ancienne margelle (BM 205, *Fig. 6e)*, fissurée, est un monolithe calcaire, carré, semble-t-il (seul l'angle nord-ouest est exhumé), épais de 37,5 cm et qui aurait 1,30 m de côté, orienté comme les murs de la pièce BM 216 sous la pièce 185 donc différemment des murs postérieurs. Dans cette margelle, la bouche du puits avait un diamètre de 52,5 à 54 cm au sommet du monolithe, de 65 cm à sa base. Le monolithe coiffe à 18,40* m une maçonnerie circulaire en moellons, dont le diamètre s'élargit vers le bas (90 cm à 18,00* m, 95 cm à 17,20* m) et qui ne s'arrête pas au fond de la fouille (16,72* m environ). Le puits était plein de terre gris-brun.

3. Le mur 103 (Fig. 3b, 4d)

Long. dans la pièce 106 : 1,46 m, dans la pièce 185: 1,03 m ; ép. : 75 cm. Sommet à 20,47 m, altitude des chaînages à laquelle il est partout détruit. H. dégagée à la porte 121 : 80 cm à l'est, jusqu'au sol 190, et 1,58 m à l'ouest, dont 60 cm de fondations. Lié au mur 9.

De grosses pierres renforcent ses angles au jambage nord de la porte et de très grosses pierres constituent son assise à 20,20* m, deux seulement se partageant presque toute la longueur du mur dans la pièce 185. Du jambage proviendraient les trois blocs taillés (73 x 40 x 28 cm; 60 x 45 x 25, *Fig. 9c*, pièce 106, n° 1 ; 54 x 41 x 36) qui gisaient à 20,20* m à la base des décombres de pierres de la pièce 106, vestiges de trois assises, le bloc le plus grand, tombé le plus loin (à 1,50 m) du mur, et aussi long que celui-ci est épais, ayant été placé en parpaing.

La porte 121 (Fig. 4d). Plan en trapèze rectangle (bases ouest : 1,20 m; est: 1,08 m). Le seuil, à 19,47 m, qui continue les fondations en moellons des murs 103 et 102, a été défoncé jusqu'à 18,88 m par une fosse remplie de terre grise, de cailloux et de petits tessons. L'angle des murs 101 et 102 fait office de jambage sud *(Fig. 3c, 4a)*.

4. Le mur 183 (Fig. 2a, 3a, 4b-d)

Long de 5,45 m, ce soubassement en moellons d'un mur bâti avec d'autres matériaux, qui sépare les pièces 184 et 185 et borne la pièce 178, n'est ni perpendiculaire au mur septentrional 9, ni parallèle au mur occidental 170. Il commence sous la brèche centrale du mur 9 auquel il s'appuyait, et s'arrête à 1,67 m du mur méridional 176 par un unique bloc à peu près parallélépipédique (face supérieure : 85 x 30 cm, hauteur : 53 cm), posé de chant à 19,30* m et en parpaing (sommet à 19,83 m) sur la terre. Son épaisseur, 60-70 cm, est moindre que la longueur du parpaing. Dans la pièce 185, au nord, il mord sur le sol blanc 208 à 19,31 m. Il est presque partout détruit au ras du pavage 174 et possède encore, à partir du mur 9 : sur 2,80 m de long, une assise (sommet à 19,58 m); puis, entre 3,05-3,68 m, deux assises au parement ouest (les deux pierres de l'assise supérieure rougie par l'incendie) ; enfin, jusqu'au parpaing, trois assises bien conservées au moins à l'est *(Fig. 8a-b)*, et moins hautes (30 cm, sommet à 19,64* m) que lui, tandis qu'à l'ouest il a étalé ses décombres de moellons (sommet à 19,93 m) sur la couche de terre cendreuse qui recouvre le pavage avant de disparaître à son tour sous l'écroulement des briques 163.

5. Le mur 194 (Fig. 1b, 5a)

Le refend 194 comprend le mur proprement dit porté par un soubassement qui forme le seuil de la porte 196, et des fondations. Au nord, il s'appuie au mur 166 en le dépassant de 20 cm, tandis qu'au sud il est lié, seuil compris, aux fondations du mur 176.

Long. : 1,08 m ; ép. : 67 cm. Le parement oriental n'a plus que deux pierres équarries à la première assise au sud; l'angle sud-ouest, haut de 70 cm au-dessus du seuil, est coiffé d'une pierre taillée qui culmine à 20,41 m, et c'est de l'angle sud-est qu'une autre, avec un trou de goujon, a dû tomber à 19,84* m à l'est du seuil, près du mur 176. Le soubassement, à la verticale du mur et haut de 25 cm, se distingue des fondations par un retrait de 5 à 7 cm à l'ouest et de gros moellons à l'est; le sol 198 à 19,46 m léchait sa base dans la pièce 168 alors que dans la pièce 178 le pavage 174 *(Fig. 4c* : n° 17), à 19,59 m, butait contre sa première assise. Quand on prépara le terrain pour bâtir la maison, le mur 207 du Bronze moyen, perpendiculaire et lié au mur BM 200 sous 166, fut amputé de son parement ouest jusqu'à 19,11 m et d'une assise de moins, jusqu'à 19,19*/19,32* m selon la grosseur des moellons, au parement est. Ce dernier reçut, à l'aplomb de sa paroi interne, le parement ouest des fondations en petits moellons du mur 194 qui épousèrent à la base les irrégularités de l'ancien mur en maintenant leur sommet horizontal à 19,45 m. Dans la pièce 178, seule la dernière assise des fondations dépasse du fond de la fouille à 19,32 m, sous le seuil et le jambage nord de la porte 196 *(Fig. 3a* : n° 196).

La porte 196 (Fig. 3a, 5a). Le seuil à 19,72 m et de plan presque rectangulaire (85 cm x 70 au nord/64 au sud) formait une marche des deux côtés.

III. Les pièces

A. La pièce 110 *(Fig. 1a, 2b, 3a* et *c, 5a* et *c)*

1. Le plan

C'est presque un parallélogramme de 20 m^2 environ, dessiné par les murs 101, 104, 191 et 102, et dont les diagonales mesurent 6,10 m (nord-ouest/sud-est) et 6,80 m (nord-est/sud-ouest). Il comporte deux ouvertures : au sud-ouest, la porte d'entrée 197 à partir de la rue 186 ; à l'ouest, au milieu, la porte 188 de communication avec le reste du rez-de-chaussée, qui inclut le puits 205 (décrit avec le mur 102).

2. L'aménagement intérieur

Quatre installations sont groupées dans la moitié orientale de la pièce 110 : l'escalier 193 et le cabinet 206, de caractère architectural ; l'espace 215 délimité par deux pierres et le four 204, à usage domestique.

a. L'escalier 193

Il monte vers le sud à l'étage, le long du mur oriental 104 et dans une cage de murs en moellons (189 et 192), à partir du sol 213 à 19,03 m et à 1,55 m du mur septentrional 101, réservant l'angle sud-est de la pièce au cabinet 206.

L'escalier (Fig. 2b, 5c). Il se composait de 9 marches dont la dernière, jadis posée sur le mur 189 et probablement en retrait sur lui de 20 cm au sud, avait basculé à 20,63* m, à peine plus bas que le sommet du mur 189, dans les décombres du cabinet. Il avait une volée de 2,50 m de long, 1 m de large et 2 m de haut, menant à un palier (disparu) à 21,00* m, altitude inférieure d'environ 20 cm à l'altitude maximum actuelle des murs de la pièce 110, en particulier du mur 104 à 21,22 m à l'aplomb de la 5e marche. Le palier devait prendre appui à 20,77 m sur le rebord du mur 189 et former en même temps le plafond, à 1,65 m de hauteur, du cabinet. Pour accéder à la terrasse, il fallait encore une ou deux marches, et au-dessus de la porte du cabinet, pour que le plafond de la pièce 110 fût en rapport avec la hauteur des murs et qu'on pût pénétrer sans trop de difficulté dans le cabinet dont le seuil est 30 cm plus haut que son sol. Les marches sont des monolithes parallélépipédiques en calcaire, hautes de 22 cm en moyenne, de longueur inégale (la plus longue, la 7e, tient toute la largeur de l'escalier ; le 1re et la 4e, au moins, sont complétées par des moellons; la 3e est brisée en deux). Toutes sauf la 4e portent à faux sur l'inférieure et une pierre plate cale la 8e à 20,47 m en son milieu. L'ensemble donne encore l'impression d'une construction solide et soignée.

	Longueur /	*largeur* /	*hauteur*	*Altitude*
1re marche	92	30	20	19,23
2e:	84	29	30	19,53
3e:	74	22	20	19,68
4e:	72	26	21	19,81
5e:	90	23	23	20,01
6e:	89	28	25	20,20
7e:	96	32	20	20,41
8e:	85	35	21	20,68
9e:	78	30	22	-

Tableau : *Dimensions des marches (en cm) et altitude de leur bord central (en m).*

La cage d'escalier. Le mur 189 (Fig. 2b, 6a) s'appuie perpendiculairement aux murs 104 et 192 et s'élève jusqu'à la huitième marche qui s'adosse à lui. Long. 1,10 m, ép. 50 cm. Il est entièrement dégagé au sud où il repose, avec ses 2,20 m de hauteur originelle, à 18,55* m sur de la terre grise *(Fig. 6c).* La partie en fondation, sous le sol à 19,17 m du cabinet, n'est pas très bien appareillée et l'assise inférieure à l'est (sommet à 18,69 m) saille de 15 cm.

Le mur 192 (Fig. 2b, 3c). Long. : 2,42 m ; ép. : 65-70 cm ; altitude max. : 20,50 m, au sud-ouest. Dans le cabinet, où il est complètement exhumé et établi à 18,55* m sur de la terre grise, sa hauteur est de 1,95 m. Ses fondations, hautes de 70 cm, se prolongent vers le sud pour se joindre à celles du mur 191 et former la partie inférieure à 19,26 m du seuil 214 du cabinet *(Fig. 5d, 6c).* Au sud, le mur 192 déborde le mur 189 de 25 cm et, au nord *(Fig. 5c),* il s'arrête à la deuxième marche de l'escalier, rendant la première accessible par son côté ouest un peu arrondi et qui dépasse la marche suivante. Sa construction très soignée a utilisé uniquement la pierre, mais selon deux techniques illustrées chacune par une de ses extrémités. Au sud, au jambage de la porte 214 *(Fig. 6a),* de même qu'au parement ouest *(Fig. 5d)*, alternent assises de gros moellons équarris et assises de pierres plates ou de petite taille. Au nord s'élevait un montant en pierres taillées écroulé sur la terre grise des décombres où le four 204 était déjà enseveli jusqu'à 19,30 m *(Fig. 7b-c* : b1); sa partie basse encore en place et mise à nu sur 50 cm de hauteur se termine par un parpaing à 19,58 m, assis à 19,25 m sur les fondations en moellons qui sortaient d'au moins 15 cm du sol 213 *(Fig. 5c)*. Les ruines du montant comptaient quatre parpaings de 65/68 x 30/49 x 21/30 cm et une dizaine d'autres pierres taillées dont trois entières, de 55/56 x 26/38 x 21/27 cm, répartis en deux couches. La couche supérieure, partie moyenne du montant, où les pierres se succédaient comme à l'origine, montrait que les assises d'un parpaing avaient alterné avec celles de deux pierres. Si tout le montant avait suivi cette disposition, il s'élevait au moins jusqu'à 21,60* m, à 2,60 m au-dessus du sol.

b. Le cabinet 206 (Fig. 2b, 6a-b)

Réduit d'environ un mètre carré sous le palier disparu de l'escalier 193, le cabinet 206 a été fouillé jusqu'à la base à 18,55* m des murs qui sont tous construits sur de la terre grise *(Fig. 6c)*. Ceux-ci (191: long. : 1,13 m au sud ; 104 : long. 83 cm à l'est ; 189: long. : 1,10 m au nord ; 192 : long. : 1,02 m, seuil 214 compris, à l'ouest) ont été décrits ci-dessus. Le remblai de fondation, sous le sol de terre grise assuré à 19,17 m par de la poterie en place *(Fig. 6a-b)*, est fait de la même terre grise et de beaucoup de pierres.

La porte 214 (Fig. 2b, 5d). Le seuil trapézoïdal, large de 94 cm à l'ouest et de 75 cm à l'est, se compose de deux parties en moellons. L'inférieure, solidaire des murs 191 et 192 dont elle prolonge les fondations *(Fig. 6c)*, était à fleur du sol du cabinet *(Fig. 6b)*. La supérieure est une marche à 19,44 m, rangée de gros moellons ajoutée à la bordure ouest du seuil *(Fig. 5d)*. Il se peut que le sol du cabinet ait recouvert la partie inférieure jusqu'à cette rangée.

c. L'espace 215 (Fig. 2b, 5b et *d)*

Deux pierres longues de 42 et 47 cm et distantes de 37, posées de chant à 19,15 m, altitude du sol 213 de la pièce 110, et au droit du mur 192, délimitent un espace de 16 décimètres carrés sur 23 à 30 cm de hauteur, d'usage inconnu.

d. Le four 204 (Fig. 2b, 7d)

À 20 cm du mur nord 101, presque dans l'axe du mur 192, et à 65 cm du mur est 104, le four 204 ouvert vers le haut, à 70 cm seulement de l'escalier 193 *(Fig. 5a* : pièce 110), s'il n'en facilitait pas l'accès, en profitait pour l'évacuation de sa fumée. Sa paroi conique épaisse de 2,5 à 3 cm en argile cuite par l'usage, de 66 cm de diamètre inférieur interne et haute encore de 48,5 cm, est montée sur le sol 213 de la pièce ici à 19,00 m. Outre un parpaing (68 x 49 x 18/21 cm) chu du montant 192 à travers son orifice, le four contenait un moellon et de la terre grise, mais rien de brûlé, alors que le parpaing portait du noir de brûlé en bas.

3. Le sol 213 (Fig. 2b, 5b)

En contrebas du seuil d'entrée, le sol 213, en terre brun jaunâtre au nord, blanchâtre entre le mur 101 et le four 204 au nord-ouest de celui-ci, brun gris au sud, est probablement le seul de la pièce, car il se trouve à la base de toutes les installations. Son altitude est de 19,10 m au milieu de la pièce, 19,00 m à côté du four et 19,15 m dans l'espace 215.

4. Les décombres

Faits partout de moellons noyés dans la terre grise, avec de nombreux tessons de poterie et, par endroits, des blocs taillés, des matériaux et des briques crues calcinés, les décombres avaient comblé la pièce 110 jusqu'à la hauteur actuelle des murs, sous la couche de terre noire et de cailloux épaisse de 40 cm au plus qui forme la surface du tell à 21,47 m *(Fig. 8a)*.

Les étapes de leur accumulation, donc de la destruction de la pièce, se distinguent clairement dans sa moitié nord, en particulier dans la berme large de 1 m à cheval sur les carrés D1c/1 et D1c/4 *(Fig. 7a* et *b, 8a* : d), seul endroit qui recelait encore des briques agencées en assises.

L'effondrement du plafond. Une grande jarre (90/5334), sur le sol 213 à 19,10 m, près du mur 192 et en face de la porte 188, fut écrasée (sommet à 19,33 m) par une meule en conglomérat (90.5207, sommet à 19,36 m) remisée sur la terrasse *(Fig. 5b*, n° 1 et 2). De la terre grise mêlée de pierres les recouvrit (sommet à 19,73 m) et enterra le four 204 aux deux tiers, jusqu'à 19,30 m *(Fig. 7c* : a).

L'écroulement des murs. Le mur 192, pour commencer, déversa dans son prolongement et jusqu'au mur 101, sur la terre grise et le four, les pierres taillées de son montant en deux couches atteignant 20,05 m *(Fig. 7b-c* : b1). Le parpaing qui tomba le plus bas et le premier se ficha dans le four et jusqu'au fond, en défonçant son orifice, mais sans abîmer le reste. Puis la décomposition progressive du chaînage du mur 104, au-dessus des premières marches de l'escalier 193 qui l'exposaient à l'air, déséquilibra la partie haute du mur qui portait encore à cet endroit des assises de briques crues grâce à l'incendie qui, en les calcinant, les avait pérennisées. Le contre-fruit du parement interne *(Fig. 7a* : mur 104, n° 2) ne cessa de s'accentuer jusqu'au déversement total des assises de briques (217) vers l'ouest *(Fig. 7b)*, par-dessus l'escalier 193, sur les ruines du mur 192 et des matériaux brûlés (b2), où les briques culminent à 20,79 m, et sur la terre grise qui recouvrait le récipient 90/5334 (couche a), jusqu'à une distance de 1,25 m du mur 102; des pierres du mur 104 (*Fig. 7a* : b3) tombèrent à la suite des briques dans l'escalier où il y avait déjà de la terre grise. Cinq assises de briques (90.5218, fragment de 53 x 41 x 13 cm) inclinées vers le sud-ouest étaient discernables au sommet de la coulée qui s'étendait sur 1,80 m de longueur (est-ouest) et sur une largeur (nord-sud) de 0,80 m à l'est et 1,50 m à l'ouest.

5. Revue et situation du matériel

a. Dans le puits 205

Poterie locale :

BM II : rondelle taillée dans un tesson (90.5230); tesson noir lustré (90.5253) ; bord brun noir lustré (90.5264 bis), *Fig. 14*:28 et 15.

BR II : tessons de coupelles ; marmites ; petit vase en albâtre (90.5309 ; à 17,75* m).

Poterie importée du Bronze récent II :

Chypriote : *White Slip* : bols-à-lait (90.5273-5274, *Fig. 21:* 63, 67) ; *White Shaved* : puisette.

Mycénienne: goulot.

Objets :

Perle côtelée en « faïence » (90.5131 ; à 16,72* m) ; poinçon fait d'une vertèbre de poisson (90.5119; à 18,00* m) ; autre pointe de poinçon semblable; tige en bronze (90.5117 ; à 18,58* m) ; silex taillés dont une lame de faucille.

Divers :

Morceau d'enduit ; fragment de paroi de four en argile cuite ; une scorie de bronze ; quelques ossements animaux.

b. Dans le cabinet 206

Remblai de fondation. Lame en obsidienne (90.5404, à 18,50* m) ; noyaux d'olive, pas plus haut que la base des murs ; poinçon fait d'une vertèbre de poisson (90.5118 ; à 18,76* m) ; bord de vase en « faïence » (90.5403) ; coquille marine enroulée (90.5405).

Sol. Deux objets incomplets en place (*Fig. 6a-b*: 2 et 3) : partie inférieure d'une jarre enterrée dans l'angle sud-ouest (90.5169 ; base à 18,98 m) ; cruche (?) debout à 19,14 m dans l'angle nord-est (90.5170).

Décombres. Bloc de minerai (90.5190 ; poids : 4 kilos ; entre 19,17 m et 19,57 m).

c. Sur le sol 213

Poterie locale BR II : grande jarre décorée de côtes (90.5334, *Fig. 5b*, n° 1).

Objets :

« Faïence » : perle (90.5115 ; sous la jarre 90.5334).

Bronze : aiguille (90.5076; à 19,08* m près du mur 192 au sud de l'espace 215) ; paire de cymbales emboîtées (90.5077 ; à 19,10* m au nord de 215 ; *Fig. 27)*; tige (90.5080 ; à 19,15 m dans 215).

Os : poinçon fait d'un os de poisson (90.5079 ; à 19,10* m au sud-ouest du four 204) ; autre poinçon fait d'une vertèbre de poisson (90.5114 ; sous la meule 90/5207).

Pierre : hache miniature (90.5085, à 19,04* m à l'est du four 204, *Fig. 25*) ; meule en conglomérat (90.5207 ; à cheval sur la jarre 90.5334 et le sol 213, *Fig. 5b*, n° 2).

Divers :

Fragment de la paroi du four 204 (90.5339 ; sous la jarre 90.5334) ; cylindre de matière micacée (?) brûlée (?) (90.5409 ; enfoncé de 10-15 cm dans l'espace 215 ; sommet à 19,15 m) ; noyau d'olive (au sud de 215).

d. Dans les décombres au-dessus du sol 213 dans 110 nord (au nord de l'espace 215)

— *Entre 19,10 m (sol 213) et 19,54* m*, à l'ouest de l'escalier 193 et du four 204.

Poterie locale :

BM II : base de cruchette (90.5318).

BR II : jarres (anses, col, 3 bases en bouton) ; base de bouteille *Red Polished*; goulot de biberon (90.5316) ; panse (90.5317) ; bec de lampe (90.5335 ; trouvé avec la jarre 90.5334) ; rondelles taillées dans des tessons (90.5220-5223) ; tesson de jarre taillé à bords biseautés (90.5336) ; bord de pyxide en faïence (90.5338).

Poterie importée BR II :

Chypriote : *Base-Ring, Monochrome.*

Mycénienne : tesson de rhyton (90.5300; *Fig. 22)* ; petit vase globulaire (90.5337).

Objets en silex :

Lames de faucille (90.5319, 5321) ; lames (90.5320, 90.5340-5341).

Divers :

Scorie de bronze ; ossements animaux (90.5342-5343).

— *Entre 19,54* m et 20,54 m*, à l'ouest et au nord de l'escalier 193.

Poterie locale BR II : tesson d'épaule de cruche (90.5055; *Fig. 14:*43) ; jarres (quatre bases en bouton).

Poterie importée du Bronze récent II :

Chypriote (*White Slip, Monochrome, White Shaved*: puisette raclée) et mycénienne.

Objets :

Moitié de perle en « bleu égyptien » (90.5026; sous l'éboulis de briques 217) : l'autre moitié (90.5081) a été retrouvée dans l'escalier 193; fragment de figurine animale mycénienne (90.5004 ; à 20,50* m, à l'aplomb du jambage nord de la porte 188).

Divers :

Scorie de bronze.

— *Entre 20,54 m et 21,15* m.* ;
Pédoncule de flèche en silex (81.5011 A, retouche en écharpe, long. cons. : 5,4 cm, phase B de la période sans poterie du Néolithique) ; tronc de cône à facettes en pierre verte (81.5040).

e. Dans les décombres au-dessus du sol 213 dans 110 sud (au sud de la porte 188)
— *À 19,29* m* :
Perle en « bleu égptien » (90.5075 ; près de l'angle sud-ouest du mur 192).
— *Entre 19,30* m et 20,30* m.*
Poterie locale :
BA III : tesson de panse de jarre peignée très corrodé.
BM II : tessons de panse (90.5059, 5060, *Fig. 14*:30) ; 90.5193).
BR II : rondelle taillée dans un tesson (90.5195) ; base de baquet en « faïence » (90.5061) ; base de jarre en bouton.
Poterie importée BR II :
Chypriote : *White Slip*; *Base-Ring*: anse (90.5062; *Fig. 21*:87) ; *Monochrome*: anse ogivale.
Mycénienne : tesson de panse (90.5196 ; *Fig. 22*:108).
Objets en silex :
Lame (90.5063) ; lame de faucille (90.5197).
Divers :
Scorie de bronze ; os longs animaux.

f. Dans les décombres dans l'escalier 193
— *À 19,25 m.* Hache en bronze (90.5082 ; sous la première pierre taillée du montant nord du mur 192, *Fig. 27*).
— *Entre 19,53 m et 20,35* m.* Deuxième moitié de la perle 90.5026 (90.5081).
— *Sous 20,35* m* Rondelle taillée dans un tesson BM II (90.5224) ; tesson de vase local peint (90.5238, *Fig. 14*:40) ; deux bases de jarres en bouton ; col de bilbil *Base-Ring* (90.5288, *Fig. 21*:80) ; tesson de plat mycénien (90.5303, *Fig. 22*:110) ; deux éclats de silex ; un maxillaire de mouton.

g. Dans la couche superficielle de terre noire
Poterie locale :
BM II : bord de bol lustré (90.5031).
BR II : panse de bouteille *Red Lustrous* (90.5008) ; fragment de récipient double (90.5027) ; morceau d'applique murale (90.5028) ; bord de bol à décor peint (90/5030, *Fig. 14*:49) ; base de jarre en bouton.
Hellénistique (?) : bord de vase cannelé (88.5019, *Fig. 14*:2).
Byzantine : anses verticales (88.5012, 88.5020, *Fig. 14*:1 et 8) ; panses de marmites côtelées (88.5021; 90.5000 bis, *Fig. 14*:6 et 7).
Poterie importée BR II :
Chypriote : *White Slip* : bord de bol-à-lait (90.5032, *Fig. 21*:66) ; *Monochrome* : bord avec anse (90.5033) ; *White Shaved* : anse de puisette insérée dans la panse (90.5029).
Mycénienne : deux tessons peints de bandes brunes.
Objets :
Perle en cornaline (90.5000; à 21,16* m dans la porte 197) ; spatule en cuivre (90.5001; à 21,18* m sur le mur 102 sud, *Fig. 26*) ; lame de faucille en silex (90.5009) ; demi-meule en basalte (90.5010) ; lame d'obsidienne (90.5071 ; à 21,15* m à la base de la terre noire sous le surplomb du mur 104 au-dessus de la première marche de l'escalier 193).
Divers :
Demi-lingot de plomb (90.5072 ; même situation que l'obsidienne 90.5071).

B. La pièce 106 *(Fig. 3b, 4a* et *d)*

1. Le plan

Il a la forme d'un parallélogramme circonscrit par les murs 9, 104, 101 et 103, dans l'exact prolongement de la pièce 110 et moitié moins étendu (10,25 m^2) ; les diagonales mesurent 4,46 m (nord-ouest/sud-est) et 5,10 m (nord-est/sud-ouest), et il ne communique qu'avec la pièce 185, par la porte 121 au sud-ouest.

2. Le sol 190 (Fig. 3b, 4a)

La pièce ne possède qu'un sol à peu près partout à 19,55 m (19,65 m au bord nord-ouest) et au niveau du seuil 121, fait d'un calcaire coquillier écrasé, de couleur blanchâtre nuancée par endroits d'orangé ou de noir (brûlé), dont l'épaisseur s'accroît d'est en ouest où elle atteint plusieurs centimètres.

3. Le remblai de fondation

Recouvert par le sol 190, le remblai de fondation se compose de moellons et de terre grise. Il affleure à 19,59 m sous la poterie brisée près du mur 101 *(Fig. 4a*, n° 2). Il fut mis à nu dans le sondage profond de 30 cm exécuté dans l'angle sud-est de la pièce dans ce dessein *(Fig. 3b, 4a*:s), et s'élève à 19,53 m, altitude qui correspond au ressaut de fondation à 19,52 m du mur 101.

4. Les décombres

Entre le sol 190 et la couche superficielle de terre noire et de cailloux comprise entre 21,20* m et 21,41* m au nord-est et 21,50 m au nord-ouest du carré D1c/1, les décombres, épais de 1,65 m, se divisent en deux couches : sous 19,78* m (ouest)/20,01* m (nord-est), des moellons, des tessons et de la terre argileuse grise et blanchâtre provenant du toit ; au-dessus, des moellons tombés des murs avec les trois blocs taillés de 103 après l'affaissement du toit, de la terre grise et des tessons.

5. Revue et situation du matériel

a. Sur le sol 190

Au pied du mur 101 et au milieu, poterie brisée et incomplète jetée ou tombée là, sur des pierres du remblai à fleur de sol : parties inférieures de deux *pithoi* identiques (à l'est 90.5112, à l'ouest *pithos* renversé fragmentaire) ; bases en gros bouton de deux jarres (90/5113), l'une contre le mur 101 entre les deux *pithoi*, l'autre sous le *pithos* renversé avec des tessons de jarre à l'est et un peu de bois brûlé.

Sous les *pithoi*, deux outils en silex taillé: perçoir (90.5110) et racloir (90.5111).

b. Dans les décombres

— *Couche inférieure*, sous 19,78* m (ouest)/20,01* m (nord-est).

Poterie locale :

BM II : bord de marmite lustrée (90.5043).

BR II : jarres : neuf bases en bouton (90.5046, 90.5087), cols (90.5041-5042, 90.5088-5091, 90.5093-5097) ; marmites : bords (90.5040, 90.5092, 90.5098 avec anses verticales) ; anses (90.5099-5100) ; panse (90.5101) ; bord de lampe (90.5047) ; rondelle taillée dans un tesson (90.5048, *Fig. 24*).

Poterie importée BR II :

Chypriote : *White Slip :* panses de bols-à-lait (90.5049, 5103, *Fig. 21*:74) ; *Base-Ring* : panse (90.5050), bord de bols carénés (90.5104, *Fig. 21*:83), base annulaire (90.5105, *Fig. 21*:92); *White Shaved.*

Mycénienne : bord de vase (90.5051).

Objets en pierre :

Pilon en basalte (90.5003 ; à 19,66* m près du mur 101 et au milieu) ; lame de faucille en silex (90.5106 ; entre le sol 190 et 19,69* m) ; fusaïole en pierre (90.5002; à *19,78 m, près de l'angle sud-est du mur 103).

Divers :

Fragment de paroi de four en argile (90.5053) ; scorie (90.5052); os de mouton : maxillaire (90.5107), phalange (90.5108) ; coquillage (90.5109) ; noyau d'olive.

— *Couche supérieure*, au-dessus de 19,78* m (ouest)/ 20,01* m (nord-est).

Poterie locale BR II :

Jarres: deux bases en bouton ; rondelles taillées dans des tessons (90.5011, 5012, *Fig. 24*).

Poterie importée BR II :

Chypriote : *White Slip* : anse (81.5024 A) et bords (90.5013, 5014, *Fig. 21*:54) de bols-à-lait ; anse *Base-Ring* (81.5023 A).

Mycénienne : anse de vase à étrier (81.5022 A).

Objets :

Poinçon taillé dans une vertèbre de poisson (90.5015) ; partie supérieure d'une stèle en calcaire (81.5004 ; entre 20,50* m et 21,05* m, à la limite des carrés D1c/1 et D1c/2, *Fig. 26*:1) [14] ; silex taillés (90.5016-5017).

Divers :

Ossements animaux. Dent de requin (81.5033 A).

c. Dans la couche superficielle de terre noire

Poterie locale :

BR II : bord de lampe (81.5034).

Byzantine : panse de marmite (81.5018).

Poterie importée BR II :

Chypriote: *White Slip* : anse de bol-à-lait (81.5037).

Objets :

Cône d'argile cuite (81.5036) ; fragment de moule en pierre (81.5019) ; pilon en pierre (81.5020) ; lames de faucilles en silex (81.5026, 81.5038) [15].

Les 37 m² de l'espèce de trapèze qu'entourent les murs 9 (Long. : 5,97 m) au nord, 103 et 102 (7,70 m) à l'est, 176 (4,40 m) au sud, et 194 et 170 (6,95 m) à l'ouest, sont distribués par le refend nord-sud 183 long de 5,45 m en trois pièces (178, 184 et 185), division dont le pavage de 184 et le sol de 185 ne tiennent pas compte puisqu'ils continuent dans 178, et que la ruine rapide du faible refend 183 a effacée dans les décombres dès la chute du plafond.

Les décombres de moellons, de briques et de terre de cet ensemble se répartissent en deux accumulations successives : la première résulte avant tout de l'effondrement, consécutif à l'incendie, des structures horizontales de l'étage avec le matériel principalement céramique qui y était entreposé en grande quantité, la seconde de l'écroulement des murs accéléré par la désagrégation du bois de leur chaînage. Si tout a brûlé, les deux témoignent de l'intensité plus grande de l'incendie dans la partie sud, en particulier au-dessus de la pièce 178, avec des matériaux calcinés, agrégat dans l'inférieure et briques dans l'autre.

C. La pièce 185 *(Fig. 2a, 4b et d)*

1. Le plan

La pièce 185, de plan trapézoïdal qui se resserre de 2,88 m au nord à 1,70 m au sud où rien ne la sépare de la pièce 178, a une superficie de 12,50 m^2, et deux portes à l'est donnent accès à la pièce 110 (porte 188 avec son puits) et à la pièce 106 (porte 121).

2. Le sol 208 (Fig. 1c, 2a, 4d)

Il ne se distingue nettement que dans la moitié nord de la pièce. Mince couche de terre blanchâtre à 19,31 m au nord-ouest où le refend 183 empiète sur lui, mais épais de 22 cm au milieu, à deux mètres du mur 9, il a nivelé la surface du remblai de fondation entre ses tas de pierres qui affleuraient à 19,41 m au nord-est et 19,47 m au milieu.

3. Le remblai de fondation (Fig. 4d)

Fait de moellons, par endroits entassés, et de terre grise ou gris-brun, le remblai de fondation, dans la moitié sud de la pièce, recouvre les ruines à 18,75/19,01 m de l'angle nord-ouest de la pièce BM 216 et sa limite avec les décombres est floue comme le montre une cruche chypriote dont nous avons assigné un morceau, 90.5308, au haut du remblai et les autres, 88.5203, au bas des décombres.

4. Les décombres

La première accumulation, presque partout de matériaux incendiés, ne dépasse pas 50 cm d'épaisseur et l'altitude de 19,96 m. Elle se subdivise en deux couches :
– la couche inférieure *(Fig. 9c*, fond de fouille de la pièce 185) est caractérisée par de la terre cendreuse, grise au nord avec de 15 à 25 cm d'épaisseur et gris brun au sud ;
– la couche supérieure, qui renfermait énormément de tessons et de poterie écrasée *(Fig. 12c)*, a été plus affectée par l'incendie. Dans la moitié nord de la pièce, elle commence, à 19,45 m au pied du mur 9, par de la terre noircie par le brûlé et dans laquelle baignait une partie de la poterie, et continue par de la terre grise exempte de brûlé au-dessus de 19,68 m. Dans la moitié sud, au-dessus de 19,65* m, la violence du feu avait transformé les décombres calcinés en un agrégat de couleur claire et indissociable de terre, de moellons et de poterie *(Fig. 9c*, pièce 185, sous n° 4).

Recouverte par la couche superficielle de terre noire et de cailloux comprise entre 21,17* m et 21,50 m (angle nord-est de D2c/2)/21,61 m (angle nord-ouest de D2c/2), la deuxième accumulation de décombres a comblé complètement et indistinctement les pièces 184 et 185 avec les matériaux de construction des murs qui forment deux amas, les briques 163 au sud et des moellons (couche b) au nord et par-dessus les briques *(Fig. 8c)*.

Écroulées du mur de façade 176 et à 1,70 m de lui dans la moitié sud des pièces 184 et 185 *(Fig. 10a, 9c)*, les briques 163 s'étendent, sur une largeur maximum de 2,50 m, du mur 170, qu'elles touchent à peine, à l'ouest *(Fig. 10c)*, au mur 102, contre lequel elles s'écrasent, à l'est *(Fig. 9c)*. À la limite méridionale des deux pièces, leur point de chute, elles culminent à un rebord abrupt qui s'abaisse d'ouest en est de 20,65 m à 20,50 m dans 184, et jusqu'à 20,37 m dans 185. Alors que dans 185 l'agrégat calciné y avait fait obstacle, dans 184 *(Fig. 8c)* leurs débris descendent en pente douce vers le nord, en une coulée de 20 à 30 cm d'épaisseur, jusqu'à 19,65* m, par-dessus des moellons provenant du refend 183. Huit assises de briques ont été dénombrées avec certitude dans 184 *(Fig. 10b)*. Ces briques, à l'origine, étaient crues. Nous en conservons à la maison de fouille deux fragments, en terre grise avec des empreintes de paille, qui ont échappé à l'incendie : l'un, ép. standard 12 cm, trouvé en 1988 dans l'amas lui-même près du mur 102 ; l'autre, 86.5128, encore épais de 7 cm, était à 20,00* m dans les décombres de moellons de 184 nord. Calcinées, ces briques ont pris jusqu'au cœur une couleur rosée, parfois grise, et se désagrègent en tout petits morceaux (86.5164, incomplète, 57 x 32 x 12 cm ; plantée à 20,27 m contre le mur 102, *Fig. 9c:* pièce 185, n° 6). Long. 60 cm (mesure unique); larg. 44 à 46 cm ; ép. (moins constante) 11, 12, 14 et même 19 cm. Toutes sont tombées dans le sens de la longueur, ne montrant en surface que la petite face, vers le nord, avec maintien de l'agencement des assises dans leur orientation est-ouest proche de l'originelle, dans la pièce 184 (soit sur 2,50 m de long) ; vers le nord-nord-ouest, avec rupture vers l'est-nord-est de l'orientation des assises, dans la pièce 185 sud-ouest (soit sur 1 m de long) ; en tout sens, avec dissociation des assises, dans le reste de 185.

Les moellons, mélangés à de la terre grise, ont 1,35 m d'épaisseur maximum au mur 9, au-dessus de la couche d'incendie. Au sud, où ils sont plus petits et la terre plus abondante, ils n'en ont plus que la moitié, au-dessus du rebord des briques.

5. *Revue et situation du matériel*

a. Dans le remblai de fondation

Les numéros autres que 90.5260 et 90.5283 trouvés dans la pièce 185 nord, 88.5262 et 90.5192 au milieu de la pièce 185, 88.5253-5255 et 88.5257-5261 dans le haut du remblai dans 185 sud ou 178 est, proviennent d'au-dessus de la pièce BM 216 entre 18,78* m et 19,20/19,29 m.

Poterie locale

BM II : bord de vase globulaire lustré (88.5253) ; bord de marmite lustrée (88.5254) ; panse de cruchette piriforme (90.5260, *Fig. 14*:25) ; tesson noir lustré (90.5261, *Fig. 14*:29) ; bord de vase noir lustré (90.5262, *Fig. 14*:18) ; bord de bol caréné (90.5384) ; bords de plats lustrés (88.5255 à engobe grenat, 90.5387 en terre marron) ; bec de lampe (90.5389) ; base annulaire de cruchette (90.5392).

BR II : rondelles taillées dans des tessons (90.5236-5237) ; tesson décoré (90.5248, *Fig. 14*:53) ; col de jarre (90.5382) ; partie inférieure d'une gourde en terre rouge (88.5258) ; partie supérieure d'applique murale (90.5393) ; anse plate en albâtre (90.5311).

Poterie importée BR II :

Chypriote : *White Slip* : bols-à-lait: panse (90.5284), bords (90.5283, 5285-5287 *Fig. 21*:71, 57, 58, 62, 68). *Base-Ring. Monochrome* : bord de bol (88.5260). *White Shaved* : Trois puisettes fragmentaires (88.5257 ; 90.5390).

Mycénienne : tesson décoré (88.5259). *Rude Style*: fragment de cruche à décor figuré : oiseau (90.5308, *Fig. 22*:97 et *23*:107 ; appartenant à la panse de la cruche 88.5203, *Fig. 23*:98-101) trouvée au-dessus du remblai.

Égyptienne (?) : tesson de vase lustré (90.5263).

Objets :

Poinçon taillé dans une vertèbre de poisson (90.5216 ; à 18,78* m sur la margelle du Bronze moyen du puits 205) ; perle cannelée en « faïence » (90.5192 ; à 19,00* m environ sur une pierre du remblai au pied du refend 183 et à 2 m du mur 9) ; tige en bronze (88.5146 ; à 19,20* m, près de la porte 188).

Divers :

Os long de mouton ou de chèvre (88.5261) ; une vingtaine de noyaux d'olives (88.5262 ; à 19,29 m dans la terre grise, au milieu de la pièce 185, peut-être jetés sur le sol 208).

b. Dans les décombres : première accumulation inférieure

Les numéros 90.5165, 5168, 5256-5257 et 5278-5281 se trouvaient dans le nord de la pièce 185 entre 19,28 et 19,45 m et peuvent, sauf les deux premiers, provenir de la fosse dans la porte 121. Les autres viennent de la moitié sud de la pièce, entre 19,30* m et 19,65* m, sous l'agrégat calciné.

Poterie locale :

BM II : panse de marmite (90.5256) ; bord de plat (90.5257, *Fig. 14*:32 et 19).

BR II : cruche presque complète (fêlée, mais non écrasée), avec décor d'animaux (88.5145 ; couchée, parmi de nombreux tessons de jarre, à 19,35* m environ et à 54 cm de la porte 188, *Fig. 19, 20*) [16]. Un peu au nord de cette cruche et plus haut, jarre écrasée couchée ; cruchette peinte (88.5202). Jarres : cols (88.5204-5210) ; bases en bouton (88.5217-5218 et quatre autres) ; nombre d'anses verticales (dont 88.5144 incisée d'une croix dans un hexagone) ; grand récipient (88.5211) ; bord tréflé de cruche (88.5214+ 5215) ; bord de plat (88.5216) ; tessons peints (88.5224-5226).

Poterie importée BR II :

Chypriote : *White Slip* : bords (88.5228, 90.5279-5281, *Fig. 21*:59, 64 et 56) et anse ogivale (90.5278, *Fig. 21*:79) de bols-à-lait ; *Base-Ring* : tesson (88.5227).

Mycénienne ; *Rude Style :* fragments de cruche décorée de motifs floraux et d'animaux: oiseau, poisson (88.5203, que complète 90.5308 du remblai de fondation, *Fig. 23*:98-101).

Objets :

Perle en pierre blanche (88.5141) ; perle en faïence bleue (90.5165 ; entre 19,28 m et 19,45 m) ; fragment de figurine mycénienne animale en terre cuite (90.5168 ; entre 19,28 m et 19,45 m, à 1 m en face de la porte 121).

Divers :

Ossements animaux : tibia calciné de mouton ou chèvre (88.5229) ; gros astragale (88.5230).

c. Dans les décombres: première accumulation supérieure

Le matériel provient de la moitié nord de la pièce 185, entre 19,45 m et 19,96 m.

Poterie locale

BM II : tesson de vase caréné (88.5173 ; à 19,45* m environ).

BR II : récipients entiers écrasés : jarres ovoïdes (à deux anses verticales sur l'épaule carénée et base en gros bouton, comme celle, non conservée, *Fig. 12c*, dans l'angle nord-est de la pièce, entre 19,68 et 19,96* m), trouvées couchées et remplies de terre, dont nous n'avons gardé que certaines parties (88.5169 avec deux anses, à 19,45* m environ; 86.5264 avec base et deux anses, entre 19,71 m et 19,85 m, à 1 m en face de la porte 121 ; 86.5265 avec base et deux anses ; 86.5266 avec base et deux anses, entre 19,73* et 19,81* m, près du mur 9). Cratère décoré d'une frise quadrillée (86.5157 ; tombé à 19,69 m sur le flanc nord de la jarre 86.5264, *Fig. 19).*

Fragments : jarres : bases (86.5217-5219, huit autres entre 19,45 et 19,73* m, et six au-dessus ; 86.5270 entre 19,50* et 19,59 m, et entre les jarres 86.5264 et 5265) ; cols (86.5281 entre

19,45 et 19,73* m et 86.5267 entre 19,73* et 19,81* m, à côté de la jarre 86.5265) ; anse horizontale de marmite (86.5184, entre 19,73* et 19,96* m).

Rondelle taillée dans un tesson (86.5221 ; entre 19,45 et 19,73* m).

Poterie importée BR II :

Chypriote : *White Slip* : bords de bols-à-lait (86.5222 entre 19,45 et 19,73* m ; 86.5183 entre 19,73* et 19,96* m). *Base-Ring* : bord de bilbil (86.5280 entre 19,45 et 19,73* m), anse plate (86.5263 entre 19,46 et 19,68 m, sous la jarre de *Fig. 12c*). *Monochrome :* fragments.

Mycénienne/minoenne : cratère à décor d'écailles et spirales Myc IIIB (atelier crétois ?) (86.5158+5182+5223, *Fig. 23* [17] ; retrouvé partie à 19,45 m : 86.5223, partie au-dessus de 19,73* m ; 86.5158 et 86.5182, au pied du mur 9 et à 1,70 m du mur 103) ; à 19,45* m environ, onze tessons dont une base en disque (88.5170) ; bord d'assiette (88.5171) ; tesson de cratère décoré d'écailles (88.5172) ; bas de cruchette (86.5259 ; à 19,47 m, au pied du mur 9 et à 0,60 m du refend 183) ; tesson (86.5262 ; entre 19,46 m et 19,68 m, sous la jarre de *Fig. 12c*).

Objets :

Bronze : à 19,50* m, pointes de flèche (86.5025 à côté et au sud de la jarre 86.5264 ; 86.5144 à 60 cm des murs 9 et 183 ; 88.5083 à 50 cm au sud de la première *(Fig. 27)*; poinçon (86.5001 ; à 19,72* m et à 60 cm de la porte 121).

Os : plaquette décorée de cercles pointés (88.5080 ; à 19,50* m, à 35 cm du refend 183 et à 2 m du mur 9, *Fig. 28)*.

Divers :

Entre 19,45 et 19,73* m. Ossements : astragale animal brûlé (86.5224) ; vertèbre de gros poisson (86.5225) ; une corne de chèvre (?) calcinée (sous la jarre de *Fig. 12c*) ; scories de bronze (86.5226-5228 et huit autres).

d. Dans les décombres de moellons, pièces 185 et 184 confondues

Poterie locale :

BA III : tessons de jarres à décor peigné (86.5203-5204).

BR II : base, anses et col de jarre (86.5127) ; base de jarre avec empreintes de doigt en spirale (86.5126) ; bord de bol (86.5115) ; fond de vase à douche (86.5167) ; bord de lampe (86.5012) ; anse trifide avec pastilles imitant des rivets (84.5128) ; rondelles taillées dans des tessons (84.5138, 86.5103, 86/5113) ; tessons peints (86.5123, 86.5168, 86.5170).

Poterie importée BR II :

Chypriote : *White Slip*, bols-à-lait : bord (84.5129), fragments d'anses (86.5014-5015, 5124), de panse (86.5098, 5171). *Base-Ring*, bilbils : col et attache inférieure d'anse insérée (86.5016), anse (86.5017), bord (86.5100), base (86.5101). *Monochrome* : bords de bols (86.5099 avec début d'anse, 5125).

Mycénienne : base de pyxide (84.5109) ; bord de rhyton (86.5018) ; tesson de cruchette (86.5102).

Objets :

Bronze : poinçon (86.5002) ; tige (86.5006) ; pointe de flèche (86.5138).

Os : poinçon taillé dans une vertèbre de poisson (84.5088) ; os long taillé, brûlé (86/5020).

Pierre : bloc grossièrement taillé à deux cupules (84.5110) ; pilon en galet (84.5111) ; pendentif (?) en calcaire (84.5130) ; fusaïole en chlorite (86.5005, *Fig. 25*) ; silex taillé (86.5112), lames de faucilles (86.5111, 5194).

Verre : perle bleu turquoise (86.5007).

Hématite : poids cylindrique (86.5003, poids 9,5 g environ ; au-dessus du refend 183).

Divers :

Fragment de brique crue (86.5128 ; à *20,00 m dans le nord de la pièce 184) ; deux scories de bronze (84.5140) ; restes animaux : dents (84.5112, 86.5106-5109), épiphyses (86.5021, 5110) ; phalanges (86.5022, 5104) ; côte (86.5105), gros astragale, phalange et côte (84.5131) ; coquilles de bivalves (84.5139, 86.5023).

e. Dans la couche superficielle de terre noire, pièces 185, 184 et 178 confondues

Poterie locale

BR II : rondelles taillées dans des tessons (86.5131-5132).

Hellénistique (ou postérieure ?) : attache d'anse verticale cannelée (88.5105) ; tesson à larges côtes (88.5106).

Byzantine : tessons de panse côtelée de marmites (84.5063, 5068, 86.5133).

Objets en pierre :

Silex taillé : 84.5071-5073 ; lames de faucilles (84.5065, 84.5070, 5074) ; hache miniature en brèche (84.5056) [18] ; pilon en grès (86.5134, *Fig. 25)* ; bord de plat (?) en basalte (88.5107).

D. La pièce 184 *(Fig. 2a, 4c-d)*

1. Le plan

Presque rectangulaire, la pièce 184 a une superficie de 12,50 m^2 environ. Sa largeur diminue de 2,50 m à 2,05 m du nord au sud où elle est entièrement ouverte sur la pièce 178.

2. Le pavage 174 (Fig. 12a-b)

Il ne garnit pas entièrement la pièce 184 : au nord, il s'arrête à 26 cm du refend 183 et, à 1,20 m (ouest)-1,36 m (est) du mur 9, il manque (arraché ?) sur toute la largeur de la pièce et sur une longueur de 0,80 m à 1 m. Posé à même la terre, il est fait de dalles calcaires au contour irrégulier et de toute taille, les plus grandes mesurant 109 x 59 cm (brisée en deux, au nord de l'arrachement, n° 2 et 5), 73 x 62 cm (au pied de la brèche du mur 170, n° 8) et 74 x 64 cm (au sud, n° 13). Son altitude moyenne est de 19,50 m, avec des extrêmes de 19,31 m au sud de l'arrachement (n° 7) et de 19,61 m dans l'angle nord-ouest (n° 1). Au sud-ouest, il est, à 19,57 m (n°s 10 et 11), 11 cm plus bas que la fondation du mur occidental 170.

Il continue dans la pièce 178 *(Fig. 4c, 5a)* sans qu'il soit sûr qu'il s'étendît jusqu'au mur méridional 176. Il bute à l'ouest avec une dalle à 19,59 m (n° 17) contre le soubassement du mur 194 et du seuil 196. À l'est, il contourne une fosse par un arc de cercle d'une rangée de pierres appuyé à une dalle de remploi rectangulaire à moitié brisée (long. : 57 cm, larg. : 42 cm) et percée au centre (trou rectangulaire ? large de 8 cm), qui touche le mur 176 et dont la base est à 19,30* m et le sommet à 19,51 m *(Fig. 11b*, n° 16). La dalle à 19,50 m *(Fig. 4c*, 2, pièce 178, n° 15) a 19 cm d'épaisseur.

Rare est le matériel en bas des décombres qu'on peut croire avoir été abandonné au rez-de-chaussée : le bracelet en or 88.5082 *(Fig. 26)*, le poinçon 88.5084.

3. Les décombres

La coupe sud-nord des carrés D2c/2 et D2b/3 (face est de leur berme occidentale, *Fig. 8c)*, à 60 cm à l'est du mur 170 *(Fig. 9a)* et presque parallèle à lui, illustre la structure des décombres de la pièce 184.

La première accumulation *(Fig. 13a)*, épaisse de 30 cm (au nord) à 40 cm (au sud) environ, ne dépasse guère 19,85* m et comporte deux couches riches en poterie dont des jarres entières et écrasées dans chacune, en particulier au nord. De terre cendreuse grise et noire, l'inférieure (couche a1), omniprésente sur le pavage 174 *(Fig. 8c)*, se termine vers 19,70* m. Elle est recouverte, dans la moitié nord de la pièce, par de la terre grise sans brûlé mais aussi par endroits argileuse blanc jaune (couche a2), et dans la moitié sud *(Fig. 11a*, a2) par le même agrégat calciné que dans la pièce 185, bordé au nord de moellons (sommet à 19,93 m) provenant du refend 183.

La seconde accumulation, faite de briques calcinées (163) et de moellons (couche b), a été décrite à propos de la pièce 185.

4. Revue et situation du matériel

Dans la première accumulation de décombres

Sauf 86.5148, 88.5079 et 5142, le matériel provient de la couche inférieure des décombres noircie par le brûlé, entre le pavage 174 à 19,40 m minimum et 19,70* m, les numéros de 88.5231 à 5252 inclus s'étant trouvés sous l'agrégat calciné.

Poterie locale :

BM II : sous 19,56 m : rondelle taillée dans un tesson lustré (88.5162) ; tesson de cruchette piriforme lustrée (88.5163) ; bord lustré (88.5238).

BR II : des jarres brisées plus ou moins complètes que les bases en bouton permettent de dénombrer, nous avons gardé des parties caractéristiques : 10 bases de 7 à 12 cm de diamètre (86.5271 couchée contre le mur 9, 88.5118-5119, 5155-5156, base peut-être de la même jarre couchée à 50 cm du mur 9 que le col 86.5275, base de la même jarre couchée contre le mur 9 que le col 86.5276, base d'une jarre tout près du mur 9 entre 86.5271 et la précédente) ; cols de 9 à 13 cm de diamètre d'ouverture (86.5275-5276, 88.5111-5117, 5148+ 5151, 5149-5150, 5152, 5232-5237 ; anses (88.5166, 5240-5241) ; cruches (86.5148 debout à 19,73* m à 30 cm du mur 9 et au-dessus du parement ouest du refend 183, 88.5231 couchée à 19,45 m, 2 cm au-dessus du pavage, à 70 cm du refend 183 au sud *(Fig. 11b, 12a)* [19], 86.5272 à base plate près de la jarre 86.5271) ; récipient globulaire: fragments à décor peint (88.5153) ; bord de plat (88.5154) ; anse verticale cannelée de grand récipient (88.5160) ; partie inférieure de gourde à cercles concentriques rouges et noirs (88.5247, complétée par 88.5193 trouvé dans le vestibule 178, même couche, entre 19,70* m et 19,92 m) ; fragment d'applique murale (88.5124) ; base annulaire (88.5157), bases en disque (88.5158, 88.5167 brûlées par l'incendie) ; anses verticales au bord d'un vase (88.5243-5244) ; tesson de panse avec attache d'anse (86.5273) ; 88.5165, fragment de vase en albâtre. Rondelles taillées dans des tessons (88.5125, 5161, 5248).

Poterie importée BR II :

Chypriote : *White Slip*, bord avec attache de l'anse (86.5277, près de la jarre 86.5276) et panse de bol-à-lait (88.5250). *Base-Ring*, bord de cruche (88.5251).

Mycénienne : tessons décorés de bandes peintes rouges (88.5127, 5164) ; bord de bol caréné (88.5249) ; anse verticale (88.5246).

Objets :

Bracelet en or (88.5082 ; à 19,46* m sur le pavage, à 1 m du mur 9 et 1,50 m du mur 170, *Fig. 26)* ; poinçon taillé dans une vertèbre de poisson (88.5084 ; à 19,40* m, entre deux dalles au pied du refend 183 et à 3 m du mur 9) ; « clou décoratif » en terre cuite (88.5143) ; un peu au-dessus du pavage dans la terre grise brûlée et sous les moellons du refend 183, au pied de celui-ci et à 1,70 m de son extrémité sud *(Fig. 24)*; poids de tisserand (?) fait d'un galet percé (88.5128) ; extrémité arrondie d'une meule en brèche (88.5252) ; mortier tripode en basalte (88.5142, debout à 19,69* m, à 9 cm au nord-ouest du parpaing terminal du refend 183, son sommet à 19,83* m égalant celui du parpaing, il était pris dans de la terre grise à la base de l'agrégat calciné, avec des tessons de jarres au-dessous et au-dessus de lui, *Fig. 11a, 25* ; une jarre était écrasée sur 183 et contre le parpaing à la même altitude et dans le même contexte) ; lamelle de bronze (88.5079 ; à côté d'une base de jarre à 19,70 m dans le sud de la pièce, à 70 cm du mur 170).

Divers :

Morceau de métal noir brillant (88.5129).

Pour le matériel des décombres de moellons et de la couche superficielle de terre noire, voir ci-dessus la pièce 185.

E. La pièce 178 *(Fig. 4b-c, 5a)*

1. Le plan

De plan presque rectangulaire, la pièce 178 est un vestibule de 4,40 m sur 1,65 m, soit 7,30 m^2, permettant d'accéder, par la plus grande porte de la maison (181), de la rue 186 aux pièces jumelles 184 et 185, et de traverser le rez-de-chaussée d'est en ouest.

2. Les sols

Le pavage 174 de la pièce 184 déborde, à l'altitude de 19,50 m, dans le tiers occidental du vestibule et délimite en partie une fosse de quelque 60 cm de diamètre située à 50 cm du mur sud 176 et vidée jusqu'à 18,78 m de sa terre grise et de tessons de jarres.

Ailleurs, le vestibule a de la terre brune, à la même altitude, 19,32 m, que le sol 208 de la pièce 185 et 20 cm plus bas que le pavage qui, comme le parpaing terminal du refend 183, est posé dessus. Ce sol de terre, sur lequel avait été projetée la crapaudine 88.5140 de la porte 181 et était tombée à l'entrée la meule 90.5208 *(Fig. 8b*, n° 1 et 3), ne se distingue pas du remblai de fondation que la fouille a entamé à l'est, jusqu'à 19,10 m.

3. Les décombres (Fig. 8b)

Sauf à l'approche du mur 176 où elle remonte, la première accumulation de décombres n'excède pas l'altitude de 20,54* m. Elle se divise vers 19,92 m, avec une remontée jusqu'au chaînage à 20,30* m, en deux couches épaisses chacune d'une cinquantaine de centimètres : l'inférieure (a1) a une terre brune, noirâtre particulièrement dans le bas et dans la moitié ouest de la pièce, et brun clair au-dessus de 19,70* m ; la supérieure (a2) doit sa couleur claire à la terre grise et aux matériaux calcinés, dont quelques morceaux de briques à 20,34* m, moins compacts mais plus épais que l'agrégat enseveli sous les briques qu'ils ont formé au nord. Les briques sont absentes de la deuxième accumulation de décombres (b, *Fig. 10c, 11a*), épaisse de 40 cm environ, faite de terre grise et de moellons avec de la terre jaunâtre en haut et à proximité des murs, et qui cède la place à 20,94* m (21,10* m au mur 176) à la terre noire superficielle (c, sommet à 21,55* m).

4. Revue et situation du matériel

N'a été conservé que du matériel de la première accumulation de décombres et, sauf 88.5081, de sa couche inférieure comprise entre 19,32 m et 19,92 m, les numéros de 88.5174 à 88.5195 inclus ayant été trouvés au-dessus de 19,70* m.

Poterie locale

BM II : bords de marmites lustrés (88.5176, 5196, 5197) ; base de cruchette (88.5181) ; tesson à décor en relief et incisé (88.5192) ; rondelle taillée dans une base de cruchette (88.5178).

BR II : jarres : cols (88.5174, 5183-5185), deux bases ; bec pincé de cruche (88.5198) ; bord de plat (88.5188) ; bord de grand récipient (88.5186) ; fragment de panse de gourde (88.5193, qui complète 88.5247 de la pièce 184 trouvé dans la même couche, mais pas plus haut que 19,70* m) ; fragments de lampes (88.5177 brûlé, 88.5191 bec pincé) ; fragment d'applique murale (88.5175) ; base de grand vase (88.5190).

Poterie importée BR II :
Chypriote : *White Slip*, bols-à-lait : anse (88.5200), panse (90.5268, *Fig. 21,70*). *Base-Ring*, base de bilbil (88.5201).
Mycénienne : tesson à décor figuré (88.5179) ; base de vase à étrier (88.5180+5194 : marque du bâtonnet pour fixer le col) ; col (88.5199).
Objets :
Pointe de flèche en bronze (90.5116 ; à 19,42* m, à 108 cm du mur 176 et 75 de 194 ; *Fig. 27*) ; morceau d'ivoire calciné (88.5081 ; à 20,20* m dans l'angle sud-est de la pièce) ; crapaudine en calcaire de la porte 181 (88.5140 ; à 19,32 m ; *Fig. 25* ; *cf.* mur 176) ; rondelle en calcaire = bouchon de jarre ? (88.5195) ; meule en conglomérat (90.5208 ; à 19,32* m, à la porte 181 ; *cf.* mur 176).

Pour le matériel de la couche superficielle de terre noire, voir ci-dessus la pièce 185.

F. La pièce 168 *(Fig. 1, 5a, 13d)*

1. Le plan

Entourée par les murs 166, 194, 176 et 167, la pièce 168 est de plan carré (1,95 m de côté), avec une superficie de 3,80 m^2. Elle donne sur la rue 186 au sud-ouest (porte 195) et sur la pièce 178 au sud-est (porte 196).

2. Les travaux de fondation

L'emplacement de cette pièce illustre les transformations que connut à la fin du Bronze récent le quartier du « temple aux rhytons ». Trois niveaux de construction y ont été distingués. Du second ne subsistent que les murs 166, au nord, et 167, à l'ouest, élevés en même temps que le « temple aux rhytons » et remployés par le dernier niveau, la pièce 168, dont les travaux de fondation ont anéanti tout le reste de sorte que le premier niveau (pièce 199 du Bronze moyen II) s'est retrouvé à la base des deux autres.

L'établissement de la pièce 168 a nécessité deux opérations : un déblaiement et un remblayage. Le déblaiement consista à enlever tout le niveau 2 sans toucher au mur occidental du temple (166 et 167) auquel on avait prévu d'adosser la nouvelle maison, et à creuser dans le premier niveau jusqu'à 18,88 m (notre fond de fouille, *Fig. 5a*). Ainsi furent exhumés les murs BM 200 (sous 166) et BM 201 (sous 167), l'escalier BM 202 dans l'angle des deux; enlevés les derniers sols du Bronze moyen et arasé le mur BM 207 (sous 194). Après la construction de ses murs est et sud, la pièce 168 fut remblayée sur quelque 60 cm de hauteur, presque jusqu'au sommet de la première des deux marches de l'escalier BM 202, pour que son sol 198, à 19,46 m à même le remblai, se trouvât à une altitude compatible avec celle des seuils. Le remblai, formé de terre grise et de pierres généralement petites, contenait de nombreux tessons du Bronze récent mais aussi du Bronze moyen II et quelques menus objets qui peuvent avoir été pris au premier niveau, non sans en souffrir : ainsi le sceau cylindrique en faïence bleue gravé d'un capriné *(Fig. 28)* était cassé en deux, la partie supérieure (90.5025) ayant été ramassée à 19,43* m et l'inférieure (90.5167) une quarantaine de centimètres plus bas.

À l'opération de remblayage il convient de rattacher le réenfouissement (tombe 203, *Fig. 13e*), dans l'angle du mur BM 201 et de l'escalier BM 202, d'ossements d'un être humain adulte avec de la poterie brisée, sans doute vestiges d'une sépulture découverte au cours des travaux de fondation quelque part sur le site de la maison, mais assurément pas ici, dans cette pièce trop étroite. Il est probable qu'une partie de la poterie n'a pas appartenu au mobilier funéraire, ayant été incluse dans la terre des niveaux plus anciens mais toujours du Bronze récent II arrachée en même temps que la tombe pour remblayer la pièce 168 : la base et un morceau de panse (90.5376 a et b) du petit vase à étrier mycénien 90.5134 de la tombe *(Fig. 22)* se trouvaient dans le bas, sous 19,08* m, du remblai de la pièce. Recouverte par le sol 198, la tombe 203 est une fosse arrondie au sud-est, de 75 cm (est-ouest) sur 65 (nord-sud) et profonde de 35, dont le fond à 19,09* m baignait, au moins au nord-ouest, dans une couche de gravier antérieure à la construction de l'escalier BM 202. Elle renfermait des os longs groupés au pied de l'escalier, parallèlement à lui, et des fragments de la boîte crânienne (90.5332-5333).

3. Le sol 198

Sol de terre grise avec des tessons à 19,46 m, il laisse à découvert à partir du haut de la première marche l'escalier BM 202 enterré au second niveau et qui n'a pas retrouvé dans la pièce 168 sa fonction originelle. Sa nature le distinguant mal des décombres et du remblai de fondation, il est difficile de savoir si certains objets trouvés autour de 19,46 m ont été abandonnés sur ou dans le sol ou bien apportés avec le remblai.

4. Les décombres

Sous la couche superficielle de terre noire et de cailloux, pauvre en tessons, comprise entre 21,20* m et 21,59 m, les décombres, épais de 1,75 m, sont constitués de moellons et de terre grise, incluant, entre 20,20* et 20,70* m, des matériaux calcinés blanchâtres surtout dans le sud de la pièce, contre le mur 176, et de la brique dans le nord. Ils contiennent beaucoup de tessons locaux du Bronze récent II avec des chypriotes et, sous 19,80 m, des tessons mycéniens et du Bronze moyen II local.

La couche inférieure sur laquelle sont tombés, en s'y enfonçant à 19,66 m, les blocs taillés qui obstruaient la porte 195, doit correspondre au plafond, au-dessus duquel on avait entreposé la cruche 90.5019 et la marmite 90.5120 retrouvées debout et pas trop endommagées, ainsi que la cruchette intacte 90.5023 couchée sur le seuil 196 *(Fig. 15, 19).*

5. Revue et situation du matériel

a. Dans le remblai de fondation

Poterie locale

BA III : tesson de jarre à décor peigné (90.5267 ; *Fig. 14*:12).

BM II : cruchettes piriformes : col (90.5250), panse (90.5252, *Fig. 14:*20 et 26), bords (90.5258, 5259, *Fig. 14:*17 et 16) ; bords de marmites (90.5322-5326, 5377) ; base de puisette (90.5378) ; bord de lampe (90.5375).

BR II : fragments de bol (*e.g.* 90.5327) ; fragments de lampes (90.5329-5331) ; col de jarre décoré (90.5357) ; base de jarre en bouton ; tessons peints (90.5242, 5247, *Fig. 14:*50 et 48).

Poterie importée BR II :

Chypriote : *White Slip*, bord de bol-à-lait (90.5282, *Fig. 21:*73). *Base-Ring*, bord de bol caréné (90.5294, *Fig. 21:*85). *Monochrome.*

Mycénienne : fragments (*e.g.* 90.5376 a-b, dont a avec la base du vase à étrier 90.5134 de la tombe 203 (sous 19,08* m).

Objets :

Sceau cylindrique en « bleu égyptien » (90.5167 partie inférieure sous 19,08* m, et 5025 partie supérieure à 19,43* m, *Fig. 28)* ; lame en obsidienne (90.5406 ; à 19,08* m, sol BM 212 ?) ; tige en bronze (90.5078 ; à 19,33* m, dans l'angle sud-est de la pièce) ; poids de tisserand en terre cuite (90.5074 ; à 19,43* m près du mur occidental, *Fig. 24*) ; silex taillé (90.5379).

Divers :

Restes animaux: grosse dent (90.5380); phalange (90.5381).

b. Dans la tombe 203

Poterie chypriote BM II : anse verticale à décor blanc sur brun-rouge (90.5267bis, *Fig. 14:*38).

Poterie BR II :

Vases retrouvés en bonne partie. Poterie locale : vase à trois anses et décor quadrillé (90.5133, *Fig. 20*). Chypriotes : *White Shaved*, puisettes (90.5209, 5353). Mycéniens : petits vases à étrier (90.5132+5304, *Fig. 22* ; 90.5134 dont la base 90.5376a provient du remblai de fondation, *Fig. 22*).

Fragments importants. Poterie locale : pieds de coupes (90.5210-5211) ; bord trilobé de cruchon (90.5352 bis). Mycénien : petit vase à étrier (90.5354).

Rondelle taillée dans un tesson (90.5226).

Tessons. Chypriote : *Monochrome*, bord de bol (90.5296, *Fig. 21*:93). Mycénien, tesson à décor figuré ? (90.5299, appartient au même vase que 90.5160 trouvé dans les décombres sous 19,80 m, *Fig. 22*:102 et 105).

Objet :

Lame en silex noir (90.5355).

c. Dans les décombres

— Entre 19,46 m (sol 198) et 19,80 m

Poterie locale :

BM II : bords de plat (90.5137), de vases globulaires (90.5138-5140, *Fig. 14:*21-23) ; panse de marmite gris-noir (90.5147).

BR II : cruchette (90.5023 ; couchée à 19,73 m sur le seuil 196 ; *Fig. 19*; bols : base plate (90.5128 ; à 19,77 m, sur le côté, au pied du mur 194 dans la porte 196), bord et panse (90.5135), bord (90.5136) ; bord de marmite (90.5144) ; base plate de *pithos* (90.5156, comme 90.5112 de la pièce 106) ; anse de jarre à signe incisé (90.5145) ; lampes (90.5153 base en disque, 90.5154 panse) ; applique murale (90.5155) ; tesson peint (90.5159, *Fig. 14:*52).

Poterie importée BR II :

Chypriote : *White Slip*, bord et anse de bol-à-lait (90.5162). *Monochrome* : bord de bol caréné (90.5163). *White Shaved* : puisette.

Mycénienne : tesson de panse à décor figuré (?) (90.5160, *Fig. 22*:102, provient du même vase que 90.5299 de la tombe 203, *Fig. 22*:105) ; tessons du haut d'un rhyton à décor figuré : deux guerriers (90.5161 a-b, *Fig. 22*:106, peut-être même rhyton que 90.5302 trouvé entre 19,61* m et 19,93 m dans les décombres de la rue 186 devant la pièce 178, *Fig. 22*:103).

Objets :

Fusaïole en chlorite (90.5024 ; à 19,52* m dans l'angle nord-est) ; plaquette d'ivoire brûlée, décor de cercles concentriques (90.5021 ; à 19,63* m);

fusaïole en chlorite (90.5022, à 19,71 m sur le seuil 196 près du mur 194) ; tige en bronze (90.5020 ; à 19,73* m).

Divers :

Ossements animaux, dont un maxillaire de mouton (90.5164) ; quatre noyaux d'olives.

— *Entre 19,80 m et 20,05 m*

Poterie locale BR II :

Marmite à anse de panier (90.5120 ; debout à 19,91 m au pied du mur nord, *Fig. 19)* ; cruche (90.5019, dont l'anse et le bord, anciennement cassés, ont été retrouvés à 20,01 m, à 35 cm de la porte 196 sous les matériaux calcinés, *Fig. 19)* ; col de jarre (dans la même situation stratigraphique que la cruche, au sud-est, et partie inférieure de jarre à base en bouton au centre de la pièce) ; jarres : cols (90.5121 du même type que 90.5089 de la pièce 106 ; 90.5122-5123), anse verticale (90.5125) ; base de lampe (90.5129) ; base plate de grand récipient (90.5130).

Poterie chypriote BR II :

White Shaved, puisette (90.5127).

d. Dans la couche superficielle de terre noire

Objet :

Cône en cristal (88.5055 ; à 21,50* m sur le mur 167 à hauteur de la porte 195).

CONCLUSION [20]

Dès qu'il fut certain que le « temple aux rhytons » avait été coupé par un bâtiment dont le mur nord laissait alors augurer de sa bonne taille, et partant de son importance, nous songeâmes à attribuer cette audace à un pouvoir politique en quête d'un terrain à bâtir dans une ville en pleine expansion, et assez puissant pour s'approprier, faute de mieux, un domaine religieux, ce que les fouilles de 1990 ont démenti. On pouvait dès lors envisager que le personnel du « temple aux rhytons » lui-même, en nombre et aux charges croissants, mais lui aussi dans l'impossibilité d'étendre son domaine foncier, avait construit sur son propre terrain une maison à son usage mieux adaptée aux besoins du moment que les anciennes pièces qu'elle remplaçait.

Cette maison, cependant, sans aucune communication avec le temple, lui tourne délibérément le dos et son contenu, essentiellement la poterie, négligée par les survivants et les pillards, fait songer à un riche entrepôt dont les propriétaires se seraient plus souciés de commerce que de religion. Ainsi, à la veille de la destruction d'Ougarit, le clergé et avec lui l'État auraient été si affaiblis ou appauvris qu'ils n'auraient plus été capables de résister aux empiétements de certains particuliers sur leurs propriétés.

Index des *locus* de fouille

Les numéros de *locus* de la maison étudiée ici entrent dans la numérotation continue des *locus* fouillés de 1978 à 1990 dans le quartier « Centre de la Ville » (*cf.* autres zones de ce quartier dans *RSO* III, 1987).

N° locus		*Nature*	*Références topographiques*
9	:	*mur*	pièces 106, 184, 185
14	:	*sol*	pièce 78
35	:	*rue*	au N du temple aux rhytons
36	:	*pièce*	temple aux rhytons
46	:	*pièce*	temple aux rhytons
55	:	*pièce*	temple aux rhytons
75	:	*mur*	pièce 79
78	:	*pièce*	temple aux rhytons
79	:	*pièce*	temple aux rhytons
82	:	*porte*	pièce 55
100	:	*mur*	pièce 118
101	:	*mur*	pièces 106, 110
102	:	*mur*	pièces 110, 178, 185
103	:	*mur*	pièces 106 et 185
104	:	*mur*	pièces 106 et 110
106	:	*pièce*	
109	:	*rue*	à l'E de la maison
110	:	*pièce*	
118	:	*pièce*	à l'E de la rue 109
121	:	*porte*	mur 103
122	:	*sol*	pièce 79
163	:	*briques*	mur 176, pièces 184, 185
166	:	*mur*	pièce 168
167	:	*mur*	pièce 168
168	:	*pièce*	
170	:	*mur*	pièce 184
174	:	*pavage*	pièce 184
176	:	*mur*	pièces 168 et 178
178	:	*pièce*	
180	:	*rue*	au SO de la maison
181	:	*porte*	mur 176
183	:	*mur*	pièces 184 et 185
184	:	*pièce*	
185	:	*pièce*	
186	:	*rue*	au S de la maison
188	:	*porte*	mur 102
189	:	*mur*	cage de l'escalier 193, pièce 110
190	:	*sol*	pièce 106
191	:	*mur*	pièce 110
192	:	*mur*	cage de l'escalier 193, pièce 110
193	:	*escalier*	pièce 110
194	:	*mur*	pièces 168 et 178
195	:	*porte*	mur 176
196	:	*porte*	mur 194
197	:	*porte*	mur 191
198	:	*sol*	pièce 168
BM 199	:	*pièce*	sous la pièce 168
BM 200	:	*mur*	pièce BM 199, sous le mur 166
BM 201	:	*mur*	pièce BM 199, sous le mur 167
BM 202	:	*escalier*	pièce BM 199
203	:	*tombe*	pièce 168
204	:	*four*	pièce 110
205	:	*puits*	porte 188
BM 205	:	*puits*	pièce BM 216, exhaussé par 205
206	:	*cabinet*	pièce 110
BM 207	:	*mur*	pièce BM 199, sous le mur 194
BM 208	:	*sol*	pièce 185
BM 209	:	*mur*	pièce BM 216, passe sous le mur 102
BM 210	:	*mur*	pièce BM 216
BM 211	:	*sol*	pièce BM 199
213	:	*sol*	pièce 110
214	:	*porte*	mur 192, cabinet 206
215	:	*espace*	pièce 110
BM 216	:	*pièce*	sous la pièce 185
217	:	*briques*	mur 104, pièce 110

Notes

1. Voir les rapports de fouille dans *Syria* 1982, 1983, 1987, 1990 ; Mallet 1987.

2. Abréviations : BA: Bronze ancien ; BM : Bronze moyen ; BR : Bronze récent ; BYZ : byzantin ; CHY : chypriote ; cons. : conservé ; ø: diamètre ; déc. : décombres ; ép. : épaisseur ; h. : hauteur ; HEL : hellénistique ; inf. : inférieur ; larg. : largeur ; long. : longueur ; MYC : mycénien ; ouv. : ouverture ; sup : supérieur ; t.g : terre grise ; t.gb : terre gris-brun ; t.n : terre noire. Afin d'éviter toute confusion, nous faisons précéder le numéro des vestiges du Bronze moyen de l'abréviation BM. Les cotes d'altitude qui n'ont pas été mesurées avec le théodolite sont suivies d'un astérisque.

3. Photographies du mur 9 dans D2b/3 et du mur 11, l'un des trois murs du temple qu'il a coupés : Mallet 1987, p. 227, fig. 13b (vers l'est), p. 228, fig. 14 (vers l'ouest) ; *cf.* p. 247, pl. 1, plan.

4. Vue d'ensemble vers le sud-sud-ouest du mur 9 avec, au pied de son décrochement, les restes du mur 74 du temple qu'il a coupé : *Syria* 1982, p. 186, fig. 10a (*cf.* p. 184, fig. 9, plan schématique du chantier en 1980) ; Mallet 1987, p. 228, fig. 15 ; *cf.* p. 247, pl. 1, plan.

5. Vue générale vers le sud-est du chantier à la fin de la campagne : Mallet 1987, p. 214, fig. 1. *Syria* 1983, p. 220, fig. 20, photographie de l'angle nord-est de la maison vers le nord-ouest, à la fin de la campagne de 1981 et non en 1983 (*cf.* p. 203, fig. 1, plan schématique du chantier en 1983 ; corriger, dans la pièce 106, mur 103 au lieu de 105, et, dans la rue 109, mur 100 et non 103).

6. *Syria* 1983, p. 220, fig. 21, photographie de l'angle nord-est de la maison et du mur 9 sur toute sa longueur vers le sud-ouest. À gauche, dans la rue 109, en pleine lumière au pied de l'angle en pierre de taille, le mur extrême-oriental 75 du « temple aux rhytons », ou mur est de la pièce 79, arasé à 20,01 m lors de la construction de la maison, double le mur oriental 104 de la maison sur 25 cm de long et à 12 cm de lui ; il pave la chaussée à la porte orientale présumée du temple après son remaniement (*cf.* p. 203, fig. 1, plan schématique du chantier).

7. Photographie de l'angle sud-ouest de la pièce 78 et du couloir 78 vers l'ouest-sud-ouest : Mallet 1987, p. 229, fig. 16, p (*cf.* p. 247, pl. 1, plan).

8. *Syria* 1987, p. 183, fig. 7, plan schématique du chantier, pièce 157 (divisée en pièces 184 et 185 en 1988 après la découverte du refend 183) : la limite sud de la pièce sépare les deux paliers de fouille du carré D2c/2.

9. *Syria* 1987, p. 183, fig. 8 : photographie de l'angle nord-est de la pièce 185 vers le nord-est. La poterie ne se trouve pas sur le sol de la pièce 185, mais sur la couche inférieure de la première accumulation de décombres, terre noircie par le brûlé à 19,73* m au pied du jambage de la porte 121 à droite et à 19,68 m sous la jarre dans le coin (*cf.* ici *Fig. 12c*).

10. *Syria* 1990, p. 12, fig. 6, plan schématique du chantier (les limites de fouille du carré D1c/4 n'y figurent pas); photographies, p. 15, fig. 7, des pièces 184 et 185 vers le nord-nord-est, et fig. 8, des décombres de briques 163 du mur 176 dans la pièce 184 vers le sud.

11. De 20,69 m à la porte du temple sur la rue 35 (*cf.* Mallet 1990, p. 101, plan, carré D2a/3, pièce 46, mur 12) à 20,11 m sous le tronçon sud 167 de son mur occidental (sommet du mur BM 201) et 19,01 m à l'est de ce mur, sous la pièce 185 (sommet du mur BM 209).

12. Nous n'en avons fouillé que l'angle nord, en 1981 et 1983, et jusqu'aux derniers sols, à 19,09 m (sol 136) dans la pièce carrée 118 qu'il abrite, et à 18,87 m (sol 137) dans la pièce 126 voisine au sud-ouest ; *cf. Syria* 1983, p. 203, fig. 1, plan schématique du chantier en 1983, carrés D1b/3, D1c/2, C1b/4 et C1c/1 (corriger mur 100 au lieu de 103 ; 136 est le numéro du sol de la pièce 118).

13. *Syria* 1990, p. 15, fig. 8, photographie (= ici *Fig. 25*).

14. *Syria* 1983, p. 222, fig. 22 a, photographie.

15. É. Coqueugniot, dans *Syria* 1982, p. 194, fig. 13, n° 5 (81.5038) et 6 (81.5026), dessins.

16. *Syria* 1990, p. 17, fig. 12, photographie (= ici *Fig. 14*).

17. *Syria* 1990, p. 17, fig. 10, photographie (= ici *Fig. 23*).

18. Elliott, *in RSO* III, p. 92, fig. 18, n° 8, dessin.

19. *Syria* 1990, p. 17, fig. 11, dessin.

20. *Cf.* notre conclusion : Mallet 1992.

2. Le mobilier (V. MATOÏAN)

Nous avons participé en 1990 à la dernière des campagnes au cours desquelles fut dégagée au sud du « temple aux rhytons » une intéressante demeure d'Ougarit datée du Bronze récent final ; c'est celle que J. Mallet, à qui avait été confiée la responsabilité du chantier, vient de présenter. Dans le cadre des travaux de la mission, nous avons été chargée de présenter le matériel archéologique mis au jour de 1981 à 1990. Rappelons que cette maison appartient au quartier dit du « Centre de la Ville », situé à peu près au centre géométrique du tell, entre les « grandes demeures » du quartier dit « résidentiel », au nord-ouest, et la tranchée « Ville Sud », à l'est. La fouille de cette zone, commencée en 1978, a révélé un quartier ordinaire au cœur de la cité à la fin du Bronze Récent, comprenant des maisons d'habitation et un sanctuaire [1]. Notre maison appartient au même îlot que le « temple aux rhytons », îlot délimité au nord, à l'est et au sud par les rues 35, 109 et 186 (on ne connaît pas la limite occidentale).

LA MAISON ET SON ORGANISATION

L'analyse architecturale et stratigraphique de la maison (voir le plan *Fig. 29*) met en évidence certains caractères que l'on a pu observer fréquemment dans d'autres demeures d'Ougarit, et d'autres qui apparaissent comme beaucoup plus rares. C'est d'une maison d'habitation de taille moyenne (70 m^2 au sol) [2] : ses dimensions sont assez semblables par exemple à celles de la maison A du « Centre de la Ville » [3]. Les techniques et les matériaux utilisés pour la construction sont dans leur ensemble ceux que l'on rencontre habituellement à Ougarit. Il faut cependant souligner l'emploi de briques crues, d'un usage exceptionnel dans l'architecture privée de la cité [4].

Le rez-de-chaussée, seul conservé, ouvre sur la rue 186 par trois entrées situées dans la façade méridionale de la maison ; sept espaces intérieurs ont été identifiés à ce niveau. La présence d'un escalier dont la première volée de marches est conservée permet de restituer un étage, qui pouvait être aussi important que le rez-de-chaussée, avec une ou plusieurs pièces et peut-être une terrasse. La maison possède son propre approvisionnement en eau (puits 205), mais elle n'avait pas de tombe construite. La présence de trois portes d'entrée dans une maison d'habitation est peu fréquente à Ougarit, voire exceptionnelle, et peut surprendre pour une demeure de cette dimension.

Dans leur étude sur l'habitat à Ougarit, M. Yon et O. Callot ont proposé une interprétation fonctionnelle tripartite de la maison, chaque porte donnant accès à l'une des trois zones : à l'est pour la partie privée, au centre pour la partie professionnelle et enfin, à l'ouest pour une partie commerciale [5].

La première partie, destinée à l'habitation, comprend les éléments classiques : vestibule d'entrée (110) avec escalier et aménagements utilitaires construits : latrines sous l'escalier, puits, auxquels il faut ajouter, ce qui est plus rare, un four domestique en bas de l'escalier et un aménagement particulier dont la destination ne nous est pas connue, assez semblable à celui qui a été découvert dans la pièce 1041 de la maison A [6] évoquée plus haut. Le fouilleur a clairement souligné que la pièce 110, isolée du reste du rez-de-chaussée, semble s'intégrer fonctionnellement à l'étage où devaient se trouver des pièces destinées à la vie familiale si l'on retient l'hypothèse du secteur privé.

---

1. Voir Yon, Lombard et Renisio, dans *RSO* III, 1987, et Mallet, *ibid* ; plus récemment *Syria* 67, 1990. Sur ce quartier, voir Yon 1997, p. 88-93 (plan schématique de la maison p. 91, fig. 48b).
2. Pour la surface au sol de maisons d'Ougarit, voir Courtois 1979.
3. Yon, Lombard et Renisio 1987, p. 60.
4. Yon et Callot 1997, p.17
5. Yon et Callot 1997, p. 20. *Cf.* plan schématique et interprétation du plan : Yon 1997, p. 91, fig. 48b.
6. Yon, Lombard et Renisio 1987, p. 51, fig. 31.

La partie centrale est la plus grande. L'une des pièces (184) présente un sol dallé en calcaire, ce qui est exceptionnel à Ougarit. Dans cette zone se trouvait peut-être une petite cour jouant le rôle de puits de lumière et d'accès au puits [7]. Elle permet d'accéder à la pièce 106, qui se trouve à l'arrière de la pièce 110, mais ne communique pas directement avec elle. Cette pièce a la particularité de présenter un sol en calcaire coquillier, aménagement peu fréquent sur le site.

La partie occidentale, de très petites dimensions et ne comportant qu'une pièce (168), aurait une fonction commerciale.

Signalons enfin que les trois zones communiquent entre elles, même si le passage est difficile entre la première et la seconde en raison de la présence du puits.

PRÉSENTATION DU MATÉRIEL

L'étude du mobilier mis au jour lors de la fouille devrait pouvoir nous aider à interpréter la fonction des différents espaces dans l'ensemble habité, et conforter ou infirmer les hypothèses élaborées à partir de l'analyse architecturale de la maison. Malheureusement, les fouilles d'Ougarit révèlent en général peu de vestiges retrouvés sur les sols ; cette maison ne semble pas faire exception, selon les indications données par le fouilleur. Les pièces du rez-de-chaussée étaient à peu près vides. La grande majorité du matériel recueilli provient des décombres des pièces et est probablement tombé de l'étage de la maison ou provient, pour les niveaux supérieurs, des secteurs avoisinants et peut-être même du pillage du temple voisin, comme par exemple le fragment de stèle en calcaire, selon l'interprétation de M. Yon [8].

C'est la pièce 110 qui a livré le plus grand nombre d'objets *in situ*, outre les divers aménagements qui s'y trouvent : grande jarre écrasée sur le sol 213 (90.5334), objets en bronze (90.5076 ; 90.5080) dont une paire de cymbales (90.5077), un élément de mouture (meule 90.5207), une petite hache en pierre polie (90.5085), une perle en « bleu égyptien » (90.5115). Dans la pièce 106, notons à côté de deux outils en silex taillé (90.5110 ; 90.5111) quelques céramiques incomplètes (deux *pithoi* : 90.5112 et deux fonds de jarre : 90.5113). Quant à la pièce 185, aucun matériel n'est signalé sur le sol 208. Dans la pièce voisine 174, sur le sol dallé (174), la seule découverte significative, qui est d'importance, est un bracelet en or (88.5082). Quant à l'ensemble du matériel recueilli dans la fouille de la « tombe » 203 (matériel céramique pour l'essentiel avec une forte proportion de vases importés chypriotes et mycéniens), selon le fouilleur il ne faisait probablement pas partie du mobilier funéraire ; il n'est donc pas possible de le traiter comme un *ensemble clos*, et l'analyse des objets ne peut se faire que de manière individuelle.

On peut donc penser que beaucoup des objets mis au jour dans le remplissage des pièces du rez-de-chaussée proviennent de l'étage, et qu'ils datent du dernier état d'utilisation de la maison. Mais dans la mesure où cet étage n'a pas été conservé, les propositions d'interprétation concernant la fonction des diverses pièces de la maison seront très limitées.

Les rapports préliminaires ont donné des indications sur les premières étapes de la fouille [9], mais seule une faible partie du matériel apparaît dans ces publications, avec l'illustration de quelques documents [10]. Dans l'article précédent, l'auteur a indiqué pour chaque *locus* le matériel représentatif, et nous partirons de cette sélection, présentée de façon systématique dans l'*Inventaire* (voir plus loin : 3). Seul le matériel du Bronze récent, qui a des chances de correspondre à notre maison et constitue un ensemble relativement homogène, sera étudié ici. Le matériel des périodes plus anciennes et plus récentes [11] sera du moins signalé dans l'*Inventaire* : le Bronze ancien est attesté par quelques tessons erratiques (fragments de jarre à décor peigné [12]) ; le Bronze moyen par les tessons retrouvés dans les décombres ou les remblais de fondation ; quelques tessons des

7. *Cf.* Yon et Callot 1997, fig. 3.

8. Yon 1991, p. 278 et 313-314.

9. *Syria* 1982, p. 187 ; *Syria* 1983, p. 223 ; *Syria* 1987, p. 182, fig. 8 ; *Syria* 1990, p. 13-18 ; Mallet 1992.

10. *Syria* 1987, p. 182 ; *Syria* 1990, fig. 8 et 10 à 12.

11. Pour les références aux céramiques des époques antérieures (Bronze ancien et Bronze moyen) et des époques postérieures (hellénistique, romaine et byzantine), voir plus haut l'article de J. Mallet, qui a fait les identifications.

12. Sur ce type de céramiques, voir l'étude récente de Bounni et al-Maqdissi, 1994.

périodes hellénistique, romaine et byzantine sont présents, essentiellement dans la couche superficielle *(cf. fig. 14)*.

Pour les raisons données plus haut, nous ne présenterons pas le matériel du Bronze récent selon un ordre topographique, et nous avons préféré organiser l'étude selon une division par matériau – céramique, terre cuite, pierre, métal, matières organiques et matières vitreuses –, puis par types d'objets [13]. L'étude qui suit évoque donc l'ensemble du matériel que l'on peut trouver lors de la fouille d'une maison d'habitation de la dernière période d'occupation de la ville d'Ougarit. Ce travail se situe dans la lignée des études précédentes concernant les autres maisons du « Centre de la Ville » [14] et vient les compléter.

LE MATÉRIEL EN TERRE CUITE

Cette première partie comprend l'étude de six catégories d'objets dont la matière première est l'argile cuite. Le premier ensemble, le plus important numériquement, est constitué par les vases en céramique, d'une part la céramique locale syrienne, et d'autre part la céramique importée pour la plupart chypriote et mycénienne [15]. Viennent ensuite des séries plus réduites d'objets en terre cuite : appliques murales, « clou décoratif », figurines, jetons taillés, peson.

Les vases en céramique

La céramique locale

La céramique locale comprend une majorité de vases sans décor, auxquels il faut ajouter quelques spécimens en céramique à décor peint.

Céramique locale sans décor

Les vases de céramique non peinte – parfois désignée comme « cananéenne » [16] – s'intègrent dans le répertoire des formes ouvertes ou fermées bien connues à Ougarit : coupes à piédestal, bols, lampes, jatte, puisettes, cruches, gourdes, jarres nombreuses, *pithoi*, marmites..., ainsi que quelques formes moins courantes : récipient double, pot ou marmite à anse de panier et enfin, un « vase à douche ».

Les coupes à haut piédestal (RS.90.5210, 90.5211). Deux fragments de coupes à haut piédestal *(Fig. 15)* ont été retrouvés dans le matériel de la tombe 203 (pièce 168). Cette forme, attestée dans d'autres constructions du « Centre de la Ville » [17], est également bien représentée dans les fouilles anciennes [18].

Les bols (RS.90.5135, 90.5136, 90.5327). Quatre vases, tous trouvés dans la pièce 168, appartiennent à cette catégorie *(Fig. 15)* : 90.5136 est hémisphérique ; 90.5135 et 90.5327 sont des bols à fond plat et panse à parois convexes divergentes [19].

---

13. Nous n'aborderons pas les éléments mobiliers d'architecture : par exemple, crapaudine (RS 88.5140 : voir *Syria* 1990, p. 15, fig. 8). D'autre part, la découverte dans cette demeure d'un « clou décoratif » en terre cuite nous a conduite à entreprendre une recherche plus poussée sur cette catégorie d'objet (voir article plus loin).

14. Yon, Lombard et Renisio, dans *RSO* III ; Gachet 1997.

15. Pour cette étude, nous nous reportons au *Dictionnaire de la céramique* (1981) de M. Yon et aux travaux déjà parus sur la céramique d'Ougarit : les deux *corpus* céramiques parus dans *Ugaritica* II et VII ; l'article de L. Courtois (1969) sur le matériel de la tombe 4253 de la « Ville Sud » ; les travaux de J.-Y. Monchambert (1982 et 1983) sur le matériel des fouilles de 1975 et 1976 ; des recherches spécialisées portant sur certaines catégories de vases (Yon 1983 ; Lombard 1987) ; le tout complété par les nombreux rapports de fouilles. Pour la céramique importée, nous nous reporterons principalement aux ouvrages d'A. Furumark 1941, P. Åström 1972, K.O. Eriksson 1993, P.A. Mountjoy 1993, A. Leonard 1994 ; pour Ougarit, voir en dernier lieu M. Yon, V. Karageorghis et N. Hirschfeld , *RSO* XII, 2000.

16. En raison de ses nombreuses correspondances avec les autres sites levantins : Monchambert 1982.

17. *Syria* 1982, fig. 7:g ; *Syria* 1983, fig. 12:b ; Yon, Lombard et Renisio 1987, p. 22, fig. 8 (RS 79.452), et p. 108, fig. 88 (RS 81.508).

18. Courtois 1969, fig. 4:E et 5:C-H ; Monchambert 1982, p. 108-109.

19. Monchambert 1982, p. 93 : classe 2.

Les lampes (RS.81.5034, 86.5012, 88.5177, 88.5191, 90.5047, 90.5129, 90.5317, 90.5329, 90.5330, 90.5331, 90.5335). Les fragments de lampes appartiennent à la catégorie des *lampes-coupelles* ou *lampes cananéennes*, connue en Palestine, en Syrie, à Chypre [20], et très bien représentée à Ougarit [21]. La plupart des fragments dont nous donnons la liste sont des parties de bords ou de becs. Le fragment 90.5129 montre une base plate avec traces de la ficelle du façonnage, type de base qui semblerait la plus caractéristique à Ougarit [22].

Pot ou marmite à anse de panier (RS.90.5120). Pour ce pot *(Fig. 15)*, muni d'une anse de panier (anciennement brisée), nous n'avons trouvé aucun parallèle à Ougarit. La forme de la panse y est connue [23], mais non associée à un tel moyen de préhension.

Récipient double (RS.90.5027). Un fragment de vase double *(Fig. 15)* provient de la maison (pièce 110, surface) ; la forme entière n'est pas facile à restituer. Il semble que cette forme soit rare dans la céramique découverte à Ougarit. Deux spécimens, provenant des fouilles anciennes, diffèrent par la présence d'un décor peint [24].

Jatte (RS.88.5244). Un seul fragment de bord de jatte, à profil en forme de S (88.5244), a été retrouvé [25].

Cratère (RS 88.5160). Ce bord semble correspondre à un fragment de cratère d'ouverture particulièrement large (38 cm), avec une anse verticale cannelée.

Puisettes (RS.88.5257a, 88.5257b, 90.5029, 90.5127, 90.5209, 90.5353, 90.5390). Le cas des « puisettes à panse raclée » *(Fig. 15)* est particulier dans la mesure où les interprétations varient quant à leur origine, chypriote ou locale. L'origine chypriote du type est indiscutable, et cette forme de vase est particulièrement bien représentée à Ougarit [26] sans qu'on puisse toujours dire si ce sont de réelles importations chypriotes *(White Shaved Ware)*, ou des imitations fabriquées par les potiers d'Ougarit [27]. Tous les spécimens trouvés dans la maison présentent une panse fusiforme et un fond pointu ; certains présentent les caractéristiques des séries chypriotes : argile crème, raclage de la panse, anse insérée avec tenon visible sur la face interne du vase (90.5209) ou non (90.5353) ; mais il y en a d'autres, fabriqués dans une pâte plus beige, plus foncée, qui présentent le même système d'insertion de l'anse, que le tenon soit visible (90.5390) ou non (90.5127). Il semble donc exister une assez grande variété de fabriques, qui pourrait témoigner de l'existence de différents ateliers, qu'ils soient chypriotes ou locaux.

Cruches (RS 86.5148, 88.5198, 88.5214, 88.5215, 88.5231, 90.5019, 90.5023, 90.5352bis). Il s'agit, là encore, d'une forme très bien représentée à Ougarit, dans les fouilles récentes du « Centre de la Ville » [28] aussi bien que dans les fouilles plus anciennes [29]. Les cruches de petites dimensions sont désignées aussi comme « cruchettes » (ou « cruchons », « flacons »). Nos spécimens s'inscrivent tout à fait dans les types déjà connus, avec panse ovoïde ou globulaire, et ouverture trilobée pour certains (90.5352 bis).

« Vase à douche » (RS 86.5167). Un fragment de vase *(Fig. 16)* découvert dans le remplissage des pièces 184 et 185 pourrait être rattaché à la série peu commune des « vases à douche », dont un spécimen complet a été trouvé dans la maison E du « Centre de la Ville » [30]. La liste de ces vases (avec ou sans décor peint),

---

20. Yon 1981, p. 138-139.

21. *Ugaritica* II, p. 266-267, fig. 114 ; *Ugaritica* VII, p. 268-269, fig. 24, n°s 32-33 ; Courtois 1969, fig. 4:A et B ; Yon, Lombard et Renisio 1987, p. 79, fig. 57 (RS 79.211 et 212), p. 83, fig. 61 (RS 79.177).

22. *Cf.* Monchambert 1982, p. 110-112.

23. *Ugaritica* II, fig. 82:18.

24. *Ugaritica* II, fig. 78 ; *Ugaritica* VII, fig. 16:8.

25. *Cf.* Monchambert 1982, p. 128, type 5 et pl. 58, n° 416.

26. *Ugaritica* II, p. 278-279, fig. 120 ; *Ugaritica* VII, p. 254-255, fig. 19, n°s 2 à 4.

27. *Cf.* Monchambert 1983, p. 28-29 ; Yon, Lombard et Renisio 1987, p. 41, fig. 21 (79 RS 27).

28. Yon, Lombard et Renisio 1987, p. 41, fig. 21 (RS 79.477 et 79.475) ; p. 53, fig. 35 RS 79.845) ; p. 54, fig. 36 (RS 9.844) ; p. 56, fig. 37 (RS 79.777) ; p. 99, fig. 80 (RS 81.975) ; p. 104, fig. 84 (RS 81.3007 et 81.1097) ; p. 108, fig. 88 (RS 81.635, 81.634) ; *Syria* 1990, p. 10, fig. 5, et p. 17, fig. 11.

29. *Ugaritica* II, p. 274-277, fig. 118 et 119 ; Courtois 1969, fig. 2:B-C, F ; Monchambert 1982, p. 169 sq.

30. Voir Lombard 1987 ; Yon 1997, p. 150-151, n° 27.

témoins du raffinement de la vie quotidienne dans la cité, s'allonge avec notre exemplaire en céramique locale, non peinte.

Gourde (RS 88.5167). Le numéro 88.5167, en pâte rouge (pièce 178 ou 185), correspond à la partie inférieure d'une gourde lenticulaire.

Vases fermés de dimensions moyennes (RS. 90.5058, 90.5128, 90.5170). Trois tessons appartiennent à des vases fermés de petites dimensions, dont l'état est trop fragmentaire pour qu'on puisse faire référence à une forme précise : 90.5058 est une base plate de vase fermé, 90.5128 présente une base plate et une panse globulaire et 90.5170 correspond à un vase fermé à profil caréné *(Fig. 16)*.

Jarres (RS 86.5126, 86.5127, 86.5217, 86.5218, 86.5219, 86.5264; 86.5265, 86.5266, 86.5267, 86.5270, 86.5271, 86.5275, 86.5276, 86.5281, 88.5111, 88.5112, 88.5113, 88.5114, 88.5115, 88.5116, 88.5117, 88.5118, 88.5144, 88.5148 + 5151, 88.5149, 88.5150, 88.5152, 88.5155, 88.5156, 88.5166, 88.5169, 88.5174, 88.5183, 88.5184, 88.5185, 88.5204, 88.5205, 88.5206, 88.5207, 88.5208, 88.5209, 88.5210, 88.5217, 88.5218, 88.5232, 88.5233, 88.5234, 88.5235, 88.5236, 88.5237, 88.5240, 88.5241, 90.5041, 90.5042, 90.5046, 90.5087, 90.5088, 90.5089, 90.5090, 90.5091, 90.5093, 90.5094, 90.5095, 90.5096, 90.5097, 90.5113, 90.5121, 90.5122, 90.5123, 90.5145, 90.5169, 90.5382). Les « jarres cananéennes » ou « amphores » – vases utilitaires servant au transport des denrées –, constituent le type céramique le mieux représenté quantitativement dans ce chantier. Parmi les nombreux spécimens que nous avons identifiés, une trentaine de cols *(Fig. 16, 17, 18)* sont hauts, concaves, moulurés ou non, avec une lèvre épaissie parfois moulurée ; l'ouverture est assez étroite (diamètre de 9 à 11 cm en moyenne), facile à obturer pour le transport. Les fonds correspondent aux types des fonds bombés à extrémité arrondie ou pointue [31] (86.5217, 86.5218, 86.5219) des jarres de transport. Les profils reconnus (86.5265 : *fig. 16*, 88.5240, 88.5241, 88.5244) présentent une panse carénée et des anses verticales [32].

Trois fragments d'anses de jarre portent une marque gravée sur leur face extérieure *(Fig. 16)*. La marque 88.5144 représente une étoile à cinq branches inscrite dans un pentagone ; 90.5145 deux traits parallèles que coupe un trait oblique, marque déjà connue précédemment [33], et 90.5057 qui porte une association de deux signes (un T et un cercle ouvert inscrit dans un cercle) ce qui est rare. Les marques sur les anses de jarre retrouvées à Ougarit ne sont pas très fréquentes [34]. D'autres catégories de vases de la céramique locale – cruches, *pithoi*... – présentent parfois des marques [35].

Jarres de stockage, pithoi (RS 88.5119, 88.5281, 90.5097, 90.5112, 90.5156, 90.5334). Cinq grands vases utilitaires [36] (fragmentaires) désignés comme jarres de stockage (*pithoi* selon la terminologie grecque) proviennent de la maison. L'un d'eux (90.5334), écrasé sur le sol de la pièce 110, portait un décor de cannelures horizontales sur la panse, que l'on retrouve souvent sur ce type de vase à Ras Shamra [37]. Ces vases présentent en général un fond plat (*e.g.* 88.5119) et une ouverture large (88.5281, 90.5097).

Marmites (86.5184, 90.5040, 90.5092, 90.5098, 90.5099, 90.5100, 90.5101, 90.5144). Il s'agit de fragments de vases de cuisson qui présentent généralement un col relativement court, cylindrique, avec bord à lèvre étalée horizontale, muni de deux anses verticales dont la base est fixée sur l'épaule du vase.

Céramique locale peinte

La maison a livré une série non négligeable d'exemplaires de céramique peinte, auxquels nous ajouterons deux spécimens trouvés dans les rues entourant la demeure (90.5358 et 90.5312 + 5367), qui portent un décor intéressant. Pour une grande partie, les tessons sont trop fragmentaires pour que l'on tente une identification.

31. *Cf.* Monchambert 1982, p. 150-151.

32. *Cf.* Monchambert 1982, p. 145-146 : forme 1b.

33. *Ugaritica* II, fig. 96:6 ; *Ugaritica* VII, fig. 28:8 et 13.

34. Voir notamment *Ugaritica* II, fig. 96 ; *Ugaritica* VII, fig. 28 ; Monchambert 1982, p. 68 ; Yon, Lombard et Renisio 1987, p. 41, fig. 21 :79/118. Les marques d'anses sont en cours d'étude par Y. Calvet.

35. Yon, Lombard et Renisio 1987, p. 108, fig. 88:81/635 et p. 47, fig. 27:80/332.

36. Ce type de vase a été classé par Monchambert (1983, p. 31-32) parmi les créations des potiers d'Ougarit.

37. *Ugaritica* II, fig. 96:22, 27 et 29.

Les formes reconnues sont relativement variées et pour la plupart fermées : cruche, gourde, cratère, jarre, et gargoulette. Elles sont communes dans le *corpus* d'Ougarit, à l'exception peut-être de la dernière. À côté de celles-ci figurent quelques bols.

Certains décors sont « monochromes », tracés à la peinture brune plus ou moins sombre ; d'autres, « bichromes » combinent le brun avec un rouge plus ou moins clair ou pourpre. Le répertoire décoratif comprend surtout des motifs géométriques, mais aussi des motifs figuratifs. Certains vases se situent dans la suite d'une tradition céramique syrienne monochrome ou bichrome, avec quelques pièces particulièrement originales, comme les *cruches* biconiques (88.5145). Cette catégorie comprend aussi des imitations locales de formes étrangères, surtout mycéniennes ou chypriotes – *vase à étrier* (86.5019), *jarre à trois anses* (90.5123), *cratère* (86.5157) –, ou encore l'emprunt de motifs décoratifs, tel le motif d'écailles typiquement mycénien que porte le fragment 90.5248, provenant d'un atelier syrien.

Tessons à décor peint (RS 86.5123, 86.5170, 86.5273, 88.5224, 88.5225, 88.5226, 90.5159, 90.5242, 90.5248). L'aspect très fragmentaire de nombreux tessons ne permet pas de les rattacher à un type de vase, et nous les signalons seulement pour l'attestation de types de décors. On y trouve en majorité la ligne ou la bande horizontale peinte en rouge sombre (86.5170), brun-rouge (88.5224), brun clair (88.5225), brun rouge clair et foncé (86.5123), brun clair et foncé (88.5226). La bande horizontale peut être associée à d'autres motifs, surtour la ligne ondulée : 90.5242, 90.5159 [38] ; on trouve plus rarement celui du damier : damier peint en brun clair (86.5273).

Bols (RS 86.5168, 90.5030). Le fragment de bord de bol 86.5168 présente un décor peint brun-rouge constitué de chevrons composés de traits obliques allant par 3 et délimitant des triangles, le tout s'inscrivant entre deux bandes horizontales *(Fig. 20)*. Bien que la forme soit différente, il rappelle le décor d'un bol de la tombe 3658 [39]. Le bord de bol 90.5030, avec un décor rouge de treillage, fait penser à un exemplaire que J.-Y. Monchambert [40] considère comme une imitation mycénienne.

Vases fermés (RS 88.5153, 90.5358) : *fragments indéterminés*. Le fragment 88.5153 est un bord de vase fermé à décor bichrome. Sous le bord, le décor se compose de trois bandes obliques rouges alternées formant triangles, alors qu'au milieu de la panse, il s'agit de bandes horizontales alternées rouges et brunes. La forme du bord et de la partie supérieure du vase fait penser à toute une série de vases à panse biconique, bien que dans notre exemple on ne retrouve pas la carène.

Cruches (RS 88.5145, 88.5202, 90.5055, 90.5358). Deux vases montrent un décor géométrique composé de treillage associé à des bandes. La cruche 88.5202, à panse globulaire et bouche ronde, présente un décor peint rouge de bandes et treillage *(Fig. 20)* proche de celui de la cruche 84.601 découverte dans la Maison B du « Centre de la Ville » [41]. Le fragment 90.5055 appartient à une panse biconique portant un décor peint en rouge de treillage associé à trois bandes verticales. Quant au fragment 90.5358, il appartient probablement à l'épaule d'une cruche décorée d'une bande divisée en métopes par des motifs composés de traits obliques.

La cruche 88.5145 *(Fig. 19, 20)*, de la catégorie à panse biconique et large ouverture [42], montre l'un des décors les plus intéressants et originaux trouvés à Ras Shamra dans cette catégorie. C'est un décor complexe, peint en brun, organisé en trois registres horizontaux. Il comprend des motifs géométriques et met en scène des représentations figurées, difficiles à interpréter pour certaines. Le registre supérieur se déroule sur le col du vase : une frise d'animaux difficilement identifiables (bouquetins ? chèvres ?) se dirige vers la droite ; ils sont représentés avec de longues cornes presque à l'horizontale, l'espace entre eux étant rempli de points. Un animal à cornes du même type est visible sur un vase en « céramique bicolore » d'Ougarit [43]. La frise est interrompue par un élément qui est peut-être un arbre traité de façon très stylisée. Au-dessus du dernier animal de la file, on note la présence de ce que nous interprétons comme un quadrupède, alors que sur le dos du

---

38. *Cf.* décor d'une épaule de jarre : *Ugaritica* VII, fig. 7:7 (Ug. Réc. I).
39. *Ugaritica* VII, fig. 9B:2.
40. Monchambert 1982, p. 243, n° 449 et pl. 131.
41. Yon, Lombard et Renisio 1987, p. 88, fig. 68.
42. *Syria* 1990, p. 17, fig. 12.
43. *Ugaritica* II, p. 136-137, fig. 50, n° 18.

second, nous voyons la représentation d'un personnage debout tenant d'une main le cou de l'animal, et de l'autre l'une de ses cornes. Que cette scène ait une signification précise, nous n'en doutons pas, mais elle nous reste totalement obscure ; elle évoque peut-être la soumission des animaux à l'homme. Les éléments du registre médian, encadré par deux bandes horizontales, sont encore plus énigmatiques, et nous n'avons pu identifier qu'un caprin et un oiseau représenté à l'envers. Le registre inférieur est décoré de motifs de triangles accolés terminés par une sorte de frange, et souligné d'une ligne sinueuse. Nous sommes ici en présence de l'une des créations certainement parmi les plus originales des potiers d'Ougarit. On retrouve les animaux chers au bestiaire ougaritien – caprin et oiseau – dans une scène complexe dont l'interprétation est rendue encore plus difficile par le traitement schématique et stylisé des figures. L'ensemble rappelle fortement le décor d'une jarre découverte en 1975 [44], par les figures représentées et leur rendu très schématique. Un vase à décor bichrome, découvert en 1966, met également en scène des animaux de même allure, difficilement identifiables [45].

Gargoulette (90.5316). La gargoulette est un cas particulier de cruche, caractérisée par la présence d'un bec tubulaire (ou goulot) inséré dans la panse du vase pour permettre de boire. Dans le cas du fragment 90.5316, on voit nettement la technique d'insertion du bec. Des traces de peinture rouge sont visibles sous l'élément verseur.

Gourde (88.5247 + 88.5193). Ce fragment porte sur la panse un décor de cercles concentriques peints en rouge et noir.

Vase à étrier (86.5019). La forme est empruntée au répertoire mycénien. Comme ses modèles (*cf. Fig. 22*), l'exemplaire 86.5019 porte sur la panse un décor de bandes rouges horizontales.

Jarre à trois anses (90.5133). C'est encore une forme caractéristique des fabriques égéennes ; elle se caractérise par trois anses sur l'épaule, en haut d'une panse ovoïde plus ou moins haute, et par une ouverture plus ou moins étroite, mais de toute façon facile à obturer pour le transport. Une jarre de ce type (90.5133) provient de la tombe 203. Les imitations syriennes de cette forme mycénienne (ou *levanto-mycénienne*) [46], sont assez bien connues à Ougarit ; ainsi deux spécimens proviennent des premières campagnes de fouilles dans le quartier du « Centre de la Ville » [47], dont le vase RS 81.566 qui présente un décor similaire [48] ; on peut le rapprocher également de deux autres exemplaires provenant des fouilles anciennes [49]. Comme les modèles mycéniens, les imitations des ateliers syriens portent un décor horizontal ; sur la jarre 90.5123, la zone de l'épaule est divisée par les anses en trois panneaux à quadrillage oblique, peints en rouge *(Fig. 19, 20)*.

Cratères (86.5157). Plusieurs fragments céramiques ont probablement appartenu à des cratères. La fouille de la pièce 185 a livré en assez bon état un grand cratère presque complet (86.5157) de fabrique syrienne, à deux anses et large col très court, dont la forme paraît dériver du cratère amphoroïde mycénien *(Fig. 19)* [50]. Le décor peint en rouge est géométrique : bandes horizontales et métopes remplies d'un quadrillage oblique, motifs que l'on retrouve fréquemment à Ougarit [51].

Jarres (90.5312 + 5367, 90.5357). Cette forme est représentée par plusieurs fragments. Un haut col de jarre (90.5357), trouvé dans la pièce 168, montre un décor peint en brun de deux bandes fines horizontales.

Le fragment 90.5312 + 5367 *(Fig. 19, 20)*, retrouvé dans la rue 109 près de la maison, qui appartient à un col de jarre, présente un décor bichrome particulièrement intéressant [52]. Une métope porte, dessinés au trait en silhouette noire, un cervidé dont la ramure est caractérisée par de nombreux andouillers, et une figure masculine armée. Le personnage, rendu de façon schématique, est debout, les bras levés ; de l'une de ses

44. Monchambert 1983, p. 33-34, fig. 5:30.
45. *Ugaritica* VII, fig. 10:1.
46. *Cf.* Leonard 1994, p. 15, FS 36.
47. *Syria* 1983, fig. 12:g (RS 81.566) ; Yon, Lombard et Renisio 1987, p. 99, fig. 80 (RS 81.981).
48. Yon, Lombard et Renisio 1987 p. 108, fig. 99.
49. *Ugaritica* VII, fig. 58:2 et 3.
50. *Syria* 64, p. 182.
51. Yon, Lombard et Renisio 1987, fig. 21:79/106 et fig. 37:79/660.
52. Étudié par M. Yon : 1994, p. 193.

mains, il semble tenir les bois de l'animal. Il est vêtu d'une jupe courte à frange et porte à la ceinture une épée. De la taille de l'homme part une ligne qui se prolonge jusqu'au cou de l'animal et pourrait évoquer un lien (une corde ?). La signification de l'ensemble semble claire : l'homme maîtrise l'animal, qui ne paraît pas blessé. L'animal est très proche de deux autres représentations de cervidé que l'on trouve sur un vase double à décor peint, également bichrome, d'Ougarit [53] ; mais sur ce dernier, les cervidés sont associés à des motifs figurés animalier (oiseau) et végétal (arbre) sans apparition de la figure humaine. Un autre fragment d'Ougarit montre également une ramure du même type que celle qui figure sur notre jarre [54], mais nous ne connaissons pas à Ougarit d'autre figure de chasseur semblable à celle-ci. Un personnage portant une arme similaire apparaît sur un tesson du niveau V d'Alalakh [55], mais, malgré son schématisme, cette figure est différente de la nôtre, de même que l'action qui l'anime : le personnage, qui tient de sa main gauche quelque chose que nous ne savons identifier, est simplement placé au milieu d'animaux. On peut le rapprocher également d'une figure d'homme sur un vase peint du « Fosse Temple » de Lachish [56] ; il occupe à lui seul une métope alors que la métope voisine est décorée du motif bien connu de deux ibex (ou bouquetins) affrontés de part et d'autre d'un palmier [57]. La scène du vase que nous venons de décrire est encadrée de chaque côté par un treillage bichrome, motif que l'on retrouve souvent sur les vases d'Ougarit [58].

L'organisation du décor sur un registre divisé en métopes est bien dans la tradition de la céramique bichrome, mais l'originalité ougaritienne est marquée par la présence de la figure humaine associée à un animal qu'elle maîtrise. C'est un thème que l'on retrouve dans la glyptique sur pierre locale. Ainsi, dans le groupe du « maître des animaux » défini par P. Amiet, un sceau-cylindre en serpentine du « Quartier résidentiel » [59] montre des figures très proches de celles de notre jarre : un personnage, vêtu et armé d'une épée à large pommeau, domine deux cerfs. M. Yon a par ailleurs récemment souligné les rapprochements qui peuvent être établis entre le décor de ce vase et des techniques décoratives que l'on trouve plus tard dans les productions du Géométrique de Chypre (XIe-IXe s.) [60].

La céramique importée

Céramique rouge lustrée *(Red Lustrous Wheel-made Ware)*

Cette catégorie caractéristique de la production syrienne du Bronze récent [61] est représentée par un fragment de panse de bouteille fusiforme, dite *spindle-bottle* (RS 90.5008), trouvée dans la pièce 110. C'est la forme la plus fréquente de cette fabrique, et elle est assez bien connue à Ougarit [62].

La fabrique *Red Lustrous Wheel-made Ware* est communément considérée comme une production nord-levantine [63]. Dans une étude récente, K.O. Eriksson (qui soutient quant à elle la thèse d'une origine chypriote de cette catégorie céramique[64]), fait le bilan des découvertes en Syrie et au Liban, et souligne qu'Ougarit et Minet el-Beida ont livré les documents les plus nombreux, depuis l'*Ugarit Récent 1* jusqu'à l'*Ugarit Récent 3* (chronologie de C. Schaeffer). Pour cette dernière période qui nous concerne ici, elle ne signale qu'un seul spécimen de bouteille fusiforme : nous y ajouterons donc notre exemplaire 90.5008, ainsi que ceux qui ont été exhumés au cours de ces dernières années [65].

---

53. *Ugaritica* II, fig. 78.
54. *Ugaritica* VII, fig 10:1.
55. Woolley 1955, pl. XCV, ATP/39/279.
56. Tufnell, Inge et Harding, 1940, pl. LXI:10.
57. Amiran 1970, p. 161-165 ; Thalmann 1978, p. 82-83.
58. *Ugaritica* VII, fig. 10:1, 2, 5 et 7.
59. Amiet 1992, n° 356, p. 155.
60. Yon 1994, p. 193-194, fig. 4:a ; voir également, Yon 1971, p. 10-17.
61. Yon 1981, p. 104.
62. *Ugaritica* VII, p. 256-257, fig. 20 ; Courtois 1969, fig. 9:A-H ; Monchambert 1982, p. 289-290.
63. *Cf.* Yon 1981, s.v., et références.
64. Eriksson 1993.
65. *Syria* 1982, fig. 8:C ; Yon, Lombard et Renisio 1987, p. 96, fig. 76 (RS 81.3058-3060).

Céramique chypriote

La qualité des vases chypriotes leur a valu d'être exportés, en particulier sur la côte syro-palestinienne, et leur présence est signalée sur de nombreux sites syriens : Ras el-Bassit, Ras Ibn Hani, Tell Kazel... À Ougarit, la céramique importée de Chypre est abondante ; et les découvertes faites dans notre demeure, essentiellement sous forme de fragments de vases, s'inscrivent parfaitement dans cette lignée. On peut les regrouper en trois ensembles principaux, qui correspondent à trois traditions céramiques, dites *White Slip* II (la mieux représentée), *Base-Ring* et *Monochrome*.

White Slip II (RS 81.5024A, 81.5037, 84.5129, 86.5014, 86.5015, 86.5098, 86.5124, 86.5171, 86.5183, 86.5222, 86.5277, 88.5200, 88.5228, 88.5250, 90.5013, 90.5014, 90.5032, 90.5049, 90.5103, 90.5162, 90.5268, 90.5269, 90.5270, 90.5271, 90.5272, 90.5273, 90.5274, 90.5275, 90.5276, 90.5277, 90.5278, 90.5279, 90.5280, 90.5281, 90.5282, 90.5283, 90.5284, 90.5285, 90.5286, 90.5287). Cette fabrique [66] est principalement attestée par une série de bols à fond rond et anse triangulaire (ou ogivale), appelés conventionnellement « bols à lait » (= *milk-bowls* de la terminologie anglophone) ; ils sont bien représentés dans le matériel d'Ougarit des fouilles anciennes [67], et de celles du « Centre de la Ville » [68]. Ils sont de qualités diverses et viennent probablement, selon M. Yon, de fabriques différentes. Nous n'avons aucun bol complet, mais uniquement des fragments qui montrent pour la plupart un décor d'échelles *(Fig. 21)*.

À côté des nombreux bols, une seule autre forme a été reconnue : c'est un fragment de fond plat (90.5272 : *Fig. 21*:75) appartenant probablement à une sorte de bassine [69]. C'est une forme rare même à Chypre, où l'on en a récemment trouvé des exemples à Kalavassos.

Base-Ring II (Bols : RS 90.5050, 90.5104, 90.5292, 90.5294. Bilbils : RS 81.5023A, 86.5016, 86.5100, 86.5101, 86.5263, 86.5280, 88.5201, 88.5251, 90.5062, 90.5105, 90.5288). Les vases de fabrique *Base-Ring* ont été beaucoup exportés de Chypre vers la Syrie, la Palestine et l'Égypte [70]. Les spécimens découverts dans notre maison correspondent aux types « classiques » d'Ougarit [71], à savoir les *bilbils* (sortes de flacons à col très étroit), et les bols très ouverts à panse carénée munis d'une anse ogivale [72].

Monochrome (RS 86.5099, 86.5125, 88.5260, 90.5033, 90.5163, 90.5296). Les vases de fabrique *Monochrome*, représentée par des fragments de bols à panse carénée ou non, sont nettement moins nombreux [73].

Céramique mycénienne

Les découvertes de céramique du Mycénien III B sont significatives à Ougarit à la fin du Bronze récent. La période est marquée pour l'ensemble du Proche-Orient par un accroissement des importations [74]. Dans la maison, à côté de toute une série de tessons que seuls la technique et le décor caractéristiques permettent de reconnaître comme « mycéniens », nous avons identifié comme tels un ensemble de vases, parmi lesquels les formes fermées prédominent. Certaines pièces sont particulièrement intéressantes par leur forme (calice, rhyton) ou leur décor (cruche à décor de « Style Rude » ; rhyton décoré d'une scène de combat...).

Coupe (RS 90.5303). Le fragment de panse 90.5303 provient d'une coupe au décor rayonnant rouge et brun avec des motifs alternés de lignes ondulées *(Fig. 22)*. Nous n'avons pas trouvé de référence précise à ce décor

66. *SCE* IV 1C, p. 431-471. *Cf.* Yon 2000.

67. Courtois 1969, p. 136-137 ; *Ugaritica* VII, p. 282-285, fig. 30 ; Monchambert 1982, p. 257 et suivantes ; Yon 2001.

68. Yon, Lombard et Renisio 1987, p. 40 (RS 79.98), p. 54, fig. 36 (RS 79.786), p. 71 (RS 80.345), p. 79, fig. 57 (RS 79.412), p. 83, fig. 61 (RS 79.178) et p. 85 (RS 84.312) ; Calvet et Geyer 1987, pl. II et VI.

69. Identifié par M. Yon, que je remercie ; pour Kalavasos, voir South, Russell et Keswani 1989.

70. *Cf.* Merrillees 1968.

71. *Cf.* Yon 1983, p. 177.

72. Voir également *Ugaritica* II, fig. 52 et 53 ; *Ugaritica* VII, fig. 31 et 32.

73. Même constatation pour tell Kazel : Yon et Caubet 1990, p. 102.

74. Mountjoy 1993, p. 174. Sur la céramique mycénienne trouvée à Ougarit, la répartition et les contextes de fouille, voir M. Yon, dans *RSO* XIII, 2000.

parmi le matériel d'Ougarit déjà publié, bien qu'il soit cependant possible de le rapprocher de celui d'un vase de la tombe VI de Minet el-Beida [75].

Bols (RS 88.5171, 88.5249). Deux fragments *(Fig. 22)* de bols d'un type bien connu à Ougarit, à base annulaire et deux petites anses [76], portent un décor intérieur et extérieur de bandes concentriques peintes en rouge.

Calice (RS 90.5307). Le fragment 90.5307 correspond à un fragment de coupe à pied haut, à panse carénée peu évasée. L'ensemble est décoré de bandes peintes horizontales *(Fig. 22)*. Ce vase semble appartenir à la catégorie des calices [77] plutôt qu'à celle des *kylix*, dont la panse est plus ouverte. Ces deux formes se rencontrent rarement à Ougarit et au Levant d'une manière générale [78]. On peut citer un exemplaire découvert anciennement à Ougarit [79].

Rhytons coniques (RS 86.5018, 90.5161, 90.5300, 90.5302). Plusieurs tessons découverts dans la maison ou à proximité immédiate ont probablement appartenu à des rhytons de forme conique [80], portant un décor peint dont il ne subsiste qu'une faible partie. Le fragment 90.5300 *(Fig. 22)* montre un motif décoratif incomplet de volutes (?) pour lequel nous n'avons trouvé aucun parallèle à Ougarit.

Les rhytons mycéniens à décor figuré sont très rares. Les fragments 90.5161 *(Fig. 22)* montrent probablement une scène de combat à laquelle participent deux personnages casqués, l'un d'eux tenant une lance pointée en direction de l'autre qui est figuré courbé, peut-être pour éviter l'arme. On peut rapprocher cette scène de celle que porte un autre rhyton conique, au profil complet, découvert dans la « Maison du prêtre magicien » de la tranchée « Sud-Acropole » [81], et qui présente un décor similaire : personnage masculin debout pointant une lance. Sur ces deux exemples, les figures sont représentées de la même manière : corps très stylisé, jambes fuselées, buste cambré, portant casque. La proximité des décors pourrait faire penser à une origine commune. Il est par ailleurs tentant de les rapprocher d'un vase mycénien fragmentaire retrouvé dans les fouilles de la tranchée « Sud-Acropole », décoré de personnages stylisés qui semblent armés d'un poignard [82]. Le fragment 86.5018 est un bord à lèvre étalée décorée de lignes parallèles en brun foncé, qui a pu appartenir également à un rhyton de forme conique. On ajoutera enfin le fragment de bord 90.5302 *(Fig. 22)* retrouvé à l'extérieur de la maison dans la rue 186 : il a très probablement appartenu à un rhyton conique (peut-être le même que le rhyton à scène de bataille 90.5161 : celui-ci est indiqué comme provenant de la pièce 168, qui ouvre sur la rue 186).

Le rhyton mycénien conique constitue l'une des formes caractéristiques que l'on rencontre au Levant [83]. Les sites de Minet el-Beida et d'Ougarit ont livré les trouvailles les plus nombreuses et nous rappellerons notamment la découverte récente de onze spécimens tout près de là dans le « temple aux rhytons » [84] et aux abords.

Vases à étrier (RS 81.5022A, 86.5259, 88.5180 + 5194, 88.5194, 90.5132 + 5304, 90.5134 + 5376, 90.5354). Il s'agit de l'une des formes mycéniennes les plus fréquentes au Levant [85], et de nombreux vases à étrier mycéniens de petites dimensions ont été retrouvés à Ougarit [86]. La « tombe 203 » a livré plusieurs spécimens, dont deux à peu près complets *(Fig. 22)* ; ils présentent un décor de bandes horizontales fines et épaisses, et sur l'un d'eux (90.5354) la zone de l'épaule porte le motif couvrant d'écailles (90.5354), décor

75. *Ugaritica* II, p. 158-159, fig. 61 : en bas, à droite ; Vermeule et Karageorghis 1982, V. 37.
76. *Ugaritica* II, p. 290-291, fig. 126:13.
77. *Cf.* Furumark 1972, forme 272-273 ; Leonard 1994, p. 110-111.
78. Yon et Caubet 1990, p. 99 ; Montjoy 1993, p. 81.
79. *Ugaritica* VII, fig. 36:1.
80. *Cf.* Furumark 1972, forme 199.
81. Schaeffer 1963, fig. 29 ; *Ugaritica* VII, fig. 37:1 ; Vermeule et Karageorghis 1982, V. 36.
82. Schaeffer 1963, fig. 18.
83. Yon et Caubet 1990, p. 100 ; plus de 50 exemplaires répertoriés par Leonard 1994, p. 90-93.
84. Yon 1987.
85. Leonard 1994, p. 50 et suivantes.
86. *Ugaritica* II, p. 282-285, fig. 122-123 ; Ugaritica VII, p. 302-305, fig. 35 ; Rey 1983.

fréquent dans le répertoire mycénien d'Ougarit [87]. Les vases 86.5259 *(Fig. 23)* et 90.5354 ont une panse globulaire, 90.5132 une panse biconique, et 90.5134, une panse ovoïde aplatie. Le vase fragmentaire 88.5194 a pu être identifié lui aussi comme un vase à étrier grâce à un détail technique : on voit sur sa paroi intérieure un petit enfoncement circulaire, qui pourrait correspondre à l'empreinte de l'extrémité du bâtonnet qui fut employé pour le façonnage et la mise en place du goulot [88].

Pyxide (RS 84.5109). Le fragment 84.5109 est une base de pyxide à fond légèrement convexe. Le bas de la paroi extérieure est décoré d'une bande brune horizontale. Bien que cette forme soit populaire tout au long du Bronze Récent, elle n'est pas très fréquente à Ougarit [89], mais au cours des fouilles récentes, deux autres pyxides ont été retrouvées dans la maison C du « Centre de la Ville » (réduit 1276) [90].

Cruche (RS 88.5203 +90.5308). On a pu reconstituer presque entièrement, à partir de fragments trouvés dans la fouille de la pièce 185 au cours de deux campagnes différentes (88.5203 et 90.5308), une cruche à bouche ronde qui porte un décor peint de « Style Rude ». La panse globulaire-biconique est décorée de bandes horizontales, à l'exception de l'épaule décorée d'une frise, aujourd'hui incomplète, nous montrant les restes de motifs figurés : un poisson, un oiseau et un végétal *(Fig. 23)*. Le « Style Rude » (dit aussi « Style Pastoral ») mycénien, daté de la fin du XIIIe s., est un style particulier à Chypre et exporté au Levant [91], notamment à Ras Shamra, Ras el-Bassit, Tell Kazel... [92]. Le cratère en cloche en est la forme privilégiée [93], mais on trouve également des formes moins communes comme la cruche [94]. Les motifs de l'oiseau, et moins fréquemment du poisson, sont parmi les plus anciens connus pour ce style, et c'est le cas dans le répertoire d'Ougarit [95]. La figure (incomplète ici) de l'oiseau pourrait être rapprochée d'une autre retrouvée sur un cratère provenant d'Ougarit (semis de pois sur l'aile) [96].

Cratère (RS 88.5172). Un seul fragment est attribué à cette forme fréquemment attestée à Ougarit [97]. Il porte un décor d'écailles.

Vases fermés (RS 86.5102, 88.5127, 90.5196, 90.5301, 90.5303, 90.5305, 90.5337). Un certain nombre de tessons appartenaient à des vases dont la forme n'est pas identifiable : 86.5102, 88.5127 et 90.5337 correspondent à des vases fermés de petites dimensions ; 90.5196, 90.5301, 90.5303 et 90.5305 à des vases fermés de grand format. Les décors conservés sont constitués de bandes horizontales peintes.

Céramique minoenne (86.5158 + 86.5223)

La céramique provenant de la Crète minoenne est relativement rare à Ougarit, et d'une manière générale au Levant [98] (c'est Ras Shamra et Minet el-Beida qui ont livré le plus de matériel identifié ayant cette origine). De la fouille de la pièce 185 provient un cratère amphoroïde à peu près complet (86.5158 + 86.5223, *Fig. 23)* [99] ; entre des bandes horizontales de largeur inégale, la zone de l'épaule porte la représentation de spirales antithétiques, de part et d'autre d'une métope centrale à décor couvrant d'écailles pointées.

87. *Ugaritica* II, p. 288-289, fig. 125, n° 6 et 8.
88. Identification par M. Yon.
89. A. Leonard en a répertorié à peine plus d'une dizaine au travers des publications (1994, Forme 19, p. 35-39).
90. *Syria* 1987, fig. 5.
91. Karageorghis1965 ; Yon 1981, p. 211.
92. Yon et Caubet 1990, p. 99, fig. 1:37.
93. Karageorghis 1965, p. 231-259 ; Yon 1982 et 1985.
94. Mountjoy 1993, p. 83-84.
95. *Ugaritica* II, fig. 94 ; *Ugaritica* II, p. 222-223, fig. 93:4 : vase exceptionnel en forme de poisson.
96. Leonard 1994, p. 147, # 1715.
97. Monchambert 1982, p. 282-283 ; Yon, Lombard et Renisio 1987, p. 54, fig. 36 (RS 79.785) ; p. 56, fig. 37 (RS 79.661) ; p. 79, fig. 57 (RS 80.15) ; *Syria* 1990, p. 22, fig. 16.
98. Leonard 1994, p. 193-200.
99. Conservé au musée de Lattaquié ; publié *Syria* 1990, p. 17, fig. 10 ; *cf.* Yon 1992, p. 118, fig. 145b ; Leonard 1994, p. 196, LM #18.

Les données quantitatives sont à utiliser avec prudence dans la mesure où une telle étude s'appuie sur une sélection du matériel céramique faite par le fouilleur. Mais cette sélection s'est efforcée d'être représentative et de prendre en compte toutes les formes identifiables : on peut donc essayer de tirer quelques conclusions. Les vases en céramique commune (sans décor) de fabrication locale sont de loin les plus nombreux (environ 54 % de l'ensemble étudié) ; ils témoignent d'une nette prédominance des formes fermées, avec une forte majorité de jarres qui représentent plus de la moitié de l'ensemble. Les autres catégories les mieux représentées sont les lampes, les cruches, les puisettes, les marmites. La plupart des formes étaient déjà connues à Ougarit [100], à l'exception du pot à anse de panier. Mais on peut s'étonner de l'absence de certaines formes ouvertes généralement fréquentes dans le répertoire ougaritien telles les coupes, assiettes et plats.

La céramique syrienne peinte représente 10 % de l'ensemble étudié. Le répertoire des formes rencontrées est varié, avec une nette prédominance là encore des formes fermées, mais il ne présente pas d'originalité par rapport au *corpus* ougaritien déjà connu.

La part de la céramique importée est particulièrement importante (36 % de l'ensemble étudié) [101] avec une nette majorité des importations chypriotes (environ 70 %) dont une forte proportion de bols-à-lait de technique *White Slip* II. Bien que les vases dits « mycéniens » (quelle que soit leur provenance) soient beaucoup moins nombreux (un peu plus de 25 %), l'ensemble n'est pas négligeable, avec un répertoire varié de formes principalement fermées déjà bien attestées à Ougarit. Il convient de souligner un fragment de calice, forme rare à Ougarit, une cruche de « Style Rude » et un nombre relativement élevé de fragments de rhytons. Pour compléter ce tableau des importations égéennes, il faut encore ajouter un cratère amphoroïde probablement minoen. Les importations céramiques retrouvées lors des fouilles de la maison proviennent ainsi pour l'essentiel de l'ouest. Aucune attestation de céramique anatolienne n'a été signalée, et seul un tesson pourrait peut-être témoigner de contacts avec l'Égypte (RS 90.5263).

Les appliques murales

(RS 88.5124, 88.5175, 90.5028, 90.5056, 90.5073, 90.5155, 90.5366, 90.5393)

Sept fragments d'appliques murales ont été retrouvés dans diverses pièces de la maison, et l'on peut y ajouter le fragment 90.5366 trouvé à côté dans les décombres de la rue 109. Il faut noter le nombre singulièrement élevé de ce type d'objet dans notre maison par rapport au reste des fouilles du « Centre de la Ville » qui en avaient déjà fourni quelques spécimens, incomplets, dans des contextes variés : trois exemplaires seulement sont mentionnés pour les trois maisons A, B et E déjà publiées, et quatre pour le « temple aux rhytons « [102]. Mais de nombreux exemplaires proviennent des fouilles anciennes [103]. Ces objets qui ont probablement servi le plus souvent de brûle-parfums ou de lampes [104], sont attestés au Bronze Récent dans tout le Levant (Syrie, Palestine, Chypre). Les trouvailles proviennent alors principalement de sanctuaires et de maisons, ce que confirment les découvertes récentes à Ougarit.

On a essentiellement des fragments de la plaque verticale qui était destinée à être appuyée au mur, cintrée à sa partie supérieure (90.5056 ; 90.5393), et munie d'un large trou de suspension parfois cerné d'un bourrelet (90.5393) ; mais on n'a pas retrouvé de restes du cuilleron qui constitue la partie inférieure. Le décor est simple et nos spécimens, bien que très fragmentaires, s'intègrent dans le répertoire déjà connu. Seuls des motifs géométriques sont ici attestés [105] ; ce sont généralement des lignes incisées, parfois ondulées

100. La plupart des formes entrent dans les catégories définies par J.-Y. Monchambert (1982).

101. Situation différente de celle qui a pu être observée lors des fouilles de 1975-76 sur le tell : Monchambert 1983 ; Caubet et Matoïan 1995, p. 104.

102. Yon, Lombard et Renisio 1987, p. 16, fig. 5 (RS 79.762) : rue ; p. 56, fig. 37 (RS 79.186) : cour, maison A ; p. 99, fig. 80 (RS 81.877) : cour 1206, maison E ; Mallet 1987, p. 243, fig. 18 (RS 79.5079, 79.5616, 80.5323), et p. 245, fig. 20 (RS 83.5245).

103. *Ugaritica* II, p. 212-213, fig. 88 ; J.-Y. Monchambert (1982, p. 191-193) en a identifié 33 fragments.

104. Caubet et Yon 1974 ; Yon, 1981, p. 24.

105. Les décors zoomorphes sont plus rares à Ougarit : *Ugaritica* II, p. 182-183, fig. 73:4.

(90.5028) [106], évoquant peut-être un serpent stylisé [107], ou des bourrelets en relief (90.5073), tracés verticalement et parallèles aux bords.

« Clou décoratif » (voir *Annexe* p. 183-190)

Les décombres de la pièce 184 ont livré un « clou » en terre cuite (RS 88.5143) fragmentaire : la tête est ébréchée et seul le départ de la tige est conservé *(Fig. 24)*. Il relève d'une série généralement désignée comme celle des « clous décoratifs », bien attestée à Ougarit bien que le *corpus* soit mal connu. Ces objets constituent un ensemble restreint et relativement homogène. Ils se caractérisent par le décor piqueté de la face supérieure de leur tête, dont le diamètre est le plus souvent de 15 ou 16 cm. Les trous étaient à l'origine incrustés de matière blanche, dont l'analyse en laboratoire a révélé qu'il s'agissait de calcite, renforçant le caractère décoratif de l'objet. Nous avons répertorié 19 clous, complets ou fragmentaires, mis au jour dans les différentes zones fouillées du tell de Ras Shamra (voir plus loin notre étude en 5 : *Annexe*).

Les figurines

Deux figurines animales (90.5004, 90.5168), incomplètes, ont été trouvées dans la maison, et une troisième (90.5201) dans la rue 186 qui la borde au sud. Elles illustrent les deux fabriques principales reconnues à Ougarit pour ce type d'objet : mycénienne et locale. Ce sont des représentations de quadrupèdes, type le mieux représenté à Ougarit où les trouvailles se répartissent entre représentations anthropomorphes et figurations animales. On retrouve ici le caractère modeste des trouvailles qui caractérisait déjà les figurines trouvées dans la fouille du « Centre de la Ville » [108].

Quadrupèdes mycéniens (90.5004, 90.5201). Le corps des deux quadrupèdes s'inscrit dans le groupe caractéristique des figurines mycéniennes modelées dont les types sont bien connus et datés du Mycénien IIIB ; le corps cylindrique retrouvé dans la pièce 110 de la maison (90.5004) porte un décor de bandes horizontales, et des bandes verticales descendent sur les pattes *(Fig. 24)* [109].

Quadrupède de fabrication locale (RS 90.5168). De cette figurine modelée en terre cuite grise *(Fig. 24)*, trouvée dans la fouille de la pièce 185, seul l'arrière-train est conservé. Elle provient certainement d'un atelier syrien, mais ne ressemble à aucune des figurines trouvées dans la fouille du « Centre de la Ville » ; elle paraît en revanche assez proche d'un spécimen trouvé dans les fouilles anciennes [110].

Les rondelles taillées

Des tessons taillés en forme de rondelles, d'un diamètre moyen de 3 à 4 cm, ont été retrouvés en assez grand nombre à Ougarit ; c'est aussi le cas dans la plupart des pièces de la maison dont nous parlons, qui en a donné plus d'une vingtaine (RS 84.5138, 86.5103, 86.5113, 86.5131, 86.5132, 86.5221, 88.5125, 88.5161, 88.5248, 90.5005, 90.5011, 90.5012, 90.5048, 90.5195, 90.5220, 90.5221, 90.5222, 90.5223, 90.5226, 90.5236, 90.5237, *Fig. 24)* [111]. Ces rondelles sont découpées dans des tessons de jarres, et certaines ont même été taillées (mais à quelle période ?) dans des céramiques que le fouilleur a datées du Bronze Moyen II [112]. L'une des interprétations veut que de tels objets aient pu être utilisés comme bouchons de vases [113] : ici, il faudrait penser à des vases de très petite taille (puisettes, cruchettes) étant donné le diamètre

106. *Cf* Yon, Lombard et Renisio, 1987, p. 16, fig. 5:79/762 ; p. 56, fig. 37:79/186 ; p. 99, fig. 80:81/877 ; Mallet 1987, p. 243 (RS 79/5079, 79/5616, 80.5323) et p. 245 (RS 83.5245).

107. Caubet et Yon 1974, p. 128.

108. Monloup 1987, n° 19-29 ; *cf.* Yon, *RSO* XIII.

109. Fragment semblable dans les fouilles du « Centre de la Ville » : Monloup 1987, p. 324, n° 29.

110. *Ugaritica* II, p. 230-231, fig. 97, n° 5.

111. Y. Calvet et B. Geyer (1987, pl. IV:b, c, d) signalent trois « jetons » trouvés dans le remplissage du puisard 1269 de la maison A.

112. Par exemple : RS 88.5178, 90.5224, 90.5230.

113. Monchambert 1982, p. 199.

généralement minime des rondelles. On pourrait penser plutôt ici à des sortes de jetons, dont la fonction précise nous échappe : jeu ? éléments de comptage ?

Peson de tisserand

Un seul poids de métier en terre cuite (90.5074), de forme ovoïde à section lenticulaire, a été retrouvé dans la maison, dans la petite pièce 168 *(Fig. 24)*. Il s'agit d'un objet banal, dont l'habitat d'Ougarit a fourni beaucoup d'exemplaires [114].

LE MATÉRIEL EN PIERRE

Le matériel en pierre découvert est varié ; il reflète assez bien le répertoire ougaritien tel que l'avait analysé C. Elliott en publiant le matériel exhumé en 1979-1987 au nord de la zone du « Centre de la Ville » [115] ; pour les objets découverts depuis sa publication, nous avons proposé des identifications pétrographiques en comparant avec ses expertises. Nous regroupons les objets en sept catégories – éléments de parure ; matériel de broyage/mouture ; pesons et fusaïoles ; poids ; haches polies ; outillage de silex taillé ; vaisselle de pierre ; sculpture [116] – ; pour les trois premiers groupes, nous ferons systématiquement référence à l'étude de C. Elliott.

Comme nous l'avons annoncé en commençant [117], nous ne prendrons pas en compte les éléments mobiliers d'architecture, tel le n° 88.5140 *(Fig. 25)* qui a été identifié comme une crapaudine.

Éléments de parure

Perles (RS 88.5141, 90.5000)

La première est une perle globulaire en pierre blanche (88.5141) retrouvée dans la fouille de la pièce 185 (*Fig.* 25). La seconde (90.5000), en cornaline *(Fig. 25)*, provient de la couche de surface au-dessus de la pièce 110 ; globulaire et assez grossièrement taillée, elle peut être classée dans le « type 1 » de C. Elliott [118]. Cinq perles en cornaline découvertes lors des fouilles récentes du « Centre de la Ville » sont mentionnées par C. Elliott, et de nombreuses autres proviennent des recherches anciennes [119].

Élément de quartz, ou cristal de roche (RS 88.5055)

Le seul objet en cristal (88.5055) a été trouvé en surface (au-dessus de la pièce 168). C'est un élément de forme tronconique, dont l'une des extrémités présente une base plate circulaire, tandis que l'autre est cassée *(Fig. 25)*. La surface de la roche est polie, lui donnant un aspect mat et laiteux. Nous ne savons pas à quel type d'objet ce fragment renvoie, peut-être un pendentif. Ce matériau est rare à Ras Shamra : C. Elliott mentionne une perle en cristal de roche conservée au Musée du Louvre [120], et nous avons pu en observer une autre conservée au Musée national de Damas [121].

---

114. Yon, Lombard et Renisio 1987, p. 86, fig. 66 (RS 84.307) : pièce 1265 de la maison B, et p. 96, fig. 76 (RS 81.3225) : pièce 1209, maison E.

115. Paru en 1991 dans *RSO* VI.

116. Un fragment de moule (RS 81.5019) est mentionné par le fouilleur, mais nous n'avons pas retrouvé l'objet et il n'en existe aucune illustration.

117. Voir plus haut, note 14.

118. Elliott 1991, p. 46.

119. Perles en cornaline à Ras Shamra dès le niveau V C : Contenson 1992, p. 96, fig. 125, 13.

120. Elliott 1991, p. 47.

121. RS 24.178 (inventaire musée : 7010) : perle fusiforme à section lenticulaire, L. 3,65 cm.

Matériel de broyage et de mouture

Le matériel en pierre lié à des activités de broyage/mouture comprend des molettes, des meules dormantes, des mortiers et des pilons.

Molettes (RS 88.5252, 90.5010). La forme des molettes retrouvées sur le site est généralement la même : ovale allongée, avec une face de travail plate aux extrémités arrondies et une base convexe [122]. Nos deux fragments répondent à cette description ; l'un (88.5252) est en brèche, l'autre (90.5010) en basalte *(Fig. 25)*.

Meules dormantes (RS 90.5207, 90.5208). C. Elliott a répertorié neuf spécimens dont plus de la moitié est taillée dans un conglomérat [123], comme les deux meules d'assez grande taille (environ 60 cm) que nous présentons : l'une (90.5207) a été trouvée sur le sol de la pièce 110, l'autre (90.5208) dans la pièce 178.

Mortiers (88.5107, 88.5142). Le premier spécimen (88.5142) est un mortier intact, du « type 1 » de C. Elliot, c'est-à-dire du groupe des mortiers tripodes en basalte, dont elle a répertorié 11 exemplaires dans les fouilles récentes [124]. Un deuxième fragment (88.5107), également en basalte, a été trouvé en surface au-dessus de la pièce 178. Il ne correspond à aucun des types établis par C. Elliott.

Pilons (RS 81.5020, 84.5111, 86.5134, 90.5003). Le pilon 90.5003 *(Fig. 25)*, en basalte correspond au type à sommet plat ou arrondi, tête convexe et section circulaire – le « type 1 » de C. Elliott [125] ; en revanche, l'exemplaire 86.5134 *(Fig. 25)*, en grès, de forme tronconique à tête et sommet plats, ne se rattache à aucun de ses types. Le pilon hémisphérique 84.5111 est fait dans un galet blanchâtre.

En ce qui concerne les quatre catégories d'objets que nous venons de voir, il semble d'après l'étude récente de C. Elliot [126], confirmée par les données nouvelles, que l'on n'ait pas reconnu de véritable concentration d'objets qui permettrait d'attribuer une fonction précise à un espace donné.

Pesons et fusaïoles

La maison a livré un peson et quatre fusaïoles, probablement liés à des activités textiles.

Peson de tisserand (RS 88.5128). Le peson fait d'un galet percé est proche du « type 1 » de C. Elliott, à ceci près que la perforation de l'objet se situe presque au centre et non dans sa partie haute [127].

Fusaïoles (RS 86.5005, 90.5002, 90.5022, 90.5024). Les fusaïoles de pierre étudiées par C. Elliott sont toutes en chlorite [128] et nos quatre exemplaires *(Fig. 25)* doivent l'être également (la matière est décrite dans l'inventaire comme « pierre gris-vert »). Parmi nos spécimens, deux (90.5002 et 90.5022) appartiennent à son « type 1 » (circulaire, en forme de dôme) ; un exemplaire (90.5024) à son « type 2 » (circulaire, conique avec des faces convexes) ; le quatrième (86.5005) présentant une forme intermédiaire, circulaire et en forme de dôme, avec un profil concave.

Poids

Un poids cylindrique en hématite (86.5003) a été retrouvé dans les décombres des pièces 184-185 ; haut de 1,46 cm, et d'un diamètre de 1,75 cm, il pèse 9,5 g *(Fig. 25)*. Le système pondéral en vigueur à

---

122. Elliott 1991, p. 25-26, fig. 6:8-12.

123. Elliott 1991, p. 27, fig. 6:13-14.

124. Elliott, 1991, p. 28-30, fig. 7:3-7 ; 8:1-2.

125. Elliott 1991, p. 16, fig. 4:1-1.

126. *Molettes* : maison B pièce 1042 : 2 ; fosse 1237 : 2 ; d'autres découvertes isolées dans pièces d'habitation, cour, rue... *Meules dormantes* : maison C pièce 1064 : 2 ;« Sud Centre » pièce 2028 : 3. *Mortiers tripodes* : maison A pièce 1040 : 2 ; fosse 1237 : 2. *Pilons* : fosse 1237 : 4 ; maison A pièce 1040 : 2 ; maison B pièce 1042 : 1.

127. Elliott 1991, p. 40.

128. Elliott 1991, p. 41-42.

Ougarit [129] est fondé sur un sicle d'une valeur de 9,4 grammes (avec des variations de 9 à 9,9 g) : notre document, témoin peut-être d'une activité d'ordre commercial, correspond ainsi à l'étalon.

Haches miniatures

Deux haches miniatures en pierre polie ont été retrouvées lors des fouilles de la maison *(Fig. 25)*, l'une (84.5056) en brèche rose et vert, l'autre (90.5085) en pierre verte qui se trouvait sur le sol de la pièce 110. Ce type d'objet, dont la date réelle n'est pas facile à déterminer (pas plus que la fonction), n'est pas rare à Ras Shamra ainsi que l'ont montré les fouilles anciennes et récentes [130].

Outillage de silex et d'obsidienne

Silex (RS 81.5026, 81.5038, 84.5065, 84.5071, 84.5072, 84.5073, 84.5074, 86.5111, 86.5112, 86.5194, 90.5006, 90.5063, 90.5110, 90.5016, 90.5017, 90.5106, 90.5111, 90.5197, 90.5319, 90.5320, 90.5321, 90.5340, 90.5341, 90.5355, 90.5379).

Obsidienne (RS 90.5071, 90.5404, 90.5406)

Une étude technologique et typologique du matériel du Bronze Récent provenant de fouilles récentes d'Ougarit a été publiée par E. Coqueugniot dans le volume *RSO* VI consacré à la pierre [131], mais elle ne prenait pas encore en compte les documents de notre maison (ils feront l'objet d'une étude spécialisée ultérieure) ; aussi ne donnerons-nous que quelques informations générales. Les premières constatations que nous avons pu faire confirment les conclusions d'E. Coqueugniot. Le matériel lithique retrouvé dans notre maison est abondant (une vingtaine de pièces) et provient pour l'essentiel du remplissage des différentes pièces. Les artefacts sont en silex et en obsidienne (minoritaire) ; les lames de faucilles prédominent [132]. Parmi les silex, la lame 90.5106 *(Fig. 25)* paraît être un élément terminal de faucille ; on trouve aussi des objets tels que le perçoir 90.511 *(Fig. 25)*, des racloirs... Parmi les éléments en obsidienne, la lame 90.5406 pourrait dater du Bronze moyen selon le fouilleur.

La vaisselle en pierre

Albâtre (RS 88.5165, 90.503890.5309, 90.5310, 90.5311)

L'albâtre est de loin la roche la mieux représentée parmi les spécimens de la vaisselle de pierre du Bronze récent découverts à Ougarit. Nous avons classé nos fragments (sauf RS 81.5165, trop fragmentaire pour permettre une identification) dans la catégorie des vases de type égyptien ou égyptisant définie par A. Caubet dans son étude de la vaisselle de pierre [133]. Nos spécimens n'apportent donc pas de nouveauté typologique dans le *corpus* d'Ougarit *(Fig. 26)*.

Le fragment de panse 88.5165, épais de 1,5 cm, appartient probablement à une jarre ou une amphore d'un diamètre de 16 cm [134] ; on a également retrouvé un fragment d'anse (90.5311) qui constituait probablement l'un des moyens de préhension d'une amphore [135]. Les autres formes attestées sont une coupe moulurée (90.5310) [136], d'un type bien représenté à Ras Shamra [137], et la panse d'un petit pot globulaire à haut col (90.5309) [138]. Il faut ajouter à cet ensemble un couvercle en albâtre en forme de disque retrouvé dans les décombres de la rue 186 qui longe la maison au sud (90.5038) ; A. Caubet signale une série de couvercles

---

129. Courtois 1992 ; Yon 1993.
130. *Syria* 1990, p. 27 : RS 88.2344.
131. Coqueugniot 1991.
132. Coqueugniot 1982, 194, fig. 13:5 et 6.
133. Caubet 1991.
134. Caubet 1991, p. 211-212.
135. Voir Caubet 1991, p. 211-212.
136. Voir Caubet 1991, p. 210.
137. Schaeffer 1932, pl. VIII, 1 : vases du « dépôt de l'enceinte » de Minet el-Beida.
138. Voir Caubet 1991, p. 210.

en albâtre de même forme que notre exemplaire [139], et nous avons pu aussi observer d'autres spécimens dans les réserves du Musée national de Damas [140].

Calcaire (RS 88.5195)

Un couvercle en forme de disque (88.5195) a été trouvé dans les décombres de la pièce 178 *(Fig. 26)*. Les couvercles fabriqués dans ce matériau sont beaucoup plus rares à Ougarit que ceux d'albâtre. A. Caubet signale un couvercle en disque avec un décor floral peint [141] ; nous avons trouvé dans les réserves du musée de Damas un parallèle inédit qui porte un décor floral polychrome avec des traces de peinture rouge et bleue. Ces réserves ont livré un autre exemplaire d'une forme différente, avec bouton central en forme de dôme, présentant encore les traces d'un décor rayonnant de pétales. On a également trouvé dans le Palais nord de Ras Ibn Hani des couvercles portant un décor incisé ou peint parfois proche de certains spécimens de Ras Shamra [142].

La sculpture

Le fragment de stèle en calcaire 81.5004 *(Fig. 26)*, découvert dans les décombres de la pièce 106, est le seul spécimen de stèle découvert dans la zone du « Centre de la Ville ». Il a déjà fait l'objet d'une présentation par M. Yon avec les autres stèles d'Ougarit [143] : elle émet l'hypothèse que l'objet, retrouvé à proximité du « temple aux rhytons », pourrait provenir de son pillage.

LE MATÉRIEL MÉTALLIQUE

Si l'on prend comme critère le matériau, cette catégorie comprend deux ensembles fort inégaux : d'une part un bijou en or, et d'autre part toute une série d'instruments en bronze, et quelques scories [144].

Bracelet en or

Un bracelet en or (88.5082), exceptionnel, a été retrouvé sur le sol pavé de la pièce 184. Il est constitué d'une tige d'or sectionnée et tordue, et porte à l'une de ses extrémités un décor de chevrons et de quadrillage *(Fig. 26)*. À notre connaissance, cet objet, par sa forme et son décor, est unique à Ras Shamra. Un bracelet en argent, qui semble une réplique du nôtre dans un autre métal, a été retrouvé dans l'épave d'Uluburun, qui en a également livré d'autres portant une décoration assez proche. Des parallèles en or, en argent ou en bronze proviennent d'autres sites syro-palestiniens (Tell el-Ajjul, Megiddo, Gezer, Byblos) et de Chypre [145].

Les objets en bronze

Onze objets en bronze *(Fig. 26)* de petites dimensions, incomplets pour la plupart, sont peut-être les témoins de quelques activités domestiques dont nous ne pouvons pas aujourd'hui dire grand-chose ; le caractère fragmentaire de plus de la moitié rend l'identification difficile. À côté de scories, de tiges sans caractère particulier et d'une lamelle de bronze, ont été reconnus deux poinçons, une spatule et des pointes de flèche. Mais la fouille a livré aussi des objets plus importants : des ciseaux, et surtout une paire de cymbales.

---

139. Caubet 1991, pl. V:7-8, et pl. X:10 et 11 : dont un exemplaire découvert dans les fouilles du « Centre de la Ville », de dimensions assez semblables.

140. Par exemple RS 20.270, inv. musée 5507 (diam. 6,4 cm) ; RS 21.209, (diam. 6,5 cm.)

141. Caubet 1991, p. 260, pl. X:12. Paralèles au musée de Damas : inv. 4495, RS 17.157, diam. 18 cm ; RS 27.209, diam. 10,8 cm et h. 3 cm.

142. Bounni *et alii* 1979, p. 241, fig. 20 et 21 ; Bounni et Lagarce 1998, p. 72, fig. 128:2.

143. Yon 1991, p. 278 et p. 313-314, fig. 22:d ; voir également *Syria* 1983, p. 21, fig. 22A.

144. Une étude d'ensemble sur les productions métalliques d'Ougarit a été entreprise par E. Dardaillon.

145. Pulak 1988, p. 25-26.

Scories de bronze (RS 84.5140, 86.5226, 86.5226, 90.5052). Des scories ont été découvertes dans les décombres des différentes pièces de l'habitation. On en a trouvé fréquemment lors des fouilles sur le site, sans qu'elles soient pour autant en rapport immédiat avec un atelier de métallurgie.

Tiges en bronze (RS 86.5006, 88.5146, 90.5020, 90.5076, 90.5078, 90.5080, 90.5117). Sept fragments de tiges en bronze *(Fig. 26)*, de section ronde (90. 5020, 90.5076, 90.5078, 90.5117) ou carrée (86.5006, 88.5146, 90.5080), proviennent de la fouille de la maison. Il s'agit en majorité de fragments assez courts (de 3 à 8 cm), à l'exception d'une tige plus longue et tordue en huit (88.5146) ; la tige 90.5117 présente un renflement près de son extrémité. Le fragment 90.5076, dont la section est très mince, pourrait appartenir à une aiguille, semblable à celles qui ont été découvertes dans les autres maisons du « Centre de la Ville » [146]. Il témoignerait alors du travail des textiles, comme les fusaïoles et pesons que nous avons vus précédemment.

Lamelle de bronze (RS 88.5079). Une sorte de mince ruban de bronze *(Fig. 26)* large de 0,5 cm, enroulé sur lui-même, a été retrouvé dans la pièce 184.

Poinçons (RS 86.5001, 86.5002). Deux poinçons courts *(Fig. 26)*, de section parallélépipédique ou carrée, ont été retrouvés dans les pièces 184 et 185 *(Fig. 26)*.

Spatule (RS 90.5001). Une spatule *(Fig. 26)* longue de 7,5 cm provient de la pièce 110.

Pointes de flèches (RS 86.5025, 86.5138, 86.5144, 88.5083, 90.5116). Cette demeure a également livré cinq pointes de flèches en bronze *(Fig. 27)* ; quatre, trouvées dans la pièce 185, d'une longueur moyenne de 8 ou 9 cm, sont en forme de feuille de laurier et munies d'une soie de section (carrée). La pointe 90.5116, trouvée dans la fouille de la pièce 178, est un peu plus longue (10,8 cm), et d'un type un peu différent avec nervure longitudinale, très proche d'un spécimen retrouvé dans le « temple aux rhytons » [147].

On a retrouvé de tels objets assez fréquemment à Ougarit : treize spécimens ont été répertoriés au cours des fouilles dans la zone du « Centre de la Ville », provenant de la zone d'habitations ou de celle du sanctuaire [148]. Ils ont pu être utilisés dans un but défensif [149] ; cependant, le fait de trouver des pointes de flèches dans presque toutes les maisons pourrait laisser penser qu'elles auraient plus probablement servi à la chasse qu'à la guerre [150].

Ciseaux (RS 90.5018, 90.5082). Deux outils de bronze utilisés comme ciseaux, dans un très bon état de conservation, ont été retrouvés dans deux pièces différentes de la maison. L'un d'eux (90.5082), d'une forme que l'on désigne parfois comme « hache plate », provient de la pièce 110 (escalier 213). La lame, longue de 19 cm, a des côtés droits divergents, la section est rectangulaire ; le talon, droit, semble présenter des traces d'écrasement (avec une dépression horizontale centrale) qui témoignent de son utilisation comme ciseau *(Fig. 27)*. Notre spécimen se rattache à une série bien connue à Ras Shamra [151]. Deux exemplaires ont été trouvés dans les fouilles récentes d'habitations du « Centre de la Ville » (maisons B et E) [152] ; l'un d'eux présente un talon plat assez proche du nôtre [153], caractéristique que l'on retrouve également sur une hache découverte en 1988 dans le chantier Sud-Centre [154], alors que l'autre montre un talon arrondi.

---

146. Yon, Lombard et Renisio 1987, p. 47, fig. 27 (RS 80.306), p. 75, fig. 53 (79 RS 3), p. 100, fig. 81 (RS 81.613).

147. Mallet 1987, fig. 18 (79.RS 9).

148. Chavane 1987, p. 357 ; Yon, Lombard et Renisio 1987, fig. 27 (RS 80.270) et fig. 28 (RS 80.99 = RS 42) ; Mallet, *op. cit.*

149. Pour les découvertes du Palais royal, *cf.* Schaeffer 1957, p. 49 ; pour celles du « Centre de la Ville », *cf.* Yon, Lombard et Renisio 1987, p. 39.

150. Comme le suggère O. Callot 1994, p. 197.

151. Nous en avons vu un certain nombre dans les réserves du musée national de Damas : RS 18.94 (= inv. musée 4954), RS 20.70 (5453), RS 22.196 (5961), RS 23.191 (6281), RS 23.314 (6283), RS 24.117 (6958), RS 24.330 (6959), RS 25.71 ou 26.71 (5454), RS 29.169 (7227).

152. Chavane 1987.

153. Chavane 1987, p. 359-360, fig. 3 et 4 (RS 81.504).

154. *Syria* 1990, p. 27, fig. 23 (RS 88.2160).

L'autre ciseau (90.5018), découvert dans la pièce 186, est d'une forme exceptionnelle et nous n'avons trouvé aucun parallèle publié provenant du site *(Fig. 27)*. La lame étroite est longue de 22 cm ; le système d'emmanchement est constitué d'une douille en partie ouverte (deux ailerons repliés par martelage). L'objet entre dans la catégorie des outils à tranchant transversal et douille longitudinale repliée, définie par J. Deshayes [155]. Nous avons observé jusqu'ici à Ougarit ce système d'emmanchement uniquement pour des pointes de lance datées du Bronze Moyen [156].

Cymbales (RS 90.5077). Une paire de cymbales en bronze (90.5077) exceptionnellement bien conservée a été retrouvée sur le sol de la pièce 110, les deux éléments emboîtés l'un dans l'autre *(Fig. 27)*. Ce sont deux petits disques concaves de 8,6 cm de diamètre, entourés d'une zone plate qui est la partie servant à la percussion, et percés au centre d'un trou pour fixer les attaches de préhension. Ces instruments appartiennent à une série étudiée par A. Caubet, qui s'est attachée à répertorier les témoignages matériels de la musique à Ougarit [157]. On sait l'importance de la musique dans la cité, et elle est également perceptible au travers des textes littéraires et économiques [158] : les cymbalistes sont mentionnés dans les listes de catégories professionnelles relevant du domaine royal, et selon M. Koitabashi, cet instrument de percussion a probablement joué un rôle dans le rite de célébration de la souveraineté de Baal [159]. Des cymbales sont bien attestées au Levant : en Syrie-Palestine et à Chypre ; aux spécimens répertoriés par A. Caubet, nous pouvons ajouter une cymbale découverte récemment dans l'épave d'Uluburun [160].

OBJETS EN MATIÈRES ORGANIQUES

Cette catégorie comprend des objets en coquille, en os de poisson ou de quadrupède, en ivoire... Certains ont une fonction utilitaire, d'autres sont purement décoratifs. Mais le matériel de cette maison n'a pas encore pu être étudié de façon systématique par les spécialistes de conchyliologie ou de zoologie, comme l'avaient été les objets découverts précédemment dans la fouille du « Centre de la ville », et nous nous contenterons de signaler leur présence.

Coquille

(RS 84.5139, 86.5023, 90.5109, 90.5405). La fouille a livré plusieurs exemplaires de coquillages, dont certains ont peut-être été travaillés, pour une utilisation qui nous échappe. On signalera cependant qu'une coquille de bivalve (86.5023) est percée (intentionnellement ?) d'un petit trou.

Aiguillons de poisson

Poinçons (RS 84.5088, 88.5084, 90.5015, 90.5079, 90.5114, 90.5118, 90.5119, 90.5216). Parmi les instruments fabriqués dans une matière organique, une catégorie bien représentée à Ougarit est celle des poinçons faits à partir d'aiguillons de poissons, généralement de la famille des labridés, comme l'indique l'expertise qu'avait faite F. Poplin des exemplaires précédemment découverts dans les autres demeures du « Centre de la Ville » [161]. Les huit spécimens répertoriés dans la fouille de notre maison sont de dimensions variables, de 3 à 10 centimètres de long *(Fig. 28)* ; ils présentent généralement une usure de la pointe, sans

155. Deshayes 1960, p. 133 et suivantes ; nous n'avons cependant pas trouvé dans son étude de parallèle exact au ciseau de notre maison.

156. Schaeffer 1932, pl. XIII:2 ; Schaeffer 1936, p. 129, fig. 17. Pour ce type d'objet, voir également Philip 1989, p. 88 et suivantes.

157. Caubet 1987c, p. 740, et fig. 5 ; Caubet 1996, p. 10, p. 25 : n°s 1 à 5, fig. I (notre exemplaire = n° 5).

158. Caubet 1987b et 1987c ; Pardee 1988, p. 75-117.

159. Koitabashi 1992.

160. Bass 1986, p. 290, fig. 28.

161. Yon, Lombard et Renisio 1987, p. 22, fig. 8 (RS 79.181), et p. 47, fig. 27 (RS 80.305).

pour autant que nous sachions quelle fut leur utilisation [162]. On en a trouvé plusieurs sur le sol des pièces 110 (90.5079 et 90.5114) et 184 (88.5084).

Objets en os et en ivoire

(RS 86.5020, 88.5080, 88.5081, 90.5021). Cette catégorie ne rassemble que quelques spécimens : un morceau d'ivoire brûlé (88.5081), un os taillé en pointe (86.5020), et deux éléments décoratifs, qui s'inscrivent dans le répertoire ougaritien déjà connu [163].

Les pièces décoratives sont deux plaquettes rectangulaires *(Fig. 28)*. L'une (90.5021), en ivoire, est réduite à un fragment, et l'autre (88.5080), en os, est complète (longue de 12,5 cm). Elles portent chacune, sur l'une de leurs faces, un décor incisé ; pour la première, il s'agit d'un décor de cercles pointés, pour la seconde, d'une tresse enserrant des cercles pointés. Le motif du cercle pointé se retrouve sur d'autres objets en ivoire ou en os [164]. Ces objets étaient probablement destinés à être appliqués ou incrustés sur des pièces de mobilier [165].

OBJETS EN MATIÈRE VITREUSE

Une douzaine d'objets en matières vitreuses, qui représentent tous des découvertes individuelles, proviennent de la maison. Ce sont des pièces de petites dimensions : des perles principalement, mais aussi un sceau-cylindre et trois fragments de vases. Ils illustrent trois des principales catégories d'objets en matières vitreuses reconnues à Ougarit, qui a livré l'un des *corpus* les plus importants du Proche-Orient [166]. Les matériaux utilisés sont la « faïence », le « bleu égyptien » et le verre [167].

Éléments de parure

Notre inventaire des perles en matières vitreuses retrouvées à Ougarit se monte à plusieurs milliers d'objets ; on constate que sur l'ensemble du site les perles de « faïence » étaient de loin les plus nombreuses, suivies par celles de verre, puis de « bleu égyptien ». Les découvertes de notre maison – 3 perles en « faïence », 3 en « bleu égyptien » et 2 en verre *(Fig. 28)* – ne correspondent donc pas à ces proportions ; par contre, les formes sont déjà connues dans le répertoire d'Ougarit.

Perles en « faïence » (RS 90.5131, 90.5165, 90.5192). La perle 90.5131, de forme globulaire aplatie côtelée, appartient à l'une des séries les plus représentées à Ougarit, qui en comporte plus d'une cinquantaine [168] ; numériquement, elle se situe après l'ensemble des perles annulaires de petites dimensions, qui comprend plusieurs milliers de spécimens, notamment ceux retrouvés dans le Palais Royal. Le corps de cette perle est constitué d'une pâte bleu clair à l'œil nu recouvert d'une surface blanchâtre, résultat probable de

---

162. Caubet et Poplin 1987, p. 289.

163. Pour les découvertes du « Centre de la Ville », voir J. Gachet, *in RSO* III, 1987.

164. Gachet 1992, fig. 2,b.

165. Pour le mobilier d'ivoire du palais royal, voir Caubet et Yon 1996.

166. Matoïan 1999 ; Matoïan, 2000.

167. « *Faïence* » : matériau hétérogène constitué d'un corps de pâte siliceuse (grains de quartz ou de sable cimentés entre eux par une phase vitreuse) recouvert d'une glaçure alcaline, de composition similaire à celle du verre, le plus souvent colorée. « *Bleu égyptien* » : matériau artificiel constitué d'un mélange complexe de phases cristallines (cuprorivaïte et quartz principalement) et d'une phase vitreuse, obtenu à partir d'une série de procédés de frittage, broyage, cuisson d'un mélange de sable, de calcite, de composés de cuivre et d'alcalis ; voir Bouquillon et Matoïan, 1998 ; Matoïan et Bouquillon, à paraître (B). « *Verre* » : substance homogène, non cristalline, plus ou moins transparente et translucide. L'élément de base de sa composition est la silice à laquelle on ajoute des fondants (chaux, soude, potasse) pour faciliter la fusion et la mise en forme du verre. L'addition d'oxydes métalliques permet d'obtenir un verre coloré, et celle d'opacifiants, un verre opaque. Voir Matoïan, à paraître.

168. Voir notamment les exemplaires provenant des fouilles du « Centre de la Ville » : Caubet 1987a, n° 20, 21 et 27.

la dégradation de la glaçure. Les deux autres, également côtelées, sont fusiformes ou « en forme d'olive allongée », l'une (90.5192), de section ronde (le corps est de couleur jaune et la glaçure, probablement bleue ou verte à l'origine, a aujourd'hui disparu) ; l'autre (90.5165), de section ovale, est recouverte d'une glaçure gris-bleu. Ces formes sont rares dans le *corpus* d'Ougarit.

Perles en « bleu égyptien » (RS 90.5026 + 90.5081, 90.5075, 90.5115). Au Bronze Récent, le « bleu égyptien » est un matériau répandu en Syrie depuis l'Euphrate jusqu'à la côte pour la fabrication de petits objets, principalement des perles. Si de nombreux sites (Emar, Mari, Terqa, Qatna, Qadesh, Alalakh) n'ont livré que quelques documents, nous avons répertorié à Ougarit plus de 200 objets de catégories variées : vases, sceaux-cylindres (dont nous reparlerons plus loin), scarabées, pions de jeu, pendeloques, et bien évidemment de très nombreuses perles de formes diverses. Les trois perles en « bleu égyptien » trouvées dans la maison sont de formes différentes *(Fig. 28)*. La forme biconique côtelée (90.5115) semble relativement rare, puisque nous n'en avons trouvé que trois autres cas ; on peut faire la même remarque pour celle qui est lenticulaire (90.5026 + 90.5081), deux autres provenant des fouilles récentes [169]. Au contraire, la forme cylindrique (90.5075) est certainement celle qui est le mieux attestée.

Perles en verre (RS 90.5191, 86.5007). Parmi les éléments de parure en matières vitreuses d'Ougarit, le *corpus* des perles en verre occupe une place non négligeable. Mais la fouille de la maison n'en a fourni que deux exemplaires : une perle annulaire (90.5191, *Fig. 28*), et une perle cylindrique (86.5007) en verre bleu-turquoise, deux des formes les plus représentatives du répertoire d'Ougarit.

Sceau-cylindre

Notre document (RS 90.5025 + 90.5167) constitue un nouvel élément à ajouter à l'ensemble déjà important des sceaux-cylindres en matières vitreuses retrouvés à Ougarit [170]. Leur étude nous a permis de constater qu'ils sont pour la plupart en « faïence », les documents en « bleu égyptien » ne représentant que 14 % environ de l'ensemble. Ce pourcentage est cependant très important par rapport aux autres sites levantins [171].

Le sceau-cylindre trouvé dans le remblai de fondation de la pièce 168, haut de 2,16 cm, est cassé en deux fragments (90.5025 : partie supérieure, 90.5167 : partie inférieure) ; le décor montre un capriné aux pattes postérieures fléchies, la tête tournée vers l'arrière, à côté d'un arbre stylisé *(Fig. 28)*. Le parallèle le plus proche que nous ayons trouvé dans le répertoire ougaritien est un sceau-cylindre de même matière découvert en 1935 [172], dont le décor représente deux caprinés assis (très proches de l'animal figuré sur notre cylindre) et un arbre stylisé. C. Schaeffer l'a attribué à l'« atelier RS 5.260 » [173], qui correspond en fait à un groupe de sceaux-cylindres défini par un certain nombre de caractéristiques iconographiques et stylistiques : en particulier la présence de « gazelles » assises ou dressées aux cornes recourbées, tournant la tête en arrière vers un végétal stylisé. Ils appartiennent au groupe stylistique « *Syrische Gruppe* : *Flüchtig Plastischer Stil* » défini par B. Salje au sein du « *common style* » de la glyptique mitannienne [174]. C. Schaeffer a daté ce groupe de l'*Ugarit récent* 1 ou 2. La découverte de notre document dans un contexte de la fin du XIIIe s. ou du début du XIIe s., de même que celle d'un sceau-cylindre de Beth Shean daté du Bronze récent final [175], laissent penser que ce style a pu exister et se maintenir tout au long du Bronze Récent, à moins qu'il ne faille revoir les références chronologiques de C. Schaeffer aux trois sous-périodes de son *Ugarit Récent* comme le propose P. Amiet dans son étude récente sur la glyptique d'Ougarit [176].

169. Caubet 1987a, n° 2 et 24.

170. Schaeffer 1983 ; Beyer 1987.

171. Collon 1982, n° 44 et 86 ; Salje 1990, p. 102.

172. Schaeffer 1983, p. 92-93 (RS 7.190).

173. Schaeffer 1983, p. 166 ; l'auteur précise que la « localisation topographique dans la ville d'Ugarit de l'atelier 5.260, par contre, n'a pas encore pu être établie ».

174. Salje 1990, p. 87, 231, pl. X.

175. Parker 1949, p. 36 et pl. XXIV, n° 164 (niveau V de Beth Shean).

176. Amiet 1995, p. 240 : les indications chronologiques « apparaissent comme à peu près inutilisables ».

Vases

Trois fragments de vases en « faïence » – 90.5061, 90.5338, 90.5403 *(Fig. 28)* – ont été découverts dans la fouille de la maison. Le caractère très fragmentaire des découvertes faites dans la maison n'enlève cependant rien à leur intérêt, dans la mesure où deux d'entre elles témoignent de formes nouvelles par rapport au répertoire connu à Ougarit [177]

Baquet. À notre avis, le fragment 90.5061, en pâte siliceuse grise montrant des restes de glaçure jaunâtre, appartenait à un vase du type « baquet ». Cette catégorie de petits récipients en « faïence » est représentée au Proche-Orient par une longue série d'objets qu'on trouve de Chypre à l'Elam. Ce sont des vases cylindriques, à parois convergentes munies de deux petites anses annulaires verticales, et à fond plat ou légèrement convexe. Plusieurs études leur ont été consacrées par E.J. Peltenburg (1972), J. Mallet (1975), R.M. Boehmer (1985), P.R.S. Moorey (1994), T. Clayden (1992 ; 1998). Ce dernier considère les baquets, dont la majorité proviennent de sites babyloniens, comme des productions caractéristiques de la période kassite finale (1350-1150 av. J.-C.).

Pour Ougarit et Minet el-Beida, nous avons répertorié six spécimens (dont un seul complet). Leurs dimensions s'inscrivent dans la norme (hauteur de 5 à 6 cm ; diamètre à la base entre 8 et 9 cm) ; la base est légèrement convexe. À l'exception du fragment provenant de notre maison, nous avons observé une pâte siliceuse de couleur blanche ou crème et une glaçure, souvent très fine, aujourd'hui de couleur crème-jaunâtre avec dans certains cas des traces d'un décor peint. T. Clayden [178] a établi une typologie des baquets basée sur huit types définis en fonction de la forme et du décor. Notre exemplaire est trop fragmentaire pour que nous puissions l'assigner à l'un d'eux. Dans les quatre cas où la partie supérieure du vase est conservée, un décor de deux moulures en relief est visible sous le bord (*type VII* de Clayden) ; pour l'un d'eux, nous avons reconnu les restes d'un décor peint jaune de deux boucles au niveau des anses, ce qui l'apparenterait au *type VI* de Clayden (au décor en léger relief). Ce spécimen présente de plus les traces d'une bande peinte en jaune sur le bord. La présence d'une décoration peinte sur le bord pourrait être la marque d'une originalité du matériel d'Ougarit car les trois autres vases à décor de double moulure présentent de plus les traces d'un décor de pois jaunes sur leur lèvre.

Si rien ne contredit la thèse de T. Clayden d'importations mésopotamiennes pour le matériel levantin, on ne peut écarter l'hypothèse d'une production locale : c'est ce que pourrait laisser supposer une certaine originalité des baquets d'Ougarit, le nombre relativement élevé des découvertes – auquel on doit ajouter un spécimen mis au jour récemment à Tell Kazel [179] –, et le caractère « international » d'une grande partie de la production proche-orientale des vases en « faïence » du Bronze récent final. T. Clayden a souligné que la plupart des baquets ont été retrouvés dans des sépultures. Il en est ainsi de quatre vases d'Ougarit [180] et de l'ensemble des spécimens de Mari (neuf vases répertoriés). Les contextes de découverte sont cependant plus variés : à l'exemplaire étudié ici qui provient d'un habitat, nous pouvons ajouter les baquets de Meskéné-Emar dont deux furent découverts dans le Hilani et deux autres dans le temple M2 [181].

Pyxide. Le petit fragment 90.5338, en pâte siliceuse blanche recouvert d'une glaçure jaune assez abîmée, correspond à un bord de pyxide cylindrique sur lequel sont visibles, à l'intérieur, les restes d'un tenon de forme annulaire horizontale. Le diamètre restitué de l'objet est de huit centimètres. Nous ne connaissons aucun parallèle à Ougarit ; les vases de forme cylindrique y sont d'ailleurs fort rares au Bronze Récent [182] en dehors

---

177. Environ 150 vases en « faïence » ont été mis au jour à Ras Shamra et Minet el-Beida ; *cf.* Matoïan 2000.

178. Clayden 1998, p. 49.

179. Nous remercions vivement L. Badre, directrice de la mission archéologique de Tell Kazel, de nous avoir fourni cette information.

180. Un cinquième vase provient de la tranchée « Sud-Acropole » sans que nous ayons plus de précision sur son contexte de découverte.

181. Matériel en cours d'étude.

182. Plusieurs fragments provenant de la tombe VII (conservés au musée du Louvre, inv. 83 AO 724) appartiennent à un vase cylindrique en « faïence », à fond plat, aux parois légèrement divergentes, qui porte un décor noir sur fond bleu et blanc (diam. 11 cm). Les fragments conservés n'attestent pas de l'existence d'un tenon interne.

de la série des « baquets » que nous venons d'évoquer. La présence d'une pyxide avec tenons internes est cependant attestée à Ougarit pour la période finale du Bronze Moyen : c'est un vase, à panse ovoïde celui-ci, découvert dans la nécropole du niveau II de Ras Shamra [183]. Nous sommes tentée de mettre le fragment 90.5338 directement en rapport avec un vase en faïence de Mari [184], découvert dans une tombe médio-assyrienne [185] : il s'agit d'un vase cylindrique à deux tenons internes, et un couvercle circulaire avec deux trous verticaux correspondant aux tenons. Un fragment de pyxide cylindrique avec un tenon interne provient du site de Meskéné-Emar. Plus original que ces derniers, il présente sur sa paroi externe les restes d'un décor végétal polychrome.

Vase à bord rentrant. Le fragment 90.5403, en pâte siliceuse blanche, est un bord légèrement rentrant, avec une lèvre en petit bourrelet vers l'extérieur. Le décor bichrome utilise deux couleurs, le jaune et le marron, bien connues au Bronze Récent dans le *corpus* des vases à décor polychrome. Il ne correspond à aucune forme répertoriée à Ougarit jusqu'à présent ; ses dimensions évoquent un vase miniature, catégorie peu représentée dans les découvertes du site. Mais le caractère trop fragmentaire du tesson ne nous permet pas de proposer une forme précise pour le vase auquel il aurait appartenu.

CONCLUSION

L'ensemble des objets que nous venons de présenter est l'illustration de ce que nous pouvons aujourd'hui appréhender de la culture matérielle des occupants de cette maison, dont nous ne savons malheureusement pas grand-chose. On se heurte aux mêmes difficultés pour estimer le nombre d'habitants de cette maison que pour d'autres quartiers d'Ougarit [186]. Nous avons par ailleurs déjà précisé en commençant cet article les limites dont on doit tenir compte pour l'interprétation des vestiges matériels, dans la mesure où la plus grande partie de ceux-ci provient des décombres.

La rareté du matériel retrouvé *in situ* sur les sols confirme cependant dans certains cas les hypothèses émises par M. Yon et O. Callot. Des vases de stockage ont été retrouvés dans la pièce 106, située à l'arrière, probablement sombre, l'éclairage n'étant pas nécessaire pour le stockage des denrées [187]. La présence dans la pièce 110 d'un *pithos*, d'une meule et d'un four laisse supposer qu'elle était le lieu d'activités domestiques, ce qui confirmerait la proposition d'y voir l'un des espaces de la zone privée de la maison.

Par contre, la quasi-absence de matériel retrouvé sur les sols des pièces 178, 184, 185 et 168 ne nous aide guère à définir plus précisément leur fonction. Le dallage de la pièce 184 ainsi de que le puits à la jonction des pièces 110 et 185 étaient certainement liés à une ou plusieurs activités particulières, sans que nous puissions toutefois les préciser. La forte proportion de jarres de transport retrouvées dans les décombres pourrait peut-être étayer la thèse d'une activité commerciale, mais on ne connaîtra sans doute jamais le contenu de ces jarres : le fait qu'elles proviendraient pour l'essentiel de l'étage laisserait par ailleurs supposer qu'une partie de celui-ci servait d'entrepôt. Il faudrait donc considérer que ce deuxième niveau n'était pas entièrement consacré aux pièces d'habitation privées.

Nous souhaiterions enfin aborder le matériel dans sa globalité pour apporter quelques éléments de conclusion. En premier lieu, le mobilier décrit donne une image assez représentative du matériel archéologique que l'on découvre généralement dans les fouilles d'Ougarit, à l'exception toutefois de documents écrits : aucune archive n'a été retrouvée dans cette maison, ni d'ailleurs dans aucune autre construction du « Centre de

183. Schaeffer 1932, pl. XI:3.

184. Parrot 1937, pl. XV:1 : à gauche, deuxième vase en partant du haut.

185. Nous n'avons pu encore voir ce vase dont nous ne connaissons qu'un dessin. Nous remercions J.-C. Margueron qui nous a confié la publication des vases en faïence des tombes médio-assyriennes de Mari, ainsi que M. Jean-Marie pour la documentation qu'elle nous a fournie (voir Jean-Marie 1999).

186. Yon 1992 ; *cf.* pour la « Ville Sud » Callot 1994, p. 199.

187. Yon et Callot 1995 ; *cf.* Callot 1985, p. 25.

la Ville » [188]. À l'exception de quelques objets (pot à anse de panier, bracelet en or, deux fragments de vases en « faïence » et ciseau à douille en bronze), les types d'objets rencontrés sont déjà connus dans le répertoire ougaritien. Quelques vases, tels le vase double et le « vase à douche », illustrent des formes rares : et le décor élaboré de certains autres (cruche et jarre en céramique peinte syrienne ; fragment de rhyton mycénien) enrichit le répertoire déjà connu à Ougarit.

Lors du dégagement de la maison ont été repérées dans les différentes pièces les traces d'un violent incendie, qui fut probablement la cause de sa destruction. Le matériel retrouvé provient donc probablement de la dernière occupation de celle-ci. Son étude a montré qu'il est homogène d'un point de vue chronologique et correspond à la période finale du Bronze Récent à Ougarit, la céramique importée constituant un bon marqueur chronologique.

Une grande partie des objets s'inscrit dans les productions artisanales locales (céramique, productions lithiques, métalliques, os) ; cependant une part non négligeable des objets est importée. Les importations, pour la plupart dans le domaine céramique (vaisselle et figurines), proviennent le plus souvent de l'ouest : Chypre et l'Égée. Parmi les spécimens les plus intéressants figurent une cruche de *Style Rude*, des fragments de rhytons mycéniens, et un cratère minoen. Quelques fragments de vases en albâtre sont peut-être d'origine égyptienne (de même qu'un tesson céramique). Seul le fragment de « baquet » en « faïence » – si la thèse de T. Clayden doit être retenue – illustrerait des liens avec le monde mésopotamien.

Une partie du matériel semble témoigner d'activités domestiques qui se déroulaient dans la maison : matériel de broyage, objets en rapport avec des travaux textiles, petits instruments en bronze ou en os, céramique commune..., ou à l'extérieur : éléments de faucilles peut-être liées à des activités agricoles et pointes de flèches à la chasse. On ne remarque aucune spécialisation. À côté de celles-ci, d'autres objets attestent du raffinement de la vie à Ougarit : céramiques importées, appliques murales, vaisselle d'albâtre et de « faïence », éléments de décoration en ivoire, objets de parure en pierre, en matières vitreuses et en or, cymbales en bronze.

Si l'on reste dans les limites du quartier du « Centre de la Ville », la situation semble en fait assez proche de celle qu'on rencontre par exemple dans la maison A[189], où l'on a découvert un mobilier d'usage domestique, mais aussi des pièces plus remarquables telles qu'une hache en bronze, des ivoires et de la sculpture. Cependant, certains objets spécifiques pourraient être la marque d'une situation particulière de ce bâtiment qui fait partie du même îlot que le « temple aux rhytons ». En effet, quelques objets retrouvés au cours de la fouille dans les niveaux inférieurs (et non dans les couches supérieures comme le fragment de stèle votive) présentent un caractère cultuel : des appliques murales, une paire de cymbales (instruments de musique liés à la religion d'Ougarit), et des rhytons mycéniens (vases utilisés dans les rites de libation : *cf.* Yon 1987). Parmi ces derniers se trouve notamment l'un des rares spécimens à décor figuratif connus à Ougarit et nous avons déjà noté les rapprochements qui peuvent être faits avec un autre rhyton découvert dans la maison des célèbres « textes para-mythologiques » de la tranchée « Sud-Acropole ». Nous sommes alors en droit de nous demander si les habitants de cette demeure avaient quelque lien avec le clergé du temple voisin, ce qui pourrrait peut-être expliquer, en partie du moins, certaines singularités de l'architecture du bâtiment.

Nos remerciements vont à M. Yon, Y. Calvet, A. Caubet, J. Mallet, P. Lombard, S. Muhesen, M. Yabroudi, F. Villeneuve et J.-M. Dentzer, M. al-Maqdissi, J.-Y. Breuil, S. Marchegay, J. Gachet, O. Callot, V. Bernard, L. Volay, A. Mantoux.

188. Mises à part quelques tablettes erratiques dans la maison A : Arnaud 1982.

189. Yon, Lombard et Renisio, 1987.

INDEX BIBLIOGRAPHIQUE

AMIET (P.), 1995, « Les sceaux-cylindres de Ras Shamra au IIe millénaire », *RSO* XI, p. 239-244.

AMIRAN (R.), 1970, *Ancient Pottery of the Holy Land*, Rutgers University Press.

ARNAUD (D.), 1982, « Les textes cunéiformes suméro-accadiens des campagnes 1979-1980 à Ras Shamra-Ougarit », *Syria* 59, 1982, p. 199-222.

ÅSTRÖM (P.), 1972, *SCE* IV, 1 C, *The Late Cypriote Bronze Age. Architecture and Pottery*, Lund.

BASS (G.F.), 1986, « A Bronze Age Shipwreck at Ulu Burun (Kas) 1984 Campaign », *AJA* 90, p. 269-296.

BASS (G.F.) *et alii*, 1989, « The Bronze Age Shipwreck at Ulu Burun : 1986 Campaign », *AJA* 93, p. 1-29.

BEYER (D.), 1987, « Les sceaux-cylindres », *Le Monde de la Bible* 48 : *Ougarit*, p. 31-32.

BOEHMER (R.M.) *et alii*, 1985, « Tell Imlihiye, Tell Zubeidi, Tell Abbas, Die Funde », *Baghdader Forschungen* 7, Hamrin Reports 13.

BORDREUIL (P.), PARDEE (D.) *et alii*, 1989, *RSO* V, *La trouvaille épigraphique de l'Ougarit* 1. *Concordance*.

BOUNNI (A.), 1979, « La quatrième campagne de fouilles (1978) à Ras Ibn Hani (Syrie). Lumières nouvelles sur le royaume d'Ugarit, les Peuples de la Mer et la ville hellénistique », *CRAI*, p. 277-294.

BOUNNI (A.), 1982, « Un deuxième palais ougaritique à Ras Ibn Hani », *La Syrie au Bronze Récent*, Paris, p. 23-27.

BOUNNI (A.) *et alii* = BOUNNI A.), LAGARCE (E. et J.), SALIBY (N.) et BADRE (L.), 1979, « Rapport préliminaire sur la troisième campagne de fouilles (1977) à Ibn Hani (Syrie) », *Syria* 56, p. 217-291.

BOUNNI (A.) et al-MAQDISSI (M.), 1994, « La céramique peignée à la lumière des fouilles syriennes à Tell Sianu », *Beiträge zur Altorientalischen Archäologie und Altertumskunde*, Wiesbaden, p. 19-29.

BOUNNI (A.) et LAGARCE (E. et J.), 1998, *Ras Ibn Hani, I, Le Palais Nord du Bronze Récent. Fouilles 1979-1995, Synthèse préliminaire*, Beyrouth.

BOUQUILLON (A.) et MATOÏAN (V.), 1998, « Deux perles syriennes en "bleu égyptien" : savoir-faire local ou matériau importé ? », *Techne* 7, LRMF, Paris, p. 21-22.

BRAIDWOOD (R.J.), 1940, « Report on two sondages on the coast of Syria, south of Tartous », *Syria* 21, p. 183-226.

CALLOT (O.), 1985, « Rôle et méthodes des "constructeurs de maisons" à Ras Shamra-Ougarit », *Le dessin d'architecture dans les sociétés antiques, Colloque Strasbourg 1984*, Strasbourg, p. 19-28.

CALLOT (O.), 1994, *RSO* X, *La tranchée « Ville Sud ». Études d'architecture domestique*, Paris.

CALLOT (O.) et YON (M.), 1995, « Urbanisme et architecture », *RSO* XI, p. 155-168.

CALVET (Y.) et GEYER (B.), 1987, « L'eau dans l'habitat », *RSO* III, p. 129-156.

CAUBET (A.), 1987a, « Les objets en matière vitreuse : faïence, fritte, verre », *RSO* III, p. 329-342.

CAUBET (A.), 1987b, « Chante en l'honneur de Baal », *Le Monde de la Bible* 48 : *Ougarit*, p. 33.

CAUBET (A.), 1987c, « La musique à Ougarit », *CRAI*, Paris, p. 731-754.

CAUBET (A.), 1991, « Répertoire de la vaisselle de pierre, Ougarit 1929-1988 », « Objets et instruments en albâtre », *RSO* VI, p. 205-264, 265-272.

CAUBET (A.), 1996, « La musique à Ougarit : nouveaux témoignages matériels », *Ugarit, Religion and Culture, Ugaritish-Biblishe Literatur* 12, N. Wyatt, W.G.E. Watson et J. B. Lloyd eds, Münster, p. 9-31.

CAUBET (A.) et MATOÏAN (V.), 1995, « Ougarit et l'Égée », *RSO* XI, p. 99-112.

CAUBET (A.) et POPLIN (F.), 1987, « Matières dures animales : étude du matériau », *RSO* III, p. 273-306.

CAUBET (A.) et YON (M.), 1974, « Deux appliques murales chypro-géométriques du Louvre », *RDAC* 1974, p. 112-131.

CAUBET (A.) et YON (M.), 1996, « Le mobilier d'Ougarit (d'après les travaux récents) », *Conference The Furniture of Western Asia, Ancient and Traditional, Londres 1993*, G. Herrmann ed., Londres, p. 61-72.

CAUBET (A.), KACZMARCZYK (A.) et MATOÏAN (V.) (à paraître), *Faïences et verres de l'Orient ancien*, RMN, Paris.

CHAVANE (M.-J.), 1987, « Instruments de bronze », *RSO* III, p. 357-374.

CHÉHAB (M.), 1937, « Un trésor d'orfèvrerie syro-égyptien », *Bulletin du Musée de Beyrouth* I, p. 7-21.

CLAYDEN (T.), 1992, « Kish in the Kassite period », *Iraq* 54, p. 141-155.

CLAYDEN (T.), 1998, « Faience Buckets », *Baghdader Mitteilungen* 29, p. 47-72.

COLLON (D.), 1982, *The Alalakh Cylinder Seals*, BAR International Series 132.

CONTENSON (H. de), 1992, *RSO* VIII, *Préhistoire de Ras Shamra*, Paris.

COQUEUGNIOT (E.), 1982, « Note préliminaire sur les outils de silex du Bronze Récent de Ras Shamra-Ougarit », *Syria* 69, p. 193-195.

COQUEUGNIOT (E.), 1991, « Outillage de pierre taillée au Bronze Récent, Ras Shamra 1978-1988 », *RSO* VI, p. 127-204.

COURBIN (P.), 1978, « Une nouvelle fouille française sur la côte syrienne », *Archéologia* 116, p. 48-62.

COURBIN (P.), 1986, « Bassit », *Syria* 63, p. 175-220.

COURBIN (P.), 1986-1987, « Rapport sur la Xe et dernière campagne à Ras el Bassit », *AAAS* 36-37, p.107-120.

COURBIN (P.), 1989, « Bassit », in *Contribution française à l'archéologie syrienne 1969-1989*, IFAPO, Damas, p. 103-106.

COURTOIS (J.-C.), 1979, « L'architecture domestique à Ugarit au Bronze récent », *Ugarit-Forschungen* 11, p. 105-134.

COURTOIS (J.-C.), 1990, « Yabninu et le palais sud d'Ougarit », *Syria* 67, p. 103-142.

COURTOIS (J.-C.), 1992, « Poids, prix, taxes et salaires à Ougarit (Syrie) au IIe millénaire », *Res Orientales* II, p. 119-127.

COURTOIS (L.), 1969, « Le mobilier funéraire céramique de la tombe 4253 du Bronze récent (Ville Sud d'Ugarit) », *Ugaritica* VI, p. 124-137.

DESHAYES (J.), 1960, *Les outils de bronze, de l'Indus au Danube (IVe au IIe millénaire av. J.-C.)*, Paris.

DIETRICH (M.), LORETZ (O.), SANMARTIN (J.), 1995, *The Cuneiform Alphabetic Texts from Ugarit, Ras Ibn Hani and Other Places* (nouvelle édition de KTU), Münster.

DUNAND (M.), 1939, *Fouilles de Byblos I*, Paris.

ELLIOTT (C.), 1991, « The ground stone industry », in *RSO* VI, p. 9-100.

ERIKSSON (K. O.), 1993, *Red Lustrous Wheel-made Ware*, Studies in Mediterranean Archaeology CIII.

FURUMARK (A.), 1941, *The Mycenaean Pottery Analysis and Classification*, Stockholm.

GACHET (J.), 1987, « Objets en os et en ivoire », *RSO* III, p. 249-272.

GACHET (J.), 1992, « Ugarit Ivories : Typology and Distribution », *Ivory in Greece and the Eastern Mediterranean from the Bronze Age to Hellenistic Period*, éd. J. L. Fitton, Occasional Paper 85, British Museum, 1992, p. 67-89.

GACHET (J.), 1996, « Le “Centre de la Ville” d'Ougarit : la maison C », *Syria* 73, p. 153-184.

HERDNER (A.), 1963, *Corpus des tablettes en cunéiformes alphabétiques découvertes à Ras Shamra-Ugarit de 1929 à 1939*, BAH LXXIX, Paris.

HUOT (J.-Cl.), 1994, *Les premiers villageois de Mésopotamie. Du village à la ville*, Paris.

HUOT (J.-L.), 1996, « Fermetures de porte ? », *Collectanea Orientalia, CPOA* 3, p. 145-150.

JEAN-MARIE (M.), 1999, *Mission Archéologique de Mari V, Tombes et nécropoles*, BAH, Beyrouth

KARAGEORGHIS (V.), 1965, *Nouveaux Documents pour l'étude du Bronze Récent à Chypre*, Paris.

KOITABASHI (M.), 1992, « Significance of Ugarit *msltm* “Cymbals” in the Anat Text », *Cult and Ritual in the Ancient Near East*, éd. H.I.H. Prince Takahito Mikasa, Wiesbaden, p. 1-5.

LANGHE (R. de), 1945, *Textes de Ras Shamra-Ugarit et leurs rapports avec le milieu biblique de l'Ancien Testament*, Paris.

LEONARD (A.), 1994, *An Index to the Late Bronze Age Aegean Pottery from Syria-Palestine*, Göteborg.

LOMBARD (P.), 1987, « Pneumatique d'Ougarit. Note sur une “clepsydre” du Bronze Récent », *RSO* III, p. 351-356.

MACALISTER (R.A.S.), 1912, *The Excavation of Gezer 1902-1905 and 1907-1909*, vol. II, Londres.

MALLET (J.), 1975, « Mari : une nouvelle coutume funéraire assyrienne », *Syria* 52, p. 23-36.

MALLET (J.), 1987, « Le temple aux rhytons », *RSO* III, p. 213-248.

MALLET 1990, « Ras Shamra-Ougarit (Syrie). Stratigraphie des vestiges du Bronze moyen II exhumés de 1979 à 1988 (39e, 40e, 43e et 48e campagnes) », *Syria* 67, p. 43-101.

MALLET (J.), 1992, « Ras Shamra-Ougarit (Syrie). Les fouilles de la 50e campagne, au printemps 1990 », *Orient-Express* 1992/1, p. 8-9.

MARGUERON (J.-Cl.), 1977, « Ras Shamra 1975 et 1976, Rapport préliminaire sur les campagnes d'automne », *Syria* 54, p. 151-188.

MARGUERON (J.-Cl.), 1977, « Emar : un exemple d'implantation hittite en terre syrienne », *Le Moyen-Euphrate, Zone de contacts et d'échanges*, Colloque Strasbourg 1977, Strasbourg.

MATOÏAN (V.), 1999, « Les matières vitreuses à Ougarit », *Le Monde de la Bible* 120 : *Ougarit*, juillet août 1999, p. 56-57.

MATOÏAN (V.), 2000, *Ras Shamra-Ougarit et la production des matières vitreuses au Proche Orient au IIe millénaire avant J.-C.*, Thèse Université Paris-I.

MATOÏAN (V.), à paraître, « Données nouvelles sur le verre en Syrie au IIe millénaire av. J.-C. : le cas de Ras Shamra-Ougarit », Table-ronde *Les ateliers de verriers : découvertes récentes, Lyon, 1997*, éd. M.-D. Nenna, Lyon.

MATOÏAN (V.) et BOUQUILLON (A.), à paraître (A), « La céramique argileuse à glaçure du site de Ras Shamra-Ougarit (Syrie) », *Syria*.

MATOÏAN (V.) et BOUQUILLON (A.), à paraître (B), « Le “bleu égyptien” à Ougarit », Actes du *Ist Congress on the Archaeology of the Ancient Near East*, Rome, 1998.

MERRILLEES (R. S.), 1968, *The Cypriote Bronze Age Pottery Found in Egypt*, SIMA XVIII, Lund.

MESNIL du BUISSON (Comte du), 1926, « Les ruines d'El-Mishrifé au nord-est de Homs (Émèse) », *Syria* 7, p. 289-325.

MONCHAMBERT (J.-Y.), 1982, *Ateliers locaux du Bronze récent. La céramique de Ras Shamra, campagnes 1975-1976*, Thèse Université Lyon 2.

MONCHAMBERT (J.-Y.), 1983, « La céramique de fabrication locale à Ougarit à la fin du Bronze Récent : quelques exemples », *Syria* 60, p. 25-45.

MONLOUP (Th.), 1987, « Figurines de terre cuite », *RSO* III, p. 307-328.

MOOREY (P.R.S.), 1994, *Ancient Mesopotamian Materials and Industries. The Archaeological Evidence*, Oxford.

MOUNTJOY (P.A.), 1993, *Mycenaean Pottery, An Introduction*, Oxford.

PARDEE (D.), 1988, *RSO* IV, *Les textes para-mythologiques,* Paris.

PARKER (B.), 1949, « Cylinder Seals from Palestine », *Iraq* 11, p. 1-43.

PARROT (A.), 1937, « Les fouilles de Mari. Troisième campagne (hiver 1935-1936) », *Syria* 18, p. 54-84.

PELTENBURG (E.J.), 1972, « On the Classification of Faience Vases from Late Bronze Age Cyprus », *1er Congrès d'Études chypriotes 1969*, Nicosie, p. 129-136.

PHILIP (G.), 1989, *Metal Weapons of the Early and Middle Bronze Ages in Syria-Palestine*, BAR International Series 526, Oxford.

PUECH (E.), 1986, « Origine de l'alphabet », *Revue Biblique*, p. 161-213.

PULAK (C.), 1988, « The Bronze Age Shipwreck at Ulu Burun, Turkey : 1985 Campaign », *AJA* 92, p. 1-37.

REY (C.), 1983, « Vase à étrier mycénien », *in* Catalogue *Au Pays de Baal et d'Astarté, 10 000 ans d'art en Syrie*, Petit Palais, Paris, p. 166, n° 185.

RSO = *Ras Shamra-Ougarit*, ERC, Paris :

III, *Le Centre de la Ville*, dir. M. Yon, 1987.

VI, *Arts et industries de la pierre,* dir. M. Yon, 1991.

XI, *Le pays d'Ougarit autour de 1200 av. J.-C., (Colloque Paris 1993)*, éd. M. Yon, M. Sznycer et P. Bordreuil, 1995.

XIII, M. Yon, V. Karageorghis et N. Hirschfeld, *Céramiques mycéniennes*, 2000.

SALJE (B.), 1990, *Der "Common Style" der Mitanni-Glyptik und die Glyptik der Levante und Zyperns in der späten Bronzezeit,* Mainz am Rhein.

SCHAEFFER (C.F.A.), 1949, *Ugaritica II,* Paris.

SCHAEFFER (C.F.A.), 1957, « Résumé des résultats de la XIXe campagne de fouilles à Ras Shamra-Ugarit 1955 », *AAS* 7, p. 35-66.

SCHAEFFER (C.F.A.), 1963, « La XXIVe campagne de fouilles à Ras Shamra-Ugarit 1961, rapport préliminaire », *AAS* 13, p. 123-134.

SCHAEFFER (C.F.A.), 1983, *Corpus I des cylindres-sceaux de Ras Shamra-Ugarit et d'Enkomi-Alasia*, ERC, Paris.

SOUTH (A.), RUSSELL (P.), KESWANI (P.S.), 1989, *Vasilikos Valley Project 3 : Kalavasos. Ayios Dhimitrios II, Ceramics, Object, Tombs, Specialist Studies*, ed. I. Todd, SIMA LXXI:3, Göteborg.

Syria, 1929 : SCHAEFFER (C.), « Les fouilles de Minet el-Beida et de Ras Shamra, (campagne du printemps 1929) », *Syria* 10, p. 285-297.

Syria, 1931 : SCHAEFFER (C.), « Les fouilles de Minet el-Beida et de Ras Shamra, 2^e^ campagne (printemps 1930). Rapport sommaire », *Syria* 12, p. 1-14.

Syria, 1932 : SCHAEFFER (C.), « Les fouilles de Minet el-Beida et de Ras Shamra, 3^e^ campagne (printemps 1931), Rapport sommaire », *Syria* 13, p. 1-24.

Syria, 1936 : SCHAEFFER (C.F.A.), « Les fouilles de Ras Shamra-Ugarit, 7^e^ campagne (printemps 1935), rapport sommaire », *Syria* 17, p. 105-147.

Syria, 1982 : YON (M.), CAUBET (A.) et MALLET (J.), « Ras Shamra-Ougarit 38^e^, 39^e^ et 40^e^ campagnes (1978, 1979 et 1980) », *Syria* 59, p. 169-192.

Syria, 1983 : YON (M.), CAUBET (A.), MALLET (J.), LOMBARD (P.), DOUMET (C.) et DESFARGES (P.), « Fouilles de Ras Shamra-Ougarit 1981-1983 (41^e^, 42^e^ et 43e campagnes) », *Syria* 60, p. 202-224.

Syria, 1987 : YON (M.), GACHET (J.) et LOMBARD (P.), « Fouilles de Ras Shamra-Ougarit 1984-1987 (44-47e campagnes) », *Syria* 64, p. 171-191.

Syria, 1990 : YON (M.), GACHET (J.), LOMBARD (P.) et MALLET (J.), 1990, « Fouilles de la 48e campagne (1988) à Ras Shamra », *Syria* 67, p. 1-28.

THALMANN (J.-P.), 1978, « Tell 'Arca (Liban-Nord), Campagnes I-III (1972-1974), Chantier I. Rapport préliminaire », *Syria* 55, p. 1-151.

THALMANN (J.-P.) et al-MAQDISSI (M.), 1989, « Prospection de la Trouée de Homs, les sites de la plaine du 'Akkar syrien », *Contribution française à l'archéologie syrienne*, IFAPO, Damas, p. 98-101.

TOUEIR (K.), 1975, « Découverte d'une tombe mycénienne à Ras Ibn Hani près d'Ugarit-Ras Shamra », *Archéologia* 88, nov. 1975, p. 66-70.

TUFNELL (O.) INGE (Ch. H.), HARDING (L.), 1940, *Lachish II (Tell ed Duweir), The Fosse Temple,* Londres-New York-Toronto.

Ugaritica II, 1949, p. 131-301 : C. Schaeffer, *Corpus de céramique.*

Ugaritica VII, 1978, p. 191-370 : J.-C. Courtois, *Corpus de céramique.*

VIROLLEAUD (Ch.), 1938, « Textes alphabétiques de Ras Shamra provenant de la neuvième campagne », *Syria* 19, p. 127-141.

YON (M.), 1971, *Salamine de Chypre II, La tombe T. I du XIe siècle av. J.-C.*, Paris.

YON (M.), 1981, *Dictionnaire illustré multilingue de la céramique du Proche-Orient ancien*, Lyon.

YON (M.), 1982, « Note sur le "Style Pastoral" », *RDAC* 1982, p. 109-114.

YON (M.), 1983, « Céramiques *Base-Ring* », *RDAC* 1983, p. 177-180.

YON (M.), 1985, « La céramique mycénienne », M. Yon et A. Caubet, *Le sondage L-N 13, Bronze Récent et Géométrique, Kition-Bamboula* III, ERC, Paris, 1985, p. 115-129.

YON (M.), 1987, « Les rhytons du sanctuaire », *RSO* III, p. 343-350.

YON (M.), 1991, « Les stèles de pierre », *RSO* VI, p. 273-344.

YON (M.), 1992, « Ugarit : the Urban Habitat. The Present State of the Archaeological Picture », *BASOR* 286, p. 19-34.

YON (M.), 1993, Notices n° 181 à 187, Catalogue *Syrie, Mémoire et civilisation*, Institut du monde arabe, Paris, p. 228-230.

YON (M.), 1994, «Animaux symboliques dans la céramique chypriote du XIe siècle », *Proceedings of the International Symposium Cyprus in the 11th Century B.C., 1993*, éd. V. Karageorghis, Nicosie, p. 189-200.

YON (M.), 1997, *La cité d'Ougarit sur le tell de Ras Shamra*, ERC, Paris.

YON (M.), 2001 « White Slip in Northern Levant », in *The White Slip Ware of Late Bronze Age Cyprus, Proceedings of an International Conference in honour of M. Wiener, Nicosia, october 1998*, V. Karageorghis ed., Österreichische Akademie, Vienne, p. 117-125.

YON (M.) et CALLOT (O.), 1997, « L'habitat à Ougarit à la fin du Bronze récent », Colloque *Les maisons dans la Syrie antique, Damas 1992*, éd. C. Castel, M. Al-Maqdissi et F. Villeneuve, Beyrouth, p. 15-28.

YON (M.), KARAGEORGHIS (V.) et HIRSCHFELD (N.), 2000, *RSO* XIII, *Céramiques mycéniennes*, ERC, Paris.

YON (M.), LOMBARD (P.) et RENISIO (M.), 1987, « L'organisation de l'habitat, Les maisons A, B, E », *RSO* III, p. 11-128.

3. Inventaire des objets (J. MALLET et V. MATOÏAN, avec la collaboration de M. YON)

Les objets appartiennent au Bronze Récent, à l'exception de ceux dont la datation est signalée selon les abréviations suivantes: BA = Bronze Ancien; BM = Bronze Moyen; Byz. = Byzantin; Hell. = Hellénistique. Pour les objets importés, Chyp. = Chypriote; Myc. = Mycénien. Les dimensions des objets sont en centimètres.

Inv. RS	*Provenance*	*Dim. en cm*	*Nature*
Campagne 1981			
81.5004	106	H.cons. 27	Stèle calcaire sculptée (fragment): tête coiffée d'une tiare *(Fig. 26)* – *Publ.* Yon, *RSO* VI, 1991, p. 313-314, n° **19**.
81.5011A	110		Flèche en silex (fragment: pédoncule). Néolithique.
81.5018	106 ou 110		Marmite (tesson côtelé, rouge brique). Byz.
81.5019	106 ou 110	4,6 x 2,3 x 0,5	Moule en pierre (fragment).
81.5020	106 ou 110	H. 7	Pilon en pierre.
81.5022A	106		Vase à étrier Myc. IIIB (fragment: anse).
81.5023A	106		Vase *Base-Ring*, Chyp. (fragment: anse).
81.5024A	106		Bol-à-lait *White Slip*, Chyp. (fragment: anse).
81.5026	106 ou 110		Lame de faucille, silex: élément triangulaire.
81.5033A	106		Dent (requin).
81.5034	106		Lampe coupelle (fragment: bord).
81.5036	106	H. 3,1	Cône en terre cuite.
81.5037	106		Bol-à-lait *White Slip*, Chyp. (fragment: anse).
81.5038	106		Lame de faucille, silex: élément triangulaire.
81.5040	110	H. 1,7	Tronc de cône à facettes, en pierre verte.
Campagne 1984			
84.5056	184	L. 4,7	Hache miniature, brèche rose et vert polie. *(Fig. 25)* – *Publ.* Elliott, *RSO* VI, 1991, p. 62, fig 18:8.
84.5063	185		Marmite côtelée (tesson panse), terre rouge brique. Byz.
84.5065	185		Lame de faucille, silex.
84.5068	184 ou 185		Marmite côtelée (tesson panse). Byz.
84.5070	184 ou 185		Lame de faucille, silex.
84.5071	184 ou 185		Silex taillé.
84.5072	184 ou 185		Silex taillé.
84.5073	184 ou 185		Silex taillé.
84.5074	184 ou 185		Lame de faucille, silex.
84.5088	185	L. 6,3	Poinçon: aiguillon de poisson (labridé) *(Fig. 28)*
84.5109	184 ou 185	ø base 10	Pyxide Myc. IIIB (fragment: base), terre jaunâtre, bande brune.
84.5110	184 ou 185	9,5 x 8,1 x 5,2	Pierre blanchâtre grossièrement taillée: deux cupules opposées.
84.5111	184 ou 185	8,5 x 5,6	Pilon hémisphérique, galet blanchâtre.
84.5112	184 ou 185		Dents animales (3).
84.5128	184 ou 185		Anse verticale trifide, deux pastilles imitant des rivets à l'attache sur le bord.
84.5129	184 ou 185		Bol-à-lait *White Slip*, Chyp. (fragment: bord).
84.5130	184 ou 185	4,4 x 1,1	Pendentif (?), calcaire.
84.5131	184 ou 185		Os animaux: gros astragale, phalange, côte.
84.5138	184 ou 185		Rondelle (jeton ?): tesson découpé.
84.5139	184 ou 185		Coquillage: bivalve.
84.5140	184 ou 185		Deux scories de bronze.

N° inv. RS	*Provenance*	*Dim. en cm*	*Nature*
Campagne 1986			
86.5001	185	L. 3,4	Poinçon en bronze. *(Fig. 26)*
86.5002	184 ou 185	L. 2,5	Poinçon en bronze, section carrée. *(Fig. 26)*
86.5003	184 ou 185	H. 1,4 x ø 1,7	Poids cylindrique en hématite, 9,5 g. *(Fig. 25)*
86.5005	184	H 1; ø 0,3	Fusaïole en dôme, profil concave, chlorite. *(Fig. 25)* — *Publ.* Elliott, *RSO* VI, 1991, p. 43.
86.5006	185	L. cons. 3,1	Tige en bronze, section carrée (fragment). *(Fig. 26)*
86.5007	184	L. 1; ø 0,4	Perle tubulaire, verre bleu turquoise.
86.5012	184 ou 185		Lampe coupelle (fragment: bord et départ du bec).
86.5014	184 ou 185		Bol-à-lait *White Slip*, Chyp. (fragment: anse).
86.5015	184 ou 185		Bol-à-lait *White Slip*, Chyp. (fragment: attache de l'anse).
86.5016	184 ou 185	ø ouv. 3,1	Flacon (bilbil) *Base-Ring*, Chyp. (fragment: col, attache inférieure de l'anse avec tenon de fixation).
86.5017	184 ou 185		Flacon (?) *Base-Ring*, Chyp. (fragment: anse).
86.5018	184 ou 185	ø ouv. 9,5	Rhyton (?) Myc. IIIB. (fragment: bord), terre beige, bandes brun -rouge.
86.5019			Vase à étrier, cér. syr. peinte.
86.5020	184 ou 185		Os long, taillé en pointe biseautée (brûlé).
86.5021	184 ou 185		Os animal: épiphyse.
86.5022	184 ou 185		Os animal: phalange.
86.5023	184 ou 185		Coquillage: bivalve, percé intentionnellement ?
86.5025	185	L. 8,1	Pointe de flèche, bronze, en forme de feuille de laurier. *(Fig. 27)*
86.5098	184 ou 185		Bol-à-lait *White Slip*, Chyp. (fragment: panse).
86.5099	184 ou 185		Bol *Monochrome*, Chyp. (fragment: bord et début d'anse ogivale).
86.5100	184 ou 185		Flacon (bilbil) *Base-Ring*, Chyp. (fragment: bord).
86.5101	184 ou 185		Flacon (bilbil) *Base-Ring*, Chyp. (fragment: base).
86.5102	184 ou 185		Petit vase fermé Myc. IIIB, bandes brunes peintes (fragment: panse).
86.5103	184 ou 185	ø 3,3	Rondelle (jeton ?): tesson découpé.
86.5104	184 ou 185		Os animal: phalange.
86.5105	184 ou 185		Os animal: côte.
86.5106	184 ou 185		Dent animale.
86.5107	184 ou 185		Dent animale.
86.5108	184 ou 185		Dent animale.
86.5109	184 ou 185		Dent animale.
86.5110	184 ou 185		Os long animal: épiphyse.
86.5111	184 ou 185	6,4 x 3	Lame de faucille en silex.
86.5112	184 ou 185	5,2 x 3,8	Silex taillé.
86.5113	184 ou 185	ø 3,1	Rondelle (jeton ?): tesson découpé.
86.5115	184 ou 185	ø ouv. 19	Bol,céram. locale (fragment: bord).
86.5123	184 ou 185		Vase céram. locale peinte (fragment: panse): bandes brun-rouge.
86.5124	184 ou 185		Bol-à-lait *White Slip*, Chyp. (fragment: demi-anse ogivale).
86.5125	184 ou 185		Bol caréné *Monochrome*, Chyp. (fragment: bord).
86.5126	184 ou 185		Jarre (fragment: base; asous le fond : trace de doigt en spirale).
86.5127	184 ou 185	ø base 8,8; col 9,5	Jarre (fragments: base, col, anses).
86.5128	184	ép. *ca.* 7	Brique crue (fragment).
86.5131	184 ou 185	ø 3,2	Rondelle (jeton ?): tesson découpé.
86.5132	184 ou 185	ø 2,7	Rondelle (jeton ?): tesson découpé.
86.5133	184 ou 185		Marmite côtelée (fragment: panse). Byz., terre rouge brique.
86.5134	184 ou 185	H. 5,1; ø 5,2	Pilon conique, grès. *(Fig. 25)* - *Publ.* Elliott, *RSO* VI, 1991, p. 18.
86.5138	185	L. 8,6	Pointe de flèche, bronze, en forme de feuille de laurier (émoussée). *(Fig. 27)*
86.5144	185	L. 9,1	Pointe de flèche (tordue), bronze, en forme de feuille de laurier. *(Fig. 27)*
86.5148	184		Cruche carénée, céram. locale (fragment: fond plat).
86.5157	185	H. 52; ø 36	Cratère céram. locale peinte, décor géométrique: bande quadrillée. *(Fig. 19)*
86.5158 +5182+5223	185	H. 32; ø 27-28,5	Cratère Myc IIIB, Crète, décor: sur l'épaule, motifs de spirales et métopes d'écailles pointées. *(Fig. 23)* — *Publ.* Yon *et alii*, 1990, p. 17, fig. 10.
86.5164	185		Brique crue calcinée 163 (fragment).
86.5167	184 ou 185		« Vase à douche » céram. locale (fragment): base annulaire percée de trous. *(Fig. 16)*

N° inv. RS	*Provenance*	*Dim. en cm*	*Nature*
86.5168	184 ou 185		Bol céram. locale peinte (fragment: bord): bande et chevrons bruns. *(Fig. 20)*
86.5170	184 ou 185		Vase, céram. locale peinte (fragment: panse): bandes croisées rouge sombre.
86.5171	184 ou 185		Bol-à-lait *White Slip*, Chyp. (fragment: panse).
86.5182	185		= fragment du cratère 86.5158.
86.5183	185		Bol-à-lait *White Slip*, Chyp. (fragment: bord).
86.5184	185		Marmite (?), céram. locale (fragment: anse horizontale dressée).
86.5194	184	5,7 x 2,7	Lame de faucille, silex
86.5202			Rondelle (jeton ?): tesson découpé. *(Fig. 24)*
86.5203	185		Jarre BA III, surface peignée (fragment: panse).
86.5204	185		Jarre BA III, surface peignée (fragment: panse).
86.5217	185	ø base 8,3	Jarre (fragment: base).
86.5218	185	ø base7,2	Jarre (fragment: base).
86.5219	185	ø base 5,5	Jarre (fragment: base).
86.5221	185	ø 3,1 à 3,7	Rondelle (jeton ?): tesson découpé.
86.5222	185		Bol-à-lait *White Slip*, Chyp. (fragment: bord).
86.5223	185		= fragment du cratère 86.5158.
86.5224	185	4,4 x 2,5 x 2,4	Os animal: astragale (brûlé).
86.5225	185		Aiguillon de gros poisson.
86.5226	185		Scorie, bronze.
86.5227	185		Scorie, bronze.
86.5228	185		Scorie, bronze.
86.5259	185		Cruchette ou vase à étrier Myc IIIB (fragment: partie inférieure, terre orangée, bandes brunes. *(Fig. 23)*
86.5262	185		Vase Myc IIIB (fragment: panse), terre fine jaunâtre.
86.5263	185		Vase *Base-Ring* , Chyp. (fragment: anse plate).
86.5264	185	ø base 6,2	Jarre (fragment: base, 2 anses).
86.5265	185	ø ouv. 9,5; base 7,5	Jarre (fragment: base, col, 2 anses). *(Fig. 16)*
86.5266	185		Jarre (fragment: base, 2 anses).
86.5267	185	ø ouv. 11	Jarre (fragment: col).
86.5270	185	ø base 9,1	Jarre (fragment: base).
86.5271	184	ø base 6,8	Jarre (fragment: base).
86.5272	184	ø base 5	Cruche ? (fragment: base convexe), facture grossière.
86.5273	184		Vase fermé, céram. locale peinte (fragments : panse), terre ocre, bandes brunes droites et ondulées, damiers.
86.5275	184	ø ouv. 9; base 7	Jarre (fragment: col, base).
86.5276	184	ø ouv. 9; base 9	Jarre (fragment: col, base).
86.5277	184		Bol-à-lait *White Slip*, Chyp. (fragment: bord et attache anse).
86.5280	185		Flacon (bilbil) *Base-Ring*, Chyp. (fragment: bord).
86.5281	185	ø ouv. 35	Jarre (fragment: col).

Campagne 1988

88.5012	110		Anse verticale, terre brun-rouge. Byz. *(Fig. 14:1)*
88.5019	110	ø ouv. 6	Vase, céram. beige fine (fragment: bord). Hell. ou Byz. *(Fig. 14:2)*
88.5020	110		Anse verticale, terre brun-rouge, côte en relief. Byz. *(Fig. 14:8)*
88.5021	110		Marmite côtelée, terre rouge brique (fragment: panse), Byz. *(Fig. 14:6)*
88.5022	186		Marmite côtelée, terre rouge brique (fragment: panse), Byz. *(Fig. 14:4)*
88.5042	46		Jarre, terre beige rosé, surface peignée (fragment: panse). BA III.*(Fig. 14:11)*
88.5043	46		Vase, terre orangée(fragment: anse oreille). BA I . *(Fig. 14:13)*
88.5055	168	H. 1,3	Tronc de cône, cristal de roche: élément de pendentif ? *(Fig. 25)*
88.5068	46	ép. 0,5	Bol-à-lait *White Slip*, Chyp. (fragment: bord). *(Fig. 21:60)*
88.5070	46	L. cons. 8,8	Vase *Base-Ring*, Chyp. (fragment: anse). *(Fig. 21:86)*
88.5073	46	ép. 0,5	Vase à engobe noir, terre grise (fragment: panse); décor : trois lignes horizontales en creux. BM II. *(Fig. 14:31)*
88.5074	46	ép. 0,6	Vase céram. locale peinte (fragment: col), terre beige, décor zigzag.*(Fig. 14:51)*
88.5075	46	ép. 0,9	Vase *White Slip*, Chyp. (fragment: anse plate). *(Fig. 21:76)*
88.5079	184	larg. 0,5	Lamelle, bronze (enroulée). *(Fig. 26)*
88.5080	185	L. 12,5	Plaquette rectangul. en os, décor incisé : tresse de cercles pointés. *(Fig. 28)*
88.5081	178	1,2 x 0,7 x 3,5	Plaquette en ivoire (fragment, brûlé).

N° inv. RS	*Provenance*	*Dim. en cm*	*Nature*
88.5082	184	L. 14,1; ø 0,4	Bracelet ouvert en or (incomplet, coupé au ciseau), décor incisé à une extrémité: chevrons et quadrillage. *(Fig. 26)*
88.5083	185	L. 8,9	Pointe de flèche, bronze, en forme de feuille de laurier. *(Fig. 27)*
88.5084	184	L. 3,4	Poinçon: aiguillon de poisson (labridé).
88.5093	186		Cruchette piriforme, terre rouge, engobe jaunâtre (fragment: base en bouton. BM II. *(Fig.14:35)*
88.5094	186		Bol-à-lait *White Slip*, Chyp. (fragment: anse). *(Fig. 21:77)*
88.5105	178		Vase (fragment: anse cannelée), terre rouge, engobe jaunâtre. Hell. ?
88.5106	178		Vase (fragment: panse à larges côtes), terre orange, engobe verdâtre. Hell. ?
88.5107	178		Plat ou mortier (?) en basalte (fragment: bord).
88.5111	184	ø ouv. 12,5	Jarre (fragment: col). *(Fig. 17)*
88.5112	184	ø ouv. 12	Jarre (fragment: col). *(Fig. 17)*
88.5113	184	ø ouv. 12	Jarre (fragment: col). *(Fig. 17)*
88.5114	184	ø ouv. 11,5	Jarre (fragment: col). *(Fig. 17)*
88.5115	184	ø ouv. 11,5	Jarre (fragment: col). *(Fig. 17)*
88.5116	184	ø ouv. 13	Jarre (fragment: col). *(Fig. 17)*
88.5117	184	ø ouv. 12	Jarre (fragment: col). *(Fig. 17)*
88.5118	184	ø base 8	Jarre (fragment: base). *(Fig. 18)*
88.5119	184	ø base 8,6	Jarre (fragment: base). *(Fig. 18)*
88.5124	184	larg. 6,3; ép. 1,7	Applique murale (fragment: plaque), terre beige.
88.5125	184	ø 3,1	Rondelle (jeton ?): tesson découpé.
88.5127	184		Petit vase fermé Myc. IIIB (fragment: panse), terre jaunâtre.
88.5128	184	H. 6,2	Poids de tisserand (?), galet percé transversalement.
88.5129	184		Fragment de métal (?) noir, brillant.
88.5140	178	ø 13 à 15	Crapaudine en calcaire: pierre grossièrement circulaire à trou central, traces d'utilisation. *(Fig. 25)*
88.5141	185	ø 1,2	Perle en pierre blanche. *(Fig. 25)*
88.5142	184	H. 16,5; ø 32,5	Mortier tripode, basalte.
88.5143	184	ø 16	« Clou (?) décoratif » en terre cuite (pointe brisée), tête piquetée de trous disposés en spirale *(Fig. 24)* — *Publ.* : voir plus loin, étude de V. Matoïan, p. 183.
88.5144	185		Anse de jarre, signe incisé (après cuisson): croix dans un pentagone. *(Fig. 16)*
88.5145	185	H. 21,5; ø 17,2	Cruche carénée, large col, céram. locale peinte, décor figuré: frise de quadrupèdes, dont un monté par un personnage. *(Fig. 19, 20)*
88.5146	185		Tige, bronze (tordue), section carrée. *(Fig. 26)*
88.5148+ 5151		ø ouv. 8,5	Jarre (fragment: col).
88.5149	184	ø ouv. 9,5	Jarre (fragment: col).
88.5150	184	ø ouv. 9	Jarre (fragment: col). *(Fig. 18)*
88.5151	184		= 88.5148.
88.5152	184	ø ouv. 8,5	Jarre (fragment: col).
88.5153	184	ø ouv. 14	Récipient globulaire, céram. locale peinte (fragment: panse et bord): bandes brunes et rouges et chevrons.
88.5154	184	ø 25	Plat (fragment: bord).
88.5155	184	ø base 8,6	Jarre (fragment: base).
88.5156	184	ø base 8,6	Jarre (fragment: base), intérieur brûlé.
88.5157	184	ø base 10,2	Vase (fragment: base annulaire), intérieur brûlé.
88.5158	184	ø base 7,4	Vase (fragment: base en disque).
88.5160	184	ø ouv. 38	Grand vase (fragment: bord et anse verticale cannelée). *(Fig. 18)*
88.5161	184	ø 3,3	Rondelle (jeton ?): tesson découpé.
88.5162	184		Rondelle (jeton ?): tesson chamois lustré découpé. BM II.
88.5163	184		Cruchette piriforme brun-rouge lustrée verticalement (fragment: panse), intérieur chamois. BM II.
88.5164	184		Vase Myc. IIIB (fragment: panse), terre ocre, surface beige.
88.5165	184	ép. 1,5	Jarre ou amphore en albâtre (fragment: panse).
88.5166	184		Petite jarre à 2 anses verticales, céram. locale.
88.5167	184		Vase fermé, céram. locale (fragment:: base en disque).
88.5169	185		Jarre céram. locale (fragment:: panse avec deux anses).
88.5170	185	ø base 7,1	Vase Myc. IIIB (fragment: panse et base en disque), terre rosée, lustrée.
88.5171	185	ø 18	Assiette Myc. IIIB (fragment: bord), bandes rouges. *(Fig. 22)*
88.5172	185		Cratère Myc. IIIB, décor d'écailles (fragment: panse).

N° inv. RS	*Provenance*	*Dim. en cm*	*Nature*
88.5173	185		Vase caréné, extérieur chamois (fragment: panse). BM II.
88.5174	178	ø ouv. 9	Jarre (fragment: col). *(Fig. 17)*
88.5175	178	larg. 10,3	Applique murale (fragment: départ du cuilleron).
88.5176	178		Marmite lustrée (fragment: bord). BM II, terre chamois, cœur noir.
88.5177	178		Lampe coupelle (fragment).
88.5178	178	ø 3,8	Rondelle (jeton ?): base annulaire de cruchette découpée. BM II.
88.5179	178		Vase Myc. IIIB, terre orangée décor figuré peint en brun (fragment: panse).
88.5180 +88.5194	178	ø base 4	Vase à étrier Myc. IIIB, base en disque (fragments: avec trace de bâtonnet qui a servi à la mise en place du col), bandes rouges.
88.5181	178	ø base 4,2	Cruchette à base en disque. BM II
88.5183	178	ø base 9	Jarre (fragment: col). *(Fig. 17)*
88.5184	178	ø base 9	Jarre (fragment: col).
88.5185	178	ø base 10	Jarre (fragment: col).
88.5186	178	ø base 25,5	Grand récipient, céram. locale (fragment: bord).
88.5188	178	ø base 19	Plat (fragment: bord).
88.5190	178		Vase (fragment: base plate).
88.5191	178		Lampe coupelle (fragment: bord et bec pincé).
88.5192	178		Vase, bandes horiz. en relief avec incisions obliques (fragment: panse). BM II.
88.5193	178		= voir 88.5247.
88.5194	178		= voir 88.5180.
88.5195	178	ø 8; ép. 1,9	Rondelle, ou bouchon de jarre, calcaire.
88.5196	178		Marmite lustrée horiz. extér./intér. (fragment: bord), terre chamois noir. BM II.
88.5197	178		Marmit noirâtre, lustrée horiz. (fragment: bord). BM II.
88.5198	178		Cruche, céram. locale (fragment: bord et bec pincé).
88.5199	178		Vase Myc. IIIB (fragment: col), terre orangée, bandes rouges.
88.5200	178		Bol-à-lait *White Slip*, Chyp. (fragment: moitié d'anse ogivale).
88.5201	178	ø base 3	Flacon ou bilbil *Base-Ring*, Chyp. (fragment: base).
88.5202	185	H. 22,5; ø 13,3	Cruchette, céram. locale peinte: quadrillage et bandes rouges. *(Fig. 20)*
88.5203 + 90.5308	185	H. 23,8; ø 18,2	Cruche Myc. IIIB *Rude Style* (fragments), terre crème orangé très fine, engobe crème lustré, décor peint brun orangé figuré sur l'épaule: fleurs, oiseau à long bec (90.5308), poisson. *(Fig. 23:97-101)*
88.5204	185	ø ouv. 9,5	Jarre (fragment: col). *(Fig. 17)*
88.5205	185	ø ouv. 9,5	Jarre (fragment: col). *(Fig. 17)*
88.5206	185	ø ouv. 9,5	Jarre (fragment: col). *(Fig. 17)*
88.5207	185	ø ouv. 9,5	Jarre (fragment: col).
88.5208	185	ø ouv. 10	Jarre (fragment: col). *(Fig. 17)*
88.5209	185	ø ouv. 11	Jarre (fragment: col). *(Fig. 17)*
88.5210	185	ø ouv. 9	Jarre (fragment: col). *(Fig. 17)*
88.5211	185	ø ouv. 16	Grand récipient, céram. locale (fragment: bord et épaule), extér. brûlé.
88.5214 + 88.5215	185		Cruche à bouche trilobée, céram. locale (fragment).
88.5215			= voir 88.5214.
88.5216	185	ø ouv. 16	Plat, céram. locale (fragment: bord).
88.5217	185	ø base 8,2	Jarre (fragment: base), brûlée à l'intérieur. *(Fig. 18)*
88.5218	185	ø base 8	Jarre (fragment: base).
88.5224	185		Vase céram. locale peinte (fragment: panse), engobe verdâtre, bandes brun rouge.
88.5225	185		Vase céram. locale peinte (fragment: panse), engobe jaunâtre, bandes brunes.
88.5226	185		Vase céram. locale peinte (fragment: col), engobe ocre, bandes brunes.
88.5227	185		Vase *Base-Ring*, Chyp. (fragment: panse).
88.5228	185		Bol-à-lait *White Slip*, Chyp. (fragment: bord).
88.5229	185		Os animal, mouton ou chèvre : tibia (brûlé).
88.5230	185		Os animal : gros astragale.
88.5231	184	H. cons. 20,4; ø 14,6	Cruche, céram. locale, base en disque, bouche pincée, terre beige (ext. brûlé). *(Fig. 15)*
88.5232	184	ø ouv. 9	Jarre (fragment: col).
88.5233	184	ø ouv. 10	Jarre (fragment: col). *(Fig. 17)*
88.5234	184	ø ouv. 9	Jarre (fragment: col). *(Fig. 17)*
88.5235	184	ø ouv. 9	Jarre (fragment: col). *(Fig. 17)*
88.5236	184	ø ouv. 10	Jarre (fragment: col).

N° inv. RS	*Provenance*	*Dim. en cm*	*Nature*
88.5237	184	ø ouv. 9,5	Jarre (fragment: col). *(Fig. 17)*
88.5238	184	ø ouv. 18 ?	Vase lustré horizontalement, extér. beige (fragment: bord). BM II. *(Fig. 17)*
88.5240	184		Jarre (fragment: anse). *(Fig. 16)*
88.5241	184		Jarre (fragment: anse avec marque incisée). *(Fig. 16)*
88.5243 + 88.5244	184	ø ouv. *ca* 40	Jatte, céram. locale (fragment: bord et deux anses verticales). *(Fig. 15)*
88.5244	184		= voir 88.5243
88.5246	184		Vase Myc. IIIB (fragm anse verticale), terre orange, peinture rouge (trace).
88.5247 + 88.5193	184	ø 12,2	Gourde, céram. peinte locale (fragments: panse), terre ocre clair, cercles concentriques rouges et noirs.
88.5248	184	ø 3,2	Rondelle (jeton ?): tesson découpé.
88.5249	184		Bol caréné Myc. IIIB (fragment: bord), terre orangée. *(Fig. 22)*
88.5250	184		Bol-à-lait *White Slip*, Chyp. (fragment: panse).
88.5251	184		Cruche (grand bilbil) *Base-Ring*, Chyp. (fragment: bord) terre brune, engobe noirâtre, bande peinte en blanc.
88.5252	184	ép. 4,7	Molette, brèche (fragment), une face plate, une convexe.
88.5253	178 ou 185		Vase globulaire lustré horizontalement, extér. chamois (fragment: bord). BM II.
88.5254	178 ou 185		Marmite lustrée horizontalement, extér. noirâtre (fragment: bord). BM II.
88.5255	178 ou 185		Plat lustré horizontalement, rouge sombre (fragment: bord). BM II.
88.5257a	178 ou 185		Puisette *White Shaved*, Chyp. ? (fragment).
88.5257b	178 ou 185		Puisette *White Shaved*, Chyp. ? (fragment).
88.5258	178 ou 185		Gourde céram. locale (fragment: bas).
88.5259	178 ou 185		Vase Myc. ? (fragment: panse).
88.5260	178 ou 185		Bol *Monochrome*, Chyp. (fragment: bord).
88.5261	178 ou 185		Os long, mouton ou chèvre.
88.5262	185		Noyaux d'olive (environ 20).
88.5281	185		Jarre (fragment: col). *(Fig. 18)*

Campagne 1990

90.5000	110	H. 0,3; ø 0,6	Perle en cornaline, globulaire, aplatie aux extrémités. *(Fig. 25)*
90.5000bis	110	ép. 0,5	Marmite, terre brune, côte larges plates (fragment: panse). Byz. *(Fig. 14:7)*
90.5001	110	L. 7,5	Spatule, cuivre: tige aplatie à une extrémité. *(Fig. 26)*
90.5002	106	H. 0,9; ø 2,1	Fusaïole en dôme, chlorite. *(Fig. 25)*
90.5003	106	H. 4,5; ø 5,5	Pilon conique, basalte. *(Fig. 25)*
90.5004	110	H. 4,5; ø 5,5	Figurine animale Myc. terre cuite (fragment: arrière-train) *(Fig. 24)*
90.5005	186		Rondelle (jeton ?): tesson découpé.
90.5006	110		Lame de faucille en silex.
90.5007	186		Marmite côtelée (fragment: panse). Byz., terre rouge brique. *(Fig. 14:3)*
90.5008	110		Bouteille fusiforme *Red Lustrous* (fragment: panse).
90.5009	110		Lame de faucille en silex.
90.5010	110	L. ?	Molette en basalte (fragment: moitié). *(Fig. 25)*
90.5011	106	ø 3	Rondelle (jeton ?): tesson découpé.
90.5012	106	ø 3,3	Rondelle (jeton ?): tesson découpé. *(Fig. 24)*
90.5013	106		Bol-à-lait *White Slip*, Chyp. (fragment: bord).
90.5014	106	ø 3; ép. 0,4	Bol-à-lait *White Slip*, Chyp. (fragment: bord). *(Fig. 21: 54)*
90.5015	106	L. cons. 5,1	Poinçon: aiguillon de poisson (labridé), pointe brisée.
90.5016	106		Silex taillé.
90.5017	106		Silex taillé.
90.5018	186		Ciseau, bronze, douille fendue. *(Fig. 27)*
90.5019	168	H. 15,3; ø 12,6	Cruche, céram. locale sans décor, terre beige. *(Fig. 15, 19)*
90.5020	168	L. cons. 8,6; ø 0,3	Tige en bronze (brisée, tordue), section ronde. *(Fig. 26)*
90.5021	168	2,6 x 1,1 x 0,5	Plaquette, ivoire (fragment, brûlé), décor incisé: cercles concentriques pointés. *(Fig. 28)*
90.5022	168	H. 0,8; ø 2,7	Fusaïole en dôme, chlorite. *(Fig. 25)*
90.5023	168	H. 10,3; ø 6,7	Cruchette, céram. locale, fabrique peu soignée. *(Fig. 15, 19)*
90.5024	168	H. 0,9; ø 3,2	Fusaïole conique, profil un peu convexe, chlorite. *(Fig. 25)*
90.5025 + 90.5167	168	H. totale 2,2; ø 0,8	Sceau cylindrique, « bleu égyptien » (brisé en deux morceaux: haut 5025, bas 5167): capriné assis et arbre de vie. *(Fig. 28)*

N° inv. RS	*Provenance*	*Dim. en cm*	*Nature*
90.5026 + 90.5081	110		Perle lenticulaire en « bleu égyptien ». *(Fig. 28)*
90.5027	110		Récipient double, céram. locale (fragment). *(Fig. 15)*
90.5028	110	ép. 1,4	Applique murale (fragment), ligne ondulée en creux.
90.5029	110		Puisette *White Shaved*, Chyp. ? (fragment: anse insérée).
90.5030	110	ép. 0,3	Bol céram. locale (fragment: bord), terre orangée, décor quadrillé. *(Fig. 14:*49*)*
90.5031	110		Bol, terre noirâtre, intér. lustré (fragment: bord). BM II.
90.5032	110		Bol-à-lait *White Slip*, Chyp. (fragment: bord). *(Fig. 21:*66*)*
90.5033	110		Bol *Monochrome*, Chyp. (fragment: bord et anse).
90.5035	186	ép. 0,4	Marmite côtelée (fragment: panse), Byz., terre brun rouge. *(Fig. 14:*5*)*
90.5037	186		Puisette (fragm.: base en bouton), terre ocre, intérieur gris. BM II. *(Fig. 14:*36*)*
90.5038	186		Couvercle plat, calcaire. *(Fig. 26)*
90.5040	106		Marmite, céram. locale (fragment: bord et anse verticale).
90.5041	106		Jarre (fragment: col). *(Fig. 18)*
90.5042	106		Jarre (fragment: col). *(Fig. 17)*
90.5043	106		Marmite, terre chamois, extér. lustré (fragment: bord). BM II.
90.5046	106	ø base 8	Jarre (fragment: base en bouton). *(Fig. 18)*
90.5047	106		Lampe coupelle (fragment: bord).
90.5048	106	ø 3,8	Rondelle (jeton ?): tesson découpé. *(Fig. 24)*
90.5049	106		Bol-à-lait *White Slip*, Chyp. (fragment: panse).
90.5050	106		Bol caréné *Base-Ring*, Chyp. (fragment: panse).
90.5051	106		Vase Myc. (fragment: bord).
90.5052	106		Scorie.
90.5053	106		Paroi de four en terre cuite (fragment).
90.5055	110	ép. 5,5	Cruche, céram. peinte locale (fragment: épaule), terre rouge, engobe jaune. *(Fig. 14:*43*)*
90.5056	186	larg. 6; ép. 1,5	Applique murale (fragment).
90.5057			Anse de jarre marquée: deux signes incisés. *(Fig. 16)*
90.5059	110		Vase, lustrage croisé (fragment). BM II.
90.5060	110	ép. 0,7	Vase, lustrage interne et externe (fragment), terre grise. BM II. *(Fig. 14:*30*)*
90.5061	110		Baquet, faïence blanchâtre (fragment: base plate). *(Fig. 28)*
90.5062	110	larg. 2,6	Vase *Base-Ring*, Chyp. (fragment: anse). *(Fig. 21:*67*)*
90.5063	110		Silex taillé.
90.5067	186	ø base 13	Vase (fragment: base annulaire). BM II. *(Fig. 14:*34*)*
90.5071	110	L. cons. 2,4	Lame en obsidienne.
90.5072	110	L. cons. 2,1	Lingot à extrémité arrondie, plomb (fragment: moitié).
90.5073	186	larg. 6,2; ép. 1,7	Applique murale (fragment), décor: 2 bourrelets verticaux.
90.5074	168	H. 6,8	Poids de tisserand en terre cuite, trou de suspension (ø 0,7). *(Fig. 24)*
90.5075	110	H. 2,4; ø 1	Perle cylindrique, « bleu égyptien ». *(Fig. 28)*
90.5076	110	L. cons. 5	Tige en bronze (pointe brisée). *(Fig. 26)*
90.5077	110	ø 8,6	Paire de cymbales en bronze (trouvées emboîtées); disques concaves entourés d'une zone plate; au centre, trou pour le système de préhension. *(Fig. 27)*
90.5078	168	L. cons. 4,4	Tige, bronze (brisée), section carrée. *(Fig. 26)*
90.5079	110	L. 6,5	Poinçon: aiguillon de poisson (labridé). *(Fig. 28)*
90.5080	110 esp. 215	L. 3,8	Tige, bronze, section carrée. *(Fig. 26)*
90.5081	110 esc. 193		= 90. 5026 (autre moitié de perle en « bleu égyptien ».
90.5082	110 esc. 193	L. 19	Hache plate, bronze. *(Fig. 27)*
90.5083	?		Poinçon: aiguillon de poisson (labridé). *(Fig. 28)*
90.5084	?		Anneau ouvert, bronze. *(Fig. 26)*
90.5085	110	L. 4,2; larg. 2,8	Hache miniature, pierre polie. *(Fig. 25)*
90.5087	106	ø 8,7	Jarre (fragment: base en bouton). *(Fig. 18)*
90.5088	106		Jarre (fragment: col). *(Fig. 18)*
90.5089	106		Jarre (fragment: col). *(Fig. 17)*
90.5090	106		Jarre (fragment: col). *(Fig. 18)*
90.5091	106		Jarre (fragment: col). *(Fig. 17)*
90.5092	106		Marmite (fragment: bord et anses verticales). *(Fig. 18)*
90.5093	106		Jarre (fragment: col). *(Fig. 17)*
90.5094	106		Jarre (fragment: col).
90.5095	106		Jarre (fragment: col). *(Fig. 18)*
90.5096	106		Jarre (fragment: col). *(Fig. 17)*

N° inv. RS	*Provenance*	*Dim. en cm*	*Nature*
90.5097	106	ø ouv. 21,5	Jarre (fragment: col). *(Fig. 18)*
90.5098	106		Marmite (fragment: bord et anses verticales).
90.5099	106		Marmite (fragment: anse).
90.5100	106		Marmite (fragment: anse).
90.5101	106		Marmite (fragment:panse).
90.5103	106	ép. 0,2	Bol-à-lait *White Slip*, Chyp. (fragment: panse). *(Fig. 21:74)*
90.5104	106	ép. 0,3	Bol caréné *Base-Ring*, Chyp. (fragment: bord). *(Fig. 21:83)*
90.5105	106		Bol caréné *Base Ring*, Chyp. (fragment: base annulaire). *(Fig. 21:92)*
90.5106	106		Lame de faucille en silex: élément triangulaire. *(Fig. 25)*
90.5107	106		Os de mouton: maxillaire inférieur et molaire.
90.5108	106		Os de mouton (?): phalange.
90.5109	106		Coquillage marin enroulé.
90.5110	106		Perçoir en silex. *(Fig. 25)*
90.5111	106		Racloir en silex.
90.5112	106	ø base 22	Pithos (fragment: fond). *(Fig. 18)*
90.5113	106	ø base 6,7	Jarre (fragment: base en bouton). *(Fig. 18)*
90.5114	110	L. cons. 5,3	Poinçon: aiguillon de poisson (labridé), pointe brisée.
90.5115	110	H. 0,7	Perle biconique côtelée, « bleu égyptien » (fragment: moitié). *Fig. 28)*
90.5116	178	L. 10,8	Pointe de flèche, bronze, en forme de feuille de laurier *(Fig. 27)*
90.5117	110, puits 205	L. 8,1	Tige, bronze. *(Fig. 26)*
90.5118	110, cab. 206	L. cons. 4	Poinçon: aiguillon de poisson (labridé), pointe brisée.
90.5119	110, puits 205	L. 2,5	Poinçon: petit aiguillon de poisson. *(Fig. 28)*
90.5120	168	ø 17,5	Marmite à anse de panier, terre rouge brique. *(Fig. 15, 19)*
90.5121	168	ø ouv. 9,5	Jarre (fragment: col).
90.5122	168	ø ouv. 11	Jarre (fragment: col). *(Fig. 18)*
90.5123	168	ø ouv. 11	Jarre (fragment: col).
90.5125	168		Jarre (fragment: anse verticale).
90.5127	168		Puisette *White Shaved*, Chyp. (fragment: col, anse, base). *(Fig. 15)*
90.5128	168	ø base 5,7	Bol, céram. locale (fragment: base plate), terre beige. *(Fig. 15)*
90.5129	168		Lampe coupelle (fragment: base en disque), terre orangée.
90.5130	168		Grand récipient, céram. locale (fragment: base plate).
90.5131	168	ø 1,3	Perle ronde côtelée, « faïence » blanche. *(Fig. 28)*
90.5132 + 90.5304	168, T 203	H 12,5	Vase à étrier Myc. IIIB. *(Fig. 22)*
90.5133	168, T 203	H 22,8	Jarre à 3 anses céram. peinte locale: métopes quadrillées rouges. *(Fig. 19, 20)*
90.5134 + 90.5376	168, T 203	H 10,5	Vase à étrier Myc. IIIB. *(Fig. 22)* – *Publ.* Yon *RSO* XIII, 2000, p. 9, fig. 3a.
90.5135	168	ø 17	Bol, céram. locale (fragment: bord et panse). *(Fig. 15)*
90.5136	168	ø 12	Bol, céram. locale (fragment: bord). *(Fig. 15)*
90.5137	168	ø *ca* 27	Plat, lustrage horizontal (fragment: bord), terre chamois. BM II.
90.5138	168	ø ouv. 22	Vase globulaire, lustrage horizontal (fragment: bord), terre beige. BM II. *(Fig. 14:21)*
90.5139	168	ø ouv. 25	Vase globulaire, lustrage horizontal (fragment: bord), terre beige rosé. BM II. *(Fig. 14:22)*
90.5140	168	ép. 0,7	Vase globulaire, lustrage horizontal (fragment: bord), terre chamois rosé, cœur gris. BM II. *(Fig. 14:23)*
90.5144	168		Marmite, céram. locale (fragment: bord et anse).
90.5145	168		Jarre, anse avec signe incisé (fragment). *(Fig. 16)*
90.5147	168		Marmite, lustrage horizontal (fragment: panse), terre chamois, surface gris-noir. BM II.
90.5153	168		Lampe coupelle (fragment: base en disque), terre beige.
90.5154	168		Lampe coupelle (fragment: panse), terre beige.
90.5155	168	larg. 8,3; ép. 2,2	Applique murale (fragment de plaque).
90.5156	168		*Pithos* (fragment: base plate).
90.5159	168	ép 0,5	Vase, céram. peinte locale (fragment: panse), terre jaunâtre, bandes brunes. *(Fig. 14:52)*
90.5160 + 90.5299	168	ép. 0,7	Vase Myc. IIIB (fragment: panse): décor figuré, terre orangée, décor brun rouge. *(Fig. 22:102)*

N° inv. RS	*Provenance*	*Dim. en cm*	*Nature*
90.5161 a, b + fragment 90.5302 ?	168		Rhyton conique Myc. IIIB (fragments: panse), terre ocre fine, peinture rouge; décor figuratif: deux guerriers à casque pointu et nasal, l'un à droite, debout, pointant une lance en avant, l'autre à gauche, incliné devant le premier. *(Fig. 22:*106*)*
90.5162	168		Bol-à-lait *White Slip*, Chyp. (fragment: bord, anse). *(Fig. 21)*
90.5163	168		Bol caréné *Monochrome*, Chyp. (fragment: bord).
90.5164	168		Os animaux, dont maxillaire de mouton.
90.5165	185	H. 1,4; Ø 0,5	Perle longue et plate, « faïence » gris-bleu, deux cannelures. *(Fig. 28)*
90.5167	168		Sceau cylindrique, faïence (partie inférieure) = voir 90.5025 (partie supérieure).
90.5168	185		Figurine animale, terre cuite (fragment, brûlé: arrière-train de quadrupède), fabrique locale. *(Fig. 24)*
90.5169	110, cab. 206		Jarre (fragment: base). *(Fig. 18)*
90.5170	110, cab. 206	H. cons. 13,5	Cruche ou chope (?) à panse carénée, céram. locale. *(Fig. 16)*
90.5190	110, cab. 206	Poids 4 kg	Bloc de minerai.
90.5191	168	H. 0,8; ø 0,4	Perle annulaire, verre. *(Fig. 28)*
90.5192	185	H. 1,5; ø 0,5	Perle longue, « faïence » jaunâtre, section ronde, cannelée. *Fig. 28)*
90.5193	110		Vase (fragment: bord). BM II.
90.5195	110		Rondelle (jeton ?): tesson découpé.
90.5196	110	ép. 0,8	Grand vase fermé Myc. IIIB (fragment: panse). *(Fig. 22:*108*)*
90.5197	110		Lame de faucille en silex.
90.5198	?		Jarre (fragment: col). *(Fig. 17)*
90.5201	186		Figurine animale, terre cuite Myc. IIIB (fragment). *(Fig. 24)*
90.5202	186	ép. 0,2	Bol *Monochrome*, Chyp. (fragment: bord). *(Fig. 21:*95*)*
90.5204	186		Bol *Base-Ring*, Chyp. (fragment: bord et anse). *(Fig. 21:*88*)*
90.5205	186	ø base 4	Flacon (bilbil) *Base-Ring*, Chyp. (fragment: base). *(Fig. 21:*90*)*
90.5207	110	L. 59; l. 45; ép. 1,6	Meule dormante, conglomérat.
90.5208	178	60 x 32 x 16,5	Meule dormante, conglomérat; face de travail: concave.
90.5209	168, T 203	H. cons. 15,7	Puisette *White Shaved. (Fig. 15)*
90.5210	168, T 203		Coupe céram. locale (fragment: pied en trompette). *(Fig. 15)*
90.5211	168, T 203		Coupe céram. locale (fragment: pied en trompette). *(Fig. 15)*
90.5216	185	L. 3,9	Poinçon: aiguillon de poisson (labridé), pointe brisée.
90.5218	110		Brique crue 217 (fragment), calcinée et durcie.
90.5220	110		Rondelle (jeton ?): tesson découpé.
90.5221	110		Rondelle (jeton ?): tesson découpé.
90.5222	110		Rondelle (jeton ?): tesson découpé.
90.5223	110		Rondelle (jeton ?): tesson découpé.
90.5224	110, esc. 193		Rondelle (jeton ?) : tesson découpé. BM II.
90.5226	168, T 203	ø 4,1	Rondelle (jeton ?): tesson découpé.
90.5230	110, puits 205	ø 4,6	Rondelle (jeton ?), chamois, engobe noir lustré: tesson découpé. BM II.
90.5236	185	ø 4,2	Rondelle (jeton ?), bords biseautés: tesson découpé.
90.5237	185	ø 3,7	Rondelle (jeton ?): tesson découpé.
90.5238	110, esc. 193	ép. 0,7	Vase fermé, céram. peinte locale (fragment:épaule), terre beige, bandes brunes. *(Fig. 14:*40*)*
90.5239	186	ép. 0,5	Vase céram. peinte locale (fragment: panse), terre beige, bandes noires et pourpre. *(Fig. 14:*41*)*
90.5240	186	ép. 0,7	Vase céram. peinte locale (fragment: panse), terre rouge brique, engobe orange, bandes brun rouge. *(Fig. 14:*44*)*
90.5241	186		Vase céram. peinte locale (fragment: panse), terre rouge brique, bandes brunes. *(Fig. 14:*47*)*
90.5242	168	ép. 0,6	Vase céram. peinte locale (fragment: panse), terre beige, bandes brunes droites et ondulées. *(Fig. 14:*50*)*
90.5243	109	ép. 0,5	Vase céram. peinte locale (fragment: panse), terre ocre, bandes brunes. *(Fig. 14:*46*)*
90.5244	186	ép. 0,9	Vase céram. peinte locale (fragment: panse), terre ocre, bandes brunes. *(Fig. 14:*39*)*
90.5245	186	ép. 0,5	Vase céram. peinte locale, et décor peigné (fragment: panse), terre verdâtre. *(Fig. 14:*42*)*

N° inv. RS	*Provenance*	*Dim. en cm*	*Nature*
90.5246	186	ép. 0,6-0,8	Vase céram. peinte locale (fragment: panse), terre orangée, bandes brun-rouge. *(Fig. 14:45)*
90.5247	168	ø ouv. 13,5	Vase céram. peinte locale (fragment: panse), terre orangée, bandes brun rouge. *(Fig. 14:48)*
90.5248	185	ép. 0,5	Vase céram. peinte locale (fragment: panse), terre blanchâtre, écailles rouges. *(Fig. 14:53)*
90.5249	BM 216		Vase *White Painted* Chyp, (fragment panse). BM II.
90.5250	168	ø ouv. 2,9	Cruchette piriforme (fragment: col), terre ocre. BM II. *(Fig. 14:20)*
90.5251	186	ép. *ca* 0,2	Cruchette piriforme (fragment: panse), terre gris noir, engobe brun lustré. BM II. *(Fig. 14:27)*
90.5252 a, b	168		Cruchette piriforme (fragments), terre ocre, engobe rouge brun lustré verticalement. BM II. *(Fig. 14:26)*
90.5253	110, puits 205	ép. 0,3	Vase à lustrage horiz. (fragment: panse). BM II, terre chamois, engobe noir. *(Fig. 14:28)*
90.5254	186	ép. 1	Vase à décor incisé (fragment: panse), terre marron, bande en relief. BA III. *(Fig. 14:14)*
90.5255	186	ép. 0,3	Cruchette piriforme (fragment: panse), terre orangée, engobe brun-rouge. BM II. *(Fig. 14:24)*
90.5256	185	ø 0,7-0,9	Marmite, lustrage ext. croisé (fragment: panse), terre brune, engobe noir. BM II,. *(Fig. 14:32)*
90.5257	185	ø 29	Plat, lustrage int. et ext. (fragment: bord), terre chamois. BM II. *(Fig. 14:19)*
90.5258	168	ø ouv. 22 ?	Vase, lustrage int. et ext. (fragment: bord), terre chamois, cœur gris, BM II. *(Fig. 14:17)*
90.5259	168	ép. 0,4	Bol caréné, rouge brun, lustré (fragment: bord, panse). BM II. *(Fig. 14:16)*
90.5260	185		Cruchette piriforme (fragment: panse), terre orangée, engobe rouge brun, BM II. *(Fig. 14:25)*
90.5261	185	ép. 0,4	Vase noir, lustrage ext. (fragment: panse). BM II. *(Fig. 14:29)*
90.5262	185	ép. 0,5	Vase brun noir, lustrage ext. et int. (fragment: bord). BM II. *(Fig. 14:18)*
90.5263	185		Vase jaunâtre lustré. (fragment: panse), Égypte ?
90.5264	BM 216	ø base 3,5	Bol (fragment: base annulaire). BM II, terre jaunâtre. *(Fig. 14:33)*
90.5264bis	110, puits 205	ø ouv. 6,5	Vase brun-noir, lustrage horiz. (fragment: lèvre). BM II.*(Fig. 14:15)*
90.5265	186	ép. 1	Jarre, décor peigné alterné horiz./oblique (fragment: panse). BA III. *(Fig. 14:9)*
90.5266	186	ép. 0,5	Jarre, décor peigné alterné horiz./vertic (fragment: panse). BA III. *(Fig. 14:10)*
90.5267	168	ép. 0,9	Jarre, décor peigné (fragment: panse). BA III, terre grise, extér. rouge brique. *(Fig. 14:12)*
90.5267bis	168, T 203	L. 5,3	Vase, terre orangée, cœur gris, traces peintes blanchâtres, Chyp. (fragment: panse). BM II. *(Fig. 14:38)*
90.5268	178	ép. 0,7	Bol-à-lait *White Slip*, Chyp. (fragment: panse). *(Fig. 21:70)*
90.5269	186	ép. 0,5	Bol-à-lait *White Slip*, Chyp. (fragment: bord). *(Fig. 21:61)*
90.5270	186	ép. 0,5	Bol-à-lait *White Slip*, Chyp. (fragment: panse). *(Fig. 21:69)*
90.5271	109	ép. 0,2	Bol-à-lait*White Slip*, Chyp. (fragment: bord). *(Fig. 21:65)*
90.5272	109	ø base 10; ép. 0,4-0,6	Bassin *White Slip*, Chyp. (fragment: base plate). *(Fig. 21:75)*
90.5273	110, puits 205	ép. 0,4	Bol-à-lait *White Slip*, Chyp. (fragment: bord). *(Fig. 21:63)*
90.5274	110, puits 205	ép. 0,2	Bol-à-lait *White Slip*, Chyp. (fragment: bord). *(Fig. 21:67)*
90.5275	186	ép. 0,4	Bol-à-lait *White Slip*, Chyp. (fragment: bord). *(Fig. 21:55)*
90.5276	186	ép. 0,3	Bol-à-lait *White Slip*, Chyp. (fragment: panse). *(Fig. 2172)*
90.5277	186		Bol-à-lait *White Slip*, Chyp. (fragment: anse). *(Fig. 21:78)*
90.5278	185		Bol-à-lait *White Slip*, Chyp. (fragment: anse). *(Fig. 21:79)*
90.5279	185	ép. 0,3	Bol-à-lait *White Slip*, Chyp. (fragment: bord). *(Fig. 21:59)*
90.5280	185	ép. 0,2	Bol-à-lait *White Slip*, Chyp. (fragment: bord). *(Fig. 21:64)*
90.5281	185	ép. 0,3	Bol-à-lait *White Slip*, Chyp. (fragment: bord). *(Fig. 21:56)*
90.5282	168	ép. 0,2	Bol-à-lait *White Slip*, Chyp. (fragment: bord). *(Fig. 21:73)*
90.5283	185	ép. 0,3	Bol-à-lait *White Slip*, Chyp. (fragment: bord). *(Fig. 21:57)*
90.5284	185	ép. 0,5	Bol-à-lait *White Slip*, Chyp. (fragment: panse). *(Fig. 21:71)*
90.5285	185	ép. 0,3	Bol-à-lait *White Slip*, Chyp. (fragment: bord). *(Fig. 21:58)*
90.5286	185	ép. 0,2	Bol-à-lait *White Slip*, Chyp. (fragment: bord). *(Fig. 21:62)*
90.5287	185	ép. 0,7	Bol-à-lait *White Slip*, Chyp. (fragment: bord). *(Fig. 21:68)*
90.5288	110, esc. 193		Flacon (bilbil) *Base-Ring, Chyp.* (fragment: col). *(Fig. 21:80)*
90.5289	186		Flacon (bilbil) *Base-Ring*, Chyp. (fragment: col). *(Fig. 21:81)*

N° inv. RS	*Provenance*	*Dim. en cm*	*Nature*
90.5290	109	ø base 9	Flacon (bilbil) *Base Ring*, Chyp. (fragment: base). *(Fig. 21:91)*
90.5292	186	ép. 0,2	Bol caréné *Base-Ring*, Chyp. (fragment: bord et anse). *(Fig. 21:84)*
90.5293	186	ép. 0,2	Bol *Base-Ring*, Chyp. (fragment: bord et anse). *(Fig. 21:89)*
90.5294	168	ø ouv. 14	Bol caréné *Base-Ring*, Chyp. (fragment: bord et panse). *Fig. 21:85)*
90.5295	BM 216	ø int. ouv. 0,8	Flacon ou bilbil *Base-Ring*, Chyp. (fragment: col). *(Fig. 21:82)*
90.5296	168, T 203	ép. 0,2	Bol caréné *Monochrome*, Chyp. (fragment: bord et départ d'anse). *Fig. 21:93)*
90.5297	186		Bol caréné *Monochrome*, Chyp. (fragment: bord et départ d'anse). *Fig. 21:94)*
90.5298	186	øouv. 11	Bol *Monochrome*, Chyp. (fragment: bord). *(Fig. 21:96)*
90.5299	168, T 203	ép. 0,6	= voir 90.5160. *(Fig. 22:105)*
90.5300	110	ép. 0,6-0,8	Rhyton conique Myc. IIIB, figuré: bouquetin (fragment: panse). *Fig. 22:104)*
90.5301	186	ép. 0,6	Grand vase fermé Myc. IIIB (fragment: épaule carénée). *(Fig. 22:109)*
90.5302	186		Rhyton conique Myc. IIIB (fragment: bord) = id. 90.5161 ? *(Fig. 22)*
90.5303	110, esc. 193	ép. 0,3-0,4	Plat Myc. IIIB (fragment: panse). *(Fig. 22:110)*
90.5304	168, T 203		= voir 90.5132. *(Fig. 22:113)*
90.5305	186	ép. 0,5	Grand vase fermé Myc. IIIB (fragment: panse). *(Fig. 22:111)*
90.5306	109	ép. 0,8	Vase Myc. IIIB (fragment: panse). *(Fig. 22:112)*
90.5307	185		Calice Myc. IIIB. *(Fig. 22)*
90.5308	185		Tesson avec oiseau = même vase que 88.5203. *(Fig. 22:107, 23)*
90.5309	110, puits 205	H. cons. 4,9	Petit vase globulaire, albâtre (fragment: panse). *(Fig. 26)*
90.5310	185	H. cons.3,9	Coupe, albâtre (fragment: panse moulurée). *(Fig. 26)*
90.5311	185	L. anse. 6,3; l. 3,3	Amphore, albâtre (fragment: anse). *(Fig. 26)*
90.5312 + 90.5367	109	ø ouv. 27	Cratère (fragment: col), céram. peinte locale, figurée: chasseur et cerf en silhouette noire. *(Fig. 19, 20)*
90.5316	110		Gargoulette ou biberon, céram. locale (fragment: goulot).
90.5317	110		Lampe coupelle (fragment: panse).
90.5318	110		Cruchette, base en disque. BM II.
90.5319	110		Lame de faucille, silex.
90.5320	110		Silex taillé.
90.5321	110		Lame de faucille, silex.
90.5322	168		Marmite (?), lustrage horizontal (fragment: bord). BM II.
90.5323	168		Marmite (?), lustrage horizontal (fragment: bord). BM II.
90.5324	168		Marmite (?), lustrage horizontal (fragment: bord). BM II.
90.5325	168		Vase, lustrage horizontal (fragment: bord). BM II.
90.5326	168		Marmite (?), lustrage horizontal (fragment: bord). BM II.
90.5327	168	ø ouv. 23	Bol, céram. locale (fragment: bord et panse). *(Fig. 15)*
90.5329	168		Lampe coupelle (fragment: bord et bec), terre beige.
90.5330	168		Lampe coupelle (fragment: panse).
90.5331	168		Lampe coupelle (fragment: panse).
90.5332	168, T 203		Os long humain (jambe ?).
90.5333	168, T 203		Os long humain (bras ?).
90.5334	110	ø 22	*Pithos,* décor de côtes horizontales (fragment: base plate). *Cf. Fig. 5 b.*
90.5335	110		Lampe coupelle (fragment: bord et bec).
90.5336	110		Tesson taillé dans une panse de jarre.
90.5337	110	ø 8,5	Petit vase globulaire, bandes rouges Myc. IIIB.
90.5338	110		Fragment de pyxide, « faïence » jaune; à l'intérieur, sous le bord, un tenon perforé (brisé). *(Fig. 28)*
90.5339	110		Paroi du four 204, terre cuite (fragment).
90.5340	110		Silex taillé.
90.5341	110		Silex taillé.
90.5342	110		Os animal: phalange.
90.5343	110		Os animal.
90.5352	168, T 203		Os longs et crâniens, humains.
90.5352bis	168, T 203	ø ouv. 9,5	Cruchon, céram. locale (fragment: bord trilobé).
90.5353	168, T 203		Puisette *White Shaved*, Chyp. (fragments: col, anse, panse, base).
90.5354	168, T 203		Petit vase à étrier Myc. IIIB (fragment: partie inférieure).
90.5355	168, T 203	L. 5,5	Lame, silex noir.
90.5357	168	ø ouv. 11	Jarre, céramique peinte (fragment: col): deux bandes brunes.

N° inv. RS	*Provenance*	*Dim. en cm*	*Nature*
90.5358	109		Petit vase, céram. locale peinte. *(Fig. 20).*
90.5375	168		Lampe coupelle (fragment: bord), terre chamois. BM II.
90.5376 a-b	168		= voir 90.5134.
90.5377	168		Marmite (fragment: bord en gouttière), terre chamois, cœur noir. BM II.
90.5378	168		Puisette (fragment: base), terre beige et grise. BM II.
90.5379	168	L. 3,6	Silex taillé.
90.5380	168		Dent de gros animal.
90.5381	168		Os animal: phalange.
90.5382	185	ø ouv. 11	Jarre (fragment: col)
90.5384	185		Bol caréné, chamois (fragment: bord). BM II.
90.5387	185		Plat, marron, lustrage extér. (fragment: bord). BM II.
90.5389	185		Lampe coupelle, noire, engobe blanc gris (fragment: bec). BM II.
90.5390	185		Puisette *White Shaved*, Chyp. ? (fragment).
90.5392	185		Cruchette, extér. ocre (fragment: base annulaire). BM II.
90.5393	185	H.cons. 9,5; ép. 2,4	Applique murale (fragment de plaque avec trou de suspension). *(Fig. 24)*
90.5403	110, cab. 206		Fragment de petit vase, « faïence » jaune et marron. *(Fig. 28)*
90.5404	110, cab. 206	L. 1,4	Lame d'obsidienne, section trapézoïdale.
90.5405	110, cab. 206		Coquillage marin enroulé.
90.5406	BM 199 ?	L. 2,2	Lame d'obsidienne noire, section trapézoïdale. BM II ?
90.5409	110, espace 215	ø 9	Cylindre en matière micacée, brûlée (?).

4. FIGURES

Figures 1-13 : Commentaire des photos du chantier (J. MALLET)

Photographies de la mission française (sauf Fig. 13b-c), prises au cours des fouilles de 1986 (46e campagne), 1988 (48e campagne), et 1990 (50e campagne). L'échelle qui figure sur les photos est de 1 m, sauf mention autre.

Figure 1

Figure 1a. La maison au sud du temple aux rhytons vers l'est. Fin 50e campagne, 1990.
- La maison : pièces **106**, **110** et son cabinet **206**, **168** (fouillée jusqu'au Bronze moyen II, pièce BM **199**), **178**, **184** et **185** (fouillée au sud jusqu'au Bronze moyen II, pièce BM **216**).
- Le « temple aux rhytons » : sanctuaire **36** (l'étai en moellons qui soutient les marches de l'autel à sa face sud est l'œuvre de nos ouvriers) et pièces méridionales **55**, **78** et **79**.
- **35**, **109**, **180** et **186** : rues.
- **118** : bâtiment en contrebas de la rue 109.
- Dans l'angle supérieur droit, couche de terre grise de nos anciens déblais sur la terre noire de la surface originelle du tell (*cf.* couche d, *Fig. 7a, 8 a-c).*

Figure 1b. Le mur occidental de la maison vers le nord, 1990.
- Trois tronçons : 170 en bordure de la pièce **184**, 166 (dans l'ombre) et 167 en bordure de la pièce **168** fouillée jusqu'au Bronze moyen II (pièce BM 199).
- **180** et **186** : rues au sud de la maison.
- Au premier plan, surface du tell.

Figure 1c. Le mur 176. Face sud vers le nord-est, 1990.
- Pièce **168** (*cf. Fig. 13 d* : mêmes numéros aux mêmes places). **1** : sommet du mur BM 200. Sol BM **211** à 19,16* m.
- Mur **176**. **1** : point culminant à 21,33 m. **2** : matériaux fondus dans c (*cf. Fig. 5a* : mur 176, n° 2, et *13 d* : n° 176). **c** : logement du chaînage horizontal (face nord: *cf. Fig. 4c* et *8b* : mur 176, c).
- Pièce **185**. Sol **208** au-dessus de la pièce BM 216.

Figure 2

Figure 2a. Les pièces 178, 184 et 185 vers le nord-nord-est, 1990.
- Pièce **184**. Mur **9**, **2** : pierre qui portait à 20,74 m le chaînage horizontal (*cf. Fig. 8c*, *9a*, *12b* : mur 9, n° sur la même pierre).
- Pièce **185**, fouillée au sud jusqu'au Bronze moyen II, pièce BM **216**. Mur **9**, **1** : sommet des fondations, et **2**: logement du chaînage horizontal (*cf. Fig. 3b* : pièce 185, et *12 c* : mur 9, mêmes numéros aux mêmes places). Sol **208** ; au-dessus, deux blocs tombés de chant dans les décombres, à 19,42* m et à 68 cm du mur 183 (sommet à 19,83 m du droit, long de 50 cm, et à 19,90 m du gauche, long de 60 cm). Entre 208 et 216, tas de pierres du remblai de fondation (*cf. Fig. 4b* et *d*).

Figure 2b. Les pièces 106 et 110 vers le nord-nord-est, 1990.
- **35**, **109** et **186** : rues.
- Pièce **110**. Escalier **193**. Four **204**. Cabinet **206**. Sol **213**. Espace **215**.
- **118**: bâtiment en contrebas de la rue 109.

Figure 3

Figure 3a. La pièce 110 vers l'ouest, 1990.
- Puits **205** dans la porte **188** (*cf. Fig. 6d*).
- **c** : logement du chaînage horizontal (mur **102**, partie sud : *cf. Fig. 5c* : c à la même place ; mur **104**, partie nord : *cf. Fig. 3b*).

Figure 3b. La pièce 106 vers l'ouest, 1990.
- Pièce **106**. Mur **104**, **c** : logement du chaînage horizontal (partie sud : *cf. Fig. 3a*). Sol **190**, n° à l'endroit où il a plusieurs centimètres d'épaisseur (*cf. Fig. 4a*). **s** : sondage (*cf. Fig. 4a*).
- Rue **109**. Arasement du mur oriental **75** du temple aux rhytons.
- Pièce **185**. Mur **9**, **1** et **2** : cf. *Fig. 2a* : pièce 185.

Figure 3c. La pièce 110 vers le sud-est, 1990.
- Pièce **106**. Mur **101**, **c** : logement du chaînage horizontal à 20,38 m (*cf. Fig. 9b* : pièce 106, c). Sol 190.
- Pièce **110**. Mur **104**, **1** : sommet de la partie verticale sous le chaînage du parement ouest (*cf. Fig. 7a-b* : mur 104, n° 1 sur la même pierre).

Figure 4

Figure 4a. La pièce 106 vers l'est-sud-est, 1990.
- **1** : sommet à 21,33 m du mur **9** à son redan. **2** : affleurement du remblai de fondation. Sol **190**, n° à l'endroit où il a plusieurs centimètres d'épaisseur (*cf. Fig. 3b*). **s**: sondage (*cf. Fig. 3b*).

Figure 4b. Les pièces 178 et 185 vers le sud-sud-ouest, 1990.
- Pièce **185**, fouillée au sud jusqu'au Bronze moyen II, pièce BM **216**. Au deuxième plan, tas de pierres du remblai de fondation (*cf. Fig. 2a*).

Figure 4c. Les pièces 178 et 184 vers le sud-sud-ouest, 1990.
- Pièce **178**. Pavage 174. Altitude, **14** : 19,54 m ; **15** : 19,50 m ; **16** (dalle de remploi rectangulaire et percée, *cf. Fig. 11 b* : n° 16) : 19,51 m. **17** :

emplacement de trois dalles dont une longue (sommet à 19,59 m) à 65 cm du mur 176, qui, parallèle au mur 194, butait contre la première assise de son soubassement. Mur **176**, **1** : point culminant à 21,33 m, au parement sud; **c**: logement du chaînage horizontal (*cf. Fig. 8b* : mur 176, c).

Figure 4d. Les pièces 106, 184 et 185 vers l'est, 1990.
- Pièce **185**, fouillée au sud jusqu'au Bronze moyen II, pièce BM **216** (puits BM **205**, murs BM **209** et BM **210**, *cf. Fig. 6e*). Au nord, tas de pierres du remblai de fondation (*cf. Fig. 2a*).

Figure 5

Figure 5a. Les pièces 110, 168 et 178 vers l'est-sud-est, 1990.
- Pièce **168**, fouillée jusqu'au Bronze moyen II, pièce BM **199**.
- Mur **176**. **1** (pièce **178**) : point culminant à 21,33 m au parement sud. **2** (pièce 168) : matériaux fondus dans le logement du chaînage horizontal (*cf. Fig. 1 c* : mur 176, n° 2). Le parement nord à fort contre-fruit s'est écroulé aussitôt dégagé.
- Pièce BM **199**. Mur BM **200**, **1** : sommet, le 1 à l'arrière-plan étant à 19,69 m (*cf. Fig. 1c* et *13d* : n° 1 sur les mêmes pierres). Mur BM **207**, **1** : sommet du parement est, d'une assise au-dessus du reste du mur, à 19,32* m à gauche (parement ouest à 19,15 m) et à 19,24* m à droite (parement ouest à 19,11 m). Escalier BM **202**. Fond de fouille à 18,88 m au pied du seuil **195**.

Figure 5b. Pièce 110, la jarre 90.5334 écrasée vers le nord-nord-est, 1990.
- **1** : jarre 90.5334. **2** : meule 90.5207. **3** : décombres du montant nord du mur **192** (*cf. Fig. 7b* : b1, n° 3 sur la même pierre). Mur **101**, **c** : logement du chaînage horizontal. Four **204** sous 3 (*cf. Fig. 7c* : n° 204). Sol **213**. Espace **215**.

Figure 5c. Pièce 110, l'escalier 193 vers le sud, 1990.
- Mur **102**, **c** : logement du chaînage horizontal (*cf. Fig. 3a* : partie sud du mur 102, c à la même place). Mur **104** : n° sur la même pierre que *Fig. 7a-b*, n° 104 gauche.
- **109** et **186** : rues.

Figure 5d. Pièce 110, la porte 214 du cabinet 206 vers le sud-est, 1990.
- Mur **191** (n° dans le logement du chaînage horizontal, à la même place que *Fig. 6b*). **1** : première assise au-dessus des fondations (*cf. Fig. 6c* : mur 191, n° 1 sur la même pierre). Porte **197**, jambage occidental : *cf. Fig. 5e*.

Figure 5e. Pièce 110, le jambage occidental de la porte 197 vers l'ouest-sud-ouest, 1990.
- Jambage oriental : *cf. Fig. 5d*.

Figure 6

Figure 6a. Pièce 110, le cabinet 206 vers le nord-est, 1990.
- Commentaire de *Fig. 6a-b*, au même stade de fouille:
- **2** : cruche (?) 90.5170 à 19,14 m sur le sol de terre grise. **3** : partie inférieure de jarre 90.5169 à 18,98 m. Mur **104** : n° blanc sur la pierre sommitale à 21,22 m ; **1** : première assise au-dessus du sol (*cf. Fig. 6c* : mur 104, n° 1 sur la même pierre) ; **c** : logement du chaînage horizontal. Mur **189** : la pierre sommitale de l'angle sud-ouest à 20,77 m est tombée. Mur **191** : n° dans le logement du chaînage horizontal, à la même place qu'à *Fig. 5d*. Escalier **193**, huitième marche.

Figure 6b. Pièce 110, le cabinet 206 vers l'est, 1990.
- *Cf. Fig. 6a*.

Figure 6c. Pièce 110, les fondations du cabinet 206 vers l'est-sud-est, 1990.
- Mur **104**, **1** : première assise au-dessus du sol (*cf. Fig. 6 b* : mur 104, n° 1 sur la même pierre). Mur **191**, **1** : première assise au-dessus des fondations (*cf. Fig. 5d* : mur 191, n° 1 sur la même pierre). Fond de fouille à 18,55* m.

Figure 6d. Pièce 110, le puits 205 dans la porte 188 vers l'ouest-nord-ouest, 1990.
- Pièce **110**, sol 213.
- Pièce **185**, sol 208, au même stade de fouille que *Fig. 1c*.

Figure 6e. Pièce 110, le puits 205 dans la porte 188 vers le nord-nord-est, 1990.
- Pièce **110**, sol 213. Puits **205**, **4** : pierre de la margelle culminant à 19,35 m.
- Pièce BM **216** (*cf. Fig. 4d*). Fond de fouille dans les décombres de la pièce, **1** : à 18,29 m sur une pierre ; **2** : à 18,46 m dans la terre brune. Puits BM **205**, **3** : margelle monolithe, le 3 noir sur l'angle nord-ouest à 18,76 m. Mur BM **209**, n° sur la pierre sommitale à 19,01 m. Mur BM **210**, n° sur la pierre sommitale à 18,75 m.

Figure 7

Figure 7a. Pièce 110, les décombres supérieurs du mur 104 vers l'est-sud-est, 1990.
- Commentaire de *Fig. 7a-c* :
- Mur **104** (le n° de gauche sur la même pierre qu'à *Fig.5 c*), parement ouest, **1** : sommet de la partie verticale sous le chaînage (*cf. Fig. 3c* : mur 104, n° 1 sur la même pierre); **2** : partie supérieure à contre-fruit, écroulée depuis sa mise à nu. Mur **192** : mur ouest de la cage de l'escalier 193. Escalier **193**, huitième marche. Four **204** (*cf. Fig. 5b* : n° 204 et *7d*).
- Décombres de briques **217** du mur 104 ; extrémité ouest, **1** : base à 19,73 m sur a, et **2** : sommet à 20,00 m ; extrémité sud, **3** : sommet à 20,54 m ; extrémité est (cinq assises), sommet **4** : à 20,65 m, et **5** : à 20,79 m.

- **a** : décombres de terre grise et de pierres du plafond. **b1**: décombres du montant nord du mur 192 (*cf. Fig. 5b* : n° 3) ; pierres taillées, **1** : la plus basse à 19,27 m, **2** : à 19,30 m, et **3**: la plus haute, sommet à 20,05 m. **b2** : décombres de pierres du mur 104 tombés avant les briques 217. **b3** : décombres de pierres du mur 104 tombés avec ou après les briques 217. **c** : couche superficielle originelle de terre noire et de cailloux. **d** : terre grise de nos anciens déblais ; d est situé au centre à 21,40* m de la berme entre D1c/1, devant, et D1c/4, derrière (*cf. Fig. 8a* : pièce 110, d à la même place).
- Fond de fouille : sol **213** à 19,00 m, *Fig. 7c* ; à 19,59* m au pied de b1, n° 3, et 19,61 m au pied de 217, n° 1, *Fig. 7b* ; à 20,42* m au pied de l'échelle, *Fig. 7a*.

Figure 7b. Pièce 110, les décombres de briques 217 du mur 104 vers l'est-sud-est, 1990.
- *Cf. Fig. 7a.*

Figure 7c. Pièce 110, les décombres du mur 192 vers l'est, 1990.
- *Cf. Fig. 7a.*

Figure 7d. Pièce 110, le four 204 vers l'est, 1990.
- *Cf. Fig. 7c* : n° 204.
- **1**: fragment de bord du four 204 (*cf.* 90.5339, morceau de sa paroi trouvé sous la jarre 90.5334 de *Fig. 5b*). Sol **213** à 19,00 m.

Figure 8

Figure 8a. Pièces 178 et 185, le mur 102 vers l'est-sud-est, 1988.
- Au même stade de fouille que *Fig. 8b*, et *11b*.
- Mur **102**. **1** : pierre sommitale à 21,29 m. **c** : logement du chaînage horizontal, le c noir à 20,38 m (*cf. Fig. 9b* : c). **e**: enduit. Au pied de la partie sud du mur (à droite), jarre écrasée à 19,10 m.
- Pièce 106. Porte **121**, fond de fouille de 1981 (41e campagne) à 20,11 m dans la fosse qui l'a défoncée (*cf. Fig. 9c*). La pierre taillée appuyée au mur 101 n'est pas en place.
- Pièce **110**. **d**: terre grise de nos anciens déblais (*cf. Fig. 1a*) sur la berme entre D1c/1 (angle nord-ouest de la pièce, à gauche, fouillé en 1981 jusqu'à 20,53 m dans les décombres de pierres et de terre grise) et D1c/4 (au fond à droite, fouillé en 1988 jusqu'à 21,05 m, à la limite des décombres de pierres et de la terre noire superficielle), et sur la berme entre D1c/4 et D2c/3 (pièce 178). d est situé au centre à 21,40* m de la première berme (*cf. Fig. 7a* : d à la même place). À l'angle commun aux trois carrés (emplacement du n° 110), surface à 21,55 m de nos déblais et, dessous, sommet à 21,44* m de la couche superficielle originelle de terre noire et de cailloux.
- Pièce **178** . Porte **181**, **3** : meule 90.5208 (*cf. Fig. 8b* : mêmes n[os]).

Figure 8b. Pièce 178, le mur 176 vers le sud-sud-ouest, 1988.
- Au même stade de fouille que *Fig. 8a* ; *11b*; *12a*, à la cruche 88.5231 près.
- Pièce **178**. **1**: emplacement de la crapaudine 88.5140 à 19,32 m (*cf. Fig. 11b* : mêmes n[os]). Mur **176**, **2** : matériaux fondus dans c ; **c** blancs : logement du chaînage horizontal (*cf. Fig. 4c* : mur 176, c). Porte **181**, **3** : meule 90.5208 (*cf. Fig. 8a* : mêmes n[os]).
- Berme qui chevauche le mur 176, entre D2c/3 (pièce 178) et D2c/4 (en haut à droite). Pavage **174**, **15** : dalle à 19,50 m (*cf. Fig. 12a* : n° 15). Sommet, **a1** : de la couche inférieure, de terre brune, et **a2**: de la couche supérieure, de terre grise et de matériaux brûlés, de la première accumulation de décombres (*cf.* a1 et a2, *Fig. 11 b*, à la même place, et *Fig. 12a*). **b** : sommet (pierre à 20,93 m) de la deuxième accumulation de décombres, de pierres et de terre grise (*cf.*, à la même place, *Fig. 10c* : b supérieur, et *Fig. 12a* : b). **c** noir : couche superficielle originelle de terre noire et de cailloux, épaisse de 70 cm. **d** : terre grise de nos anciens déblais, **4** : surface à 21,62 m au centre de D2c.

Figure 8c. Pièce 184, les décombres vers l'ouest-nord-ouest, 1986.
- Face est de la berme entre, du nord au sud (de droite à gauche), D2b/3 et D2c/2 (pièce **184**) d'une part, D2b/4 et D2c/1 (derrière) de l'autre, et derrière laquelle se dissimulait le mur 170 (*Fig. 9a*).
- Mur **9**, n° sur la pierre qui portait à 20,74 m le chaînage horizontal, comme *Fig. 9a* (*cf. Fig. 2a* : pièce 184, mur 9, n° 2 sur la même pierre).
- Décombres de briques **163** du mur 176 (*cf. Fig. 9a*, et *10a-b* : n° 163 sur la même brique). Limites, **1** : supérieure (à partir de la gauche, altitude du premier 1: 20,55 m ; épaisseur sous le troisième : 27 cm, et 22 cm sous le cinquième), et **2** : inférieure (à 19,65* m à droite).
- Pavage **174** (n° sur le sommet à 19,56 m de la même dalle qu'à *Fig. 9a*, et que n° 2 de *Fig. 12b*), recouvert de terre grise brûlée (partie inférieure de a) où affleure à 19,49 m le pot brûlé **3**.
- **a** : décombres de l'étage (*cf.* sous 163, *Fig. 11a*:a2, et, pour la partie derrière l'échelle, *Fig. 13a*:a). **b** : décombres de pierres. **c** : couche superficielle originelle de terre noire et de cailloux, épaisse de 35 cm. **d** : terre grise de nos anciens déblais, épaisse de 10 cm (*cf. Fig. 1a*) ; **4** : surface à 21,62 m à la jonction des carrés D2b/3-4 et D2c/1-2.
- Au premier plan, mur 102. À gauche, berme entre D2c/2 et D2c/3.

Figure 9

Figure 9a. Pièce 184, le mur 170 vers l'ouest, 1988.
- Mur **9**, n° sur la pierre qui portait à 20,74 m le chaînage horizontal (*cf. Fig. 8c* : n° 9 sur la même pierre).
- Décombres de briques **163** du mur 176 (*cf. Fig. 8c* : n° 163 sur la même brique).

- Pièce **168**. Fond de fouille à 20,47 m dans les décombres de pierres et de terre grise (*cf. Fig. 10 c*).
- Mur **170** (*cf. Fig. 8c* : les décombres qui l'avaient enseveli à l'est; *Fig. 12a* : la base de son angle sud-est). **1** : sommet à 21,24 m. **2** : la pierre angulaire sommitale à 21,38 m est tombée. La brèche centrale a déversé ses moellons sur la première accumulation de décombres **a** (*cf. Fig. 12a*:a).
- Pavage **174**, n° sur le sommet à 19,56 m de la même dalle qu'à *Fig. 8c*.
- Au premier plan, mur 102.
- Échelle d'1 m debout dans l'angle des murs.

Figure 9b. Pièce 110, le mur 102 vu en enfilade de la pièce 106 vers le sud-sud-ouest, 1986.
- Commentaire de *Fig. 9b-c*, au même stade de fouille.
- Pièce **106** (fouille de 1981, 41e campagne). **1** : pierre taillée à 20,02 m à la base des décombres de pierres et de terre grise. Porte **121**, fond de fouille à 20,11 m dans la fosse qui l'a défoncée.
- Pièce **110**. Mur **102** (n° noir sur la pierre sommitale à 21,18 m), **c** : logement du chaînage horizontal à 20,38 m à son angle saillant avec le mur **101** (*cf. Fig. 3c* : pièce 106, mur 101, c). Fond de fouille de 1981 à 20,53 m (*cf. Fig. 8 a* : pièce 110).
- Pièce **185**. **7** : jarre tombée de l'étage, à 19,68 m dans la couche supérieure de la première accumulation de décombres (*cf. Fig. 12c*). Décombres de briques **163** du mur 176 (n° 163 à la même place sur les deux photographies) ; sommet, **4** : à 20,37 m, et **5** : à 20,34 m (*cf. Fig. 10a-b* : n^{os} sur les mêmes briques) ; **6** : brique 86.5164 plantée à 20,27 m contre le mur 102. Fond de fouille à 19,46 m à l'emplacement du n° 185, *Fig. 9c*, au sommet de la couche inférieure de la première accumulation de décombres.
- Surface du tell, à l'arrière-plan et à 21,55 m, *Fig. 9b* ; en bas à droite (berme entre D2c/2, pièce 185, et D2c/3), *Fig. 9c*.

Figure 9 c. Pièce 185, les décombres de briques 163 du mur 176 vers le nord-est, 1986.
- *Cf. Fig. 9b.*

Figure 10

Figure 10a. Pièces 184 et 185, les décombres de briques 163 du mur 176 vers le sud, 1986.
- Commentaire de *Fig. 10a* : avant, et *b* : après le nettoyage des briques.
- *Fig. 10a* : au même stade de fouille que *Fig. 9c*.
- Briques **163**. Huit assises au moins dans la pièce **184**. **1** : limite sud. Sommet, **3** : à 20,55 m ; **4** : à 20,37 m, et **5** : à 20,34 m. (mêmes n^{os} sur les mêmes briques, 163 : *Fig. 8c-9a, 10c* ; 1 : *10c-11a* ; 3 : *10c*, et correspondant au n° 1 e gauche de *Fig. 8c*:4 et 5; *9c*).
- L'échelle, *Fig. 10 a*, est à la limite des pièces 184 et **185**, et au milieu de la berme entre D2c/2 (ces deux pièces) et D2c/3 (derrière). À droite, berme entre D2c/1 et D2c/2, **d**: surface à 21,62 m au piquet qui marque le centre du carré D2c (*cf. Fig. 10c*:d au même endroit).

Figure 10b. Pièces 184 et 185, les décombres de briques 163 du mur 176 vers le sud-sud-est, 1986.
- *Cf. Fig. 10a.*

Figure 10c. Pièces 178 ouest et 184 sud, les décombres supérieurs du mur 176 vers l'ouest, 1988.
- Commentaire de *Fig. 10c-11a*.
- Pièce **168**, fond de fouille à 20,47 m dans les décombres de pierres et de terre grise (*cf. Fig. 9a*).
- Pièce **178**. *Fig. 10c* : face est de la berme entre, du nord au sud (de droite à gauche), D2c/2 et D2c/3 (pièce 178) d'une part, D2c/1 et D2c/4 (derrière) de l'autre (*cf. Fig. 8 b*). **b** : deuxième accumulation de décombres, de pierres et de terre grise, le b inférieur sur la même pierre et le b supérieur de *Fig. 10 c*, sous le sommet à 20,93 m de la pierre la plus haute de la couche (*cf. Fig. 8 b* : b à la même place). **c** : couche superficielle originelle de terre noire et de cailloux. **d** : terre grise de nos anciens déblais, surface à 21,62 m au piquet qui marque le centre du carré D2c. *Fig. 11a*: fouille arrêtée au sol de terre brune à 19,32 m.
- Pièce **184**. Décombres de briques **163**, limites, **1** (sur la même brique) : sud, et **2** : ouest, sommet à 20,65 m ; **3** : sommet à 20,55 m (références des n°s 1, 3 et 163, sauf 163 de *Fig. 11a*, sur les mêmes briques : *cf. Fig. 10a-b*). Mur **170**, la pierre angulaire sommitale à 21,38 m est tombée. **a2** : couche supérieure de la première accumulation de décombres (*cf. Fig. 8c-9a*, à gauche), agrégat calciné tombé de l'étage renfermant beaucoup de poterie et, à 19,69* m, le mortier 88.5142.

Figure 11

Figure 11a. Pièces 178 ouest et 184 sud, les décombres inférieurs vers le nord-ouest, 1988.
- *Cf. Fig. 10 c.*
-Échelle de 50 cm.

Figure 11b. Les pièces 178 ouest et 184 sud vers l'ouest-nord-ouest, 1988.
- Au même stade de fouille que *Fig. 8b*, à la cruche 88.5231 près, et *12a*.
- Pièce **178**. **1**, **15**, **a1**, **a2**, et **c** (mur 176) : *cf. Fig. 8b*, aux mêmes places. **16** : dalle de remploi rectangulaire et percée (sommet à 19,51 m ; *cf. Fig. 4c* : pièce 178, n° 16). Mur **102**, n° sur la pierre sommitale à 21,29 m.
- Pièce **184**. Angle sud-est du mur **170**, n° sur la première assise, posée sur la terre (*cf. Fig. 12c* : n° 170 sur la même pierre). À 19,45 m, 2 cm au-dessus du pavage 174, cruche 88.5231.

Figure 12

Figure 12a. Pièce 184, la partie sud du pavage 174 vers l'ouest-nord-ouest, 1988.
- Au même stade de fouille que *Fig. 8 b*, à la cruche 88.5231 près, et *Fig. 11b*.

- Pavage **174**. Altitude, **7**: 19,31 m ; **8** et **9** : 19,40 m ; **10** et **11** : 19,57 m ; **12** : 19,51 m ; **13** : 19,53 m ; **14** : 19,54 m, et **15** : 19,50 m (*cf. Fig. 4c* : pièce 178, n°s 14-17). Partie nord : *cf. Fig. 12b*.
- Pièce **178** . **a1**, **a2** et **b**, au sommet des couches de décombres : *cf. Fig. 8b*, mêmes lettres.
- Pièce **184**. Mur **170** et cruche 88.5231 sur le pavage 174 : *cf. Fig. 11b*. **a**: première accumulation de décombres sur lesquels la brèche centrale du mur 170 a déversé ses moellons (*cf. Fig. 9a*:a).

Figure 12b. Pièce 184, la partie nord du pavage 174 vers le nord-nord-est, 1988.
- Mur **9**, n° sur la pierre qui portait à 20,74 m le chaînage horizontal (*cf. Fig. 2a* : pièce 184, mur 9, n° 2 sur la même pierre).
- Pavage **174**. Altitude, **1** : 19,61 m ; **2** : 19,56 m (à la même place que n° 174, *Fig. 8c-9a* et *13a*) ; **3** : 19,56 m ; **4** : 19,51 m ; **5** : 19,42 m ; **6** : 19,46 m, et **7** : 19,31 m. Partie sud : *cf. Fig. 12a*.

Figure 12c. Pièce 185, jarre tombée de l'étage dans l'angle nord-est vers le nord-est, 1986.
- *Cf. Fig. 9c* : pièce 185, n° 7.
- Jarre (sommet à 19,96* m) tombée à 19,68 m, à 22 cm au-dessus du sol à 19,46 m qui recouvre des moellons du remblai de fondation entassés entre 19,09* m et 19,41 m (*cf. Fig. 4d* : pièce 185).
- Mur **9**, **1**: sommet des fondations, et **2**: logement du chaînage horizontal (*cf. Fig. 2a* : pièce 185, mur 9, mêmes n^os^ à la même place).

Figure 13

Figure 13a. Pièce 184, les décombres inférieurs dans l'angle nord-ouest vers l'ouest-nord-ouest, 1986.
- Détail de *Fig. 8c*, derrière l'échelle.
- Pavage **174**, n° sur le sommet à 19,56 m de la même dalle. **a1** : couche inférieure, de terre grise, et **a2** : couche supérieure, de terre argileuse blanc jaune, de la première accumulation de décombres. **b** : deuxième accumulation de décombres de pierres et de terre grise.

Figure 13b-c. Maison moderne en ruines à Ibn Hani près de Ras Shamra, en 1990 (photos J. Mallet).
- Les ruines, depuis, ont été rasées. Le pilier qui soutient le toit se trouve au sud-est.

Figure 13d. La pièce 168 vers le nord-nord-est, 1990.
- Fouillée jusqu'au Bronze moyen II, pièce BM 199.
- Mur **176**, n° sur les matériaux fondus dans le logement du chaînage horizontal (*cf. Fig. 1c* : mur 176, n° 2).
- Rue **186**, fond de fouille à 19,45* m à la porte **195**, à gauche.
- Pièce BM 199. Mur BM **200**, **1** : sommet, le 1 droit à 19,69 m (*cf. Fig. 5a*, mêmes numéros sur les mêmes pierres). Mur BM **201**, **1** : sommet à 20,11 m. Sol BM **211** à 19,16* m au pied de l'escalier BM **202** seulement (*cf. Fig. 1c* : pièce 168, n° 211).

Figure 13e. Pièce 168, la tombe 203 vers le nord-nord-est, 1990.
- Mur BM **201**, n° au sommet à 20,11 m (*cf. Fig. 13d* : mur 201, n° 1 sur la même pierre).

Figures 14-28 : Le mobilier

Figure 14

Céramique antérieure ou postérieure au Bronze récent.

Figure 14, a. Byzantine: **1**: 88.5012; **2**: 88.5019; **3**: 90.5007; **4**: 88.5022; **5**: 90.5035; **6**: 88.5021;

Figure 14, b. Bronze ancien I : **13**:88.5043, et III : **7**: 90.5000bis; **8**: 88.5020; **9**: 90.5265; **10**:90.5266; **11**: 88.5042; **12**:90.5267; **14**:90.5254.

Figure 14, c. Bronze moyen II local (15-36) : **15**:90.5264bis; **16**:90.5259; **17**:90.5258; **18**: 90.5262; **19**:90.5257; **20**:90.5250; **21**:90.5138; **22**:90.5139; **23**:90.5140; **24**:90.5255; **25**:90.5260; **26**:90.5252; **27**:90.5251; **28**:90.5253; **29**:90.5261; **30**:90.5060; **31**:88.5073; **32**:90.5256; **33**:90.5264; **34**:90.5067; **35**:88.5093; **36**:90.5037; et du Bronze moyen chypriote: **37**:90.5249; **38**:90.5267bis.

Figure 14, d. Bronze récent II (céramique locale peinte): **39**:90.5244; **40**:90.5238; **41**:90.5239; **42**:90.5245; **43**:90.5055; **44**:90.5240; **45**:90.5246; **46**:90.5243 **47**:90.5241; **48**:90.5247; **49**:90.5030; **50**:90.5242; **51**:88.5074; **52**:90.5159; **53**:90.5248.

Figure 15

Céramique locale sans décor du Bronze récent :

Coupes à pied: 90.5211, 90.5210; bols: 90.5327, 90.5135, 90.5136; bol profond (?): 90.5128; marmite à anse de panier: 90.5120; vase double: 90.5027; puisettes (locales, chypriotes ?): 90.5209, 90.5127; cruches: 90.5019, 90.5023, 88.5231; jatte: 88.5243.

Figure 16

Céramique locale sans décor du Bronze récent :

Vase fermé: 90.5128; vase à douche: 86.5167; chope: 90.5170; jarre commerciale : 86.5265; anses de jarres marquées: 88.5240, 88.5241, 88.5244, 90.5057, 90.5145.

Figure 17

Figure 17. Céramique locale sans décor du Bronze récent (sauf 88.5238) : jarres commerciales:

Cols: 88.5111, 88.5112, 88.5113, 88.5114, 88.5115, 88.5116, 88.5117, 88.5174, 88.5183, 88.5204, 88.5205, 88.5206, 88.5208, 88.5209, 88.5210,

88.5233, 88.5234, 88.5235, 88.5237, 88.5238 [BM II], 90.5042, 90.5089, 90.5091, 90.5093, 90.5096, 90.5198.

Figure 18

Figure 18. Céramique locale sans décor du Bronze récent : jarres et pithoi :
Cols: 88.5150, 88.5160, 88.5281, 90.5041, 90.5088, 90.5090, 90.5095, 90.5122, 90.5150; bases: 88.5118, 88.5119, 88.5217, 90.5046, 90.5087, 90.5112, 90.5113, 90.5169; bord marmite: 90.5092; col jarre: 90.5097.

Figure 19

Figure 19. Céramique locale du Bronze récent :
Sans décor: cruches: 90.5019, 90.5023; marmite: 90.5120. Peinte: jarre: 90.5312; cratère: 86.5157; jarre à trois anses: 90.5133; cruche: 88.5145.

Figure 20

Figure 20. Céramique locale peinte du Bronze récent :
Bol: 86.5168; cruches: 88.5145, 88.5202; jarre à trois anses: 90.5133, cratère: 90.5312+5367; vase fermé: 90.5358.

Figure 21

Figure 21. Céramique chypriote du Bronze récent :
White Slip - Tessons **54**: 90.5014, **55**: 90.5275; **56**: 90.5281; **57**: 90.5283; **58**: 90.5285; **59**: 90.5279; **60**: 88.5068; **61**: 90.5269; **62**: 90.5286; **63**: 90.5273; **64**: 90.5280; **65**: 90.5271; **66**: 90.5032; **67**: 90.5274; **68**: 90.5287; **69**: 90.5270; **70**: 90.5268; **71**: 90.5284; **72**: 90.5276; **73**: 90.5282 **74**: 90.5103; **75**: 90.5272; **76**: 88.5075; **77**: 88.5094; **78**: 90.5277; **79**: 90.5278. Bols: 90.5014 (= **54**), 90.5162.
Base Ring - Tessons **80**: 90.5288; **81**: 90.5289; **82**: 90.5295; **83**: 90.5104; **84**: 90.5292; **85**: 90.5294; **86**: 88.5070; **87**: 90.5062; **88**: 90.5204; **89**: 90.5293; **90**: 90.5205; **91**: 90.5290; **92**: 90.5105. Bols: 90.5292 (= **84**); 90.5294 (= **85**).
Monochrome - Tessons **93**: 90.5296; **94**: 90.5297; **95**: 90.5202; **96**: 90.5298. Bol: 90.5104.

Figure 22

Figure 22. Céramique mycénienne :
Tessons **102**: 90.5160; **103**: 90.5302; **104**: 90.5300; **105**: 90.5299; **106**: 90.5161a; **107**: 90.5308; **108**: 90.5196; **109**: 90.5301; **110**: 90.5303; **111**: 90.5305; **112**: 90.5306; **113**: 90.5304. Bols: 88.5171, 88.5249; calice: 90.5307; rhyton(s ?): 90.5161 (= **106**), 90.5300 (= **104**), 90.5302; vases à étrier: 90.5132, 90.5134.

Figure 23

Figure 23. Céramique mycénienne :
Cruche: 88.5203+5308 *(Style Rude)*; petit vase fermé: 86.5259; cratère: 86.5158+5182+5223 (minoen).

Figure 24

Figure 24. Objets en terre cuite :
Applique murale: 90.5393; « clou décoratif »: 88.5143; rondelles (jetons ?): 86.5202, 90.5012, 90.5048; peson de tisserand: 90.5074; figurines animales: 90.5004, 90.5168, 90.5201.

Figure 25

Figure 25. Objets en pierre :
Pilons (basalte): 86.5134, 90.5003; mortier: 88.5142; meule: 90.5010; crapaudine (calcaire): 88.5140; poids (hématite): 86.5003; fusaïoles (chlorite): 86.5005, 90.5002, 90.5022, 90.5024; élément en cristal: 88.5055; perles (cornaline): 88.5141, 90.5000; haches miniatures: 84.5056, 90.5085; silex taillés: 90.5106, 90.5110.

Figure 26

Figure 26. Objets en pierre et en métal :
Albâtre: 90.5138; coupe: 90.5310; flacon: 90.5309; anse de jarre: 90.5311; calcaire: stèle: 81.5004.
Or: bracelet: 88.5082. Bronze: tiges (?): 86.5006, 88.5146, 90.5020, 90.5078, 90.5080, 90.5117; aiguille: 90.5076; anneau: 90.5084; lamelle: 88.5079; poinçons: 86.5001 86.5002, spatule: 90.5001.

Figure 27

Figure 27. Objets en bronze :
Pointes de flèches: 86.5025, 86.5138, 86.5144, 88.5083, 90.5116; ciseau: 90.5018; hache: 90.5082; cymbales: 90.5077.

Figure 28

Figure 28. Objets en matière organique, et en matière vitreuse :
Matière organiques. Aiguillons de poissons: poinçons: 84.5088, 90.5079, 90.5083, 90.5119. Os: plaquette: 88.5080. Ivoire: plaquette: 90.5021.
Matières vitreuses. Verre: perle: 90.5191. « Bleu égyptien »: sceau: 90.5025+5167; perles: 90.5026+5081, 90.5075, 90.5115+90.5131, 90.5165, 90.5192; récipients: 90.5061, 90.5338.

Figure 29

Figure 29. Plan schématique du chantier par J. Mallet, d'après les relevés de V. Bernard, P. Desfarges, M. Renisio et de l'auteur.

Figure 30

« Clous » n^{os} **7**, **8**, **9**, **10**, **12** (diverses zones du tell).

a

b

c

Figure 1.
a. La maison du Bronze récent au sud du « temple aux rhytons » vers l'est. Fin 50e campagne, 1990.
b. Le mur occidental de la maison vers le nord, 1990.
c. Le mur 176. Face sud vers le nord-est, 1990.

a

b

Figure 2. **a**. Les pièces 178, 184 et 185 vers le nord-nord-est, 1990.
b. Les pièces 106 et 110 vers le nord-nord-est, 1990.

a

b

c

Figure 3. **a.** La pièce 110 vers l'ouest, 1990. **b.** La pièce 106 vers l'ouest, 1990. **c.** La pièce 110 vers le sud-est, 1990.

a

b

c

d

Figure 4. **a.** La pièce 106 vers l'est-sud-est, 1990. **b**. Les pièces 178 et 185 vers le sud-sud-ouest, 1990. **c**. Les pièces 178 et 184 vers le sud-sud-ouest, 1990. **d**. Les pièces 106, 184 et 185 vers l'est, 1990.

Figure 5. **a**. Les pièces 110, 168 et 178 vers l'est-sud-est, 1990. **b.** Pièce 110, la jarre 90.5334 écrasée vers le nord-nord-est, 1990. **c.** Pièce 110, l'escalier 193 vers le sud, 1990. **d.** Pièce 110, la porte 214 du cabinet 206 vers le sud-est, 1990. **e.** Pièce 110, le jambage occidental de la porte 197 vers l'ouest-sud-ouest, 1990.

a

b

c

d

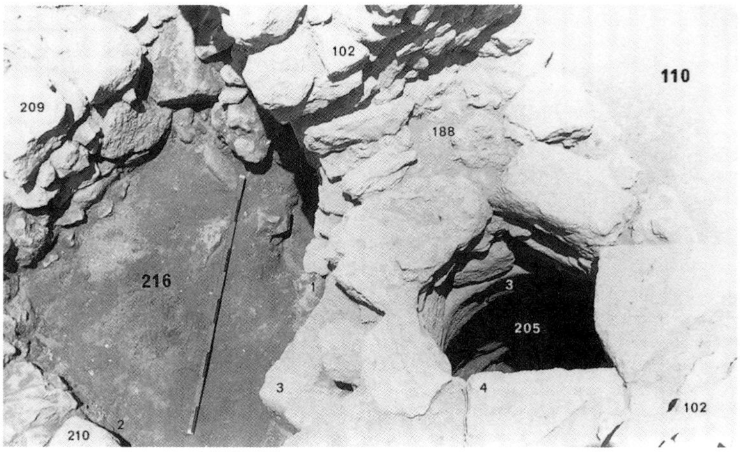

e

Figure 6. **a**. Pièce 110, le cabinet 206 vers le nord-est, 1990. **b.** Pièce 110, le cabinet 206 vers l'est, 1990. **c.** Pièce 110, les fondations du cabinet 206 vers l'est-sud-est, 1990. **d.** Pièce 110, le puits 205 dans la porte 188 vers l'ouest-nord-ouest, 1990. **e.** Pièce 110, le puits 205 dans la porte 188 vers le nord-nord-est, 1990.

b

a

c

d

Figure 7. **a.** Pièce 110, les décombres supérieurs du mur 104 vers l'est-sud-est, 1990. **b.** Pièce 110, les décombres de briques 217 du mur 104 vers l'est-sud-est, 1990. **c.** Pièce 110, les décombres du mur 192 vers l'est, 1990. **d.** Pièce 110, le four 204 vers l'est, 1990.

a

b

c

Figure 8. **a.** Pièces 178 et 185, le mur 102 vers l'est-sud-est, 1988. **b.** Pièce 178, le mur 176 vers le sud-sud-ouest, 1988. **c.** Pièce 184, les décombres vers l'ouest-nord-ouest, 1986.

a

b

c

Figure 9. **a.** Pièce 184, le mur 170 vers l'ouest, 1988. **b.** Pièce 110, le mur 102 vu en enfilade de la pièce 106 vers le sud-sud-ouest, 1986. **c.** Pièce 185, les décombres de briques 163 du mur 176 vers le nord-est, 1986.

a

b

c

Figure 10. **a.** Pièces 184 et 185, les décombres de briques 163 du mur 176 vers le sud, 1986.
b. Pièces 184 et 185, les décombres de briques 163 du mur 176 vers le sud-sud-est, 1986.
c. Pièces 178 ouest et 184 sud, les décombres supérieurs du mur 176 vers l'ouest, 1988.

a

b

Figure 11. **a.** Pièces 178 ouest et 184 sud, les décombres inférieurs vers le nord-ouest, 1988.
b. Les pièces 178 ouest et 184 sud vers l'ouest-nord-ouest, 1988.

a

b

c

Figure 12.

a. Pièce 184, la partie sud du pavage 174 vers l'ouest-nord-ouest, 1988.

b. Pièce 184, la partie nord du pavage 174 vers le nord-nord-est, 1988.

c. Pièce 185, jarre tombée de l'étage dans l'angle nord-est vers le nord-est, 1986.

a

b

c

d

e

Figure 13. **a.** Pièce 184, les décombres inférieurs dans l'angle nord-ouest vers l'ouest-nord-ouest, 1986.
b-c. Maison moderne en ruines à Ibn Hani près de Ras Shamra, en 1990.
d. La pièce 168 vers le nord-nord-est, 1990. **e.** Pièce 168, la tombe 203 vers le nord-nord-est, 1990.

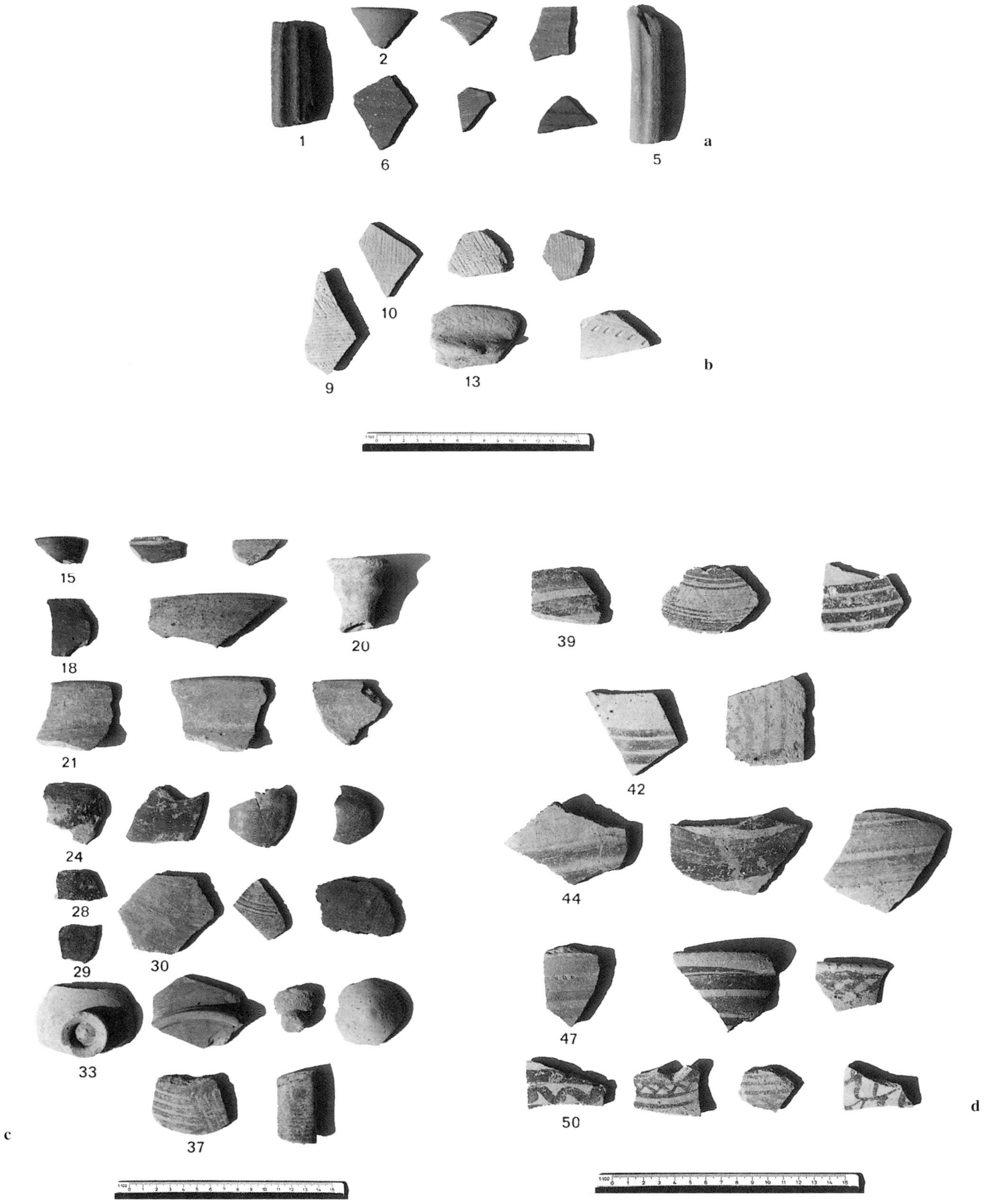

Figure 14. **a.** Céramique byzantine. **b.** Céramique du Bronze ancien I (13) et III.
c. Céramique du Bronze moyen II local (15-36) et chypriote (37-38).
d. Céramique locale peinte du Bronze récent II.

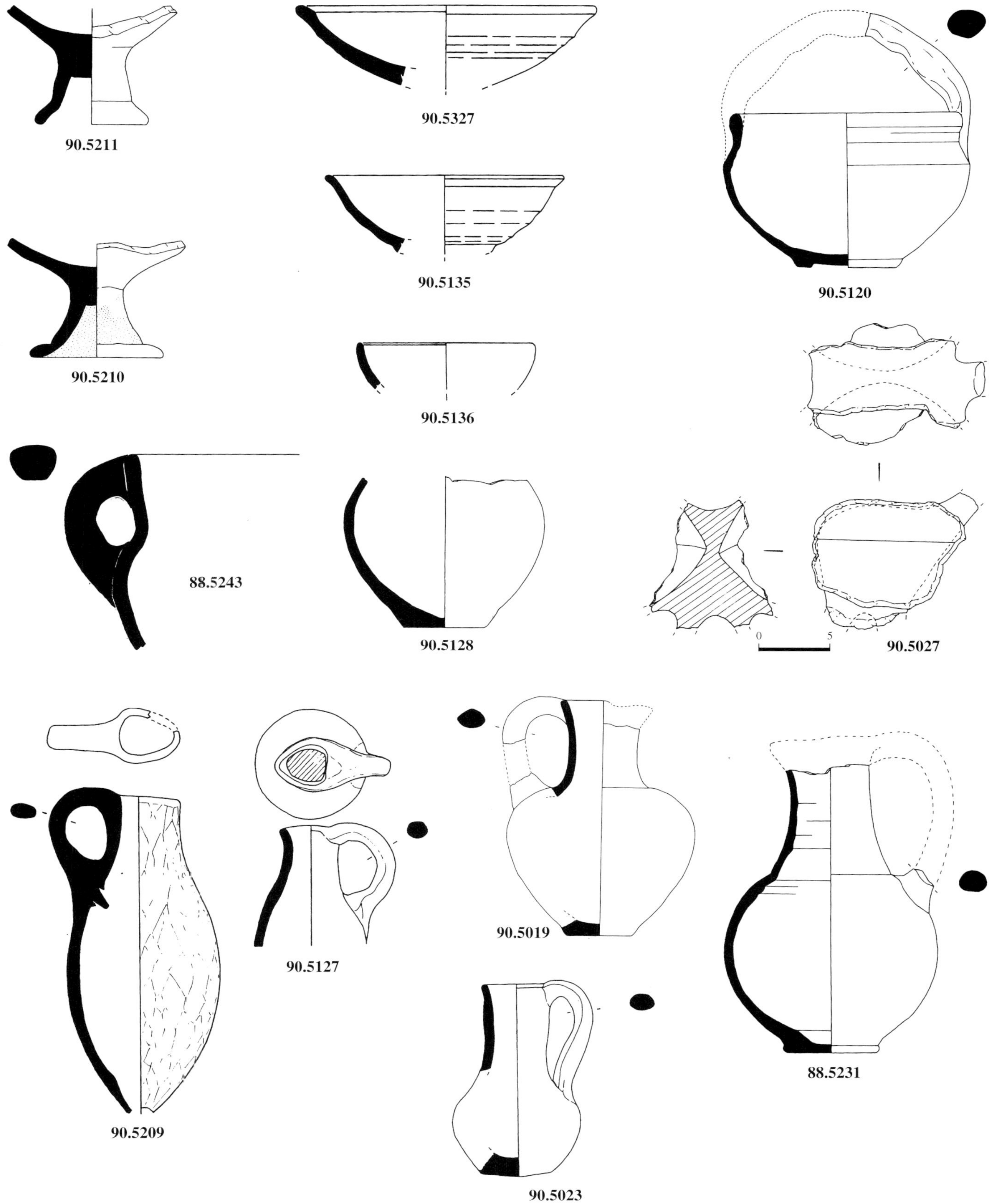

Figure 15. Céramique locale sans décor du Bronze récent : coupes, bols, vase double, puisettes, cruches.

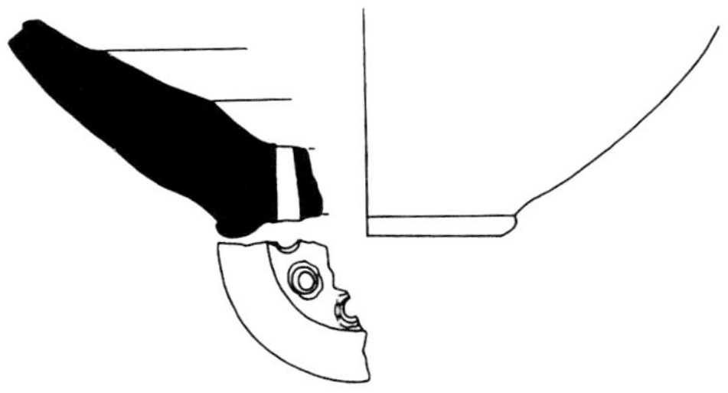

86.5167

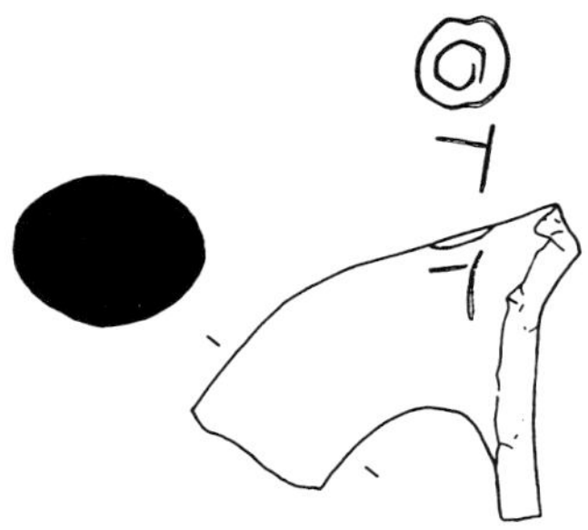

90.5057

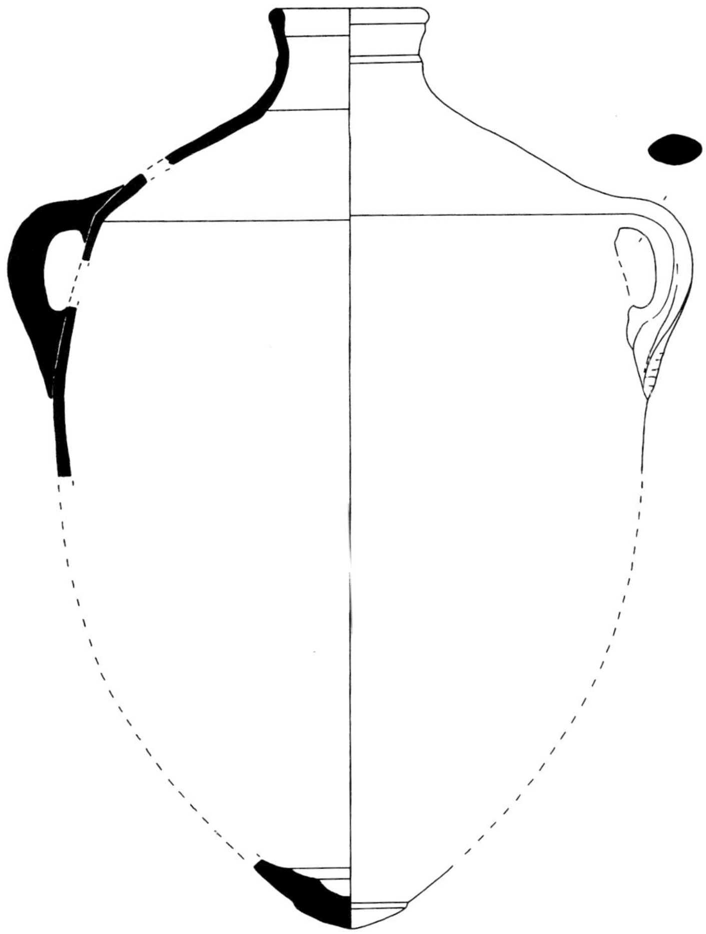

86.5265

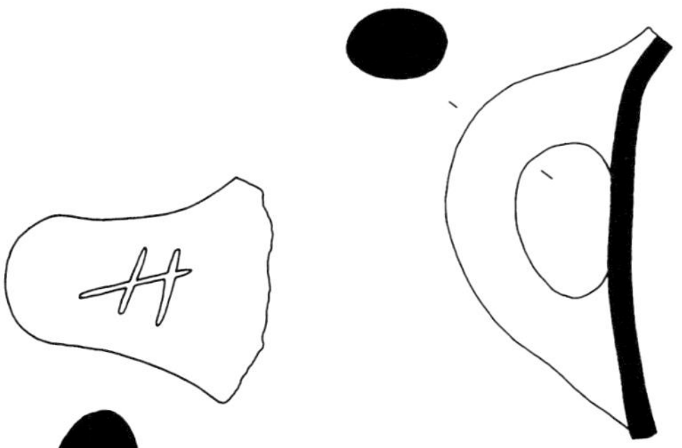

88.5241

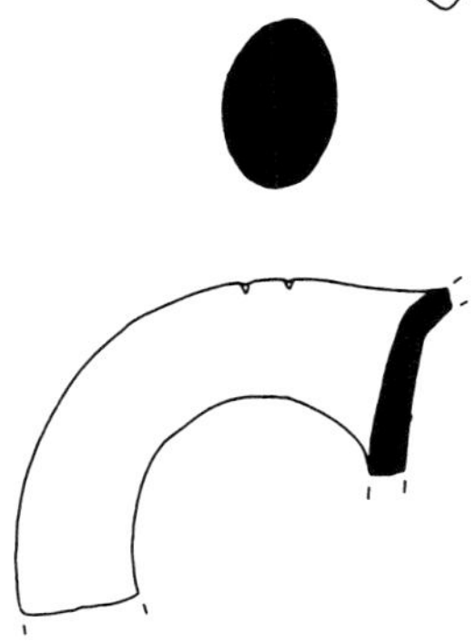

90.5145

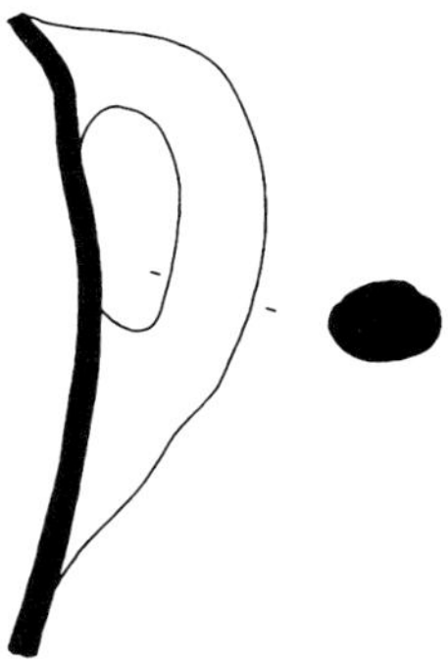

88.5240

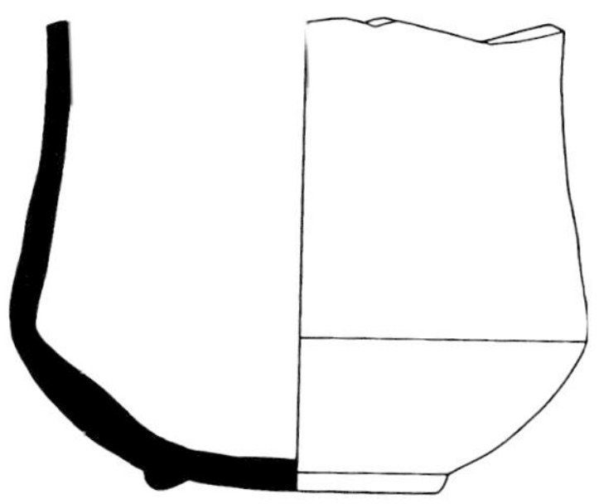

90.5170

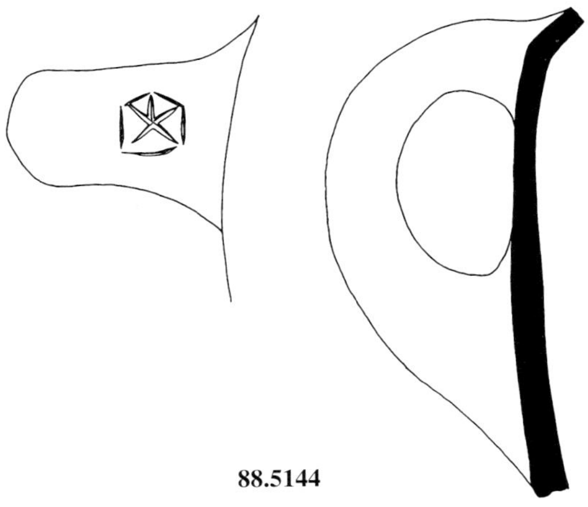

88.5144

Figure 16. Céramique locale sans décor : vase-douche, jarres de commerce à anses marquées...

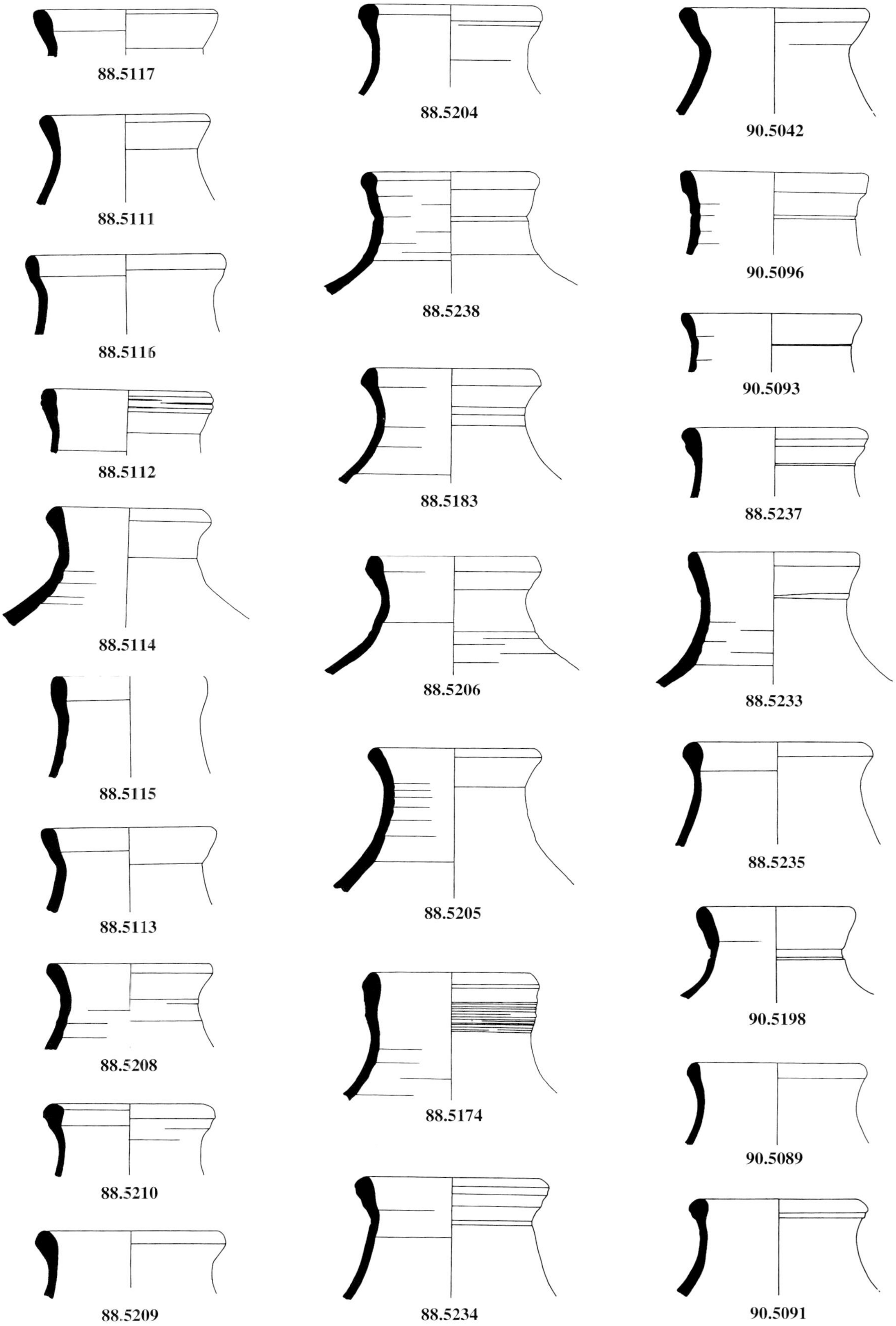

Figure 17. Céramique locale, Bronze moyen II (88.5238) et Bronze récent (le reste) : cols de jarres.

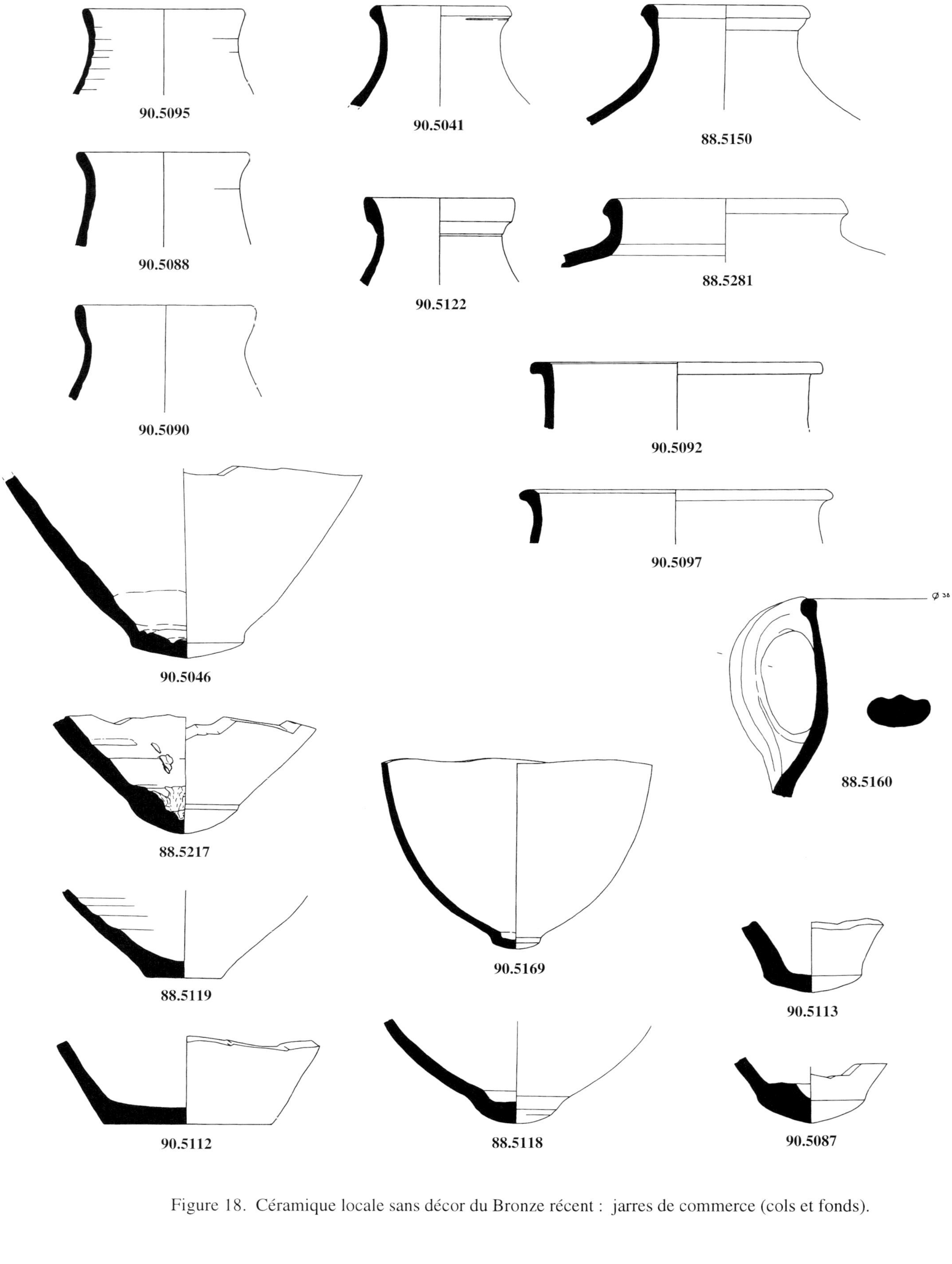

Figure 18. Céramique locale sans décor du Bronze récent : jarres de commerce (cols et fonds).

90.5019

90.5023

90.5120

90.5312

86.5157

90.5133

88.5145

Figure 19. Céramique locale du Bronze récent :
céramique sans décor (cruches, marmite) et céramique peinte (jarre, cratère, jarre à trois anses, cruche).

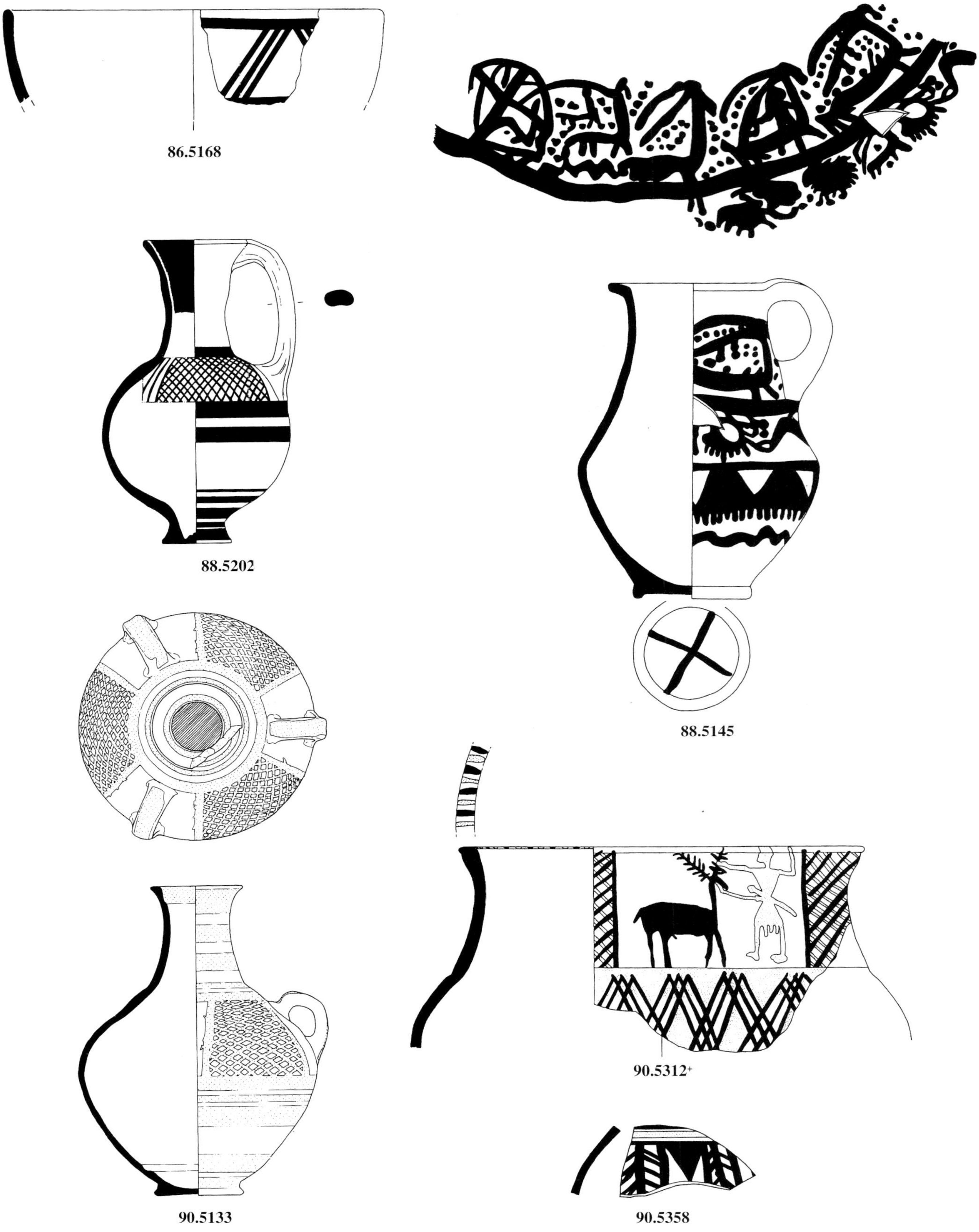

Figure 20. Céramique locale peinte du Bronze récent : bol, cruches, jarre à trois anses, cratère...

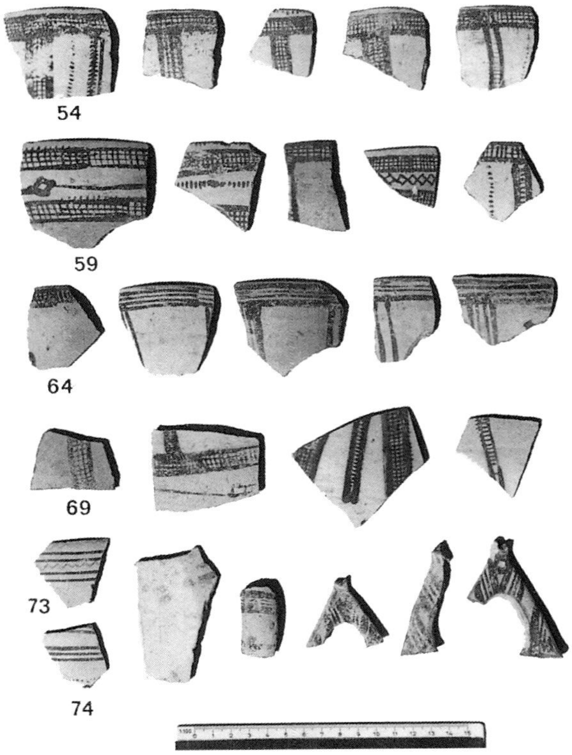

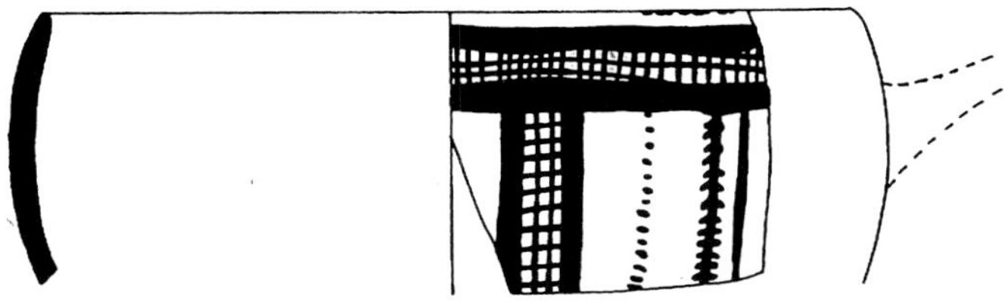

90.5014 (= 54)

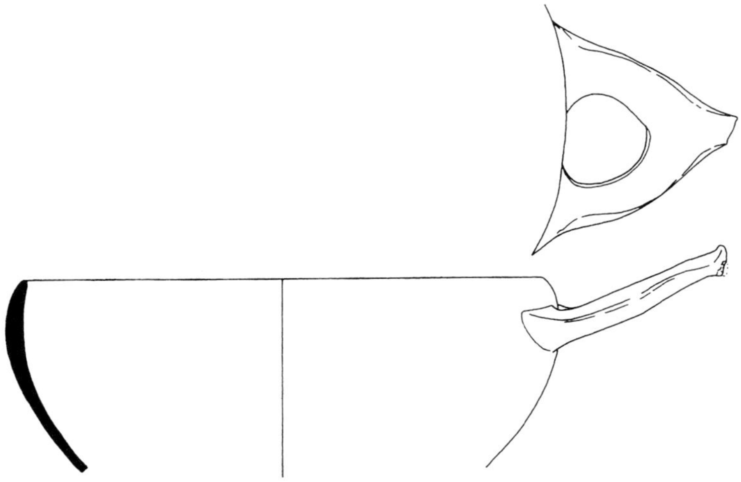

90.5162

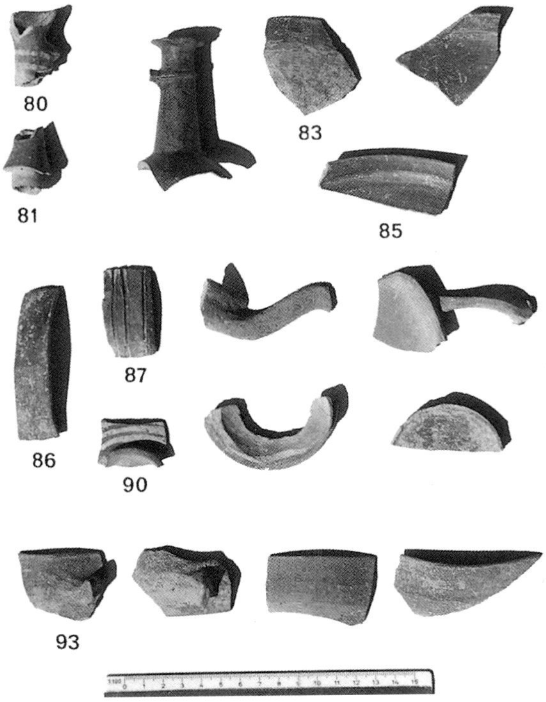

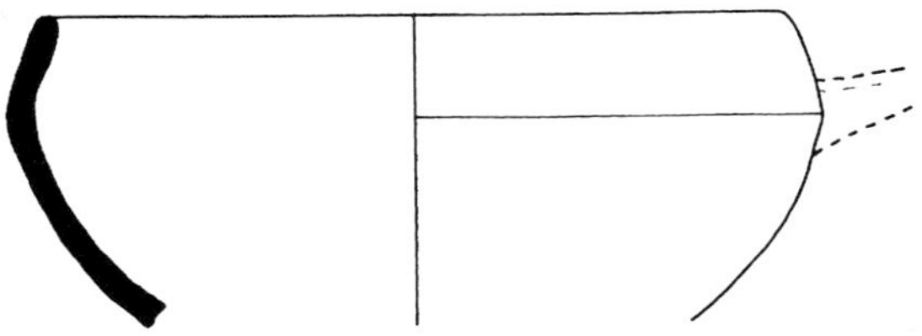

90.5104

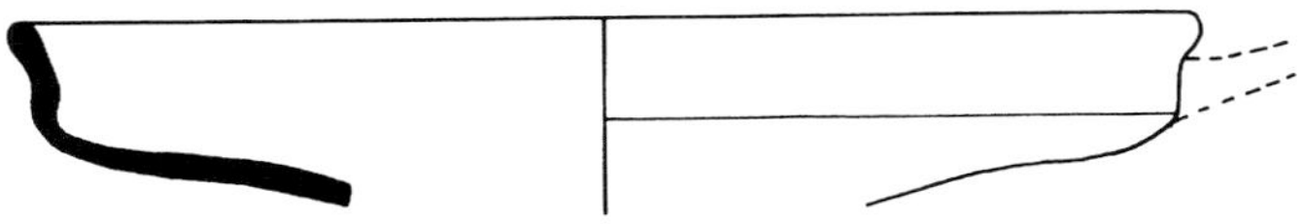

90.5292

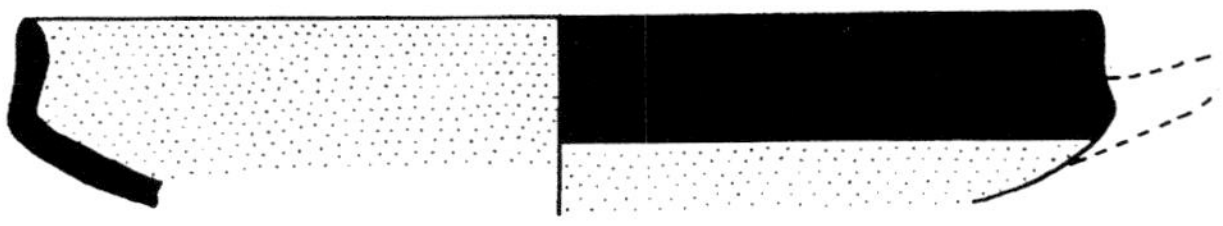

90.5294

Figure 21. Céramique chypriote du Bronze récent :
White Slip : bols (et tessons 54-79). *Base-Ring* : bols (et tessons 80-92).
Monochrome : bol (et tessons 93-96).

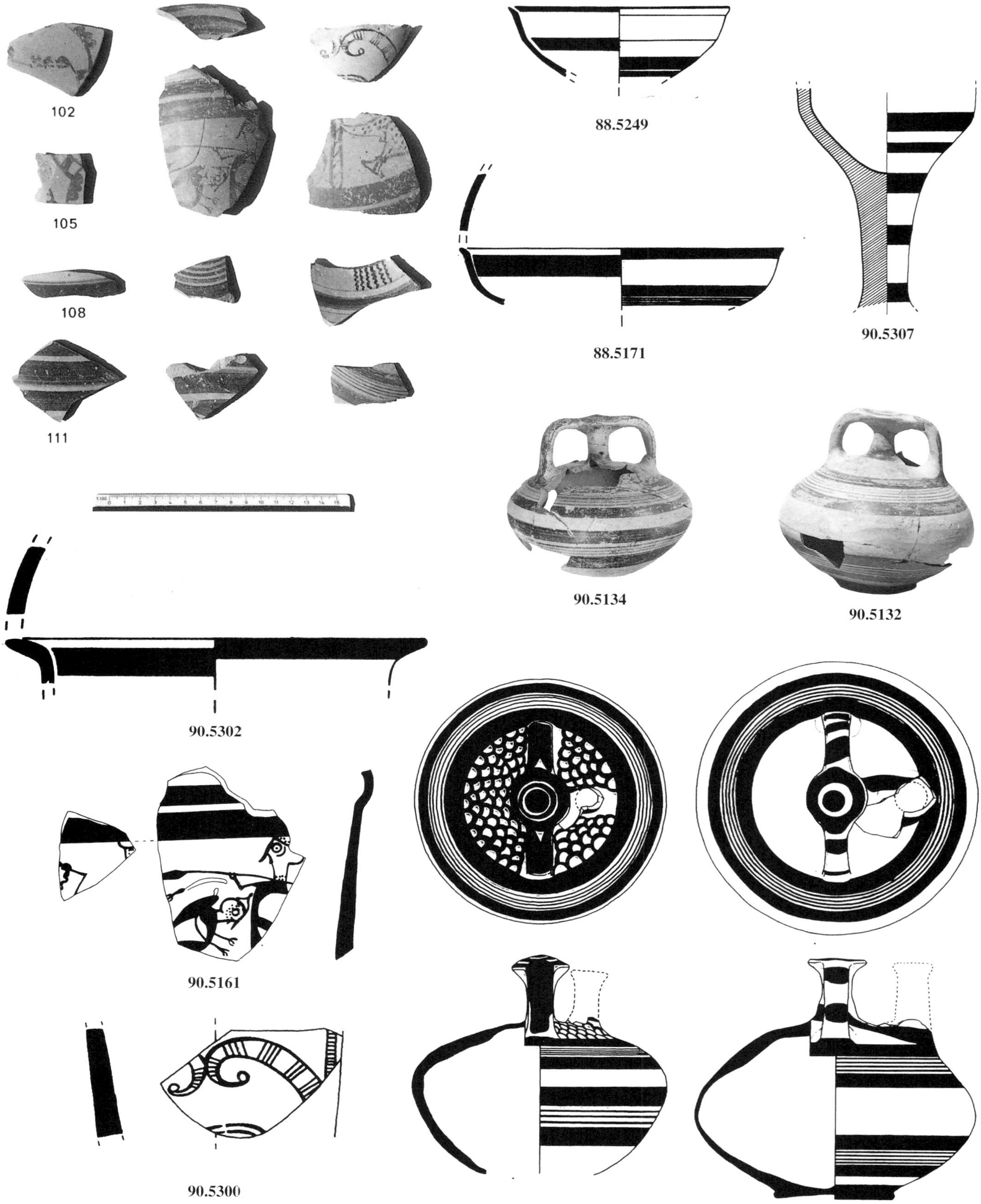

Figure 22. Céramique mycénienne (Myc. IIIB) : tessons (102-113), bols, calice, rhytons, vases à étrier.

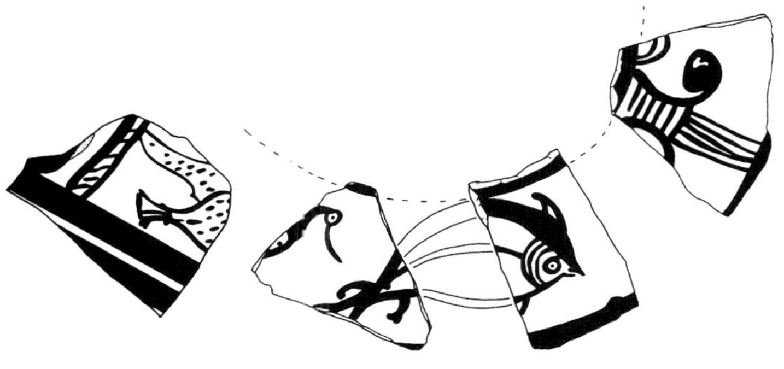

88.5203+

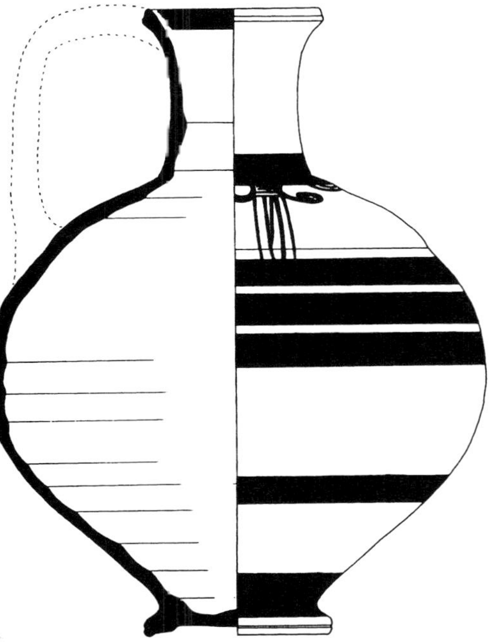

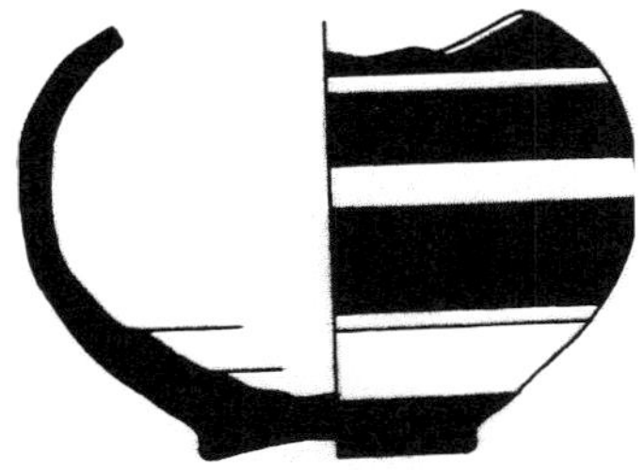

86.5259

88.5203+

86.5158+

Figure 23. Céramique mycénienne : cruche de *Style Rude* (avec tessons 97-101), cratère minoen.

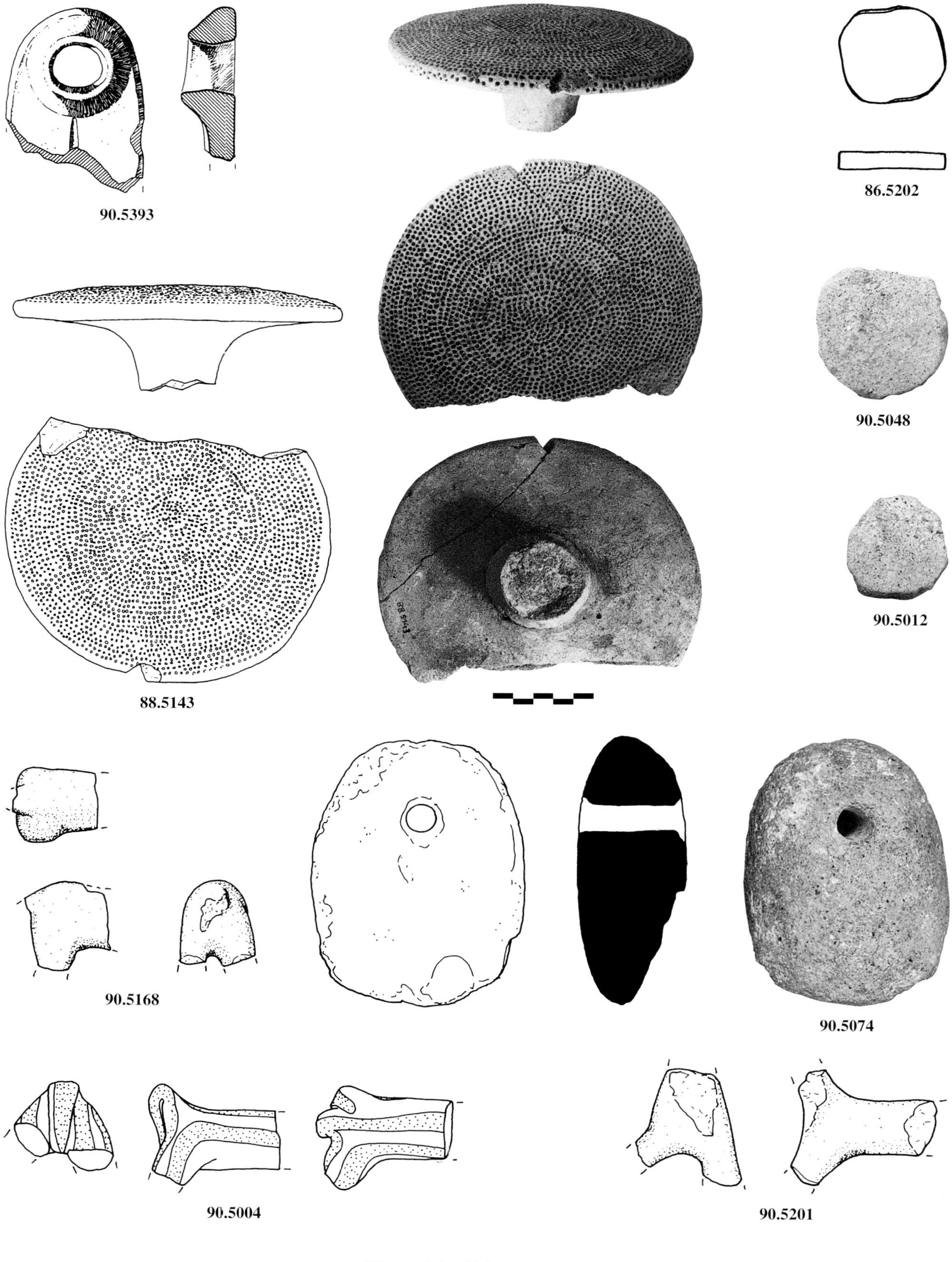

Figure 24. Objets en terre cuite :
applique murale, « clou décoratif », rondelles (jetons), peson de tisserand, figurines animales.

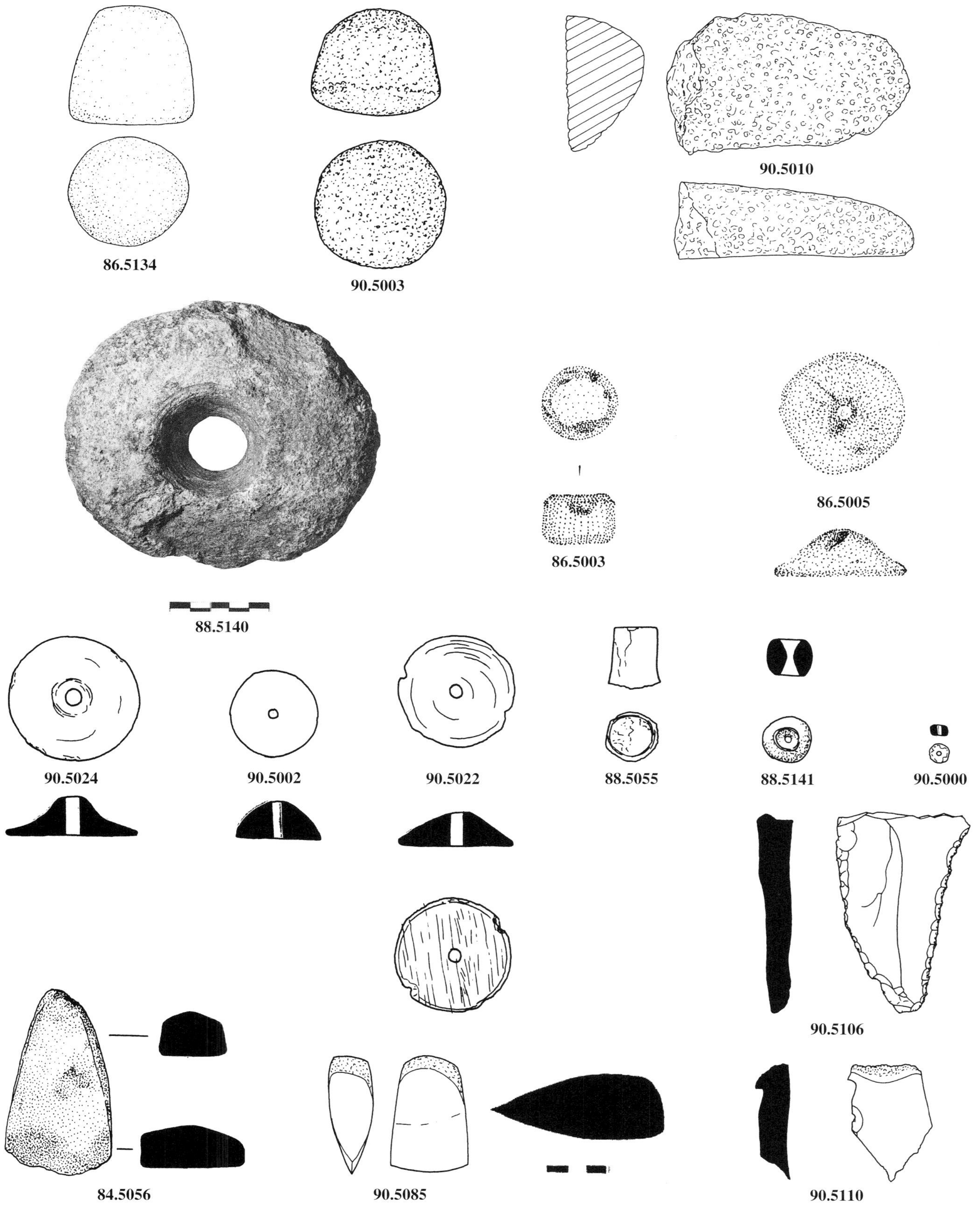

Figure 25. Objets en pierre : pilons et mortier, meule, crapaudine, fusaïoles, perles, haches miniatures, silex taillés.

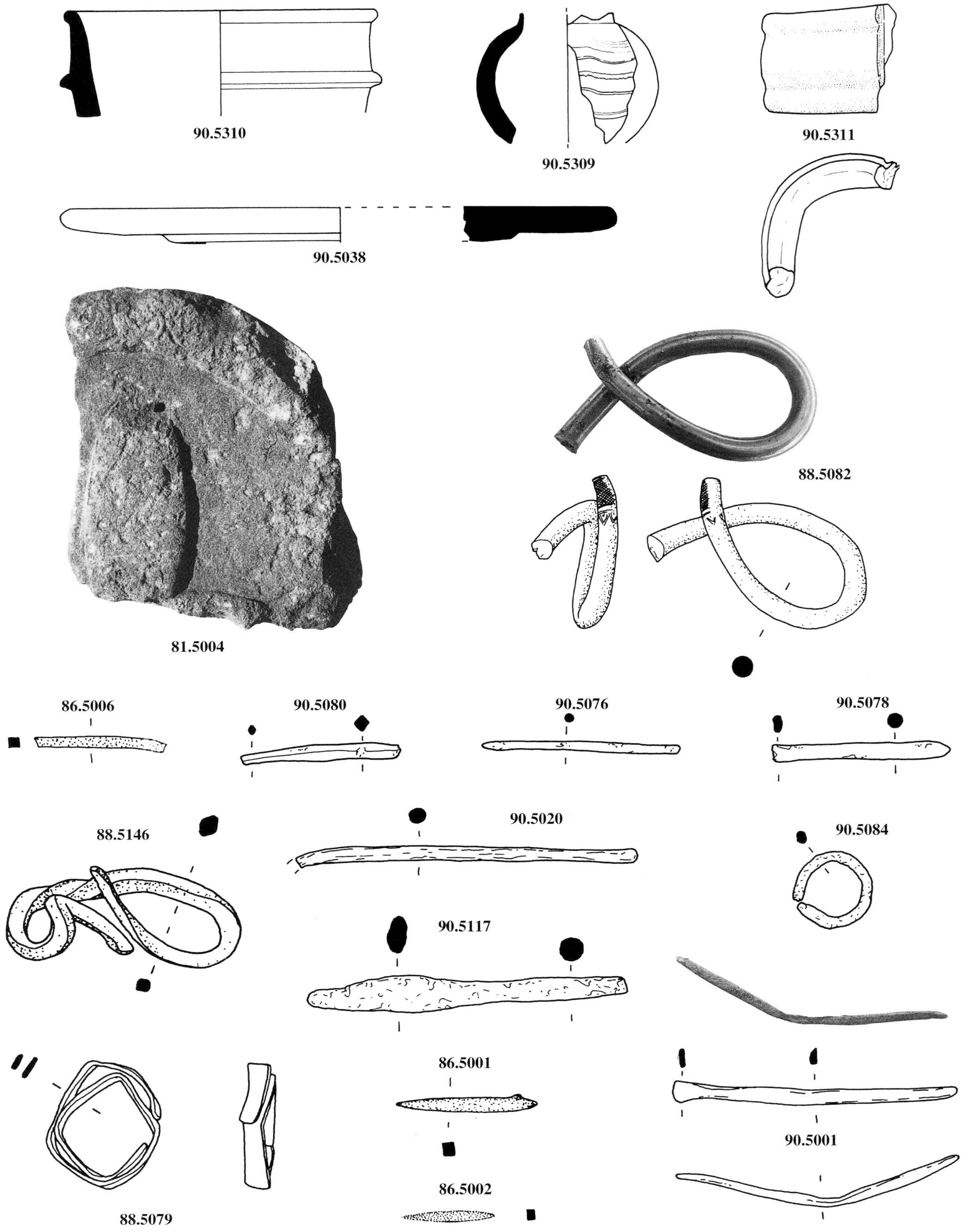

Figure 26. Objets en pierre : albâtre (coupe, flacon, jarre); calcaire (stèle).
Objets en métal : or (bracelet), bronze (tiges, aiguille, anneau, poinçons, spatule...).

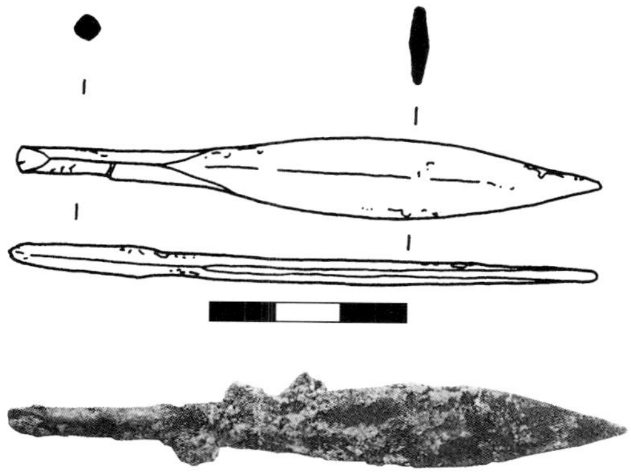

88.5083

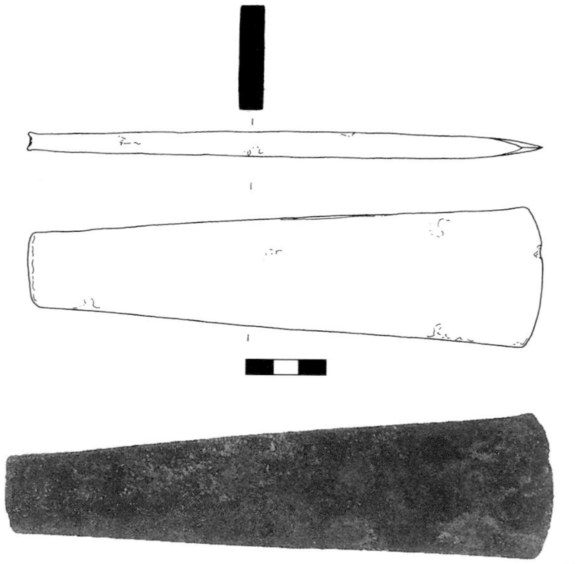

90.5082

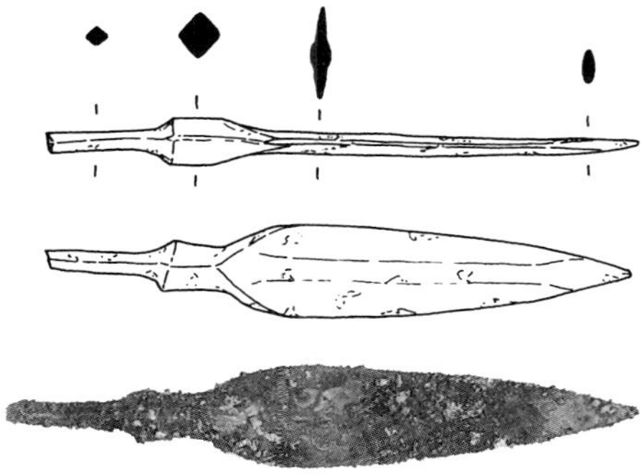

90.5116

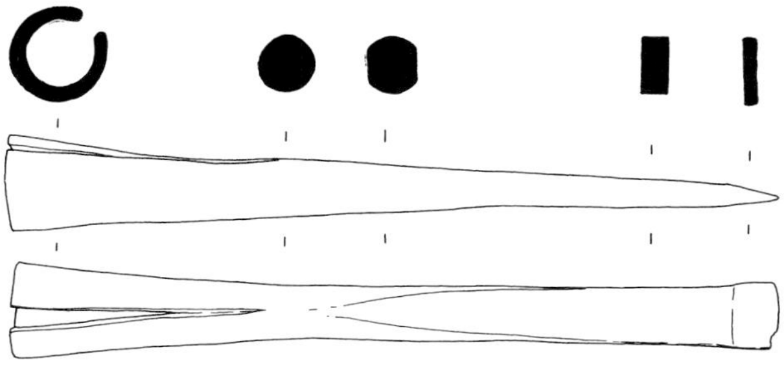

90.5018

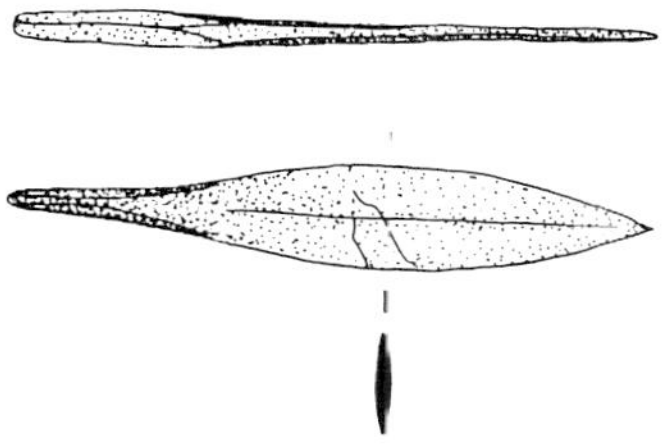

86.5025

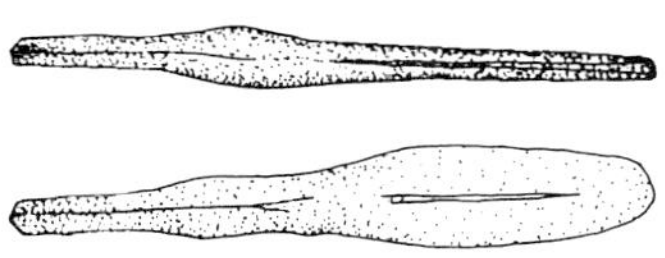

86.5138

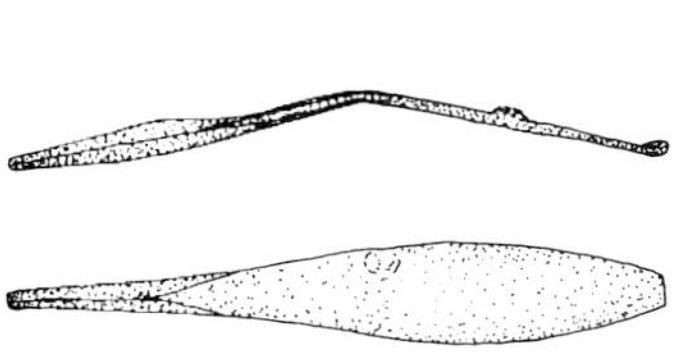

86.5144

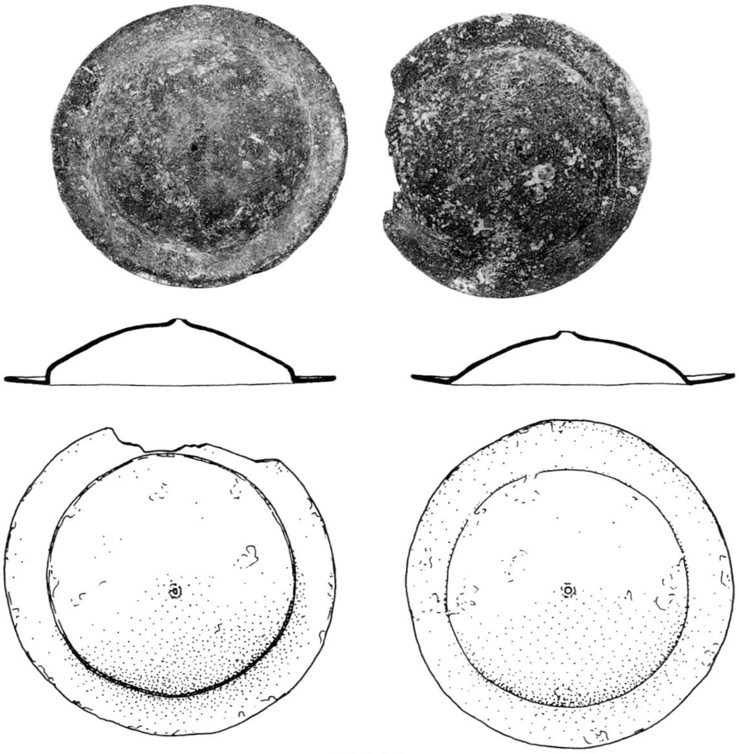

90.5077

Figure 27. Objets en bronze : pointes de flèches, hache, ciseau à douille, paire de cymbales.

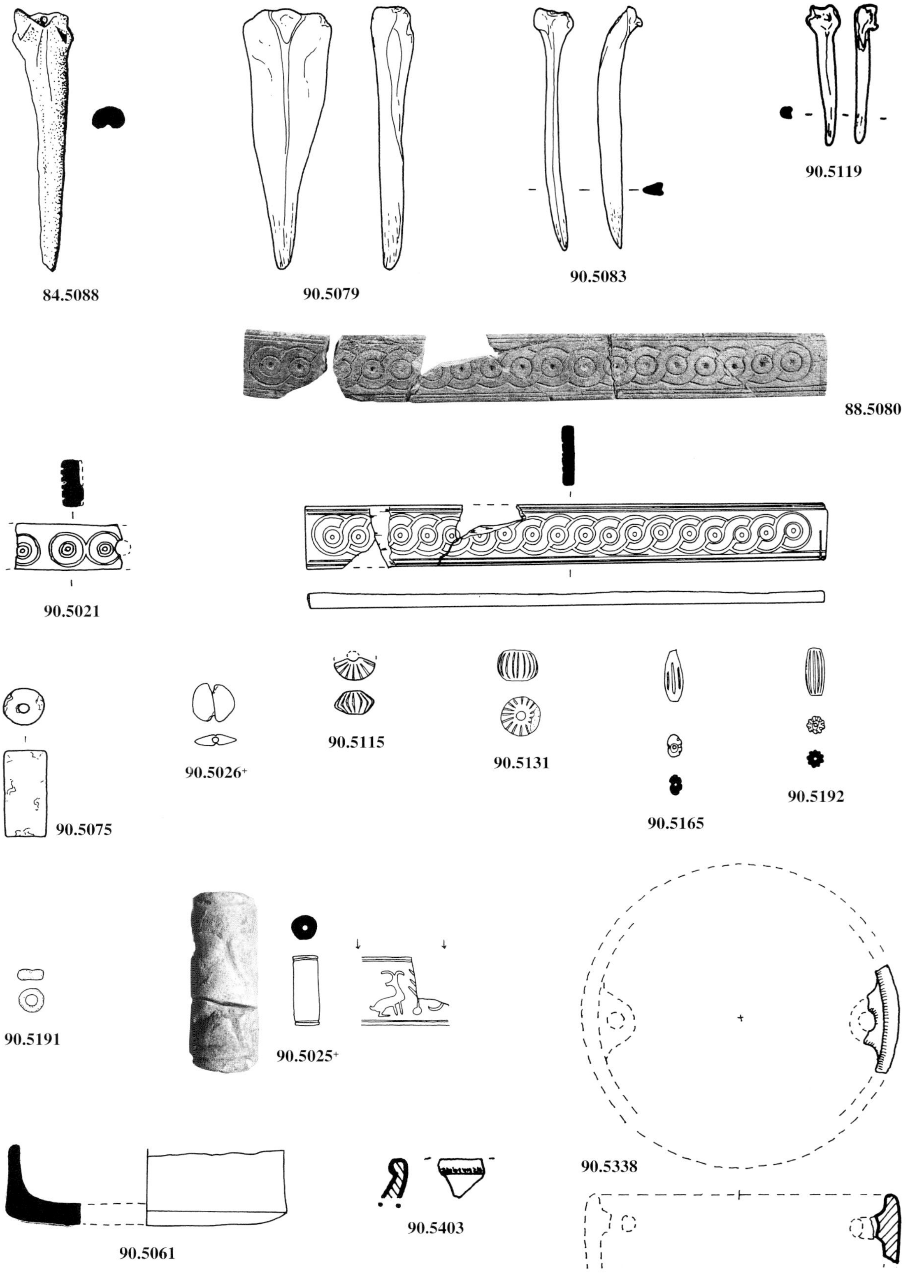

Figure 28. Objets en matière organique : aiguillons de poissons (poinçons), os et ivoire (plaquettes).
Ojets en matière vitreuse : verre (perle), bleu égyptien (perles), faïence (sceau-cylindre, perles, récipients).

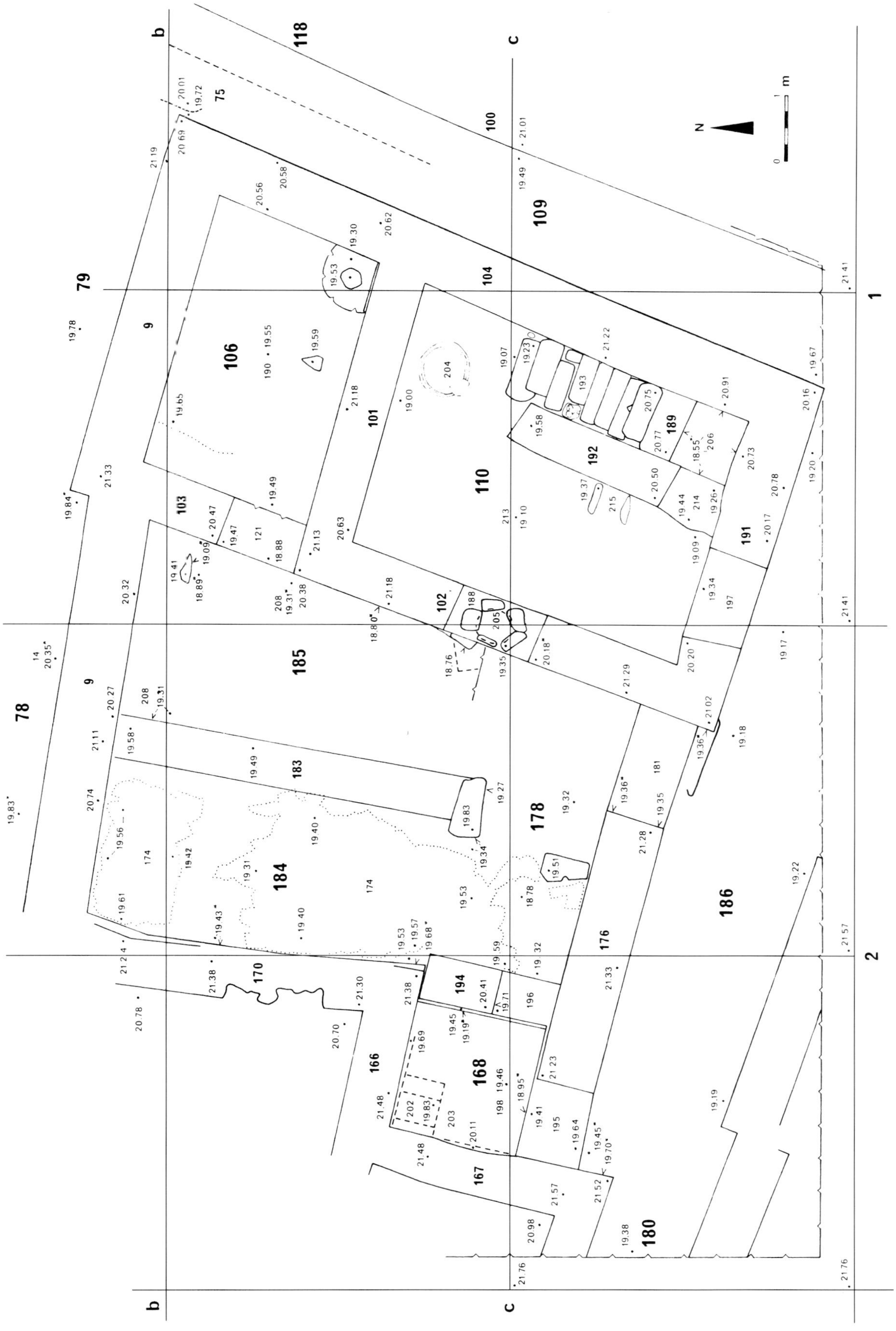

Figure 29. Plan schématique du chantier.

7

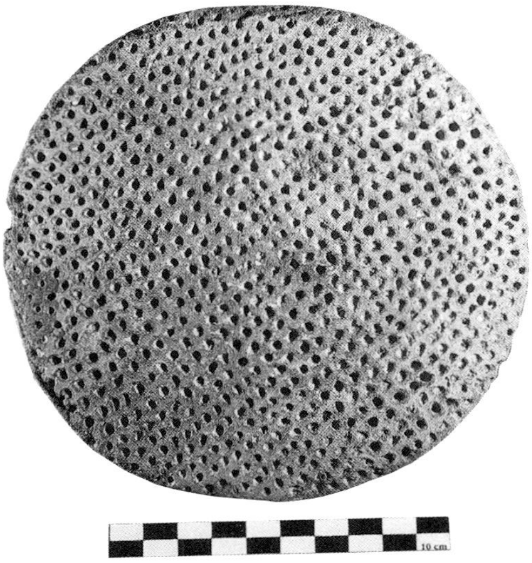

8

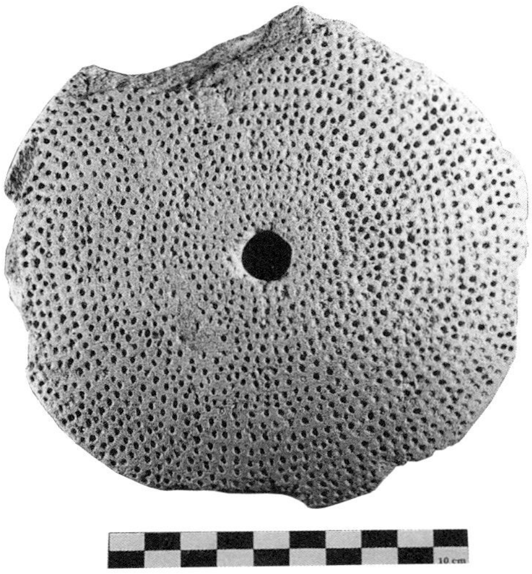

9

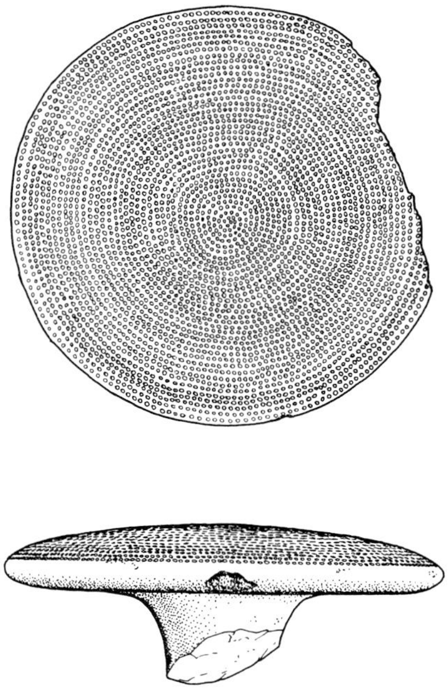

12

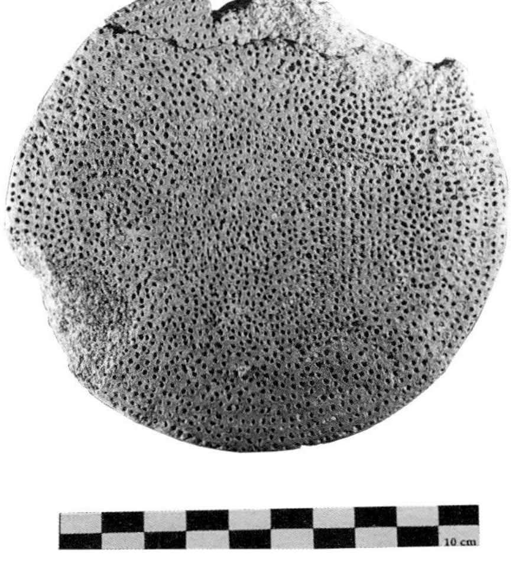

10

Figure 30. « Clous décoratifs » provenant de diverses zones du tell :
n° **7** (RS 24.482), **8** (RS 25.500), **9** (RS 25.555), **10** (RS 27.296), **12** (RS 94.2095).

Annexe : Une série ougaritienne de clous en terre cuite à décor piqueté

V. MATOÏAN, avec un *Appendice technique* par Anne BOUQUILLON

Les fouilles menées à Ras Shamra depuis 1929 ont mis au jour une série d'objets en terre cuite désignés sous le terme générique de « clous » en raison de leur forme. C'est la présence de l'un d'eux (ici **11**, *Fig. 30*) dans une demeure du quartier du « Centre de la Ville » d'Ougarit dont nous venons de présenter le matériel qui nous a conduite à nous intéresser à cette catégorie d'objets [1]. Une recherche dans les archives et les réserves de musées a abouti à un répertoire de près d'une vingtaine de « clous » d'argile, complets ou fragmentaires, provenant de différentes zones du tell de Ras Shamra (à notre connaissance, aucun spécimen n'a été retrouvé à Minet el-Beida [2]). Deux spécimens découverts au cours des premières campagnes apparaissent dans le *Corpus Céramique* I [3], un troisième est signalé dans la « Tranchée Ville Sud » [4], et cinq fragments ont été exhumés dans les fouilles de 1975-1976 [5]. La fonction de ces objets reste énigmatique, ainsi qu'il apparaît dans la littérature archéologique.

Description

Nous avons pu voir 13 des 19 spécimens répertoriés *(Fig. 24, 30)* [6]. Leur observation à l'œil nu semble indiquer qu'ils ont été fabriqués dans des argiles similaires à celles des vases en céramique locale. Ces objets ont la forme d'un clou constitué d'une large tête discoïdale et d'une tige. Les tiges ont rarement été conservées dans leur intégralité ; la plupart sont cassées ou bien arrachées à la base. Le spécimen RS 24.482 (**7**) possède une tige complète qui présente à son extrémité deux petites excroissances latérales. L'un des deux spécimens publiés par C. Schaeffer présente une tige à extrémité arrondie et l'autre à extrémité pointue.

Le diamètre de la tête est en général de 15 ou 16 cm, sauf un exemplaire dont le diamètre, de 11,6 cm, est nettement inférieur (**10**). Un seul « clou » est percé transversalement par un trou, d'un diamètre de 1,4 à 1,7 cm (**9**). La face supérieure de la tête est légèrement convexe, à l'exception d'une seule qui est plate (**8**). La circonférence présente un bord généralement aminci ; dans un cas (**1**), le bord est épais et montre un léger bourrelet sur la face interne. La face supérieure est décorée d'un tapis continu de petits trous. Une observation attentive a révélé que cette décoration pouvait présenter des variantes. Tout d'abord, les trous sont de

---

1. Nous remercions vivement tous ceux qui nous ont permis de mener à bien ce travail en 1998 et 1999 : M. Yon et Y. Calvet, directeurs successifs de la mission française de Ras Shamra-Ougarit ; le Dr S. Muhesen, directeur des Antiquités et des Musées de Syrie ; M. Yabroudi, conservateur du département des Antiquités orientales du Musée national de Damas ; le conservateur des Antiquités orientales du musée d'Alep ; P. Bordreuil et D. Pardee, épigraphistes de la mission française ; J.-L. Huot, professeur à l'université de Paris I Panthéon-Sorbonne ; J.-P. Mohen, directeur du L.R.M.F. et tout particulièrement A. Bouquillon, ingénieur au L.R.M.F. qui a mené à bien les analyses archéométriques ; nous avons utilisé les notes de fouilles de J. Mallet et J.-Y. Breuil pour les exemplaires **11-13** trouvés en 1988 et 1994.

2. Il subsiste cependant un doute : nous avons vu au printemps 1999 un « clou » (**1**) conservé au Musée national d'Alep, sur lequel est indiqué « RS 7e campagne » sans plus de précision ; la lecture de l'inventaire de la mission pour l'année 1935 ne nous a pas apporté d'information supplémentaire. Or l'année 1935 a été consacrée non seulement à la fouille de l'Acropole et de la Ville Basse, mais également à celle de Minet el-Beida : il n'est donc pas exclu que ce clou puisse provenir de ce dernier site.

3. *Ugaritica* II, p. 180-181, fig.72 : 3 et p. 182-183, fig. 73 : 8.

4. Callot 1994, p. 25, 146, 220 et 230.

5. Monchambert 1982, p. 194, pl. 111, n° 108.

6. Outre l'exemplaire (**11**) qui est à l'origine de cette étude, les fouilles récentes dans la zone « Sud Centre » du tell ont mis au jour deux autres spécimens (**12**, **13**) dans la maison dite d'Ourtenou (*cf.* rapport de chantier 1994, archives inédites de la mission). Un travail d'archivage mené récemment dans les réserves du Musée national de Damas nous a permis de redécouvrir sept « clous » (**4-10**) exhumés entre 1958 et 1964.

dimensions variables, le diamètre allant de 1 mm (**5**, **6**, **10**, **12**) à 2,5 mm (**8**), avec un diamètre intermédiaire de 1,5 mm (**7** et **9**). Leur répartition est rarement aléatoire (**10**), mais le plus souvent organisée en spirale ou en cercles concentriques : dans un cas (**8**), elle est organisée selon des lignes orthogonales.

C. Schaeffer signale, à propos des spécimens publiés dans *Ugaritica* II, que les trous sont « incrustés de blanc ». Nous avons pu également observer dans les trous des deux « clous » mis au jour en 1994 dans la *maison d'Ourtenou* la présence de restes de matière blanche, calcite ou chaux selon l'analyse en laboratoire d'un échantillon de la poudre blanche contenue dans les trous du n° **12** (voir plus loin l'*Appendice*).

Contextes

Les trouvailles sont le plus souvent isolées, à l'exception des deux exemplaires de la maison dite d'*Ourtenou*. Pour la plupart, les exemplaires proviennent de quartiers d'habitations : tranchée « Ville Sud », tranchée « Sud Acropole ». Deux « clous » fragmentaires (**12** et **13**) proviennent de la pièce 2128 de la « maison d'Ourtenou » située au sud de la ville (quartier dit « Sud-Centre »). Un fragment de « clou » (n° **11**) provient des décombres de la pièce 184 de la maison sise au sud du « temple aux rhytons » (quartier dit « Centre de la Ville »). Des cinq spécimens fragmentaires découverts en 1975-1976 (**15-19**), aucun ne provient du « grand bâtiment » : trois ont été retrouvés dans les maisons particulières, partiellement dégagées au sud de celui-ci, un quatrième provient de la zone fouillée immédiatement au sud de ce chantier, et dont la fonction n'est pas connue ; et enfin, le cinquième fragment provient d'une zone d'habitat à l'est du « Quartier résidentiel » [7]. De ce même quartier provient un autre « clou » découvert dans la « maison aux albâtres », et très probablement un troisième (**4**) dont la localisation précise n'est malheureusement pas assurée. Le fragment (**6**) découvert dans la tranchée « Ville Sud » provient de la maison B de l'ilot IV [8]. Quatre « clous » (**7-10**) ont été trouvés lors des fouilles de la tranchée « Sud Acropole » et proviennent probablement d'habitations, sans qu'on puisse préciser plus dans l'état actuel de la documentation [9]. Un fragment (**5**) a été trouvé dans une tranchée ouverte au nord-est du tell, et dont aucune étude n'a été publiée ; son contexte de découverte reste pour l'instant inconnu. Il en est de même pour le « clou » mis au jour au cours de la onzième campagne [10]. Enfin, un seul spécimen a été exhumé lors des fouilles de l'Acropole (**2**).

Dans le *Corpus céramique* I, C. Schaeffer date les « clous » de l'*Ugarit Récent 3*, ce qui correspond aux indications des fouilles de la tranchée « Ville Sud », et ce que confirment les découvertes des fouilles récentes du « Centre de la Ville » et de la « maison d'Ourtenou ».

Comparaisons

Les clous découverts à Ougarit forment ainsi un ensemble relativement restreint et homogène. Les seuls parallèles précis que nous ayons répertoriés sont rares et limités à la côte syro-palestinienne :

– un « clou » fragmentaire, analogue aux exemplaires de Ras Shamra selon le fouilleur, a été retrouvé dans le grand bâtiment du Bronze récent de Ras el-Bassit [11] ;

– un spécimen provient de Byblos [12] ;

– deux « clous » fragmentaires proviennent de Lachish (*Temple area*) [13] ;

– deux spécimens de Gezer sont illustrés dans la publication de R.A.S. Macalister [14].

---

7. Monchambert 1982, n° 11112 (zone ouest), 10108 et 11073 (zone est), 10099 (au sud du grand bâtiment) ; 10110 (est du Quartier résidentiel) ; *cf.* Margueron 1977, p. 158.

8. Callot 1994, p. 25, 146, 220 et 230.

9. Ce secteur (fouillé en 1960) n'a pas encore fait l'objet d'une publication définitive, voir Yon 1997, p. 108.

10. Le numéro d'inventaire de fouille n'est pas mentionné dans *Ugaritica* II et l'inventaire de l'année 1939 ayant disparu, il ne nous a pas été possible de le retrouver.

11. Courbin 1986-1987, p. 108 ; le fouilleur ne donne pas de description précise de l'objet.

12. Dunand 1939, n° 1533.

13. Tufnell *et al.*, 1940, pl. XXVIII:9 et 10.

14. Macalister, 1912, fig. 299.

Ces objets sont typologiquement proches de ceux d'Ougarit, mais de plus petites dimensions, le diamètre de leur tête étant inférieur à 10 cm [15] ; la tige des « clous » de Lachish est percée transversalement à son extrémité.

Fonction

Aucun « clou » d'Ougarit n'a été retrouvé *in situ*, ce qui semble être également le cas pour les autres spécimens levantins. La série ougaritienne est originale. Les « clous » sont fabriqués dans un matériau très commun : la terre cuite. Ce type d'objet ne semble pas avoir été réalisé dans une autre matière que l'argile. Ils n'appartiennent donc pas au domaine des objets « de luxe » mais présentent un caractère nettement spécifique en raison de leur nombre réduit, de leur forme et de leur décor piqueté et incrusté que l'on ne retrouve sur aucun autre objet à Ougarit.

Leur fonction est loin d'être claire, comme le montre la diversité de leurs dénominations qui varient selon les auteurs. Ch. Virolleaud [16] emploie l'expression de « clou votif » dans le cas du seul spécimen (**2**) qui porte une inscription en ougaritique. C. Schaeffer parle de « brosse », et de « clou décoratif » pour les exemplaires d'Ougarit : ces dénominations leur assignent deux fonctions possibles, sans trancher entre les deux. Dans son étude de la « Ville Sud », O. Callot retient la seconde hypothèse, et retient l'appellation de « clou décoratif » [17] alors que J.-Y. Monchambert se limite au terme de « clou » [18]. Notons enfin que R.A.S. Macalister, le premier à publier ce type d'objet, avait proposé d'y voir un « manche de brosse » [19] ; cette hypothèse a été rejetée par Tufnell *et al.* qui concluent sur le caractère incertain de leur fonction [20]. Mais d'autres auteurs [21] leur confèrent une fonction votive à cause de la présence de l'inscription sur le clou (**2**) découvert lors des fouilles de l'Acropole.

La dénomination de « clous » est appliquée à de nombreuses séries d'objets dont les formes varient, de même que le matériau dans lequel ils sont fabriqués (argile, pierre, métal). Ces objets sont attestés au Proche-Orient dès le Néolithique et le caractère qu'on leur attribue est variable : utilitaire, décoratif, ou encore votif. Leur fonction reste énigmatique quelle que soit la période envisagée, qu'il s'agisse de la série mésopotamienne de l'époque d'Obeid des petits « clous » en terre cuite, à tige courbe, interprétés généralement comme des pilons [22], ou de celle des « clous décoratifs » du Bronze récent d'Ougarit.

L'interprétation des « clous » d'Ougarit comme des « manches de brosse » ne nous satisfait guère. En effet, nous avons pu remarquer que les trous sont entièrement remplis de calcite : on n'a observé aucun vide central qui pourrait correspondre à l'empreinte que laisserait une fibre d'origine végétale ou animale. L'interprétation comme outils de broyage nous semble également fort peu probable en raison de la forme, très faiblement convexe, du diamètre important, et du décor de la tête. De plus, l'analyse de la matière blanche incrustée ayant révélé de la calcite, nous pensons que sa présence était destinée à rehausser le décor piqueté par un rendu bichrome de la surface.

On pourrait faire une autre proposition. A. Bouquillon soulève la question de la réalisation du décor incrusté blanc et propose notamment l'utilisation d'un lait de chaux. Ne pourrions-nous alors envisager l'utilisation de ces « clous » comme des tampons destinés à imprimer sur une matière textile un motif à base de petits points blancs ? Quelle que soit leur utilisation, le caractère décoratif de la tête de ces « clous » est indéniable : décor piqueté répondant le plus souvent à une organisation géométrique, accentué dans certains cas au moins par un rendu bichrome.

---

15. Cette remarque ne vaut pas pour le spécimen de Ras el-Bassit dont nous ne connaissons pas la dimension.

16. Virolleaud 1938.

17. Selon Callot (1994, p. 146), l'objet retrouvé dans les effondrements du secteur nord de la maison (*locus* 7-10) pourrait provenir de son décor extérieur.

18. Monchambert 1982, p. 194.

19. Macalister 1912, p. 120.

20. Tufnell 1940, p. 68.

21. Virolleaud 1938 ; Monchambert 1982, p. 194.

22. Huot 1994, p. 172.

Des « clous décoratifs » en terre cuite sont utilisés dans l'architecture proche-orientale dès le IVe millénaire (bâtiments mésopotamiens de l'époque d'Uruk). Pour la période qui nous occupe ici – le Bronze récent –, de nombreux exemples ont été retrouvés, de Nuzi en Mésopotamie, à Emar sur le Moyen-Euphrate, et jusqu'en Elam [23]. Par analogie, O. Callot a proposé de reconnaître dans les objets d'Ougarit des « clous décoratifs » et voit dans l'exemplaire de la « Ville Sud » un élément de décor architectural de la façade d'une « riche et belle demeure » de ce quartier de la cité ; la tige du clou serait alors utilisée comme tenon, enfoncée dans le mur, ou dans l'enduit de son parement. Mais il souligne à juste titre la rareté des indices de décors architecturaux à Ougarit.

Cette hypothèse amène de nouvelles interrogations. Les « clous » d'Ougarit sont en effet différents de ceux qu'on vient de mentionner. De plus, ils sont peu nombreux et dans leur majorité ce sont des trouvailles isolées. On peut alors se demander à quel endroit de la façade ils se trouvaient. Avaient-ils uniquement une destination décorative, ou possédaient-ils également une fonction architecturale ? J.-L. Huot [24] a récemment attiré l'attention sur une série d'objets en pierre ou en « faïence » en forme de bobines, qu'il interprète comme des taquets de fermeture de porte [25] : il n'est pas impossible que les « clous » d'Ougarit aient pu jouer un rôle similaire.

Que leur destination ait été simplement esthétique, ou bien décorative et utilitaire, une autre question se pose en raison du nombre peu élevé des découvertes à Ougarit. Dans l'état actuel de nos connaissances, ces objets sont associés à des maisons d'habitation. Or, le nombre des maisons reconnues sur le site d'Ougarit est bien supérieur à celui des « clous » répertoriés. Il faut donc en conclure que seules certaines d'entre elles pouvaient en être pourvues. Mais à quel titre ? La présence d'un clou sur la façade était-elle destinée à indiquer le caractère spécifique d'une demeure ou de ses occupants ? Ou encore était-elle liée à une quelconque cérémonie ou à un événement particulier ? Dans cette hypothèse, les « clous » revêtiraient une symbolique particulière, ce que pourrait confirmer la présence d'une inscription sur l'un d'eux. La tête du « clou » mis au jour sur l'*Acropole* porte sur sa face interne un texte alphabétique (incomplet) de deux lignes, dont la lecture reste malheureusement encore aujourd'hui conjecturale [26] et ne fournit aucune donnée sûre pour nous éclairer sur sa fonction.

Cette pratique ne paraît pas être une habitude locale, ce qui nous amène à élargir notre champ de vision chronologique et géographique en regardant notamment vers la Mésopotamie. De cette région proviennent de nombreux « clous » inscrits, mais il s'agit majoritairement de documents retrouvés dans les fondations de bâtiments, ce qui n'est pas le cas pour Ougarit. On pourrait également penser à la coutume sumérienne d'enfoncer un clou d'argile dans le mur d'une maison au moment d'un contrat de vente, ce qui nous ramènerait à l'hypothèse d'objets dont la pose est liée à un événement particulier.

Dans l'état actuel de la documentation, c'est vers cette dernière interprétation que nous nous orientons à titre d'hypothèse. Mais la question reste ouverte et, là encore, de nouvelles interrogations se font jour, notamment celle de l'utilisation temporaire ou non de ces « éléments mobiliers de signalétique ».

---

23. Margueron 1977, p. 305.

24. Huot 1996.

25. Mais voir une autre interprétation des « bobines » d'Ougarit en albâtre (élément d'attelage) : Caubet 1991, p. 266-267 ; Yon 1997, p. 170-171, n° 53.

26. Virolleaud 1938 ; De Langhe 1945, p. 209 ; CTA 206 ; UT 94 ; Puech 1986, p. 199-201, fig. 9 ; CAT 7.60 ; Bordreuil et Pardee 1989, p. 50.

Catalogue

Dimensions en centimètres ; p.t. = point topographique.

1. RS 7.[?]
Fragment de clou. ø 14,3.
Ras Shamra, fouille 1935.
Musée d'Alep (M. 8237-4460).

2. RS 9.496 *Figure 30*
Fragment de clou décoratif. ø 15. Inscription de deux lignes en cunéiformes alphabétiques, dont le sens n'est pas clair (voir plus haut p. 185).
Ras Shamra, fouille 1937 : Acropole, Tranchée coudée, p.t. C.240. – 1,40 m.
Musée d'Alep M. 3410–2781.
Bibl. : Virolleaud 1938; De Langhe 1945, p. 209; *Ugaritica* II, p. 182-183, fig. 73:8; CTA 206; UT 94; Puech 1986, p. 199-201, fig. 9; CAT 7.60; Bordreuil et Pardee 1989, p. 50.

3. RS 11.[?]
Clou complet. H 11; ø 14.
C.W. p.t. 2218, – 1,40 m.
Bibl. : *Ugaritica* II, p. 180, fig. 72:13.

4. RS 21.279
Clou décoratif complet
Ras Shamra, fouilles 1958 : p.t. 2164, – 1,60 m, Journal de fouille 1958, p. 67.
Musée de Damas 5655.

5. RS 22.90
Fragment de tête, face légèrement convexe, tranche plate. Dim. 11,5 x 8,4; ép. 2,1. Répartition dense et hélicoïdale des trous du décor (ø 0,1 cm).
Ras Shamra, fouilles 1959 : Tr. Terrasse Extérieur Est, Piq. 1, – 1 m environ.
Musée de Damas.

6. RS 23.578
Tête de clou ébréchée, face légèrement convexe ; tige arrachée. ø 15; ép. 2,4. Répartition hélicoïdale des trous du décor (ø 0,1).
Ras Shamra, fouilles 1960 : Ville Sud, p.t. 2937, – 1,70 m, Z. 40. W, îlot IV, maison B, loc. 7-10.
Musée de Damas (6263).
Bibl. : Callot,1994, p. 25, 146, 220 et 230.

7. RS 24.482 *Figure 30*
Clou décoratif complet; tête ébréchée. Larg. 14; ép. 11,9; face légèrement convexe. Répartition hélicoïdale irrégulière des trous du décor (ø 0,15).
Ras Shamra, fouilles 1961 : Sud Acropole, p.t. 3779, secteur 174, – 2,50 m.
Musée de Damas.

8. RS 25.500 *Figure 30*
Tête de clou complète. ø 16; ép. 4. Face plate. Répartition orthogonale des trous du décor (ø 0,25).
Ras Shamra, Schaeffer, 1962 ; Sud Acropole, 416 W, région p.t. 4012.
Musée de Damas.

9. RS 25.555 *Figure 30*
Tête de clou, ébréchée; tige cassée; trou central (ø. 1,4 au niveau de la face, 1,7 pour la tige). ø 15,5; ép. 4. Face légèrement convexe. Répartition hélicoïdale des trous du décor (ø 0,15 cm).
Ras Shamra, fouilles 1962 : Sud Acropole, Tr. 219/220 E, 4007.
Musée de Damas.

10. RS 27.296 *Figure 30*
Tête de clou, tige cassée. ø 11,6. Face légèrement convexe. Répartition aléatoire du décor de trous (ø 0,1).
Ras Shamra, fouilles 1964 ; Tr 3 / 439 W, pt 4480, sol, 2,00 m
Musée de Damas.

11. RS 88.5143 *Figure 24*
Fragment de clou.
Ras Shamra, fouilles 1988 : Centre Ville, pièce 184.
Réserve maison de fouille.
Bibl. : Mallet et Matoïan (voir plus haut p. 119).

12. RS 94.2095 *Figure 30*
Clou. ø tête 14,3; ø tige 4,5; ép. 4,5.
Ras Shamra, fouille 1992 : Sud Centre, maison d'Ourtenou, pièce 2128.
Réserve maison de fouilles.

13. RS 94.2642
Fragment de la face supérieure de la tête du clou. ø 4,8 x 4; trous ø 0,1 à 0,2 cm; L 0,5 cm.
Ras Shamra, fouille 1992 : Sud Centre, maison d'Ourtenou, pièce 2128.
Réserve maison de fouilles.
Voir ci-dessous l'analyse en laboratoire de la poudre blanche du décor par A. Boquillon (*Appendice*).

14. RS 34.72
Ras Shamra, fouille 1961 : Quartier résidentiel, maison dite aux albâtres.
Musée de Lattaquié.

15. RS 75, fragment sans numéro d'inventaire = Monchambert 1982, n° 10.099.
Ras Shamra, fouille 1975, A 14 I SE 15.

16. RS 75.126
= Monchambert 1982, n° 10.108.
Ras Shamra, fouille 1975.

17. RS 75, fragment sans numéro d'inventaire
= Monchambert 1982, fragment n° 10.110.
Ras Shamra, fouille 1975, A 6 d SE 17.

18. RS 75.127
= Monchambert 1982, n° 10.112.
Ras Shamra, fouille 1975.

19. RS 75. RS 75, fragment sans numéro d'inventaire
= Monchambert 1982, fragment n° 11.073.
Ras Shamra, fouille 1975, A 16 n NE 11.

Nous n'avons pas vu les n^{os} **14** à **19**, dont la publication est annoncée (pour **15** à **19**, voir Monchambert 1982).

APPENDICE TECHNIQUE

« Clou » en terre cuite n° 13 (RS 94.2642) :

Caractérisation du matériau d'incrustation

N° laboratoire L28349

Rapport n° 2645 : Anne BOUQUILLON
Analyses RX : M. DUBUS

La poudre blanche prélevée dans le creux des petites ponctuations décorant la tête du clou a été analysée par diffractométrie des rayons X *(Tableau 1)* et par EDS couplé au MEB *(Tableau 2)*. Dans les deux cas, les résultats sont comparables : il s'agit essentiellement de calcium et d'un peu de silicium, soit de la calcite mélangée à des traces de quartz.

Il est intéressant de constater que cette matière a pénétré jusqu'au fond des trous du clou, trous dont le diamètre n'excède pas 2 mm sur 1 cm de profondeur environ d'après la description ci-dessus. On peut dès lors se poser la question de la réalisation de ce décor (?).

Soit un lait de chaux a été utilisé, ce lait assez liquide à l'origine se serait infiltré partout, puis la chaux au cours du temps se serait recarbonatée ; soit la calcite finement broyée aurait été introduite par « pressage » dans les « alvéoles ».

N'ayant pas étudié les clous en eux-mêmes et ne possédant aucune photo de détail, nous ne pouvons trancher en faveur de l'une ou l'autre hypothèse.

Les informations contenues dans ce rapport sont communiquées avec l'autorisation du Laboratoire de Recherche des Musées de France.

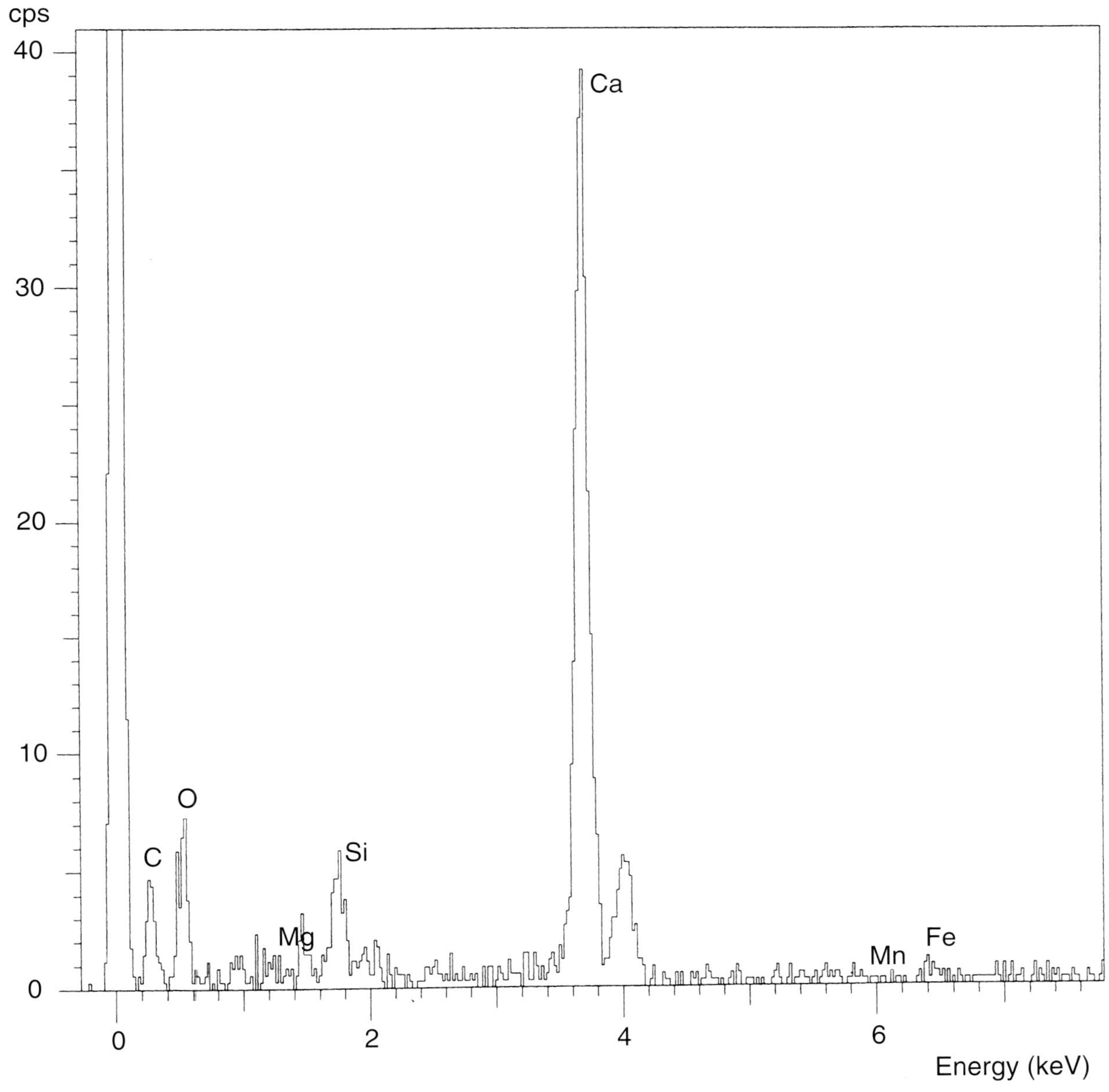

Tableau 1. « Clou » en terre cuite n° **13** (RS 94.2642) :
diffractogramme du matériau d'incrustation.

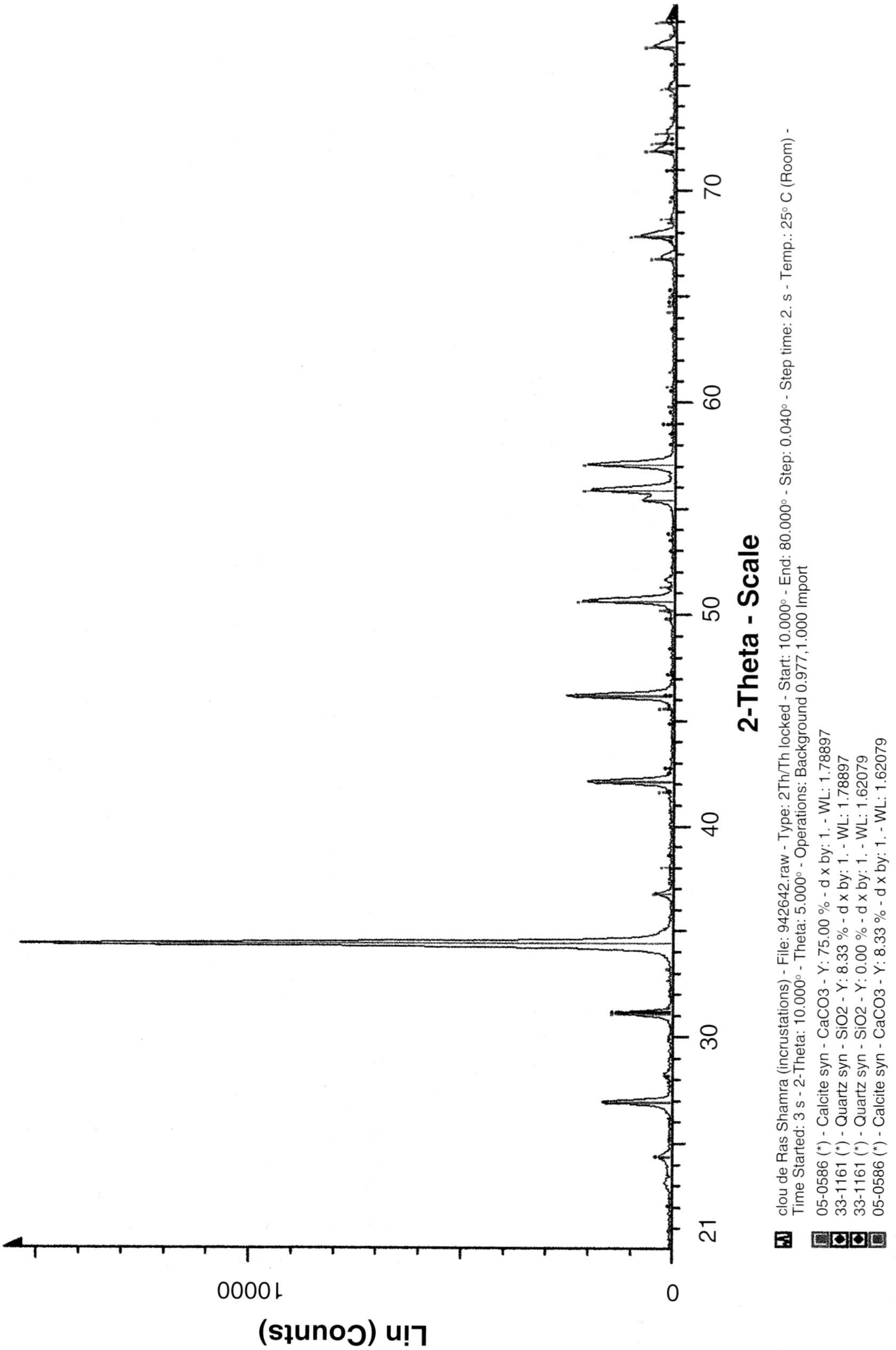

Tableau 2. « Clou » en terre cuite n° **13** (RS 94.2642) : composition chimique de la poudre (spectre EDS).

CHAPITRE V

LES IVOIRES INSCRITS DU PALAIS ROYAL (fouille 1955)

Jacqueline GACHET et Dennis PARDEE

1. Corpus (J. GACHET)

J'ai eu l'occasion de présenter, lors du colloque international *Le pays d'Ougarit autour de 1200 av. J.-C.*, qui s'est tenu à Paris en 1993 [1], trois fragments d'objets en ivoire inscrits en signes cunéiformes et portant des marques : ces fragments étaient représentatifs d'un lot d'objets retrouvés au Musée national de Damas et que j'avais identifiés comme étant des modèles de foies de divination. Mes ultimes recherches dans les réserves de ce musée m'ont permis de réunir les fragments inscrits et anépigraphes qui y étaient déposés – environ soixante –, et d'en faire, comme je l'avais annoncé au colloque de Paris, le *corpus* présenté dans ce volume ; D. Pardee assure l'étude épigraphique des fragments inscrits.

C'est dans la « pièce » 81 du Palais royal d'Ougarit *(Fig. 1)* que C. Schaeffer découvrait en 1955 des fragments en ivoire brûlé, dont certains portaient des inscriptions en écriture cunéiforme alphabétique [2]. Présentée comme une pièce des Archives dite « du Sud-Ouest », cette pièce 81 est en fait un passage entre la Cour V et une entrée secondaire du Palais (« pièce » 84). De là, on accédait aussi à l'étage par un escalier, et c'est l'écroulement de l'étage, où étaient vraisemblablement entreposées ces archives, qui a entraîné, lors de l'incendie du Palais, la chute des tablettes et de fragments d'objets, en ivoire et autre matériau.

Lors de la découverte des fragments inscrits, C. Schaeffer avait parlé de « fragments d'un coffret (?) ». Lorsque M. Dietrich et O. Loretz ont entrepris l'étude épigraphique de trente et un de ces fragments, qu'il ont publiés en 1976 [3], ils se sont posé la question de savoir ce que représentaient ces supports, mais sans pouvoir apporter de réponse. Le réexamen récent, que D. Pardee et moi-même avons pu faire de la quasi-totalité des fragments dans les réserves du musée de Damas, n'a malheureusement pas permis les recollages qui auraient fait reconstituer une forme complète. Mais l'analyse systématique des formes partielles et des marques qu'elles portent a confirmé notre proposition d'identifier ces objets comme des modèles de foies divinatoires. Un seul de ces objets inscrits ne semble pas appartenir à cette catégorie [4], et nous verrons que

---

1. Gachet 1995, « Les ivoires inscrits du Palais royal », *RSO* XI, p. 245-254.

2. *Ugaritica* IV, p. 99. Les fragments découverts en 1995 furent déposés au musée de Damas et enregistrés l'année suivante sous les numéros RS 20.396 à RS 20.402, suivis des lettres A ou B, selon qu'ils étaient ou non inscrits. Cependant quelques fragments B portent des inscriptions (voir Gachet 1995, note 2). Les mauvaises conditions de conservation (impossibilité de marquer les fragments eux-mêmes, trop brûlés ; dépôts dans des boîtes qui ont été ouvertes, déplacées, perdues puis retrouvées pour quelques-unes) ont rendu le regroupement de ces fragments très difficile : quelques-uns n'ont pas été retrouvés (RS 20.399 B[e], Catalogue n° **37** ; RS 20.400 Bb, n° **43** ; RS 20.401 Al, n° **55**) ; d'autres n'existent plus qu'à l'état de moulages, déposés au Collège de France (RS 20.399 B[e], n° **37**. RS 20.402 [a], face inscrite du n° **63**).

3. Dietrich & Loretz 1976, « Die Elfenbein-inschriften », *Alter Orient und Altes Testament,* Band 13, p. 1-11. Neukirchen-Vluyn.

4. RS 20.398 A[6], n° **19**. Nous avons pensé préférable de le publier ici avec les autres documents.

son identification n'est pas assurée. À l'inverse, deux autres fragments [5], qui pourraient appartenir au *corpus* des modèles de foies, portent un décor plutôt qu'une marque : il m'a été impossible d'assimiler ce décor aux signes habituellement représentés sur ces modèles.

C'est dans l'argile que la représentation des modèles de foies est le plus largement attestée, dans le monde mésopotamien et proche-oriental, depuis la plus haute Antiquité, et jusque dans le monde romain [6]. J'ai choisi de rapprocher les fragments en ivoire de modèles en argile contemporains des ivoires et découverts à Ougarit [7] et à Meskéné [8], ainsi que d'une série plus ancienne découverte dans le palais de Mari [9].

Par comparaison avec la représentation anatomique d'un foie de mouton [10] *(Fig. 2)*, la forme des modèles de foies en argile est sommaire et les détails schématiques. À Ougarit et à Mari (*Fig. 3, 4*b-d), deux formes coexistent : d'une part des modèles circulaires aux lobes arrondis, séparés par une courte encoche ; d'autre part des modèles aux lobes rectangulaires, écartés l'un de l'autre jusqu'à former un angle droit et dont l'attache sur l'arrière dessine le sommet d'un triangle. Au contraire le foie de Meskéné (*Fig. 4*a) est massif et se présente comme un trapèze régulier aux angles antérieurs droits et aux angles postérieurs arrondis : la distinction entre lobes gauche et droit n'est marquée que par une courte encoche qui n'altère pas la forme générale.

Si aucune forme complète n'est conservée pour les modèles en ivoire, on peut cependant constater que tous les lobes ont leurs angles antérieurs droits, et leurs angles postérieurs arrondis ; l'alignement des deux lobes sur le devant dessine une ligne fendue par une encoche courte qui, dans les cinq cas où elle est attestée, ne montre pas l'écartement des lobes comme sur les modèles en argile d'Ougarit ou de Mari, alors que les fragments les mieux préservés (**1**, **14**, **45**) s'inscrivent dans une forme trapézoïdale régulière, du type de celle de Meskéné.

Deux éléments, toujours en relief, sont représentés systématiquement sur tous les modèles de foie : ils correspondent aux parties dites « constitutives » de celui-ci *(Fig. 2)*. Le premier, le « doigt du foie » *(processus pyramidalis)*, se présente sous la forme d'un appendice grossièrement triangulaire s'élevant sur l'arrière des lobes ; d'un point de vue anatomique, il est attaché sur un troisième lobe supérieur (peut-être rendu par l'importance du renflement de la base du doigt du foie sur certains modèles) avec, à gauche, un deuxième appendice, le *processus papillaris*, plus petit et sans doute figuré sur le modèle de Meskéné. Aucun « doigt du foie » n'est conservé sur les fragments en ivoire, mais la présence d'un arrachement de forme triangulaire à l'arrière des deux lobes peut être interprété comme la base de cette partie anatomique.

Le deuxième élément en relief est la vésicule biliaire, anatomiquement étroite et ovoïde, et posée sur un sillon du lobe droit : c'est ainsi qu'elle est généralement modelée, en longue diagonale effilée traversant ce lobe, sur le foie de Meskéné, et sous forme de pastille plus ou moins ovoïde, sur le bord antérieur des lobes droits dans les modèles en argile comme sur les modèles en ivoire (**6**, **14**, **28**, **34**, **35**, **46**, **59** et **64**). Parmi les anomalies liées à l'existence de la vésicule, il peut arriver qu'il en figure deux [11] sous forme d'appendices ovoïdes, juxtaposés sur des modèles d'Ougarit (*Fig. 3*b) ou attachés par leurs sommets sur trois foies de Mari (*Fig. 4*b-d). Une anomalie identique est visible sur deux fragments en ivoire (**13** et **23**). Plus problématique est à mon sens l'interprétation qu'il faut donner à une marque en relief des fragments **46**, **62** et

---

5. RS 20.399 B[f] et RS 20.401 B[c], n° **38** et **61**.

6. Je ne reviens pas sur la fonction et la description de cette méthode de divination qu'est l'hépastoscopie, qui a donné et donne encore lieu à une abondante littérature : voir Gachet 1995, p. 247-249.

7. *Ugaritica* VI, 1969, p. 102-116 : Courtois présente « un ensemble de 21 modèles de foies en terre cuite dont quatre portent des inscriptions en cunéiformes alphabétiques », trouvés dans une maison de la Tranchée Sud-Acropole (dite « du prêtre aux modèles de poumon et de foies »). Les parties constitutives du foie comme la vésicule biliaire et le doigt du foie (qu'il appelle *lobus caudatus* et non *processus pyramidalis)* sont citées comme telles par Courtois, mais il semble qu'il n'a vu dans la représentation des autres marques morphologiques ou pathologiques, que des « symboles imprimés ou incisés [...] incisions symboliques ».

8. Arnaud 1982, fig. 1 ; *id.* 1987, p. 283 ; Gachet 1995, fig. 2b.

9. Rutten 1938.

10. Sur l'anatomie d'un foie, voir Gachet 1995.

11. La présence de deux vésicules est explicitée, par exemple, à la première ligne de l'inscription d'un modèle de foie de Meskéné (Arnaud 1987, p. 283, n° 668) : « Si deux vésicules minces... ».

63, qui ressemble à un foie miniature fait de deux lobes rectangulaires séparés par une courte encoche et relevé à l'arrière en un « doigt du foie » arraché, réplique du modèle de foie sur lequel il est posé. Contrairement aux vésicules ovoïdes toutes placées sur la partie antérieure du lobe droit, il semble que l'emplacement de cette marque double soit variable : placée sur la partie postérieure du lobe droit pour les fragments **46** (derrière une vésicule) et **63**, elle apparaît deux fois – et peut-être trois, mais la lecture est rendue incertaine par la cassure – sur l'arrondi du bord **62**, trop incomplet pour qu'on puisse le situer.

Une deuxième technique de transposition graphique, l'incision, est employée pour la transcription de marques. Sur les modèles de foies en argile est très souvent incisé un ensemble de deux lignes perpendiculaires l'une à l'autre et toujours placées sur la partie antérieure du lobe gauche : elles sont parallèles à ses bords et ne se joignent pas forcément. Tous les angles antérieurs suffisamment bien conservés des fragments de lobes gauches en ivoire (**1**, **5**, **18**, **20**, **22**, **36**, **42**, **44**) sauf un (**30** sans marque) sont incisés des mêmes perpendiculaires ne se joignant pas. On est là devant la représentation habituelle d'empreintes caractéristiques (*impressio reticularis* figurée par la ligne verticale parallèle au côté du lobe, et *impressio abdomalis* figurée par la ligne horizontale) qui peuvent apparaître à la surface du foie et qui sont dues à la pression des organes environnants.

Le répertoire des nombreuses marques incisées dites « signes fortuits » sur les modèles de foies en argile n'est attesté, dans les modèles en ivoire d'Ougarit, que pour quatre d'entre elles : des trous, les plus fréquents et les plus importants des signes fortuits, des diagonales, un cercle et des chevrons. Signes éphémères n'apparaissant qu'au début de l'observation du foie frais ou signes pathologiques, leurs positions sont variables.

Les trous sont souvent alignés, sur les modèles en ivoire (**1**, **10**, **20**) comme en argile, au bord du lobe gauche, et plus précisément parallèlement à la ligne représentant l'*impressio reticularis* à laquelle ils sont étroitement associés. On les trouve aussi sur le bord postérieur du lobe gauche **16**. Ils sont alignés sur le lobe droit **28** de part et d'autre d'une diagonale, autre signe fortuit incisé en travers d'un lobe gauche (**40**) sans trous associés. Sur un modèle en argile d'Ougarit (*Fig. 3*d) la même diagonale bordée de trous traverse les deux lobes.

Dans un cas (**45**), un cercle est incisé sur un bord de lobe gauche, près de l'encoche centrale : il n'y a pas d'équivalent exact sur les modèles en argile d'Ougarit, qui montrent en revanche très souvent un trou creusé au-dessus de l'encoche centrale (*Fig. 3*c) [12]. Sur un modèle de Mari [13], six cercles sont incisés sur un lobe gauche.

Enfin, la marque en chevron (**16**, **18**, **41**) est un signe « fortuit » couramment représenté. La direction de son ouverture participe, entre autres informations, au sens à donner au présage. Sur les modèles en ivoire, on le trouve deux fois sur la partie postérieure d'un lobe gauche (**16** et **18**) et une fois dans l'angle antérieur d'un lobe droit (**41**) ; sur les modèles de foies en argile d'Ougarit, il apparaît seul ou en enchaînement de plusieurs chevrons dessinant un motif en arêtes de poisson (*Fig. 3*b) ; de même sur des modèles de Mari, avec une incision plus molle en U [14].

La concordance évidente entre formes et marques des fragments en ivoire de la pièce 81 du Palais royal et celles de la série bien connue des modèles de foies en argile, représentée ici par la sélection d'Ougarit, de Meskéné et de Mari, confirme définitivement l'identification de ces supports d'inscriptions comme des modèles de foies divinatoires.

Cependant, un type de « décor » gravé sur deux fragments échappe à cette transcription graphique des marques (**38** et **61**). Ces fragments sont trop incomplets pour qu'on affirme avec certitude qu'ils appartiennent à la même série d'objets : seul, l'arrondi du profil suggère que ce soient des bords semblables à ceux des modèles de foies. Ils sont gravés de rectangles alignés en bandes juxtaposées – et rayonnantes sur le fragment

---

12. Courtois 1969, fig. 8:2,4,5,9 ; fig. 10:2 ; fig. 11:3 (inversion des numéros sur la figure 11 : RS 24.317 est en réalité le n° 4, et RS 24.310 est le n° 3 ; les quatre modèles de foies de cette figure sont déjà présentés figure 8).

13. Rutten 1938, Pl. XIV, 27.

14. Rutten 1938, Pl. III, 5.

61 –, et bordés par un trait plus ou moins arrondi ; un minuscule fragment de placage de feuille d'or est encore en place sur les rectangles du fragment **38**. Je n'ai pas trouvé de parallèles à cette représentation.

Enfin, l'objet d'ivoire n° **19**, dont la face inférieure porte une inscription en signes cunéiformes, n'entre pas dans la typologie des modèles de foies tels que nous venons de les évoquer. Il est de forme conique à paroi concave prolongée par un embryon de tige (?) cassée. Aucune identification de ce type d'objet, par ailleurs incomplet, n'est, à mon sens, totalement assurée. La présence et la teneur du texte qui y est inscrit permettent, plus que la forme elle-même, d'explorer deux hypothèses [15].

Logiquement, c'est d'abord dans les modèles de foies que j'ai cherché des parallèles à cet objet. Dans la série des modèles de foies divinatoires de Mari, il existe deux modèles de foies [16] dont la forme est circulaire et de dimensions proches de celle de l'objet **19** ; le pourtour est à peine entaillé d'encoches (ou cassures ?) ; leur face inférieure plate est inscrite. La publication ne donne la représentation anatomique que pour l'un d'eux (*Fig. 4*d) : le *processus pyramidalis* est représenté sous forme de protubérance pointue d'où partent deux vésicules biliaires et un signe tréflé. Plusieurs des foies en argile d'Ougarit ont aussi une forme quasi circulaire (*Fig. 3*c) mais la séparation des lobes, même à peine marquée, le doigt du foie à l'arrière et la représentation des parties constitutives ou des marques éphémères, comme à Mari, ne laissent aucun doute sur l'identification de ces modèles comme des foies divinatoires. Ces détails sont absents de l'ivoire **19** où seul l'amincissement du cône pourrait être une représentation lointaine, et centrée, du *processus pyramidalis*.

Une deuxième direction de recherche repose sur les restitutions du texte par D. Pardee (voir plus loin) : il évoque l'hypothèse d'« une tête de sceptre » présentée par le roi d'Égypte au roi d'Ougarit. Or il n'existe pas de parallèle dans la série des sceptres proprement dits, ni en Égypte ni à Ougarit. La forme la plus approchante, malgré la différence de taille, serait celle de masses d'armes coniques à paroi concave et base plate ; mais elles sont attestées à des périodes antérieures : on en a trouvé à Dahchour sous la XIIe dynastie et trois exemples sont illustrés sur des stèles du Moyen Empire [17]. On n'a donc, dans les deux hypothèses, aucun argument convaincant pour identifier cet objet inscrit.

Cette collection d'ivoires inscrits est exceptionnelle à double titre : ce sont, à ma connaissance, les seuls ivoires inscrits en écriture cunéiforme, et les seuls modèles de foies divinatoires fabriqués dans l'ivoire. Le fait qu'ils soient écrits en alphabétique ne les fait pas remonter au-delà du milieu du XIVe s. et indique qu'il s'agit là, non pas d'objets importés, mais bien d'une production enregistrée pour le pouvoir royal d'Ougarit.

---

15. La forme de cet ivoire rappelle plus ou moins celle d'un certain nombre d'objets tels que des sceaux ou des pièces de jeux par exemple, mais qui serait sans rapport avec le texte.

16. Rutten 1938, pl. I, 2 ; II, 4.

17. Morgan 1895, fig. 172 à gauche ; elle provient de la pyramide septentrionale de briques datée de la XIIe dynastie. Voir aussi Wolf 1926, Tafel 1, 9 ; Bonnet 1926, p. 8 et fig. 3/b : celui-ci précise que cette forme est particulière à l'Égypte et qu'on ne la trouve pas au Proche-Orient. Le catalogue général des Antiquités du musée du Caire (Tafel XC, 21 n°s 543, 544 et 545) parle de « sceptres (?) [..] en forme de massue ». Ces têtes de massue, ainsi que leurs modèles en pierre ou en argile peinte, étaient fréquemment déposées dans les tombes comme symbole du pouvoir (elles font parfois partie du mobilier des tombes de femmes de haut rang). Ces têtes ou leurs modèles sont percées pour y introduire une hampe qui était souvent préalablement brisée. L'absence de trou central sur l'objet 19, s'il s'agit bien d'une tête de massue, s'expliquerait aisément par le prolongement partiel taillé dans la même pièce d'ivoire qui pourrait alors représenter la hampe. Quant aux sceptres représentés sur les sceaux ou les stèles d'Ougarit, ils sont égyptiens, du type *ouas* ou *hiq* : Amiet 1992, n° 156, fig. 29 et n° 219, fig. 40 (tous deux datés de l'*Ugarit Récent* I) ; Yon, 1991, n° 1, fig. 6 et 8a ; n° 6, fig. 7 (XIVe-XIIIe s.) ; n° 2, fig. 6. Les autres représentations de la puissance des rois ou des dieux d'Ougarit sont les piques, les harpès, les haches ou les masses d'arme de type piriforme.

CATALOGUE

Les objets d'ivoire inscrits sont conservés au ***musée de Damas*** (inventaire abrégé ici « Damas »), mais de nombreux fragments n'ont pas reçu de numéro d'inventaire de musée. La mission française a fait faire des moulages, déposés dans ses archives au Collège de France (abrégé ici « CF ») : ils ne représentent que les faces inscrites (sauf le n° RS 20.402, inédit, qui a été moulé sur les deux faces : la face supérieure à relief et la face inférieure, inscrite).

Le présent ***catalogue*** a été établi en 1993 par J. Gachet après l'étude des moulages à Paris, suivie d'une mission à Damas pour vérifier les originaux. Tous les fragments ont été triés et revus en 1996 à Damas (après la découverte dans les réserves de quatre autres fragments (RS 20.399 B[f] ; RS 20.401 B[b-d]). Les dessins faits à Damas sur les originaux par L. Volay (juin 1995) ont été revus par D. Pardee.

Pour éviter des confusions, on a conservé la ***numérotation*** des fragments qui avaient été enregistrés selon l'inventaire (RS) de la mission. Chaque numéro peut comporter plusieurs fragments ; des chiffres ou lettres entre crochets droits ont été ajoutés au numéro d'enregistrement d'origine. Pour les fragments non encore inventoriés, on a procédé comme on l'a fait pour d'autres catégories d'objets (*e.g.* tablettes dans *RSO* V, pierres dans *RSO* VI, etc.) : au moment de la présente étude ils ont été enregistrés en RS à la suite de l'inventaire des 19e et 20e campagnes (numéro entre crochets droits). Les moulages déposés au Collège de France ont un numéro d'inventaire précédé des lettres CF ; lorsque ce numéro est suivi d'un chiffre, il fait référence au dénombrement des fragments d'un même moulage.

Dimensions en centimètres : H. (= hauteur) représente la dimension de l'objet dans son axe antéropostérieur.

RS 20.396 Aa-g (= RS 19.[260])

1 – RS 20.396 Aa+b+g *(Fig. 5, 12)*

Damas sans n°. Moulage : CF 1227,4 (= le fragment 396 Aa).
Ras Shamra 1955 : Palais royal, pièce 81 (p.t. 1589 à 0,40 d'après *TEO*).
Incomplet ; trois fragments recollés. Ivoire d'éléphant. Brûlé, noir. H. 7,6; l. cons. 4,8; ép. post. 1,9; ép. ant. 1.
Lobe gauche partiel et amorce du lobe droit. Hauteur complète, avec angle antérieur conservé et encoche sur le bord antérieur à l'opposé de l'angle. Face supérieure : décor incisé de deux droites perpendiculaires non sécantes, parallèles à l'angle antérieur. 4 cupules le long du côté antérieur gauche. Partie postérieure épaissie : reste d'arrachement parallèle au bord. Face inférieure plane inscrite (RS 20.396 Ag est anépigraphe).
Biblio. : Dietrich-Loretz 1976, ES : E1 + 2 (p. 2, Tafel I*). *KTU* 6.30 + 31. *TEO* p. 262.

2 – RS 20.396 Ac *(Fig. 5)*

Damas sans n°. Moulage CF 1235,4.
Ras Shamra 1955 : *ibid.*
Incomplet. Ivoire d'éléphant. Brûlé, noir. H. cons. 3,5; l. max. 1,5; ép. post. 1,15; ant. 0,95.
Fragment de l'arrondi postérieur d'un lobe droit. Sans décor. Face inférieure plane, inscrite.
Biblio. : Dietrich-Loretz 1976, ES : E3 (p. 2-3 et Tafel I*). *KTU* 6.32. *TEO* p. 262.

3 – RS 20.396 Ad *(Fig. 5)*

Damas sans n°. Moulage CF 1227,1.
Ras Shamra 1955 : *ibid.*
Incomplet. Ivoire d'éléphant. Brûlé, noir. H. 1,5; l. 1,7; ép. max. 0,9.
Fragment d'un bord arrondi (postérieur ?). Face supérieure détériorée. Face inférieure plane, inscrite.
Biblio. : Dietrich-Loretz 1976, ES : E4 (p. 3, Tafel I*). *KTU* 6.33. *TEO* p. 262.

4 – RS 20.396 A[e] *(Fig. 5).*

Damas sans n°. Pas de moulage.
Ras Shamra 1955 : *ibid.*
Incomplet. Ivoire d'éléphant. Brûlé, noir. H. cons. 2,9; l. cons. 1; ép. cons. 1,1.
Bord partiel d'un lobe gauche avec amorce de l'arrondi postérieur. Face supérieure légèrement bombée. Face inférieure plane, inscrite.
Biblio. : inédit. *TEO* p. 262.

5 – RS 20.396 A[f] *(Fig. 5)*

Damas sans n°. Pas de moulage.
Ras Shamra 1955 : *ibid.*
Incomplet. Ivoire d'éléphant. Brûlé, noir. H. cons. 2,6; l. cons. 1; ép. post. 1,2; ant. 1.
Angle antérieur d'un lobe gauche. Face supérieure légèrement bombée : incisée de deux traits parallèles aux deux côtés de l'angle et ne se coupant pas. Face inférieure plane, inscrite.
Biblio. : inédit. *TEO* p. 262.

RS 20.396 B

6 – RS 20.396 B *(Fig. 5)*

Damas sans n°. Pas de moulage.
Ras Shamra 1955 : Palais royal, pièce 81 (p.t. 1589).
Incomplet, ébréché. Ivoire d'éléphant. Brûlé, noir. H. cons. 5,5; l. cons. 3,8; ép. ant. 1,4.
Fragment de bord antérieur droit sculpté d'un appendice à peu près perpendiculaire au bord antérieur du fragment. L'extrémité près du bord est épaissie, l'extrémité opposée est effilée. Non inscrit.
Biblio. : inédit.

RS 20.397 Aa-c (= RS 19.[261])

7 – RS 20.397 Aa *(Fig. 5)*

Damas sans n°. Pas de moulage.
Ras Shamra 1955 : Palais royal, pièce 81 (p.t. 1589).
Incomplet. Ivoire d'éléphant. Brûlé, noir. H. cons. 2,7; l. cons. 0,9; ép. cons. 1,5.

Fragment parallélépipédique, une seule face conservée, inscrite.
Biblio. : Dietrich-Loretz 1976, ES : E5 (p. 3 et Tafel I*). *KTU* 6.34. *TEO* p. 262.

8 – RS 20.397 Ab *(Fig. 5)*
Damas sans n°. Pas de moulage.
Ras Shamra 1955 : *ibid.*
Incomplet : éclat de lamelle. Ivoire d'éléphant. Brûlé, noir. H. cons. 1,7; l. cons. 1,4; ép. 0,8.
Fragment sans forme ; une face conservée, inscrite.
Biblio. : Dietrich-Loretz 1976, ES : E6 (p. 3 et Tafel I*). *KTU* 6.35. *TEO* p. 262.

9 – RS 20.397 Ac *(Fig. 5)*
Damas sans n°. Pas de moulage.
Ras Shamra 1955 : *ibid.*
Incomplet : éclat de lamelle. Ivoire d'éléphant. Brûlé, noir. H. cons. 1,3; l. cons. 0,5; ép. cons. 0,8.
Fragment sans forme ; une face conservée, inscrite.
Biblio. : Dietrich-Loretz 1976, ES : E7 (p. 3 et Tafel I*). *KTU* 6.36. *TEO* p. 262.

10 – RS 20.397 Ad *(Fig. 5)*
Damas sans n°. Pas de moulage.
Ras Shamra 1955 : *ibid.*
Incomplet. Ivoire d'éléphant. Brûlé, noir ; bleu et blanc sur face inférieure. H. cons. 2,9; l. cons. 0,5; ép. 1,1.
Angle antérieur d'un lobe gauche. Face supérieure creusée de deux petites cupules et incisée d'un trait parallèle au long côté (peu lisible). Face inférieure détériorée, illisible.
Biblio. : inédit.

11 – RS 20.397 Ae
Damas sans n°. Pas de moulage.
Ras Shamra 1955 : *ibid.*
Incomplet. Ivoire d'éléphant. Brûlé, noir. H. cons. 1,2; l. cons. 1; ép. 1,5.
Fragment de forme cubique avec une portion d'arc de cercle incisé sur une face.
Biblio. : inédit.

12 – RS 20.397 A[f].*t*
Damas sans n°. Pas de moulage.
Ras Shamra 1955 : *ibid.*
Incomplet : fragment informe. Ivoire d'éléphant. Brûlé, noir. H. cons. 2,6; l. cons. 1,3; ép. 0,6.
Éclat d'ivoire incisé d'un clou.
Biblio. : inédit.

RS 20.397 B

13 – RS 20.397 B *(Fig. 5)*
Damas sans n°. Pas de moulage.
Ras Shamra 1955 : Palais royal, pièce 81, p.t. 1589.
Incomplet. Ivoire d'éléphant. H. cons. 4; l. cons. 2,7; ép. ant. 1,3.
Fragment de bord d'un lobe droit. Face supérieure bombée, sculptée d'un appendice pointu à deux branches, élargies vers le bord antérieur cassé de l'objet. L'appendice est parallèle au long côté. Face inférieure plane, non inscrite.
Biblio. : inédit.

RS 20.398 A[1-12] (= RS 19.[262])

14 – RS 20.398 A[1] *(Fig. 6, 12)*
Damas sans n°. Moulage CF 1229, 12.
Ras Shamra 1955 : Palais royal, pièce 81, p.t. 1589.
Incomplet. Ivoire d'éléphant. H. 7,7; l. cons. 5,5 et 3,1; ép. post. 1,2; ant. 0,9; ép. avec arrachement 2.
Lobe droit. Face supérieure légèrement bombée : décor sculpté d'un appendice allongé légèrement en biais par rapport au bord antérieur du fragment. L'extrémité de l'appendice touchant au bord est épaissie, l'extrémité opposée est effilée ; petite cupule creusée à droite, dans l'angle antérieur ; arrachement vertical, de forme triangulaire dont la base est parallèle au bord postérieur et légèrement en retrait de celui-ci. Face inférieure plane, inscrite.
Biblio. : Gachet, in *RSO* X, p. 254, fig. 3 (sans l'inscription) ; *TEO* p. 262.

15 – RS 20.398 A[2] *(Fig. 6)*
Damas sans n°. Moulage CF 1229,3.
Ras Shamra 1955 : *ibid.*
Incomplet. Ivoire d'éléphant. H. 7,3; l. cons. 3,6; ép. post. 1,1; ant. 0,4.
Lobe droit partiellement arraché à gauche. Face supérieure légèrement bombée : arrachement vertical, de forme triangulaire dont la base est parallèle au bord postérieur et légèrement en retrait de celui-ci. Face inférieure plane, détériorée. Inscrit sur le côté.
Biblio. : inédit. *TEO* p. 263.

16 – RS 20.398 A[3] *(Fig. 6, 12)*
Damas sans n°. Moulage CF 1229,2.
Ras Shamra 1955 : *ibid.*
Incomplet. Ivoire d'éléphant. H. cons. 4,1; l. cons. 3,5; ép. 1,1 et 0,9.
Angle postérieur d'un lobe gauche, arrondi. Face supérieure légèrement bombée : arrachement vertical, de forme triangulaire dont la base est parallèle au bord postérieur et légèrement en retrait de celui-ci ; décor incisé de six cupules alignées sur le bord et d'une marque en V couché, pointe dirigée vers la gauche.
Face inférieure plane, détériorée, inscrite.
Biblio. : inédit. *TEO* p. 263.

17 – RS 20.398 A[4] *(Fig. 6, 12)*
Damas sans n°. Moulages CF 1229,11 : face inférieure inscrite + 13 : côté postérieur inscrit (recollage).
Ras Shamra 1955 : *ibid.*
Incomplet. Ivoire d'éléphant. H. cons. 5; l. cons. 3,4; ép. 0,8 ; 2 avec l'arrachement.
Partie postérieure de lobe gauche. Face supérieure : arrachement vertical, de forme triangulaire dont la base est parallèle au bord postérieur et légèrement en retrait de celui-ci. Inscrit derrière l'arrachement et sur la face inférieure.
Biblio. : inédit. *TEO* p. 263.

18 – RS 20.398 A[5] *(Fig. 7, 12)*
Damas sans n°. Moulages CF 1229,8 + 9 (recollage).
Ras Shamra 1955 : *ibid.*
Incomplet. Ivoire d'éléphant. H. 5,8; l. cons. 2,5; ép. 0,8 et 0,6.
Moitié gauche d'un lobe gauche. Face supérieure légèrement bombée : arrachement vertical, avec amorce d'une base parallèle au bord postérieur et légèrement en retrait de celui-ci. Décor gravé d'une marque en V couché, pointe dirigée vers la droite ; deux lignes incisées perpendiculaires et ne se coupant pas sont parallèles à l'angle antérieur. Face inférieure inscrite, ivoire partiellement disparu.
Biblio. : *TEO* p. 263 ; Gachet, in *RSO* X, p. 254, fig. 3 (sans inscription).

19 – RS 20.398 A[6] *(Fig. 7, 12)*
Damas sans n°. Moulage CF 1229,1.
Ras Shamra 1955 : *ibid.*
Incomplet : base ébréchée, départ d'un manche arraché. Ivoire d'éléphant. Brûlé, noir. Diam. 4; H. cons. 3,7.
Cône à base circulaire plane, et cassé en haut. Base inscrite/
Forme non identifiée.
Biblio. : inédit. *TEO* p. 263.

20 – RS 20.398 A[7] *(Fig. 7)*
Damas sans n°. Moulage CF 1229,10.
Ras Shamra 1955 : *ibid.*
Incomplet ; deux fragments recollés. Ivoire d'éléphant. H.6,3; l. cons. 2; ép. 1.
Moitié gauche d'un lobe gauche avec angle antérieur conservé et amorce de l'arrondi postérieur. Face supérieure légèrement bombée, inscrite et à décor incisé : deux lignes perpendiculaires ne se coupant pas, parallèles à l'angle antérieur ; deux cupules sur le côté. Face inférieure non inscrite.
Biblio. : inédit. *TEO* p. 263.

21 – RS 20.398 A[8] *(Fig. 7, 12)*
Damas sans n°. Pas de moulage.
Ras Shamra 1955 : *ibid.*
Incomplet. Ivoire d'éléphant. H. cons. 3,2; l. cons. 1,3; ép. 1,1.
Bord d'un lobe gauche, angle antérieur. Face supérieure à décor incisé très partiel : extrémité de 2 lignes perpendiculaires non sécantes et parallèles à l'angle antérieur. Face inférieure plane, inscrite.
Biblio. : inédit. *TEO* p. 263.

22 – RS 20.398 A[9] *(Fig. 7)*
Damas sans n°. Pas de moulage.
Ras Shamra 1955 : *ibid.*
Incomplet. Ivoire d'éléphant. H. cons. 2,6; l. cons. 1,6; ép. 1.
Angle antérieur ébréché d'un lobe gauche. Face supérieure à décor incisé partiellement conservé : extrémité de deux lignes perpendiculaires ne se coupant pas et parallèles à l'angle antérieur. Face inférieure non inscrite, portant des entailles d'artisan ; une lame d'ivoire a sauté, laissant apparaître deux petites mortaises (?).
Biblio. : inédit. *TEO* p. 263.

23 – RS 20.398 A[10] *(Fig. 7)*
Damas sans n°. Moulage CF 1229,6.
Ras Shamra 1955 : *ibid.*
Incomplet. Ivoire d'éléphant. H. cons. 3,2; l. cons. 1,2; ép. 1,3.
Fragment qui doit appartenir à un lobe droit. Face supérieure : décor sculpté d'un appendice pointu dédoublé en deux branches épaissies vers le bord antérieur de l'objet. Face inférieure inscrite.
Biblio. : inédit. *TEO* p. 263.

24 – RS 20.398 A[11] *(Fig. 7, 12).*
Damas sans n°. Moulage CF 1229,5 et 7.
Ras Shamra 1955 : *ibid.*
Incomplet. Ivoire d'éléphant. H. cons. 3,2; l. cons. 1,2; ép. 1,3.
Fragment parallélépipédique sans décor. Deux faces inscrites ; sur l'une, 3 clous seulement conservés.
Biblio. : inédit. *TEO* p. 263.

25 – RS 20.398 A[12] *(Fig. 7)*
Damas sans n°. Moulage CF 1229,4.
Ras Shamra 1955 : *ibid.*
Incomplet. Ivoire d'éléphant. Dim. 2,9 x 2,5.
Fragment d'un bord (postérieur?). Une face plane, inscrite.
Biblio. : inédit. *TEO* p. 263.

RS 20.398 B[1-2]

26 – RS 20.398 B[1] *(Fig. 7)*
Damas sans n°. Moulage CF 1230.
Ras Shamra 1955 : Palais Royal, pièce 81, p.t. 1589.
Incomplet. Ivoire d'éléphant. Dim. 2,1 x 1,6; ép. 0,8 et 1.
Bord antérieur droit (?). Face supérieure légèrement bombée. Face inférieure plane, inscrite.
Biblio. : inédit.

27 – RS 20.398 B[2] *(Fig. 7)*
Damas sans n°. Pas de moulage.
Ras Shamra 1955 : *ibid.*
Incomplet. Ivoire d'éléphant. Dim. 3 x 0,9; ép. 1.
Bord arrondi postérieur gauche. Face inférieure plane, inscrite.
Biblio. : inédit.

RS 20.399 Aa-e

28 – RS 20.399 Aa *(Fig. 8, 13)*
Damas sans n°. Moulage CF 1228 (marqué par erreur « 20.397 A »).
Ras Shamra 1955 : Palais royal, pièce 81, p.t. 1592, à – 2,50 m.
Incomplet (3 fragments recollés). Ivoire d'éléphant. Noir, brûlé. H. cons. 5,5; l. max. 2,1; ép. constante 1,1.
Lobe droit partiel avec angle antérieur conservé, ébréché. Face supérieure bombée, avec décor en relief d'un appendice allongé, tronqué, dont l'axe est presque perpendiculaire au bord antérieur de l'objet. Cinq cupules sont creusées le long d'une ligne droite

incisée en travers de l'arrondi postérieur. Clous partiellement conservés derrière cette ligne. Inscription en travers du fragment. Face inférieure non inscrite.
Biblio. : Dietrich-Loretz 1976, ES : E8 (p. 3 et Tafel I*). *KTU* 6.37. *TEO* p. 263.

29 – RS 20.399 Ab *(Fig. 8, 13)*
Damas sans n°. Moulage CF 1231,2.
Ras Shamra 1955 : *ibid.*
Incomplet. Ivoire d'éléphant. Brûlé, brun.
H. cons. 3 ; l. cons. 3,3; ép. post. 1; ant. 0,8; ép. avec l'arrachement 1,7.
Fragment trapézoïdal, incurvé, avec un bord de lobe gauche conservé. Reste d'un élément vertical arraché à l'arrière du fragment et début d'une ligne incisée parallèle au bord. Face inférieure inscrite.
Biblio. : Dietrich-Loretz 1976, ES : E9 (p. 4 et Tafel I*). *KTU* 6.38. *TEO* p. 263.

30 – RS 20.399 Ac *(Fig. 8, 13)*
Damas sans n°. Moulage CF 1231,1.
Ras Shamra 1955 : *ibid.*
Incomplet. Ivoire d'éléphant. Non brûlé, usé. H. cons. 5,3; l. cons. max. 1,5; ép. post. 1,1; ant. 0,9.
Lobe gauche partiellement conservé avec l'angle antérieur complet et l'amorce de l'arrondi postérieur. Face supérieure légèrement bombée et sans décor. Face inférieure plane, inscrite.
Biblio. : Dietrich-Loretz 1976, ES : E10 (p. 4 et Tafel II*). *KTU* 6.39. *TEO* p. 263.

31 – RS 20.399 Ad *(Fig. 8, 13)*
Damas sans n°. Moulage CF 1231,3.
Ras Shamra 1955 : *ibid.*
Incomplet. Ivoire d'éléphant. Brûlé, noir. H. cons. 3,6; l. cons. max. 1,1; ép. sur le bord 1,1; interne 1,3.
Lobe gauche partiel, avec amorce de l'arrondi postérieur. Face supérieure légèrement bombée, sans décor. Face inférieure inscrite.
Biblio. : Dietrich-Loretz 1976, ES : E11 (p. 5 et Tafel II*). *KTU* 6.40. *TEO* p. 264.

32 – RS 20.399 Ae *(Fig. 8)*
Damas sans n°. Pas de moulage.
Ras Shamra 1955 : *ibid.*
Incomplet. Ivoire d'éléphant. Brûlé, noir. H. cons. 2,2; l. cons. 2,5; ép. bord 1; avec l'arrachement 1,3.
Fragment irrégulier d'un bord postérieur avec arrachement d'un élément vertical dont la base rectiligne est parallèle au bord et en léger retrait. Face inférieure non inscrite.
Biblio. : Dietrich-Loretz 1976, ES : E12 (p. 5 et Tafel II*). *TEO*, p. 264. *KTU* 6.41. *TEO* p. 264.

RS 20.399 B[a-f]

33 – RS 20.399 B[a] *(Fig. 8)*
Damas sans n°. Pas de moulage.
Ras Shamra 1955 : Palais royal, pièce 81, p.t. 1592, à – 2,50 m.
Incomplet. Ivoire d'éléphant. Brûlé, noir. H. cons. 5,5 ; l. cons. 1,8 ; ép. cons. max. 1.
Bord de lobe droit avec amorce de l'arrondi postérieur. Angle antérieur cassé. Arrachement sur la partie postérieure centrale du fragment. Non inscrit.
Biblio. : inédit.

34 – RS 20.399 B[b] *(Fig. 8)*
Damas sans n°. Pas de moulage.
Ras Shamra 1955 : *ibid.*
Incomplet. Ivoire d'éléphant. Brûlé, noir, détérioré. H. cons. 1,5; l. cons. 4; ép. cons. max. 0,8.
Angle antérieur d'un lobe droit, sculpté d'un appendice ovoïde court, perpendiculaire au bord. Non inscrit.
Biblio. : inédit.

35 – RS 20.399 B[c] *(Fig. 8)*
Damas sans n°. Pas de moulage.
Ras Shamra 1955 : *ibid.*
Incomplet. Ivoire d'éléphant. Brûlé, noir. H. cons. 2; l. cons. 1,2; ép. cons. max. 1.
Angle d'un lobe droit, sculpté d'un appendice ovoïde partiellement conservé, perpendiculaire au bord. Non inscrit.
Biblio. : inédit.

36 – RS 20.399 B[d] *(Fig. 8)*
Damas sans n°. Pas de moulage.
Ras Shamra 1955 : *ibid.*
Incomplet. Ivoire d'éléphant. Brûlé, noir. H. cons. 3,4; l. cons. 1,2; ép. cons. max. 0,9.
Angle antérieur d'un lobe gauche dont la face supérieure est incisée de deux lignes perpendiculaires, parallèles aux côtés de l'angle. Non inscrit.
Biblio. : inédit.

37 – RS 20.399 B[e]
Non retrouvé au musée de Damas. Identifié sur le moulage CF 1232 comme fragment RS 20.399 B.
Ras Shamra 1955 : *ibid.*
Incomplet. Fragment parallélépipédique dont la plus grande largeur semble être un bord.
Une face inscrite.
Biblio. : inédit.

38 – RS 20.399 B[f] *(Fig. 8)*
Damas sans n°. Pas de moulage.
Ras Shamra 1955 : *ibid.*
H. cons. 4,3; l. cons. 1,7; ép. cons. 2,3.
Incomplet. Bord gauche dont seule la partie décorée est conservée sur la face supérieure. Décor de petits rectangles gravés alignés dans le sens antéro-postérieur, le long d'une ligne courbe. Petit arrachement à l'arrière. Reste d'un placage de feuille d'or incrusté dans les rectangles. Non inscrit.
Biblio. : inédit.

RS 20.400 Ab-d

[* RS 20.400 Aa est un fragment de tablette d'argile.]

39 – RS 20.400 Ab *(Fig. 9, 13)*
Damas sans n°. Moulage CF 1233,4.

Ras Shamra 1955 : Palais royal, pièce 81, p.t. 1537, à – 0,20 et 2,60 m.
Incomplet. Ivoire d'éléphant. Brûlé, brun. H. cons. 3,3; l. cons. 2,4; ép. cons. 0,9.
Fragment dont la courbure hémisphérique sur l'une des faces est due à l'éclat de l'ivoire. Bord partiellement conservé. Une face plane inscrite.
Biblio. : Dietrich-Loretz 1976, ES : E13 (p. 5 et Tafel II*). *KTU* 6.42. *TEO* p. 264.

40 – RS 20.400 Ac *(Fig. 9)*

Damas sans n°. Moulage CF 1233,3.
Ras Shamra 1955 : *ibid.*
Ivoire d'éléphant. Brûlé, noir.
H. cons. 4,2; l. max. 2,5; ép. post. 1,3; ant. 0,9.
Incomplet. Moitié antérieure gauche d'un lobe gauche. Encoche taillée en biais et polie, à droite, avec amorce d'un départ du lobe droit. Face supérieure légèrement bombée, gravée d'une diagonale traversant le fragment, de l'encoche à la cassure actuelle. Face inférieure inscrite.
Biblio. : Dietrich-Loretz 1976, ES : E14 (p. 5 et Tafel II*). *KTU* 6.43. *TEO*, p. 264.

41 – RS 20.400 Ad *(Fig. 9)*

Damas sans n°. Moulage CF 1233,2.
Ras Shamra 1955 : *ibid.*
Incomplet. Ivoire d'éléphant. Brûlé, brun. H. 4,8; l. cons. 1,1; ép. post. 0,9; ant. 0,8.
Bord d'un lobe droit avec angle antérieur conservé et amorce de l'arrondi postérieur. Face supérieure : décor gravé d'un V couché, près de l'angle, pointe dirigée vers la droite. Face inférieure inscrite.
Biblio. : Dietrich-Loretz 1976, ES : E15 (p. 5 et Tafel II*). *KTU* 6.44. *TEO*, p. 264.

RS 20.400 Ba-b

42 – RS 20.400 Ba *(Fig. 9)*

Damas sans n°. Moulage CF 1235, 8.
Ras Shamra 1955 : Palais royal, pièce 81, p.t. 1537, à – 0,20 et 2,60 m.
Incomplet. Ivoire d'éléphant. Brûlé, noir. H. cons. 3,6; l. cons. 1,5; ép. 0,9.
Angle antérieur d'un lobe gauche. Face supérieure incisée d'une courbe dans l'angle, et d'un trait rectiligne parallèle au côté. Face inférieure inscrite.
Biblio. : Dietrich-Loretz 1976, ES : E16 (p. 6 et Tafel II*). *KTU* 6.45. *TEO*, p. 264.

43 – RS 20.400 Bb

Non retrouvé à Damas en 1990 ni en 1993 (non vu par D. Pardee). Pas de moulage.
Ras Shamra 1955 : *ibid.*
Description d'après Dietrich-Loretz : Incomplet. Dim. 3,2 x 0,5. Une face inscrite.
Biblio. : Dietrich-Loretz 1976, ES : E17 (p. 6 et Tafel II*). *KTU* 6.46. *TEO*, p. 264.

RS 20.401 Aa-o

44 – RS 20.401 Aa *(Fig. 9, 13)*

Damas sans n°. Moulages CF 1235,3-5 (deux fragm. n° 5).
Ras Shamra 1955 : Palais royal, pièce 81, p.t. 1584, à 2,90 m.
Incomplet. Ivoire d'éléphant. Brûlé, noir. H. cons. 5,2; l. cons. 2,8; ép. post. 1,3; ant. 1,1.
Partie antérieure de lobe gauche avec angle et long côté partiellement conservés. Face supérieure un peu bombée et incisée de deux lignes perpendiculaires ne se coupant pas, parallèles aux côtés. Face inférieure plane, inscrite.
Biblio. : Dietrich-Loretz 1976, ES : E18 (p. 7 et Tafel III*). *KTU* 6.47. *TEO*, p. 264.

45 – RS 20.401 Ab *(Fig. 9, 13)*

Damas sans n°. Moulage 1235,10.
Ras Shamra 1955 : *ibid.*
Incomplet. Ivoire d'éléphant. Brûlé, noir, concrétions blanches. H. 6,6; l. cons. 4,2; ép. post. 1,9; ép. ant. 1,1.
Lobe gauche, complet sur sa hauteur. Face supérieure très détériorée : surface initiale de l'ivoire conservée sur le bord antérieur, où un cercle est incisé. Une encoche est taillée en biais sur le bord antérieur, à droite, et polie. La base d'un élément vertical arraché est conservée parallèlement au bord postérieur, en retrait. Face inférieure plane, inscrite.
Biblio. : Dietrich-Loretz 1976, ES : E19 (p. 7 et Tafel III*). *KTU* 6.48. *TEO* p. 264 ; Gachet, *RSO* X, p. 254, fig. 3 (sans l'inscription).

46 – RS 20.401 Ac *(Fig. 10, 13).*

Damas sans n°. Moulage CF 1235, 7.
Ras Shamra 1955 : *ibid.*
Incomplet. Ivoire d'éléphant. Brûlé, noir et brun. H. cons. 4,6; l. cons. 2,8; ép. post. 1; ant. 0,8; avec l'élément sculpté 2,1.
Lobe droit partiel avec angle antérieur conservé. Face supérieure légèrement bombée : décor sculpté d'un appendice allongé, axe à peu près perpendiculaire, au bord antérieur du lobe vers lequel il s'élargit. Une deuxième forme est sculptée à l'arrière : deux lobes rectangulaires accolés se joignent en formant une pointe relevée, arrachée. Face inférieure plane, partiellement disparue, inscrite.
Biblio. : Dietrich-Loretz 1976, ES : E20 (p. 8 et Tafel III*). *KTU* 6.49. *TEO*, p. 264 ; Yon 1997, p. 148-149, n° 26.

47 – RS 20.401 Ad *(Fig. 10)*

Damas sans n°. Moulage CF 1227, 3 (marqué par erreur 396A).
Ras Shamra 1955 : *ibid.*
Incomplet : fragment trapézoïdal. Ivoire d'éléphant. Brûlé, noir. H. cons. 3,6; l. cons. max. 2; ép. post. 1; ép. ant. 0,9.
Lobe droit en partie conservé à sa partie antérieure. À gauche encoche taillée en biais et polie. Face supérieure légèrement bombée, sans décor. Face inférieure plane, inscrite, très usée et partielle.
Biblio. : Dietrich-Loretz 1976, ES : E21 (p. 8 et Tafel III*). *KTU* 6.50. *TEO*, p. 264.

48 – RS 20.401 Ae *(Fig. 10)*

Damas sans n°. Moulage CF 1235,6.
Ras Shamra 1955 : *ibid.*

Incomplet. Ivoire d'éléphant. Brûlé, noir et brun. H. cons. 4,7; l. max. 2,3; ép. 0,9 à l'arrière et 0,7 devant.
Partie d'un lobe gauche avec angle antérieur conservé et amorce de l'arrondi arrière. Face supérieure légèrement bombée, inscrite : trace d'un élément en relief arraché jusqu'au bord antérieur. Face inférieure détériorée.
Biblio. : Dietrich-Loretz 1976, ES : E22 (p. 8 et Taf.el III*). *KTU* 6.51. *TEO*, p. 264.

49 – RS 20.401 Af *(Fig. 10)*
Damas sans n°. Moulage CF 1235,11.
Ras Shamra 1955 : *ibid.*
Incomplet. Ivoire d'éléphant. Brûlé, noir. H. cons. 3,6; l. max. 1,5; ép. 1,1.
Fragment d'un lobe gauche, avec bord et amorce de l'arrondi postérieur. Face supérieure légèrement bombée, dont la surface initiale de l'ivoire a disparu. Face inférieure plane inscrite.
Biblio. : Dietrich-Loretz 1976, ES : E23 (p. 8 et Tafel III*). *KTU* 6.52. *TEO*, p. 264.

50 – RS 20.401 Ag *(Fig. 10)*
Damas sans n°. Moulage CF 1235,9.
Ras Shamra 1955 : *ibid.*
Incomplet. Ivoire d'éléphant. Brûlé, noir et brun. H. cons. 2,5; l. cons. 2,7; ép. 0,7.
Fragment avec une seule lame d'ivoire conservée (cœur de la défense). Face supérieure arrachée (actuellement convexe). Face inférieure plane, inscrite.
Biblio. : Dietrich-Loretz 1976, ES : E24 (p. 9 et Tafel III*). *KTU* 6.53. *TEO*, p. 265.

51 – RS 20.401 Ah *(Fig. 10)*
Damas sans n°. Moulage CF 1227,2.
Ras Shamra 1955 : *ibid.*
Incomplet. Ivoire d'éléphant. Brûlé, noir. H. cons. 2,8; l. cons. 2,1; ép. post. 1.
Bord postérieur d'un fragment : portion de lame d'ivoire. Face supérieure conservée sur le bord, derrière la base d'un élément vertical arraché, parallèle au bord et en retrait. Face inférieure plane, inscrite.
Biblio. : Dietrich-Loretz 1976, ES : E25 (p. 9 et Tafel III*). *KTU* 6.54. *TEO*, p. 265.

52 – RS 20.401 Ai *(Fig. 10)*
Damas sans n°. Moulage CF 1234 (marqué par erreur 400B).
Ras Shamra 1955 : *ibid.*
Incomplet. Ivoire d'éléphant. Brûlé, noir. H. cons. 2,4; l. cons. 1,2.
Fragment parallélépipédique. Face supérieure dont le profil remonte à partir du bord et forme vers l'arrière un élément haut étroit, arraché. Face inférieure plane inscrite.
Biblio. : Dietrich-Loretz 1976, ES : E26 (p. 9 et Tafel III*). *KTU* 6.55. *TEO*, p. 265.

53 – RS 20.401 Aj *(Fig. 10)*
Damas sans n°. Pas de moulage CF.
Ras Shamra 1955 : *ibid.*
Incomplet. Ivoire.
Fragment informe, inidentifiable. Inscrit.
Biblio. : inédit.

54 – RS 20.401 Ak *(Fig. 10)*
Damas sans n°. Moulage CF 1235, 1.
Ras Shamra 1955 : *ibid.*
Incomplet. Ivoire d'éléphant. Brûlé, noir, bleu et blanc. Dim. 1,5 x 1,5; ép. 1,2.
Fragment cubique, avec une face bombée. L'autre face plane, inscrite.
Biblio. : Dietrich-Loretz 1976, ES : E27 (p. 9 et Tafel IV*). *KTU* 6.56. *TEO*, p. 265.

55 – RS 20.401 Al
Non retrouvé à Damas. Pas de moulage CF.
Ras Shamra 1955 : *ibid.*
[Description d'après Dietrich-Loretz : incomplet ; dim. 1 x 0,6 ; une face inscrite].
Biblio. : Dietrich-Loretz 1976, ES : E28 (p. 10 et Tafel IV*). *KTU* 6.57. *TEO*, p. 265.

56 – RS 20.401 Am *(Fig. 10)*
Damas sans n°. Pas de moulage CF.
Ras Shamra 1955 : *ibid.*
Incomplet. Dim. 1,5 x 0,6; ép. 0,9. Rectangulaire, une face bombée détériorée. La face plane est inscrite.
Biblio. : inédit ; voir plus loin D. Pardee, note 43. *TEO*, p. 265.

57 – RS 20.401 An *(Fig. 11)*
Damas sans n°. Pas de moulage CF.
Ras Shamra 1955 : *ibid.*
Incomplet. Ivoire d'éléphant. Brûlé, noir. H. cons. 2,4; l. cons. 0,6; ép. post. 1; ant. 0,8.
Fragment d'un bord antérieur. Face supérieure bombée. Face plane, inscrite.
Biblio. : Dietrich-Loretz 1976, ES : E30 (p. 10 et Tafel IV*). *KTU* 6.59. *TEO*, p. 265.

58 – RS 20.401 Ao *(Fig. 11)*
Damas sans n°. Pas de moulage CF.
Ras Shamra 1955 : *ibid.*
Incomplet. Ivoire d'éléphant. Brûlé, noir. H. cons. 2,4; l. cons. 0,5; ép. 1,3.
Fragment rectangulaire, dont une face a disparu. Une face plane, inscrite.
Biblio. : Dietrich-Loretz 1976, ES : E31 (p. 10 et Tafel IV*). *KTU* 6.60. *TEO*, p. 265.

RS 20.401B [a-d]

59 – RS 20.401 B [a] *(Fig. 11)*
Damas sans n°. Pas de moulage.
Ras Shamra 1955 : Palais royal, pièce 81, p.t. 1589, à – 2,90 m.
Incomplet : fragment. Ivoire d'éléphant. Brûlé, noir. H. cons. 6; l. cons. 2,2; ép. 1,5.
Fragment allongé sculpté de la partie amincie d'un appendice effilé en relief, s'élargissant vers le bord du fragment auquel il est perpendiculaire. Non inscrit.
Biblio. : inédit.

60 – RS 20.401 B [b] *(Fig. 11)*

Damas sans n°. Pas de moulage.
Ras Shamra 1955 : *ibid.*

Incomplet. Brûlé, noir. H. cons. 5,7; l. cons. 1,5; ép. 1,2.
Bord et angle antérieur droit sans décor. Non inscrit.

Biblio. : inédit.

61 – RS 20.401 B [c]. *(Fig. 11)*

Damas sans n°. Pas de moulage.
Ras Shamra 1955 : *ibid.*
Incomplet : fragment sans forme. Ivoire d'éléphant. Brûlé, noir. 2,1 x 2,2; ép. cons. 1.
Fragment dont seule une face est conservée et porte un décor gravé de petits rectangles alignés sur six rangées limitées par une ligne courbe ; trois lignes incisées rayonnantes partielles. Non inscrit.

Biblio. : inédit.

62 – RS 20.401 B [d] *(Fig. 11)*

Damas sans n°. Pas de moulage.
Ras Shamra 1955 : *ibid.*
Incomplet : fragment sans forme. Ivoire d'éléphant. Brûlé, noir. 4 x 1,4; ép. 1.
Fragment allongé, complet sur son épaisseur et sculpté de deux lobes accolés représentés deux fois (peut-être trois ?). Inscrit.

Biblio. : inédit.

RS 20.402[a-b]

63 – RS 20.402 [a] *(Fig. 11)*

Damas sans n°. Moulages CF 1236,1 (face inscrite non retrouvée au musée de Damas) et 1236,2 (face avec relief) : les deux moulages se recollent l'un sur l'autre (avec l'épaisseur supplémentaire habituellement sur l'envers du moulage).
Ras Shamra 1955 : Palais Royal, pièce 81, pt 1537.
Incomplet. H. cons. 4,3; l. cons. 2,5; ép. 0,9 à 1,2.
Fragment de bord arrondi postérieur (droit ou gauche ?). Face supérieure avec élément en relief, complet, de forme triangulaire : deux lobes accolés se rejoignent au sommet qui se relève en pointe. Face inférieure plane, inscrite, sur le moulage.

Biblio. : inédit.

64 – RS 20.402[b] *(Fig. 11)*

Damas sans n°. Pas de moulage.
Ras Shamra 1955 : *ibid.*
Incomplet. H. cons. 5,5; l. cons. 1,8; ép. max. 0,8.
Bord et angle antérieur d'un lobe droit, avec amorce de l'arrondi postérieur. Face supérieure sculptée d'un appendice allongé en partie conservé, et épaissie vers le bord antérieur auquel il est perpendiculaire.
Face inférieure plane, non inscrite.

Biblio. : inédit.

2. Les inscriptions (D. PARDEE)

Au cours de nos recherches pour établir le catalogue des objets inscrits provenant de Ras Shamra-Ougarit [1] sont apparus des objets d'ivoire inscrits, que les éditeurs [2] qui avaient déjà publié des textes gravés sur ce support ne connaissaient pas. Découverts en 1956, dans la pièce 81 du Palais Royal, Archives Sud-Ouest, ils sont déposés aujourd'hui au musée de Damas (sans numéro d'inventaire du musée). Dans l'été 1990 nous avons pu les revoir pour les étudier et en faire la copie. Nous avons mené à bien cette étude avec le concours de notre collègue Jacqueline Gachet, qui a pu identifier comme des modèles de foies les objets d'où provenaient ces fragments très délabrés. Les inscriptions que portent ces foies s'ajoutent donc à celles que l'on connaissait déjà sur des foies en argile [3]. Une fois ces objets identifiés par J. Gachet, M. Yon, la directrice de la mission, nous a demandé d'établir le *corpus* de ces textes, et de les étudier pour voir si la connaissance de leur origine pouvait amener à de nouvelles interprétations.

Ce travail de collation, effectué en juin 1994 puis en juin 1995, nous a permis de retrouver tous les objets inscrits publiés par M. Dietrich et O. Loretz, à l'exception de RS 20.400 Bb (que nous n'avons pas vu au cours de la préparation de *TEO*, et que J. Gachet n'a pas retrouvé non plus). Quelques corrections ont ainsi été apportées à l'*editio princeps* ; mais ces objets étaient petits et fragmentaires, et les textes souvent assez délabrés, en sorte qu'on ne pouvait pas espérer d'importantes nouveautés dans l'interprétation. Dans la mesure où l'on peut saisir le sens de ces textes, ils semblent être moins en rapport avec un moment précis de divination que ne le sont les incriptions des modèles de foies en argile [4] : on peut conjecturer que ces derniers textes reflètent le vif de la consultation, alors que les textes sur ivoire, dont l'exécution demande plus de temps et une habileté spécialisée, ont une perspective plus large. Il serait pourtant nécessaire de disposer de textes mieux conservés pour pouvoir définir plus précisément les différences entre les textes sur les deux genres de supports. Le texte dont le sens général paraît non seulement clair, mais tout à fait particulier, celui de RS 20.398A6, est lui aussi gravé sur un objet tout à fait particulier, et qui n'a en principe aucun rapport avec la divination, car il pourrait s'agit d'une sorte de sceptre ou de massue (voir plus haut le commentaire).

[Cat. **1**] **RS 20.396 A a+b+g** [5] *(Fig. 5)*

Texte	*Division syntaxique* [6]	*Traduction*
1') [...]⌈l⌉b⌈td⌉mr⌈-⌉		?
2') yḥ⌈-⌉[?]⌈l⌉ymt	2') yḥ⌈-⌉[?] ⌈l⌉ ymt	2') ne mourra pas/mourra certainement.

Remarques textuelles

1') Les éditeurs ont lu {à} le troisième signe visible, mais dans le trou qui a détruit la pointe du clou horizontal on ne voit aucun angle. Vu l'emplacement du trou, dans le peu de place entre le clou horizontal et le {⌈d⌉} suivant, il faudrait croire que si la lecture de {à} est bonne, le second clou a été ajouté après coup et maladroitement.

1. *TEO* 1 (*RSO* V 1, 1989), RS 20.398A1-8,10-11 (p. 262-263). En préparant ce catalogue, nous avons compté par erreur parmi les objets inscrits le fragment RS 20.398A9, qui ne porte en fait que des entailles d'artisan.

2. M. Dietrich, O. Loretz, *Die Elfenbeininschriften und S-Texte aus Ugarit*, 1976.

3. M. Dietrich, O. Loretz, « Beschriftete Lungen- und Lebermodelle aus Ugarit », *Ugaritica* VI, 1969, p. 165-179. Nous avons réédité les textes sur argile dans le volume intitulé *Les textes rituels* (*RSO* XII, 2000), et c'est surtout pour des raisons pratiques que nous n'y avons pas inclu les textes sur ivoire.

4. Voir notre commentaire de ces textes dans l'ouvrage cité note 3.

5. Le petit fragment recollé au coin supérieur droit de l'objet tel qu'il se présente aujourd'hui, nouveau par rapport aux photographies publiées dans l'*editio princeps*, est anépigraphe et ne correspond donc à aucun des fragments « RS 20.396 A[e] » et « RS 20.396 A[f] » répertoriés dans *TEO*, p. 262, et qui se trouvent ici plus loin.

6. La rareté des séparateurs complique l'interprétation de ces textes laconiques et lacuneux. Nous n'avons pas voulu imposer notre interprétation sur la transcription principale en isolant les mots que nous avons cru pouvoir y déceler, préférant donner en regard du texte transcrit la division syntaxique que reflète la traduction adoptée.

2') Nous n'avons trouvé qu'une tête de clou au troisième signe, et s'il s'agit de {w}, comme les éditeurs l'ont pensé, les deux premiers clous de ce signe sont beaucoup plus tassés que la norme dans ces textes, comme le sens du texte incite à le penser : où on trouve un rapport possible entre ḤWY, « vivre », et MT, « mourir ». Si le signe en question n'est pas {w}, il n'est pas possible de déterminer si un signe long est tombé dans la lacune, ou deux signes courts.

Commentaire

Sans le texte complet, il n'est pas possible de déterminer si la particule *l* est négative ou affirmative. Il est évidemment loisible de penser que si le verbe se rapporte au propriétaire de l'objet, celui-ci a fait inscrire le texte sur ivoire parce qu'il parlait de continuation de sa vie.

[Cat. **2**] **RS 20.396 A c** *(Fig. 5)*

Texte : ?

On voit les restes de deux ou trois signes dont on saisit mal la disposition sur l'objet. L'orientation du texte par rapport à la courbe de l'objet que proposent les premiers éditeurs ne se retrouve pas (voir la copie) : normalement la marge gauche présente soit une ligne verticale (par ex. RS 20.400Ac), soit une ligne s'infléchissant vers la gauche, s'alignant sur la courbe de l'objet (par ex., RS 20.398 A 1, texte a). Ici ce serait le contraire, à savoir que la marge gauche épouserait une ligne s'infléchissant vers la droite. De plus, le premier clou en partie visible ne semble pas s'orienter comme le ferait le premier clou de {k}, lecture présentée dans l'*editio princeps*. Mais nous n'avons pas trouvé de lecture de l'ensemble des restes qui soit préférable à celle des éditeurs. Signalons qu'on ne voit pas la pointe du dernier clou visible, avec l'orientation de l'*editio princeps* (contrairement à la copie dans l'*editio princeps*), et la lecture {k⸢r⸣} respecterait l'agencement des clous mieux que {kt}.

[Cat. **3**] **RS 20.396 A d** *(Fig. 5)*

Texte 1') ⸢k⸣[...]
2') t⸢k⸣[...]
3') ⸢w⸣[...]
....

Remarque textuelle

2') On voit la tête d'un clou horizontal attaché aux deux premiers clous du second signe, et il s'agit donc de {k} (dans l'*editio princeps* on trouve {p}).

[Cat. **4**] **RS 20.396 A e** *(Fig. 5)*

Texte 1) m⸢-⸣[...]
2) ⸢?⸣q⸢-⸣[...]
....

Remarques textuelles

1) Le deuxième signe est {k/r}, avec préférence pour {k}.

2) Il n'est pas certain que la trace au début fasse partie d'un signe et le fragment est trop petit pour permettre de déterminer si la marge gauche était bien droite ou si elle suivait la courbe de la maquette (voir plus haut, à propos de RS 20.396 A c).

[Cat. **5**] **RS 20.396 A f** *(Fig. 5)*

Texte 1) [...]⸢--⸣
2) [...]⸢-⸣[...]

Remarques textuelles

On voit des restes de deux ou trois signes dont on saisit mal la disposition sur l'objet. Un signe est certainement {à} ou {z}, selon l'orientation de l'objet. Le deuxième semble comporter trois têtes de clous, donc {h} si le premier signe est {à} (mais la pointe du {à} n'arrive pas au milieu du côté gauche du {h} comme on s'y attendrait); nous avons aussi pensé qu'il pourrait s'agir d'un {ḥ} dont les clous supérieur et inférieur auraient été amenés plus à gauche que d'ordinaire. Si le premier signe est {z}, le deuxième serait {l/d/ù} à la ligne en dessous. Devant le {z} dans cette orientation de l'objet, on voit une pointe qui peut ou non appartenir à un signe ; l'objet étant brisé à gauche, la « tête » d'un clou horizontal éventuel n'a pas été conservée.

[Cat. **7**] **RS 20.397 A a** *(Fig. 5)*

Texte 1') [...]⌈--⌉m⌈-⌉[...]

....

Remarques textuelles

Le premier signe est {k/r} (on trouve « k* » dans l'*editio princeps*). La trace verticale est soit (1) le clou vertical de {ì} à la ligne précédente, soit (2) le séparateur, soit (3) {g}. Ce trait semble un peu étroit pour {g}, lecture présentée sans hésitation dans l'*editio princeps*.

[Cat. **8**] **RS 20.397 A b** *(Fig. 5)*

Texte 1') [...]⌈ì⌉[...]

2') [...] . ḫ⌈-⌉[...]

....

Remarques textuelles

On ne voit qu'un signe certain, le {ḫ} à la ligne 2'. Si, suivant les éditeurs, nous avons lu ce texte selon la bonne orientation, le petit clou vertical arrivant entre ce {ḫ} et le signe suivant ne peut correspondre qu'au clou vertical de {ì} (dans l'*editio princeps* on trouve « x »). Bien que le séparateur ne soit pas fréquent dans ces textes, le trait devant le {ḫ} semble trop petit pour être {g}. Au dernier signe nous pensons voir deux clous horizontaux, et il doit donc s'agir de {k/w/r}.

[Cat. **9**] **RS 20.397 A c** *(Fig. 5)*

Texte 1') b⌈-⌉[...]

2') ⌈-⌉[...]

....

Remarques textuelles

Nous n'avons trouvé aucune trace d'écriture devant le {b}, alors que les têtes de clous, apparemment horizontaux, à la ligne suivante sont certaines (contre l'*editio princeps*).

[Cat. **14**] **RS 20.398 A 1** *(Fig. 6)*

Deux inscriptions, séparées par environ 15 mm, sur la surface inférieure de la maquette [7].

Texte a	*Division syntaxique*	*Traduction*
1) qbrm . bḥq[...]	1) qbrm . b ḥq[...]	1) Tombes dans le ḤQ[...]
2) yṯrʿbʿln[...]	2) yṯrʿ bʿln[...]	2) ? BʿLN[...]
3) yǵtr⌈-⌉rt	3) yǵtr ⌈-⌉rt	3) il se montrera hostile à ⌈-⌉RT.

7. Les mesures des divers fragments de RS 20.398 ne correspondent pas toujours à celles que nous avons prises au cours du travail de préparation pour la *TEO* ; quelques fragments ont-ils changé de numéro entre-temps ? Les crochets entourant ces numéros dans la *TEO* indiquent que les fragments n'étaient pas inscrits avec les cotes modernes lorsque nous préparions ce volume. Sont attribuées à ces textes les cotes que portent aujourd'hui les objets, correspondant à celles de la présentation archéologique par J. Gachet.

Commentaire

1. On trouve QBR aussi dans le texte RS 20.398 A 8, et ces deux attestations semblent continuer une ligne connue, car on rencontre vraisemblablement cette racine en RS 20.400 A d : 2 [8].

2. *y*⌜*ṯ*⌝*r*ʿ. La lecture est assez certaine (bien qu'un peu usée, la forme du deuxième signe ne semble convenir qu'à {ṯ}), mais la racine ṮRʿ est inconnue, en ougaritique comme dans les autres langues sémitiques [9].

Quatre possibilités d'analyse se présentent pour *bʿln* : (1) nom commun + suffixe pronominal de la première personne du pluriel : « notre seigneur » ; (2) nom commun + « *-n* d'apodose » [10] ; (3) anthroponyme ; (4) le {n} appartiendrait au mot suivant. Le nom commun *bʿl* revient dans RS 20.398 A 4, tandis que des noms propres sont attestés plusieurs fois dans ces textes sur ivoire. On remarquera que ce texte et RS 24.247+:39' [11] ont en commun le mot *bʿln* aussi bien que le mot *yǵtr* (voir la remarque suivante). Or, dans RS 24.247+:39' le *-n* est « *-n* d'apodose ». Pour qu'il en soit de même dans le texte sur ivoire, il faudrait prendre *bʿln* pour le premier mot de l'apodose. L'état du support interdit toute conclusion ferme quant à la vraisemblance de cette analyse syntaxique. Le régime verbal, à savoir l'usage de l'imparfait, serait favorable à une analyse de la phrase comme une séquence de protase et d'apodose. Cette syntaxe n'est évidente dans aucun des textes sur modèles de foies en argile, mais on la trouve dans un texte sur un modèle de poumon (RS 24.277:23'-27' [12]).

3. *yǵtr*. Nous sommes ici devant la troisième attestation de cette forme verbale, la seule connue du verbe en question dont la dérivation est disputée. A. Herdner a proposé, avec hésitation, cette lecture pour le premier mot de *CTA* 24:28 [13], auparavant lu {yǵpr}. Dans cette lecture elle a été suivie par les auteurs de *KTU* (texte 1.24 : 28). Ensuite la même forme s'est trouvée attestée dans RS 24.247+:39'. Dans son commentaire sur ce deuxième texte D. Pardee a proposé le sens de « confronter », « se montrer hostile à », évolution sémantique de la racine ǴR, que plusieurs ont proposée pour expliquer *yǵtr* [14]. Fâcheusement, aucun des trois textes n'est assez clair pour fournir la clé de l'énigme du mot. Si le sujet du verbe *yǵtr* est ici *bʿln* comme dans RS 24.247+ : 39', on dispose alors d'un terme de comparaison. Par contre, dans le texte de présages, le complément du verbe, probablement à l'accusatif, est *ḫrd*, « les troupes », tandis qu'ici ni la lecture ni le sens du mot suivant ne sont clairs. Quant à la lecture de ce mot, le premier signe est probablement {š}, mais {ḏ} est possible. Ni l'un ni l'autre des mots *šrt* et *ḏrt* ne semble convenir à ce passage [15]. Les possibilités étymologiques sont trop nombreuses et ce texte trop laconique pour autoriser des spéculations à partir des lexiques sémitiques.

Texte b	*Division syntaxique*
1) ṣ⌜-⌝ybqršw[...]	1) ṣ⌜-⌝ ybqr šw[...]
2) d⌜--⌝mbš⌜---⌝[...]	2) d⌜--⌝mbš⌜---⌝[...]

8. La racine QBR ne se trouve pas dans les inscriptions sur modèle de foie en argile, la lecture du mot *qbr* en RS 4.323:3 proposée dans l'*editio princeps* (*Ugaritica* VI, 1969, p. 173) ne pouvant être acceptée.

9. Le verbe araméen TRʿ, avec le sens de « forcer un passage », serait possible ici, mais il est plus probablement dénominé de *tᵊraʿ* « porte ». L'absence d'une racine correspondante dans les langues cananéennes fait aussi obstacle à cette explication étymologique. De plus, le mot correspondant en ougaritique, comme on le sait, est *ṯǵr*.

10. Élément de la grammaire ougaritique découvert par J. Hoftijzer ; voir indications bibliographiques et discussion syntaxique : D. Pardee, « The Ugaritic *šumma izbu* Text », *AfO* 33, 1986, p. 117-147, en particulier p. 126.

11. Il s'agit de la version ougaritique du recueil de présages à partir de naissances anormales de bestiaux, *editio princeps* par A. Herdner (*Ugaritica* VII, 1978, p. 44-60 [ligne 15 selon cette édition]), translittération dans *KTU* 1.103 + 1.145, nouvelle édition par D. Pardee, dans *AfO* 33, 1986, p. 117-147.

12. *Ugaritica* VI, 1969, p. 171-172, lignes 29-31. Voir la nouvelle édition par D. Pardee, *RSO* XII.

13. Voir *CTA*, p. 103, n. 11.

14. Voir la discussion de D. Pardee, *AfO* 33, 1986, p. 138 (A. Herdner discutait le terme, sans le traduire).

15. *šrt* se trouve dans deux textes administratifs avec le sens probable de « chanteuse » (voir Ch. Virolleaud, *PRU* V, 1965, textes 80:12 et 162 *passim*). Le mot *ḏrt* signifie « songe, rêve » dans les textes mythologiques.

Commentaire

1. Le deuxième signe semble être {ḥ/ṭ}. On connaît *ṣḥ* « cri(er) » ; *ṣṭ* est inconnu et constitue une association phonétique anormale. QRS/Š étant inconnu, on abandonnera la division possible *b qrš* « dans *qrš* ». Il s'agira donc du verbe BQR, connu par *PRU* II 162:5 (= *KTU* 1.78), dont le sens est discuté, et du nom propre *šw*, connu par *PRU* V 108:3 (*cf.* aussi *sw* à *PRU* V 14:32), ou d'un nom plus long dont la fin serait tombée dans la lacune. Dans le cadre d'un texte sur modèle de foie, on voudrait donner à BQR le sens d'« examiner, chercher, enquérir » qui est celui de cette racine dans toutes les langues principales ouest-sémitiques [16].

2. Le troisième signe semble être soit un {s} mal formé, soit un {š} dont la rangée droite de trois clous en biais aurait entièrement disparu. Après le {š} on voit le début de {b/d} et après la lacune de nouveau {b/d}.

Après le {d} initial – qui est peut-être la particule relative, fréquente dans ces textes –, l'interprétation de cette ligne nous échappe. Les trois formes verbales à l'inaccompli permettent de penser qu'il s'agit ici de véritables présages, situation différente de celle que présentent les textes sur argile où il est normalement question des circonstances dans lesquelles l'aruspicine a été effectuée [17].

[Cat. **15**] **RS 20.398 A 2** *(Fig. 6)*

Texte	*Division syntaxique*	*Traduction*
1) dklby[...]	1) d klby[...]	1) Ce que *Kalbiya* [+ verbe] ou : « (Appartenant) à *Kalbiya* [...]. »

Commentaire

Sans connaître la suite du texte, il est difficile de dire si la particule *d* a la fonction de relatif absolu ou de génitif. Dans les textes sur modèles de foies on trouve l'usage du pronom relatif suivant le premier mot du texte, à savoir le mot *kbd*, qui désigne l'objet même, le foie (RS 24.326:1) [18]. La fonction de *dt* en RS 24.277:4' et 10', au début de deux des textes inscrits sur un seul modèle de poumon, n'est probablement pas celle de renvoyer à l'organe que représente la maquette [19]. Dans les textes administratifs on ne trouve pas le relatif absolu, mais le *d* relatif après un nom initial est fréquent (du genre de *ṯlṯ d yṣả* « bronze qui est sorti » *CTA* 147:1), tandis que l'usage génitif correspondant est rare (par ex., *ḫpn d ỉqnỉ* « vêtement-*ḫpn* de pourpre » *PRU* II 107:1).

La comparaison avec le modèle de foie sur argile indique que ce texte-ci, comme celui-là, est en rapport avec les circonstances de l'extispicine.

[Cat. **16**] **RS 20.398 A 3** *(Fig. 6)*

Texte	*Division syntaxique*	*Traduction*
1) [...]	1) [...]	
2) tʿ⌈-⌉[...]	2) Tʿ⌈-⌉[...]	
3) ⌈-ỉ⌉ḫdỉ⌈-⌉[...]	3) ⌈- ỉ⌉ḫd ỉ⌈-⌉[...]	3) et ? je me saisirai (de ?) ʾI[...]
4) rḥt⌈-⌉[...]	4) RḤT [...]	
5) ʿrb [...]	5) entrer [...]	

Commentaire

3. Il reste trop peu du premier signe pour savoir s'il s'agit d'une forme aberrante de {d} (dont les clous inférieurs seraient en ligne montante) – la formule serait alors la même qu'à RS 20.398 A 7:1 et RS 20.398 A

16. Voir D. Cohen, *Dictionnaire des racines sémitiques* 2, Paris, 1976, p. 79-80.

17. M. Dietrich et O. Loretz, *Mantik in Ugarit. Keilalphabetische Texte der Opferschau – Omensammlungen – Nekromantie* (mit Beiträgen von H. W. Duerbeck, J.-W. Meyer, W. C. Seitter ; Abhandlungen zur Literatur Alt-Syrien-Palästinas 3 ; Münster : Ugarit-Verlag, 1990), p. 6-17 ; Pardee, *RSO* XII, 2000.

18. *Ugaritica* VI, 1969, p. 174.

19. Voir Pardee, *RSO* XII, 2000.

11a:2', ou si le signe était {w}, c'est-à-dire la copule. La forme *iḫd* est déjà connue par deux documents épistolaires ougaritiques, *PRU* II 12:21 et 20:7, 10, où elle correspond à la première personne de l'imparfait du verbe ʾḪD « se saisir de ». Ces textes sur ivoire sont trop lacuneux pour permettre une analyse certaine. On remarquera que cette forme *iḫd* à RS 20.398 A 11a:2' est suivie à la ligne suivante, donc avec une lacune entre les deux verbes, d'un imparfait à la troisième personne, *ygrš*. L'état du texte actuel interdit une analyse précise des mots conservés aux lignes 4 et 5. Quand au signe {i} qui suit {iḫd} à la ligne 3, il s'agira soit du complément d'objet direct du verbe (par exemple, le nom commun *ib*, « l'ennemi », comme en RS 20.398 A 4 b:1'), soit d'une seconde forme verbale à la première personne, et en apposition au premier verbe.

4. On connaît *rḥtm*, parallèle à *ydm* « les deux mains » dans deux textes mythologiques (*CTA* 4 viii 6 et 5 v 14), et *rḥ* « vent », dont le pluriel, non attesté, était vraisemblablement *rḥt*.

[Cat. **17**] **RS 20.398 A 4** *(Fig. 6)*

Deux textes (a et b) sur la face inférieure et le côté postérieur.

*Texte **a***	*Division syntaxique*	*Traduction*
1') [-]⌜-⌝[...]		1') [...]
2') nmlḥ⌜--(-)⌝[...]		2') NMLḤ[...]
3') bʿlbḥw⌜t⌝[...]	3') bʿl b ḥw⌜t⌝[...]	3') le seigneur dans le pays [...]

Commentaire

2'. Nous avons indiqué les signes mutilés à la fin de la ligne comme étant au nombre soit de deux soit de trois parce que les traces se trouvant après le {ḥ} semblent trop espacées pour désigner un {m}, c'est-à-dire qu'elles ressemblent à {t/p} + trait de séparation. Pourtant, il pourrait s'agir d'un {m} donnant soit le mot *mlḥmt*, « guerre », soit une autre forme de LḤM. On trouve *lḥm* deux fois dans les autres textes sur ivoire (RS 20.401 Aa:2 et RS 20.401 Ai:2') [20], et deux fois dans une lettre provenant de Ras Ibn Hani (RIH 78/12) [21]. L'une des formes de ce dernier texte montre qu'il s'agit du thème-G (*w ank ṯṯ ymm kl lḥmt* : « Quant à moi, durant six jours, je me suis battu contre tous »). Dès lors l'une des formes des textes sur ivoire pourrait aussi représenter le parfait de ce verbe, car elle est précédée par le pronom relatif *d* (RS 20.401 Aa:22). S'il s'agit ici d'une forme de LḤM, le {n} serait certainement le dernier signe du mot précédent, écrit à cheval sur deux lignes. Quant au {m}, soit il appartiendrait aussi au mot précédent, soit il s'agirait d'une préformante à LḤ[...] (le nom *mlḥmt* « guerre », le participe du schème-D ?). Sinon, il s'agira soit du thème-N de MLḤ, connu surtout dans l'expression *ḥrb mlḥt* « bon couteau », soit de NML « fourmi ».

*Texte **b***	*Division syntaxique*	*Traduction*
1') [...]⌜ib⌝[-]		1') [...] ennemi
2') [...]lkl	2') [...]l kl	2') [...] pour tout
3') [...]⌜q⌝rt		3') [...] la ville.

Commentaire

1'. Dans RS 20.399 Aa on trouve {[...]iby⌜-⌝[...]}, séquence pour laquelle ses éditeurs ont proposé toutes les interprétations possibles [22] sauf la plus obvie, à savoir « l'ennemi » + *y*⌜-⌝[...], ou « mon ennemi » (à un cas oblique) + ⌜-⌝[...]. Si les deux textes qui se trouvent sur l'objet RS 20.398 A4 sont liés l'un à l'autre, le sens d' « ennemi » est préférable, car les termes à la ligne 3' du texte *a* ont une nette résonance politique. On peut, d'ailleurs, en dire de même du mot *qrt* « ville » ici à la ligne 3'.

Après {⌜ib⌝} la place est suffisante pour un signe tout au plus, mais il ne reste aucune trace et la ligne se terminait peut-être par *ib*.

20. M. Dietrich, O. Loretz, *Elfenbeininschriften*, 1976, textes 18 et 26.

21. P. Bordreuil, A. Caquot, « Les textes en cunéiformes alphabétiques découverts en 1978 à Ibn Hani », *Syria* 57, 1980, p. 343-373, en particulier p. 359-360 ; *cf.* D. Pardee, « Further Studies in Ugaritic Epistolography », *AfO* 31, 1984, p. 213-230, en particulier p. 221-223.

22. M. Dietrich, O. Loretz, *Elfenbeininschriften*, 1976, p. 4.

Pensant que le double trait en dessous du texte appartenait aux indices hépatologiques, nous ne l'avons pas indiqué comme étant en rapport avec le texte ; selon J. Gachet, il marque en fait la séparation entre le « socle » et la partie verticale.

[Cat. **18**] **RS 20.398 A 5** *(Fig. 6)*

Texte
1) bnšdnk⌈-⌉p
2) ⌈-⌉b⌈-⌉ . bd⌈n⌉šy⌈-⌉
....

Commentaire

Aucune interprétation ne s'imposant d'emblée, nous indiquons comme incertains tous les signes dont la lecture est rendue ambiguë par la mutilation de l'objet. L'avant-dernier signe de la première ligne pourrait être {ḫ}, {s}, {z} ; {ỉ} est moins vraisemblable parce que le clou inférieur semble trop haut par rapport à la médiane (comparer avec le {p} suivant) ; la place semble insuffisante pour {y}. Ligne 2, le premier signe est {l/d/ù}, le troisième {h/ỉ}, le sixième presque sûrement {n} (on ne voit aucune trace des clous inférieurs de {r}), et le dernier (h/ỉ}. Le côté droit marque la fin des lignes, car il s'agit du bord de l'objet lui-même, bien conservé. Le texte qui semble s'accorder le mieux aux données épigraphiques, et dont l'explication philologique est relativement simple, est le suivant :

1) bn šdn k⌈s⌉p	1) *Binu šadīna*, l'argent
2) ⌈-⌉b⌈-⌉ . bd ⌈n⌉šy⌈-⌉	2) ? est entre les mains de ? .

1. On peut hésiter entre *bnš d nk⌈-⌉p*, « (un) membre du personnel qui est *k⌈-⌉p* » (nom commun *bnš* + pronom relatif + verbe au parfait du thème-N), et *bn šdn k⌈-⌉p* (anthroponyme *binu šadīna* [23] + verbe au parfait). Le mot suivant aurait pu fournir la solution, mais la mutilation de l'avant-dernier signe interdit toute réponse définitive. Les racines KḪP, KZP, Kʾ P, et KYP étant hors de propos (soit rares, voire inexistantes, en sémitique, soit, dans le dernier cas, de forme non ougaritique), on pense à *ksp*, « l'argent » [24]. Le mot *bnš*, connu uniquement en ougaritique jusqu'à ce jour, signifie « membre de la classe ouvrière et artisanale ». Il se trouve trois fois dans les textes inscrits sur un modèle de poumon (RS 24.277:14', 23', 26' = *Ugaritica* VI, 1969, p. 169, 171-72, lignes 14, 29, 30). En faveur de la césure qui donne le nom propre *binu šadīna* on peut citer la présence de plusieurs noms propres dans les textes sur modèles de foies en argile [25], aussi bien que la difficulté à trouver un sens pour la suite du texte si le premier mot est *bnš*.

2. Le seul signe certain du premier mot est le deuxième, à savoir {b}. Les combinaisons possibles de signes sont : *lbh* « son cœur », *lbỉ* « du lion », *d bỉ* « de l'entrée (infinitif) *ou* de celui qui entre (participe) », *d bh* « qui est en lui », *ùbỉ* « que j'entre (jussif) », *ùbh* « son ʾUB (mot inconnu) » [26]. Aucune de ces formules ne donne un sens qui s'impose d'emblée [27].

---

23. Pour le nom propre *šdn /šadīnu*, voir F. Gröndahl, *Die Personennamen der Texte aus Ugarit*, Rome, 1967, p. 192.

24. Il est possible de voir ici un verbe KSP, qui signifierait « briser en morceaux ». Ce verbe n'est pas jusqu'ici attesté en ougaritique, mais en arabe et en accadien, ce qui rend sa présence en ougaritique vraisemblable. Si on lit le premier mot de la ligne 2 {⌈l⌉b⌈h⌉}, « son cœur », on aura une expression similaire à ṮBR + LB dans RS 34.124:16 (*cf.* réédition par P. Bordreuil et D. Pardee, *RSO* VII, p. 142-50). Mais l'usage ici serait non seulement nouveau mais aussi très fort, car KSP signifie bien « briser *ou* couper en petits morceaux ».

25. M. Dietrich & O. Loretz, *in Ugaritica* VI (1969), p. 177-179. L'interprétation des textes sur ivoire est plus difficile, et toutes les indications onomastiques qui figurent à l'index des *Elfenbeininschriften* (1976, p. 11) n'ont pas une valeur égale.

26. L'étymologie du mot *ʾôb* en hébreu biblique, dont le sens est en rapport avec la nécromancie, étant incertaine, il est difficile d'établir un rapport entre ce mot et ʾUB (si, par exemple, *ʾôb* vient de *ʾāb-* l'orthographe ougaritique serait {àb}).

27. *ksp* + Bʾ est une formule administrative bien connue pour les langues ouest-sémitiques du premier millénaire (*cf. Gen.* 43:23 *kaspᵊkem bāʾ ʾēlāy* « votre argent m'est parvenu »). Évoquer cette explication ici comporterait deux difficultés : (1) le verbe Bʾ est assez rare en ougaritique, et pour cet usage plutôt administratif on attendrait ʿRB ; (2) on n'explique pas facilement la construction infinitivale (il ne peut s'agir du parfait, qui est attendu, car cette dernière forme s'écrirait {bà}).

Si la coupure donnant *bd*, « entre les mains de », est correcte, le dernier mot sera soit NŠY + suffixe de la troisième personne du singulier (« ceux qui l'oublient, qui le négligent »), soit un mot suivi par le début d'un second dont la fin aurait été placée au début de la ligne suivante, aujourd'hui perdue (par exemple *nš*, état construit de *nšm*, « les gens de », ou encore le participe de NŠY, « oublier, négliger », mais dépourvu du suffixe résultant de la coupure indiquée plus haut). Le syntagme YD + NŠY est déjà attesté mais dans un contexte trop mutilé pour permettre l'interprétation [28]. On connaît aussi la forme *tššy*, que l'on a prise pour le thème-Š de la racine NŠY « oublier, négliger » [29], et *nšt*, thème-N (ou -G ?) [30] de la même racine.

[Cat. **19**] **RS 20.398 A 6** *(Fig. 7)*

L'objet n'appartient pas à la catégorie des maquettes de foies : le sens du texte pourrait renvoyer à l'hypothèse d'une tête de sceptre, mais on ne connaît pas de parallèle (voir plus haut le commentaire). L'inscription se trouve sur la surface plane de l'objet, qui présente aujourd'hui la forme d'un cône.

Texte	*Division syntaxique et restitution*	*Traduction*
1) k⌈--⌉ḫ⌈-⌉		1) ?
2) tḥtp‘⌈n⌉	2) tḥt p‘⌈n⌉	2) sous les pieds de
3) b‘lk⌈-⌉[...]	3) b‘lk ⌈m⌉[lk]	3) ton maître le r[oi du]
4) ḥwtmṣ⌈-⌉[...]	4) ḥwt mṣ⌈r⌉[m]	4) pays d'Égyp[te]
5) tḥtp‘⌈-⌉[?]⌈-⌉	5) tḥt p‘⌈n⌉[?]⌈-⌉	5) sous [...]

Remarques textuelles

La surface est très délabrée, et seulement un petit nombre des signes sont parfaitement clairs. Parmi les signes que nous n'avons pas entourés de demi-crochets, la plupart sont donc mutilés, mais leur forme est conservée et aucune autre lecture ne semble possible, soit d'après la forme, soit d'après le sens du passage.

1) Le deuxième signe sera soit {l}, soit {d} : la partie inférieure des clous verticaux est endommagée. Pourtant, on ne voit aucune trace des clous inférieurs de {d}, là où on s'attendrait à trouver des fonds de clous. S'il s'agit de {d}, donc, les clous inférieurs auraient été inscrits peu profondément. Du troisième signe on ne voit aucun reste certain, seulement un trou dans l'ivoire. Le dernier signe sera {t} plutôt que {‘}, mais nous n'avons pu atteindre la certitude.

3-4) Les restitutions sont évidentes d'après la copie, comme l'est le fait qu'elles ne sont pas certaines.

Commentaire

1. On songera à deux restitutions de la ligne : (1) {k ⌈l t⌉ḫt} « Lorsque tu te seras certainement brisé (√ḪTT)... », soit au schème-G (/tiḫattu/), qui est intransitif en hébreu biblique, soit au schème-N (/tiḫḫattu/) ; (2) {k ⌈dṯ⌉ ḫ⌈t⌉} « Lorsque Ḫatti fut abattu (√DṮṮ) ... » [31]. La première doit avoir trait à un acte futur ou habituel de soumission de la part du roi d'Ougarit, la deuxième faire allusion vraisemblablement aux guerres égypto-hittites qui ont abouti à l'accord entre Ramsès II et Hattušili III en 1270. Dans les deux cas, le message s'adresse au roi d'Ougarit, comme le montre le suffixe *-k* attaché au mot *b‘l* à la ligne 3.

2. La formule *ql tḥt p‘n-*, « tomber sous les pieds de », est attestée sept fois dans la légende de *ʾAqhatu* et on trouve des parallèles dans la Bible hébraïque. Dans les documents épistolaires en ougaritique, la formule est *ql l p‘n-*, « tomber aux pieds de ». Le verbe n'étant pas certain ici, la comparaison des formules est difficile, mais les deux restitutions proposées se comprendront, respectivement, comme formules d'humilité ou de défaite.

---

28. RS 24.251 +:19, selon la numérotation des lignes par D. Pardee, *RSO* IV, 1988), p. 230, 246-47 (= la ligne 48 dans l'*editio princeps* : Ch. Virolleaud, *Ugaritica* V, Paris, 1968, p. 574-580).

29. *PRU* II 1 : 5. Voir J. C. De Moor et K. Spronk, « More on Demons in Ugarit (KTU 1.82) », *UF* 16 (1984), p. 237-50, en particulier p. 239 ; analyse acceptée par A. Caquot, *TO* II, 1989, p. 64, n. 172.

30. *CTA* 5 i 26 ; voir J. C. De Moor et K. Spronk, *ibid.*

31. Le syntagme *dṯ ydṯ* se rencontre en *CTA* 18 I 19. Si les avis sont partagés concernant l'étymologie du verbe, on est d'accord qu'il s'agit d'un acte à polarité négative.

5. La fin de la ligne est très mutilée et aucune restitution ne s'est présentée à notre esprit qui corresponde à la trace que l'on croit voir à droite, à savoir un clou en biais. Peut-être s'agit-il tout simplement de {y}.

Joignant ces restitutions plus hasardeuses des lignes 1 et 5 à celles des lignes 2-4, on arrive au texte suivant, comportant deux possibilités à la première ligne :

1a)	k ⸢l t⸣ḫ⸢t⸣	Lorsque tu te seras certainement brisé
1b)	k ⸢dṯ⸣ ḫ⸢t⸣	Lorsque Ḫatti fut abattu
2)	tḥt pʿ⸢n⸣	sous les pieds de
3)	bʿlk ⸢m⸣[lk]	ton maître le roi du
4)	ḥwt mṣ⸢r⸣[m]	pays d'Égypte,
5)	tḥt pʿ⸢ny⸣	sous mes pieds.

Avec ces lectures, et l'une ou l'autre des versions de la première ligne, le texte consiste évidemment en une longue protase, sans apodose. Si l'interprétation générale est admissible, on pensera que l'apodose est fournie par l'objet même, à savoir que le roi d'Égypte a présenté cet objet au roi d'Ougarit, soit lors d'une rencontre au cours de laquelle ce dernier a déclaré sa soumission au roi d'Égypte, soit en commémoration de la « défaite » de Ḫatti par le Pharaon.

[Cat. **20**] **RS 20.398 A 7** *(Fig. 7)*

Texte	*Division syntaxique*	*Traduction*
1) ʿzdìḫdp⸢y⸣ǵr[...]	1) ʿz d ìḫd p ⸢y⸣ǵr[...]	1) Le fort/la chèvre dont je me saisirai afin qu'il ǴR[...]
2) ⸢---(-)⸣[...]		2) [...]

....

Commentaire

1. La séquence {d ìḫd p} se retrouve ici et en RS 20.398 A 11a:2', où les signes précédents et suivants ont entièrement disparu.

Pour le mot *ʿz*, on pense à la prière insérée dans un texte de la pratique, où *ʿz* désigne clairement l'ennemi : RS 24.266:26'-35' (*ʿz // qrd* « le fort // le guerrier ») [32]. Dans l'expression synonyme LQḤ ʿZ, attestée dans un des textes inscrits sur le modèle de poumon, il est question de « chèvre » (RS 24.277:24', 26' = *Ugaritica* VI, p. 171-72, lignes 25, 30). Devant l'état de ce texte il est impossible de savoir s'il s'agit de l'ennemi ou de l'animal dont provient l'organe examiné.

[Cat. **21**] **RS 20.398 A 8** *(Fig. 7)*

Texte	*Division syntaxique*	*Traduction*
1) [...]⸢-⸣lhdm⸢-⸣[...]	1) [...]⸢-⸣l hdm⸢-⸣[...]	1) [...] marchepied [...]
2) [...]qbr[...]		2) [...] tombe (ou le verbe « ensevelir ») [...]

....

Commentaire

L'écriture suit un bord (elle est « suspendue » à la ligne du bord), et la première ligne sur l'objet est indiquée comme étant la première ligne du texte (à savoir sans « ' »).

[Cat. **22**] **RS 20.398 A 9** *(Fig. 7)* Aucune écriture n'est visible [33].

32. *Editio princeps* par A. Herdner, *in Ugaritica* VII, 1978, p. 31-39 ; *KTU* 1.119.

33. Les marques que nous avons d'abord prises pour des signes alphabétiques lorsque nous préparions la *TEO* sont en fait des entailles d'artisan (voir plus haut, note 2).

[Cat. **23**] **RS 20.398 A 10** *(Fig. 7)*

Texte 1') [...]⸢--⸣[...]
2') [...]dny[...]

Remarque textuelle

1') Les signes partiellement conservés semblent être {bh}.

[Cat. **24**] **RS 20.398 A 11** *(Fig. 7)*

*Texte **a***	*Division syntaxique*	*Traduction*
1') [...]⸢-⸣[...]	1') [...]	
2') [...]dỉḫdp[...]	2') [...]d ỉḫd p[...]	2') [...] dont je me saisirai afin que [...]
3') [...]⸢-⸣ygrš[...]	3') [...]⸢-⸣ ygrš[...]	3') [...] chassera (ou « sera chassé ») [...]

....

Commentaire

Pour l'interprétation de la première ligne, voir ci-dessus RS 20.398 A 3 et 7 ; pour l'analyse de *ygrš* voir RS 20.398 A 3.

*Texte **b*** : 1') [...]⸢-⸣

Remarque textuelle

1') On voit trois clous horizontaux qui peuvent constituer soit un {k} entier, soit les derniers clous de {r}.

[Cat. **25**] **RS 20.398 A 12** *(Fig. 7)*

Texte	*Division syntaxique*	*Traduction*
1') yšt ⸢.⸣[...]		1') Il mettra [...]
2') ʿzʿ⸢l⸣[...]	2') ʿz ʿ⸢l⸣[...]	2') le pouvoir sur [...]
3') ʿlḥ⸢-⸣[...]	3') ʿl ḥ⸢-⸣[...]	3') sur Ḥ[...]

Commentaire

2'. La division syntaxique est proposée à partir de l'expression verbale *ʿZZ ʿl*, « l'emporter sur », qui est attestée dans le recueil de présages à partir de naissances anormales de bestiaux, RS 24.247+:57' [34]. Voir aussi *ʿz*, au sens de « (l'ennemi) fort » ou de « chèvre », en RS 20.398 A:7 [Cat. **20**].

[Cat. **26**] **RS 20.398 B 1** [35] *(Fig. 7)*

Texte 1') [...]ḥ
2') [...]hl
....

Remarques textuelles

Il semble s'agir de deux fins de lignes. La cassure passe trop près de la première ligne pour permettre de déterminer si celle-ci est ou non la première ligne de l'inscription.

[Cat. **27**] **RS 20.398 B 2** *(Fig. 7)*

Texte 1') [...]ǵr[...]

Remarques textuelles

Les deux signes semblent terminer la ligne ; mais, la partie supérieure du {r} disparaissant dans la cassure, il est possible que l'écriture ait continué, placée un peu plus haut.

---

34. Voir ci-dessus, note 10.
35. Les 2 petits fragments RS 20.398 sont passés inaperçus des éditeurs des ivoires et de nous-mêmes dans la *TEO*.

Commentaire

Nous avons déjà vu dans ces textes la forme verbale *yǵr* (RS 20.398 A 7:1) ; on peut penser aussi à une forme de la racine NǴR « garder, veiller sur ».

[Cat. **28**] **RS 20.399 A a** *(Fig. 8)*

Texte 1) ỉby⌈-⌉[...]

Remarques textuelles

Le {ỉ} consiste bien en trois clous. Au dernier signe partiellement visible on voit deux têtes de clous horizontaux certains, et en dessous ce qui pourrait être soit une fêlure, soit une pointe de clou (les éditeurs ont lu {ḥ} ici).

Au côté inférieur dans la cassure, on voit deux entailles en forme de triangles, qui pourraient ou non être des têtes de clous verticaux.

Commentaire

Le texte n'est pas assez bien conservé pour permettre de déterminer si la bonne répartition des signes est {ỉby ⌈-⌉}, « mon/mes ennemi(s) », où normalement, du moins s'il s'agit du singulier, *ỉby* ne serait pas au nominatif, ou {ỉb y⌈-⌉}, « l'ennemi fera X ».

[Cat. **29**] **RS 20.399 A b** *(Fig. 8)*

Texte 1') [...]⌈-⌉ytr[...]

2') [...]⌈-⌉rbš[...]

3') [...]⌈-⌉ǵy⌈-⌉[...]

4') [...]⌈-⌉l[...]

5') [...]⌈-⌉š⌈--⌉[...]

....

Remarque textuelle

4') Au début de la ligne on peut lire soit {d}, soit {⌈-⌉b}. Le peu d'espace entre les deux premiers clous et les quatre derniers indique plutôt la première lecture (contre l'*editio princeps*).

[Cat. **30**] **RS 20.399 A c** *(Fig. 8)*

Texte	*Division syntaxique*
1) bqdmtwḥ	1) b qdmt w ḥ
2) [?]bḫ⌈ṯ⌉rhm	
....	

Remarques textuelles

Le bord droit de l'objet est conservé et les lignes sont donc complètes de ce côté (contre les crochets indiqués dans l'*editio princeps*). Normalement, vu la courbe de l'objet, la deuxième ligne a dû commencer à gauche du début de la première ligne ; pourtant on ne voit rien devant le {b} alors que la ligne de la cassure a laissé un espace où des têtes de clous devraient se voir. On peut donc penser que le signe devant {b} était {t/à/n} et qu'un ou deux signes se trouvaient devant celui-ci. Puisque ni {wḥ} ni {twḥ} ne présentent un sens satisfaisant, on peut aussi penser que la répartition des signes est bien celle qu'ont proposée les éditeurs du texte, à savoir {b qdmt w ḥ}, et que le mot commençant par {ḥ} se terminait au début de la ligne 2. Sans l'apport de ces signes il est difficile de saisir le sens du texte ou d'en proposer l'analyse syntaxique.

[Cat. **31**] **RS 20.399 A d** *(Fig. 8)*

Texte 1) mẓrmʿ⌈-⌉[...]

2) w⌈-⌉štq⌈-⌉[...]

....

Remarques textuelles

1) Le petit clou transformant {p} en {ẓ} est clair. La trace à la fin de la ligne semble appartenir à {z/s}, moins vraisemblablement à {ẖ/y}.

2) Le deuxième signe semble être {t}, bien que la fin du clou soit mutilée, car s'il s'agissait de {à} la fin du signe toucherait au signe suivant. Chacun des clous de {à/n) étant normalement bien distinct dans ces textes, il n'est pas possible d'assurer la lecture du dernier signe.

Commentaire

1. On connaît (RIH 78/14:13'), semble-t-il, l'orthographe {mẓr} pour le mot dont la racine est MṬR et qui signifie « la pluie » [36], mais il est impossible de déterminer s'il s'agit du même mot dans ce texte mal conservé. Ce qui fait hésiter devant cette analyse des signes est que l'orthographe avec {ẓ} du phonème historique /ṭ/ est très rare en ougaritique [37].

[Cat. **32**] **RS 20.399 A e** *(Fig. 8)*

Anépigraphe : Le {c} que les éditeurs ont pensé voir sur ce fragment ne s'y trouve pas en réalité [38].

[Cat. **37**] **RS 20.399 B e** : non vu [39].

[Cat. **39**] **RS 20.400 A b** *(Fig. 9)*

Texte

1') [...]⸢-⸣mb⸢-⸣[...]
2') [...]wyr[...]
3') [...]åh⸢m-⸣[...]
....

Remarques textuelles

1') La lecture au début de la ligne paraît certaine : on voit un espace entre le premier clou et le {m} aussi bien que le clou vertical de ce dernier signe (les éditeurs n'ont pas vu ce clou vertical et ont pris le tout pour {w}). L'espacement des clous à l'intérieur des signes est tel que l'on n'est pas en mesure de déterminer si le dernier signe ici est {b} (comme dans l'*editio princeps*) ou {d}.

3') Le troisième signe est {m} plutôt que {q} – dans tous les cas le second clou présente la forme verticale, non pas horizontale.

Commentaire

1', 3'. À l'instar de l'exemple plus clair en RS 20.399 A c:2, on peut vraisemblablement lire ici aux deux lignes le suffixe de la 3e personne du pluriel *-hm*.

[Cat. **40**] **RS 20.400 A c** *(Fig. 9)*

Texte

1) ymỉ⸢d⸣[...]
2) kly

[Cat. **41**] **RS 20.400 A d** *(Fig. 9)*

Texte

1) l ⸢.⸣ årt
2) mrrtqbr[...]
....

36. Voir M. Dietrich et O. Loretz, *Mantik in Ugarit*, 1990, p. 169, 182-183.
37. Voir notre commentaire de RIH 78/14 dans *RSO* XII (*cf.* ici note 3).
38. Contrairement à ce qui est indiqué dans la *TEO* 1 (p. 264), ce fragment ne porte en effet aucune écriture.
39. J. Gachet n'a vu cet objet que sur moulage à Paris ; nous ne l'avons pas retrouvé pour en faire la copie.

Remarques textuelles

1) Il n'est pas possible de déterminer si le petit trait entre les deux premiers signes constitue le séparateur ou une égratignure.

2) Le dernier signe visible est vraisemblablement le dernier de la ligne, mais il n'est pas impossible qu'un ou deux signes plats, comme {t}, aient disparu. Il est aussi à remarquer que le texte a pu continuer en dessous de cette dernière ligne conservée.

Commentaire

2. S'agit-il dans *mrrt* de choses concrètes (par ex. *mᵓrīrīt* en araméen ou *mᵓrōrīm* en hébreu, « herbes amères ») ou d'une abstraction (« l'amertume » [40]), ou encore d'autre chose (par ex. faudrait-il répartir les signes autrement : {mrr tqbr} ou {mr rtq b r[...]} [41] ?)

[Cat. **42**] **RS 20.400 B a** *(Fig. 9)*

Texte

1) [...]⸢-d-(-)⸣btk

2) [...]⸢šk⸣⸢.⸣tmr

Remarques textuelles

1) Si on ne peut pas dire que la lecture de {d} proposée par les éditeurs soit certaine, nous pensons voir des traces des deux premiers clous verticaux dans la cassure. Nous n'avons pas pu déterminer si un ou deux signes étaient inscrits entre ce {d} et {b} ; en tout cas, la lecture de {w} paraît difficile.

2) Ce que les éditeurs ont pris pour les premiers clous de {r} correspond en fait aux derniers clous de {š}, lecture garantie non seulement par la disposition de ces deux clous mais aussi par l'espace entre eux et les premiers clous de {k}. Après ce {k} on voit encore une fois un petit trait sans être certain s'il s'agit du séparateur.

Commentaire

Dans {btk} et {⸢š⸣k} avons-nous deux mots se terminant par /k/ radical (par ex., *b tk*, « au milieu de ») ou ce {k} est-il le pronom suffixe, 2ᵉ personne (masculin ou féminin) ? Si le suffixe de la deuxième personne est rare dans les textes sur maquettes de foies et de poumon, la forme *npškm* en RS 20.401 A b : 6' semble autoriser la restitution ici de {[np]⸢š⸣k ⸢.⸣ tmr}, « ton âme est/sera amère » = « tu as/aura de l'amertume dans l'âme ».

[Cat. **43**] **RS 20.400 B b** : non vu.

[Cat. **44**] **RS 20.401 A a** *(Fig. 9)*

Texte	*Division syntaxique*
1) [...]prlnwtq	1) [...]prln w tq
2) [...]wdlḥm	2) [...]w d lḥm
3) [...]btybᶜ	3) [...]bt ybᶜ

Remarques textuelles

1) Le {p} est entier avec un espace *vacat* devant, et la lecture paraît donc certaine (il porte l'astérisque dans l'*editio princeps*).

2) Vu la configuration des trois clous du premier signe visible, est-ce possible de lire autrement que {w} (par rapport à l'astérisque dans l'*editio princeps*) ?

Commentaire

L'état du texte empêche d'établir la distinction entre le nom *lḥm*, « le pain », et le verbe LḤM, signifiant « se battre » [42].

---

40. « L'amertume de la tombe » se comprend facilement. *Cf.* le texte suivant où se rencontre peut-être la racine MRR sous forme verbale. Pour une liste des formes de √MRR attestées dans les langues sémitiques, avec gloses, voir D. Pardee, *UF* 10, 1978, p. 284-288.

41. *CTA* 13 : 24 {krtqtmr[...]}.

42. RIH 78/12:9, 21 (P. Bordreuil, A. Caquot, *Syria* 57, 1980, p. 359-360 ; *cf.* D. Pardee, *AfO* 31, 1984, p. 221-223).

[Cat. **45**] **RS 20.401 A b** *(Fig. 9)*

Texte

1') [...]rsy[ ]
2') [...]yḫms[ ]
3') [...]wbkmšà
4') ⌈-⌉lm⌈.⌉mḫṣmḫsr
5') ⌈-⌉ˁlmlḥ⌈t⌉[ ]
6') ⌈n⌉pškm

Remarques textuelles

2') D'après l'angle de la cassure, on voit que le {s} est vraisemblablement le dernier signe. Avec l'*editio princeps*, nous mettons tout de même les crochets, car on peut envisager la présence après {s} de {t/à/n} un peu au-dessus de la médiane de l'écriture.

3') Nous n'avons pas trouvé les traces des clous horizontaux indiqués dans l'*editio princeps* devant {w}.

4') Le premier {m} est certain (contre l'astérisque dans l'*editio princeps*) mais le séparateur qui le suit ne l'est pas, comme dans la plupart des cas de ces textes sur ivoire.

5') Contrairement aux indications dans l'*editio princeps*, où il est proposé de lire trois signes après celui que nous avons indiqué comme étant {⌈t⌉} (plus difficilement {⌈p⌉}), on n'y voit rien, et, vu l'angle du {⌈t⌉} et de la cassure, on peut penser, sans toutefois pouvoir en être certain, que ce {⌈t⌉} était le dernier signe de la ligne. Bien que la pointe de ce signe soit mutilée, il paraît très difficile de lire {⌈m⌉} au lieu de {⌈t⌉} pour trouver la racine LḤM, déjà attestée dans ces textes, en raison aussi de l'angle de la cassure.

Commentaire

On rencontre trop d'ambiguïtés dans la répartition des signes en mots et dans les restitutions pour pouvoir proposer une traduction suivie. Par exemple, ligne 4' on rencontre les racines bien connues MḪṢ, « frapper », et ḪSR, « manquer de », mais on ne sait à laquelle de ces racines rattacher le {m} qui est entre les deux (*mḫṣm*, « ceux qui frappent », comme dans l'*editio princeps*, ou *mḫsr*, « ce qui fait défaut » ?). Et aux lignes 2' et 5', on ne sait pas si les derniers signes conservés constituent ou non la fin de la ligne ; sinon, on serait tenté de restituer à la ligne 5' {⌈t⌉[mr]}, comme en RS 20.400 B a:2, au lieu d'attacher le {⌈t⌉} au mot précédent et d'y trouver *mlḥt*, forme féminine du mot signifiant « sel » (?), ou *lḥt*, « tablette(s) ».

[Cat. **46**] **RS 20.401 A c** *(Fig. 10)*

Texte

1) qrtnm⌈-⌉[...]
2) tˁrbln⌈-⌉[...]
....

Remarque textuelle

On trouve à la fin des deux lignes des traces qui n'ont pas été signalées dans l'*editio princeps*.

Commentaire

On voit le nom commun *qrt*, « ville », et vraisemblablement le verbe ˁRB, « entrer », mais la répartition des signes en mots est incertaine.

[Cat. **47**] **RS 20.401 A d** *(Fig. 10)*

Texte

1) [...]m⌈-⌉y
....

Remarque textuelle

Le deuxième signe est peut-être trop long pour correspondre à {k} (lecture proposée par les éditeurs), et du dernier signe on voit les clous multiples de {y} (dans l'*editio princeps* on trouve {l}).

[Cat. **48**] **RS 20.401 A e** *(Fig. 10)*

Texte

1) ìṯ⌈-⌉[...]
2) [...]dˁ[...]
....

Remarque textuelle

L'écriture à la première ligne commence à droite de « l'élément vertical » (le terme est celui du catalogue : voir plus haut J. Gachet). La cassure nous empêche de savoir exactement où la deuxième ligne aurait commencé.

[Cat. **49**] **RS 20.401 A f** *(Fig. 10)*

Texte 1) ảḫmyd⌜-⌝[...]

2) ⌜--⌝[-]⌜--⌝[...]

....

Remarques textuelles

2) Le deuxième clou du premier signe semble être horizontal et il faut donc envisager la lecture de {à} plutôt que le {m} qu'ont proposé les éditeurs. Au troisième signe partiellement visible, on ne voit pas de troisième clou et il s'agira de {b/ṣ} plutôt que {l/d/ù} (*editio princeps*).

[Cat. **50**] **RS 20.401 A g** *(Fig. 10)*

Texte 1') [...]nq⌜-⌝[...]

2') [...]⌜-⌝nn[...]

3') [...]⌜-⌝y[...]

....

Remarque textuelle

1') Le {q} n'est pas le dernier signe de la ligne, comme les éditeurs semblent l'avoir pensé.

[Cat. **51**] **RS 20.401 A h** *(Fig. 10)*

Texte 1') k⌜.⌝w⌜-⌝[...]

2') lwt⌜-⌝[...]

[Cat **52**] **RS 20.401 A i** *(Fig. 10)*

Texte 1') kbn[...]

2') lḥm⌜-⌝[...]

....

Remarques textuelles

1') Le « x » dans l'*editio princeps* est en fait une fêlure.

2') Les traces de {b/d} qu'indiquent les éditeurs seulement dans leur transcription sont bien présentes sur la tablette.

[Cat. **53**] **RS 20.401 A j** [43] *(Fig. 10)*

Texte 1') [...]⌜-⌝r[...]

2') [...]⌜-⌝ [...]

....

Remarque textuelle

2') On voit deux têtes de clous, probablement verticaux (les éditeurs ont dessiné un seul clou, en biais).

[Cat. **54**] **RS 20.401 A k** *(Fig. 10)*

Texte 1') [...]ḥr[...]

2') [...]

43. Correspond au fragment « l » dans l'*editio princeps* et dans la *TEO* 1.

3') [...] bt[...]

....

Remarques textuelles

2') Comme il n'y a que deux lignes d'écriture, il est impossible de dire si l'espace que l'on voit entre les deux lignes représente un espacement généreux ou une fin de ligne *vacat*. Nous suivons les éditeurs en adoptant la seconde présentation, tout en reconnaissant l'insuffisance des données.

3') Devant le {b} la surface est bien conservée jusqu'à la cassure, et il faut donc reconnaître la présence ici d'un espace *vacat*.

[Cat. **56**] **RS 20.401 A m**[44] *(Fig. 10)*

Texte 1') [...]⸢-⸣mr[...]

....

Remarques textuelles

La présence de MRR dans d'autres de ces textes fait songer à la possibilité de lire ici {⸢b⸣ mr[(r)(t)]}, « dans l'amertume ».

[Cat **57**] **RS 20.401 A n** *(Fig. 11)*

Texte 1') [...]yrḫ [...]

....

[Cat. **58**] **RS 20.401 A o** *(Fig. 11)*

Texte 1') [...]⸢-⸣mymt[...]

....

Remarque textuelle

Des deux copies et transcriptions indiquées dans l'*editio princeps* (voir plus haut, la note 43), aucune n'est correcte. En effet, on voit clairement un {m} après le {y}, et le {t} suivant est certain, n'étant pas aussi endommagé que l'indique la seconde copie (sur la première, celle qui porte la cote « RS 20.401Am » dans l'*editio princeps*, le {t} n'est même pas visible).

[Cat. **62**] **RS 20.401 B d** *(Fig. 11)*

Texte 1') [...]⸢-q--[...]

Remarques textuelles

Le petit nombre de signes ne permet pas de trancher entre la lecture de {ʿ} ou de {t} pour le troisième signe, bien que {ʿ} soit la lecture que nous préférons. Du dernier signe, on voit la partie gauche inférieure, qui appartient à {b} ou {d}.

[Cat. **63**] **RS 20.402 A** *(Fig. 11)*

Nous n'avons vu que sur moulage (à Paris) les deux fragments numérotés RS 20.402 A et B.

Texte 1) [...]m⸢--⸣[...]

2) [...]⸢r⸣⸢--⸣[...]

....

[Cat. **64**] **RS 20.402 B** *(Fig. 11)* Anépigraphe.

---

44. La copie et la transcription du fragment « m » dans l'*editio princeps* et la transcription dans *KTU* constituent en fait la reprise du fragment « o » avec d'importantes modifications ; la photographie est identique dans les deux cas. Le véritable fragment « m » est donc effectivement inédit.

CONCORDANCES

1. Inventaire RS (mission de Ras Shamra)

Cat. = Catalogue J. Gachet ; E = *Elfeinbein*, Dietrich & Loretz ; *CF* = Moulages (déposés au Collège de France).

RS 20.396 Aa+......Cat. 1......E 1 ..... *CF 1227, 4*
RS 20.396 Ab+ .....Cat. 1......E 2
RS 20.396 Ag.......Cat. 1
RS 20.396 Ac ....Cat. 2......E 3 ..... *CF 1235, 4*
RS 20.396 Ad ....Cat. 3......E 4 ..... *CF 1227, 1*
RS 20.396 Ae ....Cat. 4
RS 20.396 Af........Cat. 5
RS 20.396 B.........Cat. 6

RS 20.397 Aa ....Cat. 7......E 5
RS 20.397 Ab.......Cat. 8......E 6
RS 20.397 Ac ....Cat. 9......E 7
RS 20.397 Ad ....Cat. 10
RS 20.397 Ae ....Cat. 11
RS 20.397 Af........Cat. 12
RS 20.397 B.........Cat. 13

RS 20.398 A[1].....Cat. 14.............. *CF 1229, 12*
RS 20.398 A[2].....Cat. 15.............. *CF 1229, 3*
RS 20.398 A[3].....Cat. 16.............. *CF 1229, 2*
RS 20.398 A[4].....Cat. 17.............. *CF 1229, 11, 13*
RS 20.398 A[5].....Cat. 18.............. *CF 1229, 8, 9*
RS 20.398 A[6].....Cat. 19.............. *CF 1229, 1*
RS 20.398 A[7].....Cat. 20.............. *CF 1229, 10*
RS 20.398 A[8].....Cat. 21
RS 20.398 A[9].....Cat. 22
RS 20.398 A[10]...Cat. 23.............. *CF 1229, 6*
RS 20.398 A[11]...Cat. 24.............. *CF 1229, 5+7*
RS 20.398 A[12]...Cat. 25.............. *CF 1229, 4*
RS 20.398 B[1].....Cat. 26.............. *CF 1230*
RS 20.398 B[2].....Cat. 27
RS 20.399 Aa ....Cat. 28....E 8 ..... *CF 1228*
RS 20.399 Ab.......Cat. 29....E 9 ..... *CF 1231, 2*
RS 20.399 Ac ....Cat. 30....E 10.... *CF 1231, 1*
RS 20.399 Ad ....Cat. 31....E 11.... *CF 1231, 3*
RS 20.399 Ae ....Cat. 32....E 12
RS 20.399 B[a] .....Cat. 33
RS 20.399 B[b].....Cat. 34
RS 20.399 B[c] .....Cat. 35
RS 20.399 B[d] .....Cat. 36
RS 20.399 B[e] .....Cat. 37.............. *CF 1232*
RS 20.399 B[f]......Cat. 38

RS 20.400 Ab.......Cat. 39....E 13.... *CF 1233, 4*
RS 20.400 Ac ....Cat. 40....E 14.... *CF 1233, 3*
RS 20.400 Ad ....Cat. 41....E 15.... *CF 1233, 2*
RS 20.400 Ba ....Cat. 42....E 16.... *CF 1235, 8*
RS 20.400 Bb.......Cat. 43....E 17

RS 20.401 Aa.......Cat. 44....E 18...*CF 1235, 2, 3, 5, 5*
RS 20.401 Ab.......Cat. 45....E 19.... *CF 1235, 10*
RS 20.401 Ac ....Cat. 46....E 20.... *CF 1235, 7*
RS 20.401 Ad ....Cat. 47....E 21.... *CF 1227, 3*
RS 20.401 Ae ....Cat. 48....E 22.... *CF 1235, 6*
RS 20.401 Af........Cat. 49....E 23.... *CF 1235, 11*
RS 20.401 Ag.......Cat. 50....E 24.... *CF 1235, 9*
RS 20.401 Ah.......Cat. 51....E 25.... *CF 1227, 2*
RS 20.401 Ai........Cat. 52....E 26.... *CF 1234*
RS 20.401 Aj........Cat. 53
RS 20.401 Ak.......Cat. 54....E 27.... *CF 1235, 1*
RS 20.401 Al........Cat. 55....E 28
RS 20.401 Am ......Cat. 56
RS 20.401 An.......Cat. 57....E 30
RS 20.401 Ao.......Cat. 58....E 31
RS 20.401 B[a] .....Cat. 59
RS 20.401 B[b].....Cat. 60
RS 20.401 B[c] .....Cat. 61
RS 20.401 B[d] .....Cat. 62

RS 20.402[a]........Cat. 63.............. *CF 1236, 1, 2*
RS 20.402[b]........Cat. 64

2. Inventaire ES (Dietrich & Loretz 1976)

ES : E = *Elfeinbein* Dietrich & Loretz ; RS = inventaire de la mission ; Cat. = Catalogue J. Gachet

ES : E 1	RS 20.396 Aa+	Cat. 1
ES : E 2	RS 20.396 Ab	Cat. 1
ES : E 3	RS 20.396 Ac	Cat. 2
ES : E 4	RS 20.396 Ad	Cat. 3
ES : E 5	RS 20.397 Aa	Cat. 7
ES : E 6	RS 20.397 Ab	Cat. 8
ES : E 7	RS 20.397 Ac	Cat. 9
ES : E 8	RS 20.399 Aa	Cat. 28
ES : E 9	RS 20.399 Ab	Cat. 29
ES : E 10	RS 20.399 Ac	Cat. 30
ES : E 11	RS 20.399 Ad	Cat. 31
ES : E 12	RS 20.399 Ae	Cat. 32
ES : E 13	RS 20.400 Ab	Cat. 39
ES : E 14	RS 20.400 Ac	Cat. 40
ES : E 15	RS 20.400 Ad	Cat. 41
ES : E 16	RS 20.400 Ba	Cat. 42
ES : E 17	RS 20.400 Bb	Cat. 43
ES : E 18	RS 20.401 Aa	Cat. 44
ES : E 19	RS 20.401 Ab	Cat. 45
ES : E 20	RS 20.401 Ac	Cat. 46
ES : E 21	RS 20.401 Ad	Cat. 47
ES : E 22	RS 20.401 Ae	Cat. 48
ES : E 23	RS 20.401 Af	Cat. 49
ES : E 24	RS 20.401 Ag	Cat. 50
ES : E 25	RS 20.401 Ah	Cat. 51
ES : E 26	RS 20.401 Ai	Cat. 52
ES : E 27	RS 20.401 Ak	Cat. 54
ES : E 28	RS 20.401 Al	Cat. 55
ES : E 29		
ES : E 30	RS 20.401 An	Cat. 57
ES : E 29/31	RS 20.401 Ao	Cat. 58

ABRÉVIATIONS

AfO = *Archiv für Orientforschung.*

CTA = A. HERDNER, *Corpus des tablettes en cunéiformes alphabétiques découvertes à Ras Shamra-Ugarit de 1929 à 1939*, Paris 1963.

KTU = M. DIETRICH, O. LORETZ & J. SANMARTÍN, *Die keilalphabetischen Texte aus Ugarit* (Alter Orient und Altes Testament 24/1 ; Kevelaer, Neukirchen-Vluyn, 1976)

PRU II-VI = *Le Palais Royal d'Ugarit*, II-VI, Paris, 1957-1970.

RSO V = *Ras Shamra-Ougarit* V, *La trouvaille épigraphique de l'Ougarit*, ERC, Paris, 1989.

RSO VI = *Ras Shamra-Ougarit* VI, *Arts et industries de la pierre*, M. YON dir., ERC, Paris, 1991.

RSO XII = *Ras Shamra-Ougarit* XII, D. Pardee, *Les textes rituels*, ERC, Paris, 2000.

TEO 1 = *RSO* V, P. BORDREUIL, D. PARDEE *et alii*, *La trouvaille épigraphique de l'Ougarit.* 1 *Concordance*, ERC, Paris, 1989.

TO II = A. CAQUOT, J.-M. DE TARRAGON et J.-L. CUNCHILLOS, *Textes ougaritiques*, tome II *Textes religieux et rituels, correspondance*, Paris, 1989.

UF = *Ugarit-Forschungen*

INDEX BIBLIOGRAPHIQUE

ARNAUD (D.), 1982, *Meskéné-Emar. Dix ans de travaux 1972-1982.* ERC, Paris.

ARNAUD (D.), 1987, *Recherches au pays d'Astata. Emar* VI/4, ERC, Paris.

BONNET (H.), 1926, *Die Waffen der Völker des Alten Orients.* Leipzig.

COURTOIS (J.-Cl.), 1969, « La maison du prêtre aux modèles de poumon et de foies d'Ugarit », *in Ugaritica* VI, p. 91-119.

DIETRICH (M.) & LORETZ (O.), 1976, « Die Elfenbeininschriften », *Alter Orient und Altes Testament*, Band 13, p. 1-11, Neukirchen-Vluyn.

GACHET (J.), 1995, « Les ivoires inscrits du Palais royal », *in RSO* XI, *Le pays d'Ougarit autour de 1200 av. J.-C., Colloque Paris 1993*, p. 245-254.

MEYER (J.-W.), 1990, « Zur Interpretation der Lerber- und Lungenmodelle aus Ugarit », *Mantik in Ugarit, Abhandlungen zur Literatur Alt-Syrien-Palästinas*, Band 3, p. 241-280, Münster.

MORGAN de (J.), 1895, *Fouilles à Dahchour. Mars-juin 1894.* Vienne.

RUTTEN (M.), 1938, « Trente-deux modèles de foies en argile inscrits provenant de Tell Hariri (Mari) », *RA* 35, p. 36-70.

Ugaritica IV, 1962, C. Schaeffer, Paris.

Ugaritica VI, 1969, C. Schaeffer éd., Paris.

Ugaritica VII, 1978, C. Schaeffer éd., Paris.

WOLF (W.), 1926, *Die Bewaffnung des Altägyptischen Heeres.* Leipzig.

YON (M.), 1991, « Stèles de pierre », *in RSO* VI, p. 273-343.

YON (M.), 1997, *La cité d'Ougarit sur le tell de Ras Shamra*, ERC, Paris.

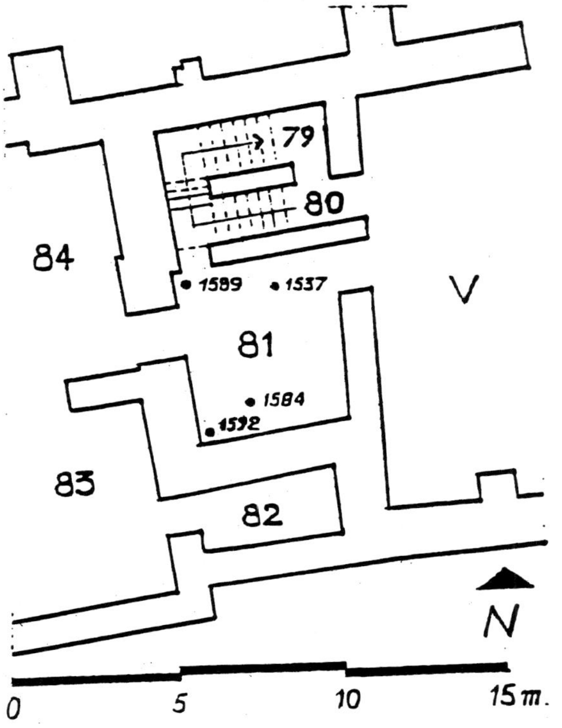

Figure 1. Localisation des ivoires inscrits : la « pièce » 81 au sud-ouest du Palais royal.

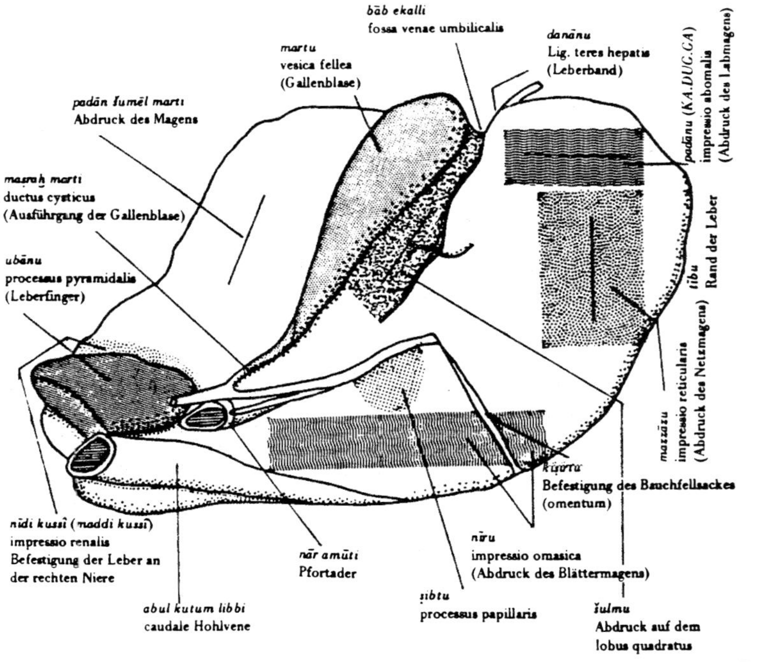

Figure 2. Le foie de mouton : dessin schématique (d'après Meyer 1990).

Figure 3. Modèles de foies en argile d'Ougarit.
a. R 24.313 ; b. RS 24.314 ; c. RS 24.310 ; d. RS 24.316.

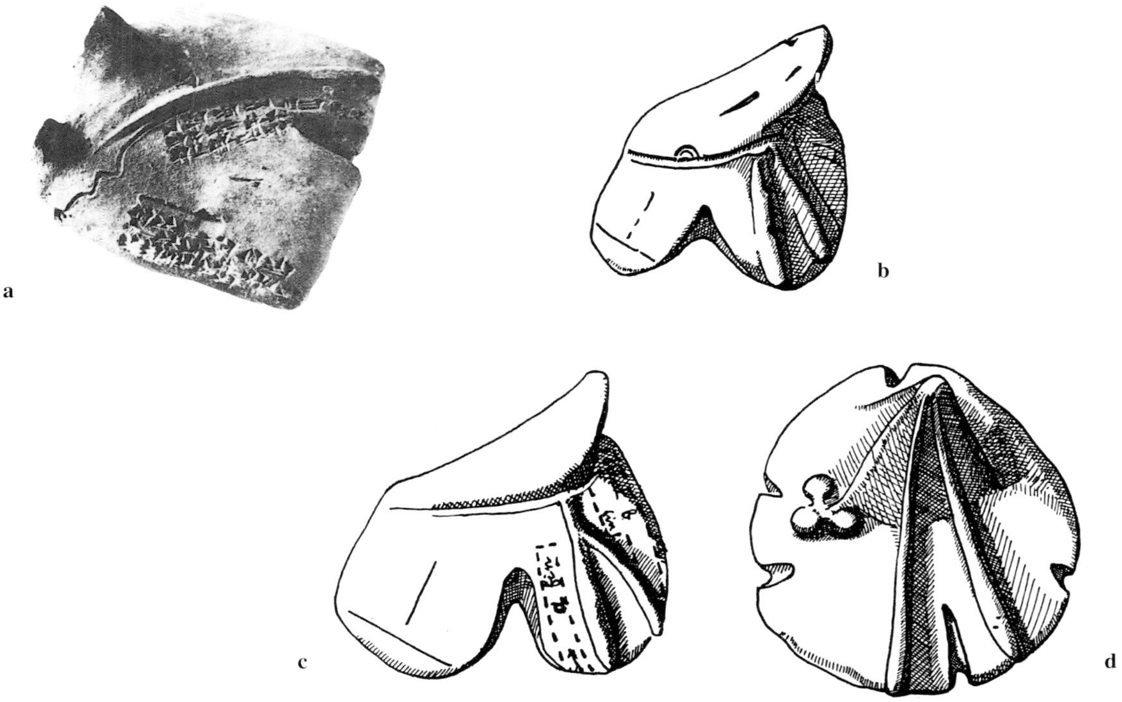

Figure 4. Modèles de foies en argile d'Emar et de Mari.
Emar : a. Msk 74.30 (d'après Arnaud 1982). Mari : b, c, d (d'après Rutten).

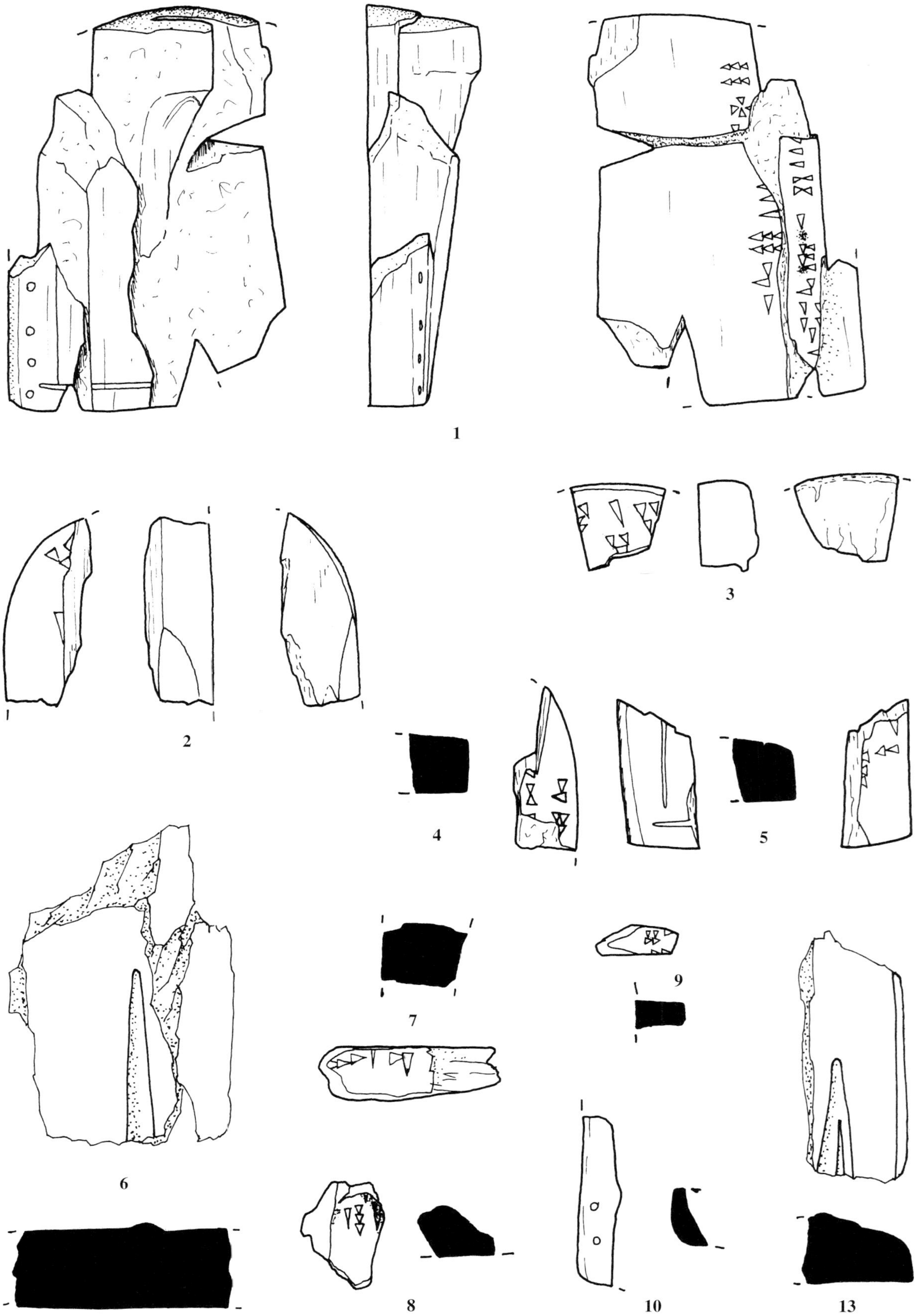

Figure 5. Catalogue **1-10**, **13**.

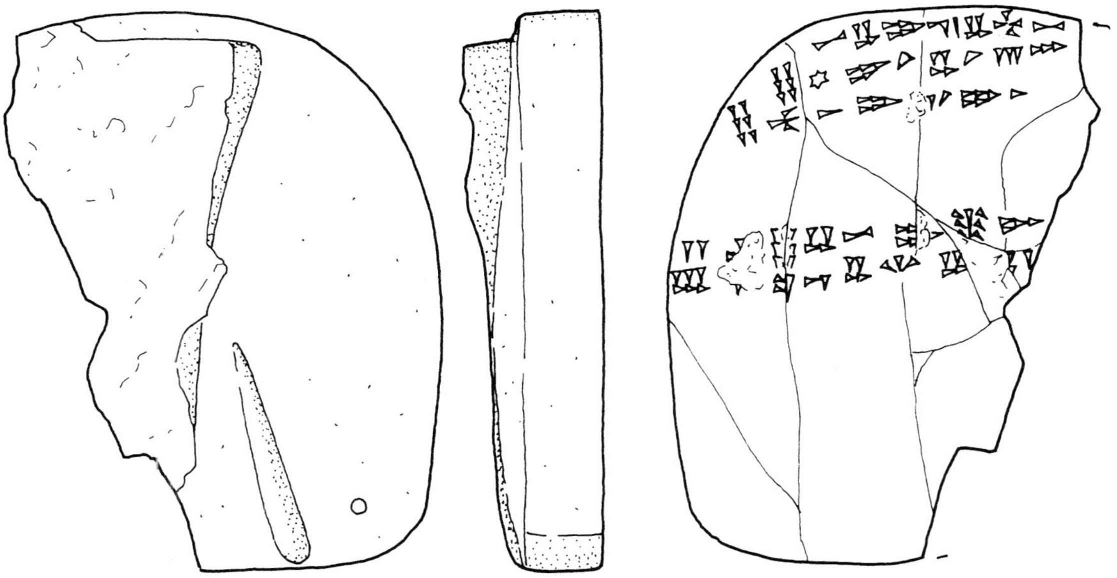

14

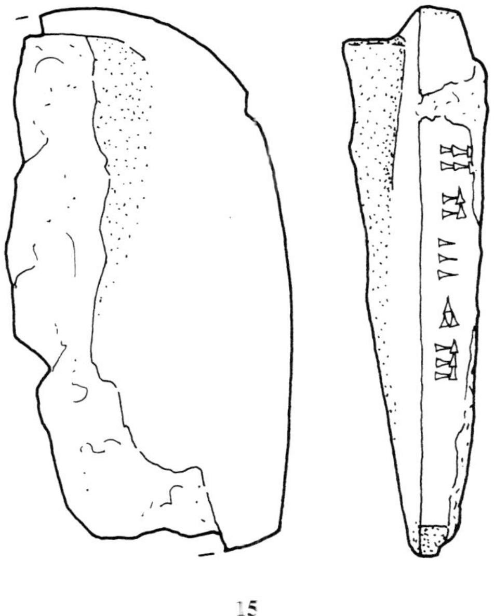

15

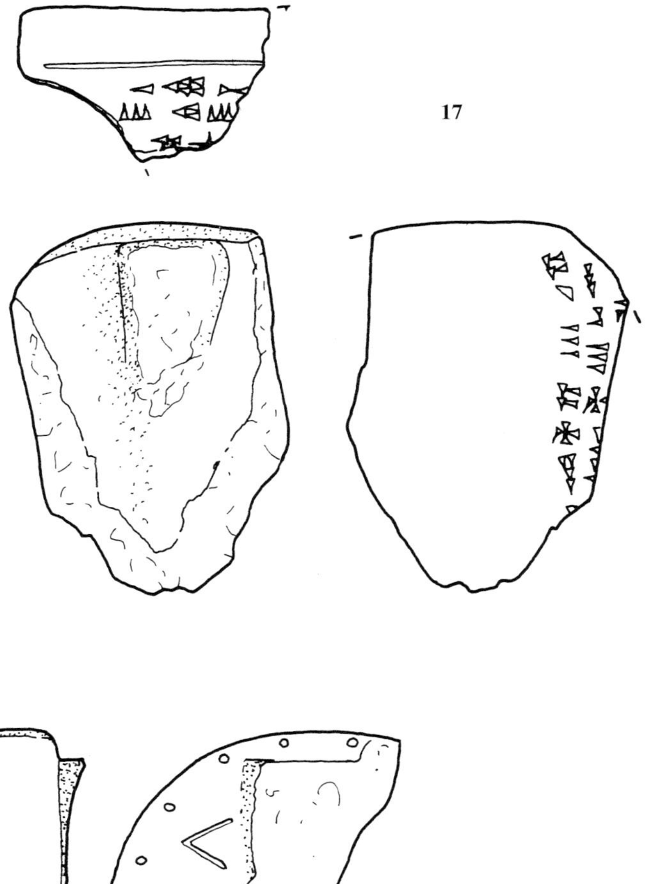

17

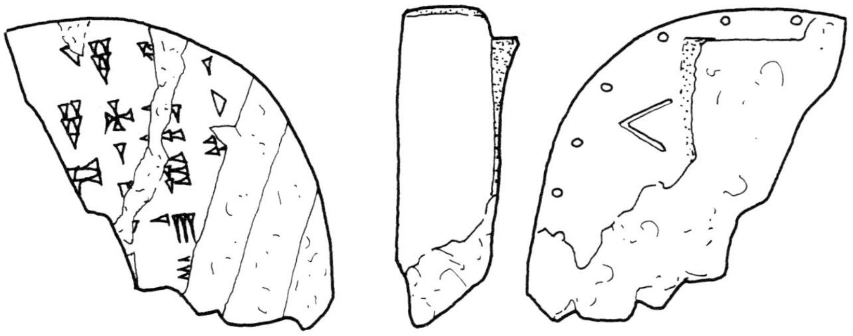

16

Figure 6. Catalogue **14-17**.

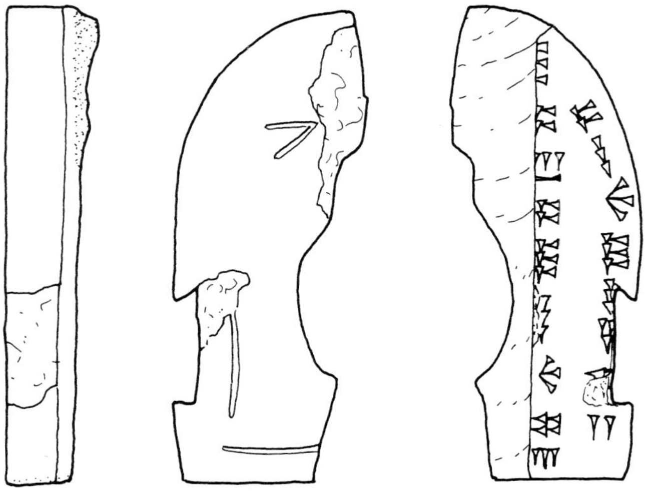

18

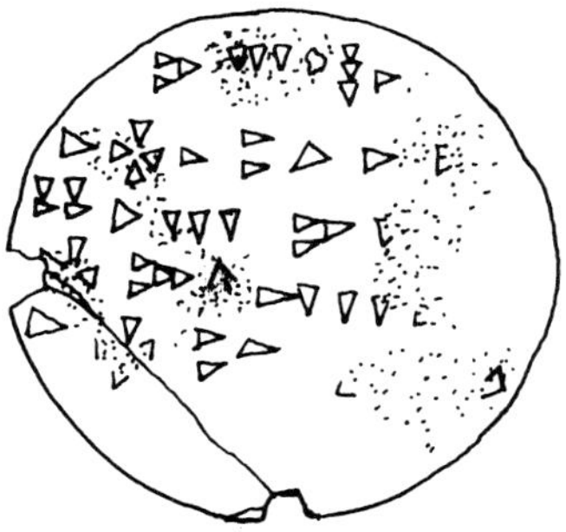

19

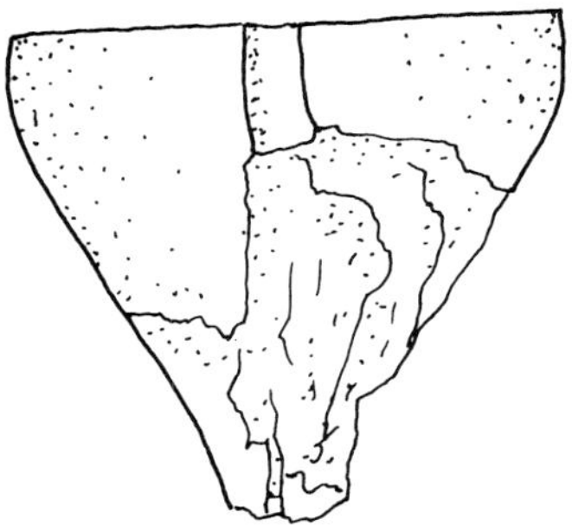

20

21

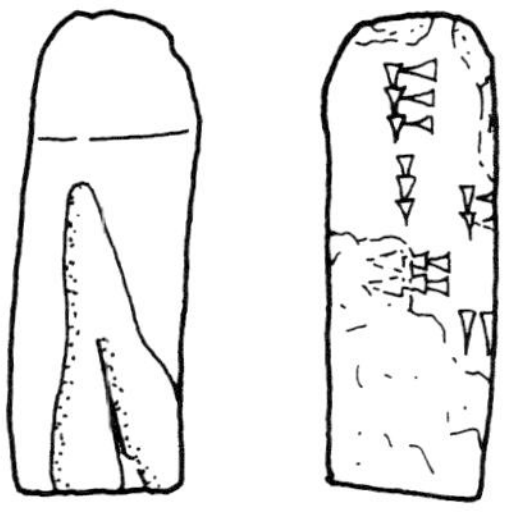

23

25

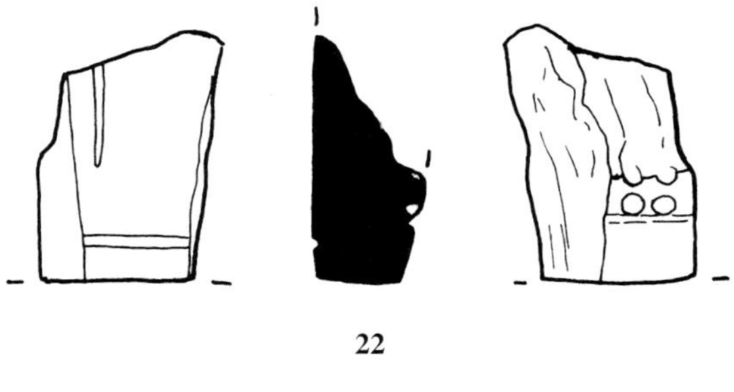

22

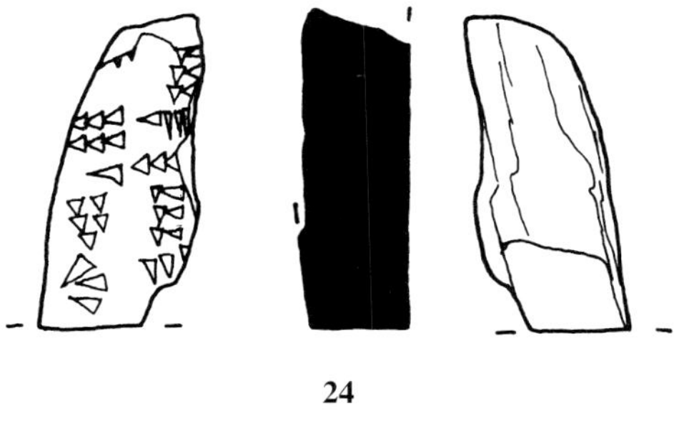

24

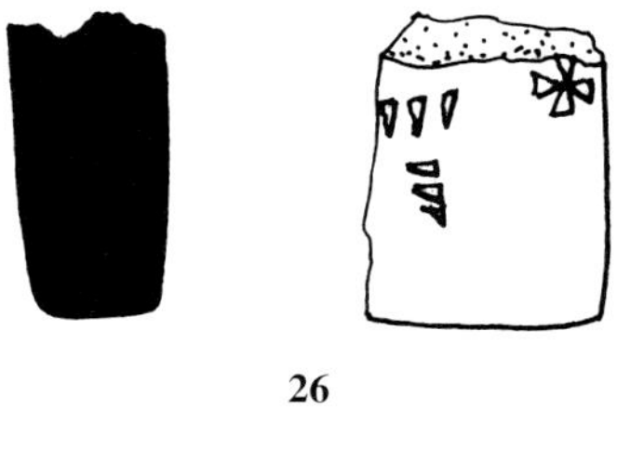

26

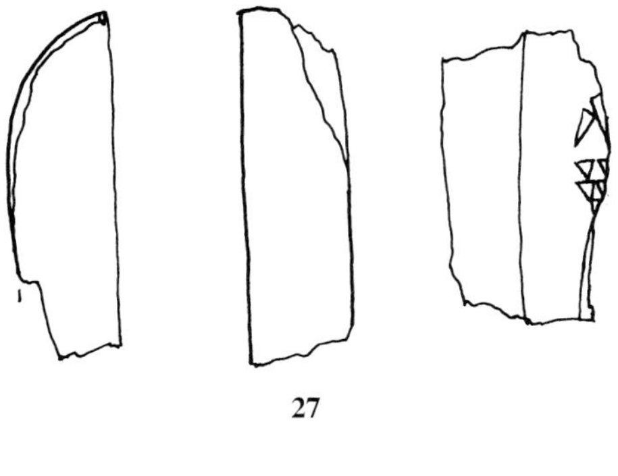

27

Figure 7. Catalogue **18**-**27**.

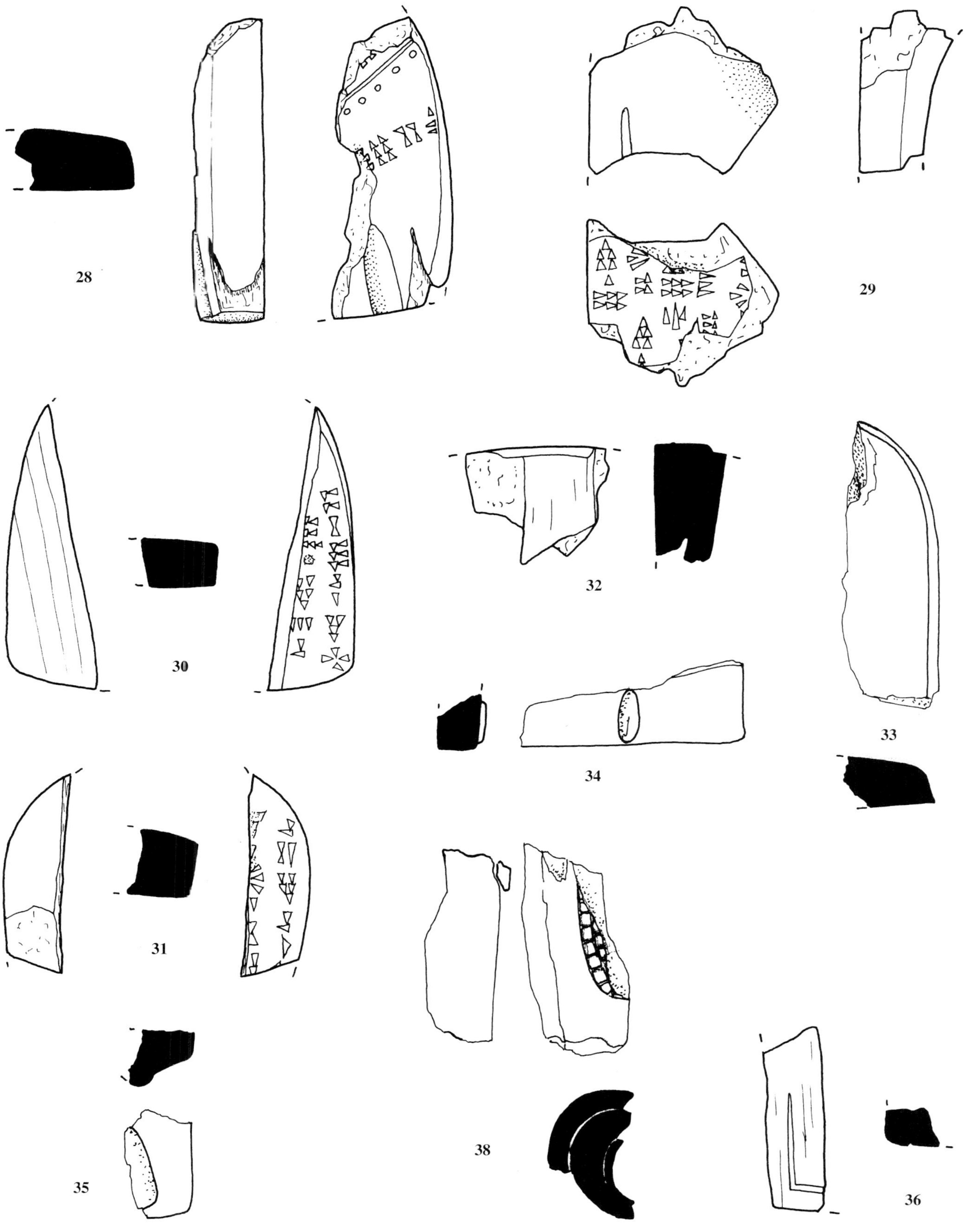

Figure 8. Catalogue **28-36**, **38**.

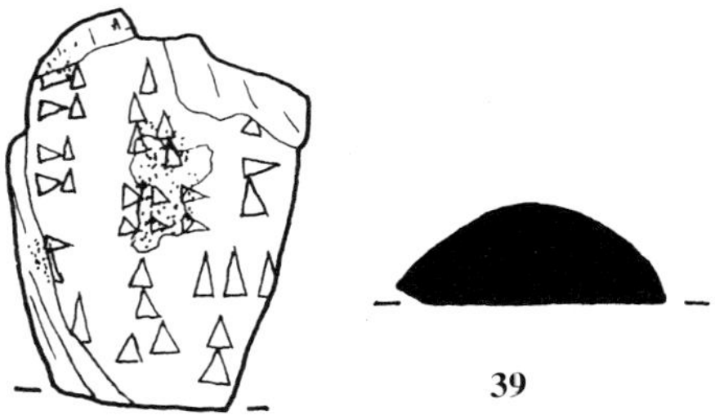

39

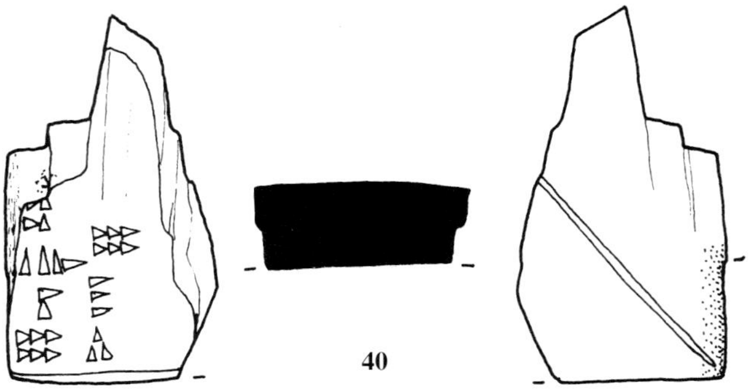

40

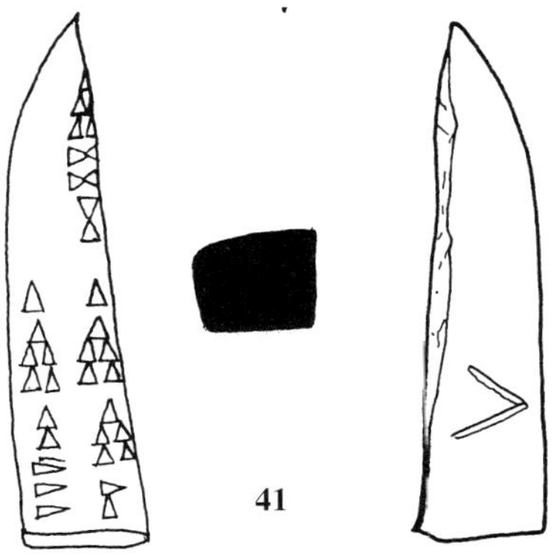

41

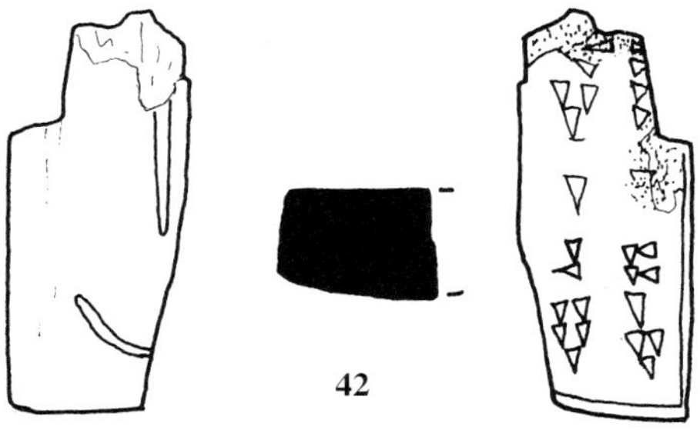

42

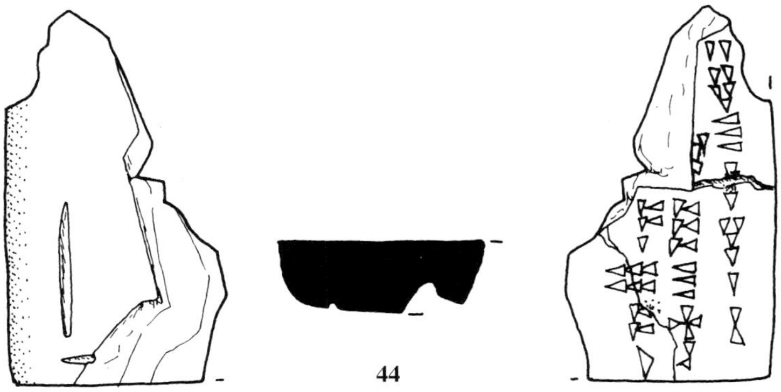

44

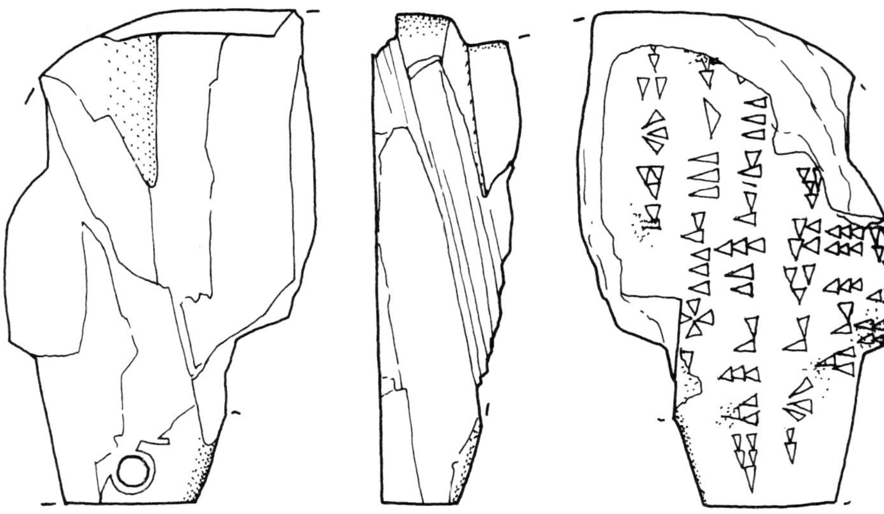

45

Figure 9. Catalogue **39-42**, **44-45**.

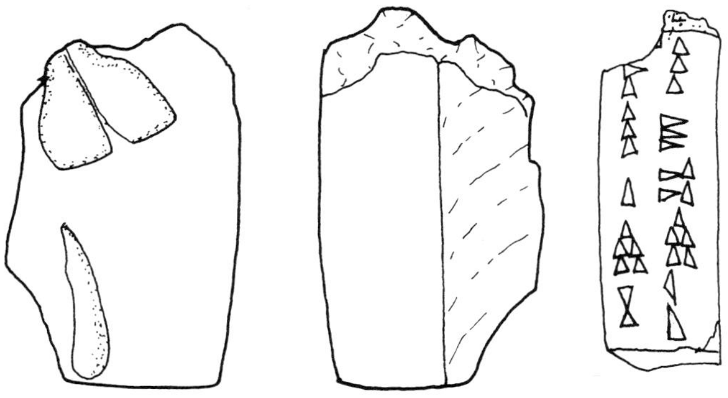

46

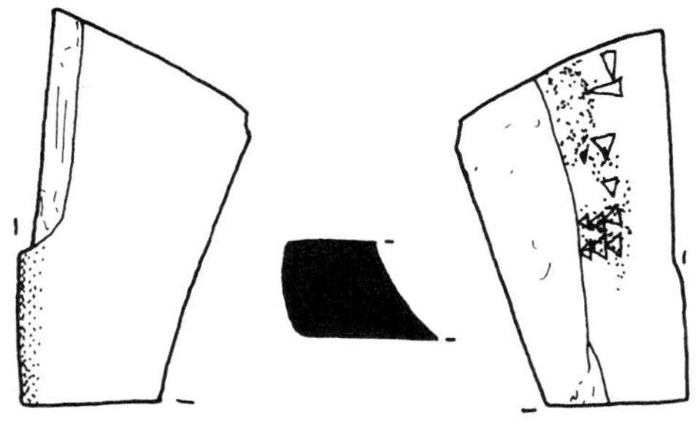

47

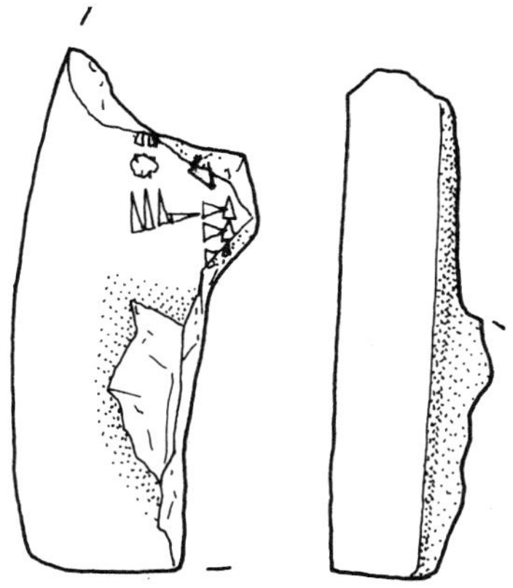

48

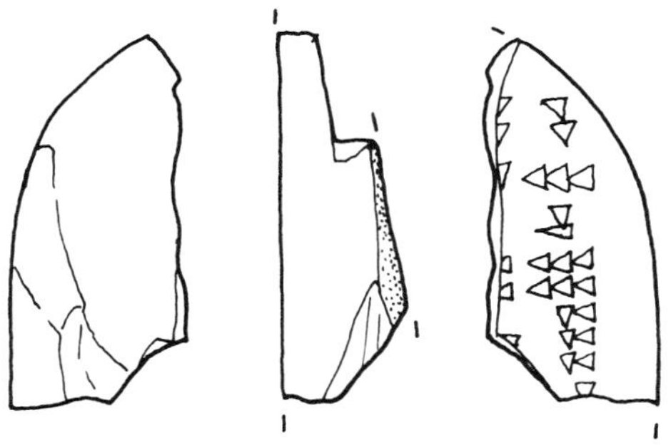

49

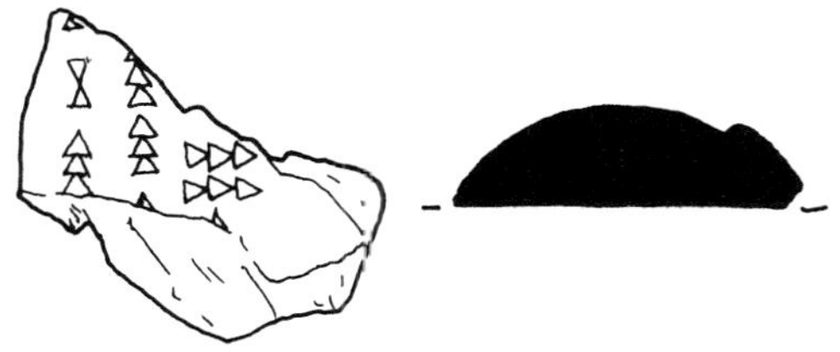

50

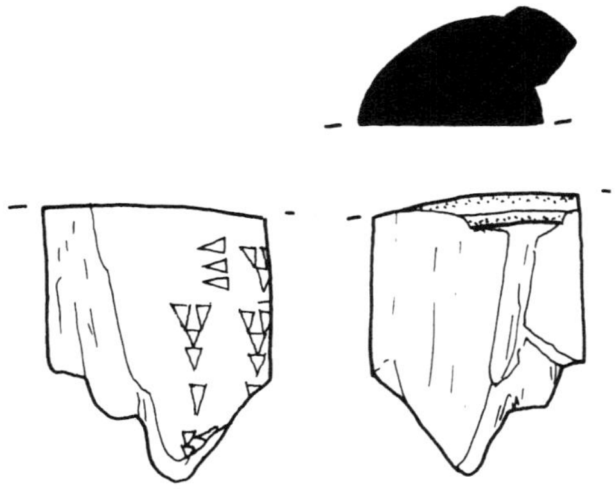

51

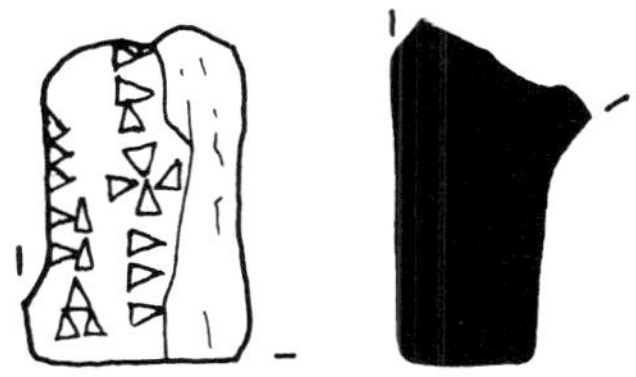

52

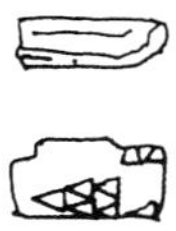

53

54

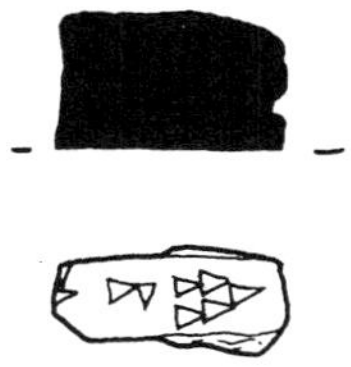

56

Figure 10. Catalogue **46-55**, **56**.

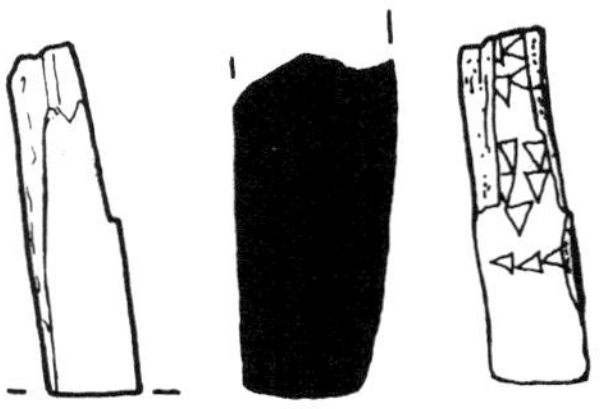

57

58

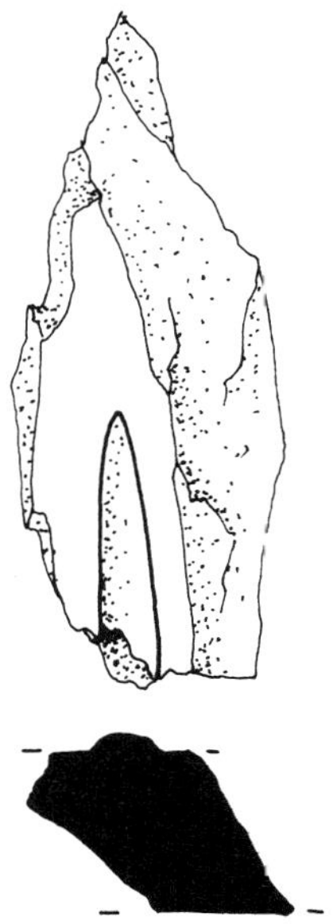

59

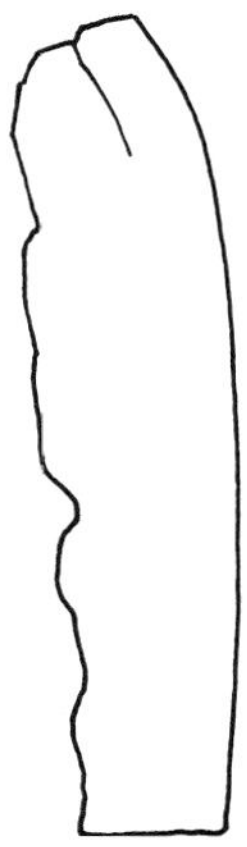

60

61

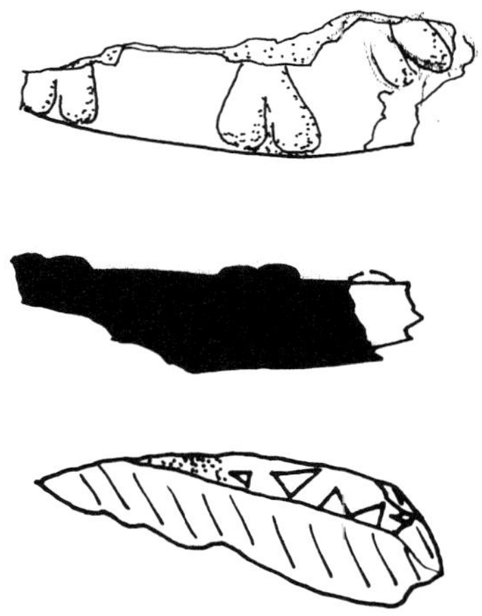

62

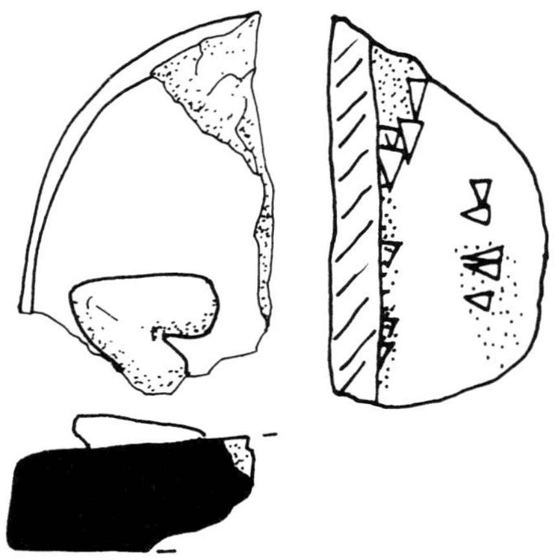

63

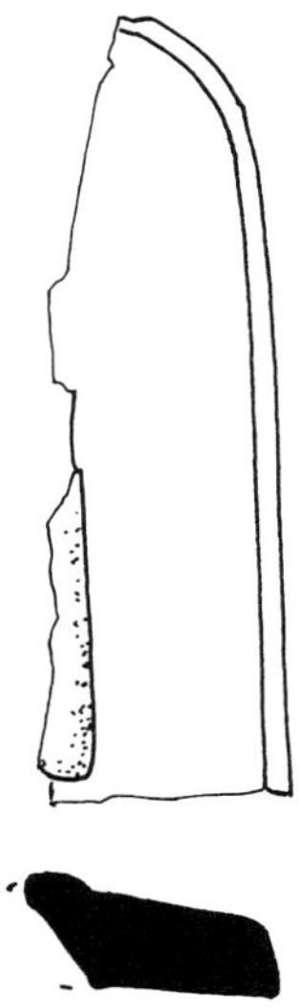

64

Figure 11. Catalogue **57-64**.

Figure 12. Catalogue **1** (face et revers), **14**, **16**, **17**, **18**, **19**, **20**, **21**, **24**.

28

29

30

31

39

41

45

44

46

Figure 13. Catalogue **28**, **29**, **30**, **31**, **39**, **41**, **44**, **45**, **46**.

À la mémoire de l'abbé Jean Starcky

CHAPITRE VI

UNE INSCRIPTION PHÉNICIENNE
trouvée à Ras Shamra (fouille 1963)

Stanislav SEGERT
avec un *Appendice* de Marguerite YON

Une inscription en écriture alphabétique phénicienne a été trouvée à Ras Shamra-Ougarit pendant la XXVIe campagne (1963). Elle provient des couches les plus récentes (d'époque perse), formées quelques siècles après la destruction de la ville d'Ougarit. Le professeur C. Schaeffer, directeur de la mission française, qui a bien voulu nous inviter à participer à cette campagne, nous avait alors confié ce petit texte pour publication. Une première version de cet article a été écrite à Beyrouth en décembre 1963, et l'auteur se souvient avec gratitude de Monsieur l'abbé Jean Starcky qui avait bien voulu revoir le texte en français. Il était prévu que l'inscription soit publiée dans un volume d'*Ugaritica*, mais ce projet a été reporté pour une raison qui ne nous a pas été communiquée ; l'inscription figure, sans commentaire, dans le volume paru en 1983, consacré par R. Stucky aux niveaux du Ier millénaire fouillés par la mission française [1]. Je remercie le Dr Y. Calvet, directeur actuel de la mission, d'avoir accepté de faire paraître l'étude de ce texte dans le volume de *Recherches ougaritiques*. L'article a été revu et complété par l'auteur en 1994, et M. Yon a ajouté un appendice céramologique sur la jarre qui porte l'inscription.

L'inscription a été trouvée dans le secteur 424 E, point topographique 4351, à un mètre de profondeur. Gravée sur le corps de la jarre avant la cuisson, elle n'a que six lettres, réparties également en deux lignes ; pour les dimensions des lettres et des intervalles, voir le fac-similé grandeur nature *(Fig. 1)*. Les traits tracés par un instrument pointu ont une largeur et une profondeur moyenne de 0,7 et 0,5 mm. Les lettres sont claires et bien conservées. L'inscription est à lire :

l ḥ r
n m q

L'écriture

lamed. La première lettre rappelle les *lamed* des inscriptions phéniciennes où la forme originale de la lettre est augmentée d'un trait vertical à droite, le trait intermédiaire étant parfois incliné. On relève des *lamed* de ce genre à Byblos dans l'inscription de Batnoam au IVe s. av. J.-C. [2], mais aussi dans celles du IIe s. à Malte et en Afrique du Nord, ainsi que dans l'inscription araméenne de Pul-i-Darunteh du IIIe s. [3].

1. Stucky (note 14) ; *cf.* P. Bordreuil, D. Pardee *et alii*, *Ras Shamra-Ougarit* V 1, 1989, p. 329. Sur la place de cette jarre dans l'inventaire de 1964, voir plus loin *Appendice* par M. Yon, p. 234.

2. Forme des lettres dans les inscriptions phéniciennes : *cf.* tables comparatives, dessinées par F. Zaumseil, chez J. Friedrich, *Phönizisch-punische Grammatik*, Roma 1951. Inscriptions de Karatepe : *cf.* table comparative de J. Starcky dans A. Dupont-Sommer et J. Starcky, *Les inscriptions araméennes de Sfiré*, Paris 1958.

3. Pour la forme des lettres dans les inscriptions araméennes, *cf.* les tables comparatives de F. Rosenthal, *Die aramaïsche Forschung seit Th. Nöldekes Veröffentlichungen*, Leiden 1939, ainsi que celle de J. Starcky dans A. Dupont-Sommer et J. Starcky, *Les inscriptions araméennes de Sfiré*, Paris 1958. Voir aussi S. Segert, « Die

ḥet. Pour la forme du *ḥet* caractérisé par deux barres transversales, on ne peut trouver que deux analogies dans les inscriptions phéniciennes : l'une dans les *graffiti* d'Ipsamboul en Égypte (*CIS* I, 112) datés du commencement du VIe s., l'autre dans une inscription tardive de Tyr, du IIe s. av. J.-C. Dans notre inscription la direction des deux barres répond à celle du *ḥet* à Ipsamboul. Dans les inscriptions araméennes, les *ḥet* avec deux barres ne sont pas attestés après le VIIIe s. av. J.-C.

Figure 1. Inscription en phénicien (RS 27.317).
Photo mission française ; fac-similé de M. František Muzika, professeur à l'École supérieure des beaux-arts de Prague, d'après le frottis fait par l'auteur au musée de Damas.

resh. Le *resh* avec tête fermée subsiste tout au long du développement des écritures phénicienne et punique. Dans l'écriture araméenne, elle s'ouvre définitivement au cours de la période néo-babylonienne. Les formes du *resh* dans les inscriptions phéniciennes d'Abydos et de Batnoam (IVe s. av. J.-C.) et de Tyr (IIe s. av. J.-C.) sont ici à rappeler, mais aussi celles des inscriptions d'Ipsamboul.

nun. La partie supérieure du *nun* est très longue (6 mm) par rapport à la partie inférieure (8 mm), légèrement inclinée à gauche. La partie intermédiaire est formée d'un trait très incliné (40°) par rapport à l'horizontale. Seules l'inscription du vase d'argent de Chypre et celles de Karatépé [4], datées par la majorité des savants du VIIIe siècle, comportent des *nun* dont la partie supérieure est à peu près égale à la partie inférieure ; de même l'inclinaison du trait intermédiaire correspond à celle du *nun* de l'inscription de Ras Shamra. Dans les inscriptions araméennes, la partie supérieure du *nun* est toujours plus courte que la partie inférieure. Mais la forme du *nun* dans notre inscription est due à une erreur du scribe qui voulait écrire un *lamed* – dont on peut remarquer la trace – et l'a ensuite corrigé en *nun.*

mem. La forme du *mem* dans notre inscription, analogue à un *nun* barré, est attestée dans les inscriptions phéniciennes d'Ipsamboul et dans quelques inscriptions de basse époque à Ma'ṣoub, Umm el-'Awamid et Byblos. Mais cette forme cursive est aussi fréquente dans les textes araméens : on la trouve déjà dans l'*ostracon* d'Assour (VIIe s. av. J.-C.), et surtout dans les inscriptions et *papyri* de l'époque perse.

qoph. L'ovale du *qoph* est tracé de manière imparfaite. Le scribe a continué la ligne ovale seulement dans la partie droite de la lettre, tandis qu'à gauche il fait un angle rappelant les *qoph* en demi-cercle. La forte inclinaison de la hampe a pu être suggérée par le tracé du *mem* qui précède. On trouve des formes semblables

---

altaramäische Schrift und die Anfänge des griechischen Alphabets », dans *Klio* 41, 1963, p. 38-57 ; « Zur Schrift und Orthographie der aramäischen Stelen von Sfire », dans *Archiv Orientální* 32, 1964, p. 110-126.

4. Voir note 2. Lettres phéniciennes de Karatépé : W. Röllig, « L'alphabet », dans *La civilisation phénicienne et punique. Manuel de recherche,* V. Krings éd., Leiden/New York/Köln, 1995, p. 207:13 ; lettres de Chypre, *ibid.*, p. 105, 209:31, 214:14.

de *qoph*, avec ovale ou cercle, dans les inscriptions de Karatépé et dans l'inscription du plat d'argent trouvé à Chypre. La datation de l'inscription phénicienne de Limassol restant incertaine, la forme asymétrique avec un demi-cercle à droite n'est attestée avec certitude qu'au Ve s. Dans les inscriptions araméennes du VIIIe s., et à Neirab au VIIe s., on a encore la forme symétrique. En tenant compte de la faible fréquence du *qoph* dans les textes phéniciens et araméens, on devrait pourtant situer ce *qoph* à une date antérieure à 500 av. J.-C.

L'écriture de cette inscription de Ras Shamra est donc phénicienne : la forme des lettres *ḥet*, *qoph* et *resh* est ici attestée pour la période postérieure à 600 av. J.-C. environ, mais il en va autrement des inscriptions araméennes de la même période. La forme plutôt archaïque du *qoph* et du *nun* ne recommande pas de dater l'inscription d'une période de beaucoup postérieure au VIe s., mais on doit considérer aussi les conditions spécifiques – mentionnées ici – qui ont modifié ces lettres dans notre inscription. D'un autre côté, la forme du *lamed*, attestée dès le IVe siècle, pourrait indiquer une date plutôt tardive. Dans l'ensemble, les formes des lettres trouvent pour la plupart leurs analogues les plus proches dans les *graffiti* phéniciens d'Ipsamboul (VIe s.), qui sont également tracés dans un type d'écriture très cursif [5]. La jarre qui est le support de l'inscription peut être datée du début du Ve s. (voir M. Yon, ci-dessous p. 234 : *Appendice*).

Le texte

Le texte de l'inscription phénicienne de Ras Shamra – *lḥr n m q* – peut se traduire ainsi : « (Jarre) de Hur (fils de) Nmq ». La première lettre *(l)* sert à introduire le nom de l'usager du récipient. Quant à l'absence du *bn* (« fils ») entre les deux noms, elle est insolite, mais non sans exemple dans les textes cananéens [6] et ougaritiques [7].

Le nom *ḥr* se rencontre déjà dans l'inscription phénicienne *CIS* I, 46 de Kition à Chypre (IVe s. ou IIIe s.) [8]. Dans les textes en araméen, on lit dans quelques cas de noms d'origine égyptienne la *scriptio plena* : *ḥ wr*. Le nom serait alors dérivé du nom divin égyptien Hor. À Ras Shamra, la graphie défective phénicienne et la provenance pourrait permettre d'alléguer le Hur biblique [9].

Le nom propre *nmq* est déjà connu. En ougaritique cunéiforme, on connaît un *bn.nmq* (« fils de Nmq ») dans une liste [10] d' « hommes sans nom », des tenants de fiefs nommés seulement par leur patronyme. C'est également à titre de patronyme que ce nom est attesté dans une inscription votive de Carthage (*CIS* I, 3665) où le donateur est nommé *Brn bn Nmq* (ces deux noms ont été considérés dans *CIS* comme berbères). Maintenant, la double attestation de *Nmq* à Ras Shamra fait suggérer une origine sémitique, mais l'étymologie reste incertaine. On peut, à titre d'hypothèse, proposer d'y voir un participe passif avec préfixe *n-*, dérivé du verbe non attesté dans les sources phéniciennes **y-m-q*. Ce verbe hypothétique fait penser au verbe arabe *wamiqa* (« aimer intimement ») [11] : peut-être le nom Nmq désignait-il une personne aimée.

Si la jarre est bien fabriquée dans la région, le nom de *Nmq* semblerait démontrer la continuité onomastique dans le territoire de l'ancienne Ougarit ; la présence du même nom, et le type d'écriture, sont des

---

5. *Cf.* *Klio* 41, 1963, p. 43, n. 3.

6. Voir le texte publié par J.B. Segal sous le titre « An Aramaic Ostracon from Nimrud », dans *Iraq* 19, 1957, p. 139-145, revers, l. 4 ; pour le caractère cananéen de ce texte, *cf.* S. Segert, « In welcher Sprache wurde das Ostrakon von Nimrud geschrieben ? », dans *Asian and African Studies* (Bratislava) vol. I, 1965, p. 147-151.

7. *Cf.* C.H. Gordon, *Ugaritic Manual*, texte 323, IV,9 ; 330,1. *Cf.* M.-J. Fuentes Estañol, *Vocabulario fenicio*, Barcelone, 1980, p. 123 ; S. Segert, *A Grammar of Phoenician and Punic*, München, 1976, p. 289.

8. *Cf.* Z.S. Harris, *A Grammar of the Phoenician Language*, New Haven, 1936, p. 104. Republiée par M.-G. Guzzo-Amadasi et V. Karageorghis, *Fouilles de Kition* III : *Inscriptions phéniciennes*, Nicosie, 1977, p. 48-51 : B1 ; *ḥ r* est interprété comme hypocoristique du nom divin égyptien Horus ; date proposée : début IVe s.

9. *Cf.* I. N. Vinnikov, *Slovar' aramejskich nadpisej, Palestinskij sbornik* 7, 1962, p. 216 (et aussi 224) ; par ex. A. Cowley, *Aramaic Papyri from the Fifth Century B.C.*, Oxford, 1923, n° 571. 7.

10. *Palais Royal d'Ugarit* II, éd. Ch. Virolleaud, n° 67 ; Gordon, n° 1067. *Cf.* A. Alt, « Menschen ohne Namen », dans *Archiv Orientálni* 18 (= *Symbolae Hrozny* 3), 1950, p. 9-24.

11. *Cf.* Hans Wehr, *Arabisches Wörterbuch*, Harrassowitz, Leipzig 1952, 978b : « zärtlich lieben ».

arguments pour le caractère phénicien des gens de cette région au milieu du premier millénaire av. J.-C. [12]. On peut supposer que le massif du Djebel 'Aqra formait la frontière entre les Phéniciens au sud et les Araméens au nord.

University of California, Los Angeles

APPENDICE : La jarre RS 27.317

Marguerite YON

Jarre RS 27.317 de forme torpille (*torpedo-jar*, ou « jarre cananéenne »), en terre cuite ocre rouge, presque complète (il manque le fond) ; six lettres phéniciennes gravées sur la panse *(Fig. 2)*.
Hauteur conservée 38,5 cm, diamètre 23 cm ; hauteur des lettres 1,8 à 2,5 cm.

Trouvée en 1963 à la fin de la 26e campagne, dans la « Tranchée Sud-Acropole » à l'est de la « maison aux textes magiques » (secteur 424 E, près du point topographique 4351), elle n'a été enregistrée que l'année suivante dans l'inventaire de la 27e campagne, et c'est pourquoi elle porte le n° RS 27.317 [13] ; elle se trouve maintenant au musée de Damas (inv. DO 7275). Elle a été publiée par R. Stucky en 1983 [14] : jarre n° 302, p. 140 (catalogue) et 147 (commentaire), pl. 47 et 81 (où la restauration du fond est fautive) ; inscription n° 5, p. 27-28, et pl. 20.

Elle relève d'un type de jarre de commerce bien représenté en Syrie et Palestine, ainsi qu'à Chypre où il est daté par les céramologues entre 475 et 400 av. J.-C., reproduisant des prototypes orientaux [15]. La terre cuite ocre rouge laisse penser à une fabrication sur la côte du Levant, sans qu'on puisse dire encore où se trouve exactement l'atelier. On peut proposer une date au début du Ve s.

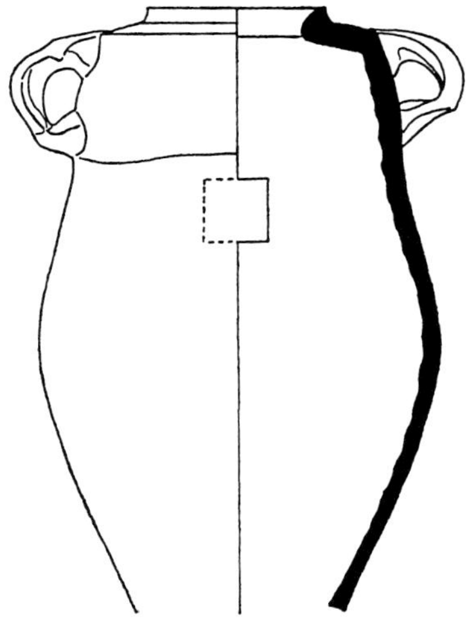

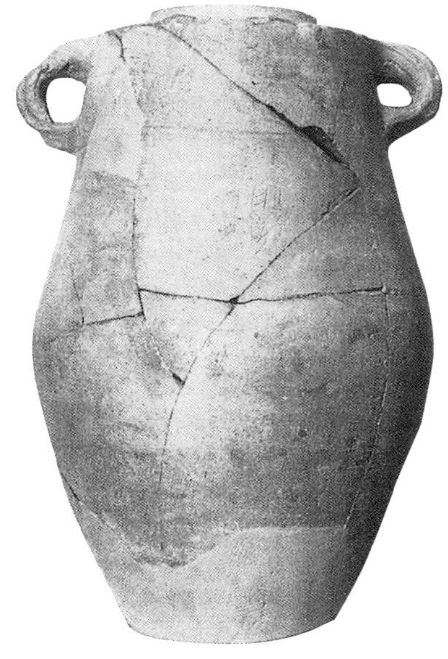

Figure 2. Jarre cananéenne avec inscription en phénicien (RS 27.317).
Photo et dessin mission française.

12. Pour une autre opinion, voir R. Ružička, dans *Archiv Orientální* 22, 1954, p. 212 et 234.

13. La date de découverte en novembre 1964 indiquée dans l'inventaire est fausse : il s'agit de novembre 1963 : mais on ne modifiera pas le numéro (rien n'empêche de lui laisser le n° sous lequel on la connaît).

14. R. Stucky, *Ras Shamra Leukos Limen. Die nach-ugaritische Besiedlung von Ras Shamra*, BAH 110, Paris, 1983, p. 147.

15. *Cf.* E. Gjerstad, *The Swedish Cyprus Expedition* IV 2, Stockholm, 1948, p. 89, 288, Fig. LXIII.3 (*Plain White* type VI) ; pour d'autres références : Stucky (note 14), p. 146, note 7.

SECONDE PARTIE

UNE BIBLIOTHÈQUE AU SUD DE LA VILLE * *
Textes de la « maison d'Ourtenou » trouvés en 1986, 1988 et 1992

publiés sous la direction de Daniel ARNAUD

INTRODUCTION

La publication des tablettes découvertes pendant les trois campagnes de fouilles des années 1986, 1988 et 1992, qui constitue la seconde partie de ce volume *Ras Shamra-Ougarit* XIV, prend aujourd'hui normalement sa place entre celle des textes de 1973 [1] et celle, à venir, des tablettes trouvées à partir de 1994 dans la « maison d'Ourtenou ». Le volume VII de la collection *Ras Shamra-Ougarit* et la présente publication sont, en quelque sorte, l'annonce de l'importante trouvaille de 1994-1996, et c'est seulement quand celle-ci sera éditée que les textes trouveront leur véritable place et prendront leur pleine signification. Peut-être alors un reclassement et une réévaluation se révèleront-ils nécessaires. Ainsi le *corpus* lexicographique sera-t-il joint à celui mis au jour en 1994-1996 et édité avec lui.

On ne peut se fonder sur les données archéologiques pour distinguer des sous-ensembles [2]. Puisqu'il n'existe aucune évidence externe de classement suffisamment contraignante, il a semblé expédient de partager l'ensemble selon les préférences de chacun des éditeurs, et d'abord par une division en deux parties : la première (chapitre VII) consacrée aux documents, de tous genres, écrits en sumérien, babylonien, assyrien et hittite ; la seconde (chapitre VIII) consacrée à l'ougaritique. Cependant, la numérotation, dans toute cette partie, des chapitres et des textes est continue, ainsi que celle des figures ; la présentation de chaque pièce obéit, partout, aux mêmes règles matérielles. Des index, enfin, permettent une lecture « transversale » de l'ensemble. On trouvera p. 418-422 une bibliographie générale pour ces deux chapitres.

1. Publiés en 1991 sous le titre : *Une bibliothèque au sud de la ville *, Les textes de la 34e campagne (1973)*, *Ras Shamra-Ougarit* VII.

2. Voir les réflexions sous le n° **2**, ci-dessous. Pour l'emplacement de ces tablettes 1986-1992 lors de leur découverte, voir P. Lombard, « Contexte archéologique et données épigraphiques », in *RSO* XI, 1995, p. 227-237.

RSO XIV, *Études ougaritiques*,
ERC, Paris 2001

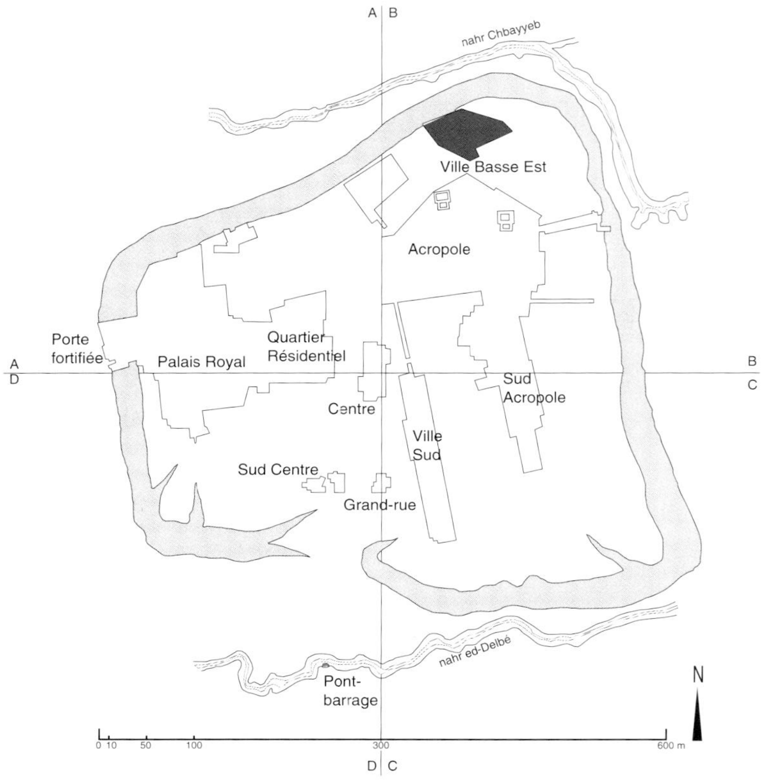

a. Schéma du tell de Ras Shamra : emplacement de la « maison d'Ourtenou » au sud de la ville. État des fouilles en 1995.

b. La zone d'où proviennent les tablettes de 1986 à 1992, au nord du caveau funéraire (fouilles 1992).

Figure 1. La « maison d'Ourtenou ».

CHAPITRE VII

TEXTES SYLLABIQUES

en sumérien, babylonien, assyrien et hittite

1. TEXTES LEXICOGRAPHIQUES

Béatrice ANDRÉ-SALVINI

Les textes lexicographiques de 1986 à 1992 seront publiés avec ceux qui ont été trouvés en 1994 et 1996 dans la « maison d'Ourtenou ». En voici, à titre provisoire, la liste :

RS 86. 2219. ***Fragment lexicographique.***
Musée de Damas DO 7759. Dim. 32 x 43 x 27.

RS 86.2219C. ***Fragment lexicographique.***
Musée de Damas DO 7759. Dim. 27 x 20 x 13.

RS 86.2222. ***Syllabaire Sa paléographique.*** *Fig. 2*
Musée de Damas DO 7790. Dim. 83 x 90 x 22.

RS 86.2228 (+) 2229. LÚ : ***ša.***
Musée de Damas DO 7765. Dim. 82 x 71 x 25.
Musée de Damas DO 7766. Dim. 74 x 72 x 36.

RS 86.2231+2233. ***Liste divine.***
Musée de Damas DO 7768. Dim. 92 x 95 x 28.

RS 86.2241B. ***Éclat lexicographique.***
Musée de Damas DO 7775. Dim. 27 x 17 x 13.

RS 86.2242. ***Fragment lexicographique.***
Musée de Damas DO 7776. Dim. 37 x 27 x 21.

RS 86.2243. ***Fragment lexicographique.***
Musée de Damas sans numéro. Dim. 17 x 54 x 25.

RS 86.2245. ***Fragment lexicographique.***
Musée de Damas sans numéro. Dim. 27 x 30 x 13.

RS 86.2246 A. ***Petit fragment lexicographique.***
Musée de Damas sans numéro. Dim. 27 x 34 x 13.

RS 86.2250. ***Début du syllabaire* Sa.**
Musée de Damas DO 7780. Dim. 52 x 55 x 9.

RSO XIV, *Études ougaritiques*,
ERC, Paris 2001

RS 86.2251. ***Silbenalphabet* A.**
Musée de Damas DO 7781. Dim. 62 x 70 x 11.

RS 88.2015. ***Fragment lexicographique.***
Musée de Damas DO 7790. Dim. 57 x 40 x 29.

RS 92.2008. ***Hh XXIV?***
Musée de Damas DO 7799. Dim. 71 x 32 x 20.

RS 92.3179. ***Liste Weidner*** (J. Nougayrol, *Ugaritica* V, p. 210 *sqq).*
Musée de Damas DO 7815. Dim. 71 x 67 x 24.

Figure 2. Syllabaire Sa paléographique (RS 86.2222).

2. UNE LETTRE D'ÉGYPTE

(n° 1)

Sylvie LACKENBACHER

1 - RS 88.2158 [1] ***Un Égyptien annonce l'envoi d'artisans et de fournitures diverses à Ougarit.*** *Fig. 3*

Musée de Damas DO 7790. Dim. 40 x 100 x 38.

Le début du texte a disparu et, d'après la courbure de la tablette, il manque un certain nombre de lignes, mais il est clair qu'il s'agit d'une lettre expédiée au roi d'Ougarit par la chancellerie égyptienne [2]. On y trouve plusieurs tournures, calquées sur des expressions égyptiennes, qui sont caractéristiques des lettres envoyées par Ramsès II ou son entourage et surtout, l'expéditeur précise à la ligne 17' : « ici, en Égypte » On connaît le rôle de l'Égypte dans l'histoire d'Ougarit et la ville a livré beaucoup d'objets égyptiens ou égyptisants, mais les trouvailles épigraphiques ne correspondent pas jusqu'ici à ce que l'on serait en droit d'espérer. La situation ne s'était guère améliorée depuis 1956 – quand J. Nougayrol constatait : « L'Égypte ne peut être absente à ce point de l'histoire de l'Ugarit [3] » –, puisque nous avons ici la première grande lettre en accadien qui nous soit parvenue en bon état. Du point de vue de la graphie, outre l'emploi de *tàš* comme dans d'autres lettres d'Égypte, de GI pour *ki* ou de TU pour *du*, on peut noter que *su* n'est pas toujours écrit de la même manière et qu'il y a deux sortes de *li* comme dans KUB III 22 [4]. La lettre cite à plusieurs reprises ce que le roi d'Ougarit avait écrit précédemment, encadrant chaque citation par *ù ki-i ša at-ta tàš-pu-ru um-ma-a* « et voici en quels termes toi, tu as écrit » et *at-ta ka-an-na táq-bi* « toi, tu t'es exprimé ainsi ». Dans l'ensemble, ce document présente des ressemblances frappantes avec les lettres d'Égypte retrouvées à Boghazköi et récemment publiées ou reprises par E. Edel, le spécialiste de ces textes, dans son ouvrage *Die ägyptisch-hethitische Korrespondenz aus Boghazköi in babylonischer und hethitischer Sprache*, Opladen, 1994.

Face (*manquent plusieurs lignes*)
1' x [
um-ma-a[
7 šú 7 šú *am-qut* [
i-na ìr.meš *š*[*a*
5' *ša* lugal dumu sig$_5$ ⌈^{d}UTU⌉ [...
at-ta ka-⌈*an-na táq*⌉-[*bi* ...]

1. La directrice de la mission, M. Yon, a souhaité que cette tablette soit publiée avec les autres trouvailles épigraphiques des campagnes de 1986 à 1992. Cependant, des citations de ce texte, une partie des notes philologiques et un commentaire ont été publiés dans les actes du colloque tenu à Paris en 1993 (voir mon article dans *RSO* XI, 1995, p. 77-97). Je l'avais aussi utilisé pour une mise à jour des relations entre Ougarit et l'Égypte destinée aux spécialistes d'autres disciplines, présentée au colloque de Strasbourg « Les relations internationales dans l'Antiquité » (université des Sciences humaines, juin 1993). Il nous avait semblé regrettable de passer sous silence un texte important pour le sujet de ces colloques, quitte à ne pouvoir éviter lors de sa publication certaines répétitions que l'on voudra bien excuser. On constatera aussi dans la présente publication des différences notables sur certains points, en particulier aux lignes 14' s. Je tiens à renouveler mes remerciements à J. Yoyotte, qui a bien voulu discuter de mon interprétation du texte et sans qui je n'aurais pu aborder le domaine proprement égyptien, et à O. Callot qui m'a communiqué amicalement ses relevés du temple de Baal et ses observations.

2. Le travail a été effectué sur photographies et un bon moulage. Le début des lignes 1' et 2' figure sur les photos de la face, mais cette partie de la tablette a dû être endommagée par la suite, car elle ne se trouve pas sur le moulage.

3. *PRU* IV, p. 20.

4. *Cf.* les graphies du nom de Hattušili. Pour gada, voir *infra*, *ad* ll. 37-42.

gab-ba ša a[t?-ta? ...]-ka?-šu a-mur? ab-ba-e.meš[*-ka*
ìr.meš *ša* lugal [dumu sig$_5$ ^{d}UTU*-a*] *ki-i ki-it-ti*
at-ta-ma ìr *ša* lugal dumu sig$_5$ ^{d}UTU*-a ki-i ša-a-šu-nu*
ù ki-i ša at-ta tàš-pu-ru um-ma-a lugal *li-id-din*
a-na a-la-kí 1-en lú *pur-kúl-la ù a-na* ⌈*ia?-ši? li?*⌉*-iṣ-ṣa*
a-na e-pé-ši 1-en ^{d}alam[5] *ša* ^{I}*mar-ni-ip-t*[*a-ah*]
ha-at-pa-mu-a i-na pa-ni ^{d}alam *an-ni-i ša* ⌈^{d}IŠKUR⌉
ša i-na lìb-bi é dingir*-lì an!-ni-i iš-ša-*⌈*a?*⌉
ša a-na-ku e-te-⌈*né-ep*⌉*-*[*pu*]*-uš-šu a-na* ^{d}IŠKUR
ša kur *ú-ga-ri-it at-ta ka-an-na táq-bi*
lú bur.gul.meš *ša an-ni-ka-a i-na* kur *mi-iṣ-ri-i*
ši-ip-ra ep-pu-šu šu-nu dú-ul-la i-te-né-ep-pu-šu
a-na dingir.meš gal.meš *ša* kur *mi-iṣ-ri-i a-mur*
ki-i lugal *a-ši-ib i-na muh-hi* giš.gu.za *ša* ^{d}UTU
ù šu-nu ep-pu-šu ši-ip-ri a-na dingir.meš gal.meš
ša kur *mi-iṣ-ri-i ù ki-i šu-nu i-ga-am-ma-ru ù* lugal
ú![6]*-še-ba-al a-na ka-a-ša* lú nagar.meš *ša táq-bi*
ù šu-nu li-pu-šu gab-be ši-ip-re-ti
ša at-ta ta-qa-ab-ba-aš-šu-nu-ti ma-a e-pu-uš-šu-nu-ti

ù ki-i ša at-ta tàš-pu-⌈*ur*[7]⌉ *um-ma-a*
lugal *li-id-din a-na šu-bu-li a-na ia-ši*
2 *gi-ir-gu-ú* gal.meš *qa-du* ⌈x+10?⌉ *eb-le-e*.meš gal.meš
[x (x)]*i-na* šà giš.má*-ia an-ni-i ša a-na* kur *tu-ur-ha il-la-ak*
[*at-ta*] *ka-an-na táq-bi*

[*a?-nu?-um?-m*]*a?* lugal *iṣ-ṣa-ra-ah* ^{I}*am-ma-ia*
[lú dumu.kin*-r*]*i* lú gal giš.má.meš *ša* é?[*ú?-de?-*]*e*
[*ù?/ša?* lugal? *it-*]*ta-din a-na a-la-ki-šu* [*a-na ka-a-ša*]

Revers [*ù* lugal?] *it-ta-din a-na šu-bu-li*
[*a-na ka-a-ša? k*]*u-bu-ut-ta-tu*$_4$-meš *i-na* šu*-ti*[*-šu?*]
[*ù? at-ta ?lu*]*-ú ti-i-di-šu-nu-ti*
[N gada? *tak?-tim?-m*]*u?* sig.meš sig$_5$.meš 1 *šu-ši* gada?[8] *tak-tim-mu la* sig.m[eš?]
[N túg.........si]g.meš sig$_5$.meš
[N gad]a *ma-ak-la-lu* sig.meš sig$_5$.meš
[N tú]g.gada gú.è.a sig.meš sig$_5$.meš
10 túg.gada *tu-un-sú-ú* gal.meš sig.meš sig$_5$.meš *ša 2 pa-nu-šu-nu*
nap-har 1 me 2 gada? túg.meš *su-um-mu-hu-tu*$_4$
50 giš *gu-šu-re-e*.meš gal.meš *ša* giš esi.meš
2 me *le-e-hu*.meš *ša* na$_4$ *sà-an-du*
5 me *le-e-hu*.meš *ša* na$_4$ babbar.meš
3 me *le-e-hu*.meš *ša* na$_4$ za.gìn.meš
nap-har 1 *li-im* : *le-e-hu*.meš *su-um-mu-hu-tu*$_4$
šu.nigin 12 *bi-il-tu*$_4$ gal.meš *ka-an-ku*
a-na na$_4$.kišib *ša* lugal

---

5. = KÀR KÀR
6. Le texte porte *i*, ou peut-être *ú* écrit sur *i*.
7. Le *ur* me paraît clair (voir d'ailleurs l. 29' *ša......il-la-ak*).
8. Un gada différent du gada des l. 40-41.

8 me *iš-tu-uh-hu*.meš síg.meš 4 *li-ip-pa-tu_4* HA.meš
2 *gi-ir-gu-ú*-mes gal.meš
8 *eb-le-e* gal.meš ša 1 *lim* 2 me *am-ma-ti*
mu-ra-ak-sú-$_{sic}$-*nu ki-la-al-lu-šu-nu*
lugal *iṣ-ṣa-ra-ah* lú dumu.kin-*ka it-tan-na*
a-na a-la-ki-šu a-na ka-a-ša it-ti lú dumu.kin-*ri*
ša lugal *ša il-li-ka-ak-ku*

Traduction

« *(Face).* [......] 2’ « [...] 3’ sept fois sept fois [je tombe aux pieds de mon seigneur [.........] 4’ parmi les serviteurs de/qui [.........] 5’ qui/que/du roi, l’excellent fils [du Soleil ......] 6’ toi, [tu t’es exprimé] ain[si......] 7’ tout ce que [......, tes] ancêtres (étaient) 8’ vraiment les serviteurs du roi, [l’excellent fils du Soleil] : 9’ toi aussi (tu es) le serviteur du roi, l’excellent fils du Soleil, comme eux.

10’ Et voici ce que toi, tu as écrit : “Que le roi accorde 11’ que vienne un sculpteur et [qu’il sor]te vers m[oi(?)] 12’ pour faire une image de Marniptah 13’ Hatpamua en face de l’image de Ba‘al 14’ qu’il a présentée dans le temple 15’ que, moi, je suis en train de faire pour Ba‘al 16’ de l’Ougarit.” Toi, tu t’es exprimé ainsi.

17’ Les sculpteurs qui travaillent ici, en Égypte, 18’ sont en train d’exécuter la tâche requise 19’ pour les grands dieux d’Égypte. Vois : 20’ comme le roi est assis sur le trône du Soleil 21’ ceux-ci travaillent pour les grands dieux 22’ d’Égypte ; et comme ceux-ci *achèvent (leur travail)*, le roi 23’ enverra! vers toi les menuisiers dont tu as parlé 24’ pour que ceux-ci fassent (alors) tous les (types de) travaux 25’ que toi tu leur ordonneras (en disant) : “Fais-les !”

26’ Et voici ce que toi, tu as écrit : “ 27’ Que le roi accorde que l’on me fasse envoyer 28’ 2 grands (cordages?-) *girgû* ainsi que x+10(?) grandes cordes 29’ [...] dans mon bateau qui fait route *vers le pays de Turha?* ”. 30’ Toi, tu t’es exprimé ainsi.

31’ [...] le roi a dépêché Ammaia 32’ [*le chargé de missi*]*on?, le?/du?* “Chef-des bateaux” de ... [...]x 33’ [le roi a] accordé qu’aille [vers toi].

(Revers). 34’ [*Or* le roi] a permis que l’on [te] fasse porter 35’ des cadeaux par [son] intermédiaire 36’ [*– et toi*] connais-les : 37’ [N couvertu]res fines, de belle qualité, 60 couvertures moins fines, 38’ [N vêtements/tissus ... de] bon fil fin, 39’ [N man]teaux de bon fil fin, 40’ [N] tuniques de lin de bon fil fin, 41’ 10 capes de lin, grandes, de bon fil fin, à deux parements ; 42’ en tout, un assortiment de 102 vêtements (et tissus). 43’ 50 grandes billes d’ébène, 44’ 200 plaques (couleur) de cornaline, 45’ 500 plaques de pierre blanche, 46’ 300 plaques (couleur de) lapis-lazuli, 47’ en tout un assortiment de 1 000 plaques. 48’-49’ Total : 12 grands ballots scellés du sceau royal. 50’ (Plus) 800 chasse-mouches de crin, 4 ..., 51’ 2 grands (cordages?-) *girgû*, 52’-53’ 8 grandes cordes, d’une longueur *ensemble?* de 1 200 coudées. 54’-56’ Le roi a dépêché ton chargé de mission, il lui a accordé d’aller auprès de toi avec le chargé de mission royal qui est parti chez toi. »

3’ Il s’agit d’une citation, si ma lecture et ma restitution du début de la l. 6’ sont correctes. On imaginerait d’ailleurs mal que l’Égypte s’adresse ainsi au roi d’Ougarit, alors que des formules semblables apparaissent dans les lettres déjà connues des rois d’Ougarit aux pharaons : voir EA 45, d’Ammistamru à Aménophis III? ; EA 49, de Niqmaddu à Aménophis III? ; RS 20.182 (*cf.* J. Nougayrol dans *Ugaritica* V, p. 111-114 n° 36, et *N.A.B.U.* 1994/3, 58, p. 51), du roi d’Ougarit? à Ramsès II?.

5’ dumu sig_5 ^{d}utu(-a) : voir Edel, *Ägyptische Ärzte*, 1976, p. 16 s. Le complément phonétique *-a* implique ici une « lecture égyptienne » du nom du dieu Soleil, à l’inverse de KUB III 68 Vs. 4 (une lettre de Ramsès à Puduhepa) qui porte dumu sig_5-*qú ša* ^{d}utu-*aš* , ce qui montre que « das Ideogramm ^{d}UTU nicht etwa ägyptisch Ria bzw. Rea gelesen wurde sondern ins Akkadische übersetz wurde » (Edel, *Die ägyptisch-hethitische Korrespondenz* II, p. 265).

6' Voir plus loin l. 16' et 30' ; le TÁQ me paraît assez sûr.

7' *amur* est fréquent dans les lettres d'Égypte et se trouve plus loin, l. 19'.

8' Voir EA 46 et 47, attribuées à des rois d'Ougarit et adressées à un ou à des souverains de la XVIIIe dynastie, en particulier EA 47 10-11 *[i]nanna anāku ana šarri šamši [bēlīy]a lū ardum-ma* (*cf.* J. Huehnergard, *The Akkadian of Ugarit*, 1989, 203, 205, 214). Voir aussi EA 162, 15, du pharaon à Aziru d'Amurru, *šumma ardu ša šarri atta kī kitti*, « si tu es vraiment le serviteur du roi ».

10' *sq.* lugal *liddin ana alāki* est le pendant exact d'une expression courante des lettres de Ramsès, *attadin ana alâki*, « ich liess... zu gehen », calquée sur l'égyptien d'après Edel, *Ägyptische Ärzte*, p. 86s. et maintenant *Die ägyptisch-hethitische Korrespondenz* II, p. 38 ; voir aussi Cochavi-Rainey, « Egyptian Influence in the Akkadian Texts... », *JNES* 49, 1990, p. 63 s. et Depuydt, « On an Egyptianism in Akkadian », *Orientalia Lovaniensia Periodica* 27, 1996, p. 23-27. On peut noter que KUB III, 63, une lettre de Ramsès II à Puduhepa, utilise pour évoquer un message du souverain hittite, le « frère » et non le « serviteur » du pharaon, une formulation un peu différente : non pas *atta tašpuru umma šarru liddin ana alāki* N, mais, l. 14 s. l[ugal kur *Hatti* šeš-*ia*] *iltapra ana iâši u*[*mma*] *idin ana alāki* N. La citation se termine par *kanna išpura ana iâši*, suivi de *anumma* introduisant la réponse de Ramsès : ici c'est par *atta kanna taqbi* et rien n'introduit la réponse à la l. 17' (le passage est mutilé aux lignes 6' et 31').

11' *parkullu / purkullu* : « Traditionally he was a "seal-cutter"... maker of stone bowls and vases... In yet another speciality he appears to have been a sculptor, the word used by Oppenheim for *parkullu* in his study of Nuzi professions, *RES* 1939, p. 61, and which is suggested also by the equation lú-alam-gu-ú = *pur-kul-lu* provided by lexical texts. », Kinnier-Wilson, *The Nimrud Wine Lists*, 1972, p. 65-6 et note 250. Voir aussi *purkullūtu* « Steinbildnerei », *AHw*, p. 880b et Moorey, *Ancient Mesopotamian Materials and Industries*, 1994, p. 22 : « stone-cutter ». Ce qui me paraît important, c'est qu'il s'agit d'un artisan travaillant la pierre et non le bois comme les *naggāru* qui sont cités plus loin. Il n'apparaît guère dans les listes d'artisans retrouvées à Ougarit (*cf.* cependant RS 17.131 = *PRU* VI, n° 93, l. 24) ; pour la sculpture sur pierre à Ougarit, voir Yon, « Stèles ... », p. 281 s., et « Sculpture de pierre », p. 345 s., dans *RSO* VI, 1991. Sur la circulation d'artisans et de spécialistes, les images de pharaons à Byblos, voir mon article « Une correspondance entre l'administration du pharaon Merneptah et le roi d'Ougarit » (*RSO* XI, 1995) et la bibliographie citée, en particulier Liverani, *Prestige and Interest* ..., 1990, p. 227 et 253 s. Pour ce pharaon, voir Sourouzian, *Les monuments du roi Merenptah*, 1989.

12'-13' Les deux horizontaux qui suivent *ip* peuvent être le début de *ta* ou de *tah*. J'avais lu *tah*, comme dans KUB III, 38, 6' (suivi peut-être d'une érasure) et c'est la lecture que j'ai donnée dans mon article « Une correspondance entre l'administration du pharaon Merneptah et le roi d'Ougarit », n. 11 p. 78, comme dans *N.A.B.U.* 1994/3, 57, p. 50 ; RS 94.2002+2003, une autre lettre d'Égypte trouvée en 1994, que je dois publier aussi et dont la graphie est très semblable, mentionne une première fois ^{I}*mar-ni-ip-ta-ah* lugal gal lugal kur *mi-iṣ-ri-i*, mais trois lignes plus bas ^{I}*mar-ni-ip-tah*. En comparant les traces, la graphie *t*[*a-ah*] me paraît maintenant la plus plausible. « Hatpamua », J. Yoyotte en est d'accord, doit être la graphie accadienne d'un qualificatif de Merneptah : voir Gardiner, *Egypt of the Pharaohs*, 1966, p. 445 : Merenptah = *Binerē*$^{<}$-*meramūn-Merenptah-hotphimā*$^{<}$*e*.

14' s. La lecture et la traduction de ce passage diffèrent de ce que j'avais proposé dans mon article de *RSO* XI, 1995 (p. 77-83), et j'en ai donné les raisons dans *N.A.B.U.* 1997/1, p. 35. Il y a, me semble-t-il, un parallélisme entre *i-na pa-ni* ^{d}alam *an-ni-i...ša...iššâ* et *i-na lìb-bi* é dingir-*lì an-ni-i...ša...eteneppuššu*, ainsi que, à la ligne 29', *i-na* šà giš.má-*ia an-ni-i ša... illak* (*bīt ili* devant être un terme global, « temple », voir les exemples cités dans *CAD* B, 1 c 2', p. 288), et dans les trois cas, la meilleure traduction de *annî ša* serait « la/le... que/qui ». *iššâ* devrait se trouver à la ligne 16', après *ša* kur *ugarit*, mais cela pourrait s'expliquer par la longueur de la phrase qu'il aurait fallu intercaler. Le verbe *našû*, dont le premier sens est « lever », n'est pas celui que l'on attendrait, mais c'est peut-être l'équivalent accadien de l'égyptien *si'r*, littéralement « faire monter, élever », employé pour dire « présenter, offrir » quelque chose (notamment à un dieu) (J. Yoyotte). Il faut noter que les prétendues citations d'une lettre du roi d'Ougarit (*ù ki-i ša at-ta tàš-pu-ru um-ma-a... at-ta ka-an-na táq-bi*) résument sans doute l'esprit de la lettre, mais à l'aide de tournures caractéristiques des scribes de Ramsès II écrivant en accadien (prenant soin par ailleurs de préciser « pour Ba'al de l'Ougarit » quand un scribe d'Ougarit aurait probablement écrit « pour Ba'al »). Cela va dans le sens des conclusions de Cochavi-Rainey, *op. cit.*, *JNES* 49, p. 65 : à la différence de ceux de l'époque d'El-Amarna, « the scribes who wrote the letters from Egypt and the treaty between Ramses II and Hattusili III from the Boghazköy archive were obviously native speakers of Egyptian. This finds clear expression in their writing of Akkadian ».

Je dois rappeler que D. Arnaud serait enclin à rattacher *ša...ēteneppuššu* à ^{d}alam *ša* ^{I}*mar-ni-ip-t*[*a-ah*] et donc à traduire : « (pour faire l'image de Marniptah...) que moi j'ai l'intention de faire avec constance pour Ba'al (du pays d'Ougarit). » Pour moi, s'il est courant qu'un souverain affirme : « J'ai construit tel ou tel monument », il est plus difficile d'admettre qu'*epēšu* à la voie I signifie dans la même phrase « faire (soi-même) » et « (faire) faire » ; la fabrication de l'image n'étant évidemment qu'à l'état de projet, il faudrait aussi que la notion d'intensité et de persévérance introduite par l'emploi de la forme en *-tana-* (celle d'« être en train de », comme à la l. 18', étant exclue ici) s'applique à l'intention de l'acte et non à l'acte lui-même. Il reste que c'est l'une des traductions possibles.

Si l'on accepte ma nouvelle interprétation du passage, le roi d'Ougarit, comme je l'avais supposé (dans *RSO* XI, 1995, p. 78 s.), aurait restauré sinon reconstruit le temple de Ba'al, peut-être pour les raisons qui nécessitèrent la reconstruction d'une partie de la ville dans la deuxième moitié du XIIIe siècle (Callot, *RSO* X, 1994, p. 197 s.). En revanche, ce texte n'implique nullement qu'il se proposait d'installer l'image de Merneptah en face de l'image cultuelle de Ba'al, une hypothèse que J.-C. Margueron avait rejetée lors du colloque de 1993 à Paris (voir mon article dans *RSO* XI, p. 79 n. 15). Même si je continue à penser, contrairement à lui, qu'il y avait probablement une image cultuelle dans le temple de Ba'al, ce n'était évidemment pas l'image offerte par Merneptah.

On sait qu'à cette époque, Ba'al était assimilé à Seth, le dieu de prédilection de la XIXe dynastie ; l'accadien (^{d}alam = *ṣalmu*) ne permet pas de savoir si l'image en question était une statue, une statuette ou une stèle, mais elle dut être faite en Égypte et l'on peut penser que, comme sur la stèle de Mamy, Ba'al était représenté avec la posture et les attributs de Seth (voir Yon, « Stèles », dans *RSO* VI, 1991, p. 286). Notons d'ailleurs que l'image est « *ša* ^{d}IŠKUR » et le temple « *ana* ^{d}IŠKUR *ša* kur *Ugarit* ». D'après M. Yon (*ibid.* p. 274), la stèle de Mamy est « l'unique stèle importée d'Égypte » retrouvée à Ras Shamra, et aucune statue égyptienne de Ba'al/Seth n'est mentionnée parmi les trouvailles du temple de Ba'al, mais s'il s'agissait d'un objet de dimensions réduites, stèle ou ronde-bosse, ou fait d'une autre matière, il n'est pas surprenant qu'on ne l'ait pas retrouvé. Le socle découvert dans le Palais Sud (RS 19.186, *cf. RSO* V 1, p. 226), où est gravée une dédicace en hiéroglyphes égyptiens à Ba'al/Seth (*Ugaritica* IV, p. 124 et 133) datant justement de la XIXe dynastie (*ibid.* p. 134), est de dimensions très réduites et la statuette qu'il portait, sans doute d'un personnage agenouillé, a disparu.

17' *annikâ ina* kur *Miṣrî* se trouve aussi dans KUB III 67 Vs. 6'.

18' s. *dú* = *cf. dá-mì-iq-ti* dans KBo I 29+ (Edel, Pašijara p. 24 l. 15). Ma traduction essaie de rendre la différence que semble bien faire le scribe entre *šipru* et *dullu*, *epēšu* et *iteppušu*. Je comprends *šipru epēšu* comme « travailler, exercer (son) activité, faire son métier » – un sens qu'on pourrait trouver aussi dans KBo XXVIII 30, Rs. 7 – et *dulla iteppušu* « être en train d'accomplir/s'appliquer à une (certaine) tâche ». Dans EA 4, *dullu* désigne aussi une tâche spécifique, un travail entrepris, en l'occurrence un nouveau bâtiment, *cf.* Liverani, *Prestige and Interest*, p. 226.

20' « Le roi est assis sur le trône du Soleil ». Le verbe est au permansif et cela pourrait signifier simplement que le pharaon occupe une fonction vouée au service divin mais j'incline à penser qu'il s'agit d'une référence à l'intronisation de Merneptah. Certes, on attendrait plutôt une forme active comme dans la plupart des textes d'El-Amarna ou de Boghazköy où *ašābu* est employé avec *kussû* (*cf. CAD* A/2, p. 390b, et pour des exemples beaucoup plus tardifs *CAD* Š/2, p. 123), mais on peut noter que dans une lettre qui fait clairement allusion à l'avènement du pharaon, le roi d'Alašiya emploie le permansif : *iš-te-mi a-na-ku* [*e-n*]*u-ma aš-ba-ta eli* [*ku*]*ssî* é *a-bi-ka*, « [En] outre, j'ai appris que tu es assis sur le trône de la maison de ton père », *cf.* EA 33, 9 s. (Moran, *op. cit*,. p. 196). Voir aussi Cochavi-Rainey, *op. cit.*, *JNES* 49, 1990, p. 62 (« Statives in Circumstantial Clauses »). J'ai longtemps hésité à cause de la phrase « que le roi accorde à un lapicide de venir... pour faire une image de Marniptah Hatpamua » : on attendrait plutôt « pour faire son image » ou, comme en assyrien, « pour faire une image de sa royauté ». Il me paraît pourtant plausible que le roi d'Ougarit ait voulu placer dans le temple l'image du pharaon régnant plutôt que celle du pharaon mort (ou du prince héritier [9]). Son intronisation fournissait un bon motif (voir par exemple les remarques de Moran *ad* EA 33). Si c'est bien le cas, il faudrait dater ce document de l'année d'accession de Merneptah : d'après Sourouzian, *op. cit.* p. 25, « on situe généralement l'accession de Merenptah en l'an 1224 av. J.-C. », mais ce serait plutôt 1212 d'après les derniers travaux sur la chronologie du Proche-Orient de l'époque, voir van Soldt, *Studies in the Akkadian of Ugarit*, 1991, p. 44-45. Pour W. Helck (« Die Beziehungen Ägypten-Ugarit », dans *Ugarit. Ein ostmediterranes Kulturzentrum im Alten Orient*, 1995, p. 94 n. 43) ce serait en 1213.

On faisait aussi des statues à l'occasion d'un jubilé mais il faudrait alors que ce soit un jubilé de Ramsès, car aucun de ses successeurs de la XIXe dynastie n'a célébré de fête-*sed*, et que Merneptah ait reçu le qualificatif qui

9. Supposer (puisque ce n'est pas impossible) que Merneptah venait de recevoir un nouveau qualificatif lors d'un jubilé de son père et que le roi d'Ougarit ait voulu célébrer l'événement me paraît aller chercher un peu loin.

figure ici quand il n'était que prince héritier, ce qui ne paraît pas être le cas [10]. La lettre d'Égypte trouvée en 1994 mentionne Merneptah sans plus : est-ce le contraire dans notre texte parce qu'il venait de recevoir l'épithète, à l'occasion de son avènement ? Pour *kī...ù*, *cf.* Edel, *Ägyptische Ärzte*, p. 83, KUB III 67, Rs. 4.

22' F. Malbran-Labat me suggère de traduire : « sont entièrement occupés », ce qui me conviendrait beaucoup mieux ; mais je ne sais si c'est possible pour cette forme de *gamāru* et de la part d'un scribe égyptien.

23' i_{sic}-*še-ba-al* pour *ú-še-ba-al* ; *abālu* III : « to send persons », *cf.* EA 162, 58 (lettre d'Égypte) *CAD* A/1, p. 26b.

23' Les *naggāru*, « menuisiers » ou « charpentiers », faisaient aussi bien des figurines que des bateaux, des chars, des poutres ou des portes. Comme le *purkullu*, ils n'apparaissent guère dans les listes d'artisans d'Ougarit (*cf. naggār narkabti* RS 17.131 = *PRU* VI n° 93, l. 13) alors que ceux d'Égypte semblent avoir été très appréciés (*cf.* EA 10, voir Moran, *Les lettres d'El-Amarna*, 1987, p. 83 s. et note *ad* 7 ; *CAD* L, p. 161a). Le fait qu'il y en ait plusieurs, utilisables à volonté, fait penser qu'il ne s'agit pas simplement de remplacer un sculpteur sur pierre par un sculpteur sur bois pour confectionner l'image du pharaon. C'est donc une réponse à une autre demande du roi d'Ougarit (voir d'ailleurs la précision « dont tu as parlé », *ša taqbi*), celle d'artisans destinés à faire autre chose, peut-être des travaux dans le temple : « tous les (types de) travaux que tu leur ordonneras » désignerait les nombreuses tâches qu'impliquait toute construction ou restauration, étant donné l'importance du bois pour le gros œuvre comme pour la décoration.

28' *girgû*, dont le sumérien signifie « grande corde » figure au milieu d'une liste de cordes dans MSL XI, 1974, p. 31, section 11, A col. V l. 12', voir ma note dans *N.A.B.U.* 1996/1, 11, p. 7, et Zadok, « girgû, girrigû » dans *N.A.B.U.* 1997/1, 16 p. 17-18. L'Égypte, pays de chanvre et de lin, fabriquait certainement toutes sortes de cordes et de cordages.

29' Pour *an-ni-i ša...* voir *ad* l. 14' s. La voie maritime était la plus commode et la plus sûre, mais quelle était la destination précise du bateau d'Ougarit ? *a-na* KUR *tu ur-ha illak* : le passage est très clair sur la tablette, et l'on peut se demander s'il faut comprendre que le bateau fait route (*urha illak*) pour cela, *ana šattu*, ce qui est peu usuel et grammaticalement incorrect, ou bien qu'il se dirige (*illak*) non vers tel port, mais vers un pays, qui n'est pas l'Égypte, mais « le pays de Turha », que je ne connais pas. D'après une communication personnelle de J. Yoyotte, « il y a dans la grande liste de localités asiatiques de Thoutmôsis III (...) une localité (nommée T-Rw-Ḫ...) à lire Ta-ru-ha, ou Teruha (...) », mais « les quelques cités ou villages identifiables (...) de cette partie de l'énumération seraient continentales », *cf.* Urk. IV, 794, 8, n° 342. Une ville de Turha est probablement citée dans un fragment publié par Goetze, *Verstreute Boghazköi-Texte* 130, comme l'avait fait noter E. Laroche (*cf.* Tischler-Del Monte, RGTC, p. 442) : on y lit, après la mention de deux autres villes : 4' [ur]u tu-u-ur-ha [...] 5' [uru t]u-u-ur-ha 3 u[ru?...].

Il paraît difficile d'admettre l'existence d'un pays, ou d'une région, de Tu-ur-ha ou de Dú-ur-ha, sous contrôle égyptien et où l'on pouvait aller par bateau, qui ne serait pas autrement attesté, mais la lettre d'Égypte trouvée en 1994, qui n'est pas en très bon état, mentionne un bateau à la l. 42' et porte clairement au début de la l. 43' *a-na* KUR *tu-ur-hi il-la-ka*. (Noter ici *ša... illak* pour *illaku/a*). Est-ce un autre nom d'une contrée connue? On peut se demander s'il ne s'agirait pas du nord de la presqu'île du Sinaï, en particulier de la région où se trouvait Tjarou (ṯ'rw), tête de pont égyptienne pour les relations avec l'Est, jadis près de la mer et où il y avait de grands entrepôts (ce qui ne signifie pas que Turha soit la transcription de ṯ'rw en akkadien car ce n'est pas possible) ; c'est ce que suggèrent les informations apportées sur Tjarou lors du colloque de l'UNESCO « Le Sinaï, dans l'Antiquité et le Moyen Âge » Paris, 19-21 septembre 1997 ; voir Valbelle, « La (les) route(s)-d'Horus », dans *Bibliothèque d'Études* 106/4, 1993, p. 379-386, et Abd el-Maksoud, « Tjarou, porte de l'Orient » (à paraître dans les *Actes du Colloque*). Pour le problème des ports et des relations maritimes avec l'Égypte et la côte cananéenne, voir Altman, dans *Society and Economy in the Eastern Mediterranean*, 1988, p. 229-237.

31's. Souvent associé comme ici à *nadānu ana alāki* (*cf. supra ad* 10' s.) dans la formule *aṣṣarah... attadin ana alāki*, *ṣarāhu* est aussi une expression, inspirée de l'égyptien, caractéristique des lettres de Boghazköi venant d'Égypte, voir en dernier lieu Edel, *Die ägyptisch-hethitische Korrespondenz* II p. 38.

Il semble qu'il n'y ait rien après ᴵAmmaia, à la fin de la ligne. Au début de la ligne suivante, il y a 3 ou 4 signes dont le dernier est *ri*. Un passage de la lettre d'Égypte trouvée en 1994 me paraît mentionner le même personnage : la tablette est en mauvais état à certains endroits, mais je lirais au revers l. 3 s. : *a-dú-gu* lugal *iṣ-ṣa-ra-ah* ᴵ*am-ma-ia* lú dumu ⸢kin-*ri*⸣ [peut-être rien ensuite] 4lú.gal má.meš *ša* é *ú?-de-e?*.meš *ša* lugal.

lú gal (giš).má.meš doit être la traduction d'un titre égyptien, d'autant que l'accadien parlerait plutôt de « chef des matelots », *malāhī*, que de « chef des bateaux ». Pour J. Yoyotte à qui j'ai posé la question, « "Chef des bateaux" pourrait correspondre au titre courant mr 'ḥ3.w, "chef des embarcations" lesquelles peuvent relever

10. Voir dans mon article du colloque 1993 l'opinion de J. Yoyotte : *RSO* X, 1995, p. 79, n. 19.

soit de la Maison du Roi, soit des domaines d'un dieu (Jones, *A Glossary*, 1988, p. 52-55) ». Ce qui suit me paraît bien dans les deux cas *ša bīt*, « de la maison de », même si, dans RS 88.2158, le passage est en mauvais état et le É un peu différent du É de la ligne 14' (plusieurs autres signes sont écrits de deux façons différentes dans cette tablette). Malheureusement, je ne suis pas sûre de la lecture des signes suivants dans RS 94.2002+2003 : *ú-de-e*.meš me paraît très probable mais, si le *di* est sûr, le *ú* est plutôt un KID et le *e* est un peu chargé (ce n'est pas *ia*) ; RS 88.2158 ne porte plus que [x x]e, à la fin de la ligne. *Udû*, « ustensiles, objets ; matériel » apparaît dans la correspondance éditée par Edel pour désigner des objets en métal (I p. 114, l. 13', traduit « Gefässe », *cf.* tome II p. 189 s.). Il est peut-être vain de chercher à identifier un *bīt udê* dont la lecture n'est pas assurée, mais j'ai demandé à J. Yoyotte si une éventuelle « maison des objets/ustensiles » ne pouvait pas désigner un entrepôt officiel disposant de bateaux ; il a répondu : « La "Maison des ustensiles" pourrait être simplement le Per-hedj (traduit ordinairement "le trésor"), un local où étaient stockés, enregistrés et répartis toutes sortes de produits, outre les métaux précieux (Helck, *Zur Verwaltung des Mittleren und Neuen Reichs*, 1958, p. 184-185). Un titre de *mr 'ḫ3.w n Pr-ḥd, "Chef des bateaux du Trésor", est concevable. » La mention de bateaux n'est attestée que pour le Moyen Empire (*cf.* Helck, *ibid.*, 1958, p. 182 « das Getreide wurde auf Schiffen des Schatzhauses herangebracht »). On peut rappeler que le Mamy dont la stèle retrouvée en fragments dès 1929 dans le temple de Ba'al (Yon, *RSO* VI, p. 23 et fig. 12 p. 39) date de la XIXe dynastie était le directeur du Per-hedj. S'il s'agit bien ici et dans RS 94.2002+2003 d'un « chef des bateaux du trésor » envoyé à Ougarit, il est tentant de faire le lien entre un voyage d'Ammaia et l'offrande de la stèle au temple de Ba'al. Helck (« Die Beziehungen Ägypten-Ugarit », *op. cit.*, 1995, p. 93) a d'ailleurs suggéré que Mami dut coordonner l'envoi de céréales au Hatti *via* Ougarit la 5e année de Merneptah : or, si notre texte ne fait allusion à rien de semblable, la lettre de 1994 mentionne justement une famine en Ougarit et le fait que son roi demandait au pharaon d'envoyer des céréales.

Toujours selon J. Yoyotte, si l'on comprend *mār šipri* non pas comme l'équivalent de « *šmsw*, "le courrier", un agent de rang subalterne », mais comme *ipwty* ou *ipwty-nswt*, "le messager du roi", un personnage de rang élevé envoyé vers une contrée extérieure et cumulant d'ordinaire cette mission avec un commandement militaire ou civil, Ammaia serait chargé de mission ***et*** chef des bateaux, plutôt que chargé de mission ***du*** chef des bateaux. L'accadien ne permet pas de trancher mais on peut noter que dans le deuxième cas, le scribe de RS 88.2158 lierait sans doute les deux termes par *ša* comme il le fait ailleurs (la fin de la ligne est endommagée dans RS 94.2002+2003). Pour *mār šipri* et messagers égyptiens, voir Singer, « Takuhlinu and Haya ... », *Tel Aviv* 10, 1983, p. 21.

RS 34.356, un fragment de lettre du roi 'Ammurapi au pharaon découvert dans le secteur qui a livré le premier lot de textes provenant de la « maison d'Ourtenou », publié par Bordreuil (*Semitica* 32, 1982, p. 10-12 et pl. II), mentionne peut-être le même personnage. À la ligne 3 de ce texte mutilé, il est question de l'arrivée chez le roi d'Ougarit d'un messager dont le nom serait *nmy*, et l'éditeur précise, p. 12 : « Si les deux clous visibles de la première lettre évoquent un *a*, la longueur de la lettre est celle d'un *n*. » S'il s'agissait malgré tout d'un *a*, on pourrait se demander si **amy* ne serait pas notre Ammaia, ce qui impliquerait qu'il aurait servi d'intermédiaire entre la cour égyptienne et Ougarit pendant un certain nombre d'années.

35' cf. **kubbuttu* « gift (made to honour a person) », *CAD* K, p. 483b (EA, RS), « Ehrengabe », *AHwB*, p. 497b. Dans EA 26 (lettre de Tušratta), Moran, *op. cit.*, 1987, p. 69, traduit « témoignage d'une véritable estime ». J. Huehnergard, *Ugaritic Vocabulary in Syllabic Transcription*, 1987, p. 135, accepte que le *ku-bu-da-ti* de *PRU* III, p. 98 s. soit une forme ougaritique. Le terme n'est pas habituel comme *šulmānu* ou *qištu*. Pour la terminologie égyptienne des « dons » et les échanges, voir Liverani, *Prestige and Interest*, p. 260 s. Pour *ina* šu-*ti*, *cf.* Edel, *Ägyptische Ärzte*, p. 69 l. 15.

36' Pour cette restitution, voir Edel, *Die ägyptisch-hethitische Korrespondenz* I, p. 44, n° 16, Vs. 11, et les restitutions proposées p. 30 n° 7, Vs. 18. Noter l'emploi du signe *di*.

37' s. E. Edel traduit sig sig$_5$ = *qatnu damqu*, l'équivalent d'une expression égyptienne désignant une qualité d'étoffe, « gutes feines/dünnes », *cf.* en dernier lieu *Die ägyptisch-hethitische Korrespondenz* II, p. 33 *ad* Vs. 19'. J'ai choisi de traduire *taktīmu*, ici *taktimmu*, par « couverture » mais il peut s'agir d'une sorte de manteau car c'est une pièce de tissu qui recouvre ou enveloppe. Les autres vêtements cités font partie des cadeaux traditionnels de la cour égyptienne énumérés dans les lettres d'El-Amarna ou de Boghazköi ; pour les lettres de l'époque de Ramsès, voir l'index de Edel, *Die ägyptisch-hethitische Korrespondenz*, II, sous *nahlaptu*, *maklalu*, « Mantel-Umhang », et *tunsu*, « Decke-Mantel » (*cf. ibid.* p. 70 *ad* 6'), que Moran, *op. cit.* p. 99 et n. 39 (*ad* EA 14 III 24-25) traduit « capes-*tunzu* ». KBo XXVIII 36 (= Edel, *Die ägyptisch-hethitische Korrespondenz* n° 15), Rs 6' cite aussi 1 gada túg *tu-un-su* sig sig$_5$ *ša* 2 *pānušu* « 1 linnener Mantel aus guten, dünnen (Faden), mit 2 (Schau)seiten ». Ma traduction « manteau » et « cape » est de pure commodité.

42' s. Noter que les deux *su* de *summuhutu* sont différents.

43' giš esi = *ušû*, un bois noir, est généralement traduit par « ébène », voir Moran, *op. cit.*, 1987, p. 103 n. 33 ; Edel, *Die ägyptisch-hethitische Korrespondenz* II, p. 37. C'était l'un des « cadeaux » appréciés du pharaon (*cf.* EA 34 où le roi d'Alašiya en fait la demande). Voir le *Dictionnaire de la civilisation égyptienne* p. 37 : « L'ébénisterie date vraiment des pharaons, d'autant que ceux-ci requéraient les Soudanais de leur fournir le prestigieux bois noir nommé *hében* » et Liverani, *Prestige and Interest*, p. 258-259. D'après Moorey, *op. cit.*, p. 352b, on peut hésiter entre « ebony » et « African blackwood », un bois qui figurait parmi la cargaison du bateau naufragé d'Ulu Burun (Bass, « A Bronze Age Shipwreck », *AJA* 90, 1986, p. 269-296).

44'-47' *lehu* : *cf. lē'u,* en particulier EA 14 II 2 où, parmi les cadeaux envoyés d'Égypte, figurent 9 *le-e-hu ša tikki* « nine plaques (to be worn) around the neck (made of gold with a precious stone) », *CAD* L 156b. En Mésopotamie, cornaline et lapis-lazuli étaient avec l'agate « the three most popular ornamental stones », Moorey, *op. cit.*, p. 98b. Le lapis-lazuli authentique est généralement désigné à cette époque par za.gìn kur.ra, et ce fut toujours une matière de luxe que l'Égypte, comme la Mésopotamie, devait importer et que l'on imitait (voir Moorey, 1994, p. 85s.) ; 300 plaques de vrai lapis, dont on offrait généralement quelques blocs, objets ou bijoux, me paraîtrait d'ailleurs exorbitant. *sāmtu/sāndu* désigne la cornaline, utilisée elle aussi pour des objets précieux [11], mais aussi toutes les pierres rouges ainsi que leurs imitations (Moorey 1994, p. 97 s. et *CAD* S, 121 s.). na_4 babbar.meš signifie simplement « pierres blanches (ou de couleur claire) ». Même s'il faut comprendre « plaques (ornées de) » et non « (faites de) » telle ou telle matière, le total de 500 est considérable. Il pourrait s'agir de plaques destinées à la bijouterie ordinaire mais il faut noter qu'il n'est pas question ici de bijoux, comme dans certaines listes de cadeaux d'Égypte ; étant donné leur place dans le texte (après les tissus, avec le bois, en « grands ballots ») et leur nombre, j'y verrais plutôt des plaques de couleur bleue et rouge en pierre ou en matière dure, comme le verre (qui imitait la cornaline et le lapis ; voir d'ailleurs les lingots de verre bleu trouvés dans l'épave d'Uluburun), ou la faïence égyptienne qui, elle aussi, imitait entre autres le lapis lazuli.

Tout cela fait penser à des fournitures d'ébénisterie, car le mobilier d'ébène incrusté de plaques de couleur – meubles, boîtes, tabernacles et podiums – est bien connu des égyptologues. Il y avait d'autre part des panneaux muraux de faïence multicolore, et l'on sait que le bois *ušû* fut utilisé par les souverains néo-assyriens pour lambrisser leurs palais et leurs temples. Billes d'ébène et plaques de couleur étaient-elles destinées au mobilier ou à la décoration du lieu saint du temple de Baal ? Il est sûr, en tout cas, que des *naggāru* égyptiens savaient comment les utiliser.

50' *ištuhhu* est traduit par « fouet », mais, en laine ou en crin (síg), il me paraît préférable de comprendre qu'il s'agit de chasse-mouches en crin de cheval ou de girafe d'un type bien connu en Égypte : voir Fischer, « Fächer u. Wedel », *Lexikon d. Äg.* II/1 81-85, type H.c dans « Flywhisks ». L'Égypte recevait alors du Sud en tribut de grandes quantités de crin de girafe.

À la fin de la ligne, la tablette porte très nettement 4 *li-ip-pa-tu*$_4$ HA.meš. Aucune lecture ne m'est claire. Si l'on coupe après TU_4, qui se trouve le plus souvent à la fin d'un mot, on peut comprendre qu'il s'agit de quelque chose ayant trait au poisson (HA = ku_6) : des couffes de poisson séché, comme dans Ounamon ? Du poisson de Tjarou, dont c'était une spécialité (*cf.* Abd el-Maksoud, *op. cit.*) ? Est-il possible de faire un rapprochement avec un sens « to be sprinkled » de *nalputu* employé à propos de sel pour saler le poisson cité dans *CAD* L, 94a (BE 6/1 10:5) ?

53' Mot à mot « de 1 200 coudées leur longueur, les deux » : les deux types d'objets ou de cordes (voir plus haut *ad* l. 28') ensemble, c'est-à-dire en additionnant la longueur d'une part des *girgû* et d'autre part des grandes cordes ? Quelle que soit la valeur exacte de la coudée, cela fait une longueur respectable.

54' s. *cf. aššarahšu ù attadinš(u) ana alākišu*, « ich entsandte ihn und liess ihn gehen » (restitué d'après des parallèles), Edel, *Die ägyptisch-hethitische Korrespondenz* II p. 38. Faire voyager ensemble les messagers présentait toutes sortes d'avantages, pour les protéger mais surtout les contrôler.

On voit que ce document est un bon exemple de la correspondance en accadien entre grands et petits souverains de l'époque. Il est d'un grand intérêt, ne serait-ce que par sa date et parce qu'il permet de préciser un peu notre image d'Ougarit quelques décades avant sa disparition, quitte à risquer des hypothèses dont il faut espérer que de nouvelles trouvailles permettront de juger la valeur. Je ne reviendrai pas ici sur les relations entre le petit royaume syrien et l'Égypte, les passages attendus de cette lettre comme ses

11. En Mésopotamie, « beads, amulets and a few seals », Moorey, *op. cit.*, p. 98.

singularités et les questions qu'elle pose [12], sauf pour nuancer certaines remarques. Dans la mesure où le roi d'Ougarit aurait décidé d'installer une image de Merneptah dans le sanctuaire de Ba'al après que le pharaon a offert une image du dieu [13], ce projet serait moins significatif que je ne le supposais, sans être pour autant dénué de portée. Il serait plausible que de grands travaux dans le temple d'une divinité asiatique particulièrement en faveur en Égypte, assimilée au dieu favori de la dynastie, aient fourni l'occasion d'un geste de Merneptah. Si le contexte est bien celui de son avènement, il est possible que le nouveau pharaon ait saisi l'occasion de resserrer les liens avec son ancien vassal [14]. À la fin du XIIIe s., les souverains d'Ougarit, sujets peu empressés d'un empire hittite affaibli, et liés de longue date à une Égypte désormais en paix avec le Hatti, voulurent sans doute saisir toutes les occasions de se rapprocher de l'État le plus riche et le plus puissant de l'époque, mais nous sommes loin d'être en mesure de reconstituer ce qui s'est réellement passé : la découverte d'autres lettres échangées entre les deux cours nous réserverait sans doute quelques surprises [15]. On voudrait savoir si ce document est une lettre de circonstance, l'écho d'un épisode diplomatique sans lendemain, ou le signe d'un véritable rapprochement politique.

Il reste que les déclarations du roi d'Ougarit montrent que son appartenance à la mouvance hittite ne l'empêcha pas de s'empresser de proclamer une fidélité de toujours au pharaon et de vouloir en exhiber les signes dans le temple de la grande divinité de la ville. Il était de tradition pour les États de la région de louvoyer à vue entre les grandes puissances, autant que faire se pouvait, dans le cadre de structures beaucoup moins rigides qu'on ne les a parfois décrites. Mais une lettre de ce genre aurait été difficilement concevable quand le Hatti était à son apogée, même s'il faut se garder aussi d'une vision trop simpliste de la réalité politique [16]. L'affaiblissement manifeste de l'empire hittite donnait à ses sujets une certaine marge de manœuvre, mais les rendait aussi plus vulnérables aux attaques extérieures : quelques décennies après l'avènement de Merneptah, l'empire s'écroulait et le royaume d'Ougarit disparaissait pour toujours.

12. Voir mon article (note 1).

13. Cf. la nouvelle traduction des lignes 14 s.

14. Pour la politique étrangère de Merneptah, voir I. Singer, « Egyptians, Canaanites, and Philistines in the Period of the Emergence of Israel », *in* Finkelstein & Na'aman eds, *From Nomadism to Monarchy*, 1994, p. 286-289.

15. La lettre trouvée en 1994 (étude en cours) ne me paraît pas déterminante pour les problèmes abordés dans cette publication. De l'autre lettre d'Égypte provenant de la même campagne, il ne reste que l'en-tête.

16. Voir Moran, *in Solving Riddles and Untying Knots,* 1995, p. 571 : « It may be taken as axiomatic that one must distinguish between political ideas and political realities, recognizing that ideas may lag far behind realities. Not less axiomatic is the distinction between what a government says and what it does, between law and its enforcement, between a statement of policy and its implementation, between a power a government wills and the power it actually enjoys. »

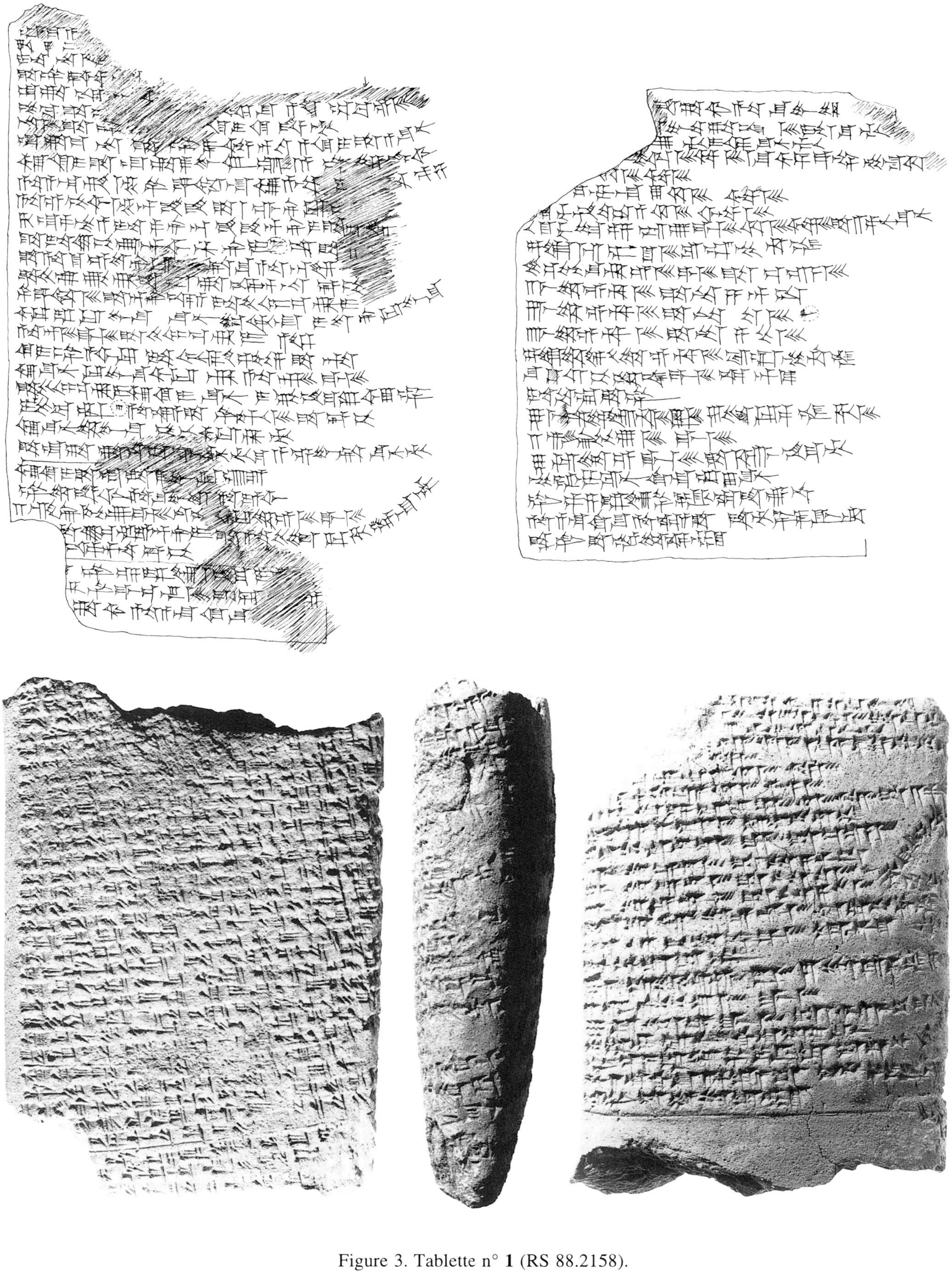

Figure 3. Tablette n° **1** (RS 88.2158).

3. LETTRES
(n°s 2-4)

Florence MALBRAN-LABAT

Les trois tablettes RS 88.2009, RS 88.2011 et RS 88.2013 ont été retrouvées dans la pièce 2072 *(Fig. 1)* que le fouilleur, P. Lombard, qualifie de « zone plutôt perturbée », ce qui ne permet pas de « garantir la position originale des tablettes avant perturbation notamment si elles se trouvaient prises dans le remblai de la maison, en provenance, en fait, de l'étage supérieur [1] ».

Ces documents, trois lettres, mettent en relation des correspondants différents et traitent de thèmes variés. L'une d'elles (RS 88.2013) est clairement datée de la fin d'Ougarit puisqu'elle est adressée au roi ʿAmmurapi. Cette missive, ainsi que RS 88.2011, est à rattacher au dossier de Carkémiš, dossier particulièrement important dans les textes trouvés dans le même contexte archéologique en 1973 [2].

RS 88.2009 ne relève pas, comme la plupart de ces billets, de la routine administrative, inspections et levées de soldats : elle fait mention de mouvements militaires sans doute importants.

2 - RS 88.2009. *Lettre d'Urhi-Tešub à Urtenu, Yabininu, Addu-dīni pour annoncer l'arrivée de renforts.* *Fig. 4*

Musée de Damas DO 7784. Dim. 54 x 44 x 19.

1 *um-ma mur-hi-*^{d}iškur
a-na ^{I}*ur-te-na*
3 ^{I}*ia-bi-ni-na*
^{Id}iškur-di.ku$_5$ ^{I}*da-na-na*
5 *a-na* lú.meš gal *ù*
lú.meš *ši-bu-ti ša* uru.ki
7 *qí-bi-ma*

---

lu-ú šul-mu a-na ugu-*ku-nu*
9 dingir.meš *a-na šul-ma-ni*
li-iṣ-ṣu-ru-ku-nu
11 lugal kur *gar-ga-mis*
iš-tu kur *hat-ti*
13 *it-ta-ar-ra*
ù e-nin-na-ma
15 *lu-ú te-du-ú*
⸢*ki*⸣*-i* erín.meš *ha-*⸢*ma*⸣*-tu*$_4$
17 *ar-hi-iš* ⸢*il*?⸣*-la-ka-ku-nu*
ù at-tu-nu uru.ki
19 *uṣ-ra a-di na-kaš-šad*

---

1. Communication personnelle de P. Lombard, que je remercie ; voir son article dans *RSO* XI, 1995, p. 227-237.

2. *RSO* VII, textes n^{os} **6-11**.

Traduction

De la part d'Urhi-Tešub, dis à Urtenu, Yabininu, Addu-dīni [a], Dananu, aux Grands et Anciens de la ville : « Salut à vous, que les dieux vous [b] gardent en paix ! Le roi du pays de Carkémiš est sorti du pays hittite ; aussi maintenant sachez que les troupes de secours [c] vous viennent rapidement ; aussi, vous, gardez le ville jusqu'à ce que nous arrivions [d] ».

a- L'idéogramme ^{d}im peut aussi avoir la lecture Tešub ou Ba'al ; un Ba'al-dânu est attesté (RS 20.12) dans un contexte où est aussi mentionné Yabninu (44 kur *qāt Yabnini*) mais le nom divin y est écrit ^{d}U.

b- Ce texte présente la forme courte des pronoms suffixes de 2ème personne du pluriel (*-kunu* et non *-kunūti* ; *cf.* Huehnergard, *The Akkadian of Ugarit*, 1989, p. 131-133).

c- cf. *PRU* III, 11, 5 : *ana amīl hamâti.*

d- La forme verbale présente le préfixe *na-*, souvent attesté à Ougarit à la place de *ni-* (*cf.* J. Huehnergard, *op. cit.*, p. 159, et W. van Soldt, *Studies in the Akkadian of Ugarit, Dating and Grammar*, Neukirchen Vluyn, 1991, p. 432). Ce prédicat d'une phrase subordonnée ne comporte pas la marque du subjonctif, ce qui est également fréquent dans ce corpus (*cf.* Huehnergard, *The Akkadian Dialects of Carchemish and Ugarit*, PhD. Harvard University, 1979, p. 60-63).

Dans le cadre des années troublées de la fin du XIIIe siècle, l'annonce de la venue de troupes de secours suggère la présence d'une menace qui pèse sur Ougarit ; elle évoque aussi les appels au secours lancés par le roi d'Ougarit [3]. De plus, l'adresse de cette missive est exceptionnelle par la personnalité des correspondants : l'expéditeur est un personnage au nom hourrite, sans doute de haut rang puisqu'il place son nom avant celui des destinataires et qu'il traite d'affaires politiques d'importance. Ce nom est celui du roi hittite Muwatalli III qui, déchu, connut un long exil en Syrie [4] Cependant, si cette tablette date bien de la fin du XIIIe, voire du début du XIIe siècle, il est très peu probable qu'il s'agisse de ce prince qui régna vers 1280-1275. Cette lettre est néanmoins de facture hittite comme l'indiquent l'emploi de l'idéogramme URU.KI et la graphie *e-nin-na.*

La personnalité de ses correspondants est également d'un intérêt certain. Urhi-Tešub s'adresse à un ensemble de personnes qui doivent assurer la défense de la ville. Si l'agencement de la phrase est strict, on a affaire à deux groupes d'interlocuteurs : chacun est introduit par la préposition *ana* et cette reprise rend improbable l'analyse des titres (lú.gal.meš et lú *ši-bu-ti ša* uru.ki) comme des appositions aux noms propres. Parmi ceux-ci, deux sont particulièrement bien connus : Ourtenou [5] et Yab(i)ninou [6] Aucun élément ne permet de comprendre à quel titre c'est à eux qu'Urhi-Tešub confie la protection de leur cité, en compagnie de Addu-dīni, de Dananu et des notables ougaritiens. Il est d'autre part exceptionnel qu'une lettre internationale soit adressée à un groupe constitué en une sorte de corps politique. Ce n'est que dans les textes juridiques que l'on voit les Anciens d'Ougarit représenter l'autorité devant laquelle l'acte est passé (*ana pāni* lú *šībūti*), comme il l'est, dans d'autres cas, devant le roi [7].

3 - RS 88.2011. *Lettre de Dan-ilūti à son maître à propos de questions agricoles* *Fig. 5*

Musée de Damas DO 7785. Dim. 56 x 55 x 35.

Cette lettre privée semble émaner d'un responsable local chargé de veiller à l'exploitation de champs et confronté à une contestation ; les cassures du texte ne permettent pas de connaître les parties en conflit, ni la nature exacte du litige.

---

3. RS L.1 (Nougayrol, in *Ugaritica* V, p. 85-86 n° 23).

4. Il y exerça sans doute certains pouvoirs dans le domaine de la juridiction internationale patronnée par le roi de Carkémiš (*cf. PRU* IV, p. 175, RS 17.346).

5. *Cf.* Arnaud, dans *RSO* VII, 1991, p. 65-76 ; « Une lettre du roi de Tyr au roi d'Ougarit », *Syria* 59, 1982, p. 106, n. 46.

6. Courtois, « Yabninu et le Palais sud d'Ougarit », *Syria* 67, 1990, p. 103-142.

7. Pour un témoignage dans les textes d'Ougarit sur les « assemblées » en Phénicie, *cf.* Arnaud, « Les ports de la "Phénicie" ... », *Studi micenei ed egeo-anatolici* 30, 1992, p. 185-187, et les références n. 31-38.

Face 1 *a-na* en-*ia qí-bi-ma*
um-ma ^{I}kal-dingir-*ti*

---

3 *ša* en-*ia il-tap-ra-ni*
ma-a a-lik še.meš *lu-ú*
5 *na-as-qà i-na-an-na*
8 gur še.meš *na-*⌜*as-qú*⌝
7 *ù aš-šum* ⌜kin$^{?}$⌝.meš-⌜x⌝ [x$^{?}$]
⌜še⌝.meš ⌜*ša*$^{?}$ x⌝ [...]
[...]

Revers 1' *ma-a ki-i-ma* x[...]
ša tu-ga-ma-[*ru*/*ra*]
3' *um-ma šú-nu-ma ma-a* x[...]
ša nu-ga-mar ù a-na-ku
5' ^{I}*a-bi-ra-ma al-ta-al*
ù šu-ut a-kan-na
7' *iq-*[*ta-b*]*i ma-a* 9 1/2 a.šà.meš
ša ga-mi-ir
9' *ù šu-nu ka-am-ma*
[*ú*$^{?}$⌝-*sà-al-lu-*⌜*uk*$^{?}$⌝-*ku*

Traduction

Recto. $^{1-2}$ Dis à mon maître de la part de Dan-ilūti : $^{3-8}$ « (En ce qui concerne) ce que mon maître m'a écrit : "mets à ma disposition du grain à moudre", 8 *kor* de grain sont effectivement prêts à moudre ; à propos du travail$^{?}$ que [*longue cassure*] [a]

Verso. $^{1'-10'}$ disant : "comme [...] la totalité de ce que vous versez/ tu verses [...]" ; ils ont dit : "[...] la totalité de ce que nous versons [b] " : aussi, pour ma part, j'ai interrogé Abiramu et il [c] a parlé ainsi : " 9 1/2 par$^{?}$ champs (est) la totalité de ce qui est versé [d] ; alors eux, *ils se sont* ainsi *tournés vers toi* [e] ". »

a. D'après la courbure de la tablette, il manque vraisemblablement presque une moitié du document. On ne peut donc savoir si le revers traite de la même affaire que la face, ce qui rend la compréhension plus aléatoire.
b. Les verbes des relatives ne présentent pas de marque de subjonctif.
c. Le pronom anaphorique présente la forme assyrienne (*cf.* Huehnergard, *op. cit.*, p. 134-135, et van Soldt, *op. cit.*, p. 398-399).
d. Le sens « être d'accord », « convenir » est aussi possible dans ce contexte pour le verbe *gamāru* (« ce que vous avez convenu ... nous sommes d'accord ... 9 1/2 champs (est) ce qui est convenu »).
e. Deux signes de cette ligne sont peu clairs et aucune lecture ne s'impose. On peut avancer l'hypothèse d'une forme II du verbe *sullû*, mais elle présenterait un redoublement incorrect, dont il existe quelques attestations (*cf.* Huehnergard, *The Akkadian Dialects of Carchemish and Ugarit*, 1979, p. 23, et van Soldt, *op. cit.*, p. 48-50). Cette lecture douteuse rend incertaine la conclusion de ce litige.

4 - RS 88.2013. *Le Roi demande la livraison de plusieurs personnes au roi ʿAmmurapi.* *Fig. 6*

Musée de Damas DO 7787. Dim. 85 x 55 x 25.

Cette lettre du roi de Carkémiš affirme son autorité sur trois individus qui résident dans des ports au sud d'Ougarit, peut-être pour des activités commerciales. Il demande, sans que le motif en soit indiqué, qu'ils lui soient renvoyés.

1 ⌜*um-ma*⌝ lugal-*ma*
⌜*a-na*⌝ ^{I}*am-mu-ra-pí*
3 ⌜lugal⌝ kur *ú-ga-ri-it*

qí-bi-ma

---

lu-ú šul-mu
a-na ugu-*hi-ka*

---

^{I}*ku-uk-ku*
^{I}*da?-di?-tu-wa-an-za?*
i-na uru *a-ru-wa aš-bu*
^{I}*a-bu*
i-na uru *uš-ka-ni*
⸢*a?-ši-ib*⸣
⸢lú?.meš?⸣ uru *u-nu?-na?-ia*
⸢*an*⸣*-nu-ú-ti*
a-na qa-ti
lú-*ia*
i-din-šu-nu-ti-ma
a-na ugu-*hi* lugal
ha-mut-ta
lil-qa-šu-nu-ti

Traduction

1-4 De la part du Roi [a] dis à ʿAmmurapi, le roi d'Ougarit : 5-20 « Salut à toi ! Kukku (et) Dadituwanza? [b] résident dans la ville d'Aruwa [c], Abu réside dans la ville d'Uškani ; *ces Unun*éens [d], remets-les entre les mains de mon homme pour qu'il les prenne (et les amène) rapidement au Roi. »

a. Celui qui se désigne comme le Roi est le roi de Carkémiš (*cf.* Yamada, « Reconsidering the Letters from the "King" in the Ugarit Texts. Royal Correspondence of Carchemish », *UF* 24, 1992, p. 431-446).
b. Les signes du début de la ligne sont très empâtés et confus ce qui rend la lecture de ce nom propre incertaine. Le premier signe pourrait être LI ou DU, le deuxième KI ou UD ; le dernier est douteux lui aussi (peut-être A ou KU).
c. Le signe WA pourrait se rapporter au mot qui suit et la séquence être URU *a-ru wa-aš-bu*. Cependant il semble que le verbe *ašābu* se présente le plus souvent, dans ces textes, sans W initial (*cf.* Huehnergard, *The Akkadian Dialects of Carchemish and Ugarit*, p. 26) ; d'autre part la ville dont le nom est noté en ougaritique *ary* apparaît en général dans les textes en accadien sous la graphie *a-ri*. Je préfère donc la lecture *a-ru-wa*, la graphie de ce nom étant variable (*a-ar-ru-wa, ar-ru-wa, a-ra-wa*).
d. La lecture et la compréhension de cette ligne font difficulté. Le *-ia* final pourrait être le possessif de 1re personne et le signe qui le précède (lu ici NA) l'idéogramme ÌR : mais je ne sais en ce cas que faire de URU et du signe qui suit. Quelle que soit la lecture, il est probable que le roi exprime ici l'autorité qu'il a sur ces hommes en dépit de leur lieu de résidence. Si URU *unuaia?* est un gentilice, la ville dont les trois individus seraient des ressortissants ne m'est pas connue. D'autre part, les traces du premier signe de la ligne 14 évoquent ŠU ou AN, mais la construction avec *šunūti* serait peu claire, car il est difficile d'y voir une proposition nominale (*šunūti* n'est pas attesté, à ma connaissance, à la place de *šunu* ; seul m'est connu l'emploi de *-šunu* à la place du babylonien *-šunūti*).

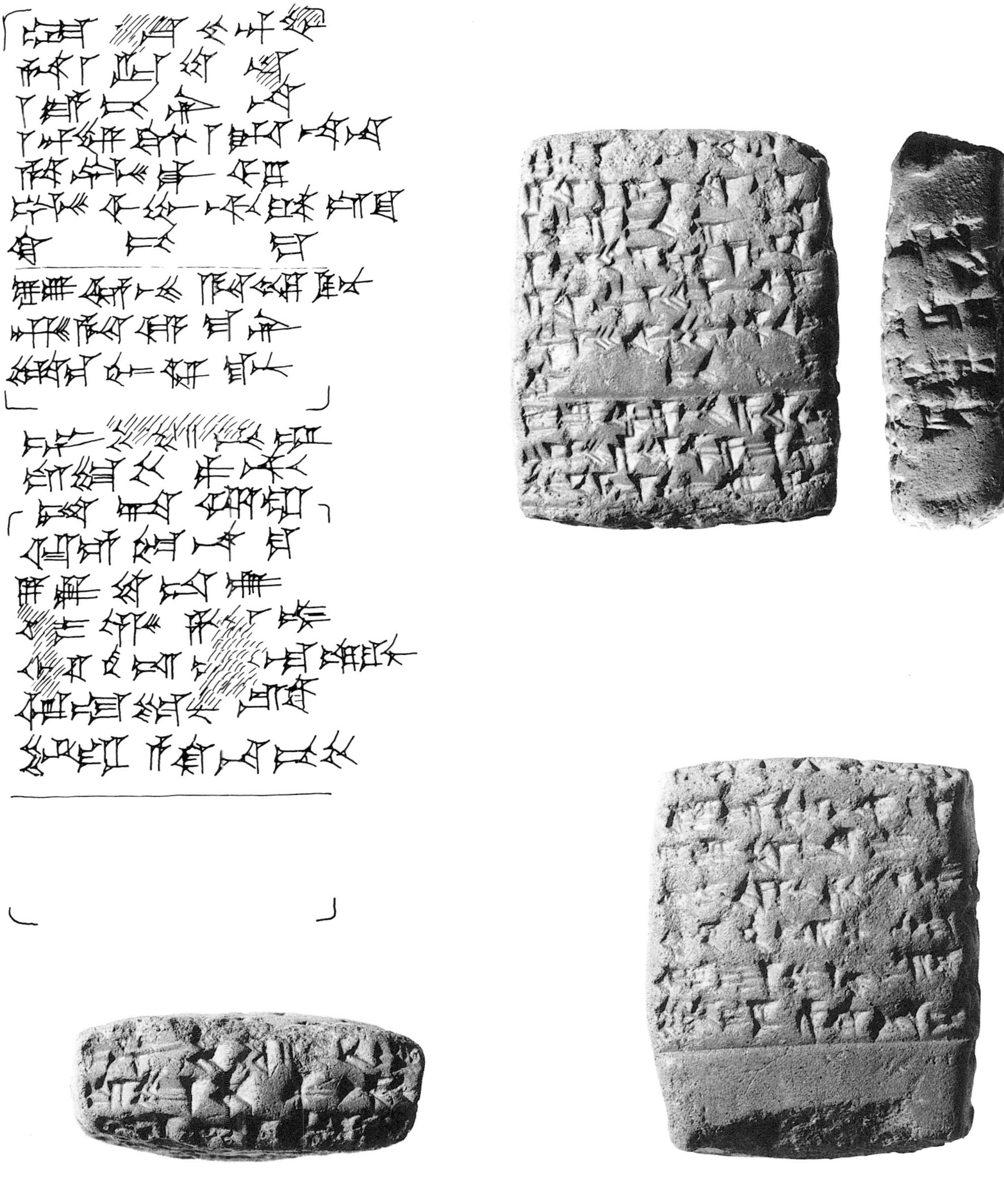

Figure 4. Tablette n° **2** (RS 88.2009).

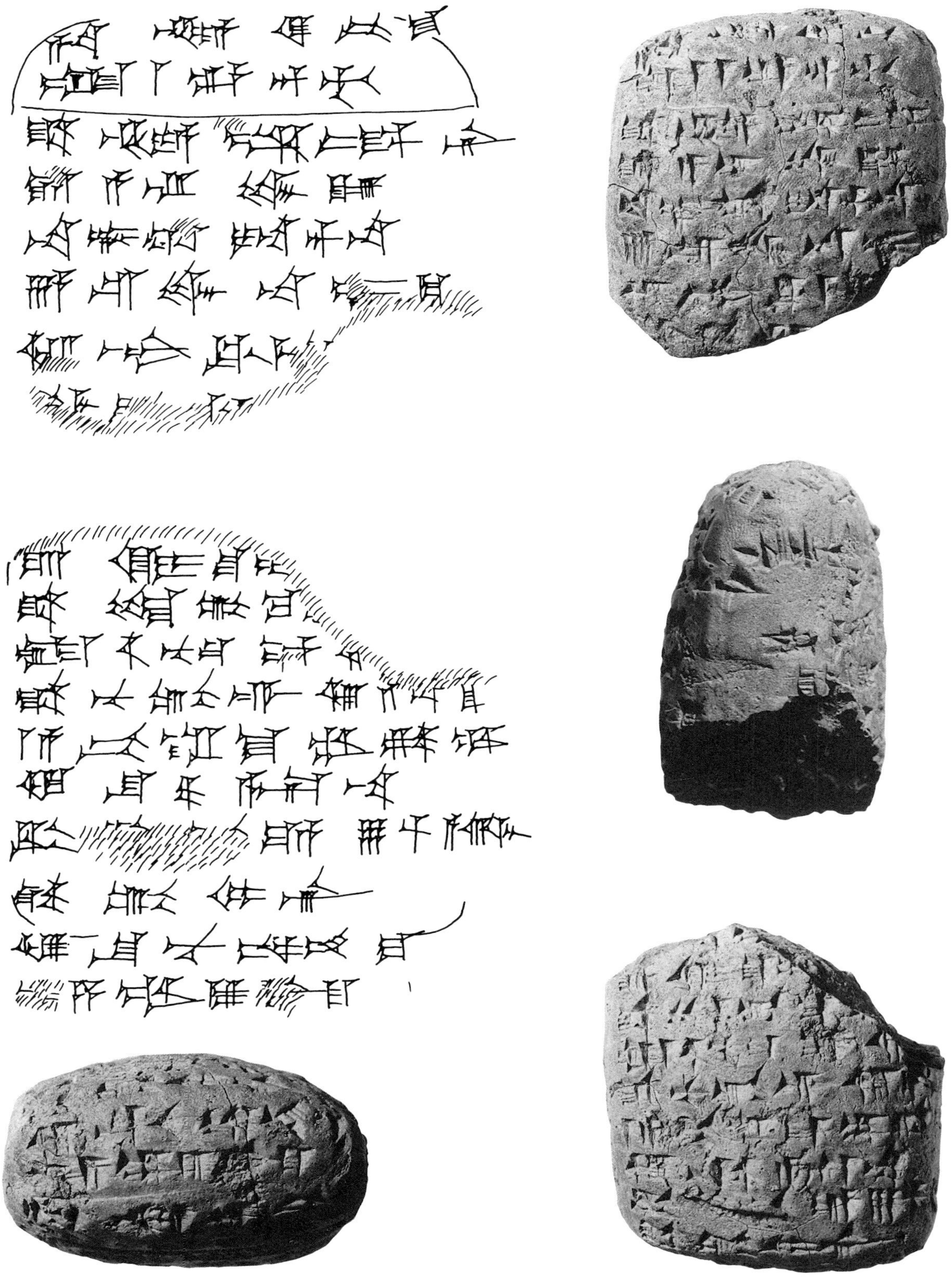

Figure 5. Tablette n° **3** (RS 88.2011).

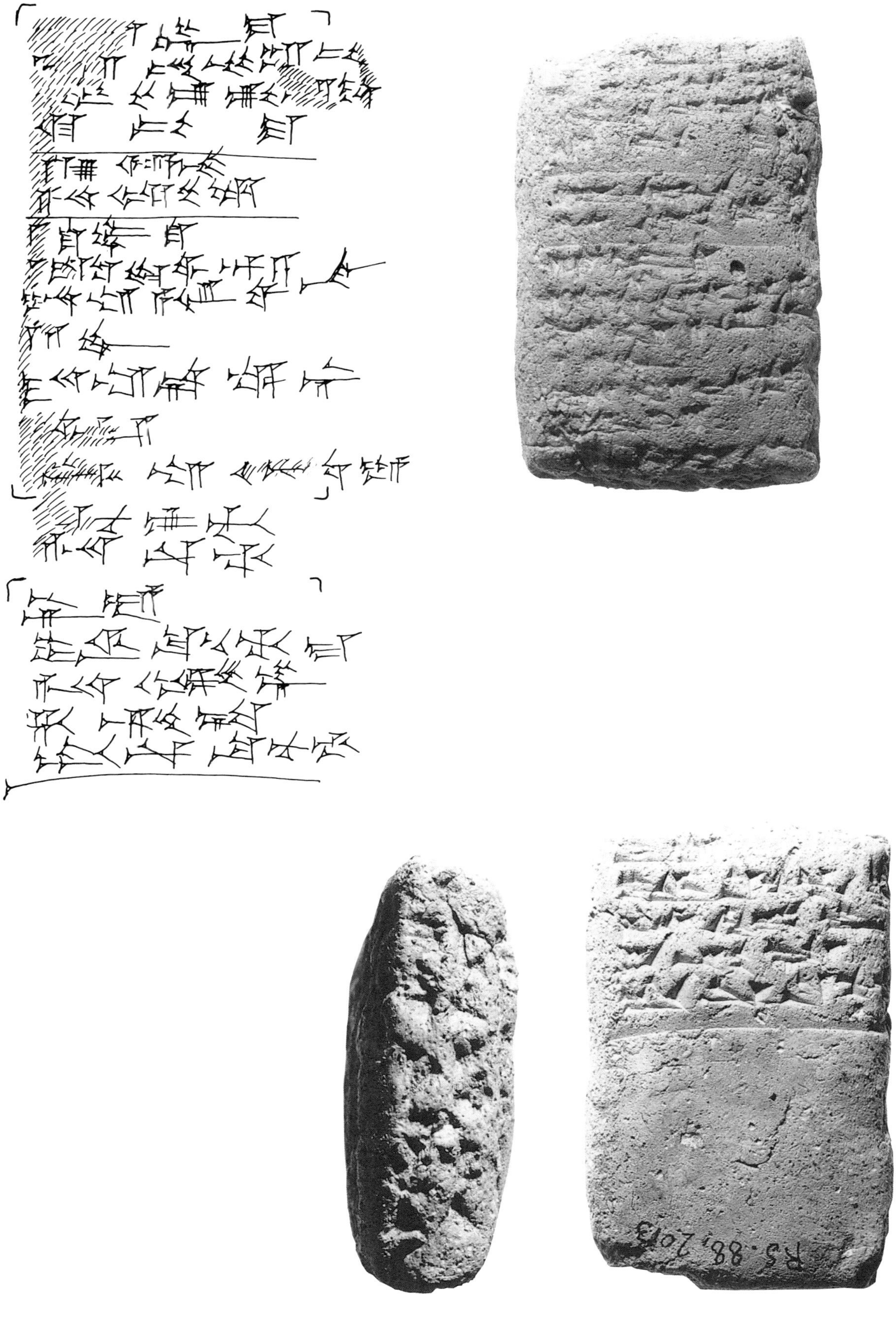

Figure 6. Tablette n° **4** (RS 88.2013).

4. LETTRES

(n°s 5-21)

Daniel ARNAUD

Carkemiš et sa région

5 - RS 86.2216. ***Le Roi communique au roi d'Ougarit sa décision de prendre en main un procès.*** *Fig. 7*

Musée de Damas DO 7758. Dim. 99 x 67 x 28.

um-ma lugal-*ma*
a-na lugal kur *ú-ga-ri-it*
qí-bi-ma

---

lu-ú šul-mu a-na muh-hi-ka

---

[z]i.meš *š*[*a* du]mu.meš kur *hal-pa* ìr.meš
ša lú [*a*]*-bu-ia a-na di-ni*
ú-ka-la-ma at-ta ta-a[*l-t*]*a-pár-ma*
lugal ⸢*tu*⸣-*ṣa-al-li*
ma-a a-na ma-mi-ti na-a-[*ḍịn*]
ù a-na ta-mi-e la-a i-ma-g[*u-ur*]
i-na-an-na zi.meš *ša-a-šú*
a-na lú-*ka* [*i*]*d-nam-ma*
lil-qa-š[*ú-n*]*u-ti*
ù a-na-[*ku*] *di-*⸢*na-šu*⸣
lu-uš-al[*-ma i-na* kaskal-*ni*]
lu-uš-ku-u[*n*

⸢*ù*⸣ *e-nu-ma* [
[x *n*]*u-ma-*[

....
....

[x x] x [
[x x] x x x [
x x x ti x [
[x x] x x x [
ugu kù.babbar[
ù kù.babbar[
a-na lú *an-na-a* [
ù kù.babbar kir[i$_6$$^?$
en *di-ni-šu ša* lú
an-ni-i ap-t[*e-qí-id*
a-na muh-hi-ia ⸢*ta*⸣-[

Traduction

[1-3] Ainsi parle le Roi : au roi d'Ougarit, dis : [4] Salut à toi ! [5-16] Toi, tu écris à propos de [l'escla]ve des Aleppins, (mes) serviteurs, que l'homme de mon [p]ère veut faire comparaître en procès, et tu présentes cette respectueuse objection au roi : « Il a été li[vré] au serment, mais il a ref[usé] de jurer. » [L]ivre donc cet esclave à ton homme pour qu'il l[e]s prenne. Car c'est bel et bien moi qui ferai l'en⌜quête⌝ [et] mettr[ai (l'affaire) en branle]. [17-18] Et voici ... [...]

[...]

[19'-29'] [...]. À propos de l'argent [...] et l'argent [...] ceci à l'homme [...] et l'argent du verger [...]. Je te c[onfie] l'adversaire de cet homme. Tu me [...].

Ce texte est de lecture matérielle difficile. On peut, de plus, hésiter pour savoir si meš dans zi.meš est un marqueur d'idéogramme (zi.meš serait alors un singulier) ou s'il marque un véritable pluriel. La ligne 11 fait pencher pour la première hypothèse, la ligne 13 pour la seconde. La ligne 16 ne permet pas de conclure : elle est mutilée après le -ŠU.

5. On notera qu'est faite dans ce texte la distinction entre entre zi et ìr, respectivement « esclave » et « serviteur ».

7. La forme en *-ta* est un « passé épistolaire », qu'on traduit en français par un présent.

8. Le roi parle de lui à la troisième personne.

10. Cette forme perfective de *magāru* (en face d'**imgur* attendu) est connue des textes de Meskéné [1] et on pourrait sans doute en découvrir des témoignages dans d'autres archives « périphériques ». Restaurer un pluriel serait aussi possible.

11. *inanna* marque la reprise de la lettre après la citation introduite par *mā* à la ligne 9.

13. On se reportera quelques lignes plus haut pour ce problème de pluriel mais peut-être s'agit-il de l'« esclave » et de son adversaire.

15-16. L'expression est trop fréquente pour qu'on hésite sur la restauration de la fin de la ligne 15.

La tranche basse et le début du verso portent encore des traces inutilisables sur quatre lignes ; elles n'ont pas été prises dans le décompte de celles qui les suivent.

28'. La forme en *-ta* est encore un « passé épistolaire ».

6 - RS 86.2236. *Son correspondant donne des nouvelles de son « homme » à [Šipiṭ]-Ba'al et lui adresse ses demandes.* *Fig. 7*

Musée de Damas DO 7772. Dim. 64 x 55 x 24.

La provenance de cette lettre ne peut être que devinée. Son babylonien est « périphérique ». D'autre part, l'influence du hittite (voir le commentaire aux lignes 15 et 20) et du hourrite (nom hourrite l. 11, et confusion du masculin et du féminin l. 18) est nette. Si le document n'a pas été rédigé à Carkémiš même (dont la syntaxe est « classique »), il doit l'avoir sans doute été dans quelque ville provinciale de Syrie du Nord. La « main » est maladroite et la rédaction embarrassée ; ainsi, le scribe reprend la formule de la ligne 10 à la ligne 12, glose (ou répète) le verbe aux lignes 12 et 13.

[*um-ma* ^{I}x-x-]x šes-*ka*
a-[*na* ^{I}*ši-píṭ*-]^{d}iškur šeš-*ia*
qí-bi-ma

---

lu-ú šul-m[*u a-na mu*]*h-hi-ka*
dingir.meš *a-na* [*šul-ma-ni* p]ap-*ru-ka*

---

a-hi-ia [*ta-aš-pu-ra-a*]*n-ni*
1-*en*?! lú *š*[*a* ?   ] ki
<<   >>
ša im-qú-ut[*-tu*] *a-na pa-ni-ka*
ù iz-zi-zu it-ti

---

1. À la 3e personne masculin singulier (Arnaud, *Emar* VI, 1986, n° 257, l. 9, et Arnaud, *Textes syriens...*, 1991, n° 94, l. 20) et pluriel (*Emar* VI n° 205, 14).

^{I}*a-ri* 1-*en* iti.meš
it-ti-šu ù ip-púš
ip-pu-uš an-nu-ti
a-na ia-ši ù šum-ma
tar${}^{!}$*-ṣú a-na pa-ni-ka*
ù ul-te-bi-la-šu
gab-bu ša ha-aš-ha-ta
a-na-ku a-na-din-ši

ù a-na pa-ni lugal en-*ka*
tar-ri-iṣ${}^{!}$*-ma aš-šum*
[*a-*]*wa-te*.meš ^{f}[*be*]*-el-ta-yi*$_8$
[*ù li-*]*id-din* [*mi-ri-iš-ti-*]*ia*
[ ]*ú*
[ ]x-*ma*
[ ] ni
[ ] x x [(x)]
1 gú.un síg.meš 1 *me-at* kù.babbar
1 gú.un ku$_6$.meš 3 gur *kur-kám*

Traduction

1-3 [Ainsi parle] ton frère [...] : à mon frère, [Šipiṭ]-Ba'al, dis :

4-5 Salut à toi ! Que les dieux te gardent en [bonne sa]nté !

6-18 Mon frère, [tu] m'[as envoyé] l'homme .[...]. qui s'était réfugié auprès de toi et qui était resté un mois avec Ari : eh bien, il a fait ces choses pour moi. Aussi, si tu le juges bon, je lui fait donc porter tout ce que tu désires. C'est moi qui le livrerai.

19-28 Aussi, que ton seigneur le roi agrée aussi les propos de [B]ēltayu, [pour] qu'il livre mes [demandes]. [...] un talent de laine, cent (sicles d')argent, un talent de poissons, 3 *kor* de curcuma.

2. Je considère comme à peu près sûre la restauration du nom du destinataire, « supérieur hiérarchique » d'Ourtenou.
7. La relative, aujourd'hui disparue, indiquait peut-être l'origine du personnage (« qui habitait dans le pays [ki] de ... »).
   1-*en* (si c'est bien la lecture !) fonctionne comme l'article défini français.
8. De faibles traces indiquent que cette ligne a été effacée.
9. La restauration, quoique ne donnant pas une forme habituelle, se fonde sur le parallélisme avec le verbe de la ligne suivante.

15 et 20. *tarāṣu*, décalque du hittite, a le sens de « se ranger à l'avis de » (Nougayrol, *PRU* IV, p. 167 et 179).

16. « Passé épistolaire » : cette lettre accompagne le messager.
17. On attendrait un accusatif.
18. On attendrait un suffixe masculin.
19. Je comprends cette juxtaposition comme une sorte de phrase hypothétique.
21. La restauration du nom propre est vraisemblable.
22. La restauration de la lacune est presque assurée pour le sens ; n'importe quel nom équivalent est, évidemment, possible. Le sujet de *nadānu* n'est pas sûr : j'ai compris que c'était le roi. Mais ce pourrait encore être Bēltayu ou un anonyme (« on »).
28. La lecture des trois derniers signes est hypothétique. Je suppose que les deux derniers sont une graphie pseudo-idéographique pour **kurkamû*, qui serait une variante « occidentale » (*cf.* l'hébreu *karkom* et l'arabe *kurkum*) de l'accadien *kurkanû* (« curcuma »).

Moyen-Euphrate

Les lettres venues du Moyen-Euphrate se classent en deux groupes distincts : le numéro **7** (RS 92.2007) est une lettre administrative qui règle un problème fiscal. Toutes les autres appartiennent à la correspondance d'Ourtenou, le factotum bien connu de Šipiṭ-Ba'al. Toutefois, même si les deux correspondants sont les mêmes, ces nouveaux documents appartiennent à un autre dossier que celui qui fut découvert en 1973 et publié dans *RSO* VII, 1991.

7 - RS 92.2007. *Le correspondant transmet les décisions du* tuppātnuru *à propos des taxes sur les marchands.* *Fig. 8*

Musée de Damas DO 7798. Dim. 73 x 56 x 21.

Cette lettre, écrite en caractères médio-assyriens, commence par un en-tête médio-babylonien, tandis que le reste du message est médio-assyrien [2]. Destinataire et envoyeur portent, autant qu'on en puisse juger encore aujourd'hui, des noms babyloniens. Ils sont manifestement des auxiliaires du *tuppātnuru*. Ce document a été écrit, selon toute vraisemblance, sur la rive gauche de l'Euphrate [3].

Les mutilations au début des lignes ne sont pas matériellement importantes ; elles sont cependant particulièrement gênantes et toute l'interprétation repose sur les restaurations, qui, elles-mêmes, se fondent sur l'idée que l'on se fait du texte. Je comprends que l'envoyeur, en poste sur la frontière orientale, cite les instructions du *tuppātnuru*, à lui adressées sans doute de Carkémiš : il faut taxer des marchands avec fermeté, mais ceux « du *tuppātnuru* » en sont dispensés. Cette formule, très lapidaire, n'est pas claire. Ce dignitaire a-t-il des marchands à son service qui se trouvent francs, de cet fait, de droits ? Les « marchands du *tuppātnuru* » sont-ils simplement ceux qui, pour s'être acquittés des taxes douanières auprès de ses services, peuvent alors circuler librement dans la Syrie hittite [4], sorte de « marché commun » ? À la limite, les deux hypothèses ne sont pas exclusives.

[*a-na* ^{Id}x-x-*b*]*e-el*-numun-*ia*
[*um-ma-a* ^{Id}x-*dum-*]*qí* ìr-*ka*

[*pa-né* en-*ia lu-m*]*ur a-na di-na-an* en-*ia*
[*lu-ul-li-ik um-m*]*a-a* ^{I}*tup-pa-at-nu-ri*
[ ] x *ka-a-šu-ud*
[x x *ki-*]⸢*i*⸣ lú dam!.gàr.meš-*šu*
[*i-lu-*]*ku-ni-ma me-ek-se-šu-nu*
[*ta-m*]*a*!*-ke-és* u_4*-ma* lú *tam-ka-ru*
[*i*]-*lu-ku-ni ka-ta*.meš *ša*
[*pa*]-*né-šu-nu lu-ka-il*
[*ṭe*$_4$]-*ma-te le-pu-šu*
[*ma-ka-as*] *me-ek-se-šu-nu*
[*lu-ú*] *la ta-me-és*
[x x l]ú *tam-ka-ru*
[*š*]*a tup-pa-at-nu-ra* en-*ia*
[*i*]*š-tu ni-pi-ih* ^{d}utu
⸢*a-di*⸣ *e-re-eb* ^{d}utu *i-lu-ku*
[*ha-ra-a*]*m-ma me-ek-se-šu-nu*
[*am-mi-š*]*a a-na-i-né ta-ma-ke-és*

---

2. Ce protocole mixte est connu à Dūr-Katlimmu, *cf.* Tsukimoto, *Welt des Orients* 23, 1992, p. 36-38. Les restaurations s'inspirent de ce fait.

3. Il a été commenté dans Arnaud, *Studi micenei ed egeo-anatolici*, 37, 1996, p. 58-65.

4. [*am-mi-š*]*a* « là-bas » (l. 19) désigne le lieu de destination de la lettre : Ougarit.

Traduction

1-2 [A ...-b]ēl-zēria : [ainsi parle ton serviteur, ...-dum]qī :

3-19 [Puissé-je] voir [le visage de mon seigneur ! Puissé-je me mettre] à la place de mon seigneur! Voici ce qu'a dit le *tuppātnuru* : « [...]. est pris ; [...] quand ses marchands [arri]veront, [tu lè]veras leurs taxes. Le jour où les marchands viendront, on devra s'assurer des garants qu'ils proposent ; ils seront forcés d'exécuter les [or]dres. [Ne néglige [absolument] pas de [lever] leurs taxes. » [...] les marchands de mon seigneur, le *tuppātnuru*, vont du Levant au Couchant. [Au]ssi pourquoi lèverais-tu leurs taxes [par là-]bas ?

2-3. La formule étant d'inspiration babylonienne, j'ai restauré des formes babyloniennes et non assyriennes.
5. La forme est un permansif de forme II. Son sujet a disparu. Certes, *kašādu* s'emploie dans un contexte militaire, mais « faire prisonnier » n'épuise pas, et de loin, les autres sens de ce verbe.
8. Les traces visibles ne favorisent pas la lecture : MA ; je l'ai cependant retenue, car je ne vois pas d'autre lecture satisfaisante, dans le contexte.
12. La restauration est hypothétique.
18. L'adverbe de lieu est maintenant attesté aussi en médio-assyrien, dans un texte de Sidon [5] à peu près contemporain.

8 - RS 92.2006. *Dagan-ba'alī demande deux services à Ourtenou.* *Fig. 8*

Musée de Damas DO 7797. Dim. 57 x 74 x 31.

um-ma ^{d}kur-en
a-na ^{I}*ur-te-na* šeš.du$_{10}$.ga-*ia*
ša ki-i ì.meš.du$_{10}$.ga *ù ni-ip-ši*
giš.erin.na *a-ra-a-mu qí-bi-ma*

---

dingir.meš *ša* kur *u-ga-rit*$_{x}$ dingir.meš *ša* lugal en-*ka*
^{d}*é-a be-lu* dugud *a-ab-ba ta-ma-tu*$_{4}$
dagal-*tu*$_{4}$ *ù* dingir.meš kur *aš-ta-tá* zi.meš-*ka*
pap-*ru ù a-na ama*$_{x}$*-ti-ka* KAxU-*ka*
na-aṣa$_{x}$*-ri a-na pa-ni* lugal en-*ka*
li-⌜*kab-bi-it-ka*⌝

....

....

[ ]x x [
[ ]x *an-ni-ta* šeš-[*ia*]
a-na muh-hi-ia li-púš

šeš-*ia* ^{Id}kur-*ta-li-i'* dumu-*ka* [*ù*
aš-ra-nu la-a tu-ha-ra-n[*i*
ab-ka-šú-nu-ti-ma lil-li-k[*u-ni*

Traduction

1-4 Ainsi parle Dagan-ba'alī : à mon doux frère Ourtenou que j'aime comme le parfum et l'effluve du cèdre, dis :

5-10 Que les dieux du pays d'Ougarit, les dieux de ton seigneur le roi, Ea, le puissant seigneur, que l'Océan, les vastes mers et les dieux du pays d'Aštata protègent ton âme et qu'ils ⌜te rendent vénérable⌝ devant ton seigneur le roi pour que ta parole, que ta bouche soient respectées ! [...]

5. Ici, plus bas, sous le n° **14**, l. 11'.

11'-13' [...] que [mon] frère exécute cette [..]. pour moi.

14'-16' Mon frère, ne retarde pas ton fils, Dagan-tali', [et ...] là-bas. Mets-les en route pour qu'ils retournent [chez moi.]

1. La lecture du nom du Moyen-Euphrate est connue maintenant par le rapprochement des graphies idéogrammatiques (Arnaud, *Emar* VI, 1986, n°35, l. 15 ; n° 150, l. 37 ; *Textes syriens*..., 1991, n° 1, l. 31' ; « La Syrie du Moyen-Euphrate sous le protectorat hittite », *Aula orientalis*, 5, 1987, n° 4, l. 32) et phonétiques du nom d'un scribe (*ibid.* n° 17, l. 35).
Un siècle auparavant, les scribes syriens, au service de l'administration hittite à Maşat höyük (Alp, *Hethitischen Briefen*, 1991) utilisaient déjà ces formules ampoulées (n° 2, l. 14-22 ; n° 3, l. 14 sqq. ; n° 81, l. 9-15).

6-7. Ces lignes peuvent être aussi bien l'écho lointain d'une citation littéraire, qu'un souvenir des traités hittites ou une référence aux « listes sacrificielles », bien connues à Ougarit [6].

8-9. Il est impossible de transcrire, si l'on n'admet pas que les signes AM et AZ ont une « lecture longue » : /ama/ et /aṣa/ ; de telles « lectures » sont fréquentes, quoique souvent non reconnues, dans les textes « occidentaux ».

10. Le verbe est presque entièrement restauré par les faibles traces du haut des signes ; le singulier (si c'est bien un singulier) est un lapsus. La fin du *recto* n'a pas été transcrite.

14'. Le pluriel du suffixe l. 16' montre qu'un second personnage (au moins) était aussi en question.

9 - RS 92.2017. *Lettre double.* *Fig. 9*

Dans la première partie, Iṣṣur-Rašap demande des nouvelles à Ourtenou et se déclare prêt à fournir ce qu'il lui demandera ; il reproche ensuite leur silence à deux autres correspondants. Dans la seconde partie, il demande des nouvelles à son « frère » Ziminu.

Musée de Damas DO 7808. Dim. 64 x 45 x 20.

a-na ^{I}*ur-te-na* en-*ia*
qí-bi-ma
um-ma ^{I}urì-^{d}maš.maš ìr-*ka-ma*
a-na gìr.2 en-*ia iš-tu ru-qiš am-qut*
a-na muh-hi en-ia *lu-ú šul-mu*
dingir.meš gal.meš *ša* uru *ú-ga-rit*$_x$
nap-šat en-*ia* pap-*ru ù li-šal-li-mu*
a-na a-ma-ri en-*ia lìb-bi-ṣi-ha-an-ni dan*$^{!}$*-niš*
man-nu pa-né ba-nu-ti ša en-*ia li-mur*
ù da-ba-ab-ka ṭa-ba liš-te-mi
um-ma-a a-na en-*ia-ma šulu*$_x$*-ka*
a-na muh-hi ìr-*ka šu-pur lìb-bi*
lu-ú ha-di
mi-ri-il-ta ša a-na ìr-*ka*
tu-še-bi-lu a-na ṭup-pi šu-ṭú-ur lu-ú i-di

---

a-na ^{d}iškur-di.ku$_5$ en-*ia*
ù ^{f}*ta-mar-*^{d}*hé-bat* gašan-*ia*
qí-bi-ma
a-na gìr.2 en-*ia u* gašan-*ia*
2-*šú* 3-*šú am-qut a-na muh-hi-ku-nu lu-ú šul-mu*
dingir.meš gal.meš *ša* uru *ú-ga-rit*$_x$
nap-šat en-*ia ù* gašan-*ia* pap.meš
ù li-šal-li-mu ki-i
en-*ia ù* gašan-*ia am-ma-ti-ma*

---

6. Voir ici, plus bas, le n° **22**.

a-na ša-a-li šul-mi
ša ìr-*šu-nu ul iš-pu-ru*
ù lìb-bi-na-kud dan-niš

---

um-ma ^{I}<<d>>urì-^{d}maš.maš
a-na ^{I}*zi-mi-na* šeš-*ia*

qí-bi-ma
lu-ú a-na muh-hi-ka dingir.meš
a-na šul-ma-ni nap-šat šeš-*ia*
pap-*ru ù li-šal-li-mu*
ki-i šeš-*ia a-na ša-a-li*
šul-mi-ia iš-pu-ru
ù lìb-bi(-)ha-di dan-niš šeš-*ia*
šulu$_{x}$*-ka šu-pur lu-ú ha-da-ku*

Traduction

1-15 À mon seigneur Ourtenou, dis : ainsi parle ton serviteur Iṣṣur-Rašap : je suis tombé de loin aux pieds de mon seigneur. Salut à mon seigneur ! Que les grands dieux d'Ougarit protègent la vie de mon seigneur et la conservent. Mon cœur se réjouit beaucoup à l'idée de voir mon seigneur. Qui voudrait voir le beau visage de mon seigneur et entendre ton bon parler ? Je le dis à mon seigneur : envoie ton salut à ton serviteur. Mon cœur s'en réjouira. Écris sur tablette ce que tu désires que ton serviteur t'adresse que je le sache.

16-26 À mon seigneur Adad-dayyān et à ma maîtresse Tamar-Hébat, dis : je suis tombé, deux fois, trois fois, aux pieds de mon seigneur et de ma maîtresse. Salut à vous ! Que les grands dieux d'Ougarit protègent la vie de mon seigneur et de ma maîtresse et la conservent. Comme mon seigneur et ma maîtresse n'ont jamais écrit pour s'enquérir de la santé de leur serviteur, mon cœur est donc dans une grande angoisse.

28-37 Ainsi parle Iṣṣur-Rašap : à mon frère Ziminu, dis : qu'en ce qui te concerne, les dieux protègent la vie de mon frère en bonne santé et la conservent. Comme mon frère m'a écrit pour s'enquérir de ma santé, mon cœur se réjouit donc beaucoup. Mon frère, envoie-moi de tes nouvelles, j'en serai heureux.

C'est une lettre de débutant, comme on le constate à voir les signes, écrite sous la dictée (*cf.* les sandhis aux lignes 8, 27 et peut-être 36).

3. Cette lecture, douteuse pour le premier idéogramme, est empruntée à l'onomastique du Moyen-Euphrate où le verbe *naṣāru* apparaît sous cette forme d'imperfectif ouest-sémitique. C'est la solution déjà adoptée dans *RSO* VII, 1991.

4. Telle est la traduction acceptée, mais *amqut* est bien plutôt un « passé épistolaire », et il serait plus naturel de traduire en français : « Je tombe (au moment où tu lis cette phrase) ... ».

7. *nap-šat* est un singulier, comme aux lignes 22 et 32.

8. Le sandhi est évident. L'adverbe n'est pas à sa place, comme, plus bas, l. 36.

9. Comprendre : « Qui (plus que moi) ... ».

11 et 37. Ce n'est pas une faute, à proprement parler, mais l'enregistrement de la forme évoluée **šulukka*, issue de **šulum-ka,* avec « lecture longue » de ŠUL : /šulu/.

15. Le scribe marque par cette remarque naïve qu'il sait bien lire. Je prends *ana* comme une préposition d'agent (équivalent, d'ailleurs banal et non fautif à proprement parler, de *ina*), au mot-à-mot : « que tu veux faire porter *par* ton serviteur. » Tout le contexte rend invraisemblable de traduire : « que tu veux faire porter *à* ton serviteur. »

16. La transcription phonétique est arbitraire. Est-ce le même qui est déjà apparu au n° 2, l. 4 ?

17. Le nom propre est hourrite.

24. *am-ma-ti-ma* se combine avec la négation de la ligne 26 pour donner le sens de « jamais ».

26. La traduction « n'écrivent pas » (« passé épistolaire ») serait peut-être plus naturelle.

27. *na-kud* n'étant pas un permansif, l'analyse impose le sandhi.

28. Le déterminatif divin est un lapsus.

29. Ziminu est peut-être à rapprocher de l'anthroponyme ḏmn, bien attesté à Ougarit.

31-33. L'ajout de <*šul-mu*> permet de retrouver les protocoles ordinaires. Mais cette correction ne s'impose pas absolument : le scribe a bien pu inventer une formule nouvelle, à partir des deux formules banales.

36. On peut analyser le verbe comme un permansif ou mieux comme un imperfectif (ce que le parallélisme avec la ligne 27 semble indiquer) : alors, il s'agirait d'un autre sandhi.
37. L'emploi d'un permansif, au lieu et au sens d'un imperfectif, se trouve déjà à Meskéné (D. Arnaud, *Emar* VI, n° 259, 18), où la restauration se trouve justifiée.

10 - RS 86.2232. *Début d'une lettre à Ourtenou.* *Fig. 9*

Musée de Damas DO 7769. Dim. 59 x 49 x 22.

[
a-na ^{I}*ur-te-na* šeš-˹*ia*˺
qí-bi-ma

˹*lu*˺*-ú šul-mu a-na muh-*[*hi-ka*]
dingir.meš *a-na šul-ma-ni*
pap-*ru-ka*

˹*e*˺*-nu-ma* lugal tibira.meš
[*i*]*š-tu muh-hi-*˹*ia*˺ banšur šà-*bi*
[ ]*il-te-qì*
[ ]iš$^{?}$
....

(Signes dispersés sur la tranche inférieure et le verso)

Traduction

1-3 [...] : à mon frère Ourtenou dis :
4-6 Salut à [toi !] Que les dieux te gardent en bonne santé.
7-10 Voici que le roi [...] des métallurgistes de moi une table prise sur [...] [...]

7-8. La seconde moitié de ces deux lignes est de lecture très difficile et, donc, fortement incertaine.
9. Le dernier signe pourraît être un GA et non un GI.

« Phénicie »

BEYROUTH

11 - RS 86.2212 + 86.2214A. *Le roi de Beyrouth demande au roi d'Ougarit de faciliter la mission de son envoyé.* *Fig. 9*

Musée de Damas DO 7754. Dim. 64 x 41 x 19.

um-ma lugal kur pú.me
a-na lugal kur *u-ga-ri-it*
šeš-*ia qí-bi-ma*

---

lu-ú [*š*]*ul-*[*mu*] *a-na muh-hi* šeš-*ia*
dingir.me *a-na šul-ma-ni*
šeš-*ia* pap-*ru*

šeš-*ia a-nu-ma* lú-*ia*
an-na-a [*aš*]*-šum ba-'-e*

ṣa-bu-ti-ia aš-ra-nu
al-tap-pár-šu <<*a-na*>>
a-na muh-hi šeš-[*ia*]
ki-i i-kaš-š[*a-du*]
lú *mim-ma* [*a-*]*na pa-ni-šu*
lu-ú la-a
i-[*pa*]*-ru-uk*
ù ṣ[*a-b*]*u-ti-ia*
aš-[*ra-nu l*]*i-pu-uš*

Traduction

[1-3] Ainsi parle le roi du pays de Beyrouth : à mon frère, le roi du pays d'Ougarit, dis :

[4-6] Sal[ut] à mon frère ! Que les dieux gardent mon frère en bonne santé.

[7-17] Mon frère, voici que je t'envoie là-bas cet homme-ci pour chercher ce que je désire. Quand il arri[vera] chez [mon] frère, que personne ne lui fasse obstacle pour qu'il puisse exécuter là-[bas] ce que je de[man]de.

8. L'infinitif II est une forme assyrienne. Le rédacteur se place de son point de vue : *ašrānu* (« là-bas ») signifie : à Ougarit (comme à la ligne 17).
10. Les deux derniers signes ont été effacés par le scribe. Le verbe est au « passé épistolaire ».
15. Ce verbe a plutôt le vocalisme en /i/ mais le vocalisme en /u/ est attesté çà et là.
16-17. Les restaurations s'imposent.

12 - RS 92.2021. ***Un dignitaire beyrouthin demande au roi d'Ougarit de faciliter la mission de son envoyé et de lui envoyer un scribe.*** *Fig. 14*

Musée de Damas DO 7811. Dim. 61 x 56 x 27.

[*a-na* lugal kur *u-ga-ri-it*]
[*qí-bi-ma*]
[*um-ma* ^{I}… ìr-*ka*]
a-[
a-na x[
a-na x[
a-na giš.gi[gir.meš-*ka*
a-na erim.meš-*ka* ⌜kur?⌝-*k*[*a*?]
ma-gal dan-níš lu-ú š[*ul-mu*]

---

be-li a-nu-um-ma lú.meš ⌜dumu.kin.meš⌝
a-na kur en-*ia al-ta-pár-šu-nu*
a-na la-qè-e ṣi-bu-ti-ia
ù en-*ia* igi.meš-*šu*
ugu ìr.meš-*šu*
li-iš-ku-un
ù lú-*lu*$_4$ *mim-ma*
pa-né-šu-nu lu-ú la-a
i-pa-ri-ik
i-na a-la-ke-šu-nu
i-na tu-wa-re-šu-nu
ú-ṣur-šu-nu

ù en-*ia* 1-*en* tur-*ra*
ṭup-šar-ra li-še-bi-la
a-na ìr-*šu*

25. *a-nu-ma a-na-k*[*u*
1 gad *k*[*a-*
1 *me-at* [
1 *me-*[*at*
....

Traduction

1-9 [Au roi d'Ougarit, dis : ainsi parle ton serviteur, ... :] la plus grande des prospérités po[ur ...,] pour [...,] pour [tes] c[hars], pour tes troupes, ton pays !

10-21 Mon seigneur, voici que j'envoie des ⌜messagers⌝ dans le pays de mon seigneur pour prendre ce que je demande. Que mon seigneur pose donc son regard sur ses serviteurs et que personne ne leur fasse obstacle. Protège-les à leur aller et à leur retour.

22-24 Que mon seigneur fasse aussi mener un domestique, scribe, à son serviteur.

25-28 Voici qu'en ce qui me concer[ne, ...] un .[...], cent [...], cent [...], ce[nt...] [...].

La provenance de cette lettre pose problème. L'expression *a/ina pānē parāku* se retrouve au numéro précédent. Mais elle est aussi attestée dans l'accadien de Qadeš (Nougayrol, in *Ugaritica* V, p. 120-122 n° 39 [RS 20.172, partiellement restauré]), dans celui des Hittites (RS 15.33 l. 25 : Nougayrol, *PRU* III p. 16) et d'un certain Ebina'e (RS 17.78 l.13 : Nougayrol, *PRU* IV p. 196), dont le nom renvoie encore à la zone hittite. Qu'on prenne alors en compte l'adverbe *magal* (« fréquemment palestinien » d'après le *CAD* s.v.) et la syntaxe, hésitant entre une forme classique et une forme « cananéenne », caractéristique des lettres de Beyrouth : j'attribuerai donc l'origine du document à cette ville, sous réserve d'inventaire.

1. La restauration est empruntée au numéro précédent : les lignes suivantes montrent que le destinataire ne peut être que le roi, et non un haut fonctionnaire.
6. x est peut-être é, plutôt qu'a[nše.
8. L'ordre est celui de la lettre de Burnaburiaš au pharaon (EA n° 10, l. 5).
10. La lecture de la fin de la ligne est très hypothétique.
17. L'expression apparaît comme *a/ina pānē* dans les autres citations (voir le commentaire ci-dessus) : faut-il corriger ?
19-20. J'ai transcrit avec le vocalisme assyrien les deux infinitifs : la forme de *tuāru* suggère que c'est bien ce dialecte que le scribe utilise là (à la différence de la ligne 12).
22-24. On attendrait *šapāru* ; comme le montrent les dictionnaires, *abālu* s'emploie rarement avec des personnes. On remarquera l'opposition, à la fois graphique et grammaticale, entre le vocatif : *be-li* (/bēlī/) et le nominatif : en-*ia*.
26. Une restauration à partir du mot *kaballu* serait peut-être possible ; on ne le connaît pas précédé par le déterminatif gad, mais il existait des chaussures, plutôt des chaussons, en toile de « lin ».

SIDON

Les quatre textes publiés ci-dessous (n^os^ **13-16**) sont à l'évidence les pièces d'un même dossier. Trois ont été découverts en 1986 – donc bien après RS 18.54, trouvé en 1954 et publié par J. Nougayrol deux ans plus tard [7]. Il est cependant expédient de le reprendre ici ; un commentaire continu existe [8] et je n'ai rien à y ajouter. L'importance de ces documents exige que la traduction en soit justifiée, non par des notes

7. *PRU* IV, p. 228. La distance, calculée obligeamment par Mlle. B. Arzens, (en confrontant le plan dépliant I d'*Ugaritica* IV et la figure 1 de *RSO* VII) entre le lieu de la trouvaille de 1986 et celui de RS 18.54, est de 150 m environ, et cela à vol d'oiseau. Si l'on rapproche de ce fait la date (seulement vraisemblable, je le reconnais, non sûre), de ce dossier, c'est-à-dire les années de l'impérialisme assyrien sous Tukulti-Ninurta Ier (Arnaud, « Les ports de la "Phénicie"... », *Studi micenei ed egeo-anatolici* 33, 1992, p. 180-181), on est conduit à conclure que ce lot n'est pas resté bien longtemps une archive vivante. Les circonstances dans lesquelles ont été successivement trouvés les documents de Tyr suggèrent une conclusion analogue.

8. Arnaud, *op. cit.* p.179-194.

successives, mais par un exposé synthétique. On le trouvera plus loin (p. 291) en *Annexe*, sous le titre : « Le jargon épistolaire de Sidon à la fin de l'âge du Bronze récent ».

Aucun critère, ni externe ni interne, ne permet de classer chronologiquement les trois lettres lisibles l'une par rapport à l'autre. Je publie, donc, en premier lieu, la plus longue, puis le plus gros fragment, enfin le fragment le plus petit. Ce procédé, dont j'avoue volontiers l'arbitraire, rend la lecture plus simple, puisque l'on a ainsi d'abord une vue d'ensemble de la crise, avant de prendre connaissance de ses épisodes. Rompant avec les usages, j'ai pourvu la traduction d'intertitres, entre crochets droits et en petites majuscules, pour apporter un peu de clarté dans des textes quelquefois redondants et prolixes [9].

13 - RS 86.2221 + 2225 + 86.2226 + 86.2240. ***Le roi de Sidon presse amicalement le roi d'Ougarit de résoudre le grave incident provoqué par des blasphémateurs.*** *Fig. 10-11*

Musée de Damas DO 7761. Dim. 221 x 117 x 31.

⸢*um-ma*⸣ ^{Id}[iškur-*i*]*š-mi* lugal kur *ṣi-du-ú-*[*ni*]
[*a-*]*na* lugal kur ⸢*ú*⸣*-ga-ri-it* šeš-*ia qí-bi-ma*

---

lu-ú šul-[*mu*] *a-na muh-he-ka* dingir.meš-*nu* pap-*ru-ka*

[*a-nu*]*-ma* [*áš-šúm ša t*]*a-aš-pu-ra-né áš-šúm* dumu *ia-ta-re*
[x x x x x *ṭup-pa-t*]*e-šu šu-bi-la ki-i ir-te-eh*
[*a-n*]*a* ⸢*muh*⸣*-h*[*e-šu* x] kù.babbar.meš ⸢*ù*⸣ *it-mu-ú a-na pa-né* dingir.meš
a-kán-na š[*e-bu-tu-šu i*]*t-mu-ú ap-pu-na-ma* ⸢*ma-a*⸣ *šum-ma*
i-na é *ki-le la-aš-*[*šu ù* š]à *šar-šar-ra-a-te ša* gìr.meš-*šu*
la-a ú-te-ru ù [*a-na-ku*] kù.babbar.meš *a-na-din táq-ṭá-bi*
ke-e-na-tu ša táq-ṭ[*á-bi-ú-ni*] *i-na ke-e-te*
a-mur ša iš-tu p[*i-i-ka u*]*ṣ-ṣa-né ki-i ša iš-tu pi-i* dingir.meš
uṣ-ṣu-ni [*al-te-me iš-t*]*u lìb-bé a-ma-te ša* tur.meš
ma-a n[*e-nu ah-hu-ú a-kán-n*]*a li-it-mu-ú*
ma-a [*šum-ma i-na* é *ki-li la-aš-š*]*u šar-šar-ra-te*
a-[*na* gì]r.me[š-*šu la-a ú-ta-ru-*]*šu* lú gím *ka-a-ša*
x [x] x en *de-e-*[*né-šu i-na ke-*]*et-t*[*e* (...) *táq-ṭá-bi*]

[*ù*] *a-ma-tu an-na-tu ša* tur.meš-*ni ša ta-ša-*[*ap-pa-ru-ni*]
[*a-na*] *ia-a-ši a-na muh-he-ši-na* ⸢*la-a a*⸣*-ma-tu*.meš [*ša* l]ú *ša-ak-re*
⸢*ù*⸣ *la-a a-ma-tu*.meš *ša* lú *la-a* [*ša-*]*ak-re mi-*[*na*] *i-qáb-bi*
lú *ša-nu-t*[*i-šu*] *ki-i i*$^{?}$*-ša-am-m*[*i*]*-ú-ši-na-ni*

---

9. Deux tout petits fragments (sans numéro d'inventaire) pourraient appartenir au même dossier. Ils ne forment en tout cas pas *join* avec les quatre autres textes. Voici ce qu'ils portent :

A.
....
]*ù* 4 *me*[
____
]GI-*šu ù ki-i* [
] x ta az ki [
]x[
....

B.
....
]a x[
] *ù*[
]at[
]*a-di*[
____
]ma a[
]x x[
....

ù ki-i lú [*ki-i pa-*]*ni-ti-ša hi-ṭa* gal-*a an-na-ka i-na* kur *ṣi-du-ni*
ih-ṭí-ú-[*ni i-na q*]*a-ab-le pe-*[*r*]*ek-te i-na qa-qa-de*$_4$ *ša* ^{d}iškur
siskur.meš gal.[meš *e-ra-bu a-n*]*a gab-be* é.meš *ša* dingir.meš *pa-ṭi*$_4$-[*ia*]

ù u[$_4$-*m*]*a-at a-qa*[*b-bi-ú-ni* x x] x x *šu-ut ù a-na* é di[ngir.meš *it-te-*]*ni*
siskur.meš *e-t*[*a-ra-bu ù la-a aṭ-r*]*u-ud-da ù i-na* 4 u$_4$.meš [*an-nu-*]*te*
lú *ša-na-am-ma* [*e-tar-*]*ba* [*a-n*]*a* é dingir.meš *it-te-ni*
e-ta-ra-ab-ma ù la-a a[*ṭ-ru-ud-d*]*a ul-ta-iš šu*[*-ut*]
siskur.meš *ša* ^{d}iškur *ù iq-ṭá-b*[*i ma-a e-pa-aš* šiskur.meš] *ša* ^{d}[iškur]

---

a-na hi-ṭí gal *ša an-na-ka e-*[*pu-šu-*]*ú*[*-ni* sisk]ur.m[eš]
a-kán-na la-a e-pu-šu-uš ù up-t[*a-a*]*h-hi-ru* lú.meš
uru *ṣi-du-na-ia lu-ú* gal-*ú lu-*⸢*ú*⸣ *ṣe-eh-ru*

ù iq-ṭá-bu-ú šu-nu a-na ni-ia-a-ši ma-a bi-la-né-šu
a-na ni-ia-ši i-na na$_4$.meš *lu ni-du-uk ù lu nu-ša-k*[*a-an* giš.meš]
ù i-na giš.meš *lu ni-iz-qu-up-šu iq-ṭì-bi-*⸢*ú*⸣

ù nu-ta-ki-ir-šu né-e-nu iš-tu pa-né-šu-nu

ù lu la-a nu-na-ki-ir-šu iš-tu pa-né-šu-nu e-kar-[*ra-ru-šu*]
ki-i [*š*]*a iq-bu-ú a-na e-pa-ši-šu li-*[*pu-šu-uš* (...)]

[*ù ki-i-*]*mu ša la-a ša-ka-ni-šu i-na* é *ki-le ù* [*šum-ma*]
[*i-na šar-ša*]*r-*⸢*ra-te*⸣ *la-a ú-ta-ru hi-ṭa ša ih-ṭí-*[*ú-ni*]
[*ú-š*]*a-*⸢*al-lam-*⸣*ma ù la-a tu-ra-ad-da ap-pu-na-ma*
[*a-m*]*a-te*.meš [*l*]*am-na-te la-a ta-qáb-bi a-na-i-ša qu-u*[*l*
⸢*ù*⸣ *an-*[*n*]*u-ú i-ša-am-mi-ka ù ma-né-he-*⸢*e*⸣*-*[*te-šu* ...]
ù la-a ta-na-ad-di-in ṣa-al-ta i-na be-ru-[*ú-ni*]
la-a ta-⸢*g*⸣*a-ar-ri* šeš.meš *né-e-n*[*u*]

ù k[ù.babbar.meš *š*]*a* [*l*]*e-et* dumu *ia-ta-re l*[*i-di-nu ù*]
[*i-na p*]*a-ṭi*$_4$*-ia* dumu *ia-ta-re gab-bu-šu l*[*i-din*]

[*ù*] *li-pu-šu-uš* lú.meš <<ṣi>> *ṣi-du-na-ia*
[*k*]*i-i ša i-na pa-na-nu iq-bu-ni a-na e-pa-ši*
ša-an-na-ma li-pu-šu-uš iš-tu e-mu-ru[*-ni*]
ki-i i-[*n*]*a* é *ki-le na-du-ú-ni ù šar-šar-ra-*[*tu*]
a-na gìr.meš-*šu ša-ak-na-ni ù ub-ta-'e-ú*
e-pa-aš ma-si-ik-te a-na ša-a-šu ù ha-ra-ma
iq-ṭá-bi ma-a [1] *li-i*[*m* kù.babbar.meš *a-n*]*a-ad-din a-na š*[*a-al-lu-mi*]

ù 6 *me* kù.babbar.meš [x x x x *iš-tu lìb-bé*] kù.babbar.meš *ir-*[*te-hu*]

ù lú-*ka ki i-š*[*al-la-mu-ni*
a-na aš-ra-a-nu [
⸢*i-na*⸣ *tar-ṣe pa-*[*né* dingir.meš x x x x x x] ⸢lú.gal⸣.meš x[
[*ma*]*-a* 4 *me* k[ù.babbar x x x] ⸢*ú*⸣*-šal-lam-š*[*u*] *iq-ṭá-bi*

[*i-na še-*]*er-te a-na el-li-di-iš*
[ ] x [ ]x.meš [*iq-ṭá-b*]*i ma-a* kù.babbar.meš *an-na-a*[*-nu-um*
[*iš-tu le-*]*et* lú *ša-ni-e tal-te-qe-e-ši*
[*ù a-ta-lak*] *a-na-ku qa-du* é-*ia a-na* kur *mi-iṣ-ri iq-*⌜*ṭá*⌝*-bi*

[*ù iš-mu-ú a-na*] *p*[*a*]*-né* lú.meš *še-bu-*[*t*]*e ù am-mi-ni an-na-a*[*-nu-um la-a*]
[*i-la-qe-*]*a* guškin.meš *ša i-q*[*ab-b*]*u-ni ù šu-ut ul-ta-iš* ⌜*ša-ba*⌝*-a*[*s*]
[*le-*]*em-né-e-te ma-da-a-*[*t*]*e*.meš *ù* šeš-*ia* dingir.meš-*nu*
[*it-*]*taḫ-ṣu i-na muḫ-ḫe-šu a-na ka-al-be ša-a-šu ù šu-ut ba-li-iṭ*
[ur]*u-ia mé-e-et ù ša-ni-tam mi-na ta-qab-bi*! *a-na* dumu *ia-ri-me*
[*ma-a*] *šu-ut* lú ⌜*mu-ša-al-lim*⌝ kù.babbar *ù mi-na ṭé-em-ka at-ta*
[x x x]*-e ú -*[ ] *šu-ut*

[*ù tu-še-*]*la-a* [^{I}*t*]*a-ša-am-me a-na ia-a-ši ù ta-laq-qe*
[*re-ḫe-et*] kù.babbar.meš [*i*]*š-tu li-tu-šu ù tu-še-*[*e*]*l-la a-na ia-a-ši*
[ìr *ša* ^{I}dumu] *ia-ri-mi bal-ṭa šu-bi-la-an-né*

[*ù lu-*]*ur-ri-ku* uru *i-na lìb-bé-šu ù i-na* na$_4$.meš *li-du-ku-uš*
[*ù i-na*] giš.meš *li-*<*iz*>*-qu-pu-uš ù aḫ-ḫu-ú né-e-nu*
[*a-ma-ti*]*-ia t*[*a*]*-še-em-me ù šu-bi-la-šu a-na ia-a-ši*
[*a-ma-*]*tu-a la-a ú-da-a mu-tu ša ta-ša-ku-nu-ni ù la-a ki-a*
[*a-d*]*i a-na-ku la-a u*[*d*]*-du-ni a-di ki-i-se-su tu-še-ba-šu a-na ia-a-ši*
i-na šu-*at* lú-*ka ù ša i-na pa-né-ka da-am-qu-ú-ni*
a-na e-pa-ši e-pu-uš ù a-na pa-an na-pùl-te
ša dub.bi-*ka a-da-gal a-na ša-mé-e a-ma-te*.meš *ša ta-qa-bi*

ù li-pu-uš ša e-pa-šu-ú-ni a-na ìr-*ia*
ša i-na li-tu-ka ù a-di ta-qa-ab-bi-ma a-na tur-*ni la-a*
ú-še-bé-el-šu i-na šu-*at* lú-*šu*

Traduction

[*Adresse*]

1-2 ⌜Ainsi⌝ parle [Adad-y]ašma‘, roi du pays de Sidon : au roi du pays d'Ougarit, dis :

3 Salut à toi ! Que les dieux te protègent !

[*La proposition jurée du roi d'Ougarit*]

4-16 [Vo]ici : [à propos de ce que t]u m'as mandé à propos du fils-de-Yataru [... : « ...] fais-moi porter ses [tablet]tes, puisque reste à [son] débit [... d']argent et ils ont ainsi juré devant les dieux, [ses t]émoins ont juré en outre : "S'il ne se trouve plus en prison [et] si on ne lui remet pas des chaînes aux pieds, alors, [moi], je m'engage à verser l'argent." Voilà ce que tu as déclaré. Ce que tu di[sais], c'était vrai. En vérité, je considérais ce qui sortait de [ta] bo[uche] à l'instar de ce qui sort de la bouche des dieux. [J'ai entendu d]ans les propos des serviteurs : « N[ous sommes frères]. Qu'ils jurent a[insi : " S'il n'est plus en prison, si on ne lui remet pas] des entraves au[x pie]ds, l'homme comme toi..." ».

[*Mais les propositions ne sont pas concordantes*]

17-20 [Or] ces propos des serviteurs que tu m'as m[andés] sur ces sujets ne sont ni les paroles [des] ivres ni les paroles des non-[i]vres. Pour[quoi] l'homme s'entête-t-il à tenir des propos diffé[rents], quoi qu'il puisse entendre les autres ?

[*Un châtiment s'impose*]

21-23 Et puisque l'homme ([comme au]paravant) a commis le péché suprême ici, dans le pays de Sidon [à l'i]ntérieur de l'adyton, contre le dieu de l'Orage lui-même, des sacrifices solennels [devront entrer da]ns l'ensemble des temples des divinités de [ma] circonscription.

[La punition n'a pourtant pas été exécutée]

24-28 Et les jo[urs où] je di[s ...], celui-ci [...] et les sacrifices sont en[trés avec] nous dans les temples, [sans que je le c]hassasse ; ainsi, pendant ces quatre jours, l'homme est entré à nouveau dans les temples avec nous ; il est bel et bien entré, sans que [je le c]hassasse. L[ui] a *négligé* les sacrifices dûs au dieu de l'Orage, il avait pourtant dit [: « Je ferai les sacrifices] dûs au dieu [de l'Orage. »]

[D'où la colère des Sidoniens]

29-31 Pour le péché suprême qu'il [a commis] ici, on n'a pas fait convenablement les [sacri]fices en sa faveur ; aussi, les Sidoniens, grands et petits, se sont-ils rassemblés.

32-34 Et eux nous ont dit : « Livrez-le-nous ; nous voulons le lapider et ins[taller les bois] et le planter sur les bois. » Ainsi dirent-ils.

[Précaution prise par le roi de Sidon]

35 Et nous, nous l'avons soustrait à leur vue.

36-37 Car, ne l'aurions-nous pas soustrait à leur vue, ils [l']auraient préc[ipité] ; ils voulaient [faire (...)] comme ils avaient dit qu'ils lui feraient.

[Il faut régler cette affaire]

38-44 [Or, en échan]ge de ne pas le maintenir en prison et [pourvu qu'on] ne lui remette pas les [chaî]nes, [il] ⸢s'engage à compenser⸣ le péché qu'il a comm[is]. Aussi tu voudras bien ne pas, en plus, ajouter de mauvaises [par]oles ; tu ne saurais dire : « fais attention où (tu vas) », car celui-ci peut t'entendre et [... ses] obligations. Ainsi, tu ne saurais soulever une querelle entre [nous] ; tu ne saurais contester. Nous sommes frères.

45-46 Aussi qu[' on livre] l'ar[gent dont] le fils-de-Yataru est responsable pour que le fils-de-Yataru le [livre, à son tour, dans] ma circonscription, dans sa totalité.

[Sinon, les Sidoniens le supplicieront]

47-53 [Car] les Sidoniens veulent faire comme ils ont dit auparavant qu'ils feraient. Ils veulent le refaire depuis qu'ils ont constaté qu'il est en prison et qu'il a les chaînes aux pieds. Aussi décidèrent-ils de lui faire du mal ; il a alors ensuite déclaré : « [J']accepte de livrer un mi[llier de (sicles d')argent pour pa[yer le tout. »]

[Il faut payer]

54 Mais il re[ste] six cents (sicles d')argent [... sur] l'argent.

55-58 Et ton homme, quand il p[aiera....] là-bas [...] devant [les dieux ...] les ⸢témoins⸣ .[..] l'argent [.... .] « [...] quatre cents (sicles d')argent ; je paierai la totalité. » Voilà ce qu'il a déclaré.

59-62 [... au m]atin, le surlendemain. [.... . Il décla]ra : « [*Quand*] tu auras pris l'argent, d'ic[i, de] l'autre personne, [alors], moi, [je partirai] pour l'Égypte avec ma maison. » Voilà ce qu'il a déclaré.

[Car la colère des dieux est terrible]

63-69 [Et ils ont juré d]evant témoins ; alors, pourquoi [n'est-ce pas] d'ic[i] [qu'il accepte de prendre] l'or dont il p[ar]le ? Mais c'est bien lui qui a *négligé* la colèr[e] née des méchancetés nombreuses. Aussi, mon frère, les dieux ont-ils [fr]appé à cause de lui, de ce chien, et lui est vivant ; ma [vil]le, elle, est morte. Aussi, j'y reviens : pourquoi oses-tu dire au fils-de-Yarīmu : « C'est lui l'homme ⸢qui paiera⸣ l'argent » et pourquoi est-ce toi qui [as chang]é d'avis ? C'est lui [*qui doit payer*].

70-72 [Tu feras donc] monter [T]ašamme, pour moi, et tu voudras bien lui prendre [le reste] de l'argent ; ensuite, tu voudras bien faire monter vers moi [le serviteur du fils-de]-Yarīmu, sans dommage. Fais-le-moi venir !

[Le roi de Sidon fait tout pour mettre fin à cette crise]

73-80 [Car] la ville persiste [vraiment] à ce propos à vouloir le lapider [et] le planter [sur] les bois. Or nous sommes frères. Tu voudras bien écouter mes [paro]les ; fais-le-moi porter. Que mes [par]oles ne soient connues, c'est la mort que tu décides. Mais il n'en sera pas ainsi [tan]t que, de mon côté, je ne connaîtrai pas le moment où tu lui auras fourni la totalité de ses capitaux, pour moi, par l'intermédiaire de ton homme.

Aussi, fais ce qu'il te convient de faire ; ainsi, en ce qui concerne la mort, je me prépare à examiner ce que portera ta tablette pour entendre les paroles que tu voudras bien dire.

[Il demande, enfin, de bien traiter son serviteur pendant son séjour à Ougarit]

81-83 Qu'on fasse aussi ce qu'il faut faire pour mon serviteur qui est en ton pouvoir, car, jusqu'à ce que tu daignes parler aux domestiques, je ne le ferai pas ramener par l'intermédiaire de son homme.

En plus du commentaire composé, que l'on trouvera plus bas *(Annexe)*, je reprends ici quelques points parmi les plus difficiles.

4. Pour la transcription avec des traits d'union, *cf.*, plus bas, note 10.

4-5. Restauré d'après le contexte.

6. Une somme devait se trouver dans la lacune, quoique cela ne s'impose pas absolument.

7. On trouvera la raison pour laquelle *akanna* est identifié comme un adverbe de manière, et non de lieu (voir, plus bas, page 298). Il faudrait traduire par « comme tu le sais », si ce n'était un peu loin du texte.

9. Restauré d'après le contexte. La forme du prétérit est babylonienne, peut-être pour être empruntée à une citation d'une lettre d'Ougarit.

10. La forme verbale est restaurée par analogie avec la conjugaison assyrienne.

11. Restauré d'après le contexte.

12. Restauré d'après le contexte. [T]U pourrait aussi bien un [N]A.

13. La formule est banale ; on la retrouve dans ce même texte l. 44 et 75, mais le détail graphique n'est pas précisable. *mā* semble développer le substantif *a-ma-te* ... de la ligne précédente.

14-15. Les restaurations sont reprises des lignes 7-9.

16. La restauration est hypothétique, et laissée non traduite.

17. La restauration est vraisemblable.

19. Pour la traduction de l'imperfectif, *cf.*, plus bas, la page 312.

20. Pour la restauration *cf.*, plus bas, la note 61.

21. La restauration du syntagme adverbial est hypothétique.

22. Pour *de*$_4$, cf., plus bas, p. 294.

23. Pour la transcription *ṭi*$_4$ (et non *ṭe*$_4$), *cf.*, plus bas, note 61. La personne du pronom est imposée par le contexte.

24. Les traces semblent permettre la lecture et la restauration du début de la ligne, telles qu'elles sont présentées ; mais je n'ai pas retrouvé la préposition *ūmāt* en médio-assyrien. La fin de 24 est restaurée d'après la ligne 26.

25-27. Les deux formes de *ṭarādu* sont restaurées par combinaison.

26. Je vois dans *ša-na-am-ma* un adverbe comme à la ligne 49, *cf.*, plus bas, la note 80. Une traduction un peu différente, fondée sur une coupe différente, est possible, elle paraît, toutefois, moins vraisemblable, *cf.*, plus bas, note 297.

26. On pourrait juger que l'espace entre ⸢BA⸣ et [N]A devait contenir, semble-t-il, plus qu'un signe ; en fait, l'argile a gonflé après son éclatement.

27. Pour la traduction de *-ma ù*, *cf.*, plus bas, la note 99. Je dérive *ul-ta-iš* (voir aussi, plus bas, l. 66) d'un verbe, très mal attesté, *la'āšu*, non sans hésitation (cf., plus bas, page 311). La traduction par « mépriser » (ou « traiter avec négligence, impiété, etc. ») se fonde sur le contexte. La restauration du pronom, en fin de ligne, est hypothétique.

28. Le verbe est restauré librement d'après le contexte et la fin de la phrase d'après son début.

29. La fin de la ligne est épigraphiquement douteuse.

30. L'adverbe (*cf.* commentaire à la ligne 7) est plutôt un adverbe de manière ; il faut comprendre : « ainsi qu'il le fallait ». Le pluriel rassemble tous les responsables négligents de l'affaire, non seulement le blasphémateur lui-même. Le pronom (apocopé) masculin singulier ne peut reprendre siskur.meš, un pluriel ; il s'agit du pronom datif : « pour lui (c'est-à-dire le dieu) ».

32. Le précatif succédant à un impératif correspond à une proposition finale pour le sens, *cf.*, plus bas, p. 318.

33. Le préverbe NU n'est pas sûr, NA serait peut-être possible, *cf.*, plus bas, note 226. La restauration de la fin de la ligne s'inspire de la ligne suivante.

36. Ou peut-être mieux : *e-kar-[ru-ru-šu]*.

37. Pour la nuance introduite par *ana* après *qabā'u, cf.*, plus bas, la note 257. La restauration de la fin de la ligne s'inspire de la ligne 49.

38-39. La restauration, hypothétique pour une part, s'inspire cependant des lignes 7-8.

40. Le début de la ligne est épigraphiquement douteux ; je me suis arrêté à cette lecture, faute de mieux. On pourrait choisir de restaurer une deuxième personne, le sujet serait le roi d'Ougarit, mais la liaison des idées semble plus claire ainsi. *šalāmu* II a un sens concret : « payer les sacrifices » et un sens abstrait : « effacer la faute ». Les deux se trouvent en accadien.

41. Pour la traduction de l'imperfectif (comme aux deux lignes suivantes), *cf.*, plus bas, la page 312. Pour l'analyse d'*a-na-i-ša*, *cf.*, plus bas, note 75.
45. La lecture, non complètement sûre, se fonde sur les traces ; les deux verbes sont hypothétiquement restaurés à partir du contexte.
46. Pour la transcription ti_4 (et non te_4), *cf.* la remarque à la ligne 23. *gab-bu-šu* est peut-être un locatif sans préposition, d'où la traduction et la restauration hypothétique, *cf.*, plus bas, la note 142.
47. La dittographie est évidente.
48. Pour la nuance introduite par *ana* après *qabā'u,* voir la remarque à la ligne 37.
49. Pour l'adverbe, voir la remarque à la ligne 25.
53. La restauration de la fin de la ligne se fonde sur le contexte et sur les lignes 40 et 59. Pour la traduction de l'imperfectif, *cf.*, plus bas, la page 312.
54. Les restaurations se fondent sur le contexte et sont hypothétiques ; il y a encore place pour quatre signes plus ou moins dans la lacune (quelque chose comme *ša šallumi* : « à payer » serait-il à envisager ?).
55. La restauration est tout à fait hypothétique, d'autant qu'on attendrait dans 6 une graphie *ki-i*.
57. Les traces à la fin de la ligne sont mal lisibles.
59. La restauration se fonde sur la vraisemblance.
60. kù.babbar, qu'on le lise *kaspu* ou *ṣarpu*, n'est pas féminin en accadien ; il est donc impossible de compléter la fin de la ligne *an-na-a-*[*te*], même si le suffixe du verbe est étrangement au féminin singulier (qu'il faudrait alors corriger en *ši-*<*na*> ?). L'hypothèse la plus simple est de lire : *an-na-a*[*-nu-um* : « d'ici ». Le verbe est restauré d'après les traces et le *mā* qui suit.
61. Le sens demande que le parfait soit un passé du futur, correspondant à un futur antérieur en français. À la fin de la ligne précédente (ou, peut-être, au début de celle-ci) se trouvait, peut-on supposer, une préposition de temps. Une autre traduction : « d'une autre personne » reste possible.
62. La restauration de la lacune se fonde sur le contexte et sur la formule de 14, 23'.
63. Au début de la ligne, la restauration est hypothétique, quoiqu'elle s'inspire de 14, 19' et aussi de 13, 6, comme elle l'est encore à la fin.
64. La restauration du début est vraisemblable ; elle rend nécessaire le rejet de la négation à la fin de la ligne précédente, par manque de place. La lecture *i-q*[*ab-b*]*u-ni* me paraît presque sûre, mais grammaticalement la forme est embarrassante, *cf.*, plus bas, note 252. Pour *ul-ta-iš*, voir le commentaire, plus haut, à la ligne 27 et aussi, plus bas, à la page 311.
66. Pour la traduction de *ana* par « à cause de », cf. plus bas note 104 et remarque à la ligne 70. Pour la restauration de la première syllabe du verbe, *cf.*, plus bas, note 201.
67. La restauration de l'idéogramme initial m'apparaît s'imposer.
68. Je n'identifie pas les restes de hauts de signes entre lú et UD, même kù est douteux. Ma proposition est donc une simple hypothèse, la meilleure que j'ai pu trouver.
69. Le contexte suggère fortement qu'une forme de *šanā'u* (ou de *enā'u*) se trouvait dans la lacune du début, d'où la traduction. Ensuite, une restauration comme : *ú-*[*ša-al-la-am* kù.babbar.meš] *šu-ut* est hypothétique mais vraisemblable.
70. La restauration du verbe au début s'inspire de la ligne suivante. Le [T]A n'est pas de reconnaissance évidente ; les traces suggèrent plutôt [Š]A, mais la première hypothèse permet de lire un nom assyrien, « (La déesse) exauce », dont la version masculine est attestée (Cl. Saporetti, *Onomastica medio-assira*, Rome, 1970, II, p. 159). La relation de ce nouveau personnage avec les autres acteurs est inconnue. La traduction de *ana* par « à cause de », « pour l'amour de », et non pas simplement : « vers moi » est imposée par le contexte. Cette signification de *ana* est très claire ligne 66, *cf.*, plus bas, note 104 et remarque à la ligne 66.
71. La restauration de début de ligne est suggérée par la suite des idées ; une somme n'est pas non plus exclue. Pour la traduction de l'imperfectif, *cf.*, plus bas, la page 312 ; *li-tu-šu* est un locatif, *cf.*, plus bas, note 142.
72. Je n'ai pas d'arguments pour la restauration de la lacune initiale, qui ne se fonde que sur l'enchaînement des faits.
73. *ālu* est considéré comme un pluriel pour le sens, d'où la forme du verbe. L'expression *i-na lìb-bé-šu* est amphibologique. On pourrait comprendre aussi : « en son [de la ville] sein ».
77. Pour la forme *ki-i-se-su* (pluriel de *kīsu* : **kīsātu*, avec le pronom suffixe *-šu*), *cf.*, plus bas, la note 144. J'analyse le verbe comme une forme de *šabā'u*, *cf.*, plus bas, la note 230.
80. Je prends dub.bi comme une sorte d'idéogramme, *cf.*, plus bas, la note 38. Pour la traduction de l'imperfectif, *cf.*, plus bas, la page 312.
83. À quoi renvoie le pronom affixe n'est pas clair. Est-ce au fils-de-Yarīmu ?

14 - RS 86.2208. ***Le roi de Sidon rend compte des difficultés qui ralentissent le règlement de l'affaire des blasphémateurs.*** *Fig. 12*

Musée de Damas DO 7751. Dim. 107 x 110 x 33.

....

[x x] x *ú-ba-'e*[ ]x-*ú-šu*
[x x x] *ú-ba-'e* lú[ ] x
[x x x] *ú-bu-ni i-na* ⸢é⸣.[gal-*ia*] *ù i-na be-er-ti-*⸢*i*⸣[*a*]
[x x] x *a-na ku-a-ša al-tap-ra-ku ma-a la ta-al-ta-na-me*
[x x].meš *ša-ni-ú-te ša ú-ša-hu-zu-ka-ni*
t[*a*]-[*k*]*a-la mi-im-ma i-na mar-ši-ti* ìr.meš-*ia*

---

a-nu-ma ìr-*šu ir-ta-na-qi am-ma-ka a-na pa-né*l
dumu *ia*<<a>>-*ri-me ki*!-*i ú-ba-'e-ú-ni a-na* kur *mi-iṣ*!-*ri*
a-na ta-da-ni-šu aš-šum-ma ki-i ú-du-ni mar-ši-ti
ša en-*šu ù la-a i-na-di-nu* ìr *am-mi-a an-ni-ša*
ù am-mì-ša a-na-ku ú-ba-a-šu ù ki-i iq-bi!-*ú-ni*
dumu *ia-ri-me ma-a i-ba-aš-ši še-bu-tu ki-i ul-ta-ši*
1 *me* 50 kù.babbar I*ša-qa-e a-na šu-a-šu ù* gal!.meš-*tu*
ša uru *ú-ga-ri-it ú-du-šu ù* lú.meš *ša iq-*⸢*bi-ú-ni*⸣
ma-a še-bu-tu-ia šu-nu-ti il-ta-'-lu-šu-nu lú.mes-*ia*
ma-a at-tu-nu i-na ke-te še-bu-tu ša dumu *ia-ri-me ki-i ul-ta-ši*
kù.babbar.meš *a-na* šu-*at* I*ša-qa-e iq-ṭì-bi-ú-šu-nu-ti*
ma-a la-a še-bu-tu né-nu šum-ma i-na še-bu-ti i-ša-ku-nu
mu-še-ra-šu-n[*u l*]*i-it-mu* dingir.meš *a-na pa-né-šu-nu*
ù ki-i iq-[*bi*]-⸢*ú*⸣-*ni* Idumu *ia-ri-me a-na tar-ṣe pa-né* di[ngir.meš]
ma-a la-aš-šu 1 *me* 30 dug.ì.meš *ša* I*ša-qa-e i*[*q-ṭì-bi*]
ma-a šum-ma e-ta-am-ru i-na pi-tu-ia a-na kur [*mi-iṣ-ri*]
a-ta-lak a-di é-ti-ia iq-ṭì-bi [
[*l*]*i-li-ka* u_4-*ma* 40 dug.ì.meš Ix[

....

....

[x x x x] *i-ta-lak a-n*[*a*
i-ba-aš-ši i-na uru *ú-ga-*⸢*ri-it*⸣[
am-ma-ka a-na ša-a-šu ù la-a iṣ-[*bat*
a-na sa-ha-ri i-na lìb-bé kù.babbar.meš *ša iš-t*[*u*
il-qi-ú-ni ù iq-ṭí-'i-ip a-na e-pa-aš k[ù.babbar.meš
šu-ut ù ìr.meš-*šu ù ta-ak-tu-un* dumu.mí I*ia-ri-me*
a-na dam-*ti-šu ù la-a tu-la-ad a-na šu-a-šu*
ù ub-ta-'e a-na a-ha-zi mí *ša-ni-ta il-te-ša*
ki-i la tu-la-ad dumu *a-na ša-šu ki mu-de ú-ti*
dumu.mí I*ia-ri-me te-ta-pa*!-*ša-šu ù ta-su-uk*
giš.meš *i-na lìb-bé* gìr! *ù ta-ti-din-šu i-na* šu-*a*[*t*]
f*um-ma-'a-bi* nin-*ti-ša ù tal-te-qe-šu*
iš-tu il-ti-ú-ni ù sa-mu-ki iṣ-ṣa-bat giš.meš
lìb-ba-šu ù i-sa-aq-ra ⸢*iš*⸣-*pu-ru-ú-kum qu-ba-su*
iš-tu e-mu-⸢*ru*⸣-*ni ki-i pa-nu-*⸢*šu*⸣ *a-na mu-a-ti*
ù il-ta-ṭar <<GAB BE>> kù.babbar.meš ⸢*kát-ta*⸣-*ú-ti-ia* ⸢*li-num*⸣-*mu-šu*
mi-mu!-*šu ša am-ma-ka i-na lìb-bé ṭup-pe a-na* ugu-*ia*
i-na-ša-i qu-ul a-mu-e-at a-ba-la-aṭ ù ú-ba-'a
en *mi-im-mu-ia ša a-na* ugu *mi-im-mu-ia ù* ⸢*iq*⸣-*ṭ*[*ì-bi*]

ma-a a-na-i-ša qu-ul ta-mur ⌈*šap-ru-te*⌉
45'. *a-na* ugu *mi-im-mu-ia* ⌈*ù*⌉ ⌈*a-na* siskur.meš⌉ ^{d}Iškur [

ù lu ta-e-ra [
nin[

....

]-*ri-im-me a-ṣa-bat ṣi-ib-ta*
]*ú-ga-ri-it*

Traduction

[*Offre de service du roi de Sidon*]

[...] 1'-6' [...] dans [mon] p[alais] et dans m[a] citadelle [...] je t'ai écrit : « Tu n'écoutes en aucun cas les autres [...] qu'ils t'ont fait connaître. Tu peux re[ten]ir tout des possessions de mes serviteurs. »

[*Mauvaise foi du fils-de-Yarīmu*]

7'-24' Voici : quant à son serviteur, il le cache là-bas chez le fils-de-Yarīmu, car on cherche à le livrer en Égypte, parce qu'on connaît la fortune de son seigneur, mais ils ne veulent pas livrer ce serviteur ici et là. De mon côté, je l'ai recherché et comme le fils-de-Yarīmu a déclaré : « Il est des témoins pour affirmer que je lui ai fait livrer cent cinquante (sicles d')argent de Šaqqā'u ; d'ailleurs, les témoins d'Ougarit le savent. », mes hommes ont interrogé ceux qui disaient qu'ils étaient des témoins : « Êtes-vous vraiment les témoins du fils-de-Yarīmu, qu'il lui aurait fait livrer l'argent par l'intermédiaire de Šaqqā'u ? » Ils leur répondirent : « Nous ne sommes pas témoins. » S'il se trouve des témoins, envoie-les-moi jurer par les dieux devant eux et comme le fils-de-Yarīmu déc[larait] devant les di[eux] : « Les trente vases d'huile de Šaqqā'u n'existent pas. », il ajouta : « Si on en rencontre dans ma circonscription, je m'engage à partir pour l'[Égypte] avec ma maison. » Voilà ce qu'il déclara. [...] qu'il parte ; quand [...] quarante vases d'huile [...].

[*Mauvaise foi d'un intermédiaire*]

[...] 25'-30' [...] partit p[our ... ; ...] se trouve à Ougarit [...] là-bas, à sa disposition, mais il ne pr[it pas ...], en retour, l'argent qu'il avait d[e...]. Il engagea celui-ci et ses serviteurs, pourtant, à fournir l'argent.

[*Ses ennuis familiaux et financiers*]

30'-45' Or, la fille de Yarīmu était depuis longtemps sa femme, mais elle ne réussit pas à lui donner d'enfant. Aussi chercha-t-il à épouser une autre femme, en plus d'elle, car elle ne réussit pas à lui donner un fils. La fille de Yarīmu le traita comme le responsable d'une faute et lui mit les ceps au pied : puis elle le livra à sa sœur Umma-'abi et elle s'empara de lui. Dès qu'il le put, mon écuyer lui retira les ceps et déclara : « Ils t'ont adressé ses doléances. Après qu'il vit qu'on voulait le faire mourir, il mit alors par écrit l'argent de mes garants, pour qu'ils me fassent dépêcher tout son bien qui est là-bas sur tablette "Veille à la livraison. Que je meure ou que je survive, le propriétaire de ma fortune recherchera ce qui concerne mon bien" et il déc[lara] : "Prends bien garde où tu vas. Tu as vu personnellement les envoyés au sujet de mon bien ⌈et quant aux sacrifices⌉ du dieu de l'Orage [...]" ».

[*Derniers conseils et dernières promesses*]

46'-47' Aussi, reviens [...] ... La sœur [...] .

48'-49' [...] ... je saisirai la prise [...] ... Ougarit.

Ce fragment est le reste d'une tablette d'un gabarit à peu près identique au texte précédent. Ce centre représente donc environ la moitié du document originel, dont le haut et le bas ont disparu. La face la plus plane a été considérée comme le *recto*.

1'-3'. L'absence de contexte empêche d'analyser les trois formes du verbe *ba''û*.

3'. La restauration de la lacune centrale et de la fin de la ligne sont beaucoup plus conjecturales que la copie ne le laisse voir et elles restent hypothétiques, même si les traces ne s'y opposent pas ; de fait, un suffixe devait suivre *be-er-ti* (*cf.*, plus bas, la note 61) et la cassure de l'argile laisse deviner le début d'un signe qui pourrait être (mais l'est-il ?) I.

5'. HU et ZU sont écrits en surcharge de quelques traces non complètement effacées. On ne peut savoir aujourd'hui qui sont les sujets du verbe *aḫāzu*.

6'. Les deux premiers signes sont à peu près totalement détruits et la lecture est hypothétique ; *mar-ši-ti* est un lapsus, comme ligne 9'.

7'. La place du complément d'objet direct, avant le verbe, est très rare dans le *corpus* de Sidon (voir aussi plus bas, ligne 15'). L'intention stylistique est évidente, d'où la traduction.

8'. <<A>> est une dittographie. KI$^{!}$ et IṢ$^{!}$ sont écrits sur des traces incomplètement effacées.

10'. Pour la traduction de l'imperfectif, *cf.*, plus bas p. 312.

11'. Sur la graphie, inattendue, de l'adverbe *cf.*, plus bas, note 58. L'analyse logique de cette très longue phrase complexe (11'-17') se trouve, plus bas, pages 315 et 317. BI$^{!}$ et écrit sur des traces incomplètement effacées.

12'. *ul-ta-ši* pourrait être une 3e personne masculin singulier (qu'on traduirait par : « on »).

13'. Le scribe avait oublié le chiffre et a dû le rajouter sur le bord. J'analyse l'anthroponyme comme un thème qattāl (de noms de métiers) : *Šaqqā'u, à partir de *šaqā'u*, signifiant donc à peu près : l'« irrigateur ». GAL$^{!}$ est mal venu mais sa lecture est sûre.

15'. *šu-nu-ti* ne peut être analysé, semble-t-il, que comme un nominatif, au lieu de *šunu* attendu, et d'ailleurs attesté dans le *corpus*. Pour la place du complément d'objet direct, très rare (autre exemple, plus haut, l. 7') et, d'une manière plus générale la structure de cette phrase complexe, *cf.*, plus bas, page 317.

17'. Le datif *-šu-nu-ti* est sans doute un lapsus, cf., plus bas, la page 333.

18'. Pour la graphie *še-bu-ti* (qui n'est pas assyrienne), *cf.*, plus bas, note 60.

20'. La traduction de la conjonction n'est pas sûre, car on ne sait où commence la proposition principale ; la particule *mā* a été prise comme l'introduisant, mais elle peut aussi bien n'être que la continuation de la subordonnée (« (et) qu'il ajouta ... »).

21'. Le contexte impose la restauration du verbe en fin de ligne.

22'. La forme IV est-elle un imperfectif ou un prétérit ? *pi-tu-ia* est un locatif, *cf.*, plus bas, note 142. Une traduction un peu différente est possible, quoique moins vraisemblable, *cf.*, plus bas, note 297. Le seul pays vraisemblable dans ce passage paraît bien être l'Égypte (*cf.* plus haut, l. 8').

23'. Pour la traduction de l'imperfectif, *cf.*, plus bas, page 312.

24'. En-dessous, on aperçoit quelques têtes de signes (mais ils n'ont pas été décomptés comme ligne).

28'. L'absence de contexte rend l'expression *ana sahāri* difficile à traduire.

30'. Pour *šu-ut* comme accusatif, *cf.*, plus bas, note 145.

31'. *tu-la-ad* est un imperfectif, car la stérilité de la première épouse est un fait qui dure dans le présent.

33'. La fin de la ligne m'embarrasse. J'analyse *mu-de* comme un participe de *udā'u*. Pour l'interprétation du mot difficile *ú-ti* (qu'on retrouve au n° 15, l. 14'), *cf.*, plus bas, note 137.

34'. PA$^{!}$ est non terminé. Pour le commentaire du prétérit *ta-su-uk*, dans la chaîne de parfaits, *cf.*, plus bas, page 261. La réaction de l'épouse bafouée se fonde sans doute juridiquement sur une stipulation du contrat de mariage, interdisant une seconde épouse, même en cas de stérilité de la première.

35'. La silhouette du signe après la préposition est mal reconnaissable. Si c'est GÌR, elle est simplifiée ; le sens, en revanche, est satisfaisant.

36'. Pour la transcription du verbe, *cf.*, plus bas, note 204.

37'. Pour l'interprétation du mot *sa-mu-ki*, *cf.*, plus bas, note 137.

38'. Pour *lìb-ba-*, voir page 300. Le suffixe masculin ne peut pas renvoyer à gìr (si c'est bien le signe à identifier), car *šēpu* est féminin. Il ne peut s'agir que de l'individu lui-même.
A partir de cette ligne et jusqu'à la fin du paragraphe, notre ignorance sur ce que sont les protagonistes et la situation générale rend à peu près impossible l'interprétation. Je comprends que le sujet d'*i-sa-aq-ra* est l'« écuyer » et qu'il s'adresse à celui qu'il vient d'élargir. J'ignore qui sont ceux qui ont « adressé les doléances » et de qui sont ces doléances. Ce personnage agirait aux lignes 39'-40' et ce sont ses propos (*qu-ba-su*) que rapporterait l'« écuyer » au discours direct. Reste que cette construction est fragile.

40'. GAB BE est effacé volontairement. Les deux signes après kù.babbar.meš sont de reconnaissance difficile.

42'. Pour cette haplographie, *cf.*, plus bas, note 45.

43'. Les trois signes de la fin sont effacés et très mal lisibles. La transcription se fonde plus sur le contexte (le *mā* de la ligne suivante demande un verbe déclaratif) que sur les traces ambiguës.

44'. La forme *a-mu-e-at* est peut-être un lapsus pour *a-mu-a$^{!}$-at*, *cf.*, plus bas, note 48. Pour l'analyse d'*a-na-i-ša*, *cf.*, plus haut, remarque à la ligne 41', p. 272.

45'. La lecture des signes dont ne restent plus que les têtes est hypothétique.

15 - RS 18.054. *Le roi de Sidon souhaite renouer des relations amicales avec le roi d'Ougarit, troublées par un « chien ».* (copie : *PRU* IV pl. LXXXI).

Musée de Damas DO 4797

NB. *Cette tablette, trouvée en 1954 entre le Palais royal et le Palais sud, fait partie du même dossier que les tablettes précédentes (voir plus haut p. 266), et elle a donc sa place ici.*

....
ma-a 2 lú.meš[
ih-ta-al-qu[*-ma ù*]
ṭé-ma al-ta-ka-an [*ma-a*]
šu-um-ma e-ta-am-r[*u*]
ù i-ṣa-bu-tu-šu-nu
ù ú-ma-ša-ar-šu-n[*u a-na ku-a-ša*]

ù a-nu-ma lugal kur *ú-ga-ri-i*[*t*
šeš-*ia it-te-ia za-ir*$^{!}$
ù la-a i-ša-pa-ra
dumu kin-*ri-šu a-na muh-he-ia*
a-na muh-he dumu ^{I}*ba-du-ni*
ka-al-be 1-*en ša hi-ṭa-*<*né*>
gal.meš *a-ka-na ih-ṭí-ú-ni*

ù ep-ša ṣe-le-tu i-na ú-ti
ip-šu-ú-ni ù qa-du ma-te
ṣe-le-tu i-na be-ru-ú-ni

---

a-na-ku aq-ṭá-bi ma-a gab-bé
mar-ši-ti ša é-ia
a-na ku-na-šu-nu ù mar-š[*i-tu*]
ša é-ti-ku-nu at-tu-i[*a*

---

dumu kin-*ri-ku-nu a-na m*[*uh-he-ia*
am-mi-ni la-a i-l[*a-ku*
[ ]dumu kin-*re*
....
....
]*gab-bu-ru-ti* sig$_5$
t]*a*$^{?}$*-ka la-ad-din*

Traduction

[*Attitude conciliante du roi de Sidon*]

[...][1'-6'] « Les hommes [...] se sont enfuis ; j'ai [alors] pris cette décision [: "] S'ils sont repérés, on devra s'emparer d'eux et je [te] les enverrai." »

[*Un grave malentendu*]

[7'-13'] Et voici que mon frère, le roi du pays d'Ougarit, est fâché contre moi au point de ne plus vouloir m'envoyer de messager à propos du fils de Badūnu, un des chiens qui ont commis ainsi de très grands péchés. [14'-16'] Aussi se sont créées des querelles à cause du crime qu'il a commis, mais jusqu'à quand y aura-t-il querelles entre nous ?

[*Unité des deux cours*]

[17'-20'] C'est moi qui ai déclaré : "Toutes les possessions de ma maison vous appartiennent et les poss[essions] de votre maison sont à mo[i]".

[*Demande d'envoi de messagers*]

21'-23' Pourquoi vos messagers ne vi[ennent-ils plus] ch[ez moi] ? [...] messager [...]

[*Promesses*]

24'-25' [...] de bon soldats [...] j'ai l'intention de fournir [...]. »

Rien ne permet de savoir si le *mā* initial introduit les paroles rapportées du correspondant, donc du roi d'Ougarit, ou si elles sont une citation d'une lettre antérieure du roi de Sidon. Le contexte (au moins tel que le fragment nous en donne un aperçu) montre clairement que le Sidonien cherche à renouer des relations amicales avec Ougarit. Ces propos de bonne volonté seraient donc un argument pour témoigner de sa bonne volonté : je les attribuerais donc plutôt au roi de Sidon. Les « hommes » en question peuvent bien être impliqués dans une autre affaire, géographiquement inverse de celle du blasphème : ils sont en territoire sidonien et réclamés par leur patrie d'origine.

4'. Comme pour le n° 14, 22', on peut hésiter sur la forme IV d'*amāru* : est-elle un imperfectif ou un prétérit ?
9'. Pour la traduction de l'imperfectif, *cf.*, plus bas, la page 312.
12'. Mot à mot : « le chien, un de ceux qui ... ». Pour la correction, voir, plus bas, la note 21.
13'. La traduction d'*a-ka-na* par « ici » est tout à fait possible dans le contexte, mais on verra, plus bas, p. 298, pourquoi il est préférable d'y voir un adverbe de manière. Il faut comprendre : « ainsi (que tu le sais »).
20'. Le pronom personnel pluriel employé pour la « maison » d'Ougarit est inattendu.
24'. Pour la traduction de *gab-bu-ru-ti*, *cf.*, plus bas, la note 137.

16 - RS 86.2234. ***Lettre du roi de Sidon.*** *Fig. 13*

Musée de Damas DO 7770. Dim. 68 x 46 x 27.

Je publie les photographies de ce texte, dont je ne fais rien. L'ordre protocolaire aurait été inverse de tout ce qui est connu. L'identification des deux correspondants est donc très douteuse. Cette lettre semble, cependant, appartenir au même dossier que les trois pièces précédentes. Voir plus loin en *Annexe* le commentaire sur le « jargon épistolaire de Sidon ».

TYR

17 - RS 86.2211. ***Fragment d'une lettre de Tyr (?)*** *Fig. 14*

Musée de Damas DO 7753. Dim. 84 x 46 x 29.

Ce fragment est sans doute une lettre. Son ductus évoque, pour moi, presque autant les lettres de Sidon que les lettres (royales) de Tyr ; je pencherais plutôt pour cette seconde hypothèse, d'où son classement. Il est impossible de tirer quelque sens continu que ce soit de ces lambeaux de phrases.

....

]x-*tu*
ù dumu.[x].meš-*tu*

---

a-n]*a pa-ni-ka li-iq-*[*bi/bu*]

]x-*šu-nu i-na lìb-bi* x[
l]ú.meš [x] *šá-šu* mu-*tu* [
]x 7 x [x x x] x x [
]x *um-ma* [
lì]*b-bi*[
]x[
]x x[

]x x[
]x x[
]x x[

]x x[

....

....

]x[
]x x[
]*li-ṣi*[
]x *šúm-ma t*[*a*
la]*-a a-ma-ri*[
i-na lìb-]*bi* kù.babbar.meš[
]x x[
]x x[
]*a-na a-ma-ri-k*[*a*

Traduction

3'. « Qu'il(s) te dit / disent » / 18'. « Si tu [» / 20' « da]ns l'argent [» / 23' «] pour t[e] voir ».

Le reste de la tablette est vierge après le trait sous la ligne 23'.

Égypte

18 - RS 86.2230. ***Début d'une lettre de Beya au roi ʿAmmurapi.*** *Fig. 15*

Musée de Damas DO 7767. Dim. 62 x 72 x 23.

Cette lettre, simple billet sans doute, comme il s'en échangeait entre les cours [10], montre simplement que Beya était contemporain de ʿAmmurapi d'Ougarit, lorsqu'il était haut dignitaire, militaire, d'Égypte. Il manque à peu près la moitié de la tablette [11].

um-ma ^{I}*be-e-ia*
lú gal erim.meš *hu-ra-*de_4.meš
ša lugal gal lugal kur *mi-iṣ-ri-m*[*a*]
a-na ^{I}*am-mu-ra-ap-e* lugal kur *ú-*[*ga-ri-it*]
qí-bi-ma

---

lú-ú šul-mu a-na muh-hi-ka

---

a-na-ku a-qa-ab-bi a-na ^{d}*a-ma-ni*
a-na ^{d}utu ^{d}iškur dingir.meš *ša* kur *mi-iṣ-ri*
ma-a li-iṣ-ṣu-r[*u*

ša-ni-t[*am*
x [

....

10. Comme celui qu'envoie le roi de Beyrouth au préfet du roi d'Ougarit (*RSO* VII n° 37).

11. L'argile couleur brique a subi un coup de feu.

....

[x x š]*i a-na ka-a-ša*

Traduction

[1-5] Ainsi parle Beya, le chef des gardes du corps du grand roi, du roi du pays d'Égypte mê[me] : à ʿAmmurapi, roi du pays d'Ou[garit,] dis : / [6] Salut à toi ! / [7-9] Moi, je déclare à Amon, à Ra et à Seth, les dieux du pays d'Égypte : « Qu'ils protèg[ent ...] . / [10] En second [lieu ...] .[..] . / [...] / [..]. à toi.

1. La lecture du nom Beya se fonde sur les graphies égyptiennes et ougaritiques qui excluent une transcription du signe cunéiforme BE par une labiale sourde et sur celles de l'accadien qui impose le vocalisme. L'anthroponyme est banal dans l'onomastique « occidentale », à Alalah à l'époque mitanienne, sur le Moyen-Euphrate et à Ougarit ensuite. Il apparaît seul ou bien bâti avec un nom de dieu ou de déesse, en premier élément, sur le schéma : ND-beya. Ces dernières formes suggèrent que la première est un diminutif. L'étymologie est obscure ; peut-être be- serait-il une abréviation de *bēlu*, soit *bē- suivi de la marque d'hypochoristique -ia.
8. La traduction : « à Amon, à Ra, (à) Seth (et) aux (autres) dieux... » n'est pas impossible, mais la triade préside aux trois corps de l'armée égyptienne et sa présence s'explique d'elle-même dans une lettre dont l'expéditeur porte un titre aussi militaire.

Fragments de lettres

19 - RS 86.2223. ***Lettre acéphale traitant d'échanges de biens.*** *Fig. 15*

Musée de Damas DO 7763. Dim. 83 x 90 x 22.

Le gabarit de cette lettre est à peu près complètement conservé, mais plus de la moitié du texte est aujourd'hui ou illisible ou disparue.

....

---

a-nu-ma na$_4$.meš [
šeš-*ia ul-te-*[*bil*]
ù i-na lìb-bi na$_4$.meš *ša*
[*mi-*]*ri-iš-ti-ia*
⌜*bur*⌝*-su*$^{!?}$*-ša-la*
ù mi-dal-li-ta
ra-bi-ta iš-tu
li-it šeš-*ia ú-ga-*[*ra-nu*]
i-te-ri-iš na$_4$ *ši-it*[*-ti*]
a-na mi-ri-iš-ti-ia
šu-bi-la-an-ni

ù šeš-*ia a-ša-pa-a*[*r*
[

[ ] *a-kán-na* [
[ ] *iš-tu* [
[ ] x *ša* [
[

....

a-nu-ma uzu x [
li$^{?}$*-ma-ir* šeš-[*ia*

Traduction
[...]1'-11' Voici que mon frère m'a fait por[ter] les pierres [...] mais, parmi les pierres que je [de]mandais, Ugā[rānu] avait demandé à mon frère du ... et de la grande ... . Fais-moi porter les pierres de res[te] pour satisfaire ma demande.
12'-13' Aussi, mon frère, j'ai l'intention de t'adresser [...].
14'-17' [...] ici [...] [...].
18'-19' Voici que .[..] ; que [mon] frère envoie [...].

Les signes sont difficiles à lire.

5'-6'. Le contexte suggère que ce sont là deux sortes de pierres.
Je vois dans les traces (le BUR est à peu près disparu) une version phonétique de l'idéogramme bur.šu.sal.la ; mais il est indiscutable que le su!? est bien un BA. Peut-être *mi-dal-li-ta* est-il à rapprocher de l'idéogramme ma.dal.lá/lum.
8'. Malgré l'absence de déterminatif, ce doit être le début d'un nom propre, attesté à Ougarit. La restauration se fonde sur un inédit.
9'. Restauration de la fin de la ligne d'après le contexte.
18'. Le premier signe est très douteux. TU? est aussi possible.

20 - RS 86.2241. *Fragment de lettre ?*

Musée de Damas DO 7775. Dim. 33 x 30 x 12 (non copié).

....
1'.]*tu*4-*sú* [
t]*u*4-*sú u* šá[m
]*tu*4-*sú ip-t*[*a*
me]š é? *ù* x[
5'. *p*]*a-ri-ru* erim.meš [
i]*š-te-en-ma*
]x šeš [
....

On ne reconnaît plus que quelques mots ; *parāru* (« débander ») convient bien avec erim.meš (« troupes », l. 5'). À la ligne 6', peut-être aurait-on la fin de la formule, très utilisée dans la correspondance des rois « phéniciens » avec Ougarit : que les deux « maisons », de l'envoyeur et du destinataire, sont « une ». Dans cette hypothèse, ce fragment appartiendrait à ce dossier.

21 - RS 86.2249. *Fragment de lettre ?*

Musée de Damas sans n°. Dim. 25 x 31 x 21 (non copié).

....
x
]lú *ša-a-šú*
....
....
]*t*[*e-e*]*r*
] x
]x-*ab-ku*
]*ša iṣ-ṣa-ab-ta* x[
] x x x x [

6

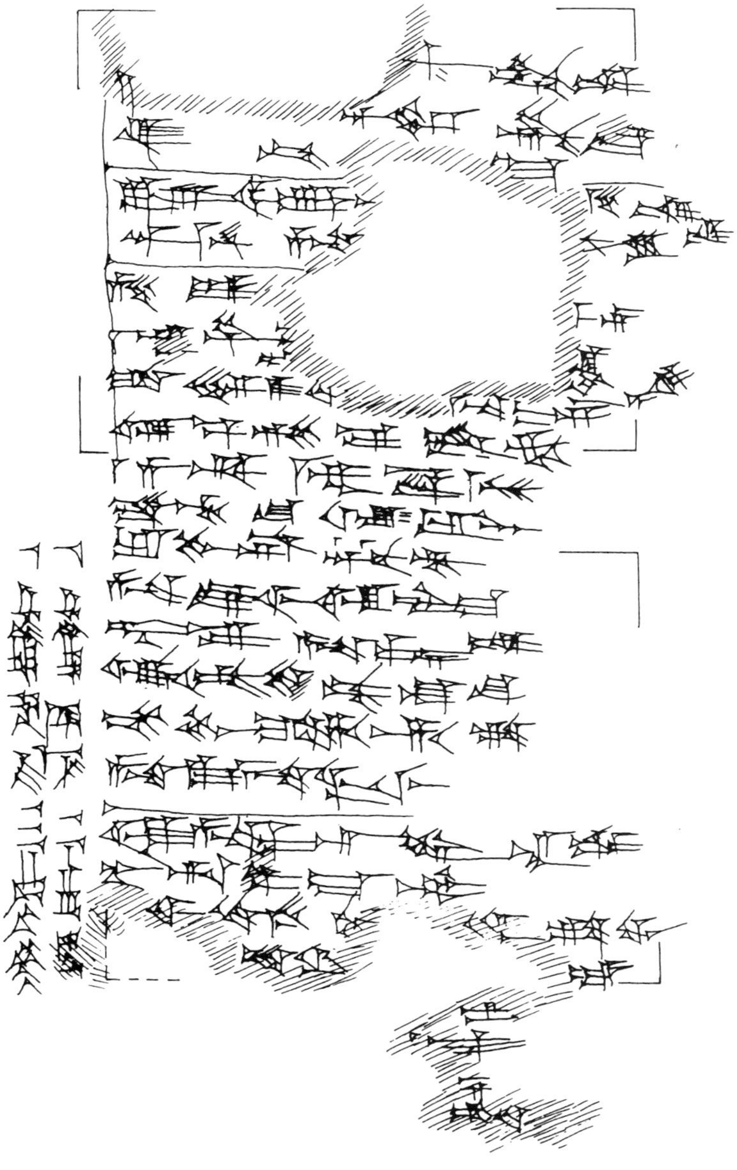

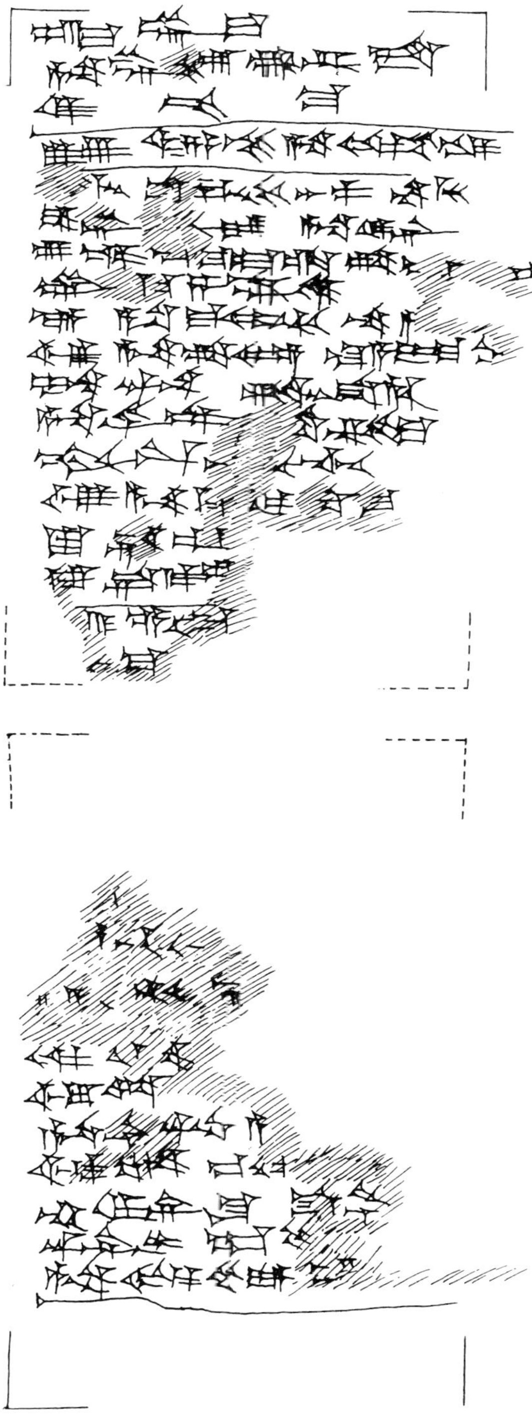

5

Figure 7. Tablettes n^os **5** (RS 86.2216) et **6** (RS 86.2236).

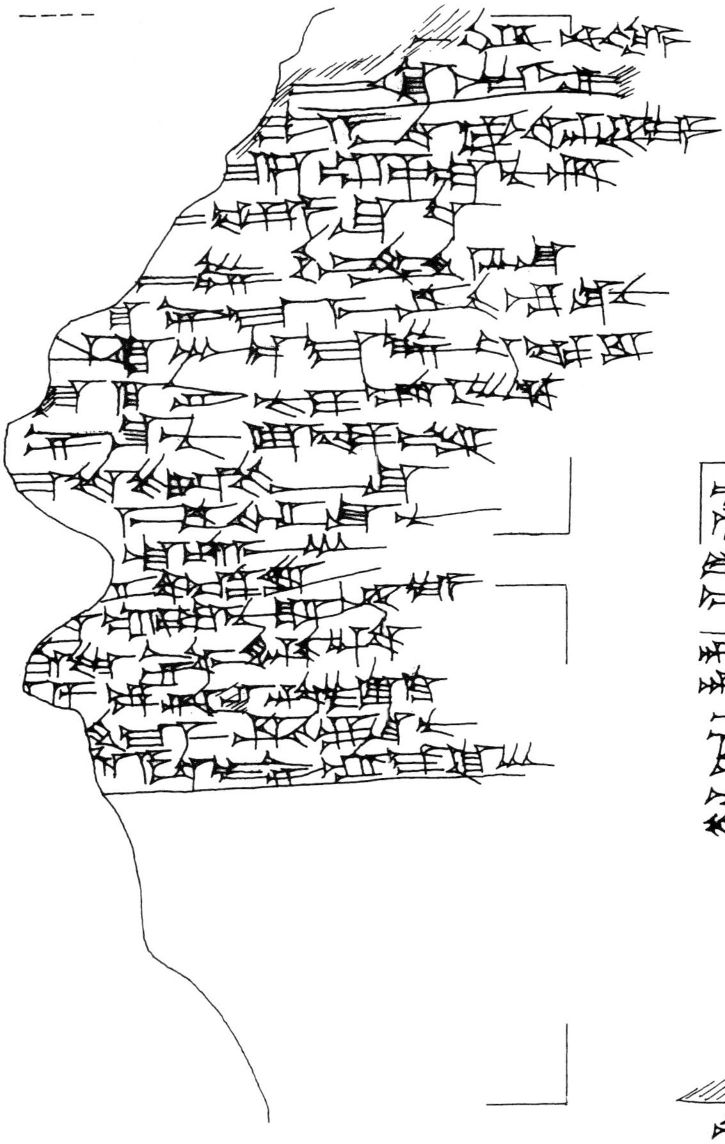

7

8

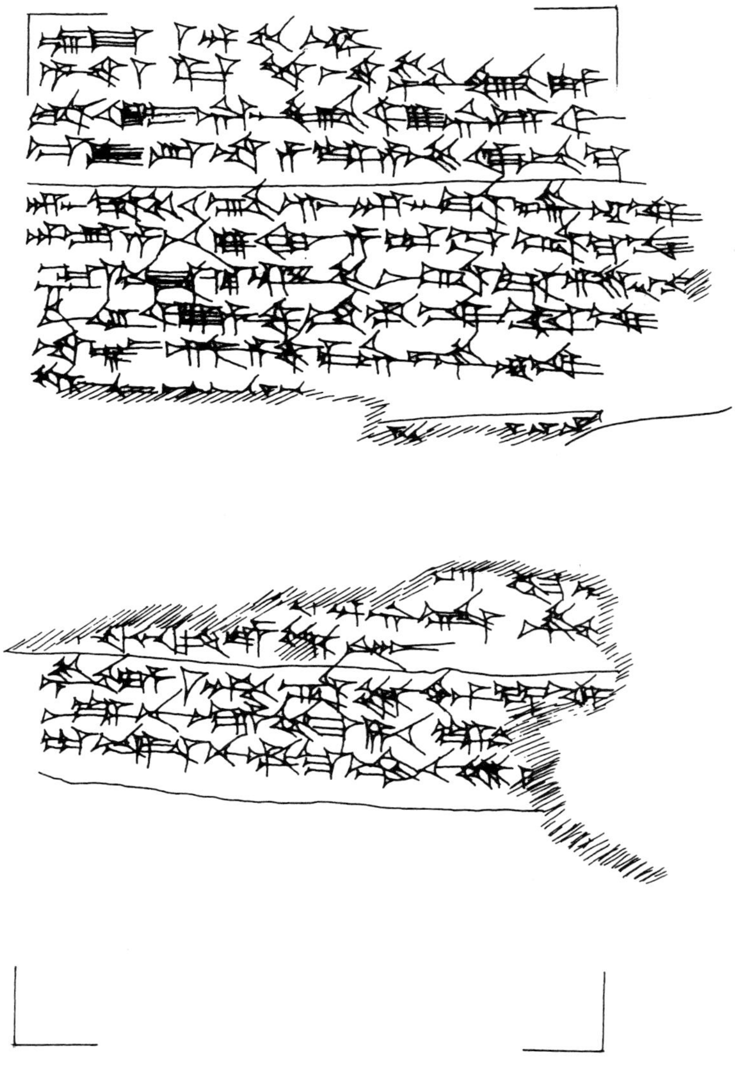

Figure 8. Tablettes n^os **7** (RS 92.2007) et **8** (RS 92.2006).

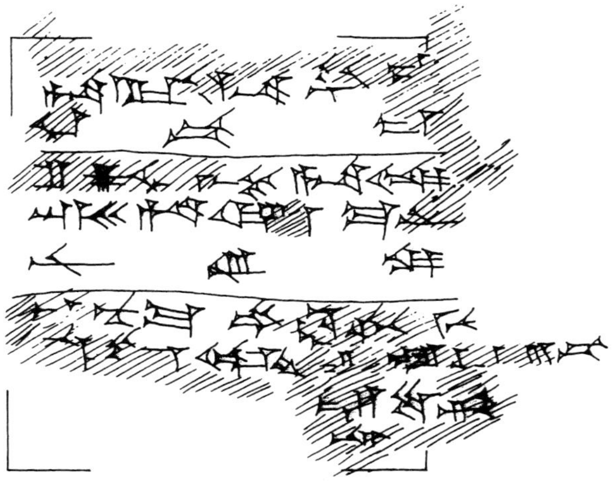

10

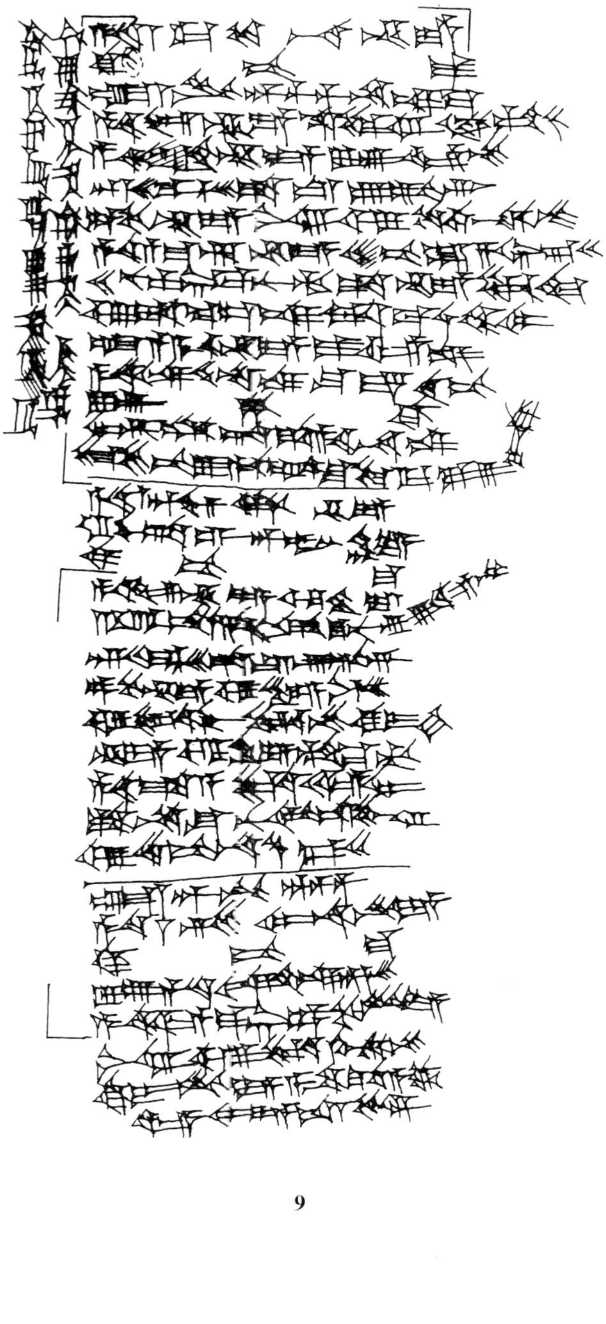

9

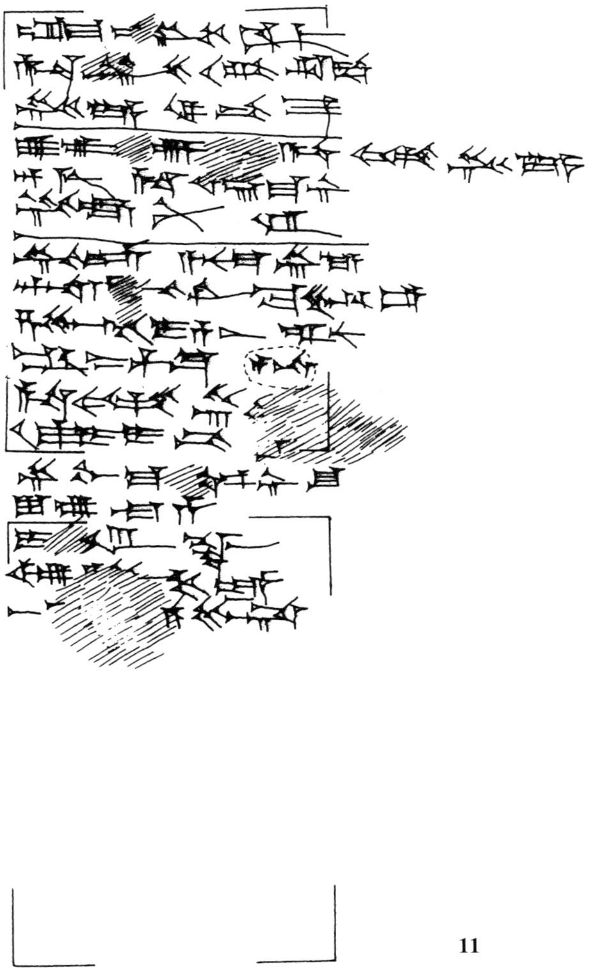

11

Figure 9. Tablettes n[os] **9** (RS 92.2017), **10** (RS 86.2232) et **11** (RS 86.2212 + 2214A).

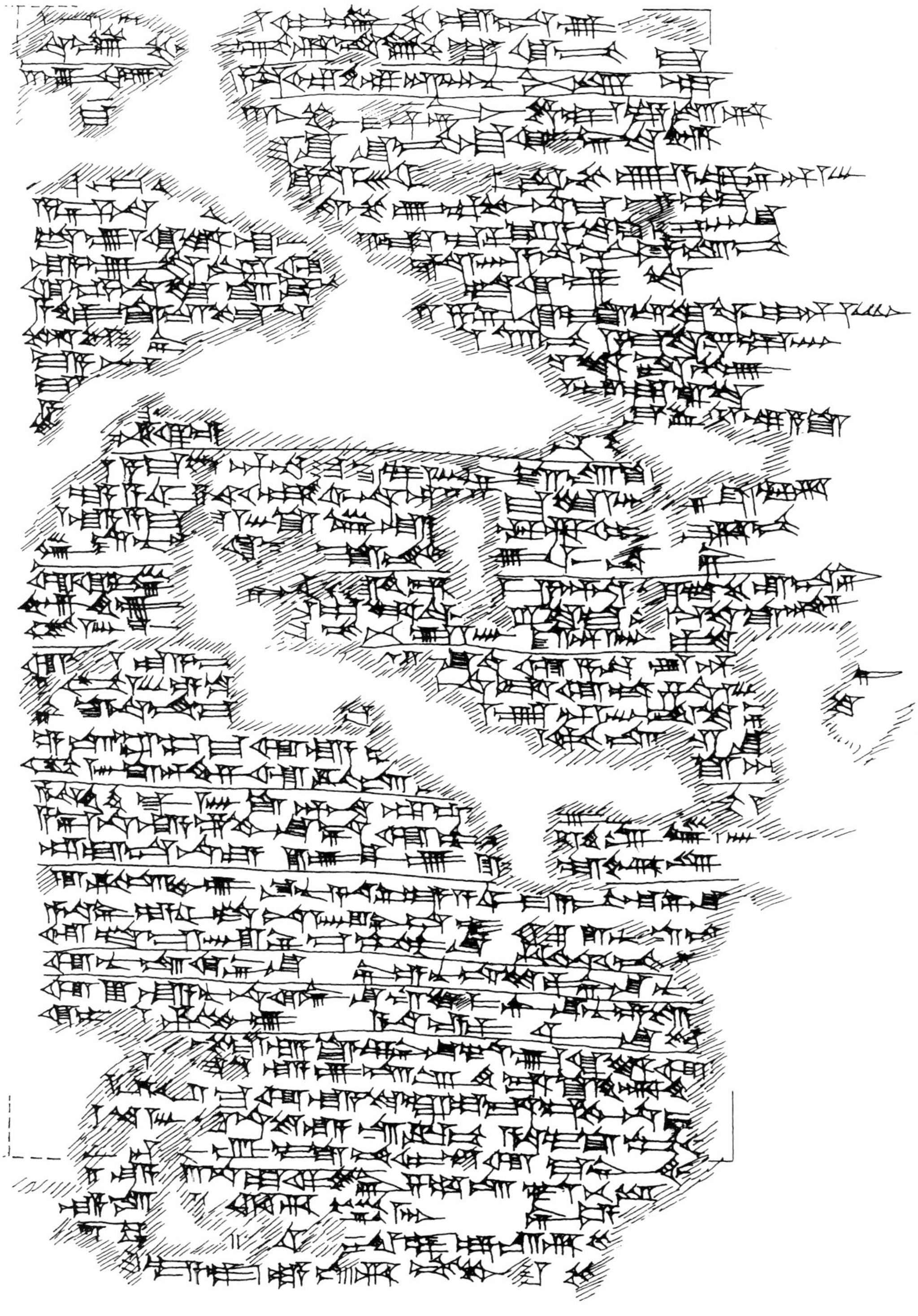

Figure 10. Tablette n° **13** (RS 86.2221+) *recto*.

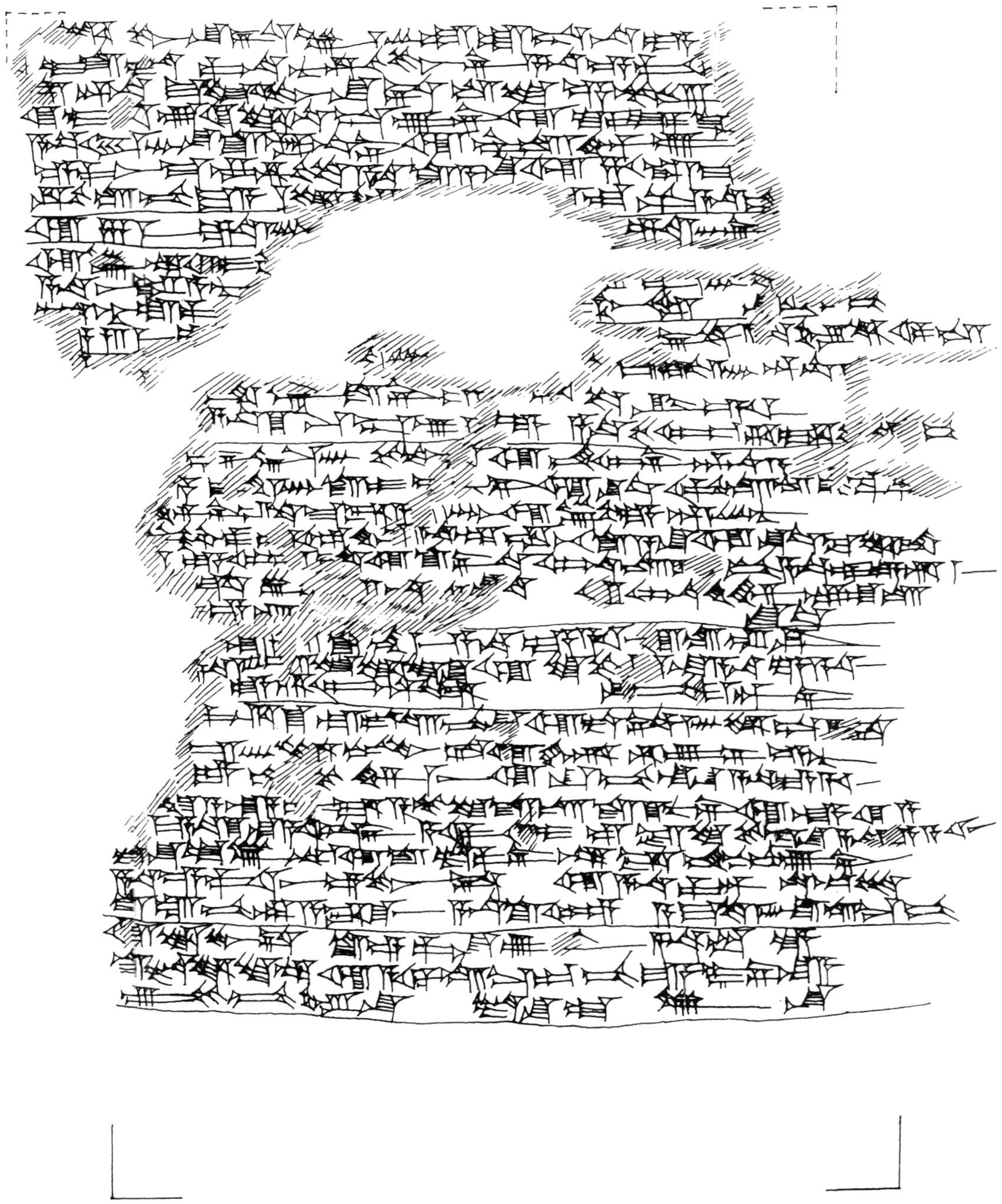

Figure 11. Tablette n° **13** (RS 86.2221+) *verso*.

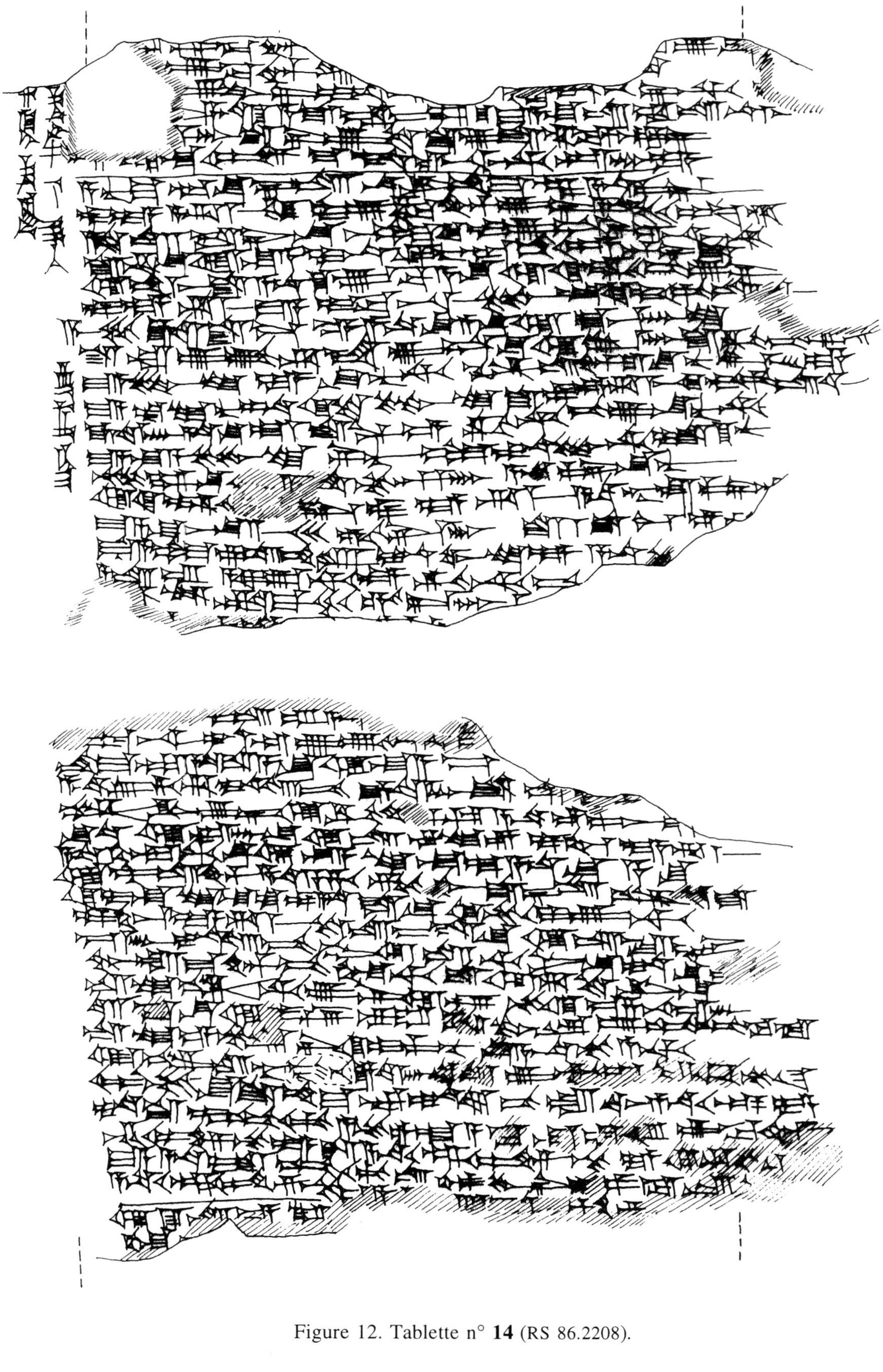

Figure 12. Tablette n° **14** (RS 86.2208).

Figure 13. Tablette n° **16** (RS 86.2234).

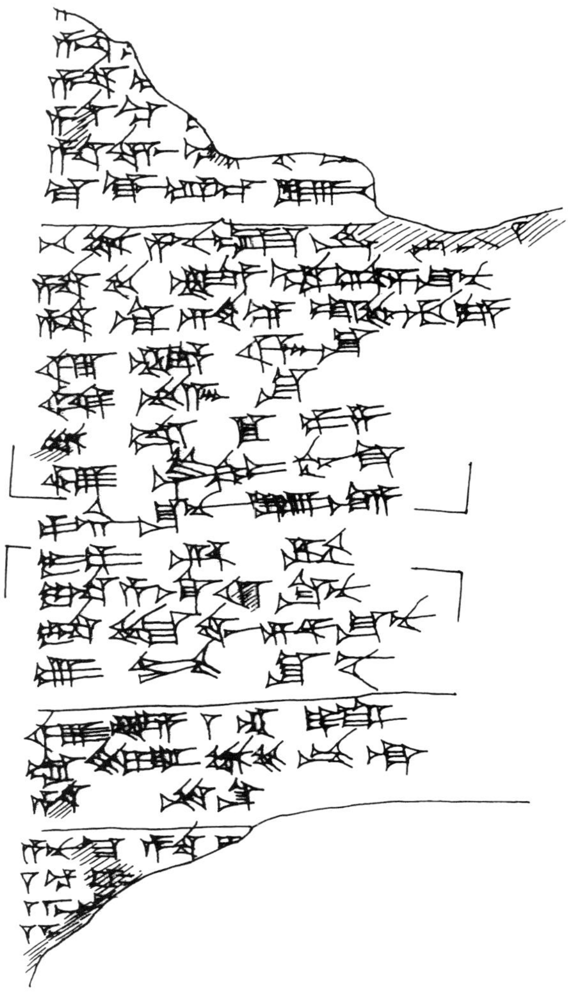

12

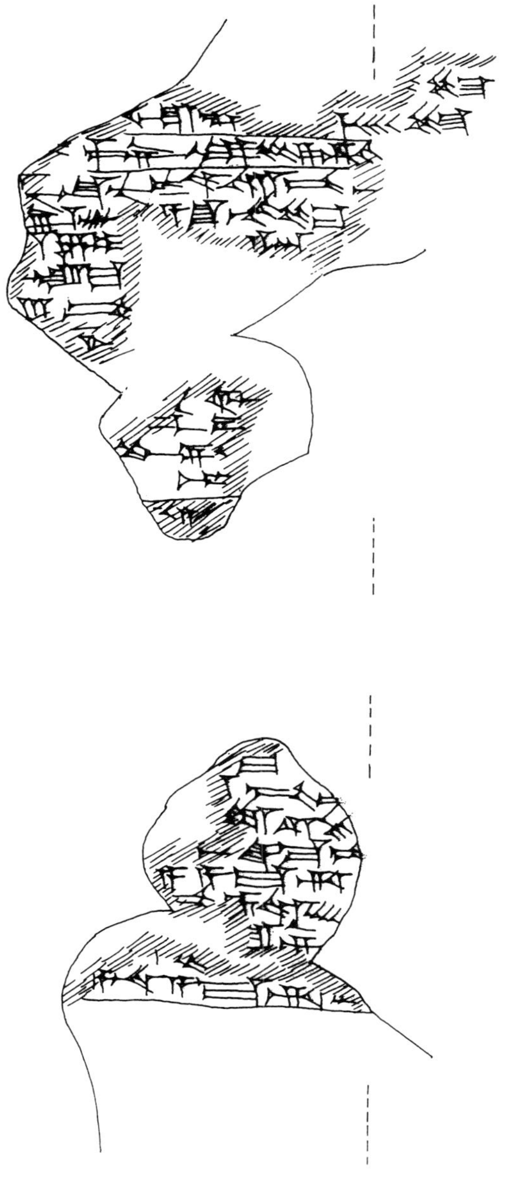

17

Figure 14. Tablettes n^os **12** (RS 92.2021) et **17** (RS 86.2211).

18

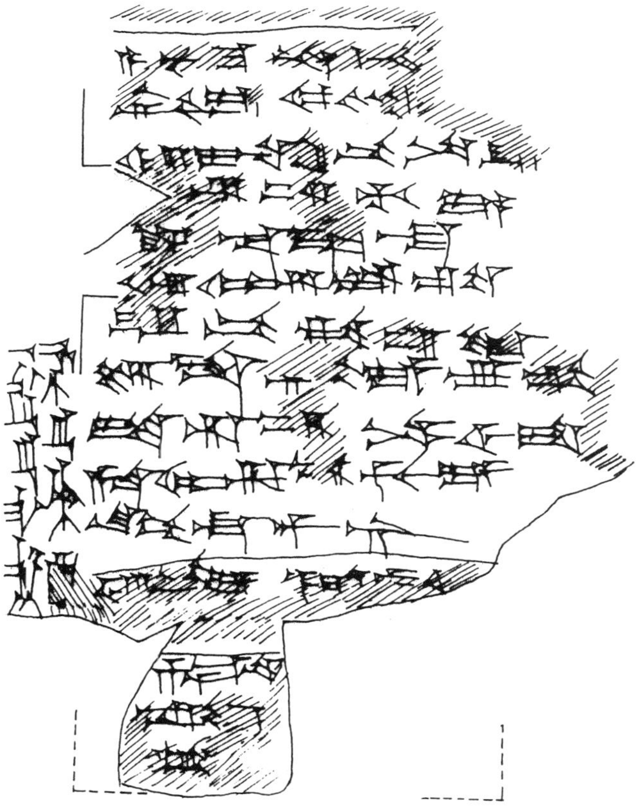

19

Figure 15. Tablettes n[os] **18** (RS 86.2230) et **19** (RS 86.2223).

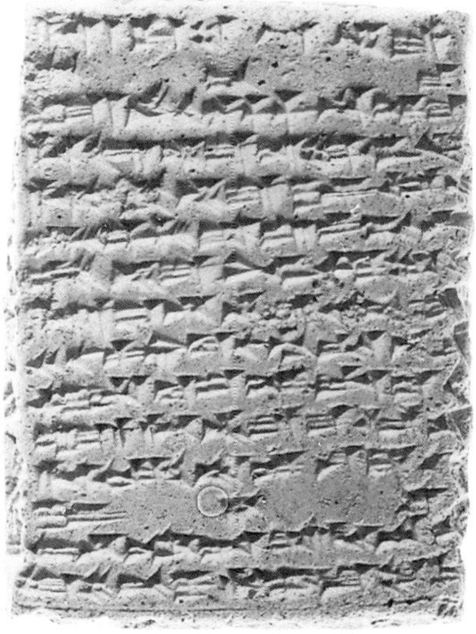

9

13

14

Figure 16. Tablettes n[os] **9** (RS 92.2017), **13** (RS 86.2221+), **14** (RS 86.2208).
[La photo du n° **13** a été prise avant que certains fragments fussent recollés.]

ANNEXE

Le jargon épistolaire de Sidon à la fin de l'âge du Bronze récent

Le *corpus* actuel des lettres de Sidon [1] n'est pas considérable en volume, mais son homogénéité, graphique et grammaticale, est indiscutable. Ce n'est donc pas une entreprise intellectuellement illégitime ou, simplement, prématurée que d'en dégager les traits principaux ; ce travail, qu'on l'appelle pionnier si l'on veut, permettra au moins de mieux comprendre les tablettes déjà connues et, plus tard, celles que pourront dégager les fouilles de Ras Shamra.

Si le lecteur, même peu attentif, constate leur ressemblance, il constate, en même temps, que leurs signes, leur morphologie [2] et leur lexique sont médio-assyriens, tandis que l'ordre des mots et la disposition matérielle ne le sont pas du tout : le premier semble n'obéir qu'à la fantaisie ; d'autre part, sens et ligne ne coïncident pas régulièrement comme on s'y attendrait dans des documents médio-assyriens.

Assurément, l'accadien garde toujours la liberté de disposer à son gré les syntagmes, qu'ils soient nominaux ou verbaux. De cette possibilité toutefois, seule use la langue la plus relevée. La règle d'usage la plus répandue place le verbe en fin de phrase ; de celle-ci, elle montre ainsi simplement, fortement et itérativement la structure : faire autrement marque un désir de rupture avec ce que l'on oserait qualifier de « prose » pour écrire de la « poésie ». À l'évidence, les lettres de Sidon ne sauraient se classer sous ce second genre. Ailleurs, les scribes n'arrivent pas toujours non plus à éviter les enjambements ; encore est-il manifeste qu'ils hésitent devant ceux-ci. Ceux qui ont écrit le corpus sidonien apparaissent comme n'ayant pas eu cette répugnance et il faudra s'interroger sur cette attitude.

Dernier trait : ces textes sont isolés. Je veux dire que nous n'avons pas de documents d'un genre autre, par exemple des contrats ou des œuvres littéraires, venant de Sidon, en accadien (babylonien ou assyrien) ou en canaanéen [3], il n'importe : par là, toute possibilité de comparaison nous est ôtée. Aussi le mot de « jargon » s'impose-t-il, aujourd'hui, au sens de « langage spécialisé d'un groupe social » [4]. Si l'on pouvait montrer que ce jargon était utilisé pour le reste de la production écrite de la ville à la place du babylonien ou de l'assyrien classiques, alors c'est de « langue » qu'il faudrait parler. L'avenir en décidera peut-être.

Au moins, pour faire la description linguistique, avons-nous des éléments extérieurs de comparaison : le *corpus* que W. Mayer a analysé dans sa grammaire [5] ; on y ajoutera un nouveau texte de Ras Shamra [6] et des lettres de Dūr-Katlimmu [7].

---

1. La liste des textes étudiés est donnée dans l'*Appendice* I. Malgré la gêne qui en résulte pour le lecteur, je me suis résigné à donner aux trois textes publiés ici, sous les numéros **13-15**, une autre numérotation dans cette étude, car celle-ci met en œuvre aussi d'autres documents qu'il est profitable de traiter ensemble. La correspondance est la suivante : n° **13** = 6 ; n° **14** = 5 ; n° **15** = 2. Six nouveaux documents, provenant sûrement ou très vraisemblablement de Sidon, ont été découverts en 1994 dans la « maison d'Ourtenou ». Je ne les ai pas pris en compte, car leur étude n'est pas assez avancée et leur état fragmentaire gêne l'analyse ; certains passages semblent être des transcriptions de la correspondance d'Ougarit. À ce titre, ils n'appartiennent pas à la langue de Sidon.

2. Ainsi, parmi les traits les plus visibles, les crases non faites et l'harmonie vocalique.

3. « Canaanéen » est un adjectif imprécis, mais d'emploi commode pour qualifier, d'une manière suffisante pour notre propos, le vernaculaire de Sidon à la fin du IIe millénaire, par opposition à la langue écrite. Les lettres de Tyr (à peu près contemporaines) montrent que le canaanéen (ou une forme de canaanéen) était parlé et même écrit.

4. J'écarte, cela va de soi, la nuance dépréciative qui s'attache fréquemment au mot en français. Du *corpus*, il convient de ne pas prendre en considération les en-tête de toutes les lettres : ils sont la reproduction d'un protocole levantin et n'ont rien de spécifiquement sidonien. Leurs graphies, différentes du texte même, le montrent d'ailleurs bien. Cette précaution sera rappelée dans les notes, quand cela sera nécessaire.

5. Mayer, *Untersuchungen zur Grammatik des Mittelassyrischen*, 1971.

6. RS 92.2007 (publié ci-dessus sous le numéro **7**).

7. Cancik-Kirschbaum, *Die mittelassyrischen Briefe aus Tall Šēḫ Ḥamad*, 1996. Tsukimoto, *Welt des Orients* 23, 1992, p. 36-38, publie une lettre provenant sans aucun doute du site et redonne la bibliographie des lettres médio-assyriennes *ibid.*, p. 37 et note 7.

Pour le philologue moderne, les signes imprimés dans l'argile font, inévitablement, partie de l'étude de la langue : il dépend de leur fonds disponible que le scribe ait eu le choix, ou non, de discriminer visuellement les traits phonologiques, tantôt des consonnes tantôt des voyelles. Ainsi, à Sidon, la gutturale emphatique se distingue graphiquement de la gutturale sourde : /qi/ est écrit QI, /ki/ KI ; en revanche, QI et KI, non ambigus pour la consonne, laissent à choisir entre /qe/ et /qi/ ou /ke/ et /ki/ c'est-à-dire, chaque fois, entre /e/ et /i/. Inversement, DA a une voyelle (/a/) unique mais note, selon les cas, soit la sonore /d/ soit l'emphatique /ṭ/. Être pris dans la dépendance circulaire du syllabaire et de la grammaire est la situation, assurément, commune de quiconque lit, aujourd'hui, un texte écrit en cunéiforme suméro-accadien, mais elle est particulièrement embarrassante pour l'assyrien, pour lequel l'étude des timbres et des assimilations est essentielle.

L'« outillage » graphique que les textes mettent en œuvre est fait d'idéogrammes (déterminatifs et idéogrammes au sens plein), et de syllabes.

Sont déterminatifs préposés : celui des noms propres masculins (^{I}) devant les noms propres, même devant les noms de rois [8] et les patronymes [9], ce qui n'est pas usuel, et devant dumu NP (« fils de NP ») : le syntagme tout entier est, dans ce cas, considéré comme un seul anthroponyme [10]. Le déterminatif féminin (^{f}) se trouve devant un nom propre féminin [11], comme le déterminatif divin (^{d}) devant les théonymes [12].

On trouve encore kur (devant un nom de pays) [13], túg (devant un nom de vêtement) [14], uru [15] ou uru.ki [16] (devant des noms de villes). Le déterminatif postposé meš est le seul employé pour marquer le pluriel, des êtres animés comme des êtres inanimés (pour lesquels on attendrait hi.a [17]). Il suit donc normalement les idéogrammes, dont on lira la liste complète dans l'Appendice II (plus bas, p. 322). On le trouve aussi d'une manière superfétatoire, mais courante, avec un complément phonétique, après tur et gal [18]. Il apparaît, enfin, comme redondance graphique après les pluriels (tous de forme féminine, on le remarquera), d'*amātu*, de *mattu* et de *sāgu* [19]. Si pour *amātu*, meš lève toute hésitation quant au choix entre singulier et pluriel, hésitation que le vocalisme assyrien contribue à augmenter [20], cette explication ne vaut ni pour *mattu* ni pour *sāgu*. Cet usage, banal dans les textes « occidentaux », se trouve aussi dans les documents assyriens indigènes [21].

---

8. 1, 1 ; 3, 1 ; 4, 1 ; 5, 13', 17', 30', 34' ; 6, 1 ; 8, 1 ; 9, 1.

9. 2, 11' ; 6, 46.

10. 5, 8', 20'. Aussi, je transcris partout avec des traits d'union : « ^{I}fils-de-NP ».

11. 5, 35'.

12. 3, 1 (élément de nom propre) ; 4, 1 (élément de nom propre) ; 6, 22, 28.

13. Voir l'Apppendice II. Lorsque kur précède un nom de ville, il s'agit d'un idéogramme au sens plein avec une véritable construction génétivale : « le pays de (la ville) de... ». Il a une véritable valeur politique. Ainsi, en 4, le scribe distingue le pays de Sidon, royaume de son maître, et la ville (au sens concret) de Sidon. Que 8 et 9 ne portent pas kur, mais seulement uru ou uru.ki a, sans aucun doute, une signification. Mais cette limitation de souveraineté est-elle due à une précaution envers l'Égypte, précaution qui serait inutile envers Ougarit ? Est-elle la marque que les deux sceaux sont d'une époque différente des lettres, époque où le contrôle égyptien était plus strict ? Il est impossible de décider entre ces hypothèses.

14. 1, 9.

15. 4, 13 ; 5, 14', 26' ; 6, 31 (devant un nisbé) ; 9, 3.

16. 8, 2.

17. HI A (en 1, 8), après un idéogramme de lecture incertaine, appartient peut-être à cet idéogramme et pourrait ne pas être une marque de pluriel.

18. tur : tur.meš-*ni* (6, 17) en face de tur-*ni* (6, 82 ; pluriel) et gal : gal$^{!}$.meš-*tu* (5, 13').

19. *a-ma-tu*.meš (6, 18, 19) et *a-ma-te*.meš (6, 41 [*a-m*]*a*, 80 [face à *a-ma-te* : 6, 12]), *ma-da-a-*[*t*]*e*.meš (6, 66), túg *sa-ga-te*.meš (1, 9).

20. Quand le babylonien oppose un singulier *amāti* et un pluriel *amāte*.

21. On le remarque dans un texte littéraire, l'épopée de Tukulti-Ninurta (composée dans un milieu assyrien, même si elle est en langue babylonienne), dans la lettre de Belubur adressée à Ougarit (*cf.* note 5), dans des textes de tous ordres (Mayer, p. 51-52 [pluriels féminins], p. 110-111 [pluriels masculins]), etc. En revanche, à la différence des pratiques « occidentales », meš ne semble jamais être un simple marqueur d'idéogramme. En 2, 12', *hi-ṭa* suivi de gal.meš est peut-être un lapsus à corriger : *hi-ṭa-*<*né*> / gal.meš. Pour kù.babbar.meš (5, 17', 28',

Les idéogrammes employés comme substituts de graphies syllabiques sont, comme il est normal, réservés aux mots les plus communs, ce sont tous des substantifs, sauf un adjectif et, peut-être, une préposition. La liste s'en trouve en Appendice II.

Les compléments phonétiques, eux aussi, sont des plus courants. Ils remplissent leur rôle ordinaire : faciliter la lecture en assurant le statut morphologique des noms (c'est-à-dire leur nombre et leur cas) et des verbes (en marquant qu'ils sont au pluriel). Leur règle d'emploi est de ne former jamais qu'une chaîne simple : ils ne suivent qu'un idéogramme fait d'un seul signe [22] ou d'un seul signe suivi de meš [23]. Ils peuvent, eux-mêmes, recevoir un suffixe, c'est dans ce cas à peu près toujours un suffixe possessif, qui s'accroche ainsi par leur intermédiaire à l'idéogramme [24].

Le syllabaire comporte à la fois des voyelles [25], des syllabes ouvertes (CV et VC) et des syllabes fermées (CVC), mais celles-ci sont beaucoup plus rares et le seraient encore plus si elles n'étaient pas employées dans des graphies figées.

Le syllabaire montre une grande précision pour noter la série des emphatiques /q/ et /ṣ/ qui est complète :

/qa/ est écrit QA [26]
/qe/ est écrit QE [27]
/qi/ est écrit QI [28]
/qu/ est écrit QU [29]
/ṣa/ est écrit ṢA [30]
/ṣe/ est écrit ṢE [31]
/ṣi/ est écrit ṢI [32]
/ṣu/ est écrit ṢU [33].

Pour la série des dentales emphatiques, /ṭa/ est écrit DA [34] ; /ṭe/ et /ṭi/ sont notés, l'un et l'autre, par HI [35] (sauf dans le mot *pāṭu*, où /ṭi/ serait écrit avec TE, c'est-à-dire : $ṭi_4$ [36]). Seul le verbe *qabā'u* diverge de cet usage et ce cas sera discuté plus bas [37]. /pi/ ou /pe/ est partout écrit WA, comme il est normal en médio-

---

40' ; 6, 9), on peut admettre que le pluriel porte sur « sicles (d'argent) », sous-entendus ; dans dug.ì.meš (5, 21', 24'), meš met au pluriel tout le syntagme dug.ì, non seulement le second terme. En 6, 60, kù.babbar.meš paraît repris par le pronom féminin singulier. Faudrait-il corriger, à la ligne suivante : *ši-<na>* ? Mais ni *kaspu* ni *ṣarpu* ne sont du genre féminin.

22. À savoir : gal-*ú* (6, 31 ; nominatif) et gal-*a* (6, 21), 1-*en* (2, 12'), (dumu-)kin-*ri* (2, 23' [pour les autres références voir la note suivante]) et šu-*at* ... (5, 17', 35' ; 6, 78, 83).

23. À savoir dingir.meš-*nu* (1, 6 ; 6, 66 ; nominatif), gal!.meš-*tu* (5, 13' ; nominatif) et tur.meš-*ni* (6, 17). On ne tiendra pas compte de pap-*ru* (1, 6 ; 6, 3) qui ne fait pas partie du *corpus*.

24. À savoir : dam-*ti* (5, 31'), é-*ti* (5, 23'), (dumu-)kin-*ri* (2, 10', 21', 23' [sans suffixe, avant une cassure]), nin-*ti* (5, 35').

25. Soit A, E, I et Ú. Le son /u/ n'est noté U que dans le nom géographique Ougarit (1, 3, en face de 5, 49', où on trouve Ú). Ù sert seulement pour la copule.

26. 6, 22.

27. Il se confond, évidemment, avec QI, mais la graphie pleine *tal-te-qe-e-ši* (de *laqā'u*, 6, 61) assure la transcription d'une forme comme *tal-te*-QI-*šu* (5, 36).

28. 5, 7, 29. L'emploi de KI pour /qi/ dans *qí-bi*, de l'en-tête des lettres (1, 4 ; 6, 2), n'entre pas en ligne de compte, car l'adresse n'appartient pas, comme nous l'avons déjà dit, au *corpus* propre de Sidon. On constate la même variation entre QI et KI, pour /qi/ dans les lettres médio-assyriennes (Mayer, § 80 d, p. 82).

29. 2, 2' ; 6, 74, 78.

30. Mais ṢA note aussi régulièrement /za/.

31. On verra plus bas à quelles conditions on peut être assuré du vocalisme.

32. 5, 20', 48' ; 6, 1, 57.

33. 6, 12, 66.

34. Dans *bal-ṭa* (6, 72) ; *hi-ṭa* (2, 12' ; 6, 21, 39).

35. Pour /ṭe/, dans *ṭé-ma* (2, 3' ; 6, 68) et /ṭi/ dans *hi-ṭí* (6, 29), *ih-ṭí-ú-ni* (2, 13') et *iq-ṭí-'i-ip* (5, 29').

36. En 6, 23, 46. $ṭi_4$ et non te_4, car il semble bien que la voyelle précédant les suffixes possessifs est /i/ et non /e/, comme on le verra plus bas. On notera que, dans la première référence, le *-ia* est restauré.

37. Voir p. 310-311.

assyrien [38]. On ne trouve pas de véritables inconséquences [39]. Noter /de/ par TE (soit : de_4) pour le génitif de *qaqqadu* s'explique peut-être par la volonté d'éviter l'ambiguïté phonétique du signe DI [40].

Les syllabes fermées sont peu utilisées, surtout, comme déjà dit, si l'on écarte celles des graphies figées comme GAB dans *gabbu*, LÌB dans *libbu*, MUH dans *muhhu* et ṬUP dans *ṭuppu* ; elles ne sont au total guère plus d'une vingtaine [41].

La notation des voyelles longues est conforme aux usages de l'accadien mais elle est aussi inconséquente ; en d'autres termes, elle n'a pas toujours lieu [42]. Toutefois, quand elle a lieu, elle est grammaticalement correcte et n'appelle aucune remarque. Les scribes se sont surtout attachés à noter la longueur quand elle était un effet de l'accent ; la chose est particulièrement nette pour les pluriels féminins [43]. Les quatre voyelles sont susceptibles ainsi d'être notées ā, ē, ī et ū [44].

La notation des consonnes longues, par la notation graphique seule possible du redoublement VC+CV, est très rare, même si on peut en fournir des exemples [45].

---

38. dub.bi-*ka* (6, 80) est sans doute (plutôt qu'un babylonisme) un pseudo-idéogramme, connu en médio-assyrien (Cancik-Kirschbaum, *ad index s. v. ṭuppu*, [ailleurs en revanche, /pi/ est écrit avec le signe WA] ; dans *AHwB*, s. v. *dannatu* 3, le cas est un peu différent, car il précède *dannatu* dont il est une sorte de déterminatif).

39. En 3, 14', le contexte, à peu près disparu, ne permet pas d'analyser une forme comme *te-i-di* ; si nous avions affaire à une 2e personne masculin singulier au prétérit, une transcription *ti_3-i-di* s'imposerait. Il semble, d'ailleurs, que ce verbe soit une citation d'un message du roi d'Ougarit.

40. En 6, 22.

41. La liste comprend : BAL (6, 72), BAT (5, 48'), DIN (6, 53), GAB (2, 24' ; 6, 46), GAL (6, 80), KÁT (5, 40' ; douteux), LAM (6, 40?, 41, 58), LAQ (6, 70), LÌB (5, 28', 74'), MAR (5, 6, 9), MUH (*passim*), ⸢NUM⸣ (5, 40'), PÙL (6, 79), QAB (6, 19, 41, 67), QÁB (6, 19, 41), ŠAL (6, 58), ŠAR ou, à la rigueur, ŠÌR (dans *šaršarratu* ou *šeršerratu* ; comme les formes des deux signes ne paraissent pas systématiquement distinguées en médio-assyrien, la transcription choisie ne peut que se fonder sur la philologie, avec le risque évident de s'enfermer dans un cercle), TAB (5, 4'), TAL (5, 36' ; 6, 61), TÁQ [6, 9], TAR (5, 20'), ṬAR (5, 40'), ṬUP (*passim*).

Pour /šum/, on trouve en concurrence ŠUM (pour *šumma*) et ŠÚM (pour *aššum*, avec cette restriction d'emploi que ŠÚM est utilisé quand *aššum* est écrit : *áš-šúm* et ŠUM quand *aššum* est écrit *aš-šum*) ; quant à ŠUL (dans *šul-mu* [1, 5]), il n'appartient pas au *corpus*.

42. Les pronoms, étant enclitiques, allongent, sous l'effet de l'accent, la voyelle précédente, or cet allongement n'est à peu près jamais noté (pour les références, voir plus bas le tableau des pronoms suffixes).

On évoquera, à sa place, plus bas, le problème des crases avec *nadā'u*, *qabā'u*, *tamā'u*.

43. Pour *ke-e-na-tu*, la graphie est peut-être aussi destinée à préciser le timbre, voir plus bas.

44. Pour ā, on trouve normalement CA+A (+CV_x) : la particule négative *la-a* (*passim*), les pronoms *ia-a-ši* et *ni-ia-a-ši* (en face de *ni-ia-ši* ; pour les références, voir plus bas le tableau des pronoms), des exemples de substantif (*šar-šar-ra-a-te* [6, 8] en face de *šar-šar-ra-te* [6, 14]), d'adjectif (*ma-da-a-*[*t*]*e*.meš [6, 66]) et d'adverbe (*aš-ra-a-nu* [6, 56]).

Pour ē, on trouve la même chaîne graphique, par exemple dans les adjectifs *ke-e-na-tu* (6, 10 [si ce n'est pas plutôt pour préciser le timbre]), [*le-*]*em-né-e-te* (6, 66) et *ša-né-e* (6, 61), dans le substantif *ke-e-te* (6, 10) et *ša-mé-e* (à l'état construit [6, 80]), dans le pronom *né-e-nu* (en face de *né-nu* ; pour les références, voir plus bas le tableau des pronoms), dans les formes verbales au parfait *ṭal-te-qe-e-ši* (6, 61, en face de *tal-te-qe-šu* [5, 36']) et au permansif *mé-e-et* (6, 67). La même remarque vaut pour ī. Les exemples en sont la préposition *ki-i* (*passim*), les substantifs *ki-i-se-su* (6, 77) et *pi-i* (à l'état construit [6, 11]).

Pour ū, en plus de la particule *lu-ú* (1, 5), d'un substantif (*ah-hu-ú* [6, 74]), d'une locution prépositionnelle (*i-na be-ru-ú-ni* [2, 16']), de formes subjonctives (de *damāqu* et *epāšu*) ou avec pronom enclitique (*iš-pu-ru-ú-kum* [5, 38']), on peut trouver des exemples dans les verbes à 3e faible (comme *nadā'u*, *qabā'u* ou *tamā'u*). On remarquera les variations de graphies pour le ū de *ṣidūnu* (*ṣi-du-ú-*[*ni* [6, 1] et [*ṣ*]*í-du-un-ni* [3, 2], en face de *ṣi-du-ni* [4, 2] et du nisbé *ṣi-du-na-ia* [6, 31]). La graphie de 3 serait un exemple de notation de la voyelle longue par le redoublement de consonne qui suit, mais peut-être ne s'agit-il que d'une fantaisie du scribe, semblable à celle qui lui fait choisir ZI et non ṢI pour écrire la première syllabe.

45. On peut citer un substantif (*šar-šar-ra-a-te* [6, 8]), des adverbes (*a-kán-na* [6, 7] ; *ša-na-am-ma* [6, 26], si la fonction de la forme est bien analysée, en face de *ša-an-na-ma* [6, 49]). Les scribes sont plus soigneux quand il s'agit de formes verbales. On a, ainsi, à la forme I *ta-*⸢*ga*⸣*-ar-ri* (6, 44), [*t*]*a-še-em-me* (6, 75) ou *e-kar-*[*ra-ru*] (6, 36) et plusieurs exemples à la forme II (de *šalāmu* ou *urāku*) et III (de *elā'u*). On notera encore la forme ventive *šu-bi-la-an-né* (6, 72). Pour *i-ba-aš-ši* (5, 26), il faudrait d'abord savoir si nous avons affaire à une forme I ou IV.

Le *corpus* de Sidon paraît connaître deux haplographies : *i-na-ša-i*? pour **ina našā'i* (en 5, 42') déjà attesté dans les textes indigènes (Mayer, § 11, 2, p. 17) et *a-na-i-ša* (inédit, en 5, 44' et 6, 41) pour **ana ayyiša*.

L'aliph (étymologique ou créé par le contact entre deux voyelles différentes) peut n'être pas noté [46] ; quand il l'est, il l'est par trois procédés : en inscrivant le signe graphique aliph [47], en laissant simplement les deux voyelles, identiques ou différentes, en contact direct selon le schéma CV_1-V_1-ou CV_1-(V_2)-$V_2(C)$ [48].

Les modifications consonantiques sont conformes à l'usage du dialecte assyrien [49] et les changements de consonnes en contact y sont attestées de la même manière : ainsi š > l devant /t/ ; les verbes en fournissent d'abondants exemples [50]. La dentale /t/ en combinaison avec /s/, /ṣ/ et /š/ évolue normalement en st > ss [51], ṣt > ṣṣ [52] et tš > ss [53]. Une harmonie consonantique progressive joue entre /q/ et /t/ en contact : qt > qṭ [54].

La nasale /n/, à Sidon s'assimile à la consonne suivante, comme on pouvait normalement s'y attendre. Les exemples proviennent tous des verbes à première n.

Le traitement de /w/ est conforme aux règles médio-assyriennes. La forme *muššuru* (de *wšr), sur laquelle on reviendra, quand on attendrait *uššuru*, est un emprunt au dialecte babylonien ; il n'est pas le seul. En revanche, l'existence du mot *amātu*, alors qu'on attendrait *abātu*, est aussi attestée en médio-assyrien et le /wa/ étymologique initial évolue, partout dans le *corpus* sidonien, à /u/ [55].

On ne saurait esquiver la difficulté : la distinction entre les timbres /e/ et /i/ est, pour le spécialiste moderne, une grave source d'incertitude. Doit-on harmoniser [56] les graphies, quand elles ne sont pas en signes en /e/, ou les laisser telles quelles ? L'embarras est grand pour les génitifs singuliers : kin-*RI*, par exemple, représente-t-il phonologiquement **šipri* ou **šipre* ? Quelquefois, la morphologie impose une transcription : ṢI-LI-TU, pluriel de *ṣaltu* « querelle », ne peut se lire que *ṣe-le-tu*. Hors de ces cas privilégiés, l'on est bien forcé d'être inconséquent et peut-être l'ai-je été, tout en ayant cherché, le plus possible, à ne pas l'être. Reconnaissons qu'il n'existe pas de solution satisfaisante. C'est, aujourd'hui que nous n'avons plus de témoins vivants, un problème statistique et la sagesse est de traiter le phénomène dans ses grandes lignes sans s'imposer la tâche, irréalisable, de rendre compte du détail de tout.

Les signes normalement non ambigus, c'est-à-dire ceux dont la « valeur » de base est en /e/, doivent servir de point de départ à l'analyse. Ajoutons-y ceux dont la syllabe est « coloriée » par un E. En effet, l'emploi de signes avec vocalisme /i/, à la place de signes avec vocalisme /e/ [57] ne tire pas à conséquence

---

La suite *na-ra-ma* AN.meš (8, 4) est-elle un véritable sandhi, preuve d'une lecture de dingir : /an/ ou, plus simplement, un simple lapsus, MA étant mis pour AM ? La mauvaise qualité évidente de la gravure n'autorise aucune conclusion.

46. Ainsi *ma-da-a-*[*t*]*e*.meš (*ma'du* [6, 66]).

47. Cette notation est particulièrement fréquente pour *ba''û* (5, 1', 2', 8' ; 6, 51, en face de *ú-bu-ni* [5, 3']) ; on le trouve aussi pour *qiāpu* (5, 29') et pour *ša'ālu* (5, 15').

48. Ainsi : *ú-ba-a-šu* (*ba''û* [5, 11'] ou bien *il-ti-ú-ni* (*la'ā'u* [5, 37']), *i-na-ša-i*? (*našā'u* [5, 42']), *ta-e-ra* (*tuāru* [5, 46']) et *za-ir*! (*ze'āru* [2, 8']). En face de *mi-im-mu-i-ia* (5, 43'), on trouve à la même ligne *mi-im-mu-ia* (autre attestation en 5, 45') Le E de *a-mu-e-at* (de *muātu* [5, 42']) est-il à corriger en a! (cf. Mayer, § 79 a, p. 78 : *a-mu-at*) ?

49. RS 94.2611 (l. 13') fournit un exemple de l'évolution du /m/ intervocalique en /'/ dans la préposition *a-na-i-né* : *ana'īne* (Mayer, § 18).

50. Le phénomène est systématiquement attesté dans les verbes *našā'u* (*ul-ta-ši* [5, 12', 16']), *ša'ālu* (*il-ta-'-lu* [5, 15']), *šakānu* (*al-ta-ka-an* [2, 3']), *šamā'u* (*al-te-me* [4, 5]), *šapāru* ([*a*]*l-ta-pár* [4, 7] ; *al-tap-ra-ku* [5, 4']), *šaṭāru* (*il-ta-ṭar* [5, 40']). On trouve comme substantif : *napultu* (*na-pùl-te* [6, 79]).

51. Ainsi *i-sa-aq-ra* en 5, 38'.

52. Ainsi *iṣ-ṣa-bat* en 5, 37'.

53. Dans le mot *qu-ba-su* (5, 38'), si l'on accepte l'analyse : *qubba/āt+šu* ; /tš/ devient /ss/ mais d garde son écriture étymologique dans *ap-ti-qi-id-su*! (de *paqādu* [4, 15]).

54. On a *iq-ṭí-'i-ip* (de *qiāpu* [5, 29']). Le problème de *qabā'u* sera étudié plus bas.

55. Ainsi le permansif de *udā'u* : **wada'ā* est-il **uda'ā* (écrit *ú-da-a* [6, 76]).

56. Mais est-il raisonnable de transcrire TI : te_9 ou ŠI : $še_{20}$?

57. Pour les séries de syllabes qui fournissent une possibilité de choix comme BE et BI, etc. ou pour celles qui (comme KI) n'offrent pas cette possibilité.

quand un complément graphique précise ensuite le timbre : BI note bien /be/ dans *ú-še-bé-el*, MI : /me/ dans *mé-e-et* et *ša-mé-e* [58] et KI : /ke/ dans *ke-e-na-tu* [59].

Les données utilisables sont : /be/ : BE et BI+E
/e/ : E
/ke/ : KI+E
/me/ : ME et MI+E
/ne/ : NI+E
/še/ : ŠE
/te/ : TE

Ainsi peut-on faire la constatation générale suivante : malgré l'imprécision du système graphique qu'ils avaient à leur disposition, les scribes de Sidon (il suffit de lire les textes) ont su rendre les nuances des timbres médio-assyriens, et cela avec une cohérence qu'on ne peut prendre à peu près jamais en défaut. Les « exceptions » sont très rares [60]. Cette cohérence permet, d'autre part, de préciser trois points : les pronoms suffixes des substantifs (avec lesquels on classera, comme il est normal, les infinitifs) se lient à une voyelle de timbre /i/, et non /e/ [61]. Le génitif des infinitifs, même non suivi d'enclitiques, est aussi le plus souvent en /i/ [62]. En revanche, les prépositions *il-te*!- et *it-te-* rendent légitime, apparemment, de transcrire toutes les prépositions et toutes les locutions prépositionnelles avec le timbre /e/, par exemple : *(ana/ina) muhhe* et non **(ana/ina) muhhi* [63].

L'harmonie vocalique, trait caractéristique de la phonétique assyrienne, joue dans un certain nombre de cas. On peut distinguer sans difficulté une harmonie vocalique régressive et une harmonie vocalique progressive. La première est beaucoup plus fréquente que la seconde. Les verbes fournissent le plus grand nombre d'exemples. Le /u/ colore ainsi la voyelle de la syllabe précédente [64], comme le font le /e/ [65] et le

58. Respectivement en 6, 83 ; 6, 67 ; 6, 80. Le dernier mot est à l'état construit. BI paraît en effet, comme NI, avoir les deux lectures /be/ et /bi/, si on admet que les prépositions et locutions prépositionnelles ont le vocalisme /e/ devant suffixe (voir plus bas à propos des timbres). On transcrira donc *i-na lìb-bé-*.

Le signe ME (ou mì, si l'on préfère) paraît, pourtant, bien noter /mi/ dans l'adverbe *ammîša* (5, 11'). Serait-ce une sorte d'hypercorrection du scribe sidonien ?

59. En 6, 10. On peut, cela va de soi, soutenir que le scribe a plutôt voulu noter la voyelle longue. La même question se pose à propos d'une graphie comme *ki-i-se-su* (6, 77). Le résultat est le même.

La notation de /ne/ et de /ni/ par le seul signe NI est une pratique commune à tout le médio-assyrien (exemples, avec le ventif, dans Mayer, § 64, 1, p. 59).

60. Ainsi *še-bu-ti* (en 5, 18' ; par une sorte de sandhi avec le préverbe qui suit, en /i/ ?), au lieu de *šēbūte* (attesté en 6, 63). On observe aussi une hésitation pour le cas oblique de Yarīmu entre *ia-ri-me* et *ia-ri-mi* en 6 (6, 67 et 72), tandis qu'en 5, la forme assyrienne est seule utilisée. En 2, 14' et 5, 33', *ú-ti* est aussi une exception, mais le mot ne paraît pas assyrien (voir la note 137).

61. Aussi cette règle peut-elle servir à restaurer des passages mutilés : on opposera *ša-ni-ú-te* (5, 5') à ce qui doit se supposer *ša-nu-t*[*i-šu* (6, 20). Le problème posé par le mot *pāṭu*, qui paraît faire exception, a été traité plus haut, à la page 293.

62. Certes, des finales ambigües comme KI ou RI etc. ne permettent pas de donner une statistique. Deux cas sont sûrement en /e/ : *e-pa-še* (4, 9, mais *e-pa-ši* est attesté) et *ša-mé-e* (à l'état construit en 6, 80). Dans le *corpus* de Dūr-Katlimmu, en revanche, la finale semble bien être plutôt /e/, même si l'on peut constater une certaine hésitation.

63. Dans les textes trouvés à Dūr-Katlimmu, ce ne semble pas être le cas, comme le montre *lìb*-BI- suivi d'un pronom suffixe (Cancik-Kirschbaum, p. 223) ; seulement dans la lettre royale (n° 9), on trouve *lìb*-BE-, mais aussi, dans le même document : *lìb*-BI-.

64. De *ṣabātu* (*i-ṣa-bu-tu* [2, 5'] ; en face de *iṣ-ṣa-bat* [5, 37']), de *šakānu* (*i-ša-ku-nu* [5, 18'] ; *ta-ša-ku-nu-ni* [6, 76]) et de *ahāzu* (*ú-ša-hu-zu-*... [5, 5']), de *namāšu* (⌈*li-num*⌉*-mu-šu* [5, 40']).

65. De *laqā'u* : *tal-te-qe-e-ši* (6, 61) ; de *šamā'u* : *al-te-me* (4, 5) et [*t*]*a-še-em-me* (6, 75), en face de *i-ša-am-mi-ka* [6, 42] et de *i*?*-ša-am-mi-ú-ši-na-ni* [6, 20]. On peut citer encore le substantif pluriel *ma-né-he-*⌈*e*⌉*-*[*te* (6, 42) et l'adjectif [*le-*]*em-né-e-te* (6, 66), où l'assimilation régressive a modifié le forme assyrienne attendue : *lamnāte*, attestée en 6, 41.

/i/ [66]. On trouve inversement une assimilation progressive de /a/ sur la syllabe suivante [67], comme de /e/ [68] et de /i/ [69].

Les crases ne sont pas faites en assyrien, et c'est un trait des plus frappants de son phonétisme, mais cette règle n'a rien d'absolu ; elles ne sont d'ailleurs pas inconnues des textes indigènes. Il est inutile d'en faire ici la liste : qu'on se rapporte, plus bas, au tableau des pronoms indépendants, aux formes des verbes « faibles » et à leur commentaire.

Sous la rubrique « mots-outils », il est non seulement commode, mais grammaticalement fondé de regrouper ce que l'on appelle plus conventionnellement : les adverbes, les « particules » (y compris les négations), les prépositions (et les locutions prépositionnelles), et les conjonctions de subordination. Cette réunion fait bien ressortir ce que leur distribution a d'artificiel, surtout pour les deux dernières catégories, qui se recoupent formellement.

Les adverbes de lieu forment un ensemble dont la disposition structurelle est difficile à saisir. Certes, sur la base **ann-*, on a *annaka* (« ici ») [70] et *annîša* (« vers ici ») [71]. Les deux adverbes correspondants d'éloignement sont tous deux fondés sur la base **amm-*, soit *ammaka* (« là-bas ») et *ammîša* (« vers là-bas ») [72] ; *(ana) ašrānu* [73] avec son sens de « là-bas » apparaît doubler les adverbes ci-dessus [74] ; *ašrānu* est non attesté jusqu'à présent en médio-assyrien, mais il est usuel dans le médio-babylonien où il est seulement employé en composition avec *ištu* ; l'analogie a dû jouer.

L'adverbe interrogatif de lieu (« vers où ») est *ana ayyiša* [75].

Les adverbes de temps sont : *(ana) ellīdiš* [76] (« surlendemain »), *haramma* [77] (« ensuite »), *ina pānānu* [78] (« auparavant ») inconnu du médio-assyrien mais qui se trouve, en revanche, dans le babylonien « occidental », quelquefois aussi avec *ina*. Il faut joindre à cette série l'adverbe interrogatif de temps : *qadu mate*, employé avec une proposition nominale [79].

Les adverbes de la répétition (« pour la seconde fois », « à nouveau ») sont *šanâ-(ma)* [80], *šanītam* [81] et, peut-être aussi *šanûtī-* [82].

66. De *paqādu*, on a *ap-ti-qi-id* (4, 15), de *tadānu* : *ta-ti-din-šu* (5, 35').

67. De *erābu* : *e-ta-ra-ab-ma* (6, 27).

68. De *ubālu* on a la forme imperfective : *ú-še-bé-el* (6, 83, à partir de **ušebbal*).

69. En 5, 37' : *il-ti-ú-ni* (*la'ā'u*) ; en 5, 23' : *iq-ṭì-bi* ; en 5, 17' et 6, 34 : *iq-ṭì-bi-ú* (*qabā'u*). Mais les formes où l'infixe garde son vocalisme en /a/ sont aussi bien attestées. Le problème a déjà été posé plus haut ; il sera traité dans le cadre de la morphologie des verbes plus bas.

70. Écrit *an-na-ka* (4, 18 ; 6, 21, 29).

71. Écrit *an-ni-ša* (5, 10'). En 6, 60 et 63, une restauration *an-na-a-[nu-um]* n'est pas impossible. Si elle était fondée, elle révèlerait l'existence de l'adverbe *annānum* (« d'ici ») sur la même base **ann-*.

72. Écrits respectivement *am-ma-ka* (5, 7' [*ma*⌉, 27', 41') et *am-mì-ša* (5, 11').

73. Écrit (*a-na*) *aš-ra-a-nu* (6, 56).

74. Le contexte ayant disparu, on ne peut savoir le sens qu'il avait.

75. Écrit, avec un sandhi, *a-na-i-ša* (5, 44' ; 6, 41). On remarquera le vocalisme en /i/, alors qu'on attendrait un vocalisme en /e/.

76. Écrit *a-na el-li-di-iš* (6, 59).

77. Écrit *ha-ra-ma* (6, 52).

78. Écrit *i-na pa-na-nu* (6, 48). [*ki-i pa*]-*ni-ti-ša* en 6, 21 est de restauration douteuse.

79. La forme est unique, mais *qadu* est connu du médio-assyrien (Mayer, § 103, 1).

80. Écrit *ša-na-am-ma* (si la fonction de la forme est bien analysée [6, 26]) et *ša-an-na-ma* (6, 49).

81. Écrit *ša-ni-tam* (6, 67). Mayer ne le connaît pas, cependant voir une citation dans un texte assyrien (*CAD s.v.*).

82. Écrit *ša-nu-t*[*i-šu*] (6, 20).

Les adverbes de manière sont : *ahā'iš* (« mutuellement ») [83], *appūna-(ma)* (« en outre », « d'ailleurs ») [84], *ana kette* ou *ina kette* [85] (« en vérité ») et *kīa* [86] (« ainsi ») ; du rôle d'*annumma* [87], de sens presque « nul », il sera traité plus bas.

Quant à *akanna* [88], même si les contextes ne rendent pas le sens d'« ici » impossible, celui d'« ainsi » est plus satisfaisant : de cette façon, cet adverbe ne ferait donc pas double emploi avec *annaka* (« ici »), présent, on le notera, dans le même document.

Les « particules » sont d'abord la négation *lā* [89], seule négation du médio-assyrien [90], employée pour le verbe (à toutes les formes), pour le nom et l'infinitif, enfin pour l'adverbe [91], et *laššu* [92], qui est typiquement assyrien. En revanche, les autres sont abondamment attestées dans tout l'accadien : *attu-* [93] (« quant à »), *lū* [94], soit en couple pour disjoindre deux adjectifs [95] soit devant un verbe avec valeur assérative [96].

La particule *mā* [97] introduit une déclaration. On la trouve donc gouvernée par les verbes *qabā'u*, *ša'ālu*, *šapāru*, *tamā'u* ; elle développe, peut-être, aussi le substantif *amātu* [98].

La particule *-ma* d'insistance est d'un emploi rare ; on la trouve seulement après deux formes verbales et, une fois, après un adverbe [99].

Les adverbes interrogatifs sont *mīna* ou *ammīni* [100] (« pourquoi ») et *ana (a)yyiša* (« vers où ? ») [101].

Pour la copule *u* [102] (« et »), on verra plus bas ses multiples fonctions.

Les prépositions et locutions prépositionnelles sont :

---

83. En 7, 6, mais la lecture du dernier signe n'est pas sûre. Il semble que *itti*, mutilé au début, précède ; on aurait donc le syntagme adverbial *itti ahā'iš*. Il est inconnu du médio-assyrien et on ne saurait s'en étonner puisque *itti* est babylonien. L'absence de contexte rend toute discussion oiseuse.

84. Écrit *ap-pu-na-ma* (6, 7, 40). Il est connu en vieil-assyrien, mais n'était pas encore attesté en médio-assyrien, semble-t-il.

85. Écrits respectivement *a-na ke-te* (5, 16') et *i-na ke-e-te* (6, 10).

86. Écrit *ki-a* (6, 76) précédé de la négation *lā*.

87. Écrit partout *a-nu-ma*.

88. Écrit *a-ka-na* (2, 13') et *a-kán-na* (6, 7, 30).

89. Écrit surtout *la-a* mais aussi *la* (5, 4', 33', 46').

90. Mayer, § 88, p.101 ; von Soden, GAG, § 122, 1.

91. Devant verbes dans des phrases négatives : imperfectifs (2, 9' ; 5, 11', 31'? ; 6, 9, 39, 41, 43, 44, 77, 82), prétérits (5, 27'? ; 6, 30, 36), permansif (6, 76), impératif (5, 46'), incertain (5, 4', 27') ou dans une phrase négative interrogative (5, 22') ; devant noms (5, 18', 19') et infinitif (6, 38), devant adverbe (6, 76).

92. Écrit *la-aš-šu* (5, 21' [sujet pluriel] ; 6, 8 [sujet singulier]).

93. Écrit *at-tu-* (2, 20').

94. Devant un nom (c'est-à-dire seulement *šulmu*), *lū* n'apparaît que dans les en-tête de lettres [1, 5 ; 6, 3] et n'appartient donc pas au *corpus* sidonien comme tel.

95. En 6, 31 ; il est alors écrit *lu-ú*.

96. Il est alors écrit *lu* (5, 46' ; 6, 33, 34).

97. Écrit partout *ma-a*. La particule *umma*, écrite *um-ma* (1, 1 [sans génitif] ; 4, 1 [indéterminé] ; 6, 1 [indéterminé]) n'apparaît que dans les en-tête de lettres et n'appartient pas au *corpus* sidonien proprement dit.

98. *qabā'u* : 2, 17' ; 4, 7 (mais le texte est douteux) ; 5, 12', 15', 18', 20', 21' ; 6, 32, 53, *ša'ālu* : 5, 16', *šapāru* : 5, 4', *tamā'u* : 6, 7, 14 (en 6, 13, le verbe est disparu mais la particule développe, semble-t-il, le substantif *amātu*. En 6, 61, le contexte est brisé, mais il semble qu'il dépendait de *qabā'u*). En 2, 1' et en 5, 44', le verbe a disparu.

99. En 6, 27 (où le sens exige que l'on disjoigne le *-ma* du *ù* qui suit et que l'on traduise le *-ma* d'une manière prégnante) et 82, pour les verbes ; en 6, 7, pour l'adverbe. En 6, 40, la lecture est hypothétique. Si on l'admet, on retrouverait le même cas qu'en 6, 27.

Après *qibi-*, dans les en-tête de lettres (4, 4 ; 6, 2), il n'appartient pas au *corpus* lui-même.

100. Écrit *mi-na* (6, 19 [*mi-[na]*, 66, 68 [ici il pourrait être un adjectif]) et *am-mi-ni* (2, 22' ; 6, 63).

101. **ana (a)yyiša* écrit *a-na-i-ša* (5, 44' ; 6, 41).

102. Partout écrit *ù*.

– *adi* [103] (« avec ») se trouve en concurrence avec *qadu*, de même sens.
– *ana* exprime le mouvement dans l'espace et dans le temps ; il se combine avec les pronoms en syntagmes dativaux analytiques et permet ainsi de faire l'économie des formes synthétiques [104] ; avec les infinitifs, *ana* forme des propositions à sens final plus ou moins affirmé [105]. Avec *ba''û*, cette préposition introduit une sorte d'accusatif [106].

Cette préposition, comme dans tout l'accadien, est très souvent combinée avec d'autres éléments pour donner des locutions prépositionnelles, à savoir *ana muhhe* [107] « en ce qui concerne », « pour », *ana pān* [108] « en ce qui concerne », *ana pānē* [109] ou, en surcomposition, *ana tarṣe pānē* [110] « devant », et *ana qāt* [111] « à ».

À suivre l'ordre alphabétique, on trouve encore *aššum* [112] (« à propos de ») et *iltē-* [113] (« avec »).

Les emplois de *ina* [114] sont ceux du médio-assyrien, qui sont eux-mêmes ceux de l'accadien en général ; il a le sens local (« dans ») au sens concret [115] et abstrait [116], le sens temporel (« pendant ») [117] et enfin aussi un sens instrumental [118]. Comme pour *ana*, *ina* se combine pour fournir des locutions prépositionnelles : *ina bēru-* [119] (« entre »), *ina libbe* [120], *ina muhhe* [121] (« à cause de »), *ina pānē* [122] (« en ce qui concerne, pour »), [*ina q*]*able* [123] (« au centre de »), *ina qāt* [124] (« par l'intermédiaire de »), enfin *ina tarṣe pānē* [125] (« en face »). On est bien embarrassé pour trouver une nuance de sens entre certaines de ces locutions faites avec *ina* et celles qui sont faites avec *ana*. On ne constate, pourtant, aucune confusion entre *ana* et *ina* sauf, peut-être dans l'expression *pānū ina* : « avoir l'intention » [126].

---

103. Écrit *a-di* (5, 23').

104. Avec noms et adverbes : 4, 13 ; 5, 8', 23' ; 6, 24, 26 (deux fois partiellement restauré), 51, 59, 81, 82 ; avec pronoms : 2, 19' ; 4, 8 ; 5, 4', 27', 31' ; 6, 32, 33, 52, 70, 75, 77. En 6, 66 (sûrement) et 6, 70 (peut-être), le contexte suggère plutôt une traduction par « à cause de », sorte d'abréviation de *ana muhhe*.

105. 4, 9, 14 ; 5, 9', 28', 29', 39' (dans l'expression *pānū ana*) ; 6, 37, 48, 80. En 6, 29, malgré l'absence de verbe, *ana* a à peu près ce sens : « pour (effacer) le péché... ».

106. 5, 32'.

107. Écrit *a-na* ugu (4, 11 , 19? ; 5, 43', 45' [rien après ?]) ou *a-na muh-he* (2, 10', 11' ; 6, 3, 16, 18).

108. Écrit *a-na pa-an* (6, 79).

109. Au sens local. Écrit *a-na pa-né* (5, 7', 19' ; 6, 6).

110. Écrit *a-na tar-ṣe pa-né* (5, 20').

111. Écrit *a-na* šu-*at* (5, 17'), à l'état construit.

112. Écrit *aš-šum* (1, 8) et *áš-šúm* (6, 4).

113. Écrit *il-te*!- (5, 32').

114. Écrit *i-na* et une fois *ina* (2, 14').

115. 4, 16 ; 5, 3', 22' ; 6, 8, 22, 34, 38, 50, 82, en particulier avec des toponymes (5, 26' ; 6, 21). En 5, 6' et 18', le sens est partitif.

116. En 6, 82.

117. En 2, 14' ; 5, 42' ; 6, 33, 73.

118. En 6, 83.

119. Écrit *i-na be-*ᵣ*u-ú-* (2, 16' ; 6, 43 [*be-ru-*[...]).

120. Écrit *i-na lìb-bé* (5, 28', 35', 41' [contexte obscur] ; 6, 73 : une traduction « en son sein » paraît moins vraisemblable).

121. En 6, 67.

122. Écrit *i-na pa-né* (6, 78) en complément de *damāqu*.

123. En 6, 22.

124. Écrit *i-na* šu-*at*, avec *nadānu* (5, 34' : *a*[*t*]), *šabā'u* (6, 78), *ubālu* III (6, 83).

125. Restauré ⸢*i-na*⸣ *tar-ṣe pa-*[*né* en 6, 57.

126. En 4, 11.

La préposition *ištu* [127] « hors de » se combine avec *libbu* et *pānū* pour donner deux locutions de sens voisin [128], « de » ; *kī* [129] (« comme ») sert pour les comparaisons ; *libba-* [130] est, évidemment, la forme accusative du nom *libbu*. Remarquons, à ce propos, que, s'il est vrai que l'accusatif de lieu est rare, il l'est moins en médio-assyrien que dans d'autres dialectes [131].

qadu [132] qui signifie évidemment « avec » se trouve en concurrence avec *adi*, *itte-* [133] avec *iltē-* [134], de sens identique. En fait, on a affaire à deux couples d'homonymes. Leur distribution dialectale est différente : *adi* et *ilte-* sont assyriens ; *qadu* et *itte-* babyloniens [135] ; *adi* et *qadu* n'acceptant pas de pronoms suffixes, on comprend la nécessité d'*ilte-* et d'*itte-*, non celle d'utiliser ces deux couples. Chacun d'eux, comme on le constate, ne se retrouve que dans un seul texte, le couple assyrien en 5, le couple babylonien en 6. Ces deux lettres ne sont pas, peut-on supposer, de la même main ; chaque scribe a choisi une solution différente [136].

Quant au vocabulaire (qui se rattache naturellement à ce développement), une seule remarque épuisera le sujet : il est conforme à ce que l'on attend du dialecte médio-assyrien ; les rares absences, remarquées pour les adverbes, sont sans doute dues au hasard. On trouve, même dans les textes indigènes, *tadānu* en parallèle avec *nadānu* à l'infinitif et *amātu* (on attendrait *abātu*). Trois mots sont sans doute des emprunts au canaanéen [137].

On peut traiter en quelques phrases de la morphologie et la syntaxe des substantifs. Les scribes distinguent bien les deux catégories, du nom et de l'adjectif, comme le montre le pluriel masculin dingir.meš-*nu*, c'est-à-dire **ilānu* [138], en face de *še-bu-tu* (**šēbūtu*) [139]. La morphologie et l'emploi des cas n'appellent aucun commentaire [140]. On trouve peut-être un exemple d'accusatif interne ; on ne saurait pourtant en être sûr, car le contexte est absent [141]. Le locatif est encore connu, mais il est devenu

---

127. Écrit *iš-tu* (6, 11, 72 : [*i*]*š*).

128. Écrit [*iš-*]*tu lìb-bé* (6, 12) et *iš-tu pa-né* (6, 35, 36).

129. Écrit [*k*]*i-i* (6, 48) et *ki* (5, 33').

130. Écrit *lìb-ba-* (5, 38').

131. Voir, en général, von Soden, GAG, §146 et, plus particulièrement, Mayer, § 94 2 a, et aussi c et e, p. 105-106.

132. Écrit *qa-du* (6, 62).

133. Écrit *it-te-* (2, 8' ; 6, 26).

134. Écrit *il-te*!*-* (5, 32').

135. Ou plus exactement : d'origine babylonienne, puis assyrisés.

136. L'expression *ša lēt* ... (6, 45) apparaît dans un contexte incertain et restauré et ne peut être pris en considération.

137. D'abord, *gab-bu-ru-ti* 2, 25' (hors contexte). La racine *gbr est attestée dans l'onomastique ougaritique et, ensuite, dans l'ouest-sémitique. L'hébreu connaît, d'ailleurs, le même thème. Il est tentant d'en rapprocher **gabratu* « garde » (nominatif féminin singulier : D. Arnaud, *Emar* VI, n° 668, l. 5). En absence de contexte, on peut avancer deux explications pour le /i/ final, au lieu de /e/ : le mot n'est pas ressenti comme assyrien, ou bien il est le pronom possessif *-ī* de la 1re personne.

Je rapprocherais *ú-ti* (2, 14' ; 5, 33', au cas oblique) de la racine ougaritique et hébraïque *'wn. Le contexte suggère, en effet, quelque chose comme : « iniquité », etc. L'évolution serait donc : **'unt*(*u*) > **'uttu* / **'ūt*(*u*). Le vocalisme n'est pas assyrien, mais le mot ne l'est pas non plus, selon toute vraisemblance.

Quant au mot *sa-mu-ki* (5, 37'), on ne peut guère le transcrire que **samūkī*, et l'interpréter que par le canaanéen : « mon appui ». C'est plutôt un nom commun de fonction, signifiant à peu près « (mon) écuyer ». Certes un anthroponyme n'est pas totalement exclu par le contexte mais comment, dans cette hypothèse, expliquer l'absence de déterminatif ? Le suffixe *-ī*, qu'on retrouve peut-être avec le mot précédent, pourrait être aussi bien assyrien (et non nécessairement canaanéen), malgré l'emploi, à ce cas, de *-ia* : voir la note 147 plus bas. Enfin, (il s'agit d'ailleurs plus d'un fait graphique que linguistique), l'idéogramme gal (dans : gal!.meš-*tu* [5, 13'] et peut-être ⸢lú.gal⸣.meš [6, 57]) a peut-être une lecture *šēbūtu*, connue ailleurs en Syrie.

138. En 1, 6.

139. En 5, 12'.

140. Les deux fautes seraient, en 5, 6' : *mar-ši-ti* ..., au cas construit (on attendrait **maršīt*), et *mar-ši-ti*, en 5, 9', à l'accusatif (on attendrait **maršīta*).

141. En 5, 48' : *a-ṣa-bat ṣi-ib-ta*. Pour un accusatif de lieu, voir, plus haut, le commentaire sur *libba-*.

pléonastique ; il est simplement chargé de renforcer une préposition [142]. Le nisbé *ṣidūnāyya* (écrit *ṣi-du-na-ia* au nominatif masculin pluriel) est une forme régulière [143]. L'accord d'un sujet singulier avec un verbe au pluriel trouve une explication simple, le cas est d'ailleurs banal : la « ville » est évidemment un collectif [144].

Voici la table des pronoms et les adjectifs pronominaux du dialecte de Sidon :

Pronoms indépendants

singulier [145]	pluriel [146]
1re personne :	1re personne :
nominatif : *anāku*	nominatif : *nēnu*
datif : *iâši*	datif : *niāši*
2e personne masculin :	2e personne masculin
nominatif : *attā*	nominatif : *attunu*
datif : *kuāša*	datif : *kunāšunu*
kâša	
Cette seconde forme (quoique déviante par rapport à la phonologie médio-assyrienne) est pourtant déjà attestée dans ce dialecte.	
3e personne masculin :	3e personne masculin :
nominatif : *šūt*	nominatif : *šunu* et *šunūti*
accusatif? : *šūt*	Le médio-assyrien emploie *šunu* ; *šunūti* est certes connu en paléo-assyrien et ensuite en médio-babylonien littéraire, mais c'est un accusatif pluriel, non un nominatif.
datif : *šuāšu*	
šâšu	
Cette seconde forme n'est pas assyrienne. Plutôt qu'un emprunt au babylonien standard, hypothèse qui n'a rien d'absurde, on pourrait y voir un effort vers une réfection du paradigme.	

142. Dans *i-na pi-tu-ia* et *[i]š-tu li-tu-šu* (respectivement en 5, 22' et 6, 72). Il est symptomatique que les lettres trouvées à Dūr-Katlimmu utilisent aussi ce cas pour *pittu* (Cancik-Kirschbaum, n° 8, 34' ; 9, 15 et 29), en concurrence avec le génitif (*ibid.*, n° 16, 28) ; *gab-bu-šu* (6, 46) pourrait être le seul exemple d'un locatif sans préposition (**gabbūšu*). Le contexte où il apparaît n'est malheureusement plus clair.

143. En 6, 31 et 47. Voir la remarque de von Soden, GAG, § 56, 37. La même forme, (mais son cas est inconnu), se trouve aussi dans un texte d'Assur (H. Freydank, *Mittelassyrische Rechtsurkunden und Verwaltungstexte* III, Berlin, 1994, n° 81 v° 6').

144. En 6, 73 : *[lu]-ur-ri-ku* uru (et la suite des verbes).

Les autres traits de langue que l'on peut relever sont des petites choses sans importance. Le génitif de *ṣidūnu* est, dans le même texte 4, tantôt /i/ (4, 2, comme en 6, 2) tantôt /a/ (4, 13). A-t-on affaire à une déclinaison diptote ? Ne serait-ce pas plutôt la preuve que le nom de la ville était prononcé sans voyelle finale et que les formes écrites sont des accadisations désinvoltes ? Le pluriel féminin *ki-i-se-su* (6, 77), de *kīsu,* (soit : **kīsāt + šu*) est inédit, mais régulier. Nous avons déjà noté plus haut *na-ra-ma* AN.meš (8, 4).

145. Le détail graphique est le suivant :

anāku écrit *a-na-ku* (2, 17' ; 5, 11' ; 6, 62, 77) ;
iâši écrit *ia-a-ši* (3, 9' ; 6, 18, 70, 72, 75, 77) ;
attā écrit *at-ta* (3, 11' ; 6, 68) ;
kâša écrit *ka-a-ša* (6, 15 ; Mayer, § 24, p. 27 note 2). On trouve aussi *ka-ša* (4, 8) ;
kuāša écrit *ku-a-ša* (5, 4') ;
šūt écrit *šu-ut* (6, 24? [contexte brisé], 64, 68 [contexte brisé] ; l'accusatif *šūt* écrit *šu-ut* (5, 30) n'est pas du tout sûr, mais le sens impose d'y voir un complément de *qiāpu*, verbe qui n'est pas pronominal : *šūt* ne saurait être un sujet. D'ailleurs, s'il était sujet, il faudrait admettre que l'accord du verbe au singulier est une négligence, puisqu'il aurait un sujet pluriel.
šuāšu écrit *šu-a-šu* (5, 13', 31') ;
šâšu écrit *ša-a-šu* (5, 27' ; 6, 52, 66 [adjectif]) et *ša-šu* (5, 33').

146. Le détail graphique est le suivant :

nēnu écrit *né-e-nu* (6, 35, 44, 74) et *né-nu* (5, 18') ;
niāši écrit *ni-ia-a-ši* (6, 32) et *ni-ia-ši* (6, 33) ;
attunu écrit *at-tu-nu* (5, 16') ;
kunāšunu écrit *ku-na-šu-nu* (2, 19') ;
šunu écrit *šu-nu* (6, 32) ;
šunūti écrit *šu-nu-ti* (5, 15'). Ce sujet d'une proposition nominale est étrange.

création d'un parallélisme : *kuāša* / *kâša*
en face de *šuāšu* / *šâšu*.

les pronoms suffixes nominaux

1re personne singulier :
nominatif singulier : *-ia* [147]
vocatif : *-ia* [148]
accusatif et génitif : *-ia* [149]
Le suffixe *-ia* marque la 1re personne à tous les cas du pluriel [150].

2e personne masculin singulier :
On trouve *-ka* [151]. Le féminin n'est pas attesté.

3e personne masculin singulier :
On trouve *-šu* [152] à tous les cas, singulier et pluriel, qui évolue normalement en *-su* après dentale [153].

3e personne féminin singulier :
On trouve *-ša* [155].

1re personne pluriel : *-ni*

2e personne masculin pluriel : *-kunu*

3e personne masculin pluriel : *-šunu*

3e personne féminin pluriel : *-šina* [154]

les pronoms suffixes verbaux

1re personne singulier :
datif : *-anne* [156]

2e personne masculin singulier :
accusatif : *-ka*
datif : *-(ak)ku* et *-kum*[157]

3e personne masculin singulier :
accusatif : *-šu*

3e personne masculin pluriel :
accusatif : *-šunu*

147. Ainsi dans šeš-*ia* (1, 7 ; 2, 8' [pourrait être analysé comme un nominatif]) et 6, 67 ([uru] est restitué). Le suffixe de la 1re personne singulier après un mot écrit syllabiquement n'est pas sûrement attesté (voir la note 137 ci-dessus). On ne peut donc vérifier qu'il serait alors *-ī*, tandis qu'il est *-ia* après un idéogramme. Dans ce cas, le *-ia*, emprunté au cas oblique, remplit alors deux fonctions : il marque que le signe précédent est un idéogramme et il convoie, en même temps, une valeur morphologique. Cet usage à double fin est attesté en médio-assyrien : on peut citer tout simplement la lettre de Belubur, retrouvée à Ras Shamra, à la ligne 24. On trouve la même pratique à Beyrouth (n° 12 ci-dessus, où, à quelques lignes de distance, on a le vocatif : *be-li* et le nominatif : en-*ia*) et à Tyr (RS 94.2485 : *a-hi* et šeš-*ia* sont deux vocatifs).

148. Écrit šeš-*ia* : 4, 6 [ou sujet ?] ; 6, 66.

149. Accusatif : 4, 7 ; génitif : 1, 4 ; 4, 4, 6 ; 5, 6', 23', 43', 45' ; 6, 2, 62, 81.

150. Nominatif : 5, 15 ; accusatif : 4, 9 ; 5, 15' et, peut-être, 7, 17. L'évolution phonétique peut conduire de /ū-ia/ à /ū'a/ mais elle n'est pas automatique. On opposera *še-bu-tu-ia* (5, 15', à l'accusatif) à [*a-ma*]*-tu-a* (6, 76, au nominatif).

151. Écrit partout *-ka*, en 6, 3, 55, 68, 78, 82 et, peut-être, en 7, 8, 10.

152. En 2, 10 ; 4, 10, 11 et 11 (après infinitif), 12 (après infinitif), 14 ; 5, 7', 9' (après un infinitif), 30', 31', 35' (après un syntagme prépositionnel) ; 6, 8 (après un idéogramme), 37 (après un infinitif), 38 (après un infinitif), 51 (après un idéogramme), 66 (après une locution prépositionnelle), 72 (après une locution prépositionnelle), 83 (après un idéogramme) ; 10.

153. Dans *qu-ba-su* (5, 38') et *ki-i-se-su* (6, 77, de **kīsēt(u)* de *kīsu* au pluriel).

154. *-ni* écrit *-ni* (2, 16' ; 6, 26) ; *-kunu* écrit *-ku-nu* (2, 21') ; *-šunu* écrit *šu-nu* (5, 19' ; 6, 35, 36) ; *-šina* écrit *-ši-na* (6, 18).

155. Écrit les deux fois : *-ša* (5, 32', 35').

156. Dans *šu-bi-la-an-né* (6, 72) et [*u*]*ṣ-ṣa-né* (6, 11). Ce suffixe se confond avec le ventif pluriel.

157. *-ka*, écrit *-ka* (5, 5' ; 6, 3, 42) ; *-(ak)ku*, écrit *-(r)a-ku* (5, 4') ; *-kum* (5, 38') est un archaïsme qu'une transcription *-ku*$_{13}$ éliminerait ; cette « valeur » est attestée dans un texte assyrien indigène (Meyer § 5 p. 9), mais faut-il l'appliquer pour cela ? L'« attraction » du signe suivant KUM explique peut-être cette graphie inattendue.

mais on trouve, assez fréquemment, la forme apocopée *-š* [158].

datif : *-šu* [159]

et, une fois, peut-être, la forme apocopée *-š* [161]

datif : *-šunūti* [160].

Cette forme, qui correspond, morphologiquement, à un accusatif babylonien, est doublement étrange. Le dialecte assyrien emploie la forme *-šunu* et le babylonien *-šunuši*. Le plus simple est d'y voir un lapsus.

3e personne féminin singulier :

accusatif : *-ši* [162].

3e personne féminin pluriel :

accusatif : *-šina* [163].

La syntaxe des pronoms indépendants est conforme, à strictement parler, à la grammaire accadienne ; ainsi les pronoms sujets insistent-ils tout particulièrement sur la personne. Cependant, ce procédé d'« accentuation » paraît beaucoup plus fréquent que dans les textes de Mésopotamie, dans la mesure où l'on peut évaluer des pourcentages (et en n'oubliant pas que le style épistolaire se prête bien à cet emploi emphatique). Les pronoms indépendants avec *ana* sont aussi très utilisés pour former un syntagme analytique à la place des formes synthétiques impliquant des pronoms verbaux suffixes. En particulier, le ventif est ainsi aisément complété [164].

Les pronoms et adjectifs démonstratifs, de forme semblable quel que soit leur statut, sont *annû* (« celui-ci », etc.), démonstratif de proximité, et *ammiu*, (« celui-là », etc.), démonstratif d'éloignement. Le premier n'est attesté que par des formes contractes, mais on retrouve curieusement ces mêmes formes, à côté de formes non-contractes (mais surtout au singulier), dans les textes médio-assyriens indigènes [165].

Les pronoms indéfinis sont *gabbu* [166], *mimma* [167] et *mimmû* [168], indéclinable à Sidon comme il l'est en médio-assyrien.

Enfin, il faut traiter de *ša*. Il n'est d'ailleurs pas souhaitable, ce faisant, de dissocier le *ša* qui gouverne un syntagme nominal du *ša* qui gouverne une proposition relative. Il existe, en effet, des syntagmes prépositionnels, introduits par *ša*, qui sont des « extensions » d'un substantif ; ils s'y rattachent ainsi plus étroitement, mais ils ne forment que l'amorce, si l'on peut dire, d'une proposition relative [169]. *Ša* se substitue à un syntagme à l'état construit, entre ce qui aurait été, sinon, le *nomen regens* et le *nomen rectum*

158. Écrit *-šu* (4, 19 ; 5, 11', 14', 34,' 35' ; 6, 32, 34, 35, 36, 58?, 75, 77, 83). La forme apocopée est écrite *-(u)š*, par combinaison avec la voyelle du pluriel verbal dans *li-pu-šu-uš* (6, 47, 49) ; *li-du-ku-uš* (6, 73) et *li-<iz>-qu-pu-uš* (6, 74).

159. Écrit *-su!* après dentale en 4, 15.

160. *-šunu* écrit *-šu-nu* (5, 15', 19') ; *-šunūti* écrit *-šu-nu-ti* (5, 17').

161. Dans *e-pu-šu-uš* (6, 30) : morphologiquement, la forme apocopée n'est pas employée en accadien pour le datif ; aussi doit-on s'interroger sur la pertinence de l'analyse. La phrase est restaurée pour une part ; le pronom suffixe renvoie peut-être à [sis]kur.m[eš], comme singulier collectif.

162. Écrit *-ši* en 6, 61. Ce pronom semble renvoyer à kù.babbar.meš, qui est pluriel, certes, mais masculin. Une correction *-ši-<na>* ne s'impose donc pas. Le cas n'est pas clair.

163. Écrit *-ši-na-ni* (6, 20, au subjonctif).

164. En 4, 5-6 (avec *ana muhhe-*) et 6, 72 (avec *ana* seul : on opposera ce procédé à la ligne suivante où l'on a la forme synthétique en *-anne*).

165. Mayer, § 32, p. 36. Dans les lettres trouvées à Dūr-Katlimmu sont attestées la forme non contracte au singulier, les formes contractes au masculin et féminin pluriel (Cancik-Kirschbaum, p. 219). À Sidon, seul l'accusatif d'*ammiu* est attesté : *ammia* (écrit *am-mi-a* [5, 10']). On connaît le nominatif masculin singulier *annû* (écrit *an-[n]u-ú* [6, 42]) et le nominatif féminin pluriel *annâtu* (écrit *an-na-tu* [6, 17]) ; *an-na-a*[(dans 6, 60 et 63) ne paraît pas être à dériver d'*annû*, voir plus haut à la note 71.

166. Écrit *gab-bé* à l'état construit (2, 17) ou *gab-be* (6, 23) au génitif ; *gab-bu-šu* (6, 46) pourrait être un locatif, voir plus haut la note 142.

167. Attesté une fois (5, 6') et écrit comme en médio-assyrien indigène : *mi-im-ma*.

168. Écrit *mi-im-mu-* (5, 43', 45'), voir Mayer, § 41, p. 42.

169. Ainsi : *mi-mu!-šu ša am-ma-ka i-na lìb-bé ṭup-pe* (5, 41') ; en *mi-im-mu-i-ia ša* ugu *mi-im-mu-ia* (5, 43') ou ìr-*ia* / *ša i-na li-tu-ka* (6, 82). Le pronom sujet et le suffixe du subjonctif sont absents dans ces trois exemples. L'influence du cananéen a sans doute joué.

pour éviter une trop longue séquence. Ainsi est-il présent dans une série à trois termes [170] ou après une locution prépositionnelle [171]. Une expression comme *ša* dub.bi-*ka* (« les propositions que portera ta tablette » [172]) a certes un sens prégnant ; il est plus affaibli dans d'autres exemples et quelquefois à peu près injustifiable [173].

ša lā se combine avec un infinitif ; cette construction très souple et très élégante se trouve une fois [174].

La proposition relative peut n'être pas introduite par *ša* ; un exemple en existe dans le *corpus* sidonien [175], mais partout ailleurs *ša* est présent. La phrase relative est normalement une phrase verbale, mais on trouve, ce qui est familier à tout l'accadien, une phrase nominale, le verbe étant remplacé par une locution prépositionnelle. La relative peut être sujet d'une phrase nominale [176], complément d'objet direct d'un verbe [177], complément d'un nom [178] ou d'une préposition [179].

Pour exposer la morphologie verbale, il est indispensable de classer d'abord toutes les données par forme et par « temps ». Ce dépouillement fait, le détail devra être repris suivant la catégorie morphologique à laquelle chacun d'elles appartient. L'harmonie vocalique a déjà été traitée plus haut.

FORME I

I-1 imperfectif

1re personne singulier :

a-ba-la-aṭ (*balāṭu* [5, 42'])
a-da-gal (*dagālu* [6, 80])
a-mu-e-at (*muātu* [5, 42'] [180])
a-na-din (*nadānu* [6, 9])
a-ṣa-bat (*ṣabātu* [5, 48' [181]])
ud-du-ni (*udā'u* [6, 77 [182]])

2e personne masculin singulier :

ta-⸢*ga*⸣*-ar-ri* (*garā'u* [6, 44])
ta-laq-qe (*laqā'u* [6, 70] [183])
ta-qab-bi (*qabā'u* [6, 41, 67]) // *ta-qa-bi* (6, 80, 82 [184])
ta-na-ad-di-in (*nadānu* [6, 43])
ta-ša-ku-nu-ni (*šakānu* [6, 76 [185]])
[*t*]*a-še-em-me* (*šamā'u* [6, 75])

---

170. Exemples : 2, 18', 20' ; 5, 16', 21' ; 6, 17 (avec adjectif démonstratif entre le premier et le second nom).

171. Exemple : 6, 12.

172. En 6, 80.

173. Comme dans gal[!].meš-*tu ša* NG (5, 13' ; nominatif) ou *šar-šar-ra-a-te ša* gìr.meš-*šu* (6, 8), *i-na qa-qa-de*$_4$ *ša* [d]Iškur (6, 22), siskur.meš *ša* [d]Iškur (6, 28) ou *mar-ši-ti ša* en-*šu* (5, 9'). Dans *la-*[*a*] *a-ma-tu.*meš [*ša* l]ú *ša-ak-re* / *ù la-a a-ma-tu.*meš *ša* lú *la-a ša-ak-re* (6, 18, 19), le *ša* rend la construction plus claire.

174. *ša la-a ša-ka-ni-šu* (6, 38) : « [en écha]nge de ne pas le placer ... ». J. Aro, *Die akkadischen Infinitivkonstruktionen*, cite quelques exemples identiques pp. 47, 48, 53, 54, 55 (exemple médio-assyrien), 57 et 63-66. Les lettres trouvées à Dūr-Katlimmu connaissent aussi *ša* gouvernant un infinitif (Cancik-Kirschbaum, n° 9, 12-13), comme *lā* (Cancik-Kirschbaum, n° 7, 27), mais non la combinaison des deux.

175. En 2, 14'-15'.

176. En 6, 10 et 76.

177. En 6, 11, 17, 78-79.

178. En 6, 39, 80. En 2, 12' 1-*en ša*, *ša* est participiel : « un de ceux qui ».

179. En 6, 11, 37, 48.

180. Le E est peut-être une faute pour *a*[!], comme on l'a suggéré plus haut.

181. Si c'est bien un imperfectif.

182. Au subjonctif.

183. La transcription /qe/ (et non /qi/) est assurée par la forme *tal-te-qe-e-ši* (6, 61).

184. Et leurs variantes *ta-qáb-bi* et *ta-qa-ab-bi*. Au subjonctif.

185. Au subjonctif.

3e personne masculin singulier :

i-ba-aš-ši (*bašā'u* [5, 12', 26'] [186])

e-pa-šu-ú-ni (*epāšu* [6, 80] [187])

i-qáb-bi (*qabā'u* [6, 19])

i-ša-am-mi-ka (*šamā'u* [6, 42]) /

/ *i?-ša-am-mi-ú-ši-na-ni* (6, 20 [189])

[*u*]*ṣ-ṣa-né* (*uṣā'u* [6, 11 [190]]) // *uṣ-ṣu-ni* (6, 12 [191])

3e personne féminin singulier :

tu-la-ad (*ulādu* [5, 31', 33' [192]])

[*t*]*a-ša-am-me* (*šamā'u* [6, 70] [193])

3e personne pluriel :

i-na-di-nu (*nadānu* [5, 10'])

ú-du-ni (*udā'u* [5, 9 [188]]) // *ú-du-šu* (5, 14')

I-2 imperfectif

1re personne singulier :

a-ta-lak (*alāku* [5, 23'])

3e personne masculin singulier :

i-ta-lak (*alāku* [5, 25' [194]])

ir-te-eh (*riāhu* [6, 4 [195]])

I-3 imperfectif

2e personne masculin singulier :

ta-al-ta-na-me (*šamā'u* [5, 4'])

3e personne masculin singulier :

ir-ta-na-qi (*raqā'u* [5, 7'])

I-1 parfait

1re personne singulier :

ap-ti-qi-id (*paqādu* [4, 15])

aq-ṭá-bi (*qabā'u* [2, 17'])

al-ta-ka-an (*šakānu* [2, 3'] [196])

al-te-me (*šamā'u* [4, 5])

[*a*]*l-ta-pár* (*šapāru* [4, 7]) // *al-tap-ra-ku* (5, 4' [197])

2e personne masculin singulier :

tal-te-qe-e-ši (*laqā'u* [6, 61])

táq-ṭá-bi (*qabā'u* [6, 9])

ta-ti-din-šu (*tadānu* [3, 35])

3e personne masculin singulier :

i-ta-lak (*alāku* [4, 13])

3e personne masculin pluriel :

ih-ta-al-qu (*halāqu* [2, 2' [198]])

---

186. À dire vrai, cette forme est plutôt à classer dans les « mots-outils », avec son antonyme *laššu*. On peut se demander si nous avons affaire à une forme I ou à une forme IV, écrite défectivement

187. Au subjonctif.

188. Au subjonctif. Dans le contexte, l'analyse par des imperfectifs paraît donner un sens plus naturel.

189. Au subjonctif.

190. Avec le suffixe datif de la 1re personne singulier.

191. Au subjonctif.

192. Au subjonctif.

193. Il s'agit d'un nom propre, partiellement restauré, dont un nom de déesse est le sujet implicite.

194. Le contexte a disparu et l'analyse reste douteuse.

195. Au subjonctif.

196. On trouve en 3, 12' : *al-ta-kán-šu*, sans contexte, mais il semble que ce soit une citation d'une lettre d'Ougarit.

197. Avec le suffixe datif de la 2e personne masculin singulier.

198. Le contexte a disparu.

e-ta-ra-ab (*erābu* [6, 27])
il-ti-ú-ni (*la'ā'u* [5, 37' [200]])
iq-ṭì-bi (*qabā'u* [5, 23']) // *iq-ṭá-bi* (6, 28, 53, 58, 62)
iq-ṭí-'i-ip (*qiāpu* [5, 29'])
i-sa-aq-ra (*saqāru* [5, 38'] [202])
iṣ-ṣa-bat (*ṣabātu* [5, 37'])
il-ta-ṭar (*šaṭāru* [5, 40'])
3e personne féminin singulier :
te-ta-pa^!^*-ša-šu* (*epāšu* [5, 34'] [203])
ta-ak-tu-un (*kuānu* [5, 30'])
tal-te-qe-šu (*laqā'u* [5, 36' [204]])

ih-ṭí-ú-ni (*haṭā'u* [2, 13' [199]])

[it-]tah-ṣu (*mahāṣu* [6, 66 [201]])
iq-ṭì-bi-ú (*qabā'u* [6, 34]) //
iq-ṭì-bi-ú-šu-nu-ti (5, 28') //
iq-ṭá-bu-ú (6, 32)
il-ta-'-lu-šu-nu (*ša'ālu* [5, 15'])

I-1 prétérit

1re personne singulier :
a-mur (*amāru* [6, 11])

2e personne masculin singulier :
ta-mur (*amāru* [5, 44'])
[t]a-aš-pu-ra-né (*šapāru* [6, 4] [206])
3e personne masculin singulier :
i-li-ia (*elā'u* [4, 14] [207])
il-qi-ú-ni (*laqā'u* [5, 29' [209]])
iq-bu-ú (*qabā'u* [6, 37 [210]]) // *iq-bu-ni* (6, 48 [211])
iš-pu-ru-ú-kum (*šapāru* [5, 38'])
it-mu-ú (*tamā'u* [6, 6, 7])
3e personne féminin singulier :
ta-su-uk (*nasāku* [5, 34'])

1re personne pluriel [205] :
ni-du-uk (*duāku* [6, 33])
ni-iz-qu-up (*zaqāpu* [6, 34])

3e personne masculin pluriel :
e-mu-ru-ni (*amāru* [5, 39' ; 6, 49 [208]])
e-pu-šu-uš (*epāšu* [6, 30])

I-1 précatif [212]

1re personne singulier :
la-ad-din (*nadānu* [2, 25' [213]])

1re personne pluriel :
lu ni-du-uk (*duāku* [6, 33])
lu ni-iz-qu-up (*zaqāpu* [6, 34])

---

199 Au subjonctif.

200. Au subjonctif.

201. La restauration du premier signe est faite analogiquement d'après deux exemples néo-assyriens. On peut, aussi, simplement supposer [*im-*].

202. Avec ventif singulier.

203. Avec ventif singulier.

204. La transcription /qe/ (non /qi/) est assurée par la forme *tal-te-qe-e-ši* (6, 61).

205. Les deux formes sont des précatifs précédés de *lū*.

206. Le contexte est brisé. Au lieu d'un datif de la première personne singulier, on pourrait aussi analyser la forme comme un ventif singulier, suivi d'un subjonctif.

207. Avec un ventif singulier.

208. Au subjonctif (restauré dans le second passage).

209. Le contexte n'est pas sûr mais la forme semble être bien une 3e personne masculin singulier au subjonctif.

210. Au subjonctif.

211. Au subjonctif.

212. Il est formé à la 1re personne pluriel sur le prétérit : on a donc déjà enregistré ces deux formes ; pap-*ru* des en-tête de lettres (1, 6 ; 6, 3) n'appartient pas au *corpus* proprement dit de Sidon.

213. Même si la forme est morphologiquement une 1re personne, son contexte a disparu et on ne peut en être complètement sûr.

3e personne singulier :

[l]i-li-ka (*alāku* [5, 24'] [214])
li-pu-uš (*epāšu* [6, 81])
li-it-mu-ú (*tamā'u* [6, 17]) // *[l]i-it-mu* (5, 19')
[lu]-ur-ri-ku (*urāku* [6, 73])
li-<iz>-qu-pu-uš (*zaqāpu* [6, 74])

3e personne pluriel :

li-du-ku-uš (*duāku* [6, 73])
li-pu-šu-uš (*epāšu* [6, 47, 49])

I-1 permansif

3e personne masculin singulier :

ba-li-iṭ (*balāṭu* [6, 66])
da-am-qu-ú-ni (*damāqu* [6, 78 [216]])
mé-e-et (*muātu* [6, 66])
za-ir! (*ze'āru* [2, 8'])

3e personne masculin pluriel [215] :

ep-šu-ú-ni (*epāšu* [2, 15'])
na-du-ú-ni (*nadā'u* [6, 50])

3e personne féminin pluriel :

ep-ša (*epāšu* [2, 14'])
ú-da-a (*udā'u* [6, 76])
ša-ak-na-ni (*šakānu* [6, 51 [217]])

I-1 impératif

2e personne masculin singulier [218] :

e-pu-uš (*epāšu* [6, 79])
qu-ul (*qualu* [5, 42'?, 44' ; 6, 41)
ta-e-ra[(*tuāru* [5, 46 [220]], avec *lū*)
e-zi-ib (*ezābu* [4, 10])

2e personne masculin pluriel :

bi-la-né-šu (*ubālu* [6, 32] [219])

I-1 infinitif

L'infinitif ne se trouve qu'au génitif et au cas construit. Comme nous l'avons déjà remarqué, le vocalisme de la voyelle finale semble être /i/, plutôt que /e/.

a-ha-zi (*ahāzu* [5, 32'])
a-la-ki-šu (*alāku* [4, 11])
e-pa-še (*epāšu* [4, 9]) // *e-pa-ši* (6, 37, 48, 79)
mu-a-ti (*muātu* [5, 39'])
i-na-ša-i (*našā'u* [5, 42' [221]])
sa-ha-ri (*sahāru* [5, 28'])
ša-ka-ni-šu (*šakānu* [6, 38 [222]])
ta-da-ni-šu (*tadānu* [5, 9'])
tu-<(w)a>-ri-šu (*tuāru* [4, 12 [223]])

A l'état construit on a :

e-pa-aš ... (*epāšu* [4, 14 : *e*!-*pa-aš*! ; 5, 29' ; 6, 52])
⸢*ša-ba*⸣*-a[s]* ... (*šabāsu* [6, 64 [224]])
ša-mé-e... (*šamā'u* [6, 80])

---

214. Avec ventif.

215. Les deux formes sont au subjonctif.

216. Au subjonctif.

217. Au subjonctif.

218. La forme *qí-bi(-ma)* (4, 4 [*bi*] ; 6, 2) des en-têtes n'appartient pas au *corpus* sidonien proprement dit.

219. Avec ventif pluriel.

220. La forme (au ventif ?) est devant une cassure et hors contexte ; son analyse est incertaine.

221. Si l'on admet une haplographie *i-na-(na)-ša-i*, voir plus haut.

222. Après *ša lā*.

223. Restauration de la forme, manifestement fautive, d'après le texte beyrouthin (semble-t-il) n° 12, l. 19. Les formes indigènes sont *tu-a-ru/i*, d'après Mayer.

224. La forme, largement restituée, est douteuse.

FORME II

II-1 imperfectif

1re personne singulier :
ú-ba-a-šu (*ba''û* [5, 11' [225]])
ú-ma-ša-ar-šu-n[*u*] (*muššuru* [2, 6'] [227])

1re personne (ou 3e personne) singulier :
⸢*ú*⸣*-šal-lam* (*šalāmu* [6, 58])

2e personne masculin singulier :
tu-ra-ad-da (*radā'u* [6, 40])

3e personne masculin singulier :
ú-ba-'a (*ba''û* [5, 42' [228]])

1e personne pluriel :
nu-ša-k[*a-an*] (*šakānu* [6, 33 [226]])

3e personne masculin pluriel :
ú-ba-'e-ú-ni (*ba''û* [5, 8' [229]])
ú-ta-ru (*tuāru* [6, 39])

II-1 prétérit

1re personne pluriel :
nu-na-ki-ir (*nakāru* [6, 36])

2e personne singulier :
tu-še-ba-šu (*šabā'u* [230] [6, 77])

3e personne pluriel :
ú-te-ru (*tuāru* [6, 9])

II-1 parfait [231]

3e personne masculin singulier :
ub-ta-'e (*ba''û* [5, 32'] [232])
ul-ta-iš (*la'āšu*? [6, 27, 64] [234])

1re personne pluriel :
nu-ta-ki-ir (*nakāru* [6, 35])

3e personne masculin pluriel :
ub-ta-'e-ú (*ba''û* [6, 51 [233]])

II-1 précatif

3e personne masculin pluriel :
⸢*li-num*⸣*-mu-šu* (*namāšu* [5, 40'])

II-1 impératif

2e personne masculin :
mu-še-ra-šu-n[*u*] (*muššuru* [5, 19' [235]])

II-1 participe

mu-de... (*udā'u* [5, 33' [236]])

---

225. Ne sont plus analysables les formes, incomplètes ou hors contexte, de ce verbe en 5, 1', 2', et 3'.

226. Forme douteuse. Un NA n'est pas impossible. Un préverbe semblable se retrouve çà et là dans les textes « occidentaux ».

227. La forme est babylonienne.

228. Le vocalisme est emprunté à Mayer, § 81 6 b, p. 91.

229. Au subjonctif. Le vocalisme est emprunté à Mayer, § 81 6 b, p. 91.

230. La graphie avec BA semble exclure le verbe (*w*)*apû*. Le vocalisme en /e/ ne paraît pas assyrien.

231. En 3, 13', *um-ta-šìr-šu* paraît être une 1re personne singulier, mais le contexte est presque absent et il semble que nous ayons une citation d'une lettre d'Ougarit.

232. Le vocalisme est emprunté à Mayer, § 81 6 b, p. 91. De même pour la forme pluriel, juste ensuite.

233. Pour le vocalisme, voir à la note 232.

234. La reconnaissance de l'étymon fait difficulté, voir plus bas, p. 311.

235. Au ventif. La forme est babylonienne.

236. La forme est douteuse et l'expression obscure.

II-2 prétérit

3e personne masculin pluriel :
up-t[a-a]h-hi-ru (*pahāru* [6, 30])

FORME III

III-1 imperfectif

1re personne singulier :
ú-še-bé-el (*ubālu* [6, 83])
2e personne singulier :
tu-še-[e]l-la (*elā'u* [6, 71] [237])

III-1 prétérit

3e personne pluriel subjonctif :
ú-ša-hu-zu-ka-ni (*ahāzu* [5, 5'])

III-1 parfait

1re personne singulier subjonctif :
ul-ta-ši (*našā'u* [5, 12' [238]])
3e personne singulier subjonctif :
ul-ta-ši (*našā'u* [5, 16'])

III-1 impératif singulier

šu-bi-la (*ubālu* [6, 5, 75 (-*šu*)]) //
šu-bi-la-an-né (6, 72 [239])

FORME IV [240]

IV-1

3e personne masculin pluriel :
i-ša-ku-nu (*šakānu* [5, 18'])

IV-2

3e personne masculin pluriel :
e-ta-am-ru (*amāru* [2, 4' ; 5, 22']).

Les formes ci-dessus, à quelques exceptions qui seront réexaminées, sont familières du dialecte médio-assyrien ; on remarquera en particulier que la troisième personne féminin singulier est en *ta-*.

Le ventif, comme on pouvait s'y attendre, s'emploie avec les verbes qui indiquent, concrètement ou métaphoriquement, un mouvement : *alāku*, *elā'u*, *epāšu*, *muššuru*, *saqāru*, *tuāru* et *ubālu* ; il se marque au singulier par *-a(m)* seul ou devant suffixe, au pluriel : par *-anne* devant suffixe [241].

Les verbes à première faible se partagent, comme en médio-assyrien indigène, en verbes sans *Umlaut* et verbes avec *Umlaut*. On a, en face d'*alāku*, d'*ahāzu* et d'*amāru* : *epāšu*, *erābu* et *ezābu*.

Les verbes à première w sont *ubālu*, *ulādu*, *uṣā'u* (qui appartient, en plus, aussi au groupe à troisième faible) *ušābu* et *muššuru*.

Les quatre verbes à première n sont : *nakāru*, *namāšu* et *nasāku*, qui n'appellent aucune remarque, et *nadānu*. Cette racine est en rivalité avec *tadānu* et l'imperfectif présente des formes babyloniennes, bien

---

237. La forme *ú-še-šab* (7, 11), sans contexte, pourrait aussi bien être une 1re qu'une 3e personne singulier d'*ušābu*. Elle est attestée en médio-assyrien indigène (Meyer § 78, 5, p. 76).

238. On pourrait, aussi, y voir une 3e personne singulier.

239. Ces formes sont des babylonismes (on attendrait *š*ēbil* en médio-assyrien). La première est au ventif, la seconde porte le suffixe datif de la première personne.

240. On peut hésiter sur l'analyse de ces deux formes IV-1 et IV-2 : sont-ce des imperfectifs ou des prétérits ?

241. On trouvera les références dans le tableau des verbes.

attestées aussi dans le médio-assyrien indigène [242]. Les verbes à deuxième faible, avec ī ou ū (voyelles qui apparaissent à l'infinitif) sont : *duāku, kuānu, muātu, qâlu, qiāpu, riāhu* et *tuāru*.

Des verbes avec deuxième aliph, on ne connaît que *ze'āru* [243]. Les verbes à troisième faible sont à troisième ā (*tamā'u*), ē (*laqā'u, radā'u, šabā'u, šamā'u*) ou ī (*bašā'u, garā'u, haṭā'u*). Dans ce groupe, *nadā'u* et *našā'u* forment une sous-classe (en ī) mais avec aussi avec première n ; *uṣā'u* est aussi un verbe à première w.

Un verbe a les première et troisième faibles : *elā'u*.

Deux verbes sont à deuxième et troisième faibles : *ba''û* et *la'ā'u*.

Quelques formes, déjà mentionnées, ne sont pas médio-assyriennes. Assurément, des crases sont exceptionnellement attestées dans les textes indigènes pour les verbes à troisième ā [244] : on ne s'étonnera donc pas de les trouver, dans le *corpus* de Sidon, pour *tamā'u* et *uṣā'u*. Mais le fait n'est pas connu pour *nadā'u* (à troisième ī) et *šabā'u* [245] : l'analogie a peut-être pu jouer. Le prétérit de *šabā'u* (deuxième personne masculin singulier) comme les impératifs (masculin singulier) d'*ubālu* sont des formes babyloniennes et l'hypothèse explicative proposée pour *tuāru* [246] (à la troisième personne masculin pluriel du prétérit) ne saurait être étendue à ces formes. Le verbe « babylonisant » *muššuru* est attesté dans les inscriptions historiques médio-assyriennes, quoique, en médio-assyrien, on trouve la base *uššuru*. Tout compte fait, le nombre de « déviances » est faible.

Seul le verbe *qabā'u* mérite un examen particulier [247]. Le syllabaire de Sidon note /ṭa/ par DA et /ṭi/ par HI, comme on l'a vu. Or, l'infixe du parfait est écrit, avec ce verbe, soit TA soit TI. Dans ce second cas, la phonologie du dialecte médio-assyrien suggère une transcription ṭì ; ainsi, les formes *iq-ṭì-bi* et *iq-ṭì-bi-ú* seraient conformes à celles des documents indigènes. Mais que faire des graphies comme *aq*-TA-*bi*, *táq*-TA-*bi*, *iq*-TA-*bi* et *iq*-TA-*bu-ú* [248] ? La transcription par ṭá enregistrerait bien l'assimilation progressive du /t/ au /q/, mais TA ne pouvant se lire /ṭi/, elle exclut l'harmonie régressive en /i/ attendue. Considérons, à ce stade, deux prétérits du *corpus* qui sont des formes à crase : *iq-bu-ú* est doublement babylonien [249] ; *iq-bu-ni* [250] pourrait l'être, si on l'analyse comme un ventif. Mais *qabû* avec le ventif est très rare en babylonien [251]. Le suffixe serait, plus vraisemblablement, celui du subjonctif [252]. Nous aurions affaire à une forme « mixte ». Comme ces prétérits ne sont pas des lapsus, dûs à un scribe inconséquent [253], le jargon de Sidon utilisait, peut-on en inférer, un paradigme de *qabā'u* occasionnellement médio-babylonien, soit pur soit assyrisé. Mais ne nous hâtons pas de conclure que les formes en TA appartiennent à la même série et que ce signe note en conséquence /ta/ et non /ṭa/. L'emploi en parallèle (pour *qabā'u*) de TI et de TA (au

242. Mayer § 82, 3, p. 93-94.

243. *ša'ālu*, avec un aliph « fort », est « régulier ».

244. Mayer, § 12, 1, p. 18.

245. Le vocalisme de la forme n'est pas non plus assyrien.

246. Voir la note 304.

247. Catalogue des formes indigènes dans Mayer, § 80, pp. 81-82. Les formes imperfectives comme *ta-qab-bi* ou *ta-qa-bi* et *i-qáb-bi*, communes aux deux dialectes, assyrien et babylonien, ne sont pas déterminantes.

248. Les références ont été données plus haut.

249. En 6, 37, le verbe est de plus peut-être au subjonctif. En revanche, *iq-bu-ni* (6, 48) au subjonctif en porte régulièrement la marque morphologique attendue.

250. 6, 48.

251. Deux exemples sont cités dans J. Aro, *op. cit.*, p. 91. Le ventif est attesté une fois en assyrien (Mayer, § 84, p. 59).

252. Grammaticalement, la forme : *i-q[ab-b]u-ni* (6, 64) est un ventif pluriel babylonien. Mais le ventif (voir la note précédente) paraît peu admissible avec ce verbe ; le singulier, d'ailleurs, convient mieux au mouvement du texte. Nous aurions donc affaire là encore à une forme « mixte » : babylonienne pour la crase, assyrienne pour le suffixe du subjonctif. Mais le mot est restitué, même si épigraphiquement il est presque sûr, et toute conclusion est affaiblie de ce fait.

253. Elles se retrouvent, en effet, en 5 et en 6, c'est-à-dire sous le calame de deux scribes différents, comme on l'a vu plus haut.

lieu, ailleurs, de HI et de DA) affiche plutôt la volonté de rendre aussi en parallèle les sons /ṭi/ et /ṭa/ [254]. Les parfaits écrits avec TA seraient donc des « bâtards », nés du croisement des deux dialectes.

L'analyse de *ul-ta-iš* [255] est difficile. On pourrait rattacher la forme à un verbe *la'āšu*, de sens inconnu, à la forme II (attestée) [256]. Cependant, on ne saurait totalement exclure *mêšu* (le /m/ passant à /'/, régulièrement, en médio-assyrien) ; il n'est pas, il est vrai, connu à la forme III.

L'étude de la syntaxe du verbe se réduit, presque complètement, à celle des « temps ». On peut, en effet, se contenter de quelques remarques sur l'infinitif. Celui-ci, conformément à la grammaire commune de l'accadien, est morphologiquement un substantif. Il peut être à tous les cas. Le hasard seul fait que sont seulement attestés, dans le *corpus*, le génitif (souvent précédé d'*ana* avec sens final [257]) et l'état construit. Mais il garde aussi son statut verbal. Il forme une proposition infinitive ; celle-ci elle-même est complément d'objet direct ou indirect d'un verbe [258]. Le syntagme formé de l'infinitif, *nomen regens*, et de son complément, *nomen rectum* (suivi, une fois, d'un complément introduit par *ana*) correspond à un verbe conjugué, gouvernant un complément d'objet direct à l'accusatif et, éventuellement, un complément d'objet indirect. L'élégance de la construction est frappante.

Pour mettre au clair les valeurs des « temps » du jargon épistolaire, c'est-à-dire l'imperfectif, le prétérit, le parfait et le permansif (l'impératif et le précatif étant manifestement hors du système), le cadre du paragraphe est le mieux approprié. On le définira : la portion de texte comprise entre deux traits de séparation. Dans ce cadre, d'autre part, chacun de ces « temps » n'a de sens, à l'évidence, qu'en face des trois autres.

L'opposition, ordinaire à tout le sémitique, est d'abord entre l'« ensemble » du temps clos et l'« ensemble » du temps ouvert. Chacun de ces deux ensembles est fait de l'addition de deux sous-ensembles. Il faut cependant ne pas sauter trop vite aux conclusions en bâtissant une structure dont chaque terme serait en rapport isomorphe avec les trois autres. D'abord, pour une raison philosophique, si l'on peut aller jusqu'à employer cet adjectif : on ne parle pas au passé comme on parle au futur et *vice versa*. L'affectivité est beaucoup plus présente dans le second cas.

D'autre part, le *corpus*, par sa nature même, rappelle davantage au lecteur les événements passés qu'il ne présente des actes à accomplir et le « couple » du temps clos est donc beaucoup mieux représenté que celui du temps à venir [259] ; les conclusions dans ce cas-là se dégagent plus nettement d'exemples plus nombreux.

Le prétérit note une durée passée ; le parfait : un instant pris dans cette durée [260]. Une succession de parfaits enregistre des faits, des actions terminées se succédant dans le temps avec la nuance, supplémentaire

---

254. L'emploi de TI, au lieu de HI, pour noter le son /ṭi/ ne saurait témoigner sur une différence du point d'articulation entre le /ṭ/ étymologique (de la racine *blṭ par exemple) et le /ṭ/ secondaire, né d'une assimilation progressive au /q/, car on trouve *iq-ṭí-'i-ip* (5, 29'), écrit avec HI et non TI. Cette explication, en revanche, pourrait être avancée, au moins à titre provisoire pour les lettres trouvées à Dūr-Katlimmu ; là aussi, /ṭa/ est noté par le signe DA et /ṭi/ par le signe HI, sauf pour l'infixe du parfait où /ṭi/ est écrit, comme à Sidon, avec le signe TI. Les exemples viennent des verbes *qabā'u* (Cancik-Kirschbaum, *ad index, s.v.*) et *qarābu* (*ibid.*, n° 2, 29). Il n'existe aucune forme « mixte » en /ṭa/.

255. Respectivement en 6, 27 et 6, 64.

256. Le contexte suggère comme signification : « mépriser », « négliger ».

257. En 4, 14 ; 5, 28', 29', d'où son emploi, non classique, avec *qabā'u* (« avoir la ferme intention de ... ») en 6, 37, 48. Les lettres trouvées à Dūr-Katlimmu attestent aussi l'emploi de *ana* comme *nota accusativi*.

258. Complément direct : 6, 52 ; complément indirect avec *ana* : 4, 14 ; 5, 29' ; 6, 80.

259. D'autant que les « passés » épistolaires utilisent les formes perfectives que le français traduit par un présent.

260. Quelle que soit la valeur du prétérit et celle du parfait, l'usage lexical pour tel ou tel verbe a pu aussi décider du choix du scribe, plus que les principes syntaxiques généraux. En d'autres termes, les verbes qui apparaissent dans le *corpus* de Sidon au prétérit (*amāru*, *elā'u*, *epāšu*, *nasāku*, *šapāru* et *tamā'u*) sont-ils d'une manière usuelle concurremment employés aussi au parfait dans le reste de l'accadien et dans quelle proportion le sont-ils, s'ils le sont ? Pour répondre avec assurance, il faudrait disposer, dialecte par dialecte, époque par époque, de dépouillements exhaustifs (ou, au moins, jugés caractéristiques) de toutes les formes. De tels intruments de

et occasionnelle, d'un engrènement de l'un sur l'autre [261]. Un récit est au prétérit, quand la précision temporelle est jugée sans intérêt [262]. On comprend qu'inversement une parole ou un acte solennels qui marquent un moment important soient rendus par le parfait [263].

Un développement fréquent expose, grâce au prétérit, une situation générale, réputée stable, un état qui engendre une décision, une action, exprimées par contraste au parfait : un verbe que la traduction pourrait faire précéder d'« alors » [264] ; inversement, évidemment, un fait daté peut engendrer une situation durable [265].

À l'ensemble « temps clos » (le prétérit et le parfait), s'opposent, globalement, l'imperfectif et le permansif ; ce sont les deux sous-ensembles de l'ensemble « temps ouvert ». Le permansif y assure le rôle de noter la durée. Une nuance s'impose cependant : il est moins « engagé » dans le temps que ne l'est le prétérit dans l'autre ensemble. Il peut être, si nécessaire, transporté dans le « temps clos », sans toutefois que son caractère propre soit altéré. Il est aussi moins « verbal », si l'on peut dire (comme dans tout l'accadien au demeurant), et l'analyse peut d'ailleurs hésiter à classer comme verbes ou comme adjectifs ou noms (à l'état absolu) des formes comme *baliṭ*, *damqūni* (au subjonctif), *mēt* ou *za'ir*. Les verbes *nadā'u* ou *šakānu* se vident de leur substance proprement verbale pour fonctionner comme de simples copules, que traduirait, sans les trahir vraiment, le français « être ». On pourrait presque en dire autant d'*epāšu*. Le présent du français lui est, analogiquement, proche, tout compte fait.

L'imperfectif est, pour parler à gros traits, dans le même rapport avec lui que le parfait en face du prétérit, mais l'avenir le fait se charger d'intention ; il est le substitut courtois de l'impératif ou, avec la négation, de la défense ; il marque aussi d'autres nuances [266]. En face, le permansif énonce le fait, sans affectivité particulière. L'imperfectif doit donc, à peu près toujours, être traduit d'une manière prégnante et il exprime beaucoup plus que l'aspect ponctuel du temps ouvert [267].

---

travail n'existent pas. On gardera, provisoirement, à l'esprit que certaines « déviations » par rapport à la règle sont peut-être dues à ces contraintes du lexique.

261. En 2, 1'-2' ; 5, 15'-17', 29'-38' (un présent est employé pour noter une durée du passé au présent). La forme apparemment prétérit *ta-su-uk* (5, 34'), si elle ne s'explique pas par une haplographie (**ta-<ta>-su-uk*), se justifierait par le fait que la « mise aux bois » eut une conséquence durable, débordant sur les deux verbes au parfait qui suivent. Les rédacteurs des lettres trouvées à Dūr-Katlimmu paraissent utiliser le même système, comme le montre la lettre n° 2 (*in* Cancik-Kirschbaum ; cf. aussi p. 65).

262. En 6, 29-31, un fait durable (la négligence) s'oppose à un fait ponctuel (le rassemblement).

263. C'est le cas cité dans la note précédente, mais aussi dans les deux courts paragraphes 6, 32-35. On ne s'étonnera pas que nous ne traitions pas du « passé épistolaire ». Ce sont les règles de la stylistique française qui demandent une transposition au présent, dans certains contextes, de prétérits et de parfaits, pour obtenir une traduction plus naturelle dans notre langue. Les lignes 5-6 du n° 4 (RS 34.149 : *RSO* VII n° 38, p. 80) se rendront mieux ainsi : « J'apprends que tu m'as écrit ... ».

264. En 5, 11'-12' ; 6, 46-53.

265. En 5, 37', *ištu* avec le parfait doit se traduire : « dès l'instant où ». On opposera 39'-40' où *ištu* est suivi du prétérit d'*amāru*, insistant sur la persistance du témoignage oculaire ; en revanche, le parfait de *šaṭāru* apparaît comme une décision instantanée. En 6, 61-62, malgré les lacunes, il semble bien qu'un parfait d'une proposition subordonnée (supposée), tout en notant bien une action ponctuelle, fonctionne comme un passé de l'imperfectif de la proposition principale, donc, en français comme un futur antérieur face à un futur simple.

266. Ainsi *tu-la-ad* (5, 31', 33') est un imperfectif pris dans un récit au passé, car la stérilité de la première épouse continue jusqu'au moment où la lettre est écrite.

267. La première personne exprime la volonté : « Je m'engage (à partir [*alāku* : 5, 23'], à livrer [*nadānu* : 6, 9, 53], à payer [*šalāmu* II : 6, 58?]) », ou, au moins, l'intention : « Je me prépare (à lire [*dagālu* : 6, 80]) ». À la deuxième personne, l'imperfectif sert pour donner un ordre et l'atténuer en même temps (« Tu voudras bien faire monter [*elā'u* III : 6, 71] » ou « prendre [*laqā'u* : 6, 70]) » ; avec la négation, devant *qabā'u* ou *radā'u*, il marque l'interdiction polie (« Ne dis pas, n'ajoute pas, *s'il te plaît* » [6, 40, 41, 43-44]). À la troisième personne, il note l'entêtement (à affirmer [*qabā'u* : 6, 19], à précipiter [*kar*[*āru*] : 6, 36]) ou la mauvaise foi : « Il est dans le cas » (d'entendre [*šamā'u* : 6, 20] mais il ne le fait pas !). Précédé de la négation, il signifie le refus : « Il se refuse (à envoyer [*šapāru* : 2, 9']) », « ils se refusent (à livrer [*nadānu* : 5, 10']) » ou l'échec persistant (à enfanter : 5, 31', 33').

La succession, à la fois temporelle et logique, entre deux états, s'exprime subtilement par l'emploi en premier lieu du permansif, suivie par des verbes à l'imperfectif ; cette forme indique une durée qui a son origine dans une autre durée, plus ancienne : ainsi, un état durable de colère explique le refus, présent et à venir, d'envoyer un messager [268] ; une incompréhension invétérée suscite une décision (la condamnation à mort) qui pourra être prise à n'importe quel moment futur [269].

Au cours de l'exposé, nous avons été amené à relever des écarts par rapport à la norme, définie d'ailleurs plutôt par sa fréquence statistique dans les textes indigènes que par la cohérence interne, linguistique du dialecte. Nous avons proposé des corrections pour ce qui apparaissait comme de simples lapsus, comme leur caractère isolé le manifeste. C'est le procédé économique, donc souhaitable, pour éviter d'échafauder des théories oiseuses [270]. Les babylonismes, qui ne sont pas totalement inconnus en Assyrie non plus, s'expliquent, sans doute, par l'influence de l'école [271]. Ougarit et, d'une manière générale, le « monde extérieur » travaillent en babylonien. Joue peut-être aussi (ce qui n'est pas contradictoire) le désir, plus ou moins conscient, de rendre, dans certains cas, les paradigmes plus « symétriques ». Au demeurant, le sentiment qu'assyrien et babylonien ne sont que les deux faces d'une même langue, compris, l'un et l'autre, de ceux qui utilisent l'un ou l'autre [272], enlève tout caractère incongru à l'introduction d'une forme d'un dialecte dans l'autre : invoquer une « faute » n'est pas nécessaire [273].

Enfin le *corpus* médio-assyrien, comment affirmer le contraire ? n'est pas clos et certains adverbes, en particulier, appartiennent bel et bien au lexique médio-assyrien, même si les dictionnaires contemporains ne les y ont pas encore repérés, comme *appūna* ou *ellīdiš*. Nul doute qu'on y retrouvera aussi, comme à Sidon, *ašrānu* ou *pānānu*.

Cependant, il convient de rappeler ici deux phénomènes à première vue contradictoires, qu'on pourrait appeler « surdétermination » et « sous-détermination » et qui s'écartent plus ou moins de l'usage assyrien. La surdétermination est syntaxique : le datif des pronoms personnels n'est pas exprimé par des suffixes attachés à la forme verbale mais par une construction prépositionnelle avec des pronoms indépendants. Plus : même quand elle est exprimé synthétiquement, la forme dative est doublée de la même manière par *ana* [274]. Ces procédés, quoique strictement corrects grammaticalement, ne sont pas de bonne langue.

La sous-détermination concerne le subjonctif. Les textes 4, 5 et 6, seuls utilisables pour cette analyse, attestent assez fréquemment ce solécisme : contrairement aux règles contraignantes de la morphologie assyrienne, la forme apparaît « nue » ou porte seulement les marques propres ou substitutives du subjonctif babylonien. Une explication unique, globale, apparaît impossible ; la variété des hypothèses qu'on peut proposer renvoie peut-être à autant de raisons, chaque fois différentes et hétérogènes [275]. Le lexique ne paraît

268. En 2, 8'-9'.

269. En 6, 76. L'imperfectif est exprimé, ici, par une phrase nominale.

270. Ont été appréciées comme *lapsus calami* des erreurs graphiques (*hi-ṭa*<*-né*> / gal.meš, etc.) ou morphologiques (*mar-ši-ti*, à l'état construit et à l'accusatif) ; les crases des pronoms et des formes verbales ont été discutées plus haut.

271. Les manuels scolaires, c'est-à-dire les listes lexicographiques, sont en babylonien seul, jamais en assyrien.

272. L'emploi du médio-assyrien dans les lettres internationales suppose comme allant de soi que le message serait compris, même là où le babylonien « périphérique » était la langue écrite. Les Assyriens les premiers en étaient persuadés : c'est en son dialecte que Belubur écrit à Ougarit.

273. Cette même attitude fait comprendre que les scribes n'hésitent pas à noter des formes assyriennes isolées en caractères babyloniens, si l'ensemble du document est ainsi écrit.

274. 4, 8 ; 5, 4', 31' ; 6, 32, 33, 52, 70, 75, 77.

275. Voici les douze cas :
- 4, 5 : *kī* ... mais la forme est peut-être un ventif.
- 4, 17 : *ina ūmē ša* ... indicatif.
- 5, 12', 16' : *kī* ... indicatif. Dans les deux cas, *kī* développe un nom ; il s'agit, de plus, de paroles rapportées d'Ougaritains ; enfin, les verbes sont en fin de ligne : le scribe n'a-t-il pas voulu éviter de trop déborder ?
- 5, 33' : *kī* ... indicatif.
- 5, 39' : *kī* ... syntagme nominal gouvernant un infinitif.
- 6, 5 : *kī*... indicatif. On peut reprendre les remarques faites à 5, 12', 14' et 16'. La forme *ir-te-eh*, apparemment, n'est pas assyrienne.

pas devoir être pris en compte, les verbes sont très variés. Sur les douze cas répertoriés, c'est *kī* (sept fois) et *adi* (deux fois) qui gouvernent la proposition subordonnée. Ces deux conjonctions appartenaient-elles aussi au vocabulaire du canaanéen et faut-il invoquer l'influence du vernaculaire ? Cette explication n'est que partielle. D'autres causes ont pu jouer.

Mais il n'importe, car, en fait, sur-détermination et sous-détermination reviennent au même : rendre la tâche d'écrire, puis de lire plus facile. Ainsi, les scribes tournent la difficulté de créer des formes morphologiques complexes, en les convertissant en formes analytiques par l'emploi d'une préposition ; ils en rendent l'analyse d'autant plus claire ; en laissant de côté les marques subjonctivales, ils savent que cette économie n'a aucune conséquence pour le sens. Les conditions dans lesquelles ils travaillaient sont, en fin de compte, la cause de ce double phénomène, comme nous le verrons plus bas.

La description des phrases doit aller du plus simple au plus complexe, c'est-à-dire partir de la proposition considérée isolément (c'est-à-dire sans tenir compte de son statut grammatical réel : donc non seulement les indépendantes, mais encore les principales et les subordonnées) pour analyser ensuite les propositions combinées. Cette manière de faire permet de suivre l'ordre de leur génération, ordre que l'on peut appeler « naturel », même s'il est, en fait, théorique. Ainsi, l'exposé reste clair.

Élément le plus simple et le plus bref, l'exclamation est un corps étranger, une intrusion dans la chaîne parlée, puis écrite. Elle a un caractère contradictoire : qu'elle soit ôtée, le sens n'en est pas réellement affecté mais, en même temps, elle attire vivement l'attention sur ce qui la suit. Dans le *corpus* de Sidon, on trouve dans cette fonction un vocatif, celui d'*ahu*. C'est l'emploi banal de ce mot dans toute la correspondance du Levant contemporain. En l'occurence [276], ce vocatif souligne la terrible situation où se trouve la ville.

L'adverbe *šanītam* forme parenthèse et retrouve son sens plein qu'il a normalement perdu en accadien, d'où la traduction du passage [277] ; en revanche, *annumma*, à Sidon (mais la chose est vraie ailleurs) tient presque la place d'un signe de ponctuation, au tête de paragraphe ; ou, si l'on préfère, il joue le rôle du retrait alinéaire dans notre typographie. En tout état de cause, la traduction courante par : « Voici » est maladroite et insiste trop.

La phrase nominale est la plus simple ; la disposition attribut-sujet en est la disposition normale ; on trouve : soit nom-pronom [278], soit nom-nom [279], soit adjectif-proposition relative [280], soit enfin nom-proposition relative [281], traitée comme un syntagme nominal.

L'ordre sujet-attribut est imposé par des particularités de la phrase et s'explique de lui-même par le désir de commodité et de clarté ; ce renversement la rend plus naturelle et plus aisée à saisir. C'est le cas quand l'attribut est une préposition ou une locution prépositionnelle (*ana, attu-, ina bēru-* [282]), suivie de

---

- 6, 37 : il n'est pas sûr que l'on ait affaire à une subordonnée. La forme *iq-bu-ú*, de toute façon, est babylonienne.
- 6, 76 : *adi* ... indicatif, terminé par un pronom accusatif *-šu*.
- 6, 80 : relative avec indicatif, en fin de ligne.
- 6, 82 : relative avec syntagme prépositionnel et pronom suffixe. Il n'est pas impossible que le scribe ait fait la confusion entre *ša a-na li-tu-ka* et **ša li-ti-ka*.
- 6, 82 : *adi* avec l'indicatif, suivi de *-ma*. Dans les exemples 6, 76 et 82, le scribe a peut-être hésité à ajouter le suffixe du subjonctif indirectement et non directement à la forme verbale.

Le contexte (en 6, 61-62) suggère fortement que le parfait de *laqā'u* fonctionne comme le passé de l'imperfectif et qu'il devait être précédé dans la lacune d'une préposition de temps, or le subjonctif manque.

276. En 6, 65. Écrit šeš-*ia*. Pour la morphologie, voir plus haut.

277. 6, 67 : on pourrait traduire encore : « Pourtant, encore une fois ! pourquoi dis-tu... ? » ; « Je me répète ! » ou par quelque chose d'approchant.

278. 5, 18' ; 6, 44, 74. En 5, 15', *šunūti* semble bien être au nominatif pluriel ; on attendrait *šunu*, attesté ailleurs comme le montre le tableau des pronoms indépendants. Le plus simple est d'envisager un lapsus.

279. 6, 17-19 (mais la séquence pourrait être renversée).

280. En 6, 10-11.

281. En 6, 76.

282. *ana* (2, 17'-19' ; 5, 39'), *attu-* (2, 19'-20'), *ina* (4, 11-12), *ina bēru-* (2, 15'-16').

son régime, ou bien une proposition interrogative [283] : l'accent y est mis, très nettement, sur le pronom, d'où sa place en tête.

Dans la phrase verbale, quand le sujet n'est pas exprimé, les syntagmes verbaux se trouvent en tête de la proposition, qu'elle soit indépendante, principale ou subordonnée, au moins dans la moitié des cas [284]. Par « syntagmes verbaux », j'entends les verbes proprement dits (conjugués), précédés éventuellement de *lā*, de *lū* ou d'un adverbe interrogatif [285], et les deux « mots-outils » *ib(b)aššī* et *laššu*. Cette proportion serait encore augmentée si on acceptait de définir de la même manière la suite : adverbe-verbe qui introduit quelques propositions. Ces adverbes, en effet, précisent la valeur temporelle de la forme verbale ; ce sont en effet, chaque fois, des adverbes de *temps* [286]. La contre-épreuve est fournie par les adverbes de lieu qui ne précèdent jamais le verbe en début de phrase [287]. De plus, si l'on admettait que certains passages sont, en fait, des *citations*, sinon fidèles à l'original, ce que l'on ne peut savoir, du moins s'en inspirant, on pourrait alors invoquer l'influence du babylonien d'Ougarit qui expliquerait les variations par rapport à l'usage sidonien [288].

Dans la phrase verbale où un syntagme sujet est exprimé (le cas des pronoms sujets réservé, pour l'instant), celui-ci apparaît un peu plus souvent après qu'avant le verbe : 11 [289] contre 9 [290] et, s'il suit, il le fait directement. Un exemple contraire s'explique aisément [291]. D'autre part, si le verbe n'ouvre pas la phrase, c'est le sujet, et seulement lui, qui le fait. Les cas non conformes sont très rares [292].

Quant à la place du pronom sujet [293], l'hésitation est grande : sur dix cas, on le trouve six fois avant, quatre fois après le verbe. La personne est-elle en cause ? Les attestations sont trop peu nombreuses pour permettre d'en décider statistiquement : on trouve, de fait, *anāku* trois fois précédant, une fois suivant, *attā*

---

283. En 5, 16' : pronom-sujet ... syntagme nominal [avec complétive]-attribut.

284. Dans le développement qui suit et dans les notes y afférentes, les sigles suivants seront employés : S : sujet ; V : verbe ; COD : complément d'objet direct ; COI : complément d'objet indirect ; CC : complément circonstanciel ; 0 : rien.

285. Soit : *mīna* et *ammīni*, qui sont toujours placés avant le mot sur lequel porte l'interrogation. En 6, 64, *ammīni* porte (semble-t-il) sur un adverbe ; le verbe se trouve donc naturellement derrière.

286. À savoir : *haramma*, *ina pānānu*, *šanâmma* et *šanītamma*.

287. En 6, 63-64, *annā[num]* précède le verbe, mais c'est que cette phrase est interrogative et que naturellement le mot sur lequel porte l'interrogation est en tête, d'où la place de l'adverbe de lieu.

288. En 6, 5-10, 38-39, 50-51, 53. L'ordre des mots y est statistiquement différent de l'ordre sidonien. De celui-ci, on trouvera, en revanche, deux bons exemples en 4, 10-18 et 5, 29'-40' (sauf à ligne 37).

289. Pour V-S-complément(s) (et) développement(s) : 2, 14-'15' ; 5, 12', 13', 20', 42'-43' ; 6, 20, 35, 47, 73. Donc 9 fois. Pour V-S-0 : 5, 21' ; 6, 30. Donc 2 fois.

290. S-V-complément(s) (et) développement(s) : 2, 9' ; 5, 37' ; 6, 7?, 23, 66, 76. Donc 5 fois en tout. Pour S-V-0 : 2, 1'-2' ; 5, 13'-14' ; 6, 42. Donc 3 fois. En 6, 64, la structure est, pour ainsi dire, intermédiaire : il semble que le sujet soit repris après le verbe par une épithète élargissante.

291. 6, 5-6 : V-COI-S. Ici, la locution prépositionnelle (*ana muhhe*), qu'est le COI, fait si intimement partie du verbe *riāhu* qu'elle aurait pu à la limite être exprimée par un pronom datif ; aussi le scribe a-t-il peut-être été conduit à ne voir dans leur groupe qu'un seul syntagme. On aurait en somme une phrase banale avec verbe en tête.

292. Les voici.

Pour la suite V-S : COD-V-S-développement : 5, 7' : la traduction est imposée par le fait que le verbe *raqā'u* n'est pas intransitif à la forme I. La place du COD a une intention stylistique de mise en valeur, au début d'un développement. (Pour le second, voir son explication dans le développement consacré à la phrase complexe.)

Le passage 5, 14'-17' est une phrase complexe, prise elle-même dans une phrase encore plus complexe (*cf.*, plus bas, la page 317). Son analyse logique se présente ainsi : COD (antécédent-relative-*mā* [développement])-V-S (*mā* [développement : principale-complétive]). Le renversement du sujet et du complément d'objet direct vise deux fins : il évite l'amphibologie. Les deux syntagmes nominaux sont bien séparés l'un de l'autre. Si l'ordre ordinaire V-S-COD ou S-V-COD avait été respecté, les deux propositions introduites par *mā* se seraient succédé inévitablement et, aux yeux du lecteur peu attentif, auraient pu être mises sur le même plan syntaxique. Il reproduit, en second lieu, la succession temporelle des deux discours directs, puisque l'affirmation du COD est antérieure à la question du sujet, la suppose et la gouverne.

Pour la suite S-V : CC-S-V : 6, 24-25, 25-26.

293. Il faut qu'il soit exprimé, et non impliqué morphologiquement dans la forme verbale, cela va de soi.

et *attunu* avant (mais une seule fois l'un et l'autre), comme *šūt*, dans le seul passage clair [294] ; *nēnu*, attesté une fois, l'est après ; *šunu* et *šunūti* le sont après aussi, une fois chacun [295].

Il existe sept exemples sûrs de phrases avec le verbe au milieu [296]. Elles sont construites sur le même patron : le verbe se trouve entre deux compléments, ou blocs de compléments, dont on pourrait dire que celui qui vient après est moins important que celui qui précède. Le verbe, ainsi placé, permet de distinguer l'essentiel (avant lui) de l'accessoire (après lui) [297].

La proposition avec le verbe à la fin est le schéma courant de la prose accadienne : il ne l'est pas à Sidon. Il ne serait pas bizarre, d'ailleurs, de la classer dans la même catégorie que celle avec le verbe au milieu, traitée au paragraphe précédent, dont elle serait un cas particulier, puisque ce qui suit est ce dont l'absence ne nuirait pas au sens, en l'occurrence : rien ici.

Dans ce cas, peuvent précéder le verbe un sujet, un complément d'objet direct ou indirect, un complément circonstanciel, rien, par hypothèse. S'il se trouve à la fois un sujet et un complément, le sujet est en tête. De telles propositions sont, en proportion égale, des propositions indépendantes ou bien des propositions relatives, conditionnelles ou complétives [298]. Elles ont brèves, ont très rarement des sujets exprimés, et sont formées surtout de verbes précédés par un complément circonstanciel.

En conclusion, la construction des propositions verbales présente une assez grande variété. Mais, statistiquement, l'ordre le plus fréquent, on pourrait dire l'ordre de base, place le verbe en tête, même si une tendance existe qui préfère le faire précéder par le sujet, quand celui-ci existe.

Convenons d'appeler « phrase complexe » une phrase (c'est-à-dire une unité de sens) composée d'une principale et d'une proposition subordonnée (causale, finale, temporelle, conditionnelle et complétive) introduite soit par une conjonction de subordination soit aussi par *mā* (et rapportant, alors, un discours direct).

Les complétives, au sens élargi que nous venons de leur donner, suivent immédiatement le verbe ou le mot qu'elles développent : elles sont précédées de *kī* (après *amāru, šamā'u* et *šēbūtu*) ou *mā* (après les verbes qui introduisent un discours direct : *qabā'u, ša'ālu, šapāru* et *tamā'u* [299]). La complétive peut être

294. En 6, 27, on aurait un exemple inverse du pronom après le verbe, le même d'ailleurs, si on admet la restauration, en fin de ligne.

295. *anāku* : 2, 17' ; 5, 11' ; 6, 77 : avant ; 6, 62 : après ; *attā* : 6, 68 : avant ; *šūt* : 6, 64, 66 : avant (tous les autres contextes sont absents) ; *nēnu* : 6, 35 : après ; *šunu* et *šunūti* : 6, 32 et 5, 15' (mais la forme est morphologiquement aberrante) : après.

296. 4, 7 ; 6, 21, 53, 64-65, 65-66, 77, 78-79. En 6, 64-65, l'accent est ainsi mis sur la responsabilité du blasphémateur (*šūt* est en tête) : « c'est bien lui qui a négligé... », plus que sur ce qui est négligé et qui est bien connu du correspondant. On ne saurait ajouter 6, 63-64, même si le verbe principal est restauré à bon droit : de toute façon, dans cette phrase interrogative, sa place ne pouvait être qu'après ce sur quoi portait l'interrogation, ici un adverbe de lieu.

297. Ainsi, en 5, 14'-15', viennent en début de proposition ceux qui sont interrogés, non ceux qui interrogent, puisque c'est sur la déclaration des premiers que se pose la question, la personnalité des enquêteurs est secondaire. Il existe encore deux cas douteux : en 5, 22', on pourrait traduire, d'une manière moins naturelle, semble-t-il : « Si on en trouve dans ma circonscription pour partir pour (*ana*) l'Égypte, je m'en irai... ». La préposition aurait un sens prégnant. En 6, 25-27, on peut hésiter sur l'endroit où couper, mais le sens donne comme plus naturel d'arrêter la phrase à la fin de la ligne 26.

298. Soit 11 indépendantes (2, 7'-8' [S-CC-V], 21'-22' [S-CC-syntagme verbal (fait d'un pronom interrogatif et d'une négation) ; 4, 18 (CC-V) ; 5, 4'? [...]-CC-VV] ; 6, 29-30 [COI(+relative)-COD-adverbe-V ; mais une partie est restaurée] ; 6, 33 [CC-V], 34 [CC-V], 73 [CC-V], 74 [CC-V], 75 [COD-V].

Pour les 2 relatives avec *ša*, on a 2, 12'-13' (COD-adverbe-V) ; 6, 29 (adverbe-V).

Pour les 4 conditionnelles avec *šumma*, on a 5, 18' ; 6, 7-8, 14-15?, 38, toutes construites sur le même patron (*šumma* CC-V).

Pour la complétive (en 6, 50), on a le schéma *kī* CC-V, en parallèle avec S-CC-V.

Il faut peut-être introduire deux autres exemples (6, 39-40, 58), chaque fois une proposition principale (?), sur le schéma : COD (relative)-[V].

299. *qabā'u* (5, 18', 21', 22' ; 6, 32, 53), *ša'ālu* (5, 16'), *šapāru* (4, 7) et *tamā'u* (6, 7, 14), inconnu (5, 44').

faite d'une phrase à deux subordonnées : ainsi d'une conditionnelle et de la principale qui la gouverne[300], placée derrière. Mais il existe des complétives de structure « téléscopique ».

Ainsi, la phrase complexe 5, 11'-17' s'analyse en :

– 1. *circonstancielle* de cause (introduite par *kī*)

1. 1 complétive, de premier rang, introduite par *mā*

1.1.1 complétive, de second rang, formée de deux propositions coordonnées, introduite par *kī*

– 2. *principale* [301]

2. 1 complétive, de premier rang, introduite par *mā*

2. 1.1 complétive, de second rang, introduite par *kī*

Les deux membres de cette longue phrase gigogne sont construits en parallélisme parfait.

On peut traiter de l'interrogative indirecte à la suite, car elle se présente, à tout prendre, comme une variété de complétive ; avec une différence : elle transpose le discours direct (avec *mā*) en discours indirect ; dans le seul exemple connu, une subordonnée circonstancielle [302] est introduite par *adi*, dépendant du verbe *udā'u*.

La proposition conditionnelle s'exprime soit par des constructions parataxiques [303] soit par *šumma* (« si »). Les données disponibles pour les « temps » qu'il gouverne sont ou ambiguës ou contradictoires [304]. Il n'importe d'ailleurs, puisque le dialecte médio-assyrien utilise, avec la plus grande liberté, prétérit, parfait ou imperfectif, selon leur valeur générale [305].

L'emploi du prétérit obéirait alors aux règles déjà vues : la condition est valable pour toute la période précédant le moment présent. Quant au parfait (pour noter, dans les deux exemples, on le remarquera, un potentiel), il insiste sur le fait qu'une seule condition, dès son apparition, entraînera des réactions : le correspondant montre ainsi son zèle et sa bonne volonté.

Les propositions temporelles (introduites par *adi* « jusqu'à ce que », *ištu* « après que », *ina ūmē ša* « quand » [306]) et les propositions causales (avec *kī* « comme », etc. ou *aššumma kī* « à cause que »), se trouvent placées tantôt avant tantôt après la principale dont elles dépendent [307]. La règle de base semble être celle-ci : la circonstancielle précède la principale quand l'insistance est mise sur sa fonction d'explication et que la principale apparaît, inversement, comme une sorte de conséquence de la subordonnée.

Dernier degré accessible au Moderne dans l'étude de la langue, la stylistique doit prendre le paragraphe, au sens précisé plus haut, comme élément de base. Le paragraphe d'ouverture de chaque document est séparé de l'en-tête (adresse et formules de politesse) par un trait et, semble-t-il, par l'adverbe *annumma* [308]. Ensuite,

---

300. En 5, 22'-23'.

301. Cette principale elle-même est une phrase complexe, dont on a pu lire l'analyse à la note 292, ci-dessus et que je laisse de côté pour ne pas accumuler les obscurités.

302. 6, 77. La proposition gouvernant *adi* est elle-même une proposition subordonnée.

303. Parataxe : 6, 36, 76.

304. Les formes IV-1 (*i-ša-ku-nu* : 5, 18') ou IV-2 (*e-ta-am-ru* : 2, 4' ; 5, 22') peuvent être analysées comme prétérits ou imperfectifs ; dans le même texte, on trouve *tuāru* à l'imperfectif (6, 39 : *ú-ta-ru*) comme au prétérit (6, 9 : *ú-te-ru*). On peut cependant se poser la question de la valeur de ce témoignage-ci. La forme est babylonienne et ce pourrait être une citation du texte ougaritain. À Ougarit, *târu* après *šumma* est plutôt au prétérit, contrairement aux usages du babylonien de Syrie (W. H. van Soldt, *Studies in the Akkadian of Ugarit, Dating and Grammar*, Neukirchen-Vluyn, 1991, p. 505). Le « mot-outil » *laššu* (6, 8) est évidemment hors temps.

305. Mayer, § 101, p. 110-111.

306. En 6, 24, *ūmāt* (« les jours où ») est restauré pour une grande partie. Si la lecture est admise, il faudrait y joindre cette préposition de subordination. J'ai traduit *kī* (en 5, 20') par « comme », mais une traduction différente est possible, voir le commentaire à la ligne.

307. *adi* avant : 6, 61 (?), 82 ; après : 6, 77 ; *ištu* : avant : 5, 37', 39' ; après : 6, 49 ; *ina ūmē ša* après : 4, 17/ *kī* avant : 5, 20' ; 6, 21 ; après : 5, 8', 33' ; 6, 5, 20 ; *aššumma kī* après : 5, 9'.

308. En 2 et 6, mais ce n'est pas le cas de 4.

les paragraphes sont introduits par *u* [309], trois fois seulement en « attaque directe » [310], si l'on peut dire, enfin une fois par *annumma* [311].

La construction parataxique (les textes de Sidon en fournissent trois exemples), sert à noter soit une disjonction forte soit une condition, comme nous l'avons déjà vu. Pour le premier cas, on a : *a-mu-e-at a-ba-la-aṭ* [312] (« Que je meure ou que je survive ») ; pour le second : *lu la nu-na-ki-ir ... e-kar-*[*ra-ru-šu*] (« Nous ne l'aurions pas arraché..., ils l'auraient pré[cipité] » [313]) et [*a-ma-*]*tu-a la-a ú-da-a mu-tu ša ta-ša-ku-nu-ni* (« Mes [paro]les ne sont pas comprises : c'est la mort que tu causes. » [314])

Dans la construction syntaxique, la consécution peut s'exprimer, comme il est classique en accadien, par un impératif suivi d'un précatif, qui équivaut alors à une proposition finale. Ainsi *bi-la-né-šu a-na ni-ia-ši i-na* na$_4$.meš *lu ni-du-uk* [315] signifie : « Livrez-le-nous pour que nous le lapidions. » et l'on traduira *mu-še-ra-šu-n*[*u l*]*i-it-mu*, simplement, par : « Envoie-les jurer [316]. »

Mais, comme dans toutes les langues sémitiques, c'est la copule *u* [317] qui est chargée de l'essentiel, quand il s'agit d'exprimer toutes les nuances, les plus diverses, presque contradictoires même, de la liaison des idées dans un paragraphe. Dans la plupart des cas, on a un système à deux éléments, mais on trouve aussi des enchaînements de trois [318] et jusqu'à huit phrases [319]. Les types de relations sont à peu près au nombre de trois.

Mettons à part la copule qui commence très fréquemment un paragraphe, comme on l'a vu plus haut, et qui joue un rôle presque « typographique ». Dans les paragraphes eux-mêmes, elle sert d'abord à lier deux éléments sur le même plan, noms ou phrases. Cette notion d'équipollence, pourrait-on remarquer, et les idées différentes ou même opposées qu'elle entraîne nécessairement (progression narrative ou liaisons adversatives) sont subjectives. Objection admissible pour une part, mais dont la portée est atténuée par le fait que les catégories retenues ne sont pas nettement séparées ; l'on passe insensiblement de l'une à l'autre. Même quand on a affaire à une disjonction, celle-ci reste faible.

Les liaisons équipollentes sont, et de loin, les plus nombreuses, que ce soit entre mots, entre propositions indépendantes ou principales et entre propositions subordonnées [320]. Lorsque la nuance exprimée est une progression narrative, on se trouve engagé à traduire par « alors », « en conséquence », « ainsi », ou par tout autre mot ou expression équivalents [321]. C'est souvent par un raffinement d'interprétation que l'on met en valeur une liaison adversative, plutôt que par une obligation de traduction ; la preuve en est que substituer « et » à « mais » dans la traduction ne conduit pas même au faux-sens [322].

309. 12 cas pour 16 débuts de paragraphes intacts dans l'ensemble des textes. En 6, 36, je disjoins *u lu*.

310. Deux fois en 4, une fois en 6.

311. En 5.

312. 5, 42'.

313. 6, 36.

314. 6, 76.

315. 6, 32-33.

316. 5, 19'.

317. Écrit partout Ù. On ne peut exclure que Ù note quelquefois *ū* (« ou bien »). On pourrait le lire en 5, 10'-11' (au sens disjonctif faible du latin *vel*), mais *u* peut avoir ce sens.

318. En 6, 33-34. Dans *e-ta-ra-ab-ma u* (6, 27), nous n'avons pas un *u* renforcé par un *-ma* ; il est préférable de disjoindre ; *-ma* porte sur le verbe.

319. 5, 27'-36'.

320. Entre mots : 5, 10'-11', 30' ; 6, 19. Entre indépendantes ou principales : 2, 6', 19' ; 5, 11', 13', 20', 35', 36', 38', 40' ; 6, 30, 33-34, 42 (?), 51, 52, 70-71, 73, 75, 76, 78, 79, 82 ; entre subordonnées : 6, 8 [restitué] (*šumma*), 50 (*kī*). Entre deux propositions subordonnées différentes : 6, 38.

321. Les exemples sont : 2, 9', 15' ; 5, 32', 34' ; 6, 52, 63, 66, 73. En 5, 35', cette nuance correspond au passage du parfait au prétérit.

322. On peut retenir comme exemples clairs : 5, 10', 31' ; 6, 66, 74 (« pourtant ») et 76.

Le *u* résomptif, enfin, se distingue nettement des cas précédents. Il « relance » des propositions de cause [323], de condition [324] ou de temps [325].

Ces emplois : conjonction, disjonction, résomption, sont bien connus de tout le sémitique et la situation de Sidon n'a rien que de banal.

L'enjambement est rare dans la pratique scribale de Mésopotamie et de Syrie ; ligne et élément complet de sens, que ce soit un ensemble (en d'autres termes : une proposition indépendante) ou un sous-ensemble d'un ensemble (une proposition complétive par exemple) se correspondent graphiquement. En principe, si les rejets se révèlent inévitables, au moins sont-ils soulignés en avant de la ligne suivante par un double *santakku*.

Un tout autre usage prévaut à Sidon : l'enjambement y est courant ; il serait d'ailleurs plus exact de dire que les scribes ne cherchent pas faire coïncider mise en place et exigences grammaticales. Cette affirmation ne repose pas sur des impressions subjectives, sur des décisions soumises à l'arbitraire, pour une bonne part, du lecteur contemporain qui couperait ici ou là, à sa fantaisie. Il se trouve, en effet, des exemples à l'évidence aveuglante : le nom propre est séparé (en début de ligne) de la locution prépositionnelle dont il dépend et même de son déterminatif [326] ; ou encore : le déterminatif est en fin de ligne et le nom qu'il détermine au début de la ligne suivante [327] ; une négation est, de la même manière, détachée de son verbe [328]. Voici encore des exemples moins nets mais difficiles à récuser, malgré tout, classés par ordre de gravité : on trouve une expression adverbiale coupée en deux [329], des noms séparés de leur complément [330], *šumma* : de la proposition que cette particule gouverne [331], des verbes : de leur sujet [332], de leur complément d'objet direct [333], de leur complément d'objet indirect [334] ou de leur complément d'attribution [335], enfin des sujets : de leur verbe [336].

En conclusion, l'ordre des mots et la disposition matérielle divergent d'une manière incontestable des règles médio-assyriennes. Qu'elles n'eussent rien de contraignant, soit. Reste qu'elles étaient appliquées. Pourquoi donc les scribes [337] qui ont écrit les lettres n'ont-ils pas respecté la syntaxe « classique » du médio-assyrien ? L'ignoraient-ils et firent-ils, en conséquence, appel à leur langue maternelle pour combler cette lacune de leur formation ? Une telle hypothèse se révèle, immédiatement, insoutenable : comment admettre qu'ils aient su tout, et fort bien, du dialecte importé, à l'exception de la partie de la grammaire la plus simple, dont l'application est presque « mécanique » ? Le même raisonnement s'applique à l'aspect matériel des tablettes : pourquoi ces calligraphes auraient-ils été incapables de disposer les lignes suivant l'habitude universelle ? Comment concilier la sûreté et même la beauté des signes et cette constante maladresse ? L'apprentissage paraît du même ordre de difficulté et qui peut ceci peut cela.

On ne peut rendre compte, me semble-t-il, de ces étrangetés qu'en proposant la thèse suivante :

---

323. En 5, 14', introduite par *kī* (5, 11').

324. En 2, 5' et en 6, 9.

325. Introduite par *ištu*, en 5, 37', 40'.

326. En 5, 7'-8' : *a-na pa-né* I // NP.

327. En 6, 30 : lú.meš // NG.

328. En 6, 82.

329. *annîša u ammîša* (5, 10').

330. Complément de nom (5, 10', 14'[avec *ša*], 33', 35'). Cela revient à couper un mot en deux, puisque *nomen regens* et *nomen rectum* forment un tout indissociable, avec un seul accent. L'écriture cunéiforme ne se permet jamais cette liberté.

331. En 6, 7 et peut-être 6, 38 (si l'on accepte la restauration).

332. En 6, 12.

333. En 5, 34' ; 6, 51, 70.

334. En 5, 37' ; 6, 27, 78.

335. En 5, 27' (?) ; 6, 32.

336. En 5, 28' ; 6, 50.

337. Puisque existent au moins deux « mains », rien que dans le dossier d'Adad-yašma' (soit les numéros 2, 5, 6, 7).

Le scripteur avait, chaque fois, la maîtrise de ses graphies, de son vocabulaire et de sa morphologie. S'il ne l'avait pas du reste, c'était simplement donc qu'un autre que lui l'avait : celui qui *dictait*, l'auteur « originel » du document. Or celui-ci, quel qu'il fût (le roi ou un de ses agents) ne pratiquait que la langue locale et il était, nous pouvons en être raisonnablement sûrs, bien incapable d'écrire (et même de parler) le dialecte médio-assyrien.

Tout se passe comme si le scribe avait pris sous la dictée un texte vivant, sans avoir eu le loisir de le couler dans la forme de l'assyrien. Il n'a pu que *transposer* : cette transcription immédiate allait de soi pour l'écriture même et pour le lexique. En revanche, elle était impossible pour l'ordre des mots. Pour respecter la syntaxe médio-assyrienne, il aurait fallu attendre la fin de chaque période [338]. La commutabilité (théorique et applicable à la rigueur) des syntagmes verbaux ou nominaux en médio-assyrien rendait cet exercice possible. Les enjambements s'expliquent de la même manière : par l'impossibilité de savoir, à l'attaque de chaque phrase, où elle allait s'arrêter. Passer du canaanéen à l'assyrien présentait, toutefois, une difficulté familière à tous les traducteurs, depuis qu'il y en a et tant qu'il y en aura : rendre les noms de fonctions d'une aire culturelle dans le vocabulaire d'une autre. Ainsi pourrait-on comprendre l'emploi de *sa-mu-ki*, si l'on écarte l'interprétation par un nom propre.

La prise en compte de la parole canaanéenne de premier jet explique peut-être encore que les citations des lettres venues d'Ougarit aient été rendues d'une manière homogène [339] en assyrien, si bien que leur insertion ne se remarque guère. On se serait attendu à ce qu'elles fussent en moyen-babylonien. On pourrait mettre cette « assyrianisation » au compte d'un sentiment qu'on pourrait appeler « esthétique » : ne pas noter en syllabaire assyrien des phrases d'un dialecte qui ne l'était pas [340]. Explication qui est parfaitement défendable mais on peut en avancer une autre (qui tend au demeurant au même résultat, on le remarquera) : en répondant, le rédacteur ne se référait pas au texte écrit d'Ougarit [341] ; il se fiait à sa mémoire immédiate pour en reprendre le passage utile, celui qu'il venait de traduire oralement en canaanéen. Texte cité étranger ou texte dicté indigène se trouvaient ramenés donc au même plan linguistique : au vernaculaire, et l'opération qui consistait à le transcrire en assyrien pouvait se faire simultanément et de la même manière.

Avec le *corpus* sidonien étudié ci-dessus, nous saisirions, sur le vif et sans le filtre d'une réélaboration, le discours de chefs « phéniciens », leur éloquence, leur émotivité : leur *pathos*, pour parler comme l'ancienne rhétorique [342]. Certes, la différence de ton est sensible selon les questions traitées : on ne peut comparer ce qui est simple routine, comme le texte n° 4, et l'affaire du sacrilège contre le dieu de l'Orage, mais les procédures furent, dans tous les cas, identiques. Situation rare, peut-être unique, car l'impression prévaut que les scribes mettaient normalement en forme, selon le canon académique, les éléments fournis oralement par leur employeur, même s'il est vrai que nous n'avons plus la possibilité de confronter parole vivante et texte élaboré. Cette pratique de la dictée aurait été, en revanche, une procédure banale à Sidon et nous serions ainsi informés indirectement sur le fonctionnement de son « bureau des dépêches », à la fin du IIe millénaire [343].

---

338. Les interprètes qui pratiquent la traduction simultanée ont exactement aujourd'hui le même problème.

339. Ou plutôt : presque homogène, car nous avons cru remarquer, au passage, quelques traces encore sensibles du texte originel.

340. Le problème ne se pose pas, en revanche, pour des assyrianismes représentés par des mots isolés à glisser dans un texte en babylonien, où ils se fondent.

341. Se fier à sa mémoire pour faire une citation, se dispenser de recourir au document même est, d'ailleurs, une habitude universelle au Proche-Orient, seuls les devins mésopotamiens ont une pratique différente.

342. Ce désir d'expressivité utilise le principe rhétorique simple : faire porter l'accent de la phrase, la mise en relief, sur le premier mot de chaque proposition. Si l'on observe cette règle, le sens ressort avec la plus grande netteté, et les idées s'enchaînent clairement. La chose est particulièrement visible si l'on utilise le gallicisme commode : « C'est qui/ que/ dont... ». Utile pour des citations, son emploi répétitif deviendrait lassant et artificiel et une traduction continue doit en user avec discrétion.

343. Cette conclusion ne vaut que pour le *corpus* de l'Appendice I (sauf les deux sceaux). Les nouveaux textes découverts (voir à la note 1) sont trop fragmentaires pour qu'aujourd'hui, au moins, je puisse décider s'ils corroborent, ou non, cette conclusion. Ils ne s'y opposent pas, semble-t-il. On se gardera, cependant, d'en inférer que tous les textes « occidentaux » (de l'époque d'El-Amarna, ceux de Sidon compris, jusqu'à la fin du IIe

Appendice I : Corpus des textes sidoniens
(arrêté à la campagne de 1992)

Par numéro d'inventaire

Tablettes (voir *RSO* V 1) :

1) RS 11.723 : d'Imtu, roi du pays de Sidon, au roi du pays d'Ougarit

2) RS 18.054 : [du roi du pays de Sidon au] roi du pays d'Ougarit (ici n° **15**)

3) RS 25.430A : d'Yapa'-Adad, [roi du pays de] Sidon au *sākinu* [du pays d'Ougarit]

4) RS 34.149 : d'Adad-yašma', roi du pays de Sidon, au roi du pays d'Ougarit

5) RS 86.2208 : [du roi du pays de Sidon au roi du pays d'Ougarit] (ici n° **14**)

6) RS 86.2221+... : d'Adad-yašma', roi du pays de Sidon, au roi du pays d'Ougarit (ici n° **13**)

7) RS 86.2234 : [au roi du pays d'Ougarit d'[Adad-yaš]ma'?, [roi du pays de Sidon] (ici n° **16** : voir, plus haut, au n° 16, les réserves que je fais sur cette identification.)

Sceaux (musée du Louvre) :

8) AO 22362 sceau inscrit : au nom d'Addūmu, roi de la ville de Sidon

9) AO 22361 sceau inscrit : au nom d'Anni-WA, fils d'Addūmu, roi de la ville de Sidon (*cf.*, pour 8 et 9, le catalogue de l'exposition : *Les Phéniciens et le monde méditerranéen*, Bruxelles, 1986, p. 218-219)

Par dossiers

Adad-yašma'	4
	2, 5, 6, 7
Addumu	8
Anni-WA	9
Imtu	1
Yapa'-Adad	3

Textes douteux et non retenus

RS 1-11.[028] [La transcription se trouve dans J. Nougayrol, *PRU* III p.1, note 1], d'écriture et de langue assyriennes, provient donc peut-être de Sidon, mais l'Assyrie n'est pas exclue.

RS 6.198 provient, sans aucun doute, d'Assyrie.

RS 18.268, petit fragment en écriture assyrienne, pourrait provenir d'Assyrie.

---

millénaire) qui ne respectent pas l'ordre des mots accadien ont été pris, eux aussi, directement sous la dictée. Les lettres de Byblos, Beyrouth et Tyr paraissent avoir été écrites selon les procédures ordinaires.

Appendice II : Liste des idéogrammes

(-meš est noté par *)

dam : 5, 31'

dingir : 1, 6 ; 5, 19' ; 6, 3, 6, 11, 23, 24 [restitué], 26, 65 ; 8, 4

dug : 5, 21', 24'

dumu : 5, 33' ; 6, 4, 45, 46, 67 ; 10, 2

dumu.mí : 5, 30', 34'

dumu kin : 2, 10', 21', 23'

é : 4, 16 ; 5, 23' ; 6, 8, 23*, 24, 38, 49, 62

en : 5, 10', 43'

gal

adjectif : 2, 13' ; 6, 21, 23 (pluriel ?) ; 6, 29, 31*

substantif : 5, 13' (gal$^{!}$) [lecture : *šēbūtu* sans doute mais ne s'impose pas totalement] ; 6, 57* (⸢lú.gal⸣, douteux)

gím : 6, 15

gìr : 5, 35' (douteux) ; 6, 8*, 51*

giš : 5, 35'*, 37' ; 6, 34*, 74*

gu[šk]in : 6, 64*

igi : 4, 10*

ìr : 5, 6', 10', 30'* ; 6, 81

^{d}iškur : 4, 1 (élément de nom propre) ; 6, 22, 28

kin : 4, 9* [344] (kin$^{!}$), 14

kù.babbar : 5, 13'*, 28'*, 40'* ; 6, 5* (verbe au singulier), 9*$^{?}$, 54* (contexte brisé), 60*, 71*

kur : immédiatement devant un nom de ville (sans déterminatif uru), n'est pas déterminatif mais a un sens plein : 1, 2, 3 ; 2, 7' ; 4, 2, 3 ; 6, 1, 21 (il semble précéder uru [restitué] en 6, 2) ; 7, 7

kur : devant un nom de pays, fonctionne comme un déterminatif : 3, 3 ; 5, 8', 22' ; 6, 62

lú : 2, 1 ; 3, 3 ; 4, 7 ; 5, 2', 14'*, 15', 16' ; 6, 15, 18-20, 21, 26, 30*, 47* (avant un nisbé), 55, 57 (douteux : avant ⸢gal⸣.meš peut-être), 61, 63* (lú.meš *še-bu-*[*t*]*e*]), 69 (contexte absent), 78, 83

lugal : 1, 2, 3 ; 2, 7 ; 4, 2, 3 ; 6, 1, 2 ; 8, 1 ; 9, 3

mí : 5, 32'

na$_4$: 6, 33*, 73*

nin : 5, 35', 47'

ninda : 4, 16*

pap : 1, 6 ; 6, 3

sig$_5$: 2, 24'

siskur : 6, 23*, 25*, 28*

šeš : 1, 4, 7 ; 2, 8' ; 4, 4 ; 6, 2, 44*, 65

šu : 5, 17', 35' ; 6, 78, 83

tur : 6, 12*, 17*, 20, 81

uru : 4, 13 ; 5, 14', 26' ; 6, 31 (devant un nisbé) ; 9, 3

uru.ki : 8, 2.

u$_4$: 4, 16* ; 6, 25*

On doit aussi y ajouter les chiffres : 1 (2, 12' ; 5, 13', 21'), 2 (2, 1'), 4 (6, 58), 6 (6, 54), 40 (5, 24') et, peut-être encore en 7, 2' : 5, 6, 7. On peut considérer ME soit comme un idéogramme soit comme une abréviation pour *mētu* (5, 13', 21' ; 6, 54, 58).

---

344. Le pluriel (par contraste avec le singulier de la ligne 14) indique, peut-être, plus qu'une pluralité de messages, un message important et long, peut-être sur deux tablettes, tel que le corpus d'El-Amarna (n° 101, etc.) nous en fait connaître.

5. TEXTES ADMINISTRATIFS RELIGIEUX ET PROFANES

(n°s 22-28)

Daniel ARNAUD

Les textes administratifs sont des bordereaux. Deux sont des listes sacrificielles, les autres appartiennent à la sphère profane.

22 - A : RS 92.2004. // B : RS 92.2009. ***Listes sacrificielles.*** *Fig. 17*

A : Musée de Damas DO 7795. Dim. 103 x 60 x 23.

B : Musée de Damas DO 7800. Dim. 40 x 46 x 18.

On connaît à ce jour (1996) une dizaine de tablettes de ce type, publiées et inédites. Il est donc prématuré d'en faire une présentation d'ensemble et un commentaire de fond [1] ; les remarques ci-dessous n'ont que la modeste ambition de signaler quelques points particuliers. On doit tenir désormais pour acquis qu'elles sont des bordereaux, grâce auxquels on contrôlait que toutes les divinités avaient bien été servies, pendant les cérémonies [2].

Pour simplifier la présentation, RS 92.2009 (sous B) a été supposé duplicat de RS 92.2004 (sous A), ce qu'il est, au moins aujourd'hui, dans les parties conservées.

A (RS 92.2004)	**B** (RS 92.2009)	
dingir *a-bi*	]*bi*	\
^{d}ki *ù* ^{d}idim	]⌜*ù*⌝ ^{d}idim	\
dingir-*lu*$_4$	*[l]u*$_4$!	\
nin.mah	]	\
^{d}kur	]	\
^{d}u *hal-bi*	]	\
^{d}u hur.sag *ha-zi*	]	\
^{d}*šar-ra-ši-ia*	....	
^{d}30		
^{d}hur.sag *ha-zi*		
^{d}*é-a*		
^{d}*aš-ta-bi*		
^{d}*aš-ra-tu*$_4$		
^{d}har *ù* ^{d}gìr		
^{d}utu		
[^{d}]⌜maš.maš⌝ *id-ri-ip-pí*		
[^{d}*na-r*]*a nam-za-r*[*i*]		
[^{d}*da-a*]*d-m*[*i-ša*]		
[^{d}nam.tar.a]		
[^{d}*hé-bat*]		
[^{d}*al-la-tu*$_4$]		
[^{d}*i*]*š-ha*[*-ra*]		
^{d}nin.urta		
^{d}eš$_{18}$.dár		

1. Une analyse sommaire montre qu'existaient deux séries, aujourd'hui représentées chacune par cinq textes (chaque fois aussi bien en ougaritique qu'en cunéiformes mésopotamiens) de cette « liturgie du Ṣapon ». Les deux textes publiés ici appartiennent à la série que j'appelle 1.

2. RS 92.2009 porte précisément à droite les coches de vérification. Je les ai transcrites par un trait oblique : \.

^{d}siriš		
^{d}*ma-za-ra*		
dingir.meš uru.ki		
dingir.nitá.meš *ù* dingir.munus.meš		
^{d}hur.sag.meš *ù* ^{d}a.meš		
^{d}a.ab.ba		
^{d}*e-ni tu-ma-me-ri*		
^{d}*su-ra-su-gu*-WA	....	
^{d}*e-ni hu-ra-ut-hi*	]	\
dingir.meš *da-ad-me-ma*	]	\
dingir.meš *la-ab-a-na*	]	\
^{d}dug bur.zi.níg.naga$_2^?$	]	\
^{d}giš.za.mùš	]	\
^{d}u	]	\
^{d}u	]	\
^{d}u	]	\
^{d}u	]	\
^{d}*ma-lik*.meš	]*lik*.meš	\
^{d}sá	]	\

1. Cette ligne, qui a pu faire difficulté, doit s'interpréter comme : les « dieux (que sont les) pères », c'est-à-dire les « divins ancêtres », les rois divinisés de la dynastie. C'est ce que comprend la version hourrite d'Ougarit [3]. Cette graphie, à première vue surprenante par rapport aux usages de l'accadien standard [4], s'explique par deux faits particuliers au cunéiforme de Syrie occidentale : la prononciation de ce que l'on appelle (dans ce cas improprement) le « déterminatif [5] » : dingir est lu *il* ; il est en rapport d'apposition [6] (et non de détermination [7]) avec le nom qu'il précède [8] ; d'autre part, l'existence d'un nominatif pluriel d'*abu* : **abbī*, attesté à Alalah [9].

---

3. Elle ne peut s'analyser que comme un syntagme appositionnel et ne saurait se traduire que « (au) dieu-père » ou « (aux) dieux-pères » (Voir les remarques d'E. Laroche, « Documents en langue hourrite provenant de Ras Shamra », in *Ugaritica* V, Paris, 1968, p. 523 ; voir encore son *Glossaire de la langue hourrite*, Paris, 1980, p. 63 *s.v. attai* § 4). Les graphies alphabétiques ne permettent pas de savoir si l'on a affaire à un pluriel ou un singulier, mais l'ambiguïté du nombre est levée par l'accadien.

4. Où dingir *a-bi* ne saurait s'interpréter que comme « le dieu du père » (C'est, par exemple, la traduction obligée dans les inventaires de Qatna, comme le montre la comparaison entre les lignes 43-44 de l'inventaire II. Voir les réflexions de J. Bottéro, « Les inventaires de Qatna », *Revue d'assyriologie et d'archéologie orientale*, 43, 1949, p. 33-34).

5. On peut maintenir par commodité ce mot, parfaitement valable pour le monde mésopotamien, mais inadapté aux usages « occidentaux ». Dingir reste, si l'on veut, cependant un « déterminatif » dans la mesure où il ne prend pas la marque de pluriel ; sa signification de base « colore » (si l'on peut employer ce verbe) ce qu'il précède.

6. C'est ce qu'indiquent les trois anthroponymes d'Alalah, voir la note 8 plus bas.

7. Ce qui est, en revanche, le cas pour itu / *arhu*, « mois », comme pour uru et kur. (Pour la prononciation des prétendus « déterminatifs » en Syrie et à Nuzi, voir la petite bibliographie dans E. W. Greenstein-D. Marcus, « The Akkadian Inscription of Idrimi », *The Journal of the Ancient Near Eastern Society of Columbia University*, 8, 1976, p. 69.)

8. La version cunéiforme suméro-accadienne de dingir *A-na-an* (D. Arnaud, *Emar* VI, Paris, 1986, n°471, l. 26) a sa correspondance en ougaritique : *il ann* (Ch. Virolleaud, *PRU* II, Paris, 1957, n° 90, 11. 18, 19). La lecture est suggérée par l'anthroponymie d'Alalah (de l'époque paléo-babylonienne) : *Il-ab-ṣú-ra, Šub-il-Am-mu* et *Iš-mi-il-A-du* (D. Wiseman, *The Alalakh Tablets*, Londres, 1953 [AT *238, l. 40 ; AT *383, 11. 4-5]). On les traduira respectivement par : « Le père divin est un rocher », « Reviens, oncle divin » et « Le divin Addu exauce » (le verbe est un imperfectif ouest-sémitique accadisé). On remarquera que deux premiers substantifs sont, originellement, des noms communs. Le « déterminatif » est à l'état absolu. A Ougarit, on trouve dingir-nom royal, rendu par l'ougaritique il-nom royal (D. Pardee, *Les textes para-mythologiques de la 24e campagne [1961]*, Paris, 1998, p. 165-178).

Les déterminatifs uru et ki comme iti seraient aussi prononcés (E. W. Greenstein-D. Marcus, *op. cit*, p. 69) ; ce qui les suit est en état d'annexion. Un colophon d'Ougarit (RS 22.411) montre peut-être que kur entrait encore dans cette

2. Épigraphiquement, le signe est IDIM et non BE. La lecture en est assurée par les versions ougaritiques et une version accadienne inédite : c'est la « Terre » et le « Ciel ».
3. Les noms qui portent une désinence casuelle accadienne sont ici, comme dans le reste du document, au nominatif.
5. La graphie dkur, pour Dagan, est du moyen-Euphrate, non d'Ougarit.
8. Cette ligne correspond à <<diškur>> tur (« Seigneur de l'Orage, deuxième du nom ») de RS 26.142 [10]. Šarrašiya est, de fait, une figure de Tešub, comme le montre le rituel en hittite (V. Haas-G. Wilhem, *Hurritische und luwische Riten aus Kizzuwatna*, Neukirchen-Vluyn, 1974, p. 260-264 : *a-na* du *šar-ra-ši-ia*) : le contexte exclut que ce nom soit de langue ougaritique ; ce n'est pas non plus un toponyme hourrite. Il est lié, d'une façon ou d'une autre, au mont Casios, d'après le « chant de la royauté » de ce rituel [11]. Sa place ici et sur RS 26.142 montre qu'en Syrie, à l'instar de l'Anatolie, il a les mêmes étroits rapports avec le Ba'al de ce même mont Casios.
9. Les « trente » (jours) représentent yrḫ.
11. Ea est évidemment l'ougaritique kṯr.
12. Aštabi est 'Aṯtar, équivalence attestée à Ougarit.
14. Le scribe utilise à nouveau le système graphique de Meskéné. Le premier idéogramme note Šaggar ; le second est lu, à Ougarit, Rašap et aussi 'iṯm, en transcription ougaritique, c'est-à-dire *Išmu (d'après une glose inédite) ; c'est, évidemment, le mésopotamien Išum. Les deux figures divines pouvaient être assimilées sans difficulté.
16. À partir d'ici jusqu'à l. 22, les restaurations sont empruntées à un bordereau duplicat de la « maison d'Ourtenou » : RS 94.2188 ; ršp 'idrp est cité dans RS 24.643, l. 32 ; l'ougaritique garantit la lecture des labiales. *idrippu* pourrait être rapproché de l'arabe *darf* (« égide », « lame » ou « bouclier », selon les dictionnaires, [A. de Biberstein-Kazimirski, *Dictionnaire arabe-français*, Paris, 1860, *s. v.* et R. Dozy, *Supplément aux dictionnaires arabes*, Leyde, 1881, *s. v.*]). Le contre-type mésopotamien, Nergal, porte une épée (*patru*) ou un épieu dans les textes ; son symbole est une massue sur les kudurrus. C'est dans cette direction qu'il faudra chercher le sens de cet hapax, qui était donc sans doute une sorte d'arme.
17. Il s'agit d'un couple de divinités « antiques » hourrito-hittites [12], mais le ṣ que l'on lit encore sur RS 24.643, l. 33, suggère que ces théonymes ont été peut-être sémitisés, par étymologie seconde.
19. Le duplicat porte un texte fautif, à corriger en dNam.tar!.a, « Destin ». L'ougaritique (RS 24.643, l. 34) porte [x(x)]mt. Nam.tar(a) ayant pour lecture accadienne *šīmtu* (« Destin »), la restauration [š]mt semble s'imposer ; *šīmtu* n'est cependant que rarement déifiée en Mésopotamie. Une autre lecture [m]mt : *Mammītu*, « Petite Mère » garde son intérêt. Mammītu [13] et Namtar(a) sont deux divinités infernales, la première est « créatrice du destin » dans le panthéon mésopotamien. Mais comment un idéogramme de dieu servirait-il à noter le nom d'une déesse ? Cette objection n'est pas trop forte. Ce sont des scribes de culture hourrite, qui sont à l'origine de ces « équations » ; c'est à eux qu'Ougarit les a empruntées [14] (si l'on peut dire). Or les rédacteurs de ces listes ne se sont pas crus obligés de respecter ni le sexe ni le nombre. Autant que l'on puisse en juger, ils n'ont eu en vue qu'une simple ressemblance de fonction. L'exemple le plus clair est fourni par les déesses-mères du panthéon suméro-accadien : Aruru, Nintu, Ninmah et Ninhursagga sont interprétées comme les Hutellurra. Mais le dieu Zababa l'est avec elles !
20-21. Restaurations empruntées au texte duplicat.
22. La correspondance entre Išhara et la déesse ougaritique se fonde sans doute sur une assonance et non sur une assimilation des deux personnalités, comme, plus bas, à la ligne 25.
25. Le signe ŠIM est incomplet mais sûr. Le scribe joue évidemment ici sur une rencontre phonétique de hasard entre le sumérien siriš et l'ougaritique tirôṯ, sans tenir compte du fait que la première divinité est celle de la bière, la seconde celle du vin.

---

catégorie, si on accepte de lire avec restauration :]*a-na* [*ma-a*]*t Hat-ti* / [*il-la-a*]*k* (le scribe parle à la troisième personne et au présent-futur de ses voyages).

9. AT 121 l. 3' : ... *a-bi-ni* / [*i-na b*]*i-ri-šu-nu* / *ma-mi-ta*$_5$ *iš-ku-nu* (« Nos pères ont fait entre eux un traité »). Ce document est une lettre, comme le contexte l'indique assez clairement, avec la référence à des « Orientaux » (l. 13' : erím.meš ⸢*ma-re*⸣ *š*[*a-di-i*], restauré d'après la l. 16' : erím.meš *ma-re* tu$_{15}$.kur.ra : la référence n'aurait aucun sens si la tablette ne provenait pas d'une région au sud d'Alalah). La langue témoigne d'une forte influence ouest-sémitique. Cette forme **abbī* explique-t-elle le vocalisme ougaritique *'ib* par harmonie vocalique régressive ?

10. Republié dans : D. Arnaud, « Relecture de la liste sacrificielle RS. 26.142 », *Studi micenei ed egeo-anatolici* 34, 1994, p. 107-109.

11. Même s'il est exclu d'y voir un « dieu-Royauté », qui n'existe pas.

12. E. Laroche, *Glossaire de la langue hourrite*, Paris, 1980, p. 178-179.

13. A. Deimel. *Pantheon babylonicum*, Rome, 1911, n° 2043 ; K. Tallquist, *Akkadische Götterepitheta*, Helsinki, 1938, p. 358-359.

14. La preuve en est par exemple l'équivalence Aštabi : Bēl-šulbadda, que l'on retrouve dans la liste Weidner mésopotamico-hourrite, de Meskéné (Msk 74.108a+), dans l'ordre inverse. Plus bas, on verra que les lignes 27-33 se retrouvent, autant qu'on puisse l'affirmer, dans la partie hourrite d'un rituel de Hattousa.

26. La correspondance entre l'accadien et l'ougaritique est satisfaisante, mais le mot ne se retrouve, à ma connaissance, dans aucune des deux langues. L'homophonie avec le mot hourrite *mazeri* (« aide ») [15] est sans doute un hasard.

27-33. Ces lignes sont proches d'un paragraphe du rituel *allanuwašši* de l'a.zu : M. Salvini-I. Wegner, *Die Rituale des AZU-Priesters*, Rome, 1986, n° 40, l. 44-53 (*Corpus der hurritischen Sprachdenkmäler* I/2). Faut-il tirer quelque conclusion de ce que le scribe (copiste ou rédacteur) est d'Alalah ?

27. Cette ligne correspond à la ligne 48 du rituel hourrite.

29. Même couple dans RS 20.24 où la ligne 18 porte bien : a$^{mu\text{-}ú}$, une glose complète comme, plus bas, dans le même document, à la ligne 24. Cette ligne correspond à la ligne 49 du rituel hourrite.

31. La graphie redondante : ^{d}*e-ni* correspond aux usages de Hattousa. Cette ligne correspond à la ligne 51 du rituel hourrito-hittite, mais le dieu anonyme y est nommé : *Ge-e-mi*. On trouve encore *tumameri* à Meskéné (Msk. 74.306 v°, *passim*, à paraître par les bons soins de M. Salvini, que je remercie de ces renseignements), avec l'article singulier ou pluriel.

32. Si le mot était sémitique, la transcription du dernier signe serait -*yu*$_8$, s'il était hourrite, elle serait alors -*we*. Dans le premier cas, nous aurions affaire à un nisbé, dans le second à un génitif. L'étymon m'est inconnu. Dans le rituel hourrite, la ligne correspondante porte Šepše, un « objet figurant parmi les attributs divins et les lieux cultuels au Kizzuwatna [16] ».

33. La ligne 53 du rituel hourrite fournit le même mot. A cette place, RS 26.142, 15' porte dingir.meš giš.sag.kul, c'est-à-dire un idéogramme pluriel, en face de *e-ni*, singulier.

35. Il ne s'agit pas du mont Liban, malgré la ressemblance phonétique.

36. Le signe final pourrait être non DIN mais NAGA$_2$$^!$, comme proposé pour RS 26.142 [17]. L'ougaritique, emprunté au hourrite, comme la graphie très claire de RS 20.24, à cette ligne, imposent cette solution, même si elle est épigraphiquement peu satisfaisante.

23 - RS 86.2220. *Bordereau (noms propres et fonctions).* *Fig. 18*

Musée de Damas DO 7760. Dim. 92 x 73 x 27.

Texte	***Traduction***
^{I}*gu-pa-nu* dumu ^{I}*ia-aš-mì-i* 10	Gupānu, fils d'Yašmi'u 10
^{I}*ia-ri-ma-nu* dumu ^{I}šeš-*ia-qa-ri* 10	Yarīmānu, fils d''Aḫu-yaqaru 10
^{I}*ki-ši-nu* dumu ^{I}*sú-lu-pa-na* 10	Kišinu, fils de Sulupānu 10
^{I}*am-mi-nu* dumu ^{I}dingir-*kà-li* 10	'Ammīnu, fils d'Eni-kalli 10
^{I}ìr-lugal dumu *e-bi* 30	'Abd-malik, fils d'Ebi 30
lú.me *mu-du* mí lugal 50	les gardes de la reine 50
^{I}*ma-li-te-nu* dumu ^{I}*ki-ri-ma-de*$_4$ 3	Mali-tenu, fils de Kiri-made 3
^{I}*in-a-nu* dumu ^{I}*ši-in*-[x] 3	'Inānu, fils de Šin[...] 3
^{I}*hi-li*-^{d}*šarru-ma* dumu ^{I}lugal 10	Hili-Šarruma, fils du roi 10
^{I}*šub-am-mu* dumu ^{I}*am-mu-ia-na* lú uru *ríq-di* 14	Ṯūb-'ammu, fils d''Ammuiānu, de Riqdu 14
^{f}*tùn*-^{d}*iš-ha-ri* 5	Tun-Išhari 5
^{I}*ia-at-tin-ku* dumu *hi-ya*$_8$-dingir 4	Yattin-Ku, fils de Ḫiya-'ilu 4
^{I}*šub-am-mu* dumu *ma-te-ni* 13[	Ṯūb-'ammu, fils de Matenu 13[
dumu ^{I}kar 40	le fils d'Ehli 40
^{I}*at-ta-na-bu* dumu *ia-aša*$_x$-dingir[	Attanabu, fils d'Yaša'-'ilu [
dumu ^{I}*a-bu-uš-ka-na*	fils d' 'Abuškānu,
dumu.meš uru *úš-ka-ni* << >>	des Uškanéens,
^{I}*a-bur*$_5$-*ša-nu* dumu *ab-du-na*[	'Aburšānu, fils d''Abdūnu[
^{I}*e-lam-ma-du* dumu ^{I}*e-lam-ma*-[	Ella-madu, fils d'Ella-ma[
^{I}*a-bur*$_5$-*ša-nu* dumu ^{I}*maš-i*	'Aburšānu, fils de Māšu

15. E. Laroche, *op. cit. s.v.*

16. E. Laroche, *op. cit. s.v.*

17. D. Arnaud, *op. cit.*, p. 108.

^{I}*ap-ši-nu* dumu *a-bi*-lu[gal	'Apšinu, fils d''Abī-Mil[ku
^{I}*el-lu-ru* dumu *búr*$^{!}$*-a-qú-*[*na*	Ellunu, fils de Burāqū[nu
————————	————————
————————	————————
^{I}*ta-mar-te-nu* dumu ^{I}*ú-zi-n*[*a*	Tamar-tenu, fils d''Uzzīn[u
^{I}*ia-ku-*yu_8 dumu ^{I}*pí-*ga_5*-na* 10	Yakūyu, fils de Piganu 10
^{I}*ma-ti-nu ša* mí lugal 5	Matinu, appartenant à la reine 5
^{I}dingir-*tah-mu* dumu ^{d}u-*az-ki* 10	Ilu-taḫmu, fils de Ba'alazki 10
^{I}*hu-pí-ia-nu* dumu ^{I}⌈*šu*$^{?}$-⌉*kin-na-ti* 10	Ḫupiyānu, fils de ⌈Šu⌉kinnatu 10
lú.meš dù.mušen 10	des oiseleurs 10
^{I}*pu*$^{!}$*-ta-mì-yú* dumu ^{I}*ka-bi-zi* 3	Putāmiyu, fils de Kabizi 3
^{I}ìr-^{d}30 dumu ^{I}*ir-ši-ia-na* 330.	'Abd-Yariḫ, fils d''Iršiānu 3

Les transcriptions choisies indiquent elles-mêmes l'analyse qui a été faite du nom. Elles supposent connues les études d'anthroponymie d'Ougarit.

3. La sourde initiale est confirmée par la graphie ougaritique de l'anthroponyme.
4. Le nom propre iwrkl montre que kalli est hourrite, d'où la transcription choisie pour l'idéogramme dingir : eni.
6. Tel est le sens, vague, qu'un document inédit semble attribuer à cette fonction.
10, 13. On peut transcrire aussi : Ru'āmu.
15. Donner au signe AŠ une « lecture longue » : $aša_x$ permet d'obtenir une forme verbale plus satisfaisante.
21. La version ougaritique garantit la sourde.
22. BÚR permet une lecture étymologiquement plus facile, mais le signe est écrit BAL, c'est-à-dire, en somme, qu'il est simplifié. Comme le scribe décline les patronymes, j'ai complété celui-ci d'après un modèle déjà attesté. L'éymologie d'Ellunu m'est obscure et je me contente d'une transcription conventionnelle.
24. Ma transcription suppose que c'est le même anthroponyme que pgn, ce que rien ne vient assurer.
25. L'analyse du nom est ambiguë ; la transcription est conventionnelle.
27. L'étymon pourrait être *ḫpy (« couvrir »). La transcription du patronyme est conventionnelle.
28. Les deux idéogrammes paraissent être inversés par lapsus.
29. PU$^{!}$ apparaît comme un SAL. Le nom est à rapprocher de l'anthroponyme ptm. Le patronyme peut être hourrrite, mais il ne serait pas difficile de proposer une étymologie sémitique.

24 - RS 86.2244. ***Bordereau de villages avec quantités d'épeautre.*** *Fig. 19*

Musée de Damas DO 7777. Dim. 65 x 96 x 26.

Texte	***Traduction***
1. uru *šal-lu-ur-bá* 10[+20$^{?}$+]8 gur zíz.an.na	T̲allurba : 10[+20$^{?}$+]8 *kor* d'épeautre
uru *šu*$^{!}$*-ma*$^{!}$*-ri-ia* 35	T̲umaria : 35
3. uru igi-*ma-ka* 35	'Inumaka : 35
uru *a-*$tu_4$$^{!}$*-ni* ^{I}*A-ni*-lugal-*ru* 10	Atunu, Ani-Šarru : 10

Le verso de RS 25.455 A+B [18] permet de lire ce bordereau très mal écrit.

25 - RS 86.2227. ***Bordereau.*** *Fig. 19*

Musée de Damas DO 7764. Dim. 150 x 138 x 37.

Le verso est vierge dans l'état actuel du document.

18. D. Arnaud, « Jours et mois d'Ougarit », *Studi micenei ed egeo-anatolici* 32, 1993, p.123-129.

Texte	*Traduction*
....	....
3[+x] gur ⌜*a-na*⌝ ^{I}[	3[+x] *kor* à [
10 gur *a-*⌜*na*⌝ ^{I}[	10 *kor* à [
10 gur *a-na* ^{I}*ga-an-*x[	10 *kor* à Gan.[...]
4 gur *a-na* ^{I}*pu-li-ma-*x[	4 *kor* à Pulima.[...]
10 gur *a-na* ^{I}*it-ti*$_{3}$*-nu* lú[	10 *kor* à Ittinu, le [
4$^{?}$ gur *a-na* ^{I}*ṣa-bi-tu*$_{4}$$^{!}$ dumu ^{I}[	4 *kor* à Ṣabītu, fils de [
15 gur *a-na* ^{I}*a-te-*[*n*]*a*$^{?}$*-b*[*i*$^{?}$	15 *kor* à Atte[n]ab[i
4 gur *a-na* ^{I}*a-*x*-ia* dumu ^{I}*zu-*x[	4 *kor* à ..., fils de Zu.[...]
⌜1⌝ [+x] gur *a-na* ^{I}*iz-zi-na* dumu ^{I}*ku-uš-wa*[	⌜1⌝ [+x] *kor* à 'Izzīnu, fils de Kušwa[
3 [+x] gur ⌜*a-na*⌝ ^{I}*a-na-*⌜*ni-ša-e*⌝ dumu ^{I}*ḫa-li-*[*i*]*a-na*	3 [+x] *kor* à Ana⌜nišae⌝, fils de Ḫaliānu
2 [+x] gur *a-na* dumu ^{I}dingir << >>	2 [+x] *kor* au fils de ...
3 [+x$^{?}$] ⌜urudu⌝ ugu urudu.meš *i-na ṭup-pí* x x	3 [+x$^{?}$] de bronze sur le ⌜bronze⌝ sur la tablette ...

26 - RS 92.2020. ***Bordereau d'épeautre.*** *Fig. 19*

Musée de Damas DO 7810. Dim. 53 x 40 x 20.

Il ne reste plus que des volumes en *kor* d'épeautre.

....
[x] x [
[x+] 2 *me-*[*at*
[x+] 70 gur zíz.an.[na
3 *me-at* zíz.an.[na
2 *me-at* 70 gur zíz.an.[na
< >
2 *me-at* 60 gur [
6 *me-at* [
1 *li-im* x[
2 *me-at* [
....
....

---

1 *li-im* [
4 *me-a*[*t*
1 *li-im* [
3 *me-at* [
3 *me-*[*at*
....

27 - RS 86.2210[B]. ***Bordereau de distribution.*** *Fig. 19*

Musée de Damas DO 7752 Dim. 101 x 60 x 25.

....	....
	]⌜*a*⌝*-na* lú.[meš
nag]a$^{?}$ HAL	*a-na* lú.[meš
nag]a$^{?}$ HAL	*a-na* lú.[meš
nag]a$^{?}$ HAL	*a-na* lú.meš kù.di[m
nag]a$^{?}$ HAL	*a-na* lú.meš nagar-*r*[*u*

nag]a$^{?}$ HAL	*a-na* lú.meš *ma-ṣ[i-lu-ma*
nag]a$^{?}$ HAL	*a-na* lú.meš *a-ši-r[u-ma*
nag]a$^{?}$ ⸢HAL⸣	*a-na* lú.meš *un-d[u*
]	[*a-na* lú.me]š ⸢*mur*⸣[-*ú*
nag]a$^{?}$ HAL	*a-*[*na* lú.meš
nag]a$^{?}$ HAL	*a-na* lú.meš ⸢na$^{?}$⸣-q[ad$^{?}$
nag]a$^{?}$ HAL	*a-na* lú.meš zag.l[u
nag]a$^{?}$ HAL	*a-na* lú.meš ⸢kab$^{?}$⸣.[sar
nag]a$^{?}$ HAL	*a-na* ⸢lú.meš⸣[
nag]a$^{?}$ HAL	*a-na*[

....

Je n'ai pas trouvé de documents parallèles et les restaurations sont donc impossibles ou, au moins, hypothétiques, quand les restes de signes sont absents ou mutilés.

La lecture du produit, s'il s'agit bien de cela, est très incertaine, même si les traces à la ligne 7' suggèrent bien la fin de NAGA. Le sens de HAL, ensuite, m'échappe complètement ; qu'il faille y voir la marque du pluriel didli n'est guère vraisemblable. Ainsi le bordereau concernerait une plante alcaline (naga : *uhūlu*) ou de la cardamome (tè : *qāqullu*).

Comme dans tous les documents de cette sorte, les noms de métiers ou de fonctions sont regroupés en sous-ensembles ; ceux-ci, toutefois, ne suivent pas le même ordre qui varie de liste en liste. Ici, on aurait encore : des « spécialistes » (l. 4'-6'), des « militaires » (l. 7'-11'), enfin des artisans (l. 12'-14'). Tous se retrouvent çà et là dans les textes d'Ougarit. Une étude sortirait du cadre de cette édition. Il suffit ici de donner quelques références dans les versions en babylonien.

kù.dim (à peu près « orfèvre ») (RS 19.35A [*PRU* VI n° 131] l. 2 [écrit dím] ; RS 94.2510, l. 21])

nagar-*r*[*u* (et non š[à], comme pourrait le suggérer RS 94.2510, l. 19 ; « charpentier ») : nous avons là sans doute un pluriel ougaritique et une restauration -*r*[*u-ma* est vraisemblable.

ma-ṣ[*i-lu-ma*] (peut-être « cymbalier » ; RS 17.131 [*PRU* VI n° 93] l. 25)

a-ši-r[*u-ma*] (ces personnes appartiennent d'une manière ou d'une autre au groupe des « militaires » ou assimilés, puisque l'un devient *mūdû* [« garde du corps », cf. *PRU* III p. 134] ; RS 16.257 [*PRU* III pp. 199-204] III l.1, l. 30 ; RS 17.131 [*PRU* VI n° 93] l. 6 ; RS 19.35A [*PRU* VI n° 131] l. 3 ; RS 94.2510, l. 4)

un-d[*u* (sorte d'« huissiers de justice » ; RS 16.257 [*PRU* III pp. 199-204] IV l. 6, l. 17 ; RS 17.131 [*PRU* VI n°93] l. 8 ; RS 19.35A [*PRU* VI n° 131] l. 4 ; RS 94.2510, l. 11)

⸢*mur*⸣[-*ú* (mais une restauration *mur-*[*tap-pí-du-tu*$_4$] d'après RS 94.2510, l. 12, n'est pas impossible ; c'est une sorte de militaires ; RS 16.257 [*PRU* III pp. 199-204] III l. 21 ; RS 17.131 [*PRU* VI n°93] l. 2 et l. 7 ; RS 17.131 [*PRU* VI n°93] l. 14 ; RS 94.2510, l. 22 et 23)

⸢na$^{?}$⸣-q[ad$^{?}$] (ces personnages appartiennent aussi au sous-ensemble des « militaires » ; RS 17.131 [*PRU* VI n° 93] l. 7 ; RS 19.35A [*PRU* VI n° 131] l. 9)

zag.l[u] (*nāsiku* : « fondeur » ; RS 15.09 [*PRU* III p. 195] B l. 1 ; RS 16.257 [*PRU* III pp. 199-204] tranche II, l. 1 ; RS 17. 24 [*PRU* VI n°136] l. 15)

⸢kab$^{?}$⸣.[sar] (paraît noter l'ougaritique *iṣḫ* ; RS 17.131 [*PRU* VI n°93] l. 21 ; RS 94.2510, l.10. Dans ces deux références, je n'identifie pas le second signe ; à la rigueur, et faute de mieux, je lirais šara$_2$ [Malbran n° 500]).

28 - RS 88.2012. *Liste de noms royaux.*

Musée de Damas DO.7786. Dim. 76 x 58 x 22.

Cette liste de rois ougaritains est le duplicat de trois autres documents découverts en 1994 dans la « maison d'Ourtenou » ; elle sera donc publiée et commentée avec eux.

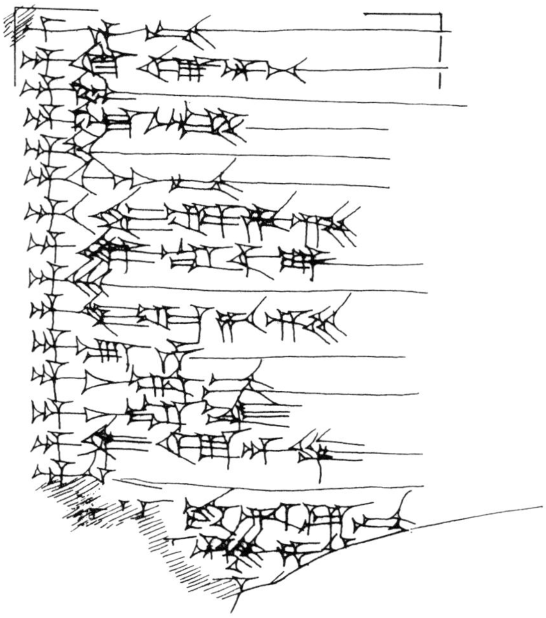

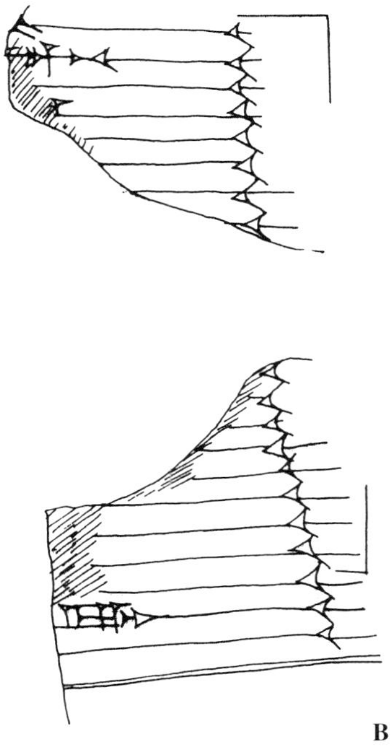

B

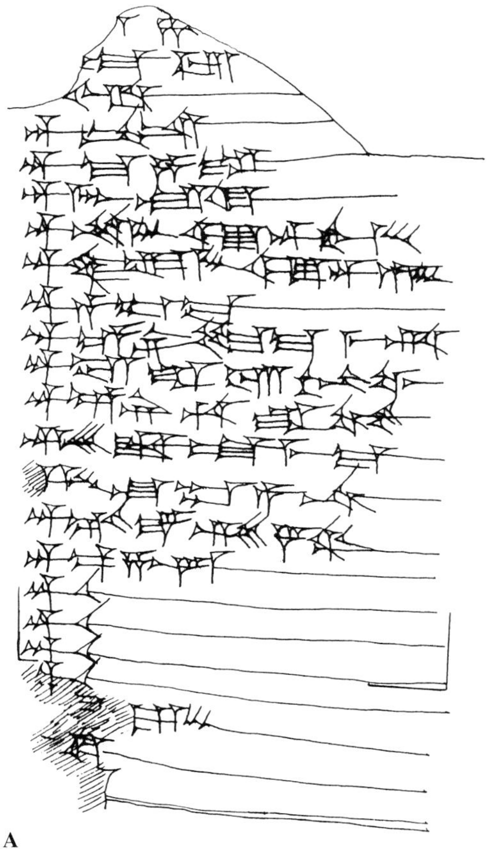

A

Figure 17. Tablette n° **22** (A : RS 92.2004 / B : RS 92.2009).

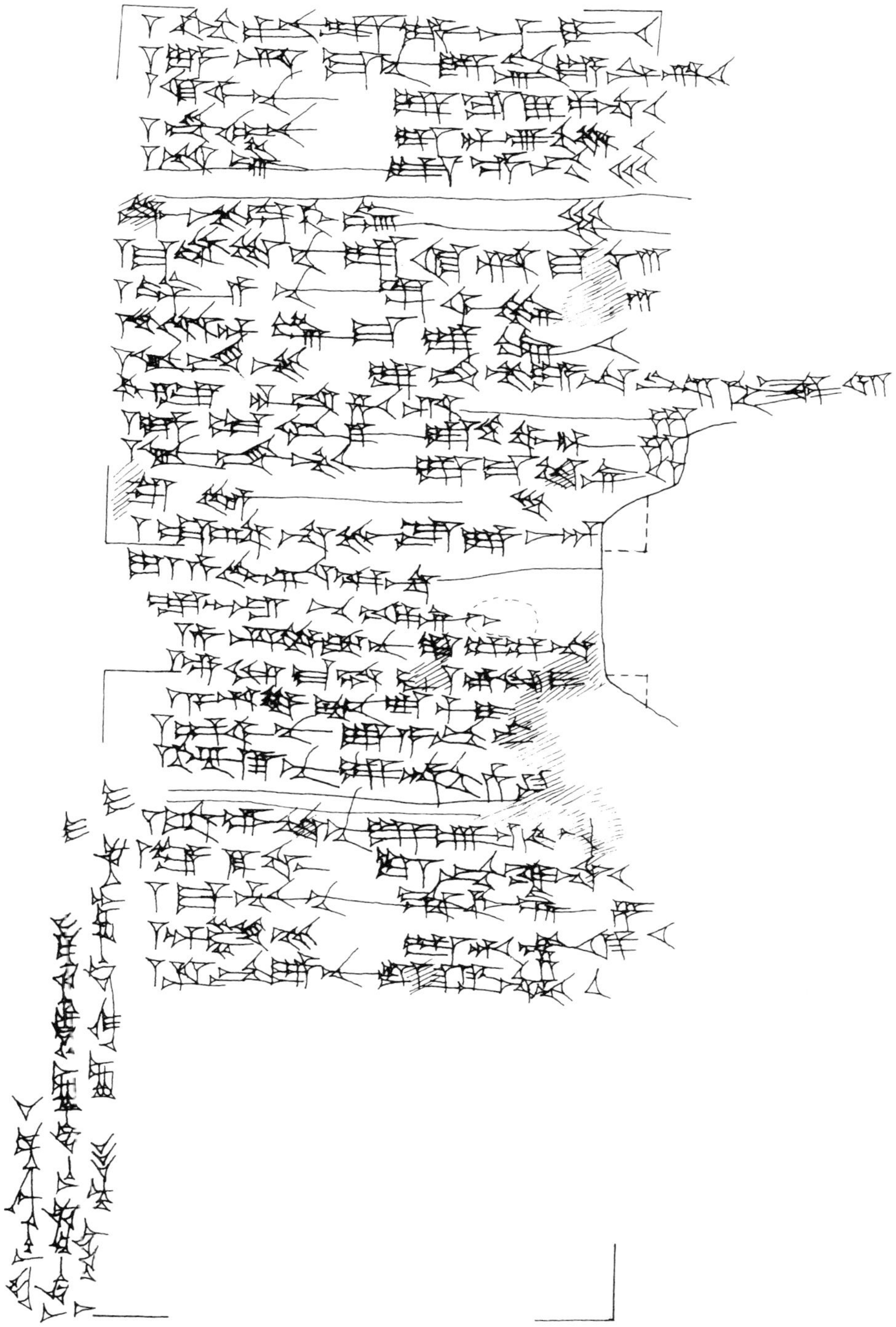

Figure 18. Tablette n° **23** (RS 86.2220).

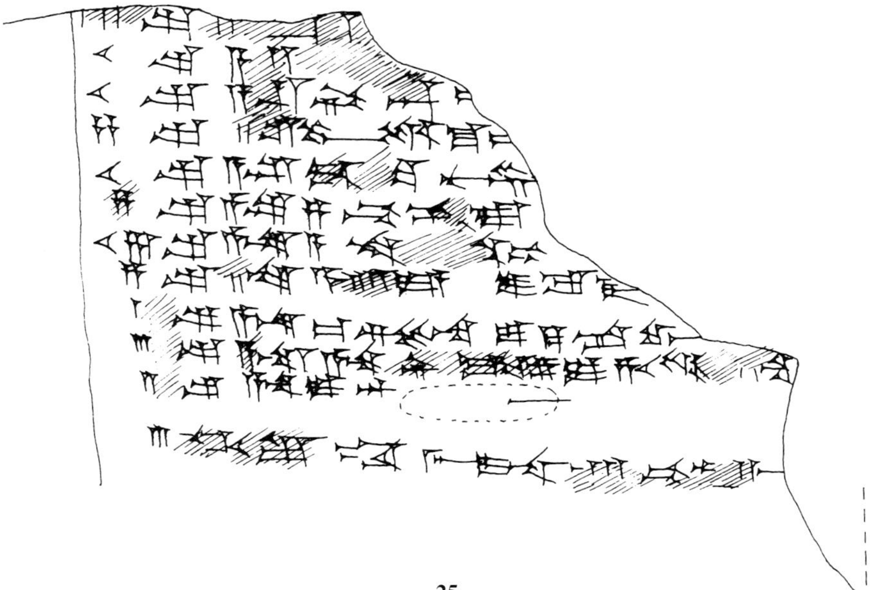

25

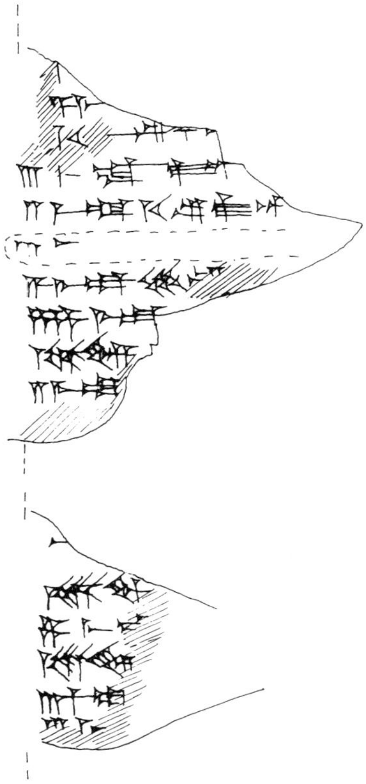

26

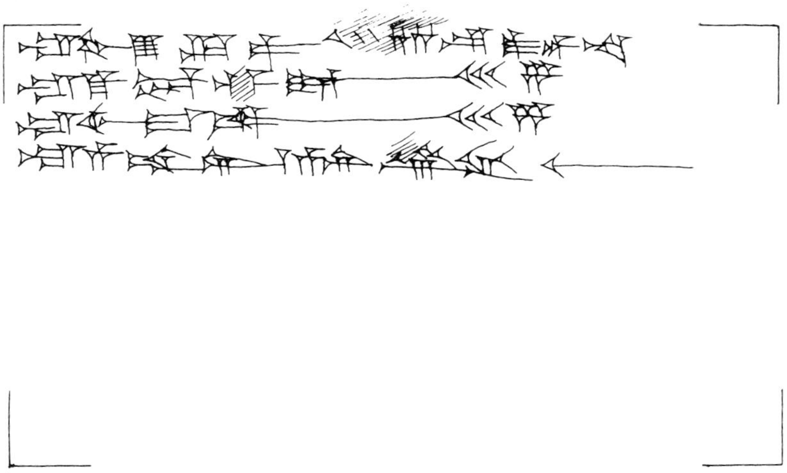

24

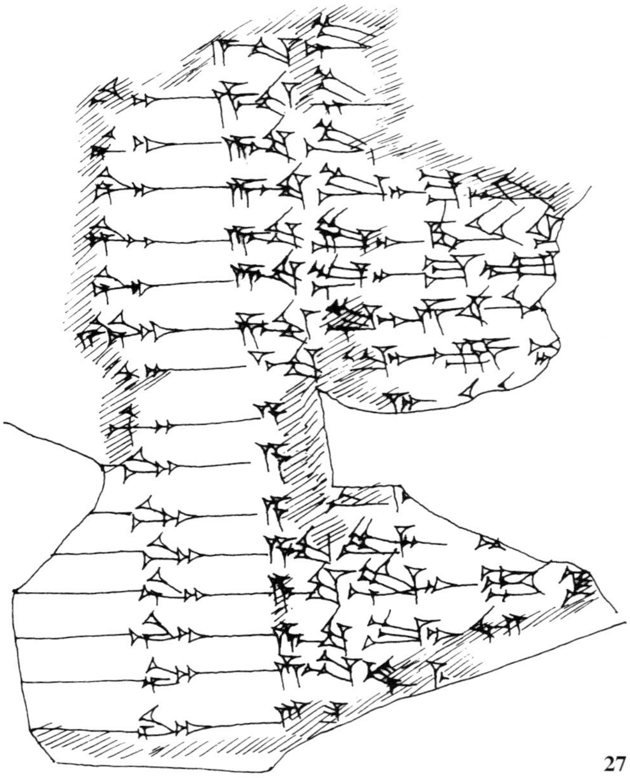

27

Figure 19. Tablettes n^os **24** (RS 86.2244), **25** (RS 86.2227), **26** (RS 92.2020), **27** (RS 86.2210[B]).

6. TEXTES DE BIBLIOTHÈQUE

(n°s 29-30)

Daniel ARNAUD

29 - RS 86.2210 [A]. ***Fable de l'hyène et du renard.*** *Fig. 20*

Musée de Damas DO 7752. Dim. 88 x 131 x 33.

Le texte originel était écrit en trois versions (sumérien syllabique, sumérien « classique » [1], et accadien, aujourd'hui disparu). L'état du texte ne permet aucune traduction continue ; on peut cependant deviner, dans le meilleur des cas, de paragraphe en paragraphe, la progression de l'action.

	....	
§1'	um]bin-zu dingir	[
	n]u-dím-ma	[
§ 2'	]x	x[
	í]b-gi-gi	gemé[
	]x-da	mu-u[n-
§ 3'	[zi-zi-d]a-ma x íl-gím	si-si-i[d
	[ ] x ki-zu [x-x-d]a	gi-ku-du [
	[ ]bal-e šu-x-ud-da	ni-gi-na [ ] šu x x [[2]
§ 4'	[en-lí]l-le in-dur	[ ]
	[ ] x túm-ma	gi x [d]u-ma
§ 5'	[gab]-a uru-šè bá-a-kud	ga-pa-a x-še pa-ku-ud
	[maš-tab-ba] gir$_5$-gir$_5$	[m]a-aš-tab-ba [ka]r-kar
§ 6'	[ur-gu-la e]gir-ba-a	ur-ku-u[l-la e-gi-i]r-ba-e
	[i]n-du-du	in-d[u-du]
§ 7'	zi-an-ni-ku-ku-ut-ta	zi-an-ni-gu-gu-ut-ta
	kir$_4$ šà-hubrud-da-ni-eš	gi-ri < > ha-am-bu-ru-ud-da-
	ba-an-ku$_4$	ni-iš ba-an-gu
§ 8'	kir$_4$ ka$_5$-a-e igi ba-an-da	gi-ri ga-e i-ki ba-a[n
§ 9'	[k]a$_5$-a ugu-šè a-na-àm	ga-a ú-gu-uš-še a-[na-x]
	[mi]-gin-na	mi-ge-en-na
§ 10'	[da]m-lugal-ke$_4$ ù-tu-dám-ma	[d]a-am lu-gal-la-[ki] ú-du-ut-[
§ 11'	[é-sig$_4$-g]a-al-la-al uru-sig$_4$-ga	e[-x-g]a$^?$ [
	[x x x]x e-ne-[ne]	e[

1. Quelquefois aussi pénétré de sumérien syllabique, semble-t-il.
2. La ligne de la colonne de droite est coupée en deux. Elle est mise ici sur une seule ligne.

---

§ 12' [x x x u]bur-re anše [...] [
[x x x]x da-ab [x] [

---

§ 13' [x x x] x uzu-zu [
[x x x]ke$_4$ ri[
[ ]x[

....

§ 1' Se trouvait là une description, une charge plutôt, sans doute de l'hyène, prise à partie (« ta griffe ») ; (n]u)-dim-ma est peut-être syllabique pour dím-ma.
§ 2' En combinant les éléments conservés, peut-être l'hyène était-elle comparée à une servante (gemé[-gím]) qui est forcée de s'activer sans cesse (gi-gi : *taqānu*).
§ 3' La restauration de la colonne gauche est pure hypothèse. *zi-zi-ed-am (« pour enlever [sa proie] ») ferait allusion à la vie difficile de l'animal. On pourrait comprendre ensuite : « Ton domaine, c'est le roseau brisé. »
§ 4' Enlil est le protagoniste divin habituel des fables ; dur est-il pour dúr ? Le sumérien syllabique n'est pas absent même de cette colonne.
§ 5' Les deux versions permettent de reconstituer la phrase : « Ils se tournent vers la Ville (c'est-à-dire : Nippur). Tous deux s'y précipitent. »
§ 6' « Le lion suivit. »
§ 7' « Pour sauver sa vie, l'hyène entra dans un terrier. »
§ 8' « Le renard regarda l'hyène. »
§ 9' « Le renard à ce propos : "Qu'est-ce qui vient ?" »
§ 10' « Né d'une reine, »
§ 11' « Dans une maison bien faite de briques, dans une ville de briques, [...] eux. »
J'analyse al-la-al comme al-lál.

30 - RS 92.2018. *Texte divinatoire du genre* Šumma ālu, *avec rituel* namburbû. *Fig. 21*

Musée de Damas DO 7809. Dim. 45 x 96 x 28.

Le contexte montre que l'animal dont la présence fait l'objet des prédictions de ce texte était de petite taille. On ne peut proposer d'identification plus précise.

]*ina* é za igi.d[u$_8$] x é-*ti*[
]*ina* é za igi.d[u$_8$ *ár-bu-ut-t*]*a* du-*ak*
]*ina uš-ši* é za [igi.d]u$_8$ nun gur za [
]*ina a-lak-ti* é za [igi.d]u$_8$ en é *e-k*[*i-im*]
]*ina* ki.tá giš.gu.za ⌜za?⌝ igi.du$_8$ [x x] x [
]*ina* é *ma-ia-l*[*i* za] igi.du$_8$ [`
]*ina* é za *ina* š[à] x x ig[i$^?$.du$_8$
ina] ⌜é⌝ za i[gi.du$_8$
....

....
] x x x [
igi.]du$_8$ šà é.b[i
igi].du$_8$ uru lú.kúr dib.ba-*s*[*u*$^?$
ina é] za igi.du$_8$ é za záh egir-*nu i*-[
] igi.du$_8$ en é záh
ina é z]a igi.du$_8$ *ár-bu-ut-ta* ⌜du⌝-*ak*
]*ina* é za igi.du$_8$ é.bi d[aga]l-*iš* lú [
]igi.du$_8$ nì.tuku *se-dir* [x (x) z]a

]igi.du$_8$ 2 nu *ki-l*[*a-al-la-an*] *ša* gab.làl lú [
ì.giš.]giš.erin[!].n[a šé]š-*šu-nu-ti*[
ana ihzika la] *te-gi*[

Traduction

[Si ...] est aperçu(e) dans la maison de l'homme : ... .
[Si ...] est aperçu(e) dans la maison de l'homme : elle connaîtra [la destruc]tion.
[Si ...] est aperçu(e) dans les fondations de la maison de l'homme : le prince [...] le retour de l'homme.
[Si ... est aper]çu(e) dans l'entrée de la maison de l'homme : le propriétaire de la maison enl[èvera <...>.]
[Si ... est aper]çu(e) sous la chaise de l'homme : ... .
[Si ... est aper]çu(e) dans la chamb[re de l'homme : ...] ... .
[Si ... est aperçu(e)] dans la maison de l'homme, à l'intérieur de ... : [
[Si ...] est ap[erçu(e) dans] la maison de l'homme, [
....
....

[Si ... est aper]çu(e) [dans la maison de l'homme :] cette maison [...].
[Si ... est aper]çu(e) [dans la maison de l'homme :] l'ennemi prendra la ville ; [...].
[Si ...] est aperçu(e) [dans la maison] de l'homme : la maison de l'homme périra ; ensuite, [...].
[Si ...] est aperçu(e) [dans la maison de l'homme :] le propriétaire de la maison périra.
[Si ...] est aperçu(e) [dans la maison de l'hom]me : elle connaîtra la destruction.
[Si ...] est aperçu(e) dans la maison de l'homme : cette maison [s'agran]dira ; l'homme [...].
[Si ...] est aperçu(e) dans la maison de l'homme : la fortune sera constante ; [...] .
[Si ...] est aperçu(e) : deux statuettes to[utes deux] de cire l'homme [
[... de l'huile] de cèdre [... ; tu] les [frott]eras [
[... ; ne sois pas] paresseux [pour t'instruire

2. D'après la formule de la ligne 14'.
4. On trouve classiquement : *talaktu*. La restauration de l'apodose est douteuse ; il manquerait un complément d'objet direct.
5. KI.DA est un jeu graphique pour ki.ta (« sous ») ; on transcrira donc ki.tá.
17'. Le rituel commence ici. La restauration de la lacune se fonde sur les traces (mais le LA n'est pas bien venu) et sur le contexte.
18'. Le second élément du signe ERIN[!] n'est pas ordinaire.
19'. Pour la restauration, voir le *CAD* sous *egû*.

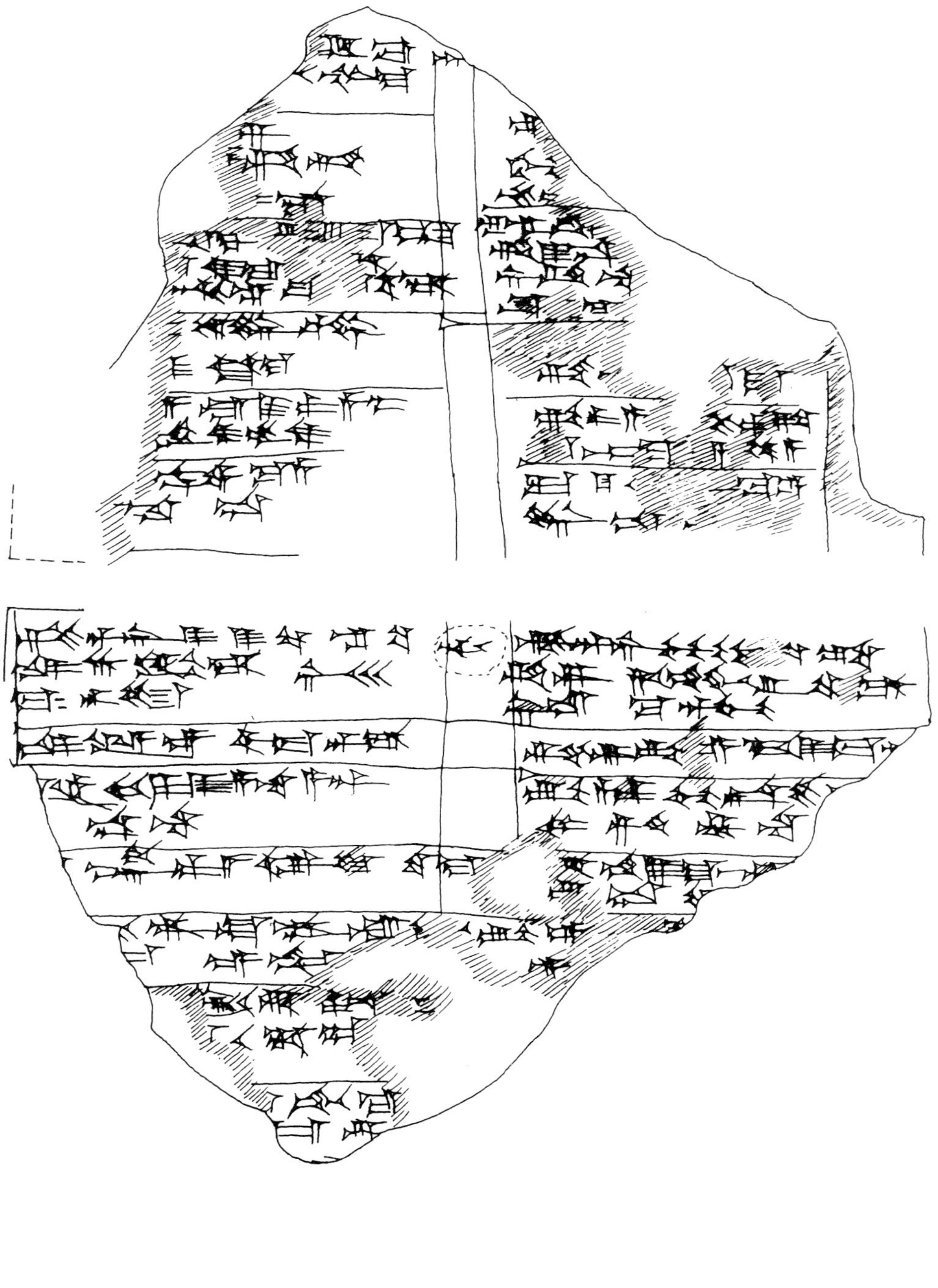

Figure 20. Tablette n° **29** (RS 86.2210[A]).

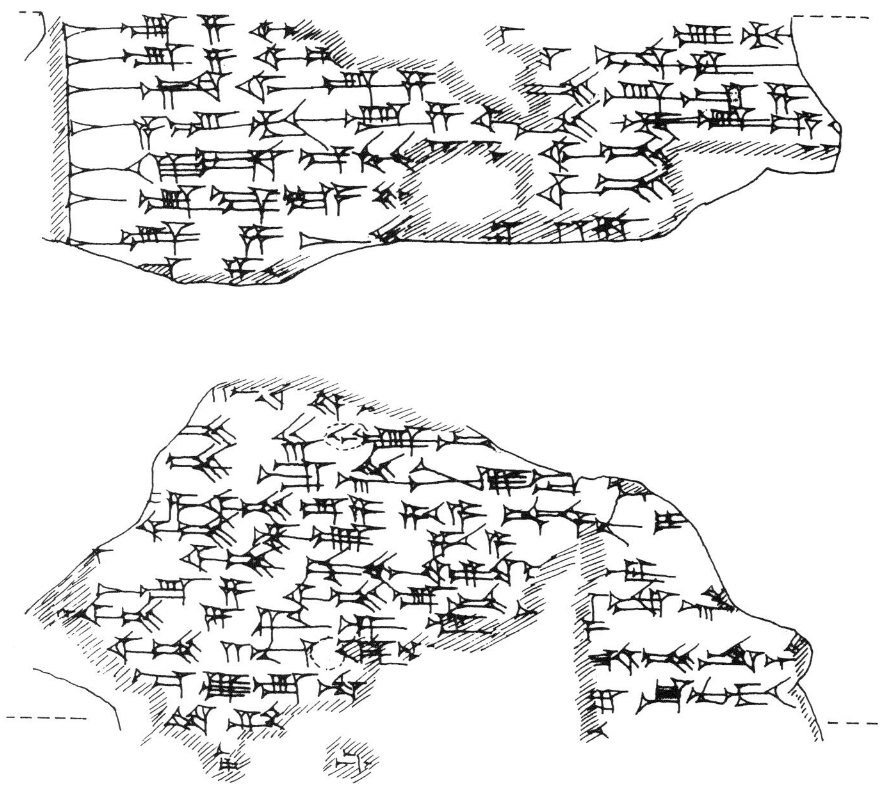

Figure 21. Tablette n° **30** (RS 92.2018).

7. TEXTES HITTITES
(n° 31 a et b)

Mirjo SALVINI

31 - Deux fragments :

a) **RS 92.2011.** ***Rituel***
Musée de Damas DO 7802. Dim. 66 x 32 x 34.

b) **RS 92.6278.** ***Rituel*** *Fig. 22*
Musée de Damas DO 7816. Dim. 60 x 39 x 13.

Ces deux fragments présentent au moins l'intérêt de montrer qu'existaient des rituels en langue hittite à Ougarit.

Figure 22. Fragment n° **31 b** (RS 92.6278).

CHAPITRE VIII

TEXTES ALPHABÉTIQUES
en ougaritique

8. ABÉCÉDAIRE
(n° 32)

Pierre BORDREUIL et Dennis PARDEE *

32 - RS 88.2215. ***Abécédaire.*** *Fig. 23*

Musée de Damas DO7792. Dim 66 x 50 x 20.

Recto [1]	1) ⸢h⸣ l ḥ m q ? ṯ r	(signes 1-8)
	2) b t ? ? k n ḫ ʿ	(signes 9-16)
	3) ẓ p ? ?(+?) ? n ǵ	(signes 17-24) (?)
	4) ? à y	(signes 25-27)
	———————————	
Tranche droite	5) ⸢-⸣ q r	

Remarque textuelle

Puisque le commentaire de ce texte sera constitué en partie d'une série de remarques sur la forme des signes et leur état de conservation, nous nous bornons à signaler ici que l'abécédaire fut inscrit sur une tablette qui avait déjà porté un texte plus long. Ce texte a été presque entièrement effacé (voir plus bas, au sujet des signes sur la tranche droite) et la tablette lissée à nouveau en vue de la gravure du texte actuel. Il s'agit donc d'un palimpseste.

Commentaire

Les premiers signes sont heureusement clairs, et ils attestent sans aucun doute que nous sommes devant un « abécédaire » du type « halaḥam », c'est-à-dire observant l'ordre des lettres tel qu'il est connu en sud-sémitique. Cependant d'importantes difficultés entravent une lecture assurée de ce texte :

---

* Nous remercions Anne-Sophie Dalix qui a vérifié sur les originaux à Damas l'exactitude des facsimilés et des transcriptions des textes que nous publions ici (n^os^ **32-52**), nous épargnant ainsi plusieurs erreurs ; J. Tropper (Berlin) et C. Lopez (Chicago) ont relu le manuscrit entier et proposé plusieurs corrections ; nous sommes reconnaissants également à F. Israel de son précieux concours pour réunir les éléments bibliographiques nécessaires à l'étude de ce nouvel abécédaire, et à F. Bron qui a critiqué une première rédaction et nous a indiqué d'autres références bibliographiques indispensables au déchiffrement du nouveau texte. Enfin, nous remercions C. Roche d'avoir corrigé notre lecture ou restitution de deux anthroponymes (n° **39**,23'-24')

1. Pour donner au lecteur le sens du chemin parcouru en déchiffrant ce document, nous donnons ici une première lecture d'ougaritologues, indiquant d'un point d'interrogation les signes aberrants, et la lecture attendue en ougaritique pour les « faux frères ». Voir plus bas la lecture que suggère la comparaison avec les abécédaires sud-arabiques. Comme dans notre présentation préliminaire du texte (« Un abécédaire du type sud-sémitique découvert en 1988 dans les fouilles archéologiques françaises de Ras Shamra-Ougarit », *CRAI*, 1995, p. 855-60), nous continuerons à parler ici d'« abécédaire » tout en sachant que le texte en question ne commence pas par {ʾ b c d}), terme employé pour désigner les autres « abécédaires » ougaritiques – qui commencent par {à b g ḫ} – ou grecs – qui commencent par {α β γ δ}.

(1) si certains signes sont parfaitement conformes à ceux de l'alphabet cunéiforme d'Ougarit, attesté par des centaines de textes et plusieurs abécédaires, d'autres présentent une forme aberrante ;
(2) en comparant l'ordre des lettres avec les abécédaires sud-arabiques et celui de Beth-Shemesh, nous nous sommes rendu compte que quelques signes dont la lecture paraissait évidente étaient en fait des « faux frères », c'est-à-dire qu'ils ont la forme de tel ou tel signe ougaritique, mais qu'il convient de les lire autrement ;
(3) dans l'étude de l'ordre de présentation des lettres de l'alphabet en sud-sémitique on a rencontré des problèmes d'uniformité [2] ;
(4) l'ordre ici n'est pas exactement le même que dans le texte de Beth-Shemesh, le seul abécédaire en ordre sud-sémitique et provenant de Palestine/Syrie qui était connu avant celui-ci [3] ;
(5) si le texte de Beth-Shemesh constitue un document de tout premier ordre, il n'est malheureusement pas parfaitement conservé, et on ne connaît donc ni l'ordre précis des lettres selon cette tradition, ni la forme de plusieurs signes.

Malgré ces difficultés, on peut identifier plus de la moitié des signes, qui n'appellent que quelques remarques (les « faux frères » demanderont plus d'attention) :

- On identifie le sixième signe comme {w} par la présence de {w} entre {q} et {« š »} dans plusieurs abécédaires sud-sémitiques et dans le texte de Beth-Shemesh. Ici il ne comporte que trois clous, dont le troisième est orienté d'une façon qui le fait ressembler au {ẓ} de l'écriture classique.
- Le septième signe se présente ici comme {ṯ}, celui qui occupe la vingt-sixième place dans l'alphabet classique, et qui correspond donc au {š} de l'alphabet court/linéaire ; alors que le {š}, signe qui correspond au treizième signe de l'abécédaire classique, est ici à la douzième place, et tourné de 90°. En termes de sémitique comparé, le {ṯ} s'emploie ici pour {s^2} en sud-arabique (= {ś} en hébreu), et le {š} pour {s^1} (= {š} en hébreu) [4].

2. F. Bron, C. Robin, « Nouvelles données sur l'ordre des lettres de l'alphabet sud-arabique », *Semitica* 24, 1974, p. 77-82 ; J. Ryckmans, « L'ordre alphabétique sud-sémitique et ses origines », *Mélanges linguistiques offerts à Maxime Rodinson*, Paris, 1985, p. 343-59 (données épigraphiques rassemblées dans les figures de la p. 353, à laquelles nous renverrons quand nous ferons allusion plus bas aux abécédaires sud-sémitiques) ; A.K. Irvine, A.F.L. Beeston, « New Evidence on the Qatabanian Letter Order », *Proceedings of the Seminar for Arabian Studies* 18 (1988), p. 35-38 (cette étude fait appel à un nouveau fragment d'abécédaire qatabanite pour proposer « a complete South Semitic alphabetic sequence » ; c'est cette séquence, confirmée par le document cité dans la référence suivante, que nous employons comme modèle) ; J. Ryckmans, W. W. Müller, Y. M. Abdallah, *Textes du Yémen antique inscrits sur bois*, Louvain-la-Neuve, 1994, texte n° 1 (abécédaire incomplet, de {h} jusqu'à {ġ} ; l'ordre des signes est identique à celui qu'ont proposé Irvine et Beeston). On trouvera d'autres références chez A.G. Loundine, « L'abécédaire de Beth Shemesh », *Muséon* 100, 1987, p. 243-50, spéc. p. 244, note 5.

3. Nous indiquons ici seulement les études sur cette inscription en cunéiformes alphabétiques sénestroverses à partir de son identification comme un abécédaire du type sud-sémitique : A. G. Loundine, « L'abécédaire de Beth Shemesh », *Muséon* 100, 1987, p. 243-50 ; M. Dietrich et O. Loretz in *Die Keilalphabete. Die phönizisch-kanaanäischen und altarabischen Alphabete in Ugarit*, Münster, 1988, p. 277-96 ; *idem*, « Die Alphabettafel aus Bet Šemeš und die ursprüngliche Heimat der Ugariter », in *Ad bene et fideliter seminandum. Festgabe für Karlheinz Deller zum 21. Februar 1987*, Neukirchen-Vluyn, 1988, p. 61-85; J. Ryckmans, « A. G. Lundin's Interpretation of the Beth Shemesh Abecedary : A Presentation and Commentary », *Proceedings of the Seminar for Arabian Studies* 18, 1988, p. 123-29 ; É. Puech, « La tablette cunéiforme de Beth Shemesh. Premier témoin de la séquence des lettres du sud-sémitique », in *Phoinikeia grammata. Lire et écrire en Méditerranée*, Namur, 1991, p. 33-47 ; B. Sass, « The Beth Shemesh Tablet and the Early History of the Proto-Canaanite, Cuneiform and South Semitic Alphabets », *UF* 23, 1991, p. 315-26.

4. Les mots ougaritiques comportant ce phonème s'écrivent avec {š}. L'absence d'un signe ougaritique pour /ś/ a amené la plupart des spécialistes à la conclusion que ce phonème avait fusionné avec /š/. On sait qu'au niveau des graphèmes la même situation existe en hébreu, où {ś} et {š} se distinguent uniquement par un signe diacritique massorétique, bien que l'existence du phonème /ś/ soit prouvée par des confusions entre {s} et {ś} (c'est-à-dire qu'il existait trois phonèmes en proto-hébreu, /s/, /ś/ et /š/, dont l'alphabet emprunté par les Hébreux ne notait que deux, avec un même signe pour /ś/ et /š/, et qu'à une époque postérieure /s/ et /ś/ ont fusionné phonétiquement). Le nouvel abécédaire semble montrer que le dixième signe de l'abécédaire de Beth-Shemesh est graphiquement {š}, et non pas {s}, comme on a pu le penser (É. Puech, *Phoinikeia Grammata*, p. 38-39, 47).

- Les clous des treizième et quatorzième signes sont espacés, de sorte que l'on pourrait les lire {pt} et {ảt}, respectivement. Ici encore, la bonne lecture est établie par la présence ailleurs dans ce texte des signes {p/t} et par la présence de l'ordre {k-n} dans les alphabets sud-sémitiques.
- Nous pouvons identifier l'avant-dernier signe de la ligne 3 comme {d}, en raison de l'absence de ce signe ailleurs dans ce texte et en raison de la séquence {d - ǵ} dans les abécédaires sud-arabiques, mais le scribe n'a inscrit que les trois clous supérieurs (on ne voit rien sur la tablette qui indiquerait que les clous inférieurs auraient été inscrits puis effacés). Le {d} dans les abécédaires sud-sémitiques et dans celui de Beth-Shemesh arrive plutôt vers la fin de la série de signes, comme ici.

Après ces identifications, il reste, d'une part, plusieurs signes à identifier et, de l'autre, plusieurs éléments du répertoire consonantique ougaritique et sémitique qui n'ont pas encore trouvé d'équivalent dans ce texte [5]. La comparaison entre les abécédaires sud-arabiques et celui de Beth-Shemesh s'est montrée fructueuse, et la même comparaison nous a aidés à déchiffrer les premiers signes de ce texte.

Peut-on poursuivre dans cette voie ? On rencontre tout de suite un problème : le nouvel abécédaire présente deux signes entre {t} et {k}, alors qu'en cet endroit on n'en trouve qu'un dans les abécédaires sud-arabiques et dans celui de Beth-Shemesh. Puisque le signe 11 ressemble au {ḏ} ougaritique, nous proposons cette identification. Le {ḏ} se trouve vers la fin de l'abécédaire sud-arabique ; nous n'osons pas hasarder d'hypothèse pour expliquer sa présence ici (on sait que le phonème /ḏ/ était en voie de disparition en ougaritique). Le {ḏ} ne se trouve certainement pas en cet endroit de l'abécédaire de Beth Shemesh, mais la fin de ce texte est trop abîmée pour déterminer si ce signe s'y trouvait ou non – l'hypothèse est plausible selon laquelle le {ḏ} devait se trouver parmi les trois derniers signes.

Entre les signes {ḫ} et {p} on voit ici, comme dans les abécédaires sud-arabiques, deux signes. Là il s'agit de {ṣ} et de {s^3} (= {s} en hébreu, dont le correspondant ordinaire en ougaritique est aussi {s}), ici il s'agit de {ẓ} précédé à la fin de la ligne 2 d'un signe qui ressemble à {ʿ} ou à un clou horizontal très court et avec un deuxième clou situé en biais au côté supérieur, pointe inférieure droite touchant à la pointe droite du clou inférieur. Puisque deux signes de cet abécédaire représentant des sifflantes sont tournés à 90°, il paraît nécessaire d'identifier le signe à la fin de la ligne 2 comme un {ṣ} tourné à 90° et avec un agencement des clous qui rejoint les deux pointes, alors que le premier signe à la ligne 3 est {s}, lui aussi tourné à 90°, le troisième clou étant gravé à la verticale, comme dans RS 22.003:14 *kst* [6].

Après {p} dans l'ordre escompté, on rencontre une série de signes problématiques s'étendant jusqu'au {ǵ} de forme ougaritique habituelle. S'il s'agissait de l'ougaritique on les lirait {ṯ, ḫ, ?, n}. Dans l'abécédaire sud-arabique tel qu'il est établi par les nouveaux documents, on trouve entre {p [= f]} et {ǵ} la séquence {ʾ, ʿ, ḍ, g, d). Il s'ensuit naturellement que dans notre abécédaire le premier signe est {ʾ} (mais sans ressemblance avec aucun des trois {ʾ} de l'écriture ougaritique), que le deuxième est {ʿ} (le premier clou de ce qui ressemble à {ḫ} aurait été inscrit trop près du signe suivant), que le troisième est {ḍ} (à savoir les trois clous de droite de ce qui ressemble à {ḫ}), que le quatrième est {g}, et que le cinquième est {d} (comme nous l'avons déjà proposé plus haut).

Deux de ces formes pourraient éventuellement s'expliquer par la forme linéaire correspondante : les trois clous du {ʾ} représenteraient le museau et les deux oreilles/cornes de la tête de bœuf stylisée linéaire, et les deux clous du {g} seraient les deux traits du {g}. Les trois clous du {d} s'expliquent difficilement par des formes comparatives, et puisque le {d} de l'abécédaire de Beth-Shemesh présente la forme ougaritique classique, il paraît nécessaire de voir ici une forme fautive : le scribe a oublié d'inscrire les trois clous inférieurs. L'explication de la forme du {ḍ} est difficile. On n'en connaît la forme ni en proto-sinaïtique ou

5. Il est piquant de constater qu'il s'agit souvent de sifflantes : on connaît les nombreux problèmes que présente la phonétique des sifflantes en sémitique comparé, mais ici c'est la forme qui vient s'ajouter aux difficultés de phonétisme.

6. P. Bordreuil, « Cunéiformes alphabétiques non canoniques », *Syria* 58, 1981, p. 301-310. L'écriture de RS 22.003 étant sénestroverse, les {s} dans les deux textes ont pivoté de 180° l'un par rapport à l'autre. Cette lecture de {ṣ} et {s} nous a été suggérée par P. T. Daniels – que nous remercions vivement – d'après les caractéristiques formelles des signes et l'ordre de ces signes dans les abécédaires *halaḥam*. Ce qui avait occulté auparavant pour nous cette possibilité est la présence vraisemblable de {ẓ} en RS 22.003:4, 7.

proto-cananéen, ni dans un alphabet linéaire. Ce que l'on peut dire est que la forme comportant trois clous ressemble en gros au {ẓ} ougaritique habituel.

Après ces identifications, la ligne 4 ne présente plus de problèmes : le premier signe sera {ṭ}, le signe qui affecte la forme du {à} ougaritique sera en fait le {z}, dévié de 90° comme le {š}, et le {y} se présente sous sa forme habituelle. Pour expliquer la forme du {ṭ}, essentiellement un carré, on pourrait y voir l'imitation soit du cercle linéaire, soit de la forme carrée sud-arabique (dans ni l'un ni l'autre de ces cas de figure l'imitation n'aurait été parfaite, car l'élément intérieur des signes comparés aurait été omis).

Dans la mesure où l'on se permet de proposer des comparaisons éventuelles avec l'alphabet linéaire ou le sud-arabique, on peut déjà penser à l'imitation d'un alphabet linéaire local dont il est actuellement impossible de déterminer les rapports précis avec les alphabets linéaires septentrionaux ou avec les alphabets sud-arabiques.

A la suite de ces identifications, qu'elles soient assurées ou hypothétiques, nous aboutissons à la lecture suivante des lignes 1-4 :

1. h l ḥ m q w ṯ r
2. b t ḏ š k n ḫ ṣ
3. s p ʾ ʿ ḍ g d ǵ
4. ṭ z y

Quand on met cet abécédaire en regard de l'alphabet sud-arabique, on trouve la série de correspondances suivante (nous indiquons pour ce texte la valeur habituelle du signe s'il s'agit d'un signe connu, la valeur du signe en sud-arabique si la forme est aberrante ; nous munissons de l'astérisque les signes dont la forme ou l'usage constitue un départ important par rapport à l'usage ordinaire à Ougarit) :

RS 88.2215 :	h	l	ḥ	m	q	w*	ṯ	r	b	t	ḏ	š*	k	n	ḫ	ṣ*	s*	p	ʾ*	ʿ	ḍ*	g*	d	ǵ	ṭ*	z*		y		
Sud-arabique :	h	l	ḥ	m	q	w	s^2	r	b	t		s^1	k	n	ḫ	ṣ	s^3	f	ʾ	ʿ	ḍ	g	d	ǵ	ṭ	z	ḏ	y	ṯ	ẓ

Les formes des signes qui apparaissent ici peuvent se classer diversement par rapport aux formes habituelles :

(1) Dix-sept signes sur vingt-sept affectent la forme classique connue par les textes et les abécédaires ougaritiques ({b, ḫ, h, ḥ, y, k, l, m, ḏ, n, ʿ, p, q, r, ṯ, ǵ, t}), parfois avec des variantes faciles à comprendre ou déjà connues ({ḏ, p}) [7] ;

(2) Quatre signes présentent la forme plus ou moins classique modifiée par pivotement de 90° à gauche ({z, š, s, ṣ}) ;

(3) Un signe semble ne pas avoir été inscrit entièrement ({d}) ;

(4) Cinq signes présentent une forme qui est moins facile à expliquer ({ʾ, g, w, ḍ, ṭ}), mais dont quatre ({ʾ, g, w, ṭ}) pourraient s'expliquer comme se rapprochant d'une forme plus propre à l'écriture linéaire [8], alors que le cinquième ({ḍ}) ressemble en gros au {ẓ} ougaritique.

Cet ensemble de caractéristiques représente, à notre avis, une autre tradition d'écriture, et non pas donc une modification ponctuelle et individuelle du principal système ougaritique. Enfin, il s'agit bel et bien d'un alphabet du type « long » écrit de gauche à droite, ne présentant qu'un seul aspect caractéristique, à savoir le

---

7. Il paraît possible de décrire le {ḏ} comme de forme classique mais de dimensions plus réduites et avec une orientation différente du second clou : « tête » en bas. Le {p} ne se distingue que par le décalage des deux clous, la tête du clou supérieur étant un peu à droite de celle du clou inférieur (d'ordinaire, lorsqu'il y a décalage, la tête du clou supérieur est à gauche de l'autre).

8. Nous avons déjà parlé de {ʾ} et {ṭ}. Le {w} se décrit formellement comme ayant un clou de moins que le signe classique et avec le troisième clou en forme de *Winkelhaken* à la place de deux clous horizontaux. Pourrait-on expliquer cette forme comme représentant par un seul clou au lieu de deux la haste verticale d'un {w} linéaire antérieur et voir aussi dans l'orientation du {š} une influence linéaire, au stade pré-phénicien, où les pointes du signe pouvaient s'orienter à gauche (*cf.* aussi la forme sud-arabique) ? Mais dès lors le problème des rapports entre les signes linéaires et l'alphabet ougaritique se présente, car ce {š}, comme le {š} habituel, n'a que trois clous, et le {š} linéaire à trois traits est relativement tardif. Pour comparer le {š} ougaritique aux formes linéaires et sud-arabiques, il faut envisager une simplification du côté ougaritique.

{s} dévié de 90°, de l'alphabet court qui s'écrit normalement, comme on le sait, de droite à gauche [9]. Toutefois, si l'on peut le classer comme alphabet « long » parce qu'il présente vingt-sept signes comme l'alphabet ougaritique de base (c'est-à-dire sans {ỉ, ủ, s̀}), il s'agit en fait d'un système phonéto-graphique indépendant à la fois de l'alphabet ougaritique et de l'alphabet court qui paraît lui-même très proche de ce qui sera l'alphabet phénicien.

On remarque d'emblée que si on rencontre des correspondances inattendues, aucun signe ougaritique ne se rencontre deux fois dans l'abécédaire. Ceci explique, au moins superficiellement, l'absence des deux derniers signes de l'abécédaire sud-arabique (qui sont presque certainement absents aussi de l'abécédaire de Beth-Shemesh – voir plus bas) : en réalité, ces signes figurent peut-être déjà dans la séquence en position antérieure, {ṯ} pour {s^2} sud-arabique et {ẓ} pour {ḏ}. Ce fait et le total de vingt-sept signes dans l'abécédaire ougaritique nous amènent à soupçonner que ce dernier représente autre chose que l'essai de noter l'abécédaire sud-arabique. De plus, les formes nouvelles suggèrent qu'il ne s'agit pas ici tout simplement de mettre les signes ougaritiques dans un autre ordre. Transpositions et formes nouvelles suggèrent plutôt une réelle tentative d'indiquer les correspondances phonétiques entre les graphèmes de deux systèmes d'écriture, à savoir celui de l'ougaritique et un second système. Ce système ne pouvait pas être tout simplement le sud-arabique, car le nouvel abécédaire aurait alors indiqué vingt-neuf graphèmes. Par conséquent, il est nécessaire d'envisager un système phonéto-graphique comportant vingt-sept signes [10], plus proche phonétiquement du sud-arabique que de l'ougaritique, dont les signes suivaient essentiellement l'ordre sud-arabique, mais qui représentait une évolution par rapport au proto-système de vingt-neuf phonèmes consonantiques qui est encore visible dans l'alphabet sud-arabique. Enfin, si nous parlons de « nouvelles formes » de signes, c'est par rapport à ce qu'on connaît grâce aux textes d'Ougarit : il n'est évidemment pas nécessaire de penser que le scribe qui a incisé la tablette a inventé les moyens de représenter le système phonéto-graphique qu'il mettait par écrit, car il est possible qu'il n'ait fait que copier un document préexistant, soit déjà en cunéiformes alphabétiques, soit en écriture linéaire.

Sur la tranche droite on voit un signe abîmé suivi de {q r}. Puisque l'abécédaire fut gravé sur une tablette qui avait porté un autre texte au préalable, il est sans doute nécessaire de voir dans ces signes sur la tranche de la tablette des restes du premier texte qui ont échappé à l'effacement.

Nous nous proposons en conclusion de comparer ce nouvel abécédaire avec celui de Beth-Shemesh, dont l'interprétation correcte [11] a suscité de nombreuses études pendant la dernière décennie sur les rapports entre l'alphabet sud-sémitique et l'alphabet ougaritique. En effet, on remarque une grande similarité entre les deux textes, et il nous paraît plausible de conjecturer que le modèle de l'abécédaire de Beth-Shemesh ait comporté le même nombre de signes que le nouveau texte de Ras Shamra. L'état de conservation de celui de Beth-Shemesh, déjà médiocre au moment de l'*editio princeps* et aggravé depuis, comme le remarquent ceux qui ont revu l'original récemment [12], interdit pourtant de comparer intégralement les deux textes, et l'intelligence de tous les détails de ressemblance doit donc attendre de nouveaux exemplaires.

Il nous paraît absolument clair que le début du texte de Beth-Shemesh a été inscrit en orientation sénestroverse et, malgré le mauvais état de conservation des bords gauche et inférieur de l'objet, il paraît plausible que le scribe a fait pivoter la tablette pendant l'exécution du texte en sorte que l'écriture suit son bord

9. On connaît actuellement quatre de ces textes provenant de Ras Shamra et de Minet el-Beida, réunis par M. Dietrich & O. Loretz, *Die Keilalphabete*, p. 145-79 (mais sans autographies).

10. Parce qu'il ne s'agit pas d'un exercice d'usage de l'alphabet ougaritique, comme le prouve la présence de nouveaux signes, le nombre de vingt-sept, c'est-à-dire correspondant au total des signes dans l'alphabet de base ougaritique, ne reflète ni l'alphabet ougaritique, ni la phonétique ougaritique, mais l'autre système.

11. A. G. Loundine, « L'abécédaire de Beth Shemesh », *Le Muséon* 100, 1987, p. 243-50.

12. É. Puech, « Origine de l'Alphabet », *Revue Biblique* 93, 1986, p. 207, n. 131 ; B. Sass, « The Beth Shemesh Tablet and the Early History of the Proto-Canaanite, Cuneiform and South Semitic Alphabets », *UF* 23, 1991, p. 316.

extérieur et reste donc sénestroverse du début jusqu'à la fin [13]. Ainsi, le haut des signes touchera toujours le bord de la tablette et le bas des signes se dirigera vers le milieu de la tablette.

Le début du texte de Beth-Shemesh étant bien conservé, la comparaison des deux textes ne présente aucun problème grave jusqu'à la cassure à gauche. On voit tout de suite que les huit premiers signes des deux textes sont identiques mais que, dans l'écriture sénestroverse de la tablette de Beth-Shemesh, les signes ont subi une rotation de 180°, comme dans l'écriture sénestroverse ougaritique ; ceci à une exception près, à savoir le {m}, dont les deux clous présentent le même agencement dans les deux textes, même si la tête du clou horizontal est à droite dans celui de Beth-Shemesh. D'après É. Puech, le {w} du texte de Beth-Shemesh comporte quatre clous et le {š/ṯ} un seul, en forme de trou rond comme dans l'alphabet court d'Ougarit, alors que pour Sass la situation est moins claire.

Après le huitième signe, il y a deux différences certaines entre les deux textes : le {b} est absent du texte de Beth-Shemesh, et après le {t} de ce texte, on voit un signe qui ressemble parfaitement au {š} de notre texte alors que le signe suivant doit être {k} – donc là où notre texte comporte deux signes entre {t} et {k}, sur celui de Beth-Shemesh on n'en voit qu'un. L'identité et l'ordre des trois signes suivants, {k, n, ḫ}, étant établis tant par les restes sur la tablette de Beth-Shemesh que par la comparaison avec l'ordre sud-arabique, et maintenant avec l'ordre du texte ougaritique, il paraît nécessaire de conclure qu'une seule sifflante a figuré dans l'abécédaire de Beth-Shemesh entre {t} et {k}. Si l'on accepte la parenté entre les deux abécédaires, on penchera aussi vers l'identification de la seule sifflante dans le texte de Beth-Shemesh comme le signe qui correspond au {š} ougaritique (voir plus haut).

Après {k, n, ḫ} de l'alphabet de Beth-Shemesh on voit un coin de clou dans la cassure. É. Puech a reconstruit ici le {s̀} ougaritique classique à sept clous, mais puisque cette trace est infime, on peut penser qu'il s'agit d'un angle du {ṣ} (dont l'agencement des deux clous n'était peut-être pas identique à celui de ce signe sur le texte d'Ougarit). La place dans la lacune suivante du texte palestinien correspond parfaitement à celle qui est nécessaire pour les deux signes suivants de l'abécédaire de Ras Shamra. La surface et le bord de tablette de Beth-Shemesh étant abîmés après cette lacune, deux analyses des restes sont possibles : (1) la pointe de clou horizontal qui se voit sur le bord de la lacune serait un reste de {ʾ} (affectant peut-être une forme plus proche de la forme ougaritique classique), le clou suivant serait le {ʿ}, et les quelques clous dont on ne distingue pas bien la forme seraient {ḍ} ; (2) les deux clous visibles après la lacune appartiendraient à {ʾ}, mais la forme ne serait pas identique à celle du {ʾ} de l'abécédaire d'Ougarit (le troisième clou aurait-il été inscrit au-dessus des deux clous horizontaux et aurait-il disparu lorsque le bord de la tablette a été mutilé [14] ?) ; le {ʿ} aurait été écrit très près du {ḍ} comme sur l'abécédaire de Ras Shamra, en sorte que les plusieurs clous dont on ne distingue pas bien la forme seraient {ʿ, ḍ}. La seconde solution est celle de A.G. Loundine et de É. Puech [15], et elle serait préférable si le problème de la forme du {ʾ} ne se posait pas.

Au milieu du bas de la tablette de Beth-Shemesh (donc du haut de la tablette lorsqu'elle est pivotée pour suivre la lecture sénestroverse), la présence de {d} est reconnue unanimement, et il ne faudra pas hésiter à reconnaître le {g} entre les signes que l'on vient de décrire et ce {d}. La forme du {g}, aujourd'hui mutilée, a dû ressembler à la forme que l'on voit dans le nouvel abécédaire, du moins si l'on accepte la réalisation que propose É. Puech [16].

Après le {d}, on voit sur la tablette de Beth-Shemesh des clous qui sont conformes à la forme du {ǵ} ougaritique. Après ce signe, les restes du signe suivant ressemblent au {ǵ}, mais les traces semblent présenter un agencement différent qui permet de penser à l'une des formes du {ṭ} ougaritique [17]. La lecture de {ṭ}

13. A. G. Loundine, « L'abécédaire de Beth Shemesh », *Le Muséon* 100, 1987, p. 244 ; É. Puech, *Phoinikeia Grammata*, p. 35 ; B. Sass, « The Beth Shemesh Tablet and the Early History of the Proto-Canaanite, Cuneiform and South Semitic Alphabets », *UF* 23, 1991, p. 324.

14. En voit-on une trace sur la photographie de l'*editio princeps* ? Photographie reproduite chez Sass (note 13), p. 326.

15. Loundine (note 13), p. 244, 247 ; Puech (note 13), p. 40, 47.

16. Puech (note 13), p. 47.

17. *Cf.* D. Freilich et D. Pardee, « {ẓ} and {ṭ} in Ugaritic : A Re-examination of the Sign-Forms », *Syria* 61, 1984, p. 25-36.

semble s'imposer, et on est obligé de voir donc ici une importante différence de forme de signe entre cet abécédaire et celle du nouveau abécédaire, où le {ṭ} affecte une forme carrée.

Les signes suivants sont très abîmés, mais il semble que l'on puisse voir des traces de trois signes, qui correspondent vraisemblablement aux deux derniers signes de l'abécédaire de Ras Shamra et au {ḏ} qui n'était pas au même endroit que le {ḏ} ougaritique, comme nous l'avons vu plus haut. Le premier des trois commence par un clou horizontal qui a pu être suivi soit par un clou vertical ou oblique pour constituer le {ḏ}, soit par le deuxième clou du {z}. É. Puech reconstruit ici le {ḏ}, mais avec une forme différente de celle que l'on voit dans l'abécédaire de Ras Shamra. Si le principe d'organisation de cet abécédaire était identique à celui de l'abécédaire d'Ougarit, les deux derniers signes sont {z} (ou {ḏ}, si le signe précédent est {z}), et {y}, et non pas donc {ṣ} et {ẓ}, selon la proposition d'É. Puech.

Au minimum, il existe donc deux différences importantes dans les composants des deux abécédaires : l'omission par le scribe palestinien de deux signes vers le début du texte ({b} et {ḏ}) ; dans le premier cas il paraît s'agir d'un véritable oubli, dans le second cas d'un emplacement différent. De toute façon, si l'on tient compte des signes visibles par rapport à l'espace disponible dans les lacunes et aux vestiges de signes dans les bords de ces lacunes, il ne paraît pas possible d'évaluer à plus de vingt-six le nombre de signes que portait à l'origine la tablette de Beth-Shemesh. Il faut donc envisager soit un répertoire plus court que celui du nouvel abécédaire de Ras Shamra, soit l'omission d'au moins un signe. Nous fondant sur la considération qu'il est invraisemblable qu'un abécédaire ait pu être dépourvu de {b}, nous concluons d'une part que le modèle de l'abécédaire palestinien comportait le même nombre de signes que l'abécédaire de Ras Shamra – mais avec une différence dans l'ordre des signes ({ḏ} est situé vers la fin de l'abécédaire au lieu de précéder {š}) –, et d'autre part que l'absence du {b} est une simple erreur.

Si les signes de l'abécédaire de Beth-Shemesh montrent d'étonnantes ressemblances formelles avec ceux du dernier abécédaire de Ras Shamra, le {ṭ}, au moins, est différent mais ressemble à une forme bien connue à Ougarit (voir plus haut). C'est donc une seconde différence par rapport au nouveau texte, et on doit en conclure que, si les deux textes appartiennent à la même famille, il ne s'agit pas de textes jumeaux.

En plus de ces différences touchant aux composantes des deux répertoires de graphèmes, il convient enfin de souligner que l'abécédaire de Beth-Shemesh est écrit de droite à gauche et la forme des signes reflète cette rotation de 180°. Toute la tradition « halaḥam », comme les autres systèmes d'écriture sémitiques linéaires postérieurs à l'ougaritique, suit cette orientation sénestroverse. En revanche, l'orientation dextroverse de l'écriture du nouvel abécédaire est conforme à l'usage normal à Ougarit, et par cette orientation elle diffère de toute la tradition « halaḥam ».

En somme, le nouvel abécédaire de Ras Shamra et celui de Beth Shemesh présentent de fortes ressemblances avec les abécédaires sud-arabiques. Mais ces deux textes présentent aussi suffisamment de ressemblances entre eux, là où la tablette de Beth-Shemesh est bien conservée, pour qu'il paraisse nécessaire de reconnaître une parenté plus proche entre ces deux textes qu'entre ces deux textes et les abécédaires sud-arabiques. Ainsi, ce que nous avons dit plus haut au sujet des rapports entre la langue ougaritique et le système grapho-phonétique de l'abécédaire s'applique également au texte de Beth-Shemesh. Dès lors il importerait de savoir, mais les données, hélas ! font défaut, pourquoi ces deux textes se ressemblent d'aussi près et si les lieux de trouvaille représentent la véritable étendue du système phonéto-graphique que reflètent les deux textes.

Même si on ne peut pas répondre avec précision à ces questions, il faut souligner l'importance de la découverte de RS 88.2215 par rapport à l'état précédent des données. Lorsqu'il n'existait que la tablette de Beth-Shemesh pour témoigner de la connaissance de l'ordre « halaḥam » en Syrie-Palestine, on pouvait légitimement croire qu'il s'agissait d'un document créé par une personne comme exercice d'adaptation de deux alphabets l'un à l'autre [18]. Le nouvel abécédaire, qui est essentiellement identique à celui de Beth-Shemesh, mais montre aussi des différences dans la forme et dans l'ordre des signes, atteste qu'il s'agit de deux représentations de ce qui devait être un système phonéto-graphique inévitablement différent à la fois de celui de l'ougaritique et de celui de la langue cananéenne parlée à Beth-Shemesh. Les deux trouvailles ne témoignent peut-être pas de l'étendue du système, car l'une des deux tablettes a pu être exportée de la région de l'autre

18. *Cf.* J. Ryckmans, « A. G. Lundin's Interpretation of the Beth Shemesh Abecedary : A Presentation and Commentary », *Proceedings of the Seminar for Arabian Studies* 18, 1988, p. 126.

tablette. Il faut cependant souligner que la nouvelle tablette a été découverte à Ras Shamra, où l'alphabet cunéiforme était « chez lui », qu'il a été inscrit selon la tradition dextroverse locale, et qu'il faut donc considérer, jusqu'à preuve du contraire, que cette tablette a été créée dans la plaine côtière septentrionale de Syrie-Palestine pour répondre à un besoin local. Sans parler d'une hypothèse d'usage du nouveau système, on peut proposer que ce système d'écriture reflété par les deux abécédaires (RS 88.2215 et Beth Shemesh) ait été en usage pour noter une langue apparentée au sud-arabique tel qu'il sera connu quelques siècles plus tard, et imaginer que cette langue ait été celle de marchands d'origine non cananéenne et non ougaritaine qui parcouraient les deux régions déjà à la fin de l'âge du Bronze.

Ce n'est pas ici le lieu d'aborder la question délicate des implications phonétiques du choix des signes ougaritiques et de signes nouveaux, et nous laissons cette question aux spécialistes du sémitique comparé : nous nous contenterons de terminer par un tableau comparatif où figure maintenant le texte de Beth-Shemesh (la signification des astérisques dans la ligne RS 88.2215 est indiquée au tableau précédent).

RS 88.2215 :	h	l	ḥ	m	q	w*	ṯ	r	b	t	ḏ	š*	k	n	ḫ	ṣ*	s*	p	ʾ*	ʿ	ḍ*	g*	d	ǵ	ṭ*	z*		y		
Sud-arabique :	h	l	ḥ	m	q	w	s^2	r	b	t		s^1	k	n	ḫ	ṣ	s^3	f	ʾ	ʿ	ḍ	g	d	ǵ	ṭ	z	ḏ	y	ṯ	ẓ
Beth-Shemesh :	h	l	ḥ	m	q	w	ṯ/š	r		t		š/ṯ	k	n	ḫ	[ṣ	s	f]	⸢ʾ⸣	ʿ	ḍ	g	d	ǵ	ṭ	⸢z	ḏ	y⸣		

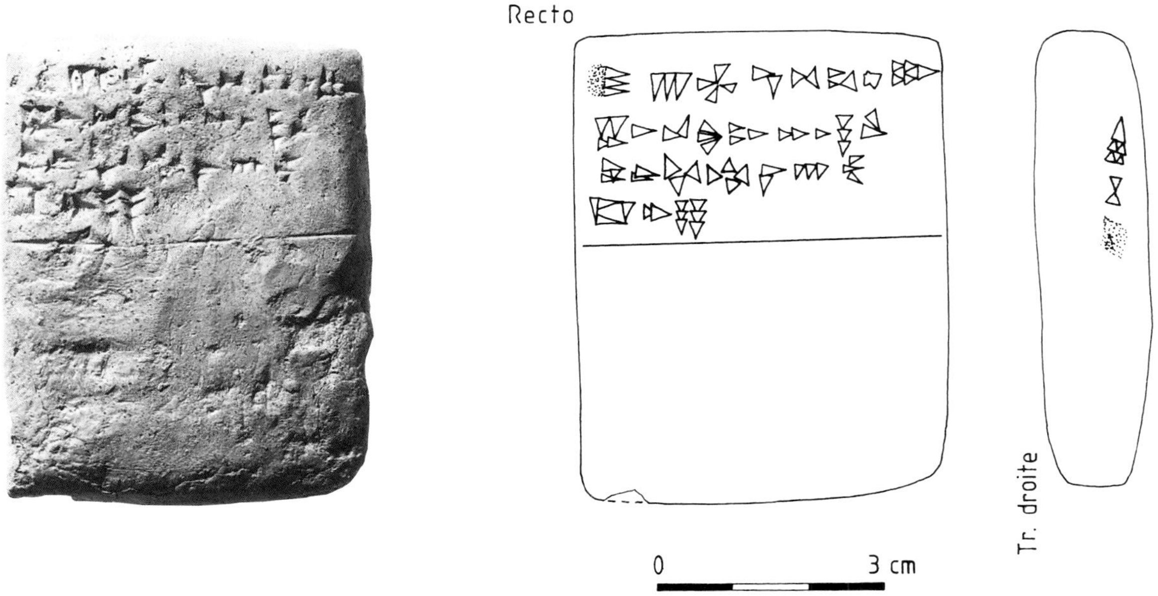

Figure 23. Tablette n° **32** (RS 88.2215).

9. BORDEREAUX ET LISTES
(nos 33-48)

Pierre BORDREUIL et Dennis PARDEE

33 - RS 88.237. *Bordereau sacrificiel.* *Fig. 24, 31*

Musée de Damas DO 7782. Dim. 54 x 35 x 20.

	Texte	*Traduction*
Recto	1) dbḥ . d⌜ṯ⌝[...]	1) Sacrifice de [...]
	————————	————————
	2) šbʿ . ʿ⌜ṭ-⌝[...]	2) Sept oiseaux-ʿṭ
	3) šbʿ . ʿq⌜r⌝[...]	3) sept ʿQ⌜R⌝[...]
	4) ygb . å[...]	4) YGB ʾA[...]
	————————	————————
	5) šbʿ[...]	5) Sept [...]
	6) šb⌜ʿ⌝[...]	6) sep[t ...]
	7) s⌜-⌝[...]	7) S⌜-⌝[...]
	....	

Remarques textuelles

1. Le dernier signe est transcrit comme {ṯ} en raison de la pointe de clou visible sur le bord de la grande trace de clou, laissant croire qu'il s'agit du {ṯ} à six branches, typique du *ductus* administratif.

2-3. Le deuxième signe du deuxième mot de chacune de ces lignes présente un problème : à la ligne 2 parce que le clou supérieur, s'il est assez grand, a la forme plutôt d'un clou horizontal que du *Winkelhaken* typique de {ḥ/ṭ} ; à la ligne 3, parce que le {q} était écrit sur un signe effacé comportant au moins deux clous horizontaux. On voit, donc, à chaque signe un clou horizontal au-dessus de la médiane de l'écriture. Nous prenons ce signe à la ligne 2 pour un {ṭ} parce que le clou est trop grand pour être laissé de côté : s'il s'agissait d'une inadvertance de la part du scribe il aurait pu effacer son erreur. Par contre, le clou supérieur du signe à la ligne 3 est beaucoup plus petit et est en partie effacé ; de plus, en dessous des deux grands clous, on voit un autre clou horizontal qui, lui, est presque entièrement effacé.
Du dernier signe du deuxième mot à la ligne 2, on voit une grande tête de clou horizontal, et il ne paraît donc pas possible de voir ici un {r}, comme à la ligne suivante.

3. Sur le deuxième signe du second mot, voir la première remarque à la ligne précédente.
Le dernier clou visible du signe dans la lacune est petit et situé plutôt haut par rapport à la médiane de l'écriture : {r} est donc préférable à {k/w}, mais on ne peut pas éliminer ces dernières lectures.

Commentaire

Le premier mot indique qu'il s'agit d'un texte en rapport avec le culte sacrificiel, mais la structure du texte ne s'apparente pas à la majorité des rites sacrificiels, se présentant donc plutôt comme un texte administratif, dont on connaît plusieurs exemplaires [1].

1. Le quatrième signe constitue-t-il le pronom relatif/déterminatif (*cf.* RS 24.277:4', 10') ou le premier signe d'un mot avec lequel *dbḥ* serait à l'état construit (*cf.* RS 19.015:2, 3, 14 ; RS 24.261:1 ; RS 24.277:1', 7' ; RS 24.643:1 ; RS [Varia 20]:1) [2] ?

1-4. La présence dans le texte administratif *PRU* II 128 de quantités de *ʿṭ* et de *ygb*, le second terme qualifié par *bqʿ*, dans le même contexte que des *ủzm*, « oies », fait penser qu'il s'agit ici de victimes sacrificielles, peut-être d'oiseaux. Pour expliquer *ʿṭ* on a comparé *ʿayiṭ* en hébreu biblique [3], une espèce d'oiseau (absent

1. Voir *RSO* XII : RS 19.015 et RS 24.292.
2. Voir l'étude de tous ces textes par D. Pardee, *RSO* XII, *Les textes rituels*, 2000.
3. Ch. Virolleaud, *PRU* II, p. 163.

des listes d'oiseaux dont la consommation est interdite selon *Lév.* 11 et *Deut.* 14). Il pourrait s'agir ici soit du pluriel de ce mot (ʿ⌈*ṭm*⌉ ou ʿ⌈*ṭt*⌉), soit du singulier ou du pluriel à l'état construit. Nous n'avons rien trouvé pour expliquer *ygb*, et rien de précis ne se présente non plus pour {ʿq⌈r⌉[...]} (la racine est très féconde dans les langues sémitiques, mais nous n'avons rencontré aucun terme qui s'insèrerait de manière évidente dans ce texte).

34 - RS 92.2175 ***Bordereau concernant métiers et fonctions.*** *Fig. 24*

Musée de Damas DO 7814. Dim. 50 x 33 x 30.

		Texte	***Traduction***
Recto	1')	[-]⌈-⌉r⌈-⌉[...]	1')
	2')	nʿrm [———...]	2') cadets
	3')	khnm ———[...]	3') prêtres
	4')	⌈q⌉dšm ———[...]	4') personnel sacré
	5')	[n]qdm ———[...]	5') pasteurs
	6')	[--]šm ————[...]	6')
	7')	[mr]ủ . ỉbr⌈n⌉ [—...]	7') officiers de *ʾIbirānu*
	8')	[mrủ] . sk⌈n⌉ [—...]	8') officiers du préfet
	9')	[ ]⌈-⌉[...]	9')
		....	
Verso		....	
	10')	[kb]⌈s̀⌉[m...]	10') foulons
	11')	[...]	11')
	12')	[-]⌈-⌉r⌈-⌉[...]	12')

Commentaire

Liste de fonctions comme on en connaît déjà plusieurs. La présence de traits horizontaux amène à croire que chaque ligne aurait à l'origine comporté un chiffre, comme d'ordinaire [4].

5'. La présence des *rʿym*, « bergers », dans les textes administratifs indique que ces *nqdm* n'étaient pas de simples bergers. L'équivalence NA.QAD dans les listes de professions en écriture syllabique montre qu'il s'agit d'une sorte de « pasteurs ». Puisque le maître du grand scribe *ʾIlīmilku* était désigné comme *rb nqdm*, « chef des pasteurs », par son élève (*CTA* 6 VI:55), nous sommes tentés de croire qu'il s'agit d'une haute position sociale qui peut s'illustrer par le titre de *nōqēd* que portait Mesha, roi de Moab, selon II *Rois* 3:4. Il pourrait s'agir des fournisseurs de bétail, peut-être même du cheptel du culte sacrificiel.

10'. Nous restituons *kbs̀m* parce que c'est le seul nom de profession connu jusqu'ici qui comporte un {s̀}.

35 - RS 92.2001 + 92.2002. ***Bordereau de contributions.*** *Fig. 24, 25*

Musée de Damas DO 7793. Dim. 183 x 130 x 25.

Texte

Recto	Colonne I		Colonne II
	1) [	me-]at ⌈---⌉	1) mrả[t ...]
	2) [	] [——]	2) tzn⌈-⌉[...]
	3) [	x +]5 [——]	3) ảġt [...]
	4) [	x +]5 [——]	4) ṯlrb⌈y⌉ [...]
	5) [	] [——]	5) qrt [...]

4. *Cf.* Ch. Virolleaud, *ibid.*, p. 52.

6) [ ]	[——]
7) [ ]—	30 [——]
8) [ ]——	10 [——]
9) [ ]——	20 [——]
10) [ ]y ——	1 me-at 5 [——]
11) [ ]⸢-⸣ —	6 ——
12) [ ]——	15 [——]
13) [ ]	x +$^{?}$] 2 [——]
14) [ ] —	10 ——
15) [ ]š ——	5 ——
16) [ ]———	10 ——
17) [ ]⸢-⸣ ———	30 ——
18) [ ]⸢-⸣t ———	30 ——
19) ⸢r⸣qd ———	1 me-at 5 —
20) ủḫnp ———	60 ——
21) mʿrby ———	40 ——
22) ủlm ———	70 ——
23) ảp ————	20 ——
24) pd ————	60 ——
25) ảtlg ———	75 ——
26) gbʿly ———	50 ——
27) hzp ————	60 ——
28) ḫrṣbʿ ———	10 ——
29) bỉr ————	40 ——
30) ḫpty ———	6 ——
31) ảgm ———	30 ——
32) ṯpn ————	5 ——
33) ṣʿ ————	8 ——
34) gnʿy ———	20 ——
35) ḫlb . ʿprm ——	6 ——
36) ảmḏy ———	7 ——
37) ḫlb . krd ———	10 ——
38) mʿqb ———	90 ——
39) ⸢ṯ⸣lḥny ———	20 ——

6) šlmy [...]	
7) ảry [...]	
8) ṯmry [...]	
9) dmt [...]	
10) y⸢k⸣[nʿm]	
11) ⸢-⸣[...]	
12) ʿ⸢-⸣[...]	
13) ʿn[...]	
14) glb[t(y) ...]	
15) ḫlb . ṣ⸢p⸣[n ...]	
16) šld [...]	
17) mrỉl ——[...]	
18) kbry ———	4 [+ ?]
19) ủbš ———	5 [——]
20) mỉdḫ ———	8 [——]
21) snr ———	33 [——]
22) mṣbt ———	10 ——
23) slḫ ———	60 ——
24) ḥl ————	14 ——
25) ḫlb . gngnt —	8 ——
26) mʿr ———	15 ——
27) nnủ ———	28 ——
28) ʿrm ———	30 ——
29) bṣr ———	50 ——
30) lbnm ———	40 ——
31) šmgy ———	10 ——
32) šmny ———	10 ——
33) šql ———	10 ——
34) trb ———	8 ——
35) ʿl . gtt ———	1 me-at 32 [——]
36) mỉḫd ———	48 ——
37) mld ———	8 ——
38) ṣʿq ———	29 ——
39) ẓrn ———	72 ——

Verso

Colonne III

1) ypr ————	30 [——]
2) yʿrt ———	10 ——
3) ǵbl ————	10 ——
4) yny ———	4 ——

Remarques textuelles

II 2. Du signe partiellement conservé dans la cassure, on voit deux clous verticaux : il s'agit donc de {l/ṣ}.

Commentaire

On ne connaît pas de toponyme *ʿl gtt* (II 35), et la forme du pluriel du deuxième mot fait douter que nous soyons ici devant un toponyme nouveau, qui signifierait « sur les pressoirs ». Il paraît donc plausible d'interpréter la formule comme signifiant « au compte des *gt* », à savoir des hameaux, des fermes fortifiées (*gt* en ougaritique correspond à *dimtu* en accadien). Il s'agirait d'un groupement administratif de hameaux, en opposition aux villages plus grands qui sont indiqués nommément. La présence de la préposition donne donc la clé de l'interprétation de ce texte dont le titre a disparu, car elle indique qu'il s'agit d'une liste de contributions livrées à l'administration royale par les agglomérations en question. Nous n'avons pourtant pas trouvé d'indice de la nature de la contribution.

D'une manière générale, les lignes conservées 19-38, inclus (*mʿqb*) de la col. I, énumèrent des localités de la partie méridionale du royaume, alors que de col. I 39 (*⸢ṯ⸣lḫny*) jusqu'à col. II 39 et même jusqu'à la col. III sont énumérées des localités septentrionales.

Col. I, 35-36. Nous avons ici une nouvelle attestation de la séquence *ḫlb ʿprm – àmḏy* de *CTA* 70:12 [5] et de *PRU* V 40:16.

Col. II, 12-13. Restituer vraisemblablement {ʿ⸢n⸣[mky]} et {ʿn[qpàt]} parce que les deux villes sont nommées dans cet ordre dans un autre texte (*CTA* 71:52).

Col. II, 14. Si la lecture de la séquence *ʿnqpàt ... glbty* proposée par Ch. Virolleaud pour un texte de la dix-neuvième campagne (*PRU* V 58 II:24-25) ne paraît pas admissible [6], nous la rencontrons ici dans un texte découvert vingt-sept ans plus tard. On ne peut pourtant pas dire si le toponyme est ici *glbt* ou *glbty*, car les deux formes du nom sont attestées.

36 - RS 86.2213. *Bordereau de rations en rapport avec des villages.* *Fig. 26*

Musée de Damas DO 7755. Dim. 69 x 52 x 22.

	Texte		***Traduction***
Recto	1) mlk ————	ṯn . ḫprm	1) *Mulukku* : deux (unités) de rations ;
	2) àr —————	ṯlṯ	2) *ʾAru* : trois ;
	3) gbʿly ————	àḥd	3) *Gibaʿlaya* : une ;
	4) ùlm ————	àḥd	4) *ʾUllamu* : une ;
	5) mʿrby ———	àḥd	5) *Maʿrabaya* : une ;
	6) ùbrʿy ————	ṯn	6) *ʾUburʿaya* : deux ;
	7) mʿr ————	àḥd	7) *Muʿaru* : une ;
	8) àrny ————	àḥd	8) *ʾAraniya* : une ;
	9) šʿrt ————	àḥd	9) *Šaʿartu* : une ;
	10) bqʿt —— ṣʿq —	àḥd	10) *Baqʿatu*, *Ṣaʿqu* : une ;
	11) ʿ⸢n⸣q⸢p⸣àt ——	àḥd	11) *ʿÊnuqapʾat* : une ;
	12) ùškn ———	àrbʿ	12) *ʾUškanu* : quatre
Tranche inférieure	13) šbn ————	àḥd	13) *Šubbanu* : une ;
	14) ṭbq ————	àḥd	14) *Ṭibaqu* : une ;
Verso	15) rqd ————	ṯn	15) *Riqdu* : deux ;
	16) šrš ————	àḥd	16) *Šurašu* : une.

————————————

Remarque textuelle

1. On se demande si on ne voit pas dans l'éraflure entre le {p} et le {r} du dernier mot des traces de clous : se serait-il agi d'un {r} à sept clous ? Il nous semble que non, car ce scribe laisse un peu d'espace entre la plupart des signes.

Commentaire

1. Le mot *ḫpr*, déjà bien connu par les textes administratifs, est souvent associé à un chiffre comme ici, fréquemment en rapport avec des denrées (*àkl*, *ḏrʿ*, *drt*), ce qui n'est pas le cas ici, et avec la mesure *dd*, qui est aussi absente ici. Ces « rations » peuvent servir à alimenter les bestiaux aussi bien que les hommes. À partir de ces éléments de comparaison, on peut penser que les chiffres de notre texte sont en rapport avec

5. Voir P. Bordreuil, « Nouvelles restitutions de toponymes de l'Ougarit », *UF* 20, 1988, p. 10.

6. Sur sa copie, la place ne semble pas permettre la restitution des derniers signes. Dans *CAT* on trouve {ʿn⸢t⸣n} (texte 4.610).

des livraisons de céréales effectuées par les villes en question ; contributions plutôt que recettes parce que toutes ces villes se trouvent dans la plaine et sont donc productrices de céréales. Il faut pourtant se demander s'il s'agit de la mesure *kd*, « la jarre », car les quantités enregistrées ne seraient alors pas très importantes : pourquoi la ville de *Šurašu*, par exemple, aurait-elle envoyé une seule jarre de céréales [7] ?

9. Le toponyme n'étant attesté en syllabique jusqu'à présent que par le logogramme SÍG [8], la vocalisation est approximative.

10. La ville de *Ṣaʿaqu* étant située dans le piémont, d'après les toponymes avec lesquels elle est associée (surtout des toponymes comportant l'élément *ḫlb*), on peut penser que l'association ici de *Baqʿatu* et de *Ṣaʿaqu* implique la proximité d'une vallée où la culture des céréales était pratiquée.

11. La comparaison avec {ʿn . mky}, avec séparateur en RS 94.2463:9', suggère que les toponymes commençant par *ʿn-* ont pour premier élément le mot signifiant « source ».

14. Les formes *tbq* et *ṭbq* sont attestées ; en écriture syllabique, la première consonne s'écrit {TI} et {TE}, que J. Nougayrol indiquait dans *PRU* III comme /ṭì/ et /ṭe$_4$/ en conformité avec l'orthographe alphabétique {ṭbq}, bien connue par des textes découverts avec les textes syllabiques. Parce que *tbq* et *ṭbq* se rencontrent dans des listes comportant les mêmes toponymes (par exemple *PRU* II 177 et *PRU* V 58), il paraît nécessaire de conclure que les deux formes sont les variantes d'un seul toponyme. On peut conjecturer que la forme primitive ait été /tbq/, car la prononciation populaire montre plutôt une tendance vers l'assimilation que vers la dissimilation (*cf.* par exemple l'anthroponyme *ṣṭqšlm*) et que les scribes des textes syllabiques n'ont fait aucun effort pour rendre /ṭ/.

37 - RS 92.2057. *Bordereau d'huile et d'olives.* *Fig. 26*

Musée de Damas DO 7813. Dim.51 x 90 x 35.

	Texte	***Traduction***
Recto	1) ⸢-⸣[-]⸢-⸣ny⸢-m-- .⸣ ⸢-⸣[ ]	1)
	2) tšʿ ⸢m-⸣[-] . ḫmšm [-]⸢---⸣	2) neuf cent cinquante [...] ;
	3) w ⸢.⸣ ṯṯ⸢t .⸣ ʿšr . kbd	3-4) et deux cent seize (unités) d'huile-NḤ ;
	4) mỉtm . šmn . nḥ	
	5) ⸢w .⸣ ṯṯ . kd . ztm	5) et six mesures-*kd* d'olives
	6) [ ]š . ⸢--⸣t⸢t .⸣ nk⸢-⸣[ ]	6)

Remarques textuelles

1. Le signe après {y} est certainement {h/ỉ}.
2. Lire vraisemblablement {tšʿ ⸢mả⸣[t]}.
6. Les signes après le premier séparateur semblent être {s} et {k/r}. Après le {t}, qui est certain, on hésite entre {t .} et {m}, bien que le clou vertical semble trop petit pour appartenir à {m}.

Commentaire

4. La lecture certaine de {nḥ} confirme la lecture du même mot par A. Herdner en *CTA* 141:3-4, suivie par les éditeurs de *CAT* (4.91) – dans l'*editio princeps*, *Syria* 21, 1940, p. 274, 175, Ch. Virolleaud a transcrit par « m(?)nḥ ». Aucune explication évidente du mot *nḥ* ne se présente [9].

---

7. Pour L. Milano (« Alimentazione e regimi alimentari nella Siria preclassica », *Dialoghi di Archeologia* 3, 1981, p. 114-116), la capacité du *dd*, mesure de matières sèches, serait de 50,5 l.

8. *Cf.* M. C. Astour, *Ras Shamra Parallels* II, Rome, 1975, p. 331-32.

9. En arabe la racine NḤY exprime plusieurs aspects du battage du beurre et la notion de « durcir », s'exprimant par le verbe NḤ (*mediae infirmae*) se dit surtout des os (A. de Biberstein Kazimirski, *Dictionnaire arabe-français*, Paris, 1960, vol. II, p. 1218, 1375). Le *šmn nḥ* pourrait donc à la rigueur désigner la graisse animale figée, une sorte de beurre fondu, de « ghi » (le mot sémitique, comme on le voit par l'arabe NḤY, exprimerait l'aspect « figer » de l'opération, et non pas l'aspect « fondre »). C'est en tout cas une hypothèse à envisager en attendant des nouvelles informations sur le Proche-Orient antique.

38 - RS 88.2016. *Billet concernant un versement d'huile.* *Fig. 26*

Musée de Damas DO 7789. Dim. 37 x 68 x 25.

	Texte	*Traduction*
Recto	1') [m]ỉt . ṯn . ˁšr . k⌈bd⌉[...]	1') Cent douze ... [...]
	2') šmn . škrm . bd . ˁ⌈-⌉[...]	2') d'huile de (= pour) le personnel embauché, aux bons soins de ˁ [...].

Commentaire

2') On connaît deux racines en ougaritique qui s'écrivent {škr}, l'une signifiant « s'enivrer » (< ŠKR) , l'autre « prendre à gages, embaucher, louer » (< ŚKR). On sait par le texte relatif à l'ivresse du dieu *ʾIlu* que celle-ci se soignait au moyen d'huile [10], mais un total de cent douze jarres paraît une bien grande quantité pour soigner les ivrognes d'Ougarit. On pensera plutôt donc à du personnel embauché. C'est un acquis important pour l'histoire économique d'Ougarit, car jusqu'ici on connaissait cette racine ŠKR uniquement par un texte mythologique (*CTA* 14 III:97-98), tandis que le nouveau texte semble établir la présence d'hommes qui sont libres de s'embaucher chez la personne de leur choix.

39 - RS 86.2235. *Bordereau de livraison d'orge.* *Fig. 27, 31*

Musée de Damas DO 7771. Dim. 106 x 75 x 24.

Texte	*Traduction*
Recto	
1') [ ]⌈-⌉[...]	1')
2') [ ]⌈--⌉ṯn . l[...]	2')
————————	————————
3') [ ]⌈š⌉m . dd . š[ˁrm ...]	3') [Cin]quante mesures-*dd* d'o[rge ...]
————————	————————
4') [--]⌈- . k-⌉[...]	4')
————————	————————
5') [ṯ]⌈l⌉ṯ⌈-⌉[...]	5') [Tr]e[nte ...]
6') ⌈š⌉ˁ⌈r⌉[m ...]	6') org[e ...]
————————	————————
7') ⌈ˁ⌉šr[...]	7') DIX[...]
————————	————————
8') årbˁ . ⌈l⌉[...]	8') Quatre + [...]
9') ⌈l⌉ . ḥmrm . d [. b]⌈d⌉[. -]ḥm	9') pour les ânes qui sont sous la surveillance de [-]ḤM.
————————	————————
10') [ˁ]⌈š⌉rm [.] åḥd . kbd . dd	10') [V]ingt et une mesures-*dd*
11') [šˁ]⌈r⌉m . l . ḥmrm . d . bd . åtl⌈-⌉[...]	11') [d'or]ge pour les ânes qui sont sous la surveillance de ʾATL[...].
————————	————————
12') [år]bˁ . ddm . šˁrm . l . ḥmrm	12') [Qu]atre mesures-*dd* d'orge pour les ânes
13') d . bd . mtn	13') qui sont sous la surveillance de *Mattinu*.
————————	————————
14') ṯlṯ . ddm . šˁrm . l . ḥmrm	14') Trois mesures-*dd* d'orge pour les ânes
15') dt . tblm	15') de *Tabilama*.
————————	————————

10. Voir D. Pardee, *RSO* IV, *Les textes para-mythologiques de la 24e campagne (1961)*, Paris, 1988, ch. 1.

16') ḫmš . ʿšr . dd . l . ššw . ršp	16') Quinze mesures-*dd* pour les chevaux de *Rašap*.
17') ḫmš . ddm . l . ššw . mlk . ʿṯtrt	17') Cinq mesures-*dd* pour les chevaux de *Milku-ʿAṯtarti*.
Tranche inférieure	
18') [ḫm]š . ddm . l . yky	18') [Cin]q mesures-*dd* pour *Yakaya* ;
19') [ḫm]⸢š⸣ . ddm . l . ảrtn	19') [cin]q mesures-*dd* pour *ʾArtēnu* ;
20') [ḫm]š . ddm . l . ỉbrmḏ	20') [cin]q mesures-*dd* pour *ʾIbrimuḏi* ;
Verso	
21') ⸢ḫm⸣š . ddm . l . ảǵltn	21') cinq mesures-*dd* pour *ʾAǵaltēnu* ;
22') ḫmš . ddm . l . ånnṯb	22') cinq mesures-*dd* pour *ʾAnaniṯuba* ;
23') ḫmš . ddm . l ⸢.⸣ [ỉ]brḫṭ	23') cinq mesures-*dd* pour *ʾIbriḫuṭa* ;
24') ḫmš . ddm . l . ⸢g⸣rbzn	24') cinq mesures-*dd* pour *Gurbizāni* ;
25') ʿšr . ddm . l . ⸢-⸣rd⸢--⸣t	25') dix mesures-*dd* pour ⸢-⸣RD⸢--⸣T ;
26') ḫmš . ddm . l . nr⸢-⸣[...]	24') cinq mesures-*dd* pour *Nūrānu*.

Remarques textuelles

25'. Le signe après {rd} semble être {k} plutôt que {r}.

26'. Le dernier signe, dont on ne voit que deux clous, est assez endommagé pour permettre l'hypothèse selon laquelle il s'agissait à l'origine de {n}.

Commentaire

3'. L'espace disponible indique la restitution de {[ḫm]⸢š⸣m}. On remarquera ici que, dans ce texte comme le plus souvent dans les textes administratifs, avec les noms de nombre de « 3 » à « 10 » inclus (l. 25), le mot *dd* est au pluriel, alors que les noms de nombres au-delà de « 10 » appellent le singulier du mot *dd*.

11'. Le seul anthroponyme attesté qui commence par {ảtl} est *ảtlgn*, mais on ne peut pas restituer ce nom ici, car la trace visible du quatrième signe semble être la tête d'un clou horizontal.

15'. On ne connaissait pas l'anthroponyme *tblm* avant l'apparition de ce texte. ṬA.PIL est attesté en *PRU* VI 53:10', nom que J. Nougayrol a normalisé sous la forme « Tabil » (*ibid.*, p. 143) [11].

16'-17'. Nous avons déjà souligné l'importance de la mention ici de chevaux appartenant à des divinités [12]. La construction à l'état construit nous empêche de savoir s'il s'agit chaque fois d'un cheval ou de plusieurs [13]. Si le laps de temps que ces rations doivent couvrir est égal dans les deux cas, il faut en conclure que, dans le cas de *Rašap* au moins, il s'agit de plusieurs chevaux, en raison de la quantité plus grande d'orge mentionnée à la l. 16'. Si les rations étaient proportionnelles au nombre de chevaux, les

11. Si *tblm* n'est pas un anthroponyme, on peut penser à un nom de profession et comparer avec le premier élément du nom biblique Tubal-Caïn, d'après *Gen.* 4:22 l'ancêtre des forgerons (*cf.* P. Bordreuil, « À propos de Milkou, Milqart et Milkʿashtart », *Maarav* 5-6, 1990, p. 12 ; M. Dietrich & O. Loretz, « Hurritisch-ugaritisch-hebräisch tb "Schmied" », *UF* 22, 1990, p. 88 ; W. G. E. Watson, « Non-Semitic Words in the Ugaritic Lexicon », *UF* 27, 1995, p. 540.

12. A. Caquot, « Information sur la 46ᵉ campagne de fouille de Ras Shamra », *CRAI* 1986, p. 438-39 ; P. Bordreuil, « Découvertes épigraphiques récentes de Ras Ibn Hani et Ras Shamra », *CRAI* 1987, p. 298 ; *idem*, « A propos de Milkou, Milqart et Milkʿashtart », *Maarav* 5-6, 1990 p. 11-21, spécialement p. 12 ; D. Pardee, « La vie sur des tablettes », *Le Monde de la Bible* 48, 1987, p. 29-31 (spécialement p. 31, où la traduction de la l. 17 comme notant le chiffre de « quinze paniers » est fausse) ; *idem*, « A New Datum for the Meaning of the Divine Name Milkashtart », *in Ascribe to the Lord. Biblical & Other Studies in Memory of Peter C. Craigie*, Journal for the Study of the Old Testament Supplement Series 67, 1988, p. 55-68 ; M. Yon *et al.*, « Fouilles de Ras Shamra-Ougarit 1984-1987* (44ᵉ-47ᵉ campagnes) », *Syria* 64, 1987, p. 187.

13. Dans nos mentions préliminaires de ce passage (voir note précédente), nous avons parlé de « chevaux » au pluriel alors que M. Dietrich et O. Loretz ont laissé entendre qu'il pouvait s'agir d'un seul (« Rāpiʾu und Milku aus Ugarit », *UF* 21, 1989, p. 129 ; « Ugaritisch bʿr I "einzünden" und bʿr II "verlassen" », *UF* 22, 1990, p. 51-54), du moins dans le second cas.

chiffres ne peuvent conduire qu'à la conclusion que les chevaux de *Rašap* étaient trois fois plus nombreux que ceux de *Milku-ʿAṯtarti*.

17'. Sur la question de savoir si la ville de *ʿAṯtartu* est une ville du royaume d'Ougarit (Bordreuil), la ville bien connue de Transjordanie (Pardee) [14], ou encore une qui serait située plutôt sur la côte phénicienne [15], il n'existe aucune donnée nouvelle.

24'. Pour expliquer le nom *grbzn*, nouveau, on peut se tourner vers le nom commun *grbz* [16] : il semble s'agir de ce nom de vêtement auquel s'est attachée l'afformante /-ān/ [17].

40 - RS 86.2237. *Bordereau de distribution de farine.* *Fig. 28*

Musée de Damas DO 7773. Dim. 68 x 94 x 25.

	Texte	Traduction
Recto	1) [--]⌈-⌉ . ṯlṯ . l ʿšrm	1) [ ] vingt-trois.
	———————	———————
	2) [-]⌈l⌉mh . ṯlṯ ʿšrh . prs qmḥ	2) [-]⌈L⌉MH : treize mesures-*prs* de farine ;
	3) ⌈-⌉mḫr . ṯmn ddm	3) ⌈-⌉MḪR : huit mesures-*dd* ;
	4) ỉṯgh . dd	4) ʾIṮGH : (une) mesure-*dd* ;
	5) rʿym . ṯlṯ ⌈.⌉ ddm	5) les bergers : trois mesures-*dd* ;
	6) šql . ảrbʿ . ddm	6) (la ville de) *Šuqalu* : quatre mesures-*dd* ;
	7) ảnnṯ⌈-⌉b . dd	7) *ʾAnaniṯuba* : (une) mesure-*dd* ;
	8) ḥgbn . dd	8) *Ḥagabānu* : (une) mesure-*dd* ;
Tranche inférieure	9) l ả⌈-⌉t ⌈. - . -⌉yt pldm . d⌈d⌉m	9) pour (la ville de) *ʾAǵatu* et les *ḥyt/ṭyt* de vêtements-*pld* : deux mesures-*dd* ;
	10) l byy . ddm	10) pour *Bayaya* : deux mesures-*dd* ;
Verso	11) l bt . qwy . ḫmš ddm	11) pour la maison de QWY cinq mesures-*dd* ;
	12) l ảlp . ddm	12) pour ʾALP : deux mesures-*dd.*

Remarques textuelles

1. Le premier signe partiellement conservé est {h/ỉ}.
3. Le premier signe est {⌈-t⌉} ou {k}.
9. Le premier signe partiellement conservé est {⌈ǵ/ṯ⌉} (plutôt {ǵ} que {ṯ}, mais le clou en travers du clou horizontal est un peu petit pour {ǵ} ; le second est {⌈ủ/d⌉ } ; le troisième {⌈ḥ/ṭ⌉}. La lecture d'un séparateur après le {t} est vraisemblable sans être certaine, car le clou est petit et suspendu à la pointe du {t}. On voit entre {⌈ủ/d⌉ } et {⌈ḥ/ṭ⌉} un clou vertical qui semble comporter au moins un, peut-être deux clous inférieur(s).

Commentaire

On peut répartir le texte en trois sections : (A) la première ligne n'indique ni le total du texte entier (« 23 » ici contre « 29 *dd* » et « 13 *prs* » dans le texte) ni celui de l'une ou l'autre des deux autres parties (l. 2-8 = « 18 *dd* » et « 13 *prs* », l. 9-12 = « 11 *dd* ») ; (B) dans les lignes 2-8, les termes désignant les

14. Voir la liste des tenants de cette opinion chez W. H. Van Soldt, *Ugarit and the Bible, Proceedings of the International Symposium on Ugarit and the Bible, Manchester, September 1992*, Münster, 1994, p. 363-382, en part. 371. *Cf.* M.-G. Amadasi Guzzo, « Tanit-ʿŠTRT e Milk-ʿŠTRT : ipotesi », *Orientalia* 60, 1991, p. 82-91.

15. Sur le district phénicien d' « Ashtarot » (*plg ʿštrt*) connu par une inscription du premier millénaire, voir P. Bordreuil, « Nouvelles inscriptions phéniciennes de la côte de Phénicie », *Actes du IIIe Congrès International des études phéniciennes et puniques, Tunis 1991*, Tunis, 1995, vol. I, p. 187-92.

16. *PRU* V 49:2. Le dernier signe étant mutilé, Ch. Virolleaud avait lu {grbs}, avec point d'interrogation. Voir la discussion du nom de vêtement, peut-être un survêtement de guerre comportant des mailles, dans S. Ribichini et P. Xella, *La terminologia dei tessili nei testi di Ugarit*, Roma, 1985, p. 35. Bibliographie chez W. G. E. Watson, « Non-Semitic Words in the Ugaritic Lexicon », *UF* 27, 1995, p. 536.

17. *PTU*, p. 27.

bénéficiaires ne sont pas précédés par la préposition *l*, et ces bénéficiaires sont de nature différente (anthroponyme, nom de métier, toponyme); (C) dans les lignes 9-12, la préposition *l* introduit chaque entrée, et les bénéficiaires sont aussi de nature variée (toponyme (?), des êtres humains, singulier et collectif, et un animal (?)).

2-3. Des anthroponymes se terminant par {lmh} et {mḫr} sont inconnus, et, à en juger d'après les autres données de ce texte, les quantités semblent très importantes pour des individus (« 13 *prs* » et « 8 *dd* », respectivement). On se demande donc s'il ne s'agit pas de toponymes.

On n'a toujours pas de données précises pour évaluer la mesure *prs* [18]. Le mot signifie « partie, fraction », mais on n'a pas de preuve qu'il s'agisse d'une désignation de « la moitié », comme en araméen et en accadien ; et si *prs* désigne la moitié, on ne peut pas dire par rapport à quelle mesure cela s'exprime. Le nom s'écrit ici avec {s} ; dans les autres attestations connues jusqu'ici dans cette archive, il s'écrit avec {s̀} (*RSO* VII 96:3', 5' [= RS 34.180, 11] ; RS 94.2276:4', 6' ; RS 94.2560:3 ; RS 94.2600:5), indication de plus que l'usage du signe {s̀} ne dépend pas de la voyelle qui suit cette consonne [19].

4. Le nom *ỉṯgh* est inconnu et les éléments sont d'identification incertaine.

6. L'anthroponyme *šql* n'est pas attesté en ougaritique, et nous n'avons pas trouvé en syllabique de forme qui pourrait lui correspondre. Il s'agit donc probablement du toponyme *šql*.

9. Après la préposition, il semble s'agir de la ville de *ảǵt* [20] plutôt que de *ảṯt*, «la/les femme(s)», ensuite vraisemblablement d'une particule qui semble être la conjonction *ủ*, et un mot *ḥyt* ou *ṭyt*. S'agirait-il de « la ville de *ʾAǵatu* et de (ses) réparatrices (*ḥāyâtu*) de vêtements-*pld* » ?

10. Sans patronyme il est impossible de savoir s'il s'agit ici du même *Bayaya*, celui-là fils de *ʿUzzīnu*, dont on a découvert deux lettres à Ras Shamra (RS 17.063, RS 17.117 [21]).

12. Le mot *ảlp* désigne-t-il ici « le bœuf » ? Dans ce cas, il appartient vraisemblablement à QWY, mentionné à la ligne précédente – mais il serait surprenant qu'un bœuf reçoive une telle quantité par rapport à celle qui serait attribuée à la maisonnée de son propriétaire. Ce raisonnement suggère qu'il pourrait s'agir d'un anthroponyme (*cf.* *ảlpy* en *PRU* II 35:18).

41 - RS 92.2013. *Bordereau de peaux.* *Fig. 26*

Musée de Damas DO 7804. Dim. 47 x 35 x 18.

	Texte	***Traduction***
Recto	1) rỉš — . —— 60 KUŠ.MEŠ	1) *Raʾšu* : soixante peaux,
	2) mỉḫd — . — 40 ——	2) *Maʾḫadu* : quarante,
	3) šlmy — . — ⌈40⌉ ——	3) *Šalmaya* : quarante.
	————————————	

Commentaire

La première ligne indique par un logogramme le sujet du texte, des peaux, probablement des peaux de bœufs (*cf.* plus bas, RS 88.2159:11 [texte 51]) ; mais le texte n'indique pas s'il s'agit de contributions ou de versements.

18. Voir quelques éléments bibliographiques dans « Ugaritic Bibliography », *AfO* 34, 1987, p. 440.

19. Voir la correction sur ce point et la nouvelle hypothèse de l'origine du signe proposées par J. Tropper, « Das letzte Zeichen des ugaritischen Alphabets », *UF* 27, 1995, p. 505-28.

20. Sur cette ville, voir P. Bordreuil, « À propos de la topographie économique de l'Ougarit : jardins du Midi et pâturages du Nord », *Syria* 66, 1988, p. 272.

21. Voir A. Caquot, « *Correspondance de ʿUzzin fils de Bayaya (RS 17.63 et 17.117)* » *in Ugaritica* VII, 1978, 389-98 ; D. Pardee, « New Readings in the Letters of ʾzn bn byy », *AfO* Beiheft 19, 1982, p. 39-53.

42 - RS 86.2247. *Bordereau de distribution.* *Fig. 28*

Musée de Damas DO 7778. Dim. 64 x 80 x 21.

	Texte	***Traduction***
Recto	1) [---]⸢--⸣šr	1)
	2) [--]š . n⸢-⸣k [.] t̠lt̠	2) [ ] trois ;
	3) [-]šr . ⸢--⸣š[--]tp[-(-)]	3)
	4) [--]⸢rm⸣n⸢-⸣[...]	4)
	5) šbʿ[...]	5) sept [...]
	6) t̠t[...]	6) deux [...]
	....	
Verso	....	
	7') [ ]d	7') [ ]
	8') [ ]⸢-⸣åbnm	8') [ ]⸢-⸣'ABNM ;
	9') t̠mn l . [ḫ]mšm [.] dd ⸢.⸣ l ⸢.⸣ ålp⸢m⸣	9') cinquante-huit mesures-*dd* pour les bœufs ;
	10') ʿš⸢r⸣m . dd [.] l . ṣỉn m[rå]⸢t⸣	10') vingt mesures-*dd* pour le petit bétail qu'on engraisse ;
	11') tšʿ . ddm [.] l ⸢.⸣ ålpm . ʿ[...]	11') neuf mesures-*dd* pour les bœufs ʿ[...] ;
	12') å⸢r⸣bʿ . ddm . l . ḫ⸢- . -⸣[ ]	12') quatre mesures-*dd* pour Ḫ[...]
	13') [ ] ⸢dd⸣ [.] ⸢l⸣ mr⸢ỉ⸣m	13') [ ] mesures-*dd* pour les (bœufs) qu'on engraisse.
	14') [ ]q[ ]⸢-⸣[ ]b	14')
	15') [ ]šm[ ]⸢-⸣š	15')
Tranche gauche	16')[ ]XX[...]	16')

Remarques textuelles

1. Le deuxième signe partiellement conservé est {k/w/r}.
2. Le signe partiellement conservé est {ḥ/t̠}.
3. Le premier signe du deuxième mot semble être {t}, le signe suivant {w/k/r}.
8. Devant {åbnm} on voit une pointe de clou horizontal, qui peut appartenir à n'importe lequel des signes qui se terminent par le clou horizontal {t/å/n/k/w/r}.

12'. Le deuxième signe partiellement conservé est {h/ỉ}.

16'. Deux signes syllabiques sur la tranche gauche.

Commentaire

8'. En raison du signe qui précède {åbnm}, il est presque certain qu'il ne s'agit pas de « pierres », qui n'auraient de toute façon rien à faire dans cette liste de nourritures pour animaux (et vraisemblablement pour d'autres entités dont les noms ont disparu aux lignes 11' et 12'). Il pourrait s'agir d'un anthroponyme : on connaît le nom *tnåbn* (*PRU* II 46 I:18), dont *tnåbnm* pourrait être une variante.

10', 13' : on rencontre deux formes du mot signifiant « gras, engraissé », la première au féminin, qualifiant le mot *ṣỉn*, la seconde au pluriel masculin et réduite à la seule épithète. On connaît les formules *ṣỉn mråt* (*PRU* II 100:2) et *ålpm mrỉm* (*ibid.*, l. 1) mais on trouve ici pour la première fois l'épithète *mrỉm* à l'état isolé. Il doit s'agir de bœufs que l'on engraisse, mais on ne peut dire si l'omission de *ålpm* est délibérée.

43 - RS 86.2248. ***Bordereau d'anthroponymes avec « compagnon ».*** *Fig. 29*

Musée de Damas DO 7779. Dim. 46 x 66 x 19.

	Texte	***Traduction***
Recto	1) [-]⌈--⌉m . d . ttbʿn . ṭ⌈b⌉q	1) Les [ ] qui vont à *Ṭibaqu* :
	2) [ ]⌈-⌉n . w . rʿh	2) [ ]⌈-⌉N et son compagnon ;
	3) [ ]⌈-⌉ry . w . rʿh	3) [ ]⌈-⌉RY et son compagnon ;
	4) [?]⌈-⌉yl . w . rʿh	4) [?]⌈-⌉YL et son compagnon ;
	5) ⌈--⌉lmǵ . w . r⌈ʿ⌉h	5) ⌈--⌉LMǴ et son compagnon.
	———————————	

Remarques textuelles

Les lignes du texte sont inscrites chacune sur un trait horizontal gravé au préalable. Puisqu'il ne s'agit pas de traits séparateurs, nous ne les indiquons pas dans la transcription.

2-3. Du premier signe partiellement visible à chacune de ces lignes, on ne voit que le bord droit d'un clou vertical, et l'on ne saurait distinguer entre {g}, {⌈ṣ⌉} ou {⌈l⌉}.

5. Le premier signe se termine par un clou qui semble descendre trop bas pour un clou horizontal, mais être trop court pour un clou vertical ; il semble s'agir soit de {m}, soit de {à} ou {k}. Malgré l'éraflure au bas du deuxième signe, la lecture de {l} est certaine. Aucune restitution ne peut actuellement être proposée, car aucun anthropnyme connu ne correspond à ces indications.

Commentaire

1. Le verbe *tbʿ*, « s'en aller, partir », est courant en poésie comme en prose ; le rapport entre le verbe et le complément de lieu peut s'exprimer soit par une préposition, soit par la seule voyelle casuelle, en l'occurrence celle de l'accusatif (on connaît *tbʿ* + *bt*, « maison », par *CTA* 16 VI:2, et *tbʿ* + *mṣ*[*r*]*m*, « l'Égypte », par *PRU* II 84:27).

2-5. Une liste où chaque ligne affectait le forme d'« anthroponyme + *w* + *rʿh* » était déjà attestée (*PRU* V 83), mais on ne connaît toujours pas le statut social de ces « compagnons ». Ils ne sont en tout cas pas identiques aux *rʿym*, « les bergers », comme le montre l'orthographe sans {y}. Le premier texte était une simple liste sans titre ; dans le nouveau texte, le titre montre qu'il s'agit d'un déplacement, et la présence du « compagnon » a pu donc correspondre à une mesure de sécurité.

44 - RS 92.2015. ***Bordereau.*** *Fig. 29*

Musée de Damas DO 7806. Dim. 57 x 47 x 28.

	Texte	***Traduction***
Recto	1) bn . ỉmrt	1) *Binu* -ʾIMRT,
	2) ṯlṯm	2) trente ;
	———————————	———————————
	3) bn . ṯbʿl	3) *Binu* -*Ṯūbaʿalû*,

4) šbʿ . ʿšr[...]	4) sept + dix [...] ;
————————	————————
5) ⸢-⸣[ ]⸢-⸣ . ʿš⸢r⸣[...]	5) ⸢-⸣[ ]⸢-⸣ dix (*ou* vingt) [...]
————————	————————
6) bt špš . ṯ⸢ṯ⸣[...]	6) BT ŠPŠ, six (*ou* soixante) [...] ;
7) hw⸢ỉ⸣l . ʿš⸢r⸣[...]	7) *Huwaʾilu*, dix (*ou* vingt) [...]
————————	————————————
8) [ ]k . ⸢ʿ⸣[...]	8) [ ] [...]
....	

Verso (texte orienté dans le sens de la largeur)

9') [...]⸢-⸣t . ʿšrm [.] kbd	9') [...] vingt ;
10') [ ]⸢-⸣mš⸢m⸣ . ⸢ả⸣rbʿ . kbd	10') [ ]⸢-⸣ quatre.

Remarque textuelle

10'. La trace devant {mš⸢m⸣} semble être celle d'un clou vertical, ce qui exclurait la restitution de {⸢ḫ⸣mš⸢m⸣}, « cinquante » ; mais il n'est pas impossible que les traces des 3 clous de {ḫ} aient été émoussées.

Commentaire

La raison de cette liste d'anthroponymes + chiffres n'est pas indiquée au début du texte.

1. *bn ỉmrt*. Un *ṣdqn bn ỉmrt* est connu par *CTA* 102 B III:10.

3. Le nom *ṯbʿl* est nouveau, mais il est composé d'éléments bien connus dans l'onomastique ougaritique et amorite : *ṯb*, forme du verbe ṮB, « retourner, revenir », et de l'épithète divine *ʿl*, « le très haut » [22].

6. Si {bt špš} n'est pas une simple erreur pour {bn špš}, anthroponyme courant à Ougarit [23], nous sommes devant une nouvelle attestation de la formule *bt špš*, connue jusqu'ici uniquement par l'étiquette *PRU* II 175 et dont le sens est discuté (la formule entière de l'étiquette est {spr . tbṣr / klt . bt . špš}). On peut dire que la présence ici de *bt špš* parmi des individus que rien ne permet de placer dans la haute société ougaritique fait douter de l'identification de la formule comme signifiant « la fille du (roi) Soleil [à savoir, le roi du Ḫatti] » [24]. En revanche, les noms de sanctuaires se trouvent parfois dans ces textes administratifs côte à côte avec des individus (*PRU* II 90:1-2 {bt ỉlm rbm} ; *PRU* V 100:5-6 {bt . ỉl} [*cf.* *ʾUrtēnu* à la ligne 15] ; *PRU* II 88:2-3 {[b]t . ʿṯtrt} et {[b]t . ršp . gn}). Nous signalons l'absence du séparateur ici, présent deux fois plus haut dans la formule avec *bn*, mais, à ce que nous voyons, cette absence ne favorise pas l'une des interprétations de la formule par rapport à l'autre, car le séparateur est présent dans toutes les formules citées plus haut sauf *bt ỉlm rbm*.

45 - RS 86.2215. *Liste d'anthroponymes.* *Fig. 29*

Musée de Damas DO 7757. Dim. 43 x 55 x 18.

Texte

Recto

1) [b]⸢n⸣ . šmtr
2) bn . kšy
3) bn . bddn
4) bn . ⸢-⸣qrw
5) bn . nggn
6) bn . šlmn

22. *PTU*, p. 108, 200.

23. Cinq personnes ont porté ce nom, selon *PTU* p. 414.

24. W. H. Van Soldt, « Labels from Ugarit », *UF* 21 (1989), p. 379, *et idem* « Tbṣt, Queen of Ugarit ? », *UF* 21, 1989), p. 389-91 ; M. Dijkstra, « On the Identity of the Hittite Princess Mentioned in Label KTU 6.24 (RS 17.72) », *UF* 22, 1990, p. 97-101.

Tranche inférieure 7) bn . ảdn
8) bn . ỉl⸢y⸣[...]

Remarques textuelles

Comme nous l'avons vu pour RS 86.2248 (texte **43**), chaque ligne est inscrite sur un trait horizontal.

1. La forme de l'avant-dernier signe n'est pas dirimante pour choisir entre {t} et {ʿ}. Nous avons adopté la lecture de {t}, parce que les éléments *šm* et *tr* sont attestés [25] alors que l'analyse de *šmʿr* ne serait pas évidente.
4. Le signe mutilé pourrait être {d} : on voit une tête de clou vertical, et la largeur de la lacune convient à une telle hypothèse de lecture. Des formes théoriquement possibles, à savoir, *bqrw*, *dqrw*, *ủqrw* et *ṣqrw*, aucune n'est attestée jusqu'à présent, mais on connaît *dqry* et *bqrt* [26].

Commentaire

La raison d'être de cette liste d'anthroponymes n'est pas indiquée.

2. L'anthroponyme *kšy* n'était pas attesté jusqu'à présent, mais on peut penser qu'il correspond à *ka-ši-ya* en *PRU* III, p. 195 (RS 11.839:22).
5. On connaît les éléments NG et GN [27], mais le nom *nggn* n'était pas attesté jusqu'ici.

46 - RS 88.2008. *Liste d'anthroponymes.* *Fig. 29, 31*

Musée de Damas DO 7783. Dim. 46 x 61 x 21.

Texte

Recto
1') ⸢b⸣[n ...]
2') bn [...]
3') bn . [...]
4') bn . ⸢--⸣[...]
5') bn . bʿ⸣⸢--⸣[...]
6') w . nḥlh . ⸢-⸣[...]
7') bn . ʿṯtry . ⸢-⸣[...]

Tranche inférieure
8') bn . ʿn . ủ ⸢.⸣ [...]
9') ⸢k⸣ḏǵdl . ủ [...]
10') bn . ʿbdšḫr[...]

Verso
11') bn . ḫdy⸢n⸣ [...]
12') bn . prs[...]
13') bn . ủ⸢b⸣[...]
14') bn ⸢. --⸣[...]
15') bn ⸢.⸣ [...]
16') bn ⸢.⸣ [...]
17') b⸢n⸣[...]
18') b[n ...]
19') ⸢-⸣[...]

Remarques textuelles

4'. Le premier signe partiellement visible est {z/s} ; le second n'est pas {g}, car le clou n'est pas assez grand (il semble appartenir à un signe du type de {z/s/ḫ/y}).

7'. Dans la lacune à droite, on voit le bord gauche d'un clou vertical, peut-être assez grand pour faire préférer {g}.

25. *PTU*, p. 193-94, 202, cf. p. 266.
26. *PTU*, p. 120, 382.
27. *Cf.* Pardee, « Ugaritic Proper Nouns », *AfO* 36-37, 1989-1990, p. 401, 412.

Commentaire

6'. Au sujet du *nḫl*, voir l'étude récente de D. Arnaud [28].

7'-11'. L'anthroponyme *bn ʿṯtry* est déjà attesté en *CTA* 115,I:4 ; *bn ʿn* [29] en *PRU* III:46, III:47 ; *kḏġdl* en *PRU* II 8:5 ; 39:4 ; *ʿbdšḫr* en *CTA* 122:19 (où l'on trouve le séparateur entre les deux éléments) ; *ḫdyn* en *PRU* II 35 B I:20 (*bn . ḫdyn* encore trois fois, dont l'une où ce nom est côte à côte avec *ʿbdšḫr* [*CTA* 122:18]).

12'. Les noms *prsn* et *bn prsn* étant bien attestés [30], la restitution du {n} ici paraît vraisemblable, mais non certaine, puisque la forme *prs* ne présente aucune difficulté.

13'. Plusieurs noms commençant par {ùb} sont attestés, alors qu'on n'en connaît jusqu'à présent aucun qui commence par {ùd} [31] ; on peut donc dire que la lecture de {b} est ici probable. Pourtant on ne saurait choisir entre les diverses restitutions possibles [32].

47 - RS 92.2012. *Bordereau de toponymes.* *Fig. 30*

Musée de Damas DO 7803. Dim.120 x 75 x 29.

La surface de la tablette est très usée et on y lit trop peu de texte pour mériter une transcription. On verra sur la copie les quelques signes visibles. D'après ces restes, il s'agissait d'une liste de noms de villes (*cf. qrt* ligne 31', *ṯlḫ*⸢*n*⸣[*y*] ligne 30'), chaque toponyme étant suivi d'un chiffre, comme dans RS 92.2001 + 2002 (texte **35**).

48 - RS 92.2022. *Bordereau de toponymes.* *Fig. 30*

Musée de Damas DO 7812. Dim. 75 x 50 x 20.

Texte		***Traduction***
Recto	1) šbn . ṯlṯ . bnšm	1) *Šubbanu* : trois membres du personnel ;
	2) ìlštmʿ . ṯṯ	2) *ʾIlistamiʿ* : six ;
	3) ùškn . ʿšr	3) *ʾUškanu* : dix ;
	4) rqd	4) *Raqdu* ...

Commentaire

L'absence de chiffre pour *Raqdu* donne à penser que le texte est incomplet.

28. « Le vocabulaire de l'héritage dans les textes du moyen Euphrate à la fin de l'âge du Bronze récent », *Studi epigrafici e linguistici sul vicino oriente antico* 12, 1995, p. 21-26.

29. L'élément *ʿn* est certainement théophore, vraisemblablement l'équivalent masculin de la déesse *ʿAnatu* (*PTU*, p. 110 ; L. Badre *et al.*, « Notes ougaritiques I : Keret », *Syria* 53, 1976, p. 120 s).

30. *PTU*, p. 406.

31. *Ibid.*, p. 372.

32. Dans *PRU* II 72, un certain *ùbn* est le quatrième personnage d'une liste dont *ʾUrtēnu* est le second.

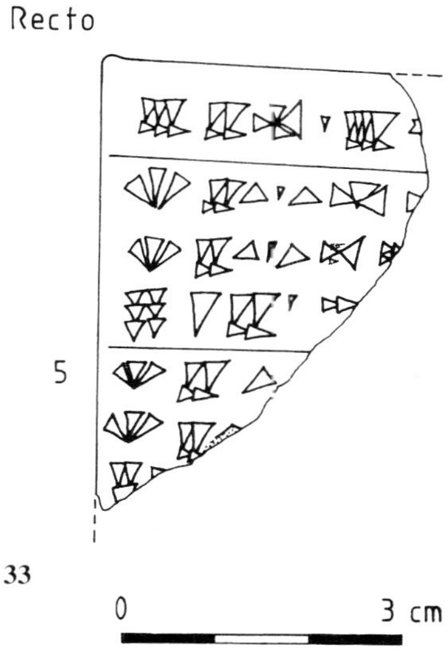

33

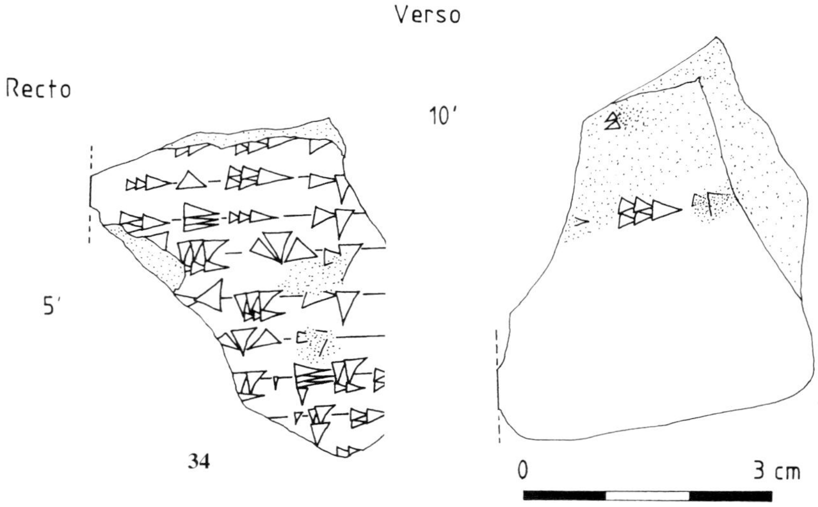

34

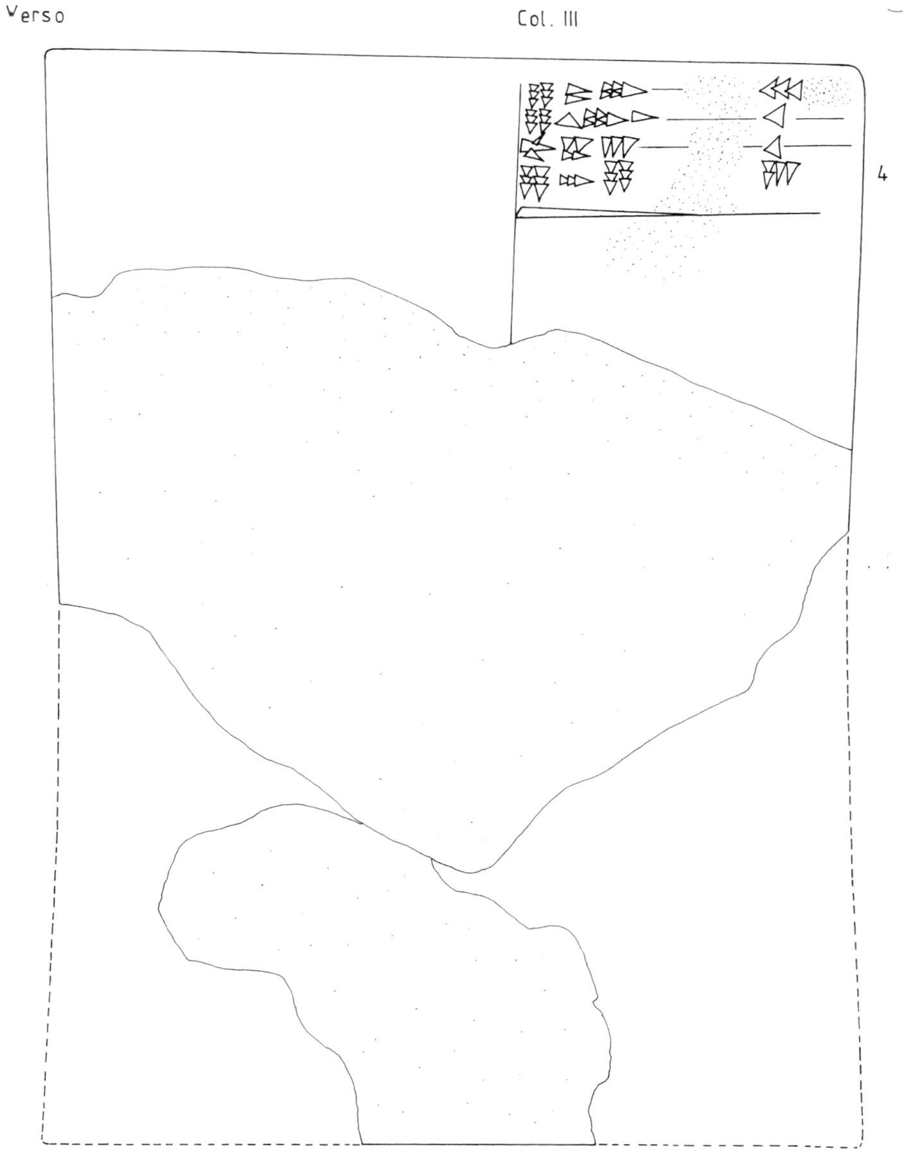

35

Figure 24. Tablettes n[os] **33** (RS 88.237), **34** (RS 92.2175), **35** (RS 92.2001+2002) *verso*.

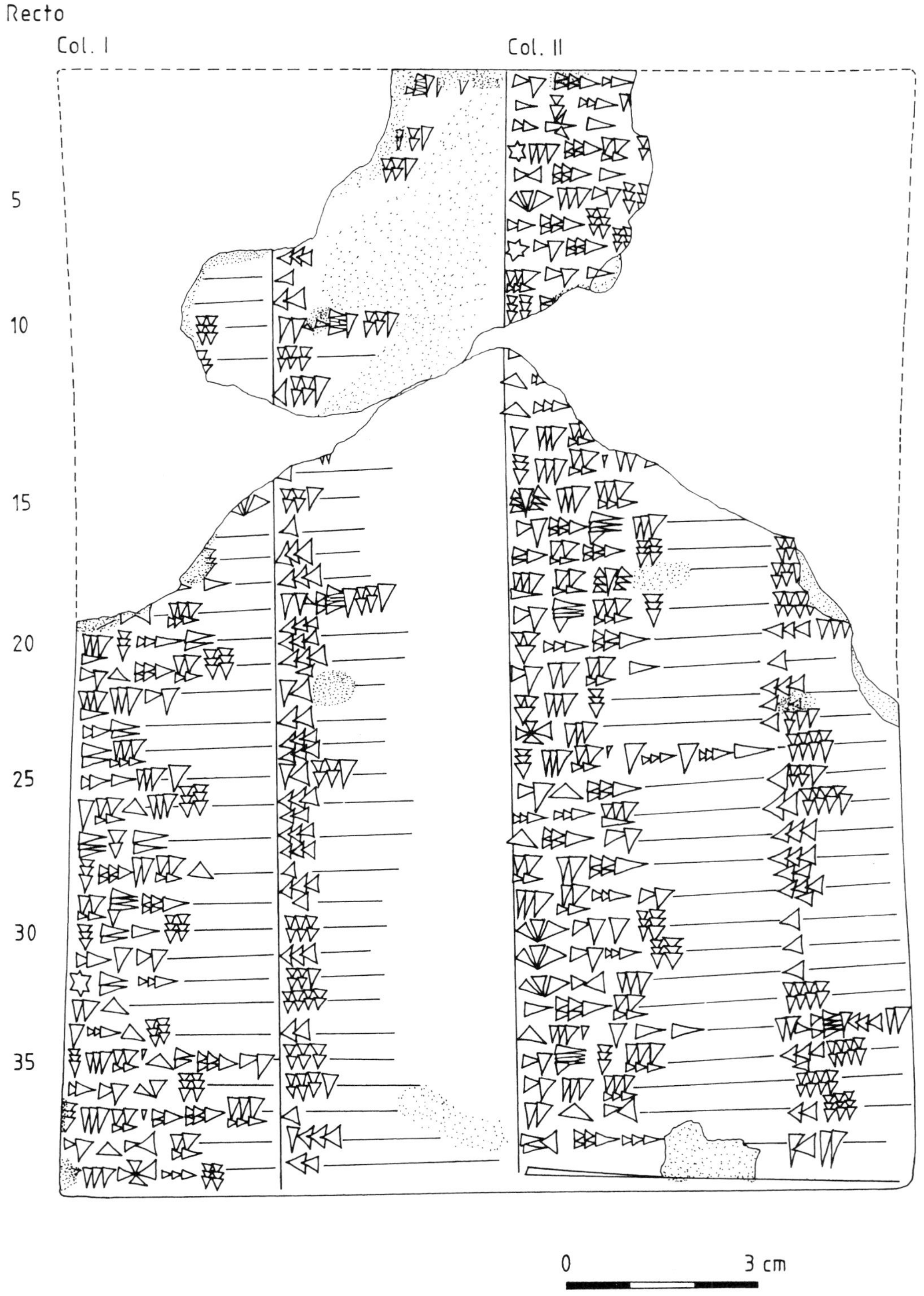

Figure 25. Tablette n° **35** (RS 92.2001+2002) *recto*.

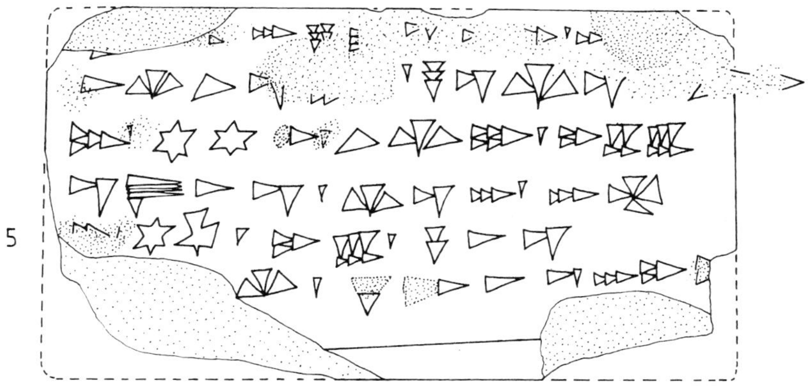

37

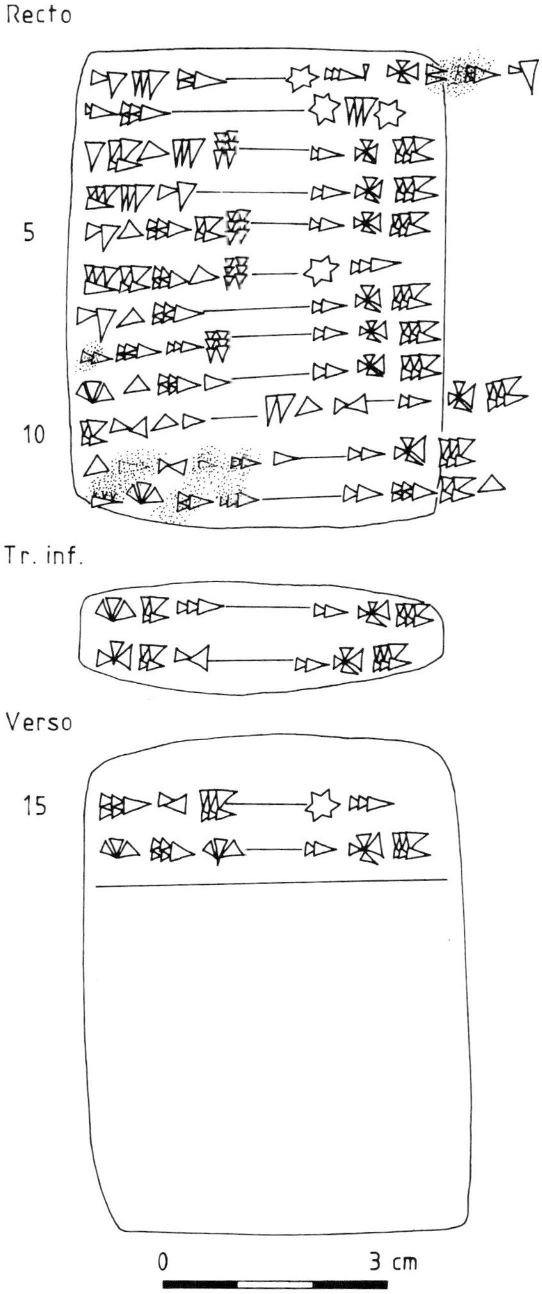

36

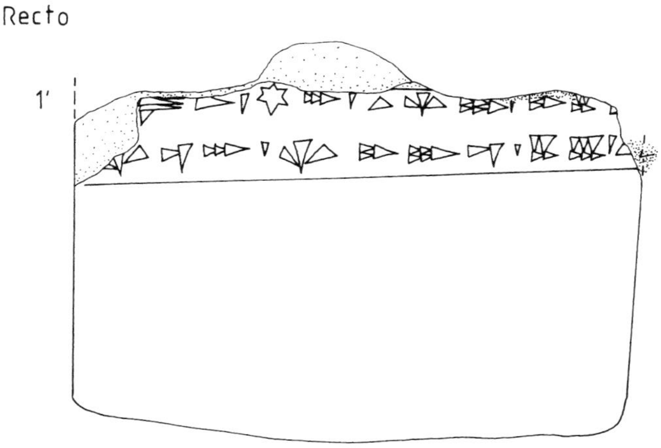

38

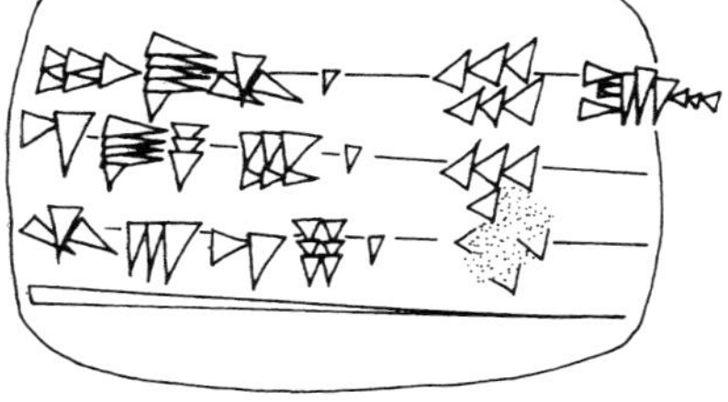

41

Figure 26. Tablettes n[os] **36** (RS 86.2213), **37** (RS 92.2057), **38** (RS 88.2016), **41** (RS 92.2013).

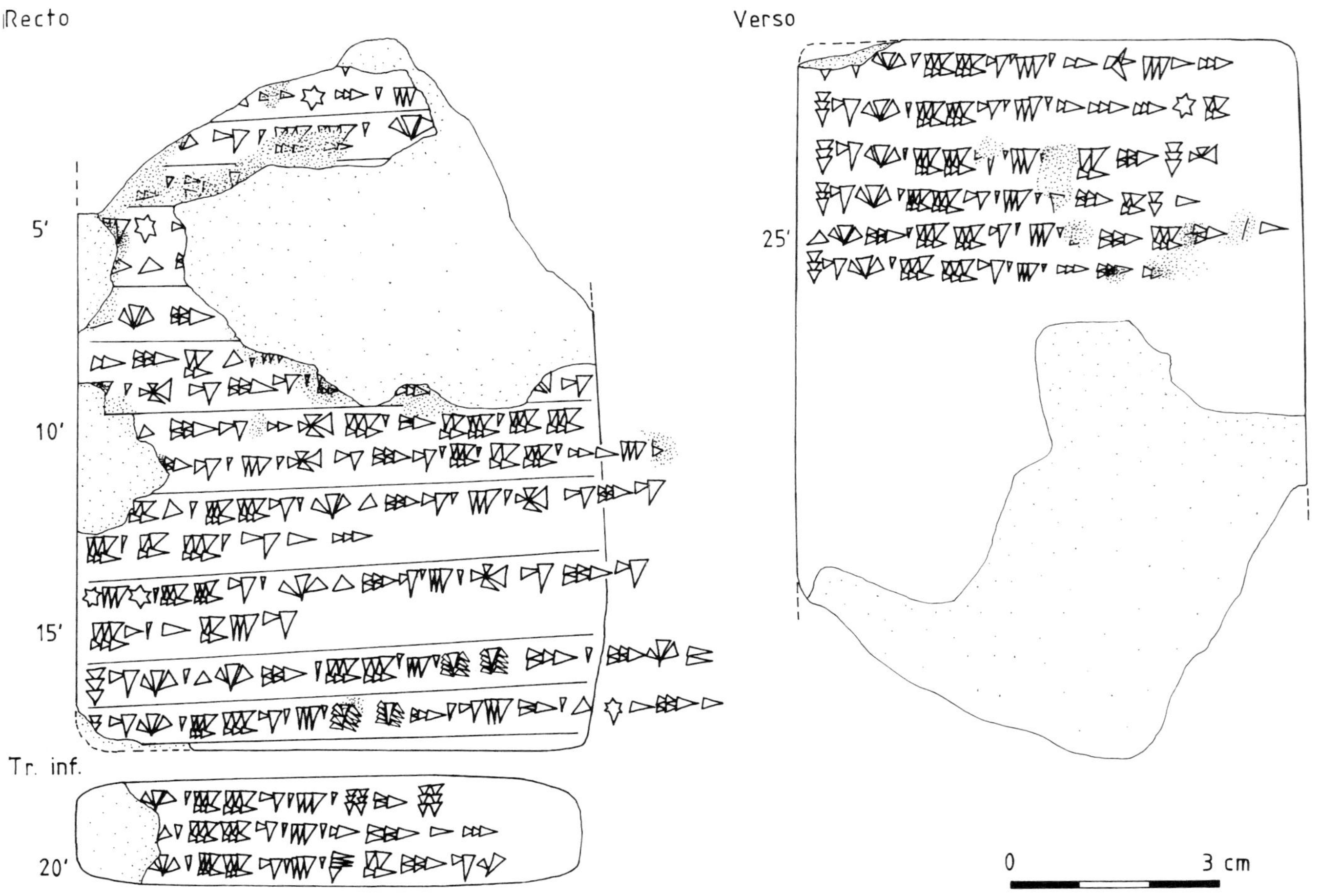

Figure 27. Tablette nº **39** (RS 86.2235).

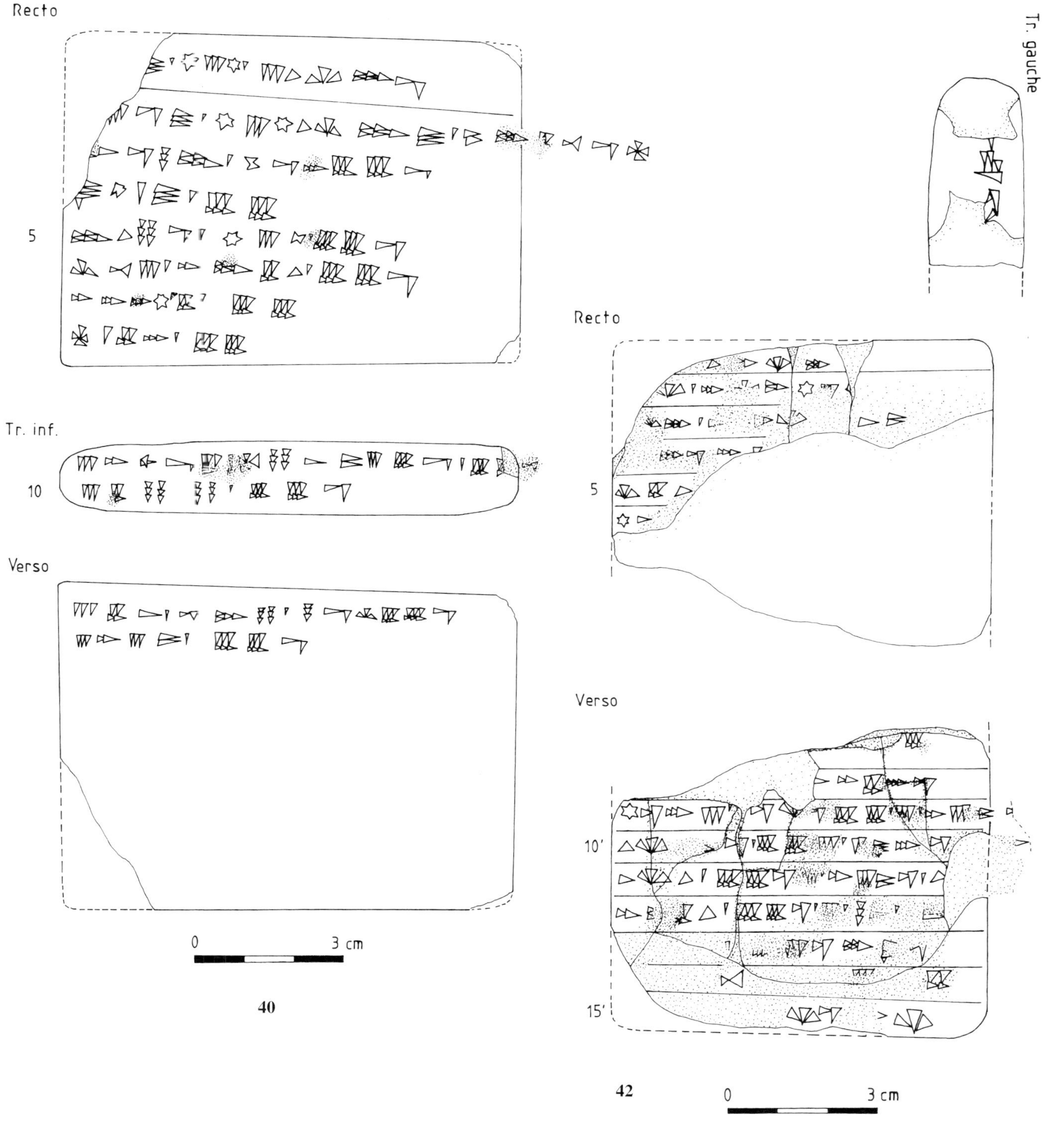

Figure 28. Tablettes n^os^ **40** (RS 86.2237), **42** (RS 86.2247).

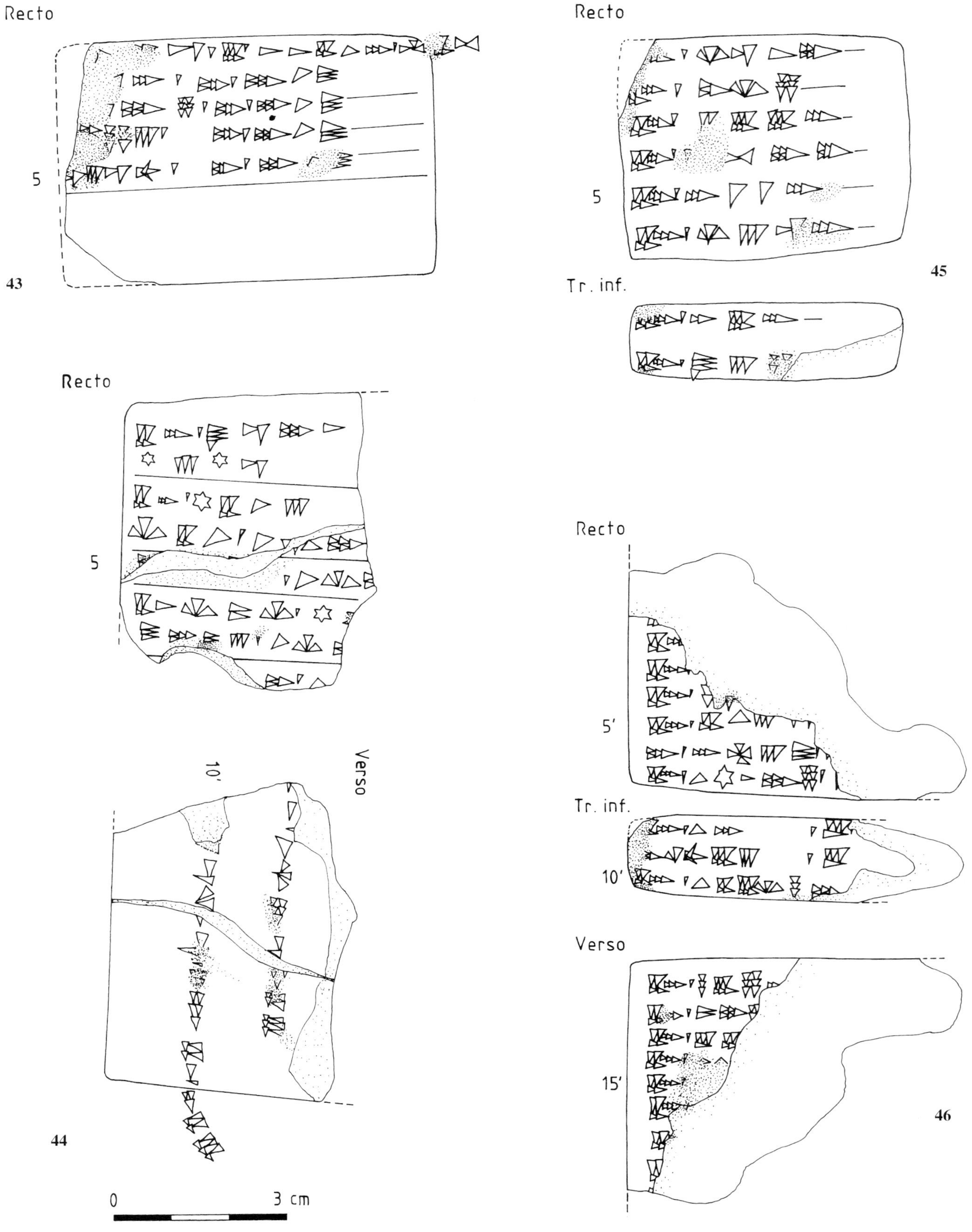

Figure 29. Tablettes n[os] **43** (RS 86.2248), **44** (RS 92.2015), **45** (RS 86.2215), **46** (RS 88.2008).

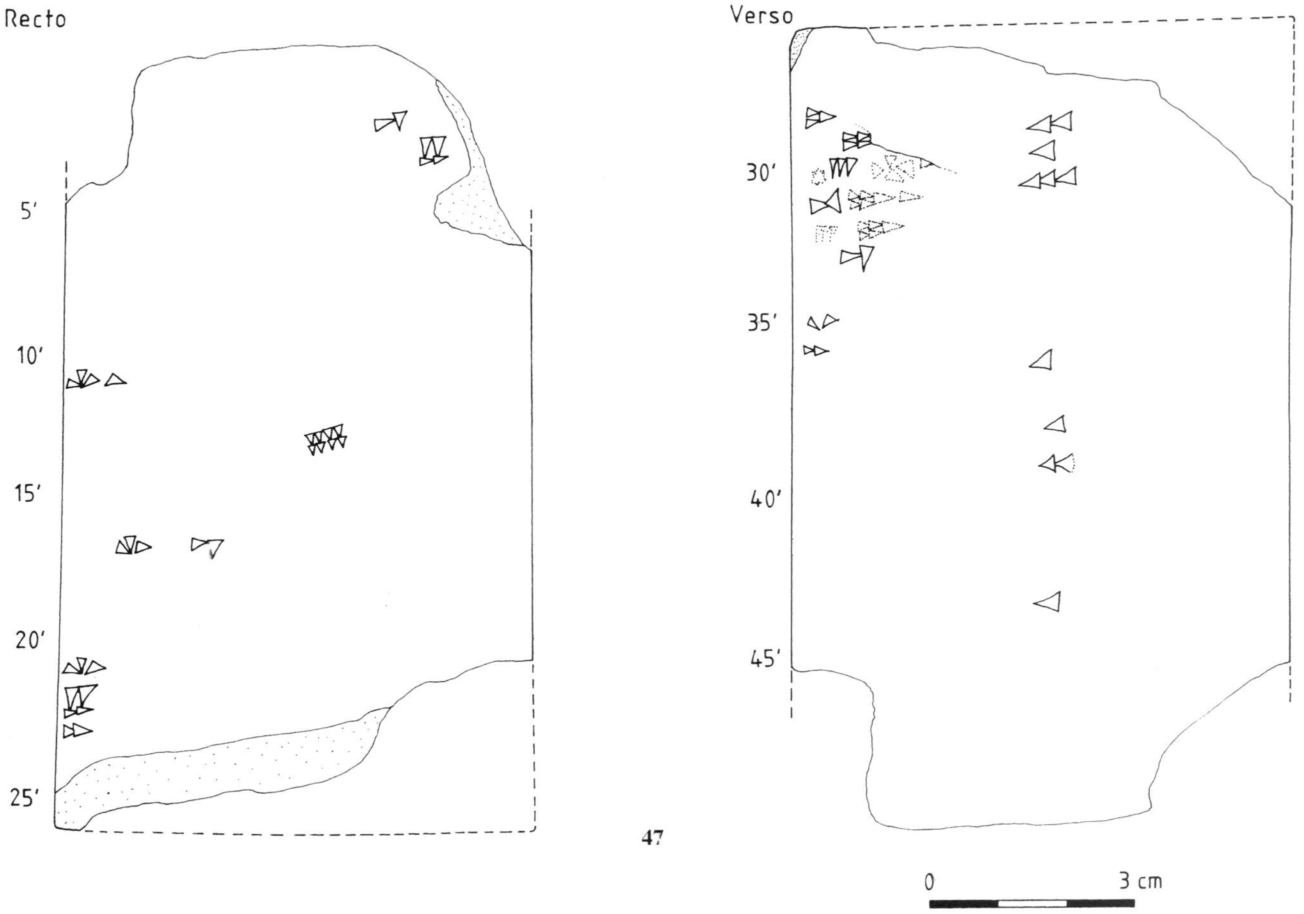

47

48

Figure 30. Tablettes nos **47** (RS 92.2012), **48** (RS 92.2022).

33

39

46

50

Figure 31. Tablettes n^os^ **33** (RS 88.237), **39** (RS 86.2235), **46** (RS 88.2008), **50** (RS 92.2010).

10. LETTRES

(n°s 49-51)

Pierre BORDREUIL et Dennis PARDEE

49 - RS 92.2005. ***Lettre double de ʿAzzīʾiltu.*** *Figure 32*

Musée de Damas DO 7796. Dim. 87 x 65 x 29.

Texte

Recto

1) [l -]rt⌜n⌝ .
2) [ảdny . rgm
3) ⌜w⌝ l . bḏ⌜-⌝r . ủmy
4) rgm . tḥm . ʿzỉlt
5) bn . km

---

6) yšlm . lkm
7) ỉlm . l . šlm
8) tǵrkm . tšlmkm
9) ⌜h⌝ln . ⌜hn⌝ . ʿmn
10) ⌜š⌝lm . ⌜w⌝ [.] ṯmn
11) mnm [.] šlm
12) rgm ṯṯb
13) ʿmy

---

14) [ ]tm . lbk[...]
15) [ ]l . tšm[...]

Tranche inférieure

16) w . ỉ[ ] ⌜. ả⌝nk

Verso

17) bʿl[ ]⌜-⌝ . ỉẖt[...]
18) ⌜---⌝[ ]⌜-⌝p⌜--⌝[...]
19) ⌜-⌝by . ṭb . b[...]
20) w ḥršy . ṣủ[...]
21) ytn . w . ảnk . ⌜---⌝t
22) yrẖ . ẖytr . ʿlh . ⌜--⌝

---

23) tḥm . ʿzỉlt
24) l . ảby . ảẖty
25) rgm

Traduction

1) [A *ʾU*]*rtēnu*
2) mon [sei]gneur dis,
3) et à B⌜D̠-⌝R ma mère
4) dis : message de *ʿAzzīʾiltu*
5) votre fils.

---

6) Puissiez-vous bien vous porter [1] !
7) Que les dieux en vue de (votre) bien-être
8) vous protègent, qu'ils vous soient salutaires.
9) Ici, voici que chez moi
10) ça va bien. Et là-bas,
11) (au sujet de) tout ce qui va bien,
12) renvoyez-moi
13) un rapport.

---

14) vot[re] cœur [...]
15)

16) moi [...]

17) maître [...]
18)
19) bon [...]
20) et mes artisans [...]
21) DONNER et moi [...]
22) (au) mois (de?) ẖYTR [...]

---

23) Message de *ʿAzzīʾiltu* :
24) à *ʾAbīya* ma sœur
25) dis :

---

1. Pour la traduction « Puissiez-vous vous porter bien ! », *cf.* Bordreuil & Pardee, « Les textes ougaritiques », in *RSO* VII, p. 144, 163-64. On pourrait aussi traduire, plus brièvement, « Salut à vous », imitant J. Nougayrol, par ex., *PRU* III, 1955, p. 3 *et passim*, ou D. Arnaud, par ex., « La lettre Hani 81/4 et l'identification du site de Ras Ibn Hani (Syrie) », *Syria* 61, 1984, p. 16. Nous adoptons la traduction « salut ! » plus bas, ligne 26, où « Puisses-tu bien te porter » semble trop formel pour un frère s'adressant à sa sœur.

26) yšlm lk . ỉlm	26) Salut à toi ! Que les dieux
27) [t]šlm . tǵrk	27) (te) [soient] salutaires, qu'ils te protègent,
28) [ ]⸢-⸣mmk	28) [qu'ils] te X.
————————	————————————
29) [ ]⸢h⸣nn . ʿmn	29) [ ] voici que chez moi
30) [ ]m⸢-⸣	30)

Tranche supérieure

31) [ ]⸢-⸣m	31)
32) [ ]ṯṯb	32) [ ]renvoie(-moi) [2].

Bord gauche

33) [ ]⸢--⸣ . ⸢šb⸣k . å⸢n⸣[k ...]	33) [ ] ton ?, m[oi ? ...]
34) [ ]⸢m⸣ . ⸢-⸣ . ḫsr[ ]b [...]	34) [ ] qui/que MANQUER [...]
35) [ ]⸢-⸣ . ʿd . t⸢-⸣[3] [ ]⸢-⸣y [...]	35) [ ] jusque [...]
36) [ ]⸢-⸣rʿy . ⸢--⸣[ ]l . w . m[...]	36) [ ] [...] et [...]
37) [ ]ủ . ỉṯ . ʿ⸢-⸣n . bdh . ⸢-⸣[...]	37) [ ] il y a chez moi ?, dans sa/ses main(s)
[...]	

Remarques textuelles

14. Le {t} au début de la ligne et le {k} à la fin de la ligne étaient clairement visibles avant restauration.
15. Le {m} à la fin de la ligne était présent avant restauration.
16-18. Le fragment sur lequel se lit le début de ces lignes n'est pas jointif au fragment principal.
16. Sur le fragment principal, on voyait {⸢. -⸣} avant restauration, la lettre étant un signe commençant par un clou horizontal. La lecture de {⸢å⸣nk} est donc vraisemblable sans être certaine.
17. Le premier signe en partie visible sur le fragment principal est {ḫ/y}, avec préférence pour {y}, puisqu'il semble qu'on voie sur le bord de la lacune des stries parallèles provenant de la première rangée de clous.
18. Du premier signe on voit une pointe de clou horizontal, du deuxième signe le haut de trois clous verticaux (= {l/d/ủ}) et du troisième signe un clou horizontal.
19. Le premier signe commence par deux clous horizontaux en rangée verticale, mais la fin a disparu. Les traces visibles ne ressemblent pourtant pas au {w} de la ligne suivante, et il s'agira donc plutôt de {k/r}.
21. Dans la lacune à droite, on voit le bord gauche de {b/d}. Avant restauration, on voyait dans le bord inférieur de la lacune suivante les traces de deux clous, une pointe de clou vertical suivie par un espace et deux autres pointes de clous horizontaux. La place était suffisante entre {b/d} et ces signes pour le clou séparateur.
22. Les deux derniers signes sont très mutilés ; les traces pourraient correspondre à {ṯ/ʿ/q} et {p/h}.
33. Des trois signes au milieu de la ligne, le premier est {š/ḏ}, le centre du signe étant détruit, alors que le deuxième est probablement {b} : si le bord droit du signe est mutilé, on ne voit pas de trace des clous supplémentaires nécessaires pour lire {d}. Ensuite, le séparateur est clair comme l'est le {å} suivant. La lecture/restitution de {å⸢n⸣[k]} est donc vraisemblable, sans être certaine.
34. Le signe entre les séparateurs est {ủ/d}, avec préférence pour {d} (on ne peut pourtant pas dire plus, car les traces des clous inférieurs sont très faibles).
35. Du premier signe on voit trois pointes de clous horizontaux, et il s'agit donc de {h/ỉ}. Après le second clou séparateur le clou horizontal est clair comme l'est le bord gauche d'un clou vertical, mais on ne peut pas dire s'il s'agit de {t} suivi d'un autre signe ou de {m}.
36. Les traces au milieu de la ligne pourraient correspondre à {ṣ/l} ou à {g/ḫ/z + X}.
37. On voit des stries au côté gauche du {ʿ} qui semble donc être inscrit sur un {h} mal effacé. Le signe suivant pourrait être {m} mais tout son centre a disparu.

---

2. Voir plus bas, dans les remarques épistolographiques, notre essai de restitution des lignes 29-32.
3. On pourrait aussi lire {⸢m⸣} (voir la remarque textuelle).

Remarques épistolographiques

La première de cette double lettre est expédiée à son père et sa mère par un fils dont le nom est *ʿAzzīʾiltu*, la seconde est du même à sa sœur.

On remarque l'usage du terme *ảdn* pour désigner le père de l'expéditeur, alors que *bʿl* s'emploie ordinairement pour désigner le supérieur hiérarchique [4].

Dans la section des vœux de la première lettre, on rencontre pour la première fois les formules propres à deux destinataires (*yšlm* [5] *lkm*, etc.) [6] aussi bien qu'une formule nouvelle, à savoir *ỉlm l šlm tǵrkm tšlmkm* /ʾilūma lê šulmi (*ou* : šalāmi ?) taǵǵurūkumā tašallimūkumā/, où *l šlm* est attesté pour la première fois comme complément du verbe NǴR. Cette formule trouve sa réplique précise parmi les documents accadiens de cette même archive : DINGIR.MEŠ *a-na šul-ma-ni* [PAP]*-ru-ka li-šal-li-mu-ka* [7], aussi bien que dans un grand nombre de documents épistolaires en langue accadienne découverts à Ras Shamra [8]. On évitera donc la comparaison avec l'autre formule accadienne, /lū šulmu/, qui ne se trouve pas, d'ailleurs, dans la formule de protection divine.

La lecture de la ligne 9 n'est pas absolument certaine, mais on y trouve vraisemblablement une nouvelle formule : *hln hn ʿmn*. Dans d'autres documents épistolaires on trouve la forme *hlny* parmi les différentes formules par lesquelles l'expéditeur indique son état de santé (par ex. *hlny ʿmny šlm*, « ici chez moi ça va bien ») [9]. En revanche, la forme courte *ʿmn*, signifiant « chez moi », n'est pas attestée précédée par *hlny*, mais seulement par *hnny* (*hnny ʿmn šlm*, « voici que chez moi ça va bien ») [10]. Signalons enfin la formule *hlny hnn* ... attestée dans la formule d'état de santé de l'expéditeur d'une lettre découverte en 1994 (RS 94.2479:5). L'usage de *hlny* pour introduire le corps de la lettre où il ne s'agit pas de cette formule exprimant l'état de santé du destinataire [11] montre que cette particule exprime la notion de lieu « ici » plus expressément que *hnn-*, dont la fonction est davantage démonstrative (« voici »). À la ligne 29 on lit certainement {[...]⸢h⸣nn . ʿmn}, et la lacune au début de la ligne se comblerait parfaitement par {hln}. L'usage après *hln-* de la forme longue *hnn* est maintenant attesté explicitement par RS 94.2479:5, que nous venons de citer. Il est donc possible que ces deux messages, dictés tous deux par *ʿAzzīʾiltu*, attestent deux variantes d'une nouvelle formule relative à l'état de bien-être de l'expéditeur du message.

La première de ces lettres atteste une variante nouvelle de la formule d'état de bien-être du destinataire, à savoir l'adverbe *ṯmn* qui n'est pas suivi de la préposition *ʿm* (l. 10-11). Normalement la formule consiste en

---

4. Cet usage de *ảdn* est attesté aussi dans RS 19.102 (*PRU* V 115 [! – voir *TEO*, p. 196, 205]) et de façon plus ambiguë dans RS [Varia 4] (*Semitica* 32 [1982], p. 5-9 : le destinataire est en même temps *bn* et *ảḫ* et l'expéditeur est en même temps *ảdn* et *ảḫ*). Dans RS 18.038 (*PRU* V 60) *ảdn* s'emploie pour désigner aussi bien le père du roi d'Ougarit que celui du roi-soleil (*špš*).

5. La paix n'étant pas la notion fondamentale exprimée par ŠLM, nous préférons éviter l'usage du mot en traduisant les formules épistolaires où figure cette racine (contre J.-L. Cunchillos, *TO* II, p. 251-54, *et passim*).

6. Le pronom suffixe *-km* avait avec raison été restitué en RS 1.021:4-6 par les auteurs de *KTU*.

7. *RSO* VII 36:4-6 (là il s'agit de mille dieux : « 1 *li-im* DINGIR.MEŠ ... ») ; *cf.* aussi la forme abrégée, à savoir sans *li-šal-li-mu-ka*, dans une des lettres dont il sera question plus bas (*RSO* VII 33:4-5).

8. Voir l'appendice « Formules épistolaires accadiennes » chez D. Pardee, *Les textes épistolaires* (en préparation).

9. Les textes suivants presentent *hlny* dans cette formule épistolaire : RS 11.872:9-10 *hlny ʿmny kll šlm* (*CTA* 50) ; RS 16.379:8 *hlny ʿmny šlm* (*PRU* II 13) ; RIH 77/21A:4-5 *hlny* [*ʿm špš mlk*] *rb* ⸢*k*⸣[*ll šlm*] (*Syria*, 56, 1979, p. 307). En dehors de la formule de bien-être, on rencontre *hlny* en RS 3.427:3' *hlny* [...] (*CTA* 57) ; RS 15.174:7 (*PRU* II 16) ; RS 16.379:12 (*PRU* II 13) ; RS 17.434+:30' (*AfO* 30, 1983/84, p. 323) ; RS 19.181A:4 (*PRU* V 130a) ; RS 29.093:11 (*Ugaritica* VII, 1978, p. 75) ; RS 94.2284:3 (à la fin du premier paragraphe et suivi d'un signe dont le sens est peut-être d'indiquer que *hlny* n'est pas à sa place) ; RS 94.2406:3 ; RS 94.2580:4 ; RIH 77/01:8' (*Syria* 56, 1979, p. 305) ; RIH 77/25:2' (*Syria* 56, 1979, p. 306). En RS 16.137bis:8 on peut restituer soit *hlny*, soit *hnny* (*UF* 19, 1987, p. 203).

10. RS 18.031:6-7 (*PRU* V 59) ; RS 18.147:6 (*PRU* V 61) ; RS 20.199:11-12 (*AfO* 31, 1984, p. 214) ; RS 29.095:5-6 (*CAT* 2.71) ; RS 34.124:7 (*RSO* VII 88). En RS 19.158B:2'-3' (*PRU* V 171) on trouve le texte mutilé suivant : [---]*y hnn*[...] ⸢*ʿm*⸣*n šlm*.

11. RS 3.427:3' (*CTA* 57) ; RS 15.174:7 (*PRU* II 16) ; RS 19.181A:4 (*PRU* V 130a) ; RS 29.093:11 (*Ugaritica* VII, p. 75-78) ; RS 94.2406:3 ; RS 94.2580:4.

« *ṯmn(y)* + *ʿm* + nom commun ou pronom », par ex. *ṯmny ʿm ảdtny mnm šlm* ..., « là-bas, chez notre dame, quoi qu'il y ait de bien ... » (RS 8.315 = *CTA* 51:14-16), ou *ṯmny ʿmk mnm šlm* ..., « là-bas, chez toi, quoi qu'il y ait de bien ... » (RS 18.031 = *PRU* V 59:7-8). Ici aux lignes 10-11 on trouve *ṯmn mnm šlm* ... . Si cette formule n'avait pas été conservée dans la première lettre, on n'aurait pas eu à disposition les données nécessaires pour restituer les formules correspondantes aux lignes 30-31, où justement l'espace est insuffisant pour restituer {ʿmnk} au début de la ligne 31 (voir ici plus bas).

A moins que la ligne horizontale après la ligne 28 ne soit mal venue (hypothèse que les formules stéréotypées du paragraphe suivant semblent démentir), cette ligne 28 contient à coup sûr une nouvelle formule de bénédiction ({[ ]⸢-⸣mmk}). En effet, parmi les formules de bénédiction connues jusqu'à présent, aucune ne se termine par *-mm*. Pour expliquer cette nouvelle bénédiction, on pense à la racine TMM, « être entier, mûr », et la pointe de clou visible devant les signes {mmk} conforterait cette hypothèse si elle ne semblait pas être placée un peu trop haut par rapport à l'axe médian de l'écriture. Abstraction faite de cette difficulté, il s'agirait vraisemblablement du schème-D {[t]⸢t⸣mmk} /tatammimūki/ « qu'ils te gardent en parfait état ».

Conformément aux formules de la première lettre, nous proposons pour les lignes 29-32 le texte restitué suivant :

29) [hln .] ⸢h⸣nn . ʿmn	« Ici, voici que chez moi
30) [šlm . w . ṯ]m⸢n⸣	ça va bien. Et là-bas
31) [mnm . š]⸢l⸣m	(au sujet de) tout ce qui va bien,
32) [rgm .] ṯṯb	renvoie(-moi) un rapport.»

Commentaire

1, 4. La restitution du nom du destinataire est assurée par le fait que *ʾUrtēnu* [12] (Ourtenou), nom plutôt rare jusqu'ici dans les textes ougaritiques, a pour fils un nommé *ʿAzzīʾiltu*, nom jusqu'ici inconnu à Ougarit si ce n'est dans le seul document l'identifiant comme le fils de *ʾUrtēnu* (RS 34.134:22) [13]. D. Arnaud a rassemblé le dossier sur *ʾUrtēnu* [14], et les documents y afférents de la trente-quatrième campagne – documents provenant de la même archive que ce texte-ci – sont maintenant publiés [15]. Si le *ʾUrtēnu* connu par tel texte trouvé dans un autre endroit du site est le même que le père de *ʿAzzīʾiltu*, le grand-père de celui-ci s'appelait *Amuw/ya* [16]. Le nom du père est certainement hourrite [17], alors que l'origine de celui du grand-père n'est pas certaine [18]. Admettant la relecture par D. Arnaud de *ʾUrtēnu* comme le nom

12. Nous marquons la deuxième voyelle de ce nom comme longue parce que ce phonème, pour autant qu'on le sache, est toujours long en ougaritique, la langue des textes que nous vocalisons, et parce que la situation n'est pas claire en hourrite (E. Laroche, « Glossaire de la langue hourrite », *RHA* 34-35, 1976-1977, *s.v. tenu*). En revanche, la voyelle /u/ est courte en ougaritique en syllabe fermée, et nous la marquons ainsi dans ce nom.

13. L'heureuse trouvaille simultanée de RS 34.133, où il est question d'un certain *ʿUzzīʾiltu* fils de *Tūna* (*RSO* VII, n° 36, p. 76-78), et de RS 34.134, où *ʿAzzīʾiltu* est identifié comme le fils de *ʾUrtēnu*, a permis d'établir la distinction entre ces deux personnages dont le nom s'écrirait indifféremment, à savoir {ʿzỉlt}, dans le système alphabétique. Les deux noms semblent avoir la même facture, à savoir « nom commun + *ī* + *ʾiltu* », signifiant « ma force est *ʾIltu*/la déesse », le nom signifiant « la force » ayant dans le premier cas la forme *qull*, dans le second *qall*. Concernant l'identification de *ʾIl(a)tu* à Ougarit, voir le commentaire de Pardee à RS 1.003:24 (dans *RSO* XII, *Les textes rituels*, 2000).

14. D. Arnaud, « Une lettre du roi de Tyr au roi d'Ougarit », *Syria* 59, 1982, p. 106.

15. F. Malbran-Labat, *RSO* VII, p. 32-34, n° 9 ; D. Arnaud, *RSO* VII, p. 68-76, n°s 31-33, 35.

16. RS 8.213, trouvé dans la « Ville Basse » (voir *RSO* V 1, p. 44, 46), et publié par F. Thureau-Dangin dans « Trois contrats de Ras Shamra », *Syria* 18, 1937, p. 247, 251-53 ; *cf.* D. Arnaud, « Une lettre du roi de Tyr au roi d'Ougarit », *Syria* 59, 1982, p. 106, n. 46.

17. *PTU*, p. 261, 423.

18. Pour F. Gröndahl, *ibid.*, p. 109, {a-mu-PI} serait à lire /*ʿammuya*/, construit sur la forme sémitique de base *ʿamm-*, « oncle paternel ». Si cette analyse est plausible, on ne peut pas, sans l'aide de l'orthographe ougaritique, être certain qu'il ne s'agisse pas d'un élément /a-mu-/ non identifié (*cf. ibid.*, p. 304).

d'un témoin dans RS 17.325:21 [19] et la restitution du même nom dans RS 17.086+:18 [20], et identifiant celui-ci avec celui de l'archive « Sud-centre » (une série d'hypothèses sans preuve mais qui manifestent une certaine vraisemblance), ces deux textes nous apprennent que notre *ʾUrtēnu* était ŠÁ.KÍN *bīt šarrati* et *abarakku bīt šarrati*, « intendant de la maison de la reine » [21]. La présence de la lettre familiale RS 92.2005 à côté de l'incantation préparée à l'intention de *ʾUrtēnu* (RS 92.2014 : voir ici plus loin) nous a fait comprendre que l'archive en question appartenait vraisemblablement à cet *ʾUrtēnu* [22]. En effet, la présence de documents d'affaires mêlés à des textes ayant trait à sa vie privée permet d'identifier cet ensemble comme la collection personnelle de *ʾUrtēnu* [23].

3. Il ne paraît pas possible de restituer le nom de la mère, car aucun nom n'est attesté jusqu'ici commençant ni par {bḏ} ou par {bš}.

22. Le nom de mois *ḫytr* est jusqu'ici inconnu, et la forme et le sens du syntagme *yrḫ ḫytr* sont donc obscures. Il n'est en tout cas pas certain qu'il s'agisse d'un génitif d'identification, « le mois de ḪYTR ». Les deux signes très mal conservés à la fin de la ligne seraient-ils à lire {ṯh} ? Ce mot revient trois fois dans un passage bien conservé de la lettre RS 16.402 (*PRU* II 12:25, 29, 37) et il se rencontre encore dans des passages moins bien conservés de deux textes inédits (RS 94.2406:14 ; RS 94.2457:10'), mais son sens demeure mystérieux.

Conclusions générales

Si l'état de conservation de cette tablette nous a privés de la majeure partie de ses messages, les formules épistolaires, relativement bien conservées, nous ont permis de glaner une moisson importante de formules nouvelles et de variantes de formules déjà connues. Cette tendance à la nouveauté semble caractéristique du milieu de *ʾUrtēnu*, car D. Arnaud a parlé des « bénédictions des lettres [accadiennes], fort originales [24] ». Notre collègue assyriologue a replacé cette originalité dans le contexte de l'érudition accadienne. RS 92.2005 montre que le même esprit s'exprimait en ougaritique, sans pour autant faire montre de servilité envers l'expression accadienne, bien que telle ou telle formule trouve sa réplique accadienne.

50 - RS 92.2010. *Lettre de ʾAnantēnu.* *Figure 31, 33*

Musée de Damas DO 7801. Dim. 48 x 37 x 16.

Texte	*Traduction*	*Texte vocalisé*
Recto		
1) l ḫḏmrt	1) A *Ḫiḏmirati*	1) lê ḫiḏmirati
2) bʿly . rgm	2) mon maître dis :	2) baʿliya rugum
3) tḥm . ànntn	3) message de *ʾAnantēnu*	3) taḥmu ʾanantēna
4) ʿbdk . ìlm	4) ton serviteur : Que les dieux	4) ʿabdika ʾilūma

19. Le {*ma-te-nu*} de l'éditeur (J. Nougayrol, *Ugaritica* V, 1968, p. 264, n° 161) devient {*ur-te-nu*} (D. Arnaud, « Une lettre du roi de Tyr au roi d'Ougarit », *Syria* 59, 1982, p. 106, n. 46).

20. D. Arnaud, *ibid.* ; Nougayrol, *ibid.*, p. 263 (n° 159) avait restitué {[*ma*?-*t*]*e-nu*}, suivant sa lecture du texte cité dans la note précédente.

21. D. Arnaud, *ibid.*, p. 106.

22. P. Bordreuil et D. Pardee, « L'épigraphie ougaritique : 1973-1993 », in *RSO* XI (*Le pays d'Ougarit autour de 1200 av. J. C.*), Paris 1995, p. 31-32.

23. Les nouveaux textes découverts en 1994 ont appuyé cette hypothèse, car *ʾUrtēnu* y figure plusieurs fois, notamment comme destinataire de deux lettres de la reine (RS 94.2406 et RS 94.2580) et d'une lettre d'une certaine *ʿṯty*, qui se désigne la sœur de *ʾUrtēnu* (RS 94.2383). Au dos de la première lettre de la reine est une lettre adressée à *ʾUrtēnu* de la part d'un certain *ìlmlk*, que rien ne nous empêche d'identifier avec le célèbre scribe du même nom (voir plus loin A. Caquot et A.-S. Dalix, RS 92.2016 [texte n° **53**] : nouveau document de la main de ce scribe).

24. « Une lettre du roi de Tyr au roi d'Ougarit », *Syria* 59, 1982, p. 107, n. 53.

5) tǵrk . tšlmk	5) te protègent, te soient salutaires.	5) taǵǵurūka tašallimūka
6) l pʿn . bʿly	6) Aux pieds de mon maître	6) lê paʿnê baʿliya
7) šbʿd . w šbʿd	7) sept fois, sept fois	7) šabʿadā wa šabʿadā
8) mrḥqtm	8) de loin	8) marḥaqtama
9) qlt . w hnn	9) je tombe. Ici	9) qaltu wa hannina
10) ʿm ʿbdk	10) chez ton serviteur	10) ʿimma ʿabdika
11) mỉd . šlm	11) ça va très bien.	11) maʾda šalima
Tranche inférieure		
12) w bʿly	12) Mon maître,	12) wa baʿlīya
13) šlm⸢h⸣	13) (des nouvelles concernant) son bien-être,	13) šulmahu
Verso		
14) w šlm	14) et le bien-être	14) wa šulma
15) nkly	15) de *Nikkaliya*	15) nikkaliya
16) w šlm	16) et le bien-être de	16) wa šulma
17) bth . w šlm	17) sa maison, et le bien-être de	17) bêtihu wa šulma
18) šmʿ rgmk	18) celui/ceux qui écoute(nt) ta bonne	18) šāmiʿi/ī rigmika
19) nʿm åt ṯṯb	19) parole, toi, renvoie-le	19) naʿīmi ʾatta ṯaṯib
20) ʿm ʿbdk	20) à ton serviteur.	20) ʿimma ʿabdika
21) w bʿly bt	21) Et, mon maître, quant à la maison de	21) wa baʿlīya bêta
22) ʿbdh . ål	22) son serviteur, qu'il ne	22) ʿabdihu ʾal
23) ybʿr	23) la détruise pas	23) yabaʿʿir
24) b ydh	24) de sa main.	24) bi yadihu

Remarque textuelle

13. Le dernier signe consiste en trois clous, mais le clou inférieur est étiré vers le bas. Il n'est donc pas possible de dire si cette forme étirée provient seulement de la difficulté à inscrire ce signe sur le bord de la tranche, et donc s'il faut lire {⸢h⸣}, ou s'il s'agit d'une forme abrégée de {ỉ}. Le sens du texte requérant /h/, nous avons choisi la première transcription.

Remarques épistolographiques

La formule de prosternement est tantôt « nom de nombre + *d* + *w* nom de nombre + *d* », tantôt « nom de nombre + *d* + *w* nom de nombre + *ỉd* ». En accadien, on rencontre davantage de variantes : « nom de nombre + nom de nombre », « nom de nombre + ŠU + nom de nombre + ŠU » et « nom de nombre + ŠU + nom de nombre + TA.ÀM » (à Ras Shamra on trouve ŠÚ pour ŠU) [25]. Puisqu'en accadien on trouve aussi *kabattuma u ṣīrūma*, « sur le ventre et sur le dos » [26], on se demande si les deux formes d'adverbes numériques ne désigneraient pas les deux formes de prosternement, que l'on trouve représentées parfois dans l'art égyptien [27]. Qu'en est-il de la formule répétitive, dont le sens fondamental sera « sept fois et sept fois » et dont la formule équivalente en accadien sera « 2-ŠÚ 7-ŠÚ » signifiant vraisemblablement « deux

25. *CAD* M_1, p. 242-43.

26. On trouvera citées cette formule et des variantes dans *CAD K*, p. 14.

27. Par ex., *ANEP*, fig. 5 (*cf.* A.L. Kristensen, « Ugaritic Epistolary Formulas », *UF* 9, 1977, p. 149 ; W.G.E. Watson, « An Unusual Prostration Formula in Ugaritic Akkadian », *Die Welt des Orients* 24, 1993, p. 40).

fois sept » [28] ? Il nous paraît légitime de croire qu'il s'agit de formes abrégées de la désignation explicite des deux façons de se prosterner [29].

Les lignes 12-20 contiennent une longue formule de retour de nouvelles, sans parallèle dans ces textes [30]. La formule ordinaire est « *mnm šlm* + *ʿm* + destinataire + (*t*)*ṯṯb rgm* + *ʿm/l* + expéditeur » (sans ordre fixe des éléments), « quoi qu'il y ait de bien chez toi, renvoie m'en des nouvelles ». Mais on trouve certaines expressions où *šlm* est lié à un nom ou pronom suivant : *lm l likt šil šlmy*, « pourquoi n'as-tu pas envoyé prendre de mes nouvelles [litt. une demande de mon bien-être] » (RS 19.029:7-8 = *PRU* V 10), *bʿl yšủl šlmk*, « que le maître/*Baʿlu* prenne tes nouvelles [= s'occupe de ton bien-être] » (RS 17.117:2 = *Ugaritica* VII, 1978, p. 392-98). La nouvelle formule atteste cet usage, répété quatre fois : « son bien-être [de mon maître], le bien-être de *Nikkaliya*, le bien-être de sa maison/maisonnée, le bien-être de tous ceux qui écoutent ta bonne parole ».

Commentaire

1. {ḫḏmrt} ne sera qu'une variante de l'anthroponyme hourrite {ḫḏmrd}, déjà attesté (RS 11.857 = *CTA* 80:22) [31].

3. Le nom *ảnntn*, autre nom de facture hourrite, est très prisé à Ougarit [32]. Nous vocalisons /ʾanantēnu/, sans voyelle entre les deux éléments, d'après les attestations en syllabique [33]. Sans patronyme, il est impossible d'identifier l'auteur de cette lettre avec l'un ou l'autre des personnages connus par d'autres textes.

15. Le nom *nkly* est nouveau mais on connaît d'autres anthroponymes comportant l'élément théophore *Nikkal* : *nkl*, *bn nkl* et *ʿbdnkl* [34]. Sans le témoignage d'une attestation syllabique, on ne peut connaître la forme précise du suffixe hypocoristique [35], et notre vocalisation avec /i/ n'est donc qu'à titre d'exemple.

18-19. L'adjectif *nʿm* montre que *šmʿ rgm* n'est pas un anthroponyme, et il faut se rallier à l'interprétation qu'a donnée Ch. Virolleaud de la formule *šmʿ rgm* qui se rencontre dans trois textes administratifs [36]

---

28. Par exemple, *RSO* VII 10:5. Cet usage de « 2-ŠÚ 7-ŠÚ », comme l'existence de la formule « 7 *u* 7 » dans les lettres d'el-Amarna, laissent croire que la formule « 7-ŠU 7-ŠU » signifie « sept fois, sept fois » (Watson [note 27] p. 39), non pas « sept fois sept » (A.F. Rainey, « El-'Amârna Notes », *UF* 6, 1974, p. 305 : « 7 x 7 times »).

29. Concernant le problème linguistique que constitue l'usage dans la formule de prosternement du parfait, mi-performatif mi-épistolaire, voir D. Pardee et R. M. Whiting, « Aspects of Epistolary Verbal Usage in Ugaritic and Akkadian », *Bulletin of the School of Oriental and African Studies* 50, 1987, p. 28-29. Nous doutons donc que « the prostration was actually performed » (Watson [note 27], p. 40) par l'expéditeur.

30. En RIH 78/3+30 (*Syria* 57, 1980, p. 356-58), lettre adressée au roi d'Égypte, on trouve de longues formules de salutation, en tous points semblables aux formules connues par les textes d'el-Amarna.

31. *PTU*, p. 233, 246-47.

32. *Ibid.*, p. 321, 364, indique une dizaine d'attestations, auxquelles il faut ajouter celles de *PRU* VI (50:23), de *RSO* VII (3 tr. lat. 1 ; 20:4) et des nouveaux textes de Ras Shamra (RS 94.2064:6) et de Ras Ibn Hani (RIH 84/4:7 ; RIH 84/33:14).

33. L'orthographe {*a-na-an-*} est ordinaire dans ce nom : *PRU* III, p. 89 : RS 15.123+:4, 6, 9, 10, 13, 16 ; p. 206 : RS 16.294:5 ; *Ugaritica* V 159:17 ; *RSO* VII 3 : tr. lat. 1 ; 20:4. On ne trouve qu'une fois {*a-na-ni-*} : *PRU* VI 50:23. La terminaison en *-a* est utilisée toujours au génitif : *PRU* III, p. 89 : RS 15.123+:6, 9, 13 ; *PRU* VI 50:23. On ne trouve qu'une fois le nom à l'accusatif, la désinence étant *-u*, mais le nom est placé au début de la phrase et prononcé par conséquent avant le verbe (*RSO* VII 20:4). Sur la vocalisation de la troisième voyelle comme longue, voir plus haut la note 12.

34. *PTU*, p. 166-67.

35. *Ibid.*, p. 50-51, § 83.

36. *PRU* II 100:3 ; *PRU* V 11:10 ; 84:12. Dans le premier et le dernier de ces textes trois des noms d'état se recoupent (*mḫṣ*, *kbs/ś*, *šmʿrgm*). Dans *PRU* V 11, la structure est soit « NP + nom d'état » soit « nom d'état + liste de NP » ; aux lignes 10 et 11, donc, « PN + *šmʿ* (*rgm*) » signifie « PN + nom d'état ».

comme nom d'état [37]. L'un des textes indique que l'on peut avoir pour fonction d'écouter la parole de l'intendant de la ville (*PRU* V 11:10 *ʿpṯrm šmʿ rgm skn qrt*) [38]. Si la fonction précise d'« écouteur de la parole » est inconnue, le pronom suffixe que porte ici *rgm* montre que Ch. Virolleaud avait aussi raison de croire que la parole en question était celle du personnage supérieur [39], et non pas celle d'une divinité [40], de plaignants [41] qui se seraient adressés au patron du *šmʿ rgm* [42], ou encore d'ennemis du patron, d'espions [43]. Le *Ḫiḏmirati* de notre texte étant autrement inconnu, on ne sait pas ce qui lui permettait d'avoir à sa disposition un ou plusieurs *šmʿ rgm*.

21-24. Ces lignes constituent le corps de la lettre, tout ce qui précède appartenant à la catégorie des formules de politesse, même si celles des lignes 12-20 sont nouvelles.

La difficulté principale que présente l'interprétation de ce message se rencontre dans la formule BʿR + *b yd*. Le pronom suffixe que porte le dernier mot pourrait se rapporter soit au maître (*ybʿr* = 3e p. sg.), soit à l'expéditeur (*ʿbdh* : le pronom suffixe = 3e p. sg.). Au niveau des *realia*, cela revient peut-être au même, car l'expéditeur demande que sa maison ne soit pas détruite. Mais s'agit-il de la maison que le maître détruirait « par sa main » ou « dans sa main », c'est-à-dire qu'il détruirait la maison dont il dispose, ou de la maison que gère *ʾAnantēnu* ? Et s'agit-il de la maison au sens étroit, la bâtisse, ou de la maison comme maisonnée, famille large et serviteurs ? Nous reviendrons sur ces questions.

Si le sens de BʿR est toujours l'objet de discussion [44], il nous paraît nécessaire de conserver l'acception « détruire » en ougaritique, qu'elle soit due ou non à l'évolution sémantique de la notion de base de « brûler » (en hébreu biblique les « bêtes » [BʿR] peuvent « détruire » [BʿR]). Dans le texte rapportant des *omina* tirés de fœtus difformes (RS 24.247+) on lit à la ligne 58, après une protase mal conservée, *mlkn ybʿr ỉbh*, « le roi BʿR ses ennemis ». Or, si la défaite de ses ennemis est bien attestée dans la littérature ominologique [45], l'« abandon » de ces ennemis ne l'est pas, ni même le sens de « se retirer »

---

37. M. Heltzer semble traduire *šmʿrgm* en *PRU* V 11:10 comme anthroponyme (*The Rural Community in Ancient Ugarit*, Wiesbaden, 1976, p. 82). Pour W. G. E. Watson, il s'agirait d'un anthroponyme dans les trois textes (« Ugaritic Onomastics (I) », *Aula Orientalis* 8, 1990, p. 127, § 3).

38. A la ligne 11, où il s'agit de *ḫgbn šmʿ skn qrt*, *šmʿ* sera probablement l'abréviation (Virolleaud, *PRU* V, p. 20, 153), volontaire ou non, de la formule plus longue. Sur l'interprétation de *ʿpṯrm* comme anthroponyme, voir M. Dietrich, O. Loretz et J. Sanmartín, « Zur ugaritischen Lexikographie (XI) », *UF* 6, 1974, p. 34, § 85 ; M. Dietrich et O. Loretz, « Epigraphische Probleme in KTU 4.609: 10-11 » *UF* 10, 1978, p. 423.

39. « *šmʿrgm* est un mot composé signifiant "celui ou ceux qui écoute(nt) la parole, ou l'ordre (donné par leur maître)" » (*PRU* II, p. 127). Dans deux lettres accadiennes trouvées à Ras Shamra, mais qui resortissent à une tradition qui n'est pas celle de la plupart des lettres en cette langue d'Ougarit, figure une formule épistolaire où l'auteur, inférieur au destinataire, s'exclame : « Qui ... ne voudrait entendre le doux parler de mon seigneur ? » (RS 34.142:12-13 [*RSO* VII 47], traduction de S. Lackenbacher ; *cf.* RS 34.163 [*RSO* VII 39]).

40. C.H. Gordon, *UT*, § 8.74, p. 66 : « "hearers of a word" (perhaps = "revelators" rather than "judges" or "spies") ».

41. C.H. Gordon, *ibid.* (deuxième traduction), § 19.2441, p. 492 : « perhaps magistrates who listen to cases » ; M. Dietrich, O. Loretz, « Epigraphische Probleme in KTU 4.609: 10-11 » *UF* 10, 1978, p. 423, n. 1 (acceptent l'explication se trouvant dans le glossaire de Gordon) ; M. Weinfeld, « Judge and Officer in Ancient Israel and in the Ancient Near East », *Israel Oriental Studies* 7, 1977, p. 69, n. 20 (« judge-officer ») ; M.B. Dick, « The Legal Metaphor in Job 31 », *The Catholic Biblical Quarterly* 41, 1979, p. 48 (« hearer(s) of a case », « legal magistrates ») ; J.-L. Cunchillos, *TO* II, p. 307 (« auditeur des plaintes ou des réclamations »).

42. Seul M. Weinfeld semble avoir senti la difficulté que présente pour cette interprétation le texte de *PRU* V 11:10 *šmʿ rgm skn qrt*, « écouteur de la parole de l'intendant de la ville », car il parle du *šmʿ rgm* comme étant « associated there with *skn qrt* » (*ibid.*). Cette interprétation semble remonter à l'analyse de la formule comme nom composé, c'est-à-dire que la personne portant le titre de *šmʿ rgm* aurait appartenu à l'intendant, et non pas donc qu'il aurait simplement écouté la parole de l'intendant. Tout en donnant la bonne explication de la formule, Ch. Virolleaud a employé le terme « mot composé » (*PRU* II, p. 127) qu'a repris C.H. Gordon, *ibid.*, § 8.74, p. 66 (« Compounds »), citant les trois explications indiquées plus haut, que le nouveau texte permet maintenant de considérer comme périmées.

43. C.H. Gordon, *ibid.* (troisième traduction).

44. M. Dietrich et O. Loretz, *Mantik in Ugarit*, Münster, 1990, p. 103, 157-58 ; *idem*, « Ugaritisch bʿr I "einzünden" und bʿr II "verlassen" », *UF* 22, 1990, p. 50-54.

45. D. Pardee, « Ugaritic », *AfO* 33, 1986, p. 139.

de l'ennemi [46], sens de toute façon inconnu pour B'R. On peut même douter que le sens d'« abandonner » soit attesté en ougaritique, car le passage clé de la légende de *Kirta* laisse ouverte la possibilité de traduire par « amener à, confier à » [47].

Le sens de « détruire par le feu » est attesté dans une lettre ougaritique [48] : *hbṭ hw ḫrd w šl hw qrt åkln b grnt l bʿr åp krmm ḫlq qrtn ḫlqt*, « il a défait les troupes-*ḫurādu* et il a pillé la ville, il a brûlé les céréales (entreposées) dans les aires, il a même détruit le vignoble : notre ville est détruite » (RS 19.011:5-12 [= *PRU* V 114]).

Préfèrera-t-on dans le nouveau texte l'interprétation fondée sur le sens de « brûler au feu » ou celle qui y voit le sens plus large de « destruction » ? Bien que le message soit trop court pour permettre l'interprétation définitive, les rapports entre les deux personnages que révèlent les formules épistolaires font préférer le sens plus large, plutôt que de laisser croire que *ʾAnantēnu* se souciait que *Ḫidmirati* vienne mettre le feu à sa maison. On peut cependant douter que *Ḫidmirati* se soit proposé de détruire une maison ou une maisonnée lui appartenant en propre, et l'on ne doit donc pas prendre *ydh* comme signifiant que *ʾAnantēnu* ait été simplement le gérant d'une maison de *Ḫidmirati*. De là découlent deux interprétations possibles : soit la maison appartenait à *ʾAnantēnu* (et un « serviteur » pouvait donc être aussi propriétaire foncier), soit il la gérait pour une troisième personne – il servait, en somme, deux maîtres. La première interprétation semble entraîner la conclusion que *b ydh* signifie « par sa main », que *Ḫidmirati* se chargerait personnellement de détruire la maison de son serviteur ; la seconde que *ʾAnantēnu* entrevoyait la possibilité que *Ḫidmirati* risque de s'attaquer à la troisième personne par le biais de l'un de ses gérants. Les données de ce texte sont insuffisantes pour nous permettre de trancher entre ces deux possibilités. Seule la proximité du verbe et de la formule *b ydh* permet de penser que la première solution est peut-être à préférer.

Conclusions générales

Si cette lettre est parfaitement conservée, les données nouvelles qu'elle rapporte sont assez maigres : (1) les nouveaux anthroponymes *Ḫidmirati* et *Nikkaliya*, tous les deux de simples variantes de noms déjà connus (*ḫdmrd* et *nkl*, respectivement) ; (2) aux lignes 12-20, les nouvelles formules de retour de nouvelles ; (3) la lumière que projette la nouvelle formule *šmʿ rgmk nʿm* sur le sens du nom d'état *šmʿ rgm*, qui confirme l'interprétation générale du terme qu'avait donnée Ch. Virolleaud. Pourtant, ce texte ne fournit pas les données nécessaires pour définir le rôle précis que jouaient ces personnages dans la société ougaritique.

51 - RS 88.2159. *Lettre fragmentaire.* *Figure 33*

Musée de Damas DO 7791. Dim. 68 x 37 x 25.

Texte	***Traduction***
Recto	
1) tḥm [...]	1) Message de [X :]
2) l gr[...]	2) A GR[...]
3) r g[m]	3) di[s :]
————————	————————
4) lm . åḫ⸢t⸣[...]	4) Pourquoi as-t[u] pris[...]
5) mdy . b⸢.⸣[...]	5) mon vêtement dans/en [...]
6) åbrḥ⸢-⸣[...]	6) [...]
7) tiḫdn[...]	7) PRENDRA[...]

46. M. Dietrich et O. Loretz, références dans la note 95.

47. Cf. D. Pardee, « The Preposition in Ugaritic », *UF* 8, 1976, p. 220-21.

48. M. Dietrich et O. Loretz, « Ugaritisch b'r I "einzünden" und b'r II "verlassen" », *UF* 22, 1990, p. 53-54.

8) ủškny[...]	8) une[/des] personnes provenant de *ʾUškanu* [...]
9) w . ảp ủt⸢-⸣[...]	9) et, de plus, [une/des personnes provenant de] *ʾUtn*[*aʾa*- ...]
10) ảlphm ⸢-⸣[...]	10) leur(s) bœuf(s) [...]
11) ǵrm . k⸢r⸣[...]	11) les *ǴR* [...]
12) b . mdy . t[...]	12) en/par mon vêtement [...]
13) b mdk	13) en/par ton vêtement [...]
Tranche inférieure	
———————	———————
14) mn . ʿps [...]	14) QUOI/QUI RETENIR (?) [...]
15) km . mǵy . ả[...]	15) lorsqu'est arrivé [...]
Verso	
16) mdy . ʿmk[...]	16) mon vêtement avec toi[...]
17) lm . l . hbṭ⸢-⸣[...]	17) pourquoi n'a-t-on pas HBṬ[...]
18) ht . ảlpy . [...]	18) voici, mon/mes bœuf(s)[...]
19) hbṭ . w l . ⸢-⸣[...]	19) HBṬ et [...]
20) ảmt⸢---⸣[...]	20) ta$^{?}$ servante [...]
———————	———————
21) ủy . ảlp . ⸢-⸣[...]	21) Et, d'ailleurs, le/les bœuf(s) (de)
22) dt . b . ủ⸢-⸣[...]	22) qui (sont) à ʾU⸢-⸣[...]
23) d . ảḫt . d[...]	23) que tu as pris [...]
24) hbṭ . h[...]	24) HBṬ [...]

Remarques textuelles

5. Le bord gauche d'un séparateur est visible dans la lacune, indiquant l'analyse du {b} comme préposition.
6. On voit dans la lacune le bord gauche de {b/d}.
8. On voit le bord gauche du clou inférieur de la seconde rangée du {y} et la lecture est ainsi assurée.
9. Il est possible que {ảp} ait été suivi par le clou séparateur, mais les traces sont si usées que l'on n'arrive pas à les distinguer d'une éraflure possible.
   Du dernier signe conservé, on ne voit que la tête d'un clou horizontal, permettant la restitution de {ủt⸢n⸣[ảm]} (voir le commentaire).
11. On croit voir dans la lacune à droite une tête de clou horizontal en dessous de l'axe de l'écriture, privilégiant la lecture de {r} sur celles de {k} ou {w}.
13. L'espace vide après les signes {b mdk}, qui présente à peu près la largeur d'un signe, fait croire que le texte est ici entièrement conservé.
15. La longueur du dernier clou horizontal est suffisante pour permettre de penser qu'il s'agit d'un clou final, donc de {ả}, non pas de {n}.
17. L'absence de clou séparateur après {hbṭ} est certaine, comme l'est le coin supérieur gauche d'un clou horizontal.
19. L'espace en dessous du coin de clou horizontal visible dans la lacune à droite est mutilé, et il est donc difficile de déterminer si le signe primitif comportait ici un seul clou ou s'il s'agissait d'un signe commençant par deux clous horizontaux ({k/w/r}).
20. Mutilé au centre, le quatrième signe est soit {k}, soit {w}, avec une nette préférence pour la première lecture. Après, on voit peut-être sur le bord gauche de cette cassure la trace du clou séparateur. L'avant-dernier signe est {d/ủ/l/b} : le signe semble assez large pour être {d}, mais on ne distingue pas des têtes de clous verticaux alors que ce qui paraît être des clous inférieurs multiples pourrait n'être que des rugosités dans la cassure. En fin de compte la lecture préférable semble {b}. Le dernier signe est {k/w}, probablement {k}. La lecture de la ligne est peut-être donc {ảmt⸢k . bk⸣[...]}.
22. Le dernier signe visible est {b/d/ủ} : l'angle de la cassure est tel que l'on n'est plus en mesure de savoir si le signe primitif comportait plus d'un clou inférieur. Pourtant, la tête conservée semble appartenir à un clou court, donc à {b/d}, plutôt qu'à un signe long.
24. Le coin inférieur gauche du dernier signe est visible, et la lecture de {ỉ} n'est possible qu'en présumant que le petit clou inférieur de ce signe était en retrait vers la droite.

Commentaire

1-3. La formule *tḫm* X *l* Y *rgm* indique que l'expéditeur est hiérarchiquement supérieur ou au moins égal au destinataire [49].

2. On connaît bon nombre d'anthroponymes commençant par {gr}, et il n'est donc pas possible de connaître le nom du destinataire de cette lettre. Toutefois, vu les déboires financiers d'un certain *Garbānu* que nous ont fait connaître deux lettres accadiennes, dont l'une provenait de cette même archive [50], il est légitime de verser provisoirement ce document, autre document d'affaires, dans ce dossier [51].

4. La restitution de {åḫ⌈t⌉} ou de {åḫ⌈m⌉} paraissent les plus vraisemblables ici. L'absence dans ce texte du nom commun *åḫt*, « sœur », et du pluriel *åḫm*, « frères », et la présence du verbe ʾAḪD à la ligne 7 et probablement aussi à la ligne 23 (où la forme serait la même qu'ici), font préférer ici la restitution {åḫ⌈t⌉}, avec le sens de « tu as saisi, pris », à savoir /ʾaḫatta/ (< */ʾaḫadta/).
Vu la largeur de la lacune, il est plus que probable qu'au moins un mot se trouvait entre ce verbe et *mdy* au début de la ligne suivante.

5. On connaît en ougaritique trois mots dont la forme de base est MD [52] : (1) *md* avec le sens de « vêtement », attesté en poésie et dans les textes administratifs ; (2) l'un des éléments de l'équipement d'un nommé *Kurwa* (*PRU* V 50:4 *mdh*, « son/ses *md* ») ; (3) le nom de profession *mdm*, où le *-m*, selon la forme normale des listes de noms de professions [53], sera le morphème du pluriel. Le dernier mot ne paraissant pas avoir sa place ici et le deuxième ayant été interprété en général comme un usage plus ou moins particulier du premier [54], il paraît s'agir du mot désignant une sorte de vêtement. D'après S. Ribichini et P. Xella, la forme précise que présentait ce vêtement est encore inconnue.
L'état de la tablette nous empêche de connaître la place qu'a tenue ce mot dans la pensée du texte primitif, mais sa forme, portant le suffixe pronominal en *-y*, indique que *mdy* n'est pas le sujet d'une nouvelle phrase, car normalement ce suffixe n'a la forme consonantique qu'à l'accusatif et au génitif [55]. *mdy* aura donc pour fonction de servir de complément du mot se trouvant à la fin de la ligne précédente, soit comme complément d'objet direct d'une seconde forme verbale, soit au génitif suivant un nom ou une préposition (*cf.* l. 12, 13). Malgré ces incertitudes, il ne peut s'agir de la saisie du vêtement connue par certains textes

---

49. J.-L. Cunchillos, *TO* II, p. 244-47.

50. RS 20.158 (*Ugaritica* V, texte accadien n° 51) et RS 34.146 (*RSO* VII 15). Voir le commentaire des deux textes par F. Malbran-Labat (*RSO* VII, p. 42-43), où l'on trouvera (note 33) la proposition de relecture du nom propre dans RS 20.158 pour y retrouver ce même *Garbānu* (J. Nougayrol y avait lu « Garibu »). Devant l'absence de patronyme, il n'est pas possible de savoir si ce *Garbānu* est identique au donateur de quatorze moutons d'après RIH 78/19:5 (P. Bordreuil et A. Caquot, « Les textes en cunéiformes alphabétiques découverts en 1978 à Ibn Hani » *Syria* 57, 1980, p. 364), au Maʾḫadien qui a donné/reçu une mesure-*lth* d'un produit qui n'est pas indiqué (*PRU* II 59:1-2) ni quel est le rapport avec *bn grbn* qui a donné/reçu un vêtement-*lbš* (*CTA* 135:3). Si les autres protagonistes du procès où figure le *Garbānu* des textes syllabiques sont qatniens, cela se passe à Ougarit, ce qui permet de penser que *Garbānu* est ressortissant de ce royaume. S'il s'agit ici du même personnage qui habite *Maʾḫadu*, on ne saurait dire comment cette lettre qui lui aurait été adressée s'est retrouvée dans la maison de *ʾUrtēnu*.

51. Autre possibilité de restitution, moins plausible, est {gr[dy]}, connu par *PRU* II 64:28 pour appartenir à la catégorie de *ủbdy* (bibliographie sur ce mot dans « Ugaritic Bibliographie », *AfO* 34, 1987, p. 368) et être originaire de *ʾUlkanu*, dont le gentilice se trouve ici à la ligne 8.

52. C.H. Gordon, *UT*, § 19.1422-1424.

53. Sur les *mdm*, voir les éléments bibliographiques réunis dans « Ugaritic Bibliographie », *AfO* 34, 1987, p. 417 ; auxquels on ajoutera J. Huehnergard, *Ugaritic Vocabulary in Syllabic Transcription*, Atlanta, 1987, p. 144-45, 203, 296, 317 ; J. Sanmartín, « Glossen zum ugaritischen Lexikon VI », *UF* 21, 1989, p. 337-41. Voir ci-dessus le nouvel exemplaire des listes de professions RS 92.2175.

54. Ch. Virolleaud, *PRU* V, p. 65 ; S. Ribichini et P. Xella, *La terminologia dei tessili*, 1985, p. 48.

55. Nominatif = /baʿlī/, accusatif = /baʿlaya/, génitif = /baʿliya/ : C. H. Gordon, *UT*, 1965, p. 36, § 6.6 ; S. Segert, *A Basic Grammar of the Ugaritic Language with Selected Texts and Glossary*, Berkeley, 1984, p. 48, § 51.13. Il existe pourtant plusieurs cas de {y} attaché à un nom au nominatif (*cf.* plus haut RS 92.2010:12, 21) que nous interprétons comme la forme normale (par exemple /baʿlī/), à laquelle la particule *-y* est venue s'attacher.

hébraïques plus tardifs [56], la situation sociale que laisse entendre la forme de l'adresse de cette lettre ne permettant pas cette interprétation.

6. Malgré une petite éraflure au-dessus du dernier clou du {r}, il ne semble pas s'agir du clou séparateur qui aurait été effacé. Les possibilités d'interprétation sont donc assez nombreuses : (1) le verbe BRḤ, « fuir, s'enfuir », à la première personne du singulier ; (2) le mot *ảb*, « père », suivi d'un autre mot commençant par {rḥ} ; (3) un mot *ảbr* (forme verbale d'une racine BRR ou BR ou nom de la racine ʾBR) suivi d'un autre mot commençant par {ḥ} ; (4) un anthroponyme *ảbrḥb/d*, non attesté jusqu'ici.

8, 9. Si *ủškny* est évidemment le gentilice du toponyme bien connu *ủškn*, à la ligne 9 il pourrait s'agir du début du toponyme *ủtnả(m)* qui n'est connu en ougaritique que par un texte mutilé (RS 18.251[C]:7 {[ủ]tnả[...]}) [57]. La restitution est appuyée par le fait qu'aucun autre toponyme commençant par {ủt} ne continue par un signe ayant à gauche un seul clou horizontal. Pourtant, en l'absence de la fin du mot, on ne peut savoir ni si le /m/ de la forme connue par un texte de Mari est conservé [58], ni si la forme ici comportait, comme *ủškny*, la désinence gentilice. Et sans la fin des deux mots, on ne peut savoir non plus s'il s'agit de singuliers ou de pluriels, de formes masculines ou féminines. Toutefois, si le pronom suffixe du mot *ʿalphm* à la ligne suivante a pour antécédent les gentilices aux lignes 8 et 9, il indique le sexe masculin sans trancher la question du nombre, *-hm* pouvant être au duel ou au pluriel. La restitution à la ligne 9 étant admise, il sera question de personnes provenant de deux villages se trouvant dans le district méridional du royaume [59].

10, 18, 21. Le mot *ảlp* revient trois fois dans ce texte. La présence du suffixe pronominal aux lignes 10 et 18 (*ảlphm* et *ảlpy*) semble indiquer qu'il s'agit du mot signifiant « bœuf », non pas de son homonyme signifiant « mille ». On ne voit pas bien, pourtant, quels sont les rapports entre les vêtements, dont la mention parsème aussi le texte, et ces bœufs.

11. Y a-t-il référence à des « montagnes » ou aux « peaux [60] » des bœufs dont il vient d'être question ?

14-24. On doit comparer ce passage avec RS 18.148:15-23 [61] en raison de la présence dans les deux textes de termes débattus qui sont *ʿps* et *hbṭ* :

15) w mlk . d mlk
16) b ḥwt . špḥ
17) l ydn . ʿbd . mlk
18) d št . ʿl . ḫrdh

---

56. Le texte de Meṣad Ḥashavyahou et ses parallèles bibliques sont bien connus (*cf.* D. Pardee. *et al.*, *Handbook of Ancient Hebrew Letters*, Chicago, 1982, p. 23, et la bibliographie citée aux pages 15-20 ; J. Renz, *Handbuch der althebräischen Epigraphik*, Darmstadt, 1995, tome I/1, p. 315-29).

57. P. Bordreuil, *N.A.B.U.* 1987, p. 48-49 ; *idem*, « Nouvelles restitutions de toponymes de l'Ougarit », *UF* 20, 1988, p. 17.

58. P. Villard, ARMT 23 : 546:3 {*ut-na-i-im*^{KI}}. On remarquera que l'usage orthographique ordinaire en ougaritique indique que la voyelle /a/ suit le *ʾalif* au lieu de précéder la consonne, et que la vocalisation partielle serait donc /ʾutnaʾa-/.

59. P. Bordreuil, « Arrou, Gourou et Ảapanou. Circonscriptions administratives et géographie mythique du royaume d'Ougarit », *Syria* 61, 1984, p. 1-10 ; *idem*, *N.A.B.U.*, 1987, p. 48-49 ; *cf.* P. Bordreuil et D. Pardee, *Anchor Bible Dictionary*, VI, New York, 1992, p. 715-16.

60. Si certains textes mythologiques semblent appuyer l'hypothèse selon laquelle il aurait existé en ougaritique un mot *ǵr* signifiant « peau », J. Huehnergard pense, avec raison, que l'orthographe {ú-ra-tu} (*PRU* VI 126:6) nous oblige à penser que le mot ougaritique devait s'écrire {ʿr} (*Vocabulary*, 1987, p. 48 [n. 1], 159). Pourtant, la question doit rester ouverte, car on ne peut pas être certain que le mot signifie « peaux » dans le texte administratif, alors que le premier signe du mot ougaritique a disparu dans l'entrée du texte polyglotte où il est question du mot signifiant « peau » (*Ugaritica* V, texte accadien n° 130 II:6'). Le mot « peaux » s'est rencontré plus haut, en RS 92.2013:1 (texte 41), mais sous forme de logogramme.

61. = *PRU* V 62 B:1-9 (*CAT* 2.47:12-20). Le recollage du petit fragment indiqué par Ch. Virolleaud comme appartenant au *verso* du fragment principal a permis de voir la tablette dans sa hauteur entière et, bien que le texte ait disparu du *recto* de ce fragment, de calculer le nombre de lignes que cette surface en entier a dû porter, à savoir treize (la ligne 14 est sur la tranche inférieure). Toutes les lignes du texte sont séparées l'une de l'autre par un trait horizontal, que nous n'indiquons pas dans la transcription qui suit.

19) špḫ . àl . thbṭ
20) ḫrd . ʿps . tḫd . k ⸢.⸣ w [62]
21) sʿt
22) ḫrdk . ʿp⸢s⸣ . ⸢--⸣r [63]
23) ymm . w . ⸢--⸣p

Par ailleurs en ougaritique on connaît ʿPS par le texte sur étiquette qui se lit *spr ʿpsm dt št ùryn l mlk ùgrt*, « document des *ʿpsm* que *ʾUrīyānu* a "mis pour" le roi d'Ougarit » (*PRU* II 171), par l'anthroponyme *ʿpsn*, attesté une seule fois (*PRU* II 47:6) et qui ne trouve pas d'explication dans *PTU* (p. 424), et par le nouveau texte RS 94.2965. L'interprétation du premier terme comme nom de profession [64] est peu satisfaisante, car on se demande pourquoi on remettrait au roi ces personnes : l'on voit d'après le texte cité ci-dessus que le roi « met » ses subordonnés à la tête de ses troupes, et par *PRU* V 106:1-3 que *št* s'emploie dans un contexte administratif plutôt pour l'enregistrement par écrit (*spr npš d ʿrb bt mlk w b spr l št*, « document des personnes entrant au palais royal et qui furent bien mises sur la liste » [65]). W. H. Van Soldt a interprété *ʿps* dans l'étiquette et en RS 18.148 comme signifiant « frontière » [66].

L'aide du sémitique comparé est tout aussi réduite : en accadien on trouve le verbe *epēsu*, très rare, signifiant peut-être « refuser, faire obstacle » [67], alors qu'en arabe la racine présente des acceptions allant de « retenir » jusqu'à « donner un coup de pied dans le derrière » [68].

L'explication de *hbṭ* dans ce passage fait appel ordinairement à la racine arabe signifiant « abaisser », sens qui semble bien convenir à certains passages ougaritiques, y compris celui-ci, moins bien à d'autres [69].

Une traduction fort hypothétique du texte de la dix-huitième campagne serait :

15) Et le roi qui règne
16) dans le pays du clan
17) (répond) à *Yadīnu*, serviteur du roi,
18) (celui) qu'il a préposé à ses troupes-*ḫurādu* :
19) Tu ne permettras pas que le clan soit abaissé :
20) retiens les troupes-*ḫurādu* ! Qu'ils prennent (seulement) des pots-*kw*
21) de *sʿt* [70] !
22) Retiens tes troupes-*ḫurādu* ! Qu'ils [...]
23) (deux) jours ! [...]

La mention de bateaux au *recto* de ce texte permet de croire qu'il s'agit du transport par mer de céréales [71], et que les troupes-*ḫurādu* ajoutaient au désordre au lieu de protéger les envois, vraisemblablement dans un

---

62. Le clou séparateur est écrit sur la pointe du {k} et le {w} est accolé au séparateur. Bien que la tablette ait souffert ici, les restes du séparateur apparaissent assez clairement pour nous permettre de penser que le scribe n'a pas essayé de l'effacer. Pourtant, parce que la particule *w* ne peut pas suivre l'une ou l'autre des particules *k*, on peut penser que le séparateur est fautif et expliquer par là le manque de séparation entre le {k} et le {w}.

63. Le premier signe est probablement {y}, le deuxième {à} ou {k}.

64. C.H. Gordon, *UT*, 1965, § 19.1894.

65. *št* s'emploie aussi pour exprimer la mise par écrit d'un message (par exemple *CTA* 53:18-19).

66. « Labels from Ugarit », *UF* 21 (1989), p. 375-88, spécialement 380, 385 ; « KTU 4.784:2 », *UF* 27, 1995, p. 485-86 ; *cf.* W.G.E. Watson, « Non-Semitic Words in the Ugaritic Lexicon », *UF* 27, 1995, p. 549.

67. *CAD*, *E*, p. 190-91 « to object » ; *AHwB*, p. 223 « zu schwierig sein ».

68. A. de Biberstein Kazimirski, *Dictionnaire*, 1960, vol. II, p. 299.

69. Voir le commentaire par D. Pardee de *thbẓn*, RIH 78/14:10', dans *RSO* XII *(Les textes rituels)*.

70. Au sujet de *kw*, voir M. Dietrich et O. Loretz, « Die ugaritischen Gefassbezeichnungen ridn und kw », *UF* 19, 1987, p. 29-32. Si l'on ne peut accepter leur interprétation de *ʿps* comme « rebellisch », celle de *sʿt* comme désignant une espèce de céréale semble mieux convenir au sens du passage (*cf.* J. Aistleitner, *Wörterbuch der ugaritischen Sprache*, Berlin, 1963, § 1937). Il s'agirait d'une céréale de qualité inférieure (soit endommagée soit d'origine sauvage d'après *suʿʿun* en arabe).

71. À ce sujet, voir M.C. Astour, « New Evidence on the Last Days of Ugarit », *AJA* 69, 1965, p. 253-58.

contexte de problèmes d'approvisionnement. Si le sens qu'a proposé Van Soldt pour le nom *ʿps* en *PRU* II 171 est admissible, et ce sens semble être confirmé par un texte inédit [72], cette analyse de ces signes dans ce texte épistolaire convient moins bien, et l'on peut penser qu'il s'agit ici du verbe.

Le nouveau texte, entier, aurait fourni de précieux compléments d'information concernant les deux mots. Dans son état actuel, les données sont trop éparses pour permettre des progrès dans l'interprétation de la racine ʿPS. En effet, on n'arrive à déterminer ni la fonction précise de ces mots dans le message, ni la forme du complément lorsqu'il s'agit d'un verbe.

14. L'espace vide après {ʿps} n'est pas assez large pour assurer que l'écriture se termine par ce mot, mais assez large pour que l'on se demande si une autre explication n'est pas possible. On ne trouve aucun séparateur, et la trace verticale qui se voit dans la lacune à droite paraît trop peu profonde pour faire partie d'un clou. En raison de cette difficulté – et de l'état général de la tablette – l'analyse de *ʿps* est incertaine : il pourrait s'agir soit du verbe (« qu'a retenu/qui a retenu ... ? »), soit d'un nom (« quel *ʿps* ... ? »), dénotant une personne ou une chose. Le rapprochement avec RS 18.148 laisse croire qu'il s'agit d'un verbe, mais on ne peut en dire plus.

15. Si le mot qui suit *mǵy* est *åḫy*, « mon frère », {ʿmk[...]} à la ligne suivante peut être interprété comme la préposition *ʿm* suivie du pronom de la deuxième personne du singulier masculin (« mon frère est venu ... avec toi »). Évidemment, il pourrait s'agir ici d'un tout autre mot.

17, 19, 24 *hbṯ*. Lors du premier déchiffrement, voyant revenir ce mot trois fois, nous avons espéré que ce texte apporterait la clé du mystère de sa signification en ougaritique. Hélas, l'état du document a détruit cet espoir. S'il s'agit d'« abaisser » quelque chose, on ne voit pas quoi. Et on ne voit pas très bien la place qu'aurait tenue ici une forme dérivée du mot *hbṯn*, dont le sens précis est de toute façon inconnu, car tout ce qu'on sait est qu'il désigne une profession ou une fonction sociale.

20. La meilleure lecture du premier mot semble être {åmt⌜k⌝}, à savoir « ta servante ». La personne en question ne sera certainement pas l'expéditeur, qui ne peut occuper une position subordonnée par rapport au destinataire (voir plus haut, commentaire des lignes 1-3), et il s'agira donc de la mention par l'expéditeur d'une femme au service du destinataire.

Conclusions générales

Une personne dont le nom a entièrement disparu écrit à un certain GR[...], peut-être *Garbānu*, se plaignant d'une saisie qu'a effectuée le destinataire (*lm åḫ⌜t⌝*, l. 4 ; *cf. åḫt*, l. 23), ce dernier étant socialement soit inférieur à l'expéditeur, soit son égal. Il est tout de suite question de vêtement(s) appartenant à l'expéditeur (*mdy*, l. 5), et plus loin il est à plusieurs reprises question de nouveau de ce(s) vêtement(s), de vêtement(s) appartenant au destinataire (*mdk*, l. 13) et de bœuf(s) appartenant soit à l'expéditeur (*ålpy*, l. 18), soit à d'autres personnes (*ålphm*, l. 10). On parle de « saisir » de nouveau à la ligne 7, alors qu'aux lignes 8-9 sont mentionnés des gens originaires des villes de *ʾUškanu* et de *ʾUtnaʾa(m)*, villes se trouvant dans la partie méridionale du royaume d'Ougarit. L'explication de ces faits matériels est rendue difficile sinon impossible par l'état de la tablette et par les ambiguïtés entourant l'interprétation du verbe HBṮ.

72. RS 94.2965 est un texte juridique – qui ne comporte pourtant pas l'autorisation royale – où il est question d'un domaine qu'avait défriché *Yabninu* et des *ʿpsm* de ce domaine.

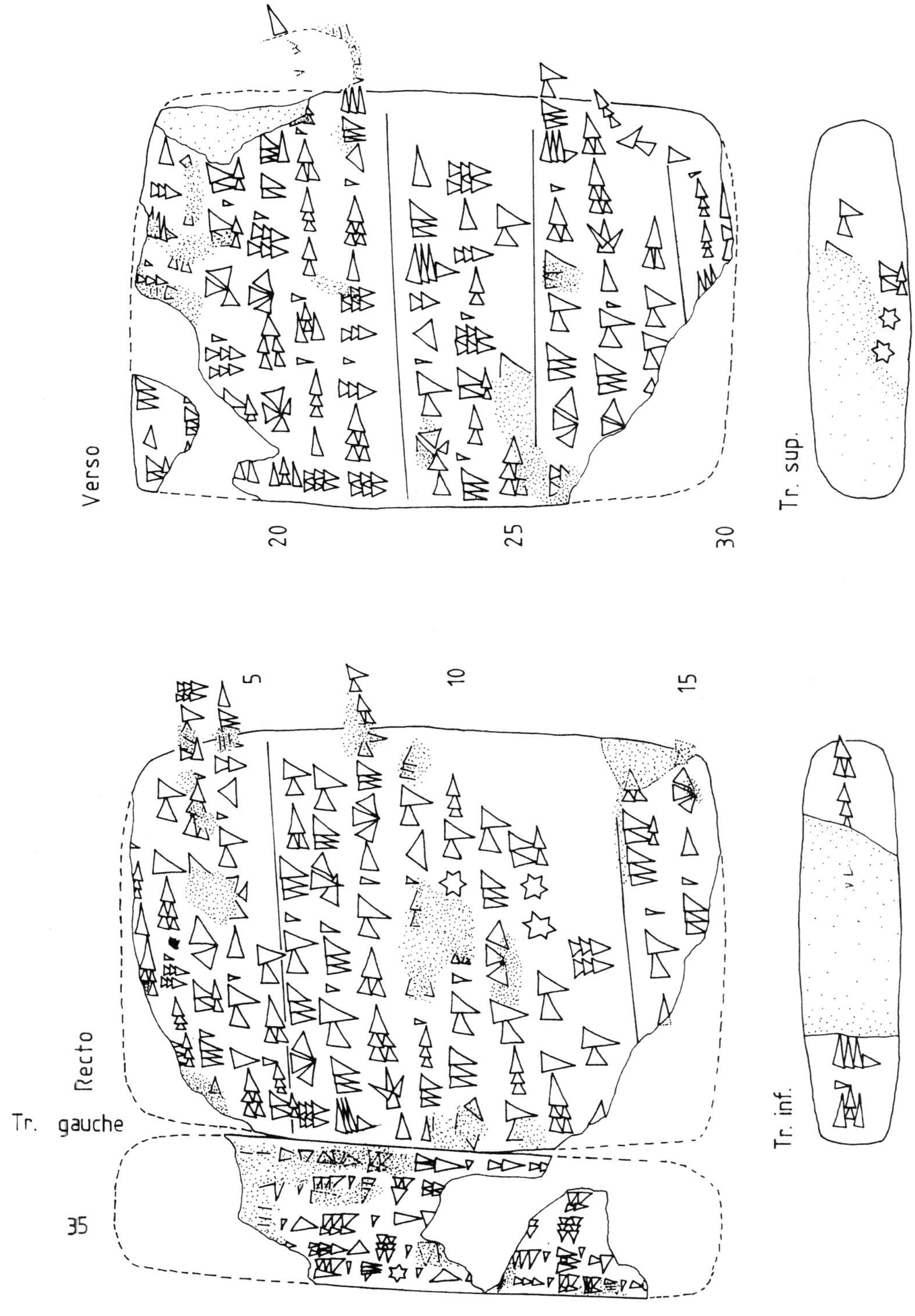

Figure 32. Tablette n° **49** (RS 92.2005).

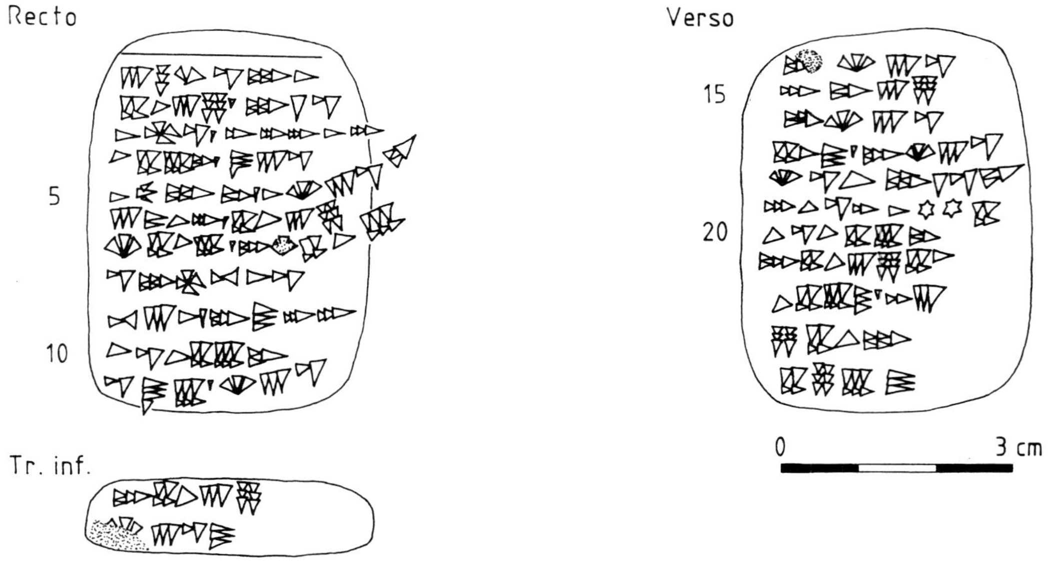

0

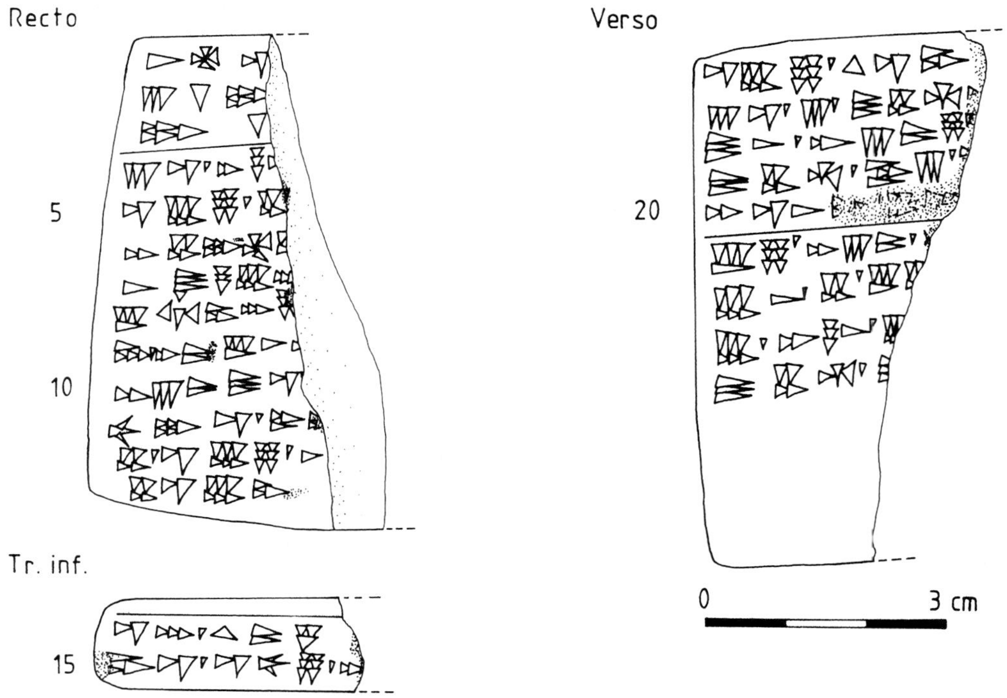

51

Figure 33. Tablettes n[os] **50** (RS 92.2010), **51** (RS 88.2159).

11. UNE INCANTATION

(n° 52)

Pierre BORDREUIL et Dennis PARDEE

52 - RS 92.2014. ***Incantation en faveur d'Ourtenou*** **(ʾUrtēnu).** *Fig. 33*

Musée de Damas DO 7791. Dim. 51 x 65 x 18.

Texte

Recto

1) dy . l . ydʿ . yṣḥk . ủ zb
2) w . ảnk . ảṣḥk . ảmrmrn
3) ʿṣ . qdš . w . ʿlk . l .
4) tʿl . bṯn . w . tḥtk
5) l . tqnn . ʿqrb
6) ʿly . l . tʿl . bṯn . ʿlk
7) qn . l . tqnn . ʿqrb
8) tḥtk . km . l . tủdn
9) dbbm . kšpm . hwt
10) ršʿ . hwt . bn nšm
11) ghrt . phm . w . špthm

Tranche inférieure

12) yšp⌜k⌝ . kmm . ảrṣ

Verso

13) kšpm . dbbm
14) l . ủrtn . l . gbh
15) l . tmnth .

Remarque textuelle

12) Le début du quatrième signe est incrusté, mais on ne voit des traces que de deux clous : il s'agit donc plutôt de {k} que de {w/r}.

Texte vocalisé	***Traduction***
Recto	
1) dūya lā yadūʿu yaṣīḥuka ʾū zabba	1) (Lorsque) l'inconnu t'appelle et se met à écumer,
2) wa ʾanāku ʾaṣīḥuka ʾamarmaran	2) Moi, pour ma part, je t'appellerai, J'agiterai
3) ʿiṣa (*ou* : ʿiṣī) qudši. wa ʿalêka lā	3) du bois sacré, De sorte que sur toi
4) taʿlû baṯnu. wa taḥtêka	4) le serpent ne monte pas, Qu'en dessous de toi
5) lā taqāninu ʿaqrabu	5) le scorpion ne se dresse pas.
6) ʿalāyu lā taʿlû baṯnu ʿalêka	6) Oui ! Que le serpent ne monte pas sur toi !
7) qannu lā taqāninu ʿaqrabu	7) Oui ! Que le scorpion ne se dresse pas
8) taḥtêka kāma lā tiʾdanū	8) en dessous de toi ! De même, que les
9) dābibūma kaššāpūma huwata	9) tourmenteurs, les sorciers ne prêtent pas l'oreille, À la parole
10) rašaʿi . huwata bini našīma	10) d'un méchant, À une parole d'être humain.
11) gahurat pāhumu wa šapatêma	11) (Dès) qu'elle résonne dans leur bouche et sur leurs lèvres,
12) yašpukū kamāma ʾarṣa	12) Que les sorciers, les tourmenteurs (la) versent,

13) kaššāpūma dābibūma
14) lê ʾurtēnu lê gabbihu
15) lê tamūnātihu

13) pour leur part, par terre.
14) Au bénéfice de *ʾUrtēnu*, de son corps,
15) de ses membres.

Structure du texte

Comme dans les autres textes incantatoires, principalement RIH 78/20 [1] et RS 24.244 (ce dernier recélant des éléments incantatoires) [2], la forme d'expression est poétique, bien que la poésie ne soit pas toujours aussi régulière que dans d'autres genres littéraires.

Ce texte se divise en trois parties : (1) ligne 1 : l'énoncé, (2) lignes 2-8 : les serpents/scorpions, (3) lignes 8-15 : les sorciers. La présence du mot *ydʿ* dans l'énoncé laisse croire que la structure principale est ABA, car les *dʿtm* (< √ YDʿ) sont bien connus pour appartenir au même groupe que les *dbbm* et les *kšpm*. On peut en conclure que les ennemis de *ʾUrtēnu* ont l'intention de s'attaquer à lui en faisant appel à des sorciers pour qu'ils lui envoient des serpents et des scorpions. L'incantation déjoue ce complot en rendant impuissants les serpents et les scorpions grâce au bois sacré, et en obligeant les sorciers à repousser les demandes qui leur sont adressées.

Commentaire

1. *dy*. La racine DYY désignant la suffisance ne semble pas convenir ici, et nous voyons donc dans *dy* le pronom relatif + la particule d'allongement *-y* [3].

l ydʿ exprime l'agent de l'attaque, inconnu et inconnaissable pour l'attaqué. L'expression est générale (soit au passif, selon la traduction et la vocalisation proposées plus haut, soit actif, « ce que l'on ne connaît pas »), ne faisant pas directement allusion aux connaissances de *ʾUrtēnu*. Ne trouvant pas ici de rapport explicite entre *ydʿ* et l'au-delà, nous concluons que les *dʿtm/dbbm/kšpm* à Ougarit, comme les *kaššāpū* en Mésopotamie, exerçaient leurs pouvoirs dans tous les domaines de la magie, et que leurs connaissances ne se limitaient pas à la nécromancie.

yṣḥk. Ici l'appel n'est pas mis directement dans la bouche des serpents/scorpions, faisant plutôt allusion aux ennemis de *ʾUrtēnu*, mais le rapport entre l'« inconnaissable » et les serpents/scorpions dans la suite de ce texte n'est pas sans rappeler d'autres traditions où l'on rencontre des serpents ou des scorpions doués de parole [4].

zb. Sans parallèle précis, il n'est pas possible de connaître la signification certaine de ce terme. Nous proposons un rapport étymologique avec la racine géminée en arabe, dont l'un des sens principaux est « écumer » [5]. Le motif du serpent qui crache une écume venimeuse est bien connu par les textes accadiens [6]. La syntaxe de *yṣḥk ù zb* semble appartenir à la grande catégorie des syntagmes « consécutifs », bien que la conjonction ne soit pas *w*.

2. *àmrmrn*. La forme rédupliquée étant attestée ici pour la première fois en ougaritique, seul le sens du passage permet de la mettre en rapport avec l'un ou l'autre des usages déjà attestés de mots où figurent les

1. Voir l'étude de ce texte comme morceau de poésie par D. Pardee, « Poetry in Ugaritic Ritual Texts », in *Verse in Ancient Near Eastern Prose*, Neukirchen-Vluyn, 1993, p. 207-18, avec bibliographie.

2. Voir la mise au point concernant le genre littéraire par D. Pardee, *Les textes para-mythologiques*, ch. 7.

3. Malgré la ressemblance superficielle de *dy* avec le premier mot de RIH 78/20 (*cf.* la note 1), *ydy*, il nous paraît difficile d'envisager que {dy} dérive de la racine YDY, car les racines du type /yCy/ ne produisent pas souvent des noms du type /Cy/. Formellement il pourrait s'agir aussi d'un impératif, mais nous n'avons pas réussi à relier ce mot interprété ainsi à la suite du texte.

4. *Cf.* la tentation d'Ève d'après *Gen.* 3, l'homme-scorpion dans la légende de Gilgamesh.

5. A. de Biberstein Kazimirski, *Dictionnaire*, 1960, vol. I, p. 967-68.

6. *CAD* I-J, p. 139-41 *imtu* (on fera attention particulièrement aux passages où l'écume venimeuse est attribuée aussi bien au scorpion qu'au serpent). *Cf.* D. Pardee, « The Semitic Root mrr and the Etymology of Ugaritic mr(r)//brk », *UF* 10 (1978), p. 254, n. 30 ; *idem*, « Mĕrōrat - pĕtanîm >Venom < in *Job* 20.14 », *Zeitschrift für die alttestamentliche Wissenschaft* 91, 1979, p. 402-403.

radicales M + R [7]. Deux mots déjà connus pourraient convenir ici, le verbe dont la racine n'est pas absolument certaine [8] signifiant *grosso modo* « bénir », et le verbe signifiant « passer », attesté dans le nom d'arme *àymr* et correspondant à une racine géminée en arabe [9] : soit « je bénirai du bois saint », soit « je ferai passer du bois saint », peut-être dans le sens d'« agiter », à savoir « faire passer ci et là ». Nous préférons cette seconde solution car elle est plus proche des actes qu'attestent RS 24.244:64-67 [10].

3. Si l'expression *ʿṣ qdš* est jusqu'ici inconnue, le rôle primordial joué par certains bois dans le bannissement du serpent et son venin selon la tradition ougaritique (voir la remarque précédente) trouve ici un parallèle important [11].

5, 7. *tqnn, qn l tqnn.* Le sens général du verbe est déterminé par le parallélisme : « le serpent monte vers le haut // le scorpion fait X par le bas », où les deux noms communs sont synonymes, et les deux prépositions antonymes, exprimant deux façons contraires de s'attaquer à l'homme. Le seul appui étymologique qui semble convenir est la racine géminée en arabe, rarement attestée, dont l'une des significations au schème-I est « frapper quelqu'un avec un bâton », et au schème-VIII « se dresser sur le sommet d'une chose » [12]. La notion de « se dresser » correspond parfaitement à la position du scorpion quand il se prépare à attaquer : il se dresse sur ses pattes, la queue arquée vers le haut.

La façon dont se présente l'attaque des deux bêtes est sûrement en rapport avec leurs habitudes : s'il est vrai que le serpent, par terre, est très capable de mordre l'homme au pied (*cf. Gen.* 3:15), l'on sait aussi que le serpent monte volontiers, par exemple dans les poutres et les branchages du toit/plafond [13], alors que le scorpion ne quitte guère le sol.

Si la plante-« scorpion » est attesté dans les textes hippiatriques, on rencontre ici pour la première fois en ougaritique la mention de la bête.

8. *tùdn* : à analyser soit (1) comme un verbe dénominatif du nom commun *ùdn*, « oreille - prêter l'oreille, écouter » [14], soit (2) comme un verbe dénominatif de *àdn*, « maître », *cf. ùdn*, « pouvoir, puissance » [15], soit (3) comme une racine éventuelle *mediae* ou *tertiae infirmae* [16]. Nous préférons la première explication parce qu'elle établit un rapport étroit entre le verbe et le nom *hwt*, « la parole ».

---

7. *marmara*, « faire couler de l'eau », etc., en arabe ne semble pas à propos ici (à moins qu'il ne s'agisse d'un rite similaire, mais de moindre envergure, à celui auquel il est fait allusion dans RS 24.244:64-67 – voir la suite du commentaire et la note 10). On pourrait aussi diviser les signes pour lire *àmr mrh*, « je X-erai son *mr* », mais alors on perd le rapport syntaxique avec *ʿṣ qdš* que la conjonction après cette dernière expression oblige à garder.

8. D. Pardee, « The Semitic Root mrr and the Etymology of Ugaritic mr(r)//brk », *UF* 10, 1978, p. 249-88 ; *cf. idem*, *RSO* IV *(Les textes para-mythologiques)*, 1988, p. 207, n. 30.

9. C. H. Gordon, *UT*, 1965, § 19.1541.

10. *Cf.* D. Pardee, *RSO* IV, p. 215-17 (avec bibliographie) ; A. Caquot, *TO* II, p. 91-92.

11. L'usage de bois divers est important dans le texte ougaritique, mais on le connaît dans bien des traditions rituelles, particulièrement dans les *namburbi* mésopotamiens. On peut trouver le mot accadien *quddušu* avec un mot désignant le bois, mais ce bois est « saint » parce qu'il est propre à la fabrication de statues divines (*bīnu qud-du-šu iṣu el-lu ana bu-un-na-ni-e ṣalmê*, « ... the sacred tamarisk, the holy wood for the forms of statues ... » [O.R. Gurney, « Babylonian Prophylactic Figures and their Rituals », *Annals of Archaeology and Anthropology* 2, 1935 p. 44, 45 – nous remercions M. E. Reymond d'avoir attiré notre attention sur ce texte]).

12. A. de Biberstein Kazimirski, *Dictionnaire*, 1960, vol. II, p. 817.

13. *Cf. k bṯn ʿmdm*, « comme un serpent d'un pilier » (RIH 78/20:3).

14. Ce verbe n'était pas attesté en ougaritique jusqu'ici ; il existe en arabe au schème-G alors qu'en hébreu biblique il n'existe qu'au schème causatif.

15. J. Gray « The Blood Bath of the Goddess Anat in the Ras Shamra Text » *UF* 11, 1979, p. 317, n. 9 ; J. Sanmartín, « Die ug. Basis NṢṢ und das "Netz" des BʿL (KTU 1.3 IV 1) », *UF* 10, 1978, p. 449-450 D. Pardee, « Will the Dragon Never be Muzzled ? », *UF* 16, 1984, p. 253. Le sens ici serait : « Que les tourmenteurs, les sorciers soient impuissants ».

16. Cf. *PRU* II 10:19-20 : *nrn àl tùd àd àt lhm*, « N'en charge pas *Nūrānu*, paie-les toi-même » (/ʾal taʾud nurāna ʾaddi ʾatta lêhumu/), où le verbe à la ligne 19 est *mediae infirmae*, celui à la ligne 20 *tertiae infirmae*. Mais le thème général de ce texte n'a apparemment rien de commun avec celui de RS 92.2014.

9. L'association étroite ici et à la ligne 13, où l'ordre de mention est l'inverse, créant ainsi une brève *inclusio*, des « tourmenteurs » et des « sorciers », montre que les premiers appartiennent à la même classe d'ennemis que les derniers, et que les « tourmenteurs » sont probablement ceux qui profèrent de mauvaises paroles (*dabābu*) contre l'objet de la sorcellerie (comme dans RIH 78/20:1). L'interprétation grammaticalement admissible selon laquelle *kšpm* serait le sujet du verbe ici et aux lignes 12-13 et *dbbm* le complément d'objet direct, c'est-à-dire que les sorciers serviraient d'agents pour chasser les tourmenteurs, nous paraît exclue par RIH 78/20, où les *kšpm* sont assimilés aux *dbbm* comme agents maléfiques.

11. La racine GHR, jusqu'ici inconnue en ougaritique, est attestée en araméen (syriaque), où elle dénote la faiblesse (surtout des yeux, mais aussi de l'esprit), et en arabe, où elle a trait surtout à la puissance et à la clarté (de la voix, du soleil) [17]. Théoriquement, la formule ici pourrait avoir trait, donc, soit à la faiblesse, soit à la force de la voix des ennemis de *ʾUrtēnu*. Nous préférons la seconde solution, pour trois raisons principales : (1) l'acception syriaque semble être secondaire, à savoir que la cécité est l'effet du soleil qui frappe les yeux [18] ; (2) l'usage de la racine en syriaque est pratiquement limité aux yeux, alors qu'en arabe il existe un grand nombre d'expressions où figurent la bouche et la parole [19] ; (3) le passage du parfait (ou d'une forme adjectivale) à l'imparfait dans le texte ougaritique (*ghrt* ... *yšpk*) exprime plutôt l'acte et sa conséquence que deux actes ayant la même valeur.

À notre connaissance, il n'existe aucune raison de penser que *p* soit du genre féminin en ougaritique, et le sujet de *ghrt* doit donc être *hwt*, *phm/špthm* constituant des compléments adverbiaux. L'absence de la préposition est un peu étonnante, mais nous ne voyons pas d'autre explication qui convienne [20].

12. Ici la difficulté est de savoir si *yšpk* est au passif, ayant pour sujet les *dbbm/kšpm*, ou à l'actif, ayant pour sujet ces mêmes sorciers et pour objet la parole des ennemis de *ʾUrtēnu*. Dans le premier cas les tourmenteurs/sorciers sont condamnés pour avoir aidé ces ennemis, dans le second cas ils sont en quelque sorte devenus les alliés de *ʾUrtēnu*, par le refus d'entériner la parole de ses ennemis. Nous avons choisi la seconde interprétation en raison de la séquence *km* ... *kmm* (l. 8, 12) – c'est-à-dire que la répétition nous fait croire que le rôle des sorciers n'a vraisemblablement pas changé du tout au tout – et parce que le verbe exprime mieux l'anéantissement de la parole des méchants et du venin ophidien que la défaite des sorciers [21].

14. Le fait d'attacher l'incantation nommément au bénéficiaire n'est pas attesté par ailleurs en ougaritique, où ce genre de texte est de toute façon très rare, mais il est bien connu dans d'autres *corpus*, par exemple dans les inscriptions incantatoires sur bols [22].

La présence de cet anthroponyme dans deux genres de textes très différents (incantation et lettres) provenant de la même maison nous a permis d'identifier *ʾUrtēnu* (Ourtenou) comme le propriétaire de la maison [23].

---

17. On trouve la racine GHR dans deux passages en hébreu biblique, I *Rois* 18:42, où Élie GHR par terre, sa face entre les genoux, et II *Rois* 4:34, 35, où Élisée GHR (// ŠKB) sur le garçon qu'il veut ramener à la vie. Selon l'interprétation traditionnelle de ces passages, le verbe signifie « se pencher », sens qui ne semble pas convenir à notre passage. On ne manquera pas pourtant de remarquer que les deux passages ont un rapport avec des actes magiques, à savoir la guérison/résurrection et l'obtention de la pluie, et l'on doit envisager la possibilité que le rapport entre ces passages et le nouveau texte soit plus étroit que l'interprétation classique ne le laisse penser.

18. Cf. C. Brockelmann, *Lexicon Syriacum*, Halle, 1928, p. 107.

19. A. de Biberstein Kazimirski, *Dictionnaire*, 1960, vol. I, p. 343-44.

20. Les formules comportant le syntagme « *b* + *p*/*špt* » sont bien connues en ougaritique. Formellement *ghrt* pourrait aussi être 1 s. m./f., 2 s. m., ou 2 s. f. du parfait, ou f. de l'adjectif, mais nous n'avons trouvé aucune explication convaincante d'après l'une ou l'autre de ces formes.

21. Il faut aussi envisager la possibilité de l'absence de la structure *km* ... *kmm*, à savoir que le second élément soit à analyser comme préposition + nom commun « eau », interprétation particulièrement alléchante dans ce passage où paraît le verbe *špk* « verser ». Notre hésitation vient de ce que l'existence de la forme *mm* du mot *my*, « eau », est douteuse en ougaritique (C. H. Gordon, *UT*, 1965, § 19.1469).

22. *Cf.* C. D. Isbell, *Corpus of the Aramaic Incantation Bowls*, Missoula, 1975.

23. Voir plus haut, commentaire de RS 92.2005:1, 4 [texte **49**] et la note 22.

Conclusions générales

Ce petit texte constitue un supplément précieux aux textes incantatoires en langue ougaritique, genre littéraire peu attesté. Ses attaches lexicales et thématiques avec les textes qui appartiennent plus ou moins directement à ce genre sont étonnantes : le thème des serpents connu par *Ugaritica* V, 7, 8 [24], l'usage du bois dans le bannissement de ces serpents, et le rôle joué par les *dbbm/kšpm*, qui sont à identifier comme les deux principaux groupes de sorciers, à en juger d'après ce texte et RIH 78/20. Au niveau purement lexical, l'usage de la racine RŠ' dénotant le mal et le méchant dans ces deux mêmes textes, et du parallélisme *gb//tmnt*, est aussi très important, car ces expressions ne sont pas connues jusqu'ici dans d'autres types de textes.

Par ailleurs, nous rencontrons ici plusieurs nouveautés par rapport à ces autres textes : l'appel (ṢH°) de l'ennemi inconnu, l'usage de bois *sacré*, la présence du scorpion à côté du serpent, la coopération entre le profane et le sorcier, et la mention explicite du bénéficiaire de l'incantation. Plusieurs nouveaux termes (ZB, MRMR, QNN, ʾDN, GHR), que nous avons tenté d'expliquer de notre mieux, montrent que le vocabulaire ougaritique est loin d'être complètement connu. Les nouveaux vocables de ce texte montrent aussi, dans la mesure où nous les avons bien compris, qu'en ce qui concerne la sémantique l'ougaritique se rapprochera souvent de l'arabe plutôt que de l'hébreu biblique.

24. RS 24.244 et RS 24.251⁺. *Cf.* D. Pardee, *RSO* IV (*Les textes para-mythologiques*), ch. 7, 8 ; A. Caquot, *TO* II, p. 79-100.

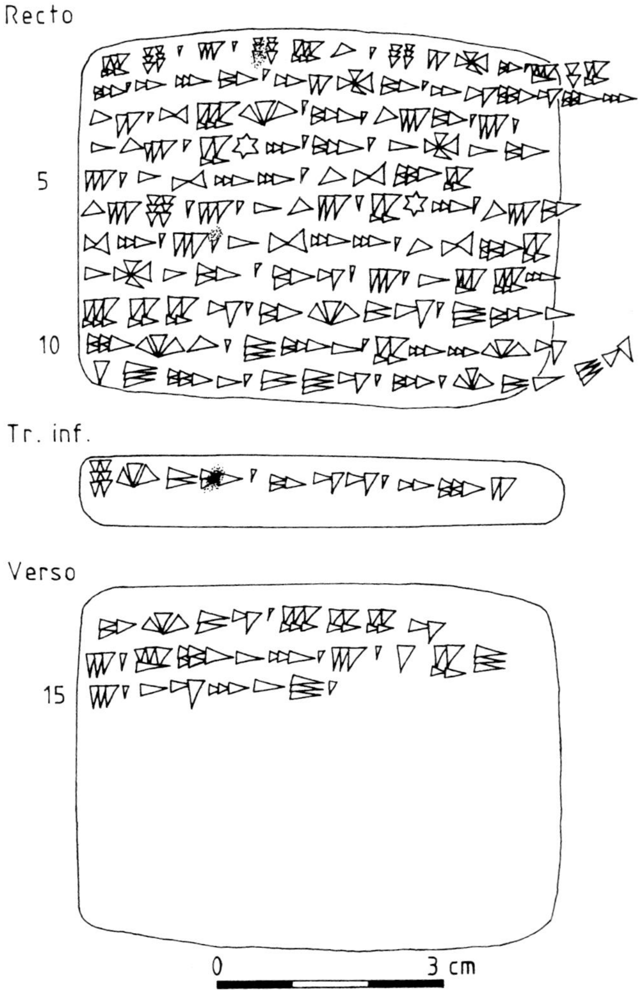

Figure 34. Tablette n° **52** (RS 92.2014).

12. UN TEXTE MYTHICO-MAGIQUE (n° 53)

André CAQUOT et Anne-Sophie DALIX

53 - RS 92.2016. ***Le dieu* Ḫôrānu *entre deux eaux.*** *Fig. 35, 36*

Musée de Damas DO 7807. Dim. 75,5 x 89 x 32 mm [1].

Recto

1') [...]b bt . ⸢ytn⸣[...]

⸢————————————⸣

2') [...]⸢-⸣ . tḥt . ỉl . ṯm⸢k⸣[...]
3') [...]⸢.⸣ w špty . w ḥbr . b[...]
4') [...]⸢-⸣ṯrt . hm škb . ⸢ʿ⸣l ⸢.⸣ t⸢hm⸣[...]
5') [...]šk . qṣḥm ⸢.⸣ ʿpʿpk
6') [...]b ảd⸢-⸣ pʿnk . ydk . l thm
7') [...]⸢-⸣m . ḥmm ⸢.⸣ b bšrk.
8') [...]⸢k⸣bkb ⸢.⸣ kbkbm . ảl . kbkb
9') [...]dm . kbkb . šmm w thm
10') [... kb]⸢k⸣b ⸢.⸣ bʿl . w pdry . kbkb
11') [... kṯ]⸢r⸣ . w ⸢.⸣ yss . kbkb . ydd . w šd
12') [...]⸢-⸣ . kbkb . qdš . yrtḥṣ
13') [...]y . ylḥm . b lḥmy . yḥṣ
14') [ ]rṯy . dʿt . my . k qdš
15') [...]⸢-⸣m . ʿbd . ṭl . ảrbʿtm
16') [...]y . w lqḥ prṯt . bʿl
17') [...]⸢-⸣ . bʿl . qdšm . b nhr.
18') [...]⸢n⸣ḫl . ʿṯtrt . b rḥbn
19') [. .]⸢-⸣ảrr . b ym . tl . bʿl
20') [...]prṯt . bʿl.
21') [...]ṯt . bʿl

————————————
————————————

22') [...]⸢-t⸣ . yldt . qṭy

————————————

23') [...]⸢---⸣kḏrḫỉ . kbảm
24') [...]⸢---⸣ḏm

....

Verso

....

25'') [...]⸢---⸣
26'') [...]nm
27'') [...]š
28'') [... w yʿ]db . d b tkh
29'') [...]⸢-⸣ bth
30'') [...]⸢-⸣h . w . ysb . bt . mḫrh
31'') [...]⸢r⸣ḥq . ảbn . l ảbn . w pslt . l pslt
32'') [...]w . hwt . b špth . rḥqt . ảbn . l ảbn
33'') [...]⸢ʿ⸣rb . ḥrn . bth . ytn . gh . w . yṣḥ . m⸢-⸣ b bt

1. Ces dimensions sont celles du *verso* ; au *recto* la surface conservée est moindre : 66 x 81,5 x 32 mm.

34") [...]⸢-⸣ ḥdr . tʿny ⸢.⸣ ảnk mlkt . mntn . mrbdh ytn
35") [...]nh ⸢. w⸣ ḫlm ảṯt . ỉṯt [.] ⸢k⸣ yṯnyn . bn . ʿnm
36") [...]⸢-⸣r ⸢.⸣ hpkm . ảhp⸢k⸣ ⸢.⸣ lbš . w ảhpkn . ḫlpn
37") [...]m . w yʿdb . d b tkh . w . tqdmnnn . ỉlht
38") [...]n . nrt . ỉl . špš . l ymt . špš
39") [...]ḥnt . ỉl . hn . ksmḥṯ . l mlkt mntn

40") [spr . ỉlmlk . š]⸢b⸣ny . lmd . ảtn . prln
41") [ ]r . bb⸢-⸣ . w . mspr . hnd . hwt.
42") [ ]⸢--⸣rbh . w ỉnd ylmdnn
43") [ ]b spr

Description :

– Argile de couleur beige clair.
– Angle supérieur droit. D'après la restitution de la première ligne du colophon, neuf signes et demi sont perdus ; la marge gauche devait se situer à environ 35 mm du bord actuellement conservé. Si le texte était inscrit en une seule colonne, comme la longueur des lignes et l'observation de la courbe des cassures et de la forme des bords conservés semblent l'indiquer, la largeur originelle de la tablette devait être d'environ 115 mm et sa hauteur d'environ 180 mm. Il subsiste donc approximativement les trois quarts de la largeur initiale de la tablette et la moitié de sa hauteur.
– Les lignes du texte sont d'inégale longueur. La lisibilité du texte a été privilégiée aux dépens de la « mise en page ». Cette dernière reste cependant nette : les lignes sont parallèles au bord supérieur de la tablette et suivent la courbure de la tablette. Dans la mesure où l'état du texte nous permet de le comprendre, aucun terme n'est coupé en fin de ligne pour se poursuivre à la suivante. L'exemple le plus clair est fourni à la ligne 34' puisque la phrase se poursuit en oblique sur la tranche. En règle générale, les séparateurs ne sont pas omis. L'espace entre les mots et les lettres les composant est un peu plus grand que de coutume chez ʾIloumilkou.
Sur le *recto* apparaissent, côte à côte, deux dépressions imprimées par deux doigts (index et majeur); de même, au *verso*, il en existe une un peu plus large, marquée par le pouce. ʾIloumilkou a laissé ces traces en maintenant la tablette du côté du *verso*, mais ces dernières n'affectent cependant pas les signes cunéiformes qui ont été imprimés dans l'argile. Cette matière plastique était donc encore relativement ductile.
On peut également noter une « mise en page » particulièrement intéressante et rare, sinon unique jusqu'alors :
– au *recto*, trois séquences : 21 lignes conservées, une phrase insérée dont l'isolement est matérialisé par un double trait supérieur et un trait simple inférieur, puis le texte qui se poursuit (seules deux lignes très fragmentaires sont conservées) ;
– au *verso*, deux séquences : 15 lignes conservées et le colophon qui, selon les us de ce scribe, est mis en valeur par un double trait supérieur et inférieur [2]. Ce dernier avait été réalisé un peu trop haut (avant-dernière ligne du colophon). Il a été effacé avant que la ligne 42" soit inscrite. La trace de ce double trait est encore visible sur la tranche latérale droite.

Commentaire paléographique

Contrairement à d'autres scribes, ʾIloumilkou trace des {t} et des {ʿ} très distincts. Le {t} est horizontal, et inscrit sur ou au-dessus de la ligne d'écriture. Il est généralement un peu plus allongé que les autres signes cunéiformes horizontaux. Quant au {ʿ}, il est vraiment oblique. La pointe supérieure de ce triangle correspond à l'empreinte de l'un des angles de taille du stylet et sa base repose sur la ligne d'écriture fictive. Son stylet laisse toujours des empreintes nettes, y compris dans la réalisation de lettres dont

2. A.-S. Dalix, « ʾIlmlk, scribe d'Ougarit au XIIIe s. av. J.-C. », à paraître.

l'orientation des signes est répétée comme le {n}, le {l} et le {y} par exemple. L'espace entre les signes est régulier, mis à part au *verso*, ligne 36" (une des lignes les plus longues de ce texte), où le {p} et le {k} se touchent.

Déviation de la graphie

De façon générale, les signes forment des lignes approximativement parallèles. Les interlignes [3] sont en moyenne de 1-2,1 mm. La hauteur moyenne des signes est de 2 mm, leur largeur moyenne de 2,5-3 mm.

28" : La fin de cette ligne d'écriture subit une déviation due à une impureté dans l'argile visible lors de l'exécution des signes.

34" : C'est la plus longue ligne du texte. Elle se poursuit au-delà du *verso* sur la tranche. On observe que les trois derniers signes sont disposés en oblique. ʾIloumilkou a probablement choisi une telle disposition pour éviter de continuer d'écrire au *recto*.

Signes mutilés

Entre le moment de la découverte et la fin de la restauration, quelques signes ont disparu des bords des cassures, endroits particulièrement fragiles. Dans ces remarques, nous signalons ces différences entre la transcription et la copie (exécutée au musée de Damas après restauration) [4].

1'. Tous les signes indiqués étaient visibles avant restauration.

Avant restauration, on a cru lire un trait horizontal entre les lignes 1' et 2' ; aujourd'hui nous ne trouvons qu'un trait peu profond qui se voit seulement à droite. Dans l'hypothèse d'un texte à une seule colonne, la présence d'un trait horizontal impliquerait que la première ligne du texte indiquait le titre du texte qui devait être consigné sur la tablette ou une rubrique.

2'. Devant le séparateur à gauche, on voyait avant restauration le bord droit de ce qui semblait être un clou vertical.

Le dernier signe peut être soit {k} soit un autre signe commençant par des clous horizontaux.

4'. Au début de la ligne on voyait avant restauration la pointe d'un clou, vraisemblablement horizontal.

À la fin de la ligne, on trouve des traces infimes du {ʿ} et du séparateur après le {l}, ensuite les deux clous inférieurs du {h} et la pointe inférieure des deux clous du {m}.

6'. On préfèrera la lecture {ảdt .} mais {ảdm} n'est pas impossible.

8'. Devant le {b}, il y a un clou horizontal dont on voit des traces de la tête, mais aucun autre composant du signe.

11'. Il subsiste trois signes horizontaux disposés en un triangle couché vers la droite. Il semblerait que le signe horizontal inférieur soit précédé d'un autre horizontal. La lecture d'un {r} est donc plus probable que celle d'un {k}.

12'. A gauche on voit la pointe seulement d'un clou horizontal.

14'. Aucune trace de lettre ne semble visible devant le {r}. Il est permis de supposer que la cassure suit la forme de la lettre disparue. Elle est verticale, et la restitution de {m} pourrait donc convenir.

15'. Devant le {m} apparaissent un clou horizontal entier et la trace d'un autre au milieu de son bord gauche. Il s'agit donc de {à, w, n}.

18'. Comme dans le cas du premier signe à la ligne 15', on voit ici un clou horizontal entier et la pointe d'un autre au milieu de son bord gauche, mieux conservé que dans le cas précédent. Le sens du passage semble indiquer la lecture de {n}.

19'. Devant le /à/, on distingue clairement un clou vertical et en dessous la pointe d'un clou horizontal ; il s'agit donc de {b, d}.

22'. La tête du clou horizontal visible après la première trace est presque entièrement conservée, et il semble donc s'agir de {t} et non pas d'un signe dont ce clou ne serait qu'un élément.

---

3. Mesurés entre l'extrémité des clous de la ligne supérieure et le sommet de ceux de la ligne inférieure.

4. Nous n'avons pas vu la tablette avant restauration, et nous remercions P. Bordreuil et D. Pardee de nous avoir signalé ces détails.

23'. Trois signes sont partiellement conservés au début de la ligne : la première trace pourrait être la branche droite de {ḏ}, le deuxième signe est certainement {h, ỉ}, et dans la cassure après ce signe s'aperçoit ce qui pourrait être la tête du clou séparateur.

24'. Ici aussi, on trouve trois signes partiellement conservés au début de la ligne : un {m} presque certain, le bord supérieur d'un clou horizontal, et trois têtes de clous verticaux appartenant à {l, d, ủ}.

25''. Les trois signes partiellement visibles à la fin de cette ligne peuvent se décrire de la manière suivante : le premier commence par la tête d'un clou horizontal mais le reste est assez indécis – on voit pourtant ce qui pourrait être le clou inférieur de {ḥ} ; ensuite on voit seulement la pointe d'un clou vertical et un coin inférieur de clou horizontal.

29''-30''. Le signe partiellement conservé à la ligne 29'' semble être {⸢l⸣}, à la ligne 30'' {⸢b⸣}.

31''. Du premier signe, il ne reste qu'un seul clou, mais la lecture de {r} est indiquée par le contexte.

32''-39''. À la ligne 32'', le {w} et le séparateur étaient bien conservés avant restauration ; à la ligne 33'', on voyait {⸢ʿ⸣r} ; à la ligne 34'', {⸢b/d⸣} ; à la ligne 35'', {nh} ; à la ligne 36'', une pointe de clou horizontal ; à la ligne 37'', le premier {m} était entier ; à la ligne 38'' le {n} l'était et à la ligne 39'' le {ḥ}.

33''. Du quatrième signe de la fin, il ne reste que des traces floues ; {y} nous semble être une lecture possible, mais aucune des traces n'est assez claire pour confirmer la lecture.

41''. Le signe partiellement conservé est {⸢l/ṣ⸣}, avec préférence pour le premier.

42''. Dans la cassure à gauche, on voit la pointe d'un clou horizontal et après l'espace suffisant pour le clou séparateur, sans que celui-ci soit clairement visible.

Variations graphiques

A la ligne 2', le {ỉ} possède un clou vertical décalé par rapport aux têtes des clous horizontaux.

Les trois clous verticaux du /l/ sont en général de même hauteur, sauf l. 18' et, au *verso*, l. 40''.

Au *verso*, la confusion entre le {h} et le {ỉ} est possible. Le clou vertical du {ỉ} est de taille modeste, si bien qu'il est malaisé de le distinguer de l'alignement produit par les têtes des trois clous horizontaux. *Cf.* lignes 35'', 37'', 38'' et 42''.

Le {š} est ombelliforme. Les deux clous obliques affectent la forme habituelle chez ʾIloumilkou : celui de gauche est un clou long en biais et celui de droite un *Winkelhaken* dont la pointe droite est relevée. Les pointes inférieures de ces clous et de celui du milieu se rejoignent en un point, sauf ligne 11'. Cette variation s'explique par la forme arrondie de la surface. Il s'agit de la partie transitoire entre le *recto* et la tranche.

Le {ṯ} en forme d'étoile est classique. Parfois l'image produite est un peu différente : voir lignes 35'' et 39'' particulièrement. Le clou vertical est étiré en son sommet et le clou oblique apposé selon l'angle supérieur gauche le dépasse, décalant les « branches » de l'étoile.

Le {ḥ} présente la forme que nous lui connaissons dans les autres textes portant la signature de ce scribe [5]. La seule différence à noter concerne le clou inférieur. Habituellement, ce dernier est disposé de façon parallèle au clou oblique. Or, ici, il possède une orientation entre l'horizontale et l'oblique.

Indépendamment des légères variantes graphiques mentionnées, la graphie de ce scribe mérite bien les qualificatifs de « fine et soignée », ainsi que l'a définie A. Herdner (*CTA*, p. 13).

Traduction

Recto

1') [...] dans la maison DONNER [...]

⸢————————————————————————————⸣

2') [...]au-dessous de ʾIlou (?) Ṯ M⸢K⸣[

3') [...]et ma parole (« mes lèvres ») et le(s) charme(s) de B[aʿlou? (ou X) ...]

4') [...] s'il s'est couché au-dessus de l'abîme [...]

5') [...]ta [têt]e et comme la nigelle, tes paupières

6') [...] tes pieds, tes mains vers l'abîme

5. Tablettes RS 2.004, RS 2.008+3.341+3.347, RS 2.009+5.155 et RS 3.325+3.342+3.408. *Cf.* Dalix à paraître (note 2).

7') [...] la chaleur dans ta chair
8') [...], étoile des étoiles. Qu'il n'y ait pas d'étoile
9') [...] étoile, les cieux et l'abîme
10') [... l'éto]ile Baʿlou et Pidray, l'étoile
11') [... Koṯa]rou et Hasisou l'étoile. Yadidou et Šadou
12') [...] l'étoile. Le saint/Qoudšou se lave
13') [... il] mange, dans ma nourriture il ḤṢ
14') [...]ma [b]oisson (/mon vin), c'est la sueur. Qui est comme Qoudšou?
15') [...], il a produit la rosée, quatre
16') [...] et il prend le « secret » de Baʿlou
17') [...] Baʿlou, (et) Qoudšou (ou : les saints) dans le fleuve
18') [... dans?] le torrent de ʿAṯtartou, dans le Raḫbanou
19') [...] dans ʾArarou, dans la mer. La colline de Baʿlou
20') [...]« secret » de Baʿlou
21') [... « se]cret » de Baʿlou

22') [...] a mis au monde (ou : celle qui donne naissance à) l'homme de *qṭ*.

23') [...]⌈---⌉KḎRḪʾI . KBʾAM
24') [...]⌈---⌉ḎM
....

Verso

....
25") [...]⌈---⌉
26") [...]NM
27") [...]Š
28") [... il pré]pare ce qui est chez elle
29") [...]pour sa maison
30") [...] et il fait le retour à la maison de (son) MḪR
31") [... il en]lève (ou : déplace) pierre à pierre et (pierre) façonnée à (pierre) façonnée
32") [...]et la parole de ses lèvres. Elle déplace (ou : enlève) pierre sur pierre
33") [...] Ḥoranou [en]tre chez lui, il donne de la voix et il crie : Qui est dans la maison ?
34") [...la]pièce, elle répond : c'est moi, la reine (de) MNTN. Sa couverture il donne
35") [...] et la « danse » de la femme (est son) don. Quand il prend la parole, entre les yeux
36") [...] je retournerai vraiment le vêtement-*lbš* et je retournerai le vêtement-*ḫlpn*
37") [...]et il prépare ce qui est chez elle. Et les déesses le présentent
38") [...] la lumière de ʾIlou, Šapšou. Pour les jours de Šapšou
39") [... et Yariḫou la grâ]ce de ʾIlou. Voici une coupe de MḪṮ pour la reine (de) MNTN.

40') [Document (écrit par) ʾIloumilkou, le šub]banite, élève de ʾAtta/enou, PRLN,
41") [ ] et ce récit était prononcé
42") [ ] son chef et il n'est personne qui (le) lui ait enseigné
43") [ ] dans/par le document écrit.

Commentaire

Les mutilations du *recto* et du *verso* rendent difficile toute tentative de traduction suivie, spécialement pour le *recto*. On reconnaît tout au plus des groupes de mots et quelques indices d'actions perceptibles grâce aux suffixes pronominaux qui renvoient aux différents acteurs, mais on ne peut retrouver, en général, aucune structure de phrase.

1'. Selon les rapports entre le texte du *recto* et celui du *verso*, la formule ici a pu être « donner de la voix dans la maison » (*cf.* l. 33').

2'. Le terme **il** est ici, comme c'est souvent le cas, ambigu à traduire. Il s'agit soit de la (ou : les) « divinité(s) » (singulier absolu ou pluriel construit), soit du dieu *ʾIlu*. La préposition *tḥt*, « en dessous, à la place » ou moins couramment « sous », ne permet pas davantage de trancher entre ces deux traductions. Le pluriel est peut-être préférable puisque des binômes divins sont mentionnés ultérieurement. En revanche, en raison de l'importance de Šapšou plus loin dans ce texte, on pourrait penser que le mot {**ṯm⌜k⌝**} désigne la divinité solaire hourrite, qui s'écrit normalement {ṯmg} [6].

3'. **špty** marque sans doute la fin de la première partie du discours à la première personne. Le sens courant de *špt* est « lèvre ». Mais en raison de sa coordination à *ḫbr*, une traduction plus proche de l'accadien *šiptu* [7], « parole », ajouterait au passage.

ḫbr : le sens courant de « compagnon » ne convient guère ici. Tout comme en hébreu [8] et en araméen [9], il existe sans doute un homographe qui désigne soit un charme, une conjuration, soit celui qui les lance [10]. D'ailleurs le sens de « compagnon » est vraisemblablement à l'origine de l'usage divinatoire, comme le montre RS 24.252:5, où il est question des « bons compagnons » de la divinité *Kôṯaru* dont on connaît bien les liens avec la divination [11].

4'. [à]**ṯrt** ou peut-être [k]**ṯrt** à cause de la ligne 22 (*yldt*). Après avoir évoqué les « compagnons de *Kôṯaru* », on pense immédiatement ici aux *Kôṯarātu*. Si celles-ci n'ont pas, du moins d'après les textes connus aujourd'hui, de rapport avec la divination, leur activité principale est en rapport avec la conception et la naissance [12].

Le terme **hm** introduit une proposition conditionnelle ou le premier terme d'une alternative dont le second pourrait se trouver à la ligne 7'.

škb : le verbe au qal 3e sg se rencontre généralement en parallèle avec *ln*, *qmṣ*, *šʿly*. *Cf. CTA* 14 I:34-35. En l'absence de parallèles et dans l'état actuel du texte, on ne peut savoir qui s'est couché « sur » ou « au-dessus de » l'abîme [13]. S'agit-il de la forme *thm* que l'on rencontrera plus bas ou d'une forme portant la désinence féminine *-t* ? La signification de l'acte est difficile à déterminer.

5'-6'. Ces deux lignes mentionnent des parties du corps humain (paupière, pied, main). On attend donc au début de la ligne 5' le nom de « tête », [rì]**š**.

qṣḥ : il existe une autre attestation de ce terme en ougaritique dans RS 29.096:8 (= *CAT* 4.751). À côté de *qṣḥ*, le texte mentionne des fruits secs, figues (*dblt*) et raisins (*ṣmqm*). *qṣḥ* appartient peut-être à cette catégorie d'aliments, à moins qu'il ne s'agisse d'une liste d'ingrédients entrant dans la confection de pâtisseries. En effet, on connaît *qṣḥ* en hébreu biblique, *Is* 28:24, 27 où il est en parallèle à « cumin ». Il est alors traduit par « nigelle ». Le *Dictionnaire de la Bible*, tome 3/1, col. 244-245, signale que cette

6. E. Laroche, « Glossaire de la langue hourrite », *Revue hittite et asianique* 35, 1977, p. 232-233.

7. *CAD* $Š_2$, p. 86-91.

8. *Dt* 18:11.

9. K. Beyer, *Die aramäischen Texte vom Toten Meer*, Göttingen, 1984, p. 572.

10. Il existe peut-être une autre attestation de ce terme au pluriel, *ḫbrm*, dans RIH 78/20:10. Mais les avis divergent. Pour un aperçu des différentes positions, voir A. Caquot, « Une nouvelle interprétation de la tablette ougaritique de Ras Ibn Hani 78/20 », *Orientalia* 53, 1984, p. 163-176, spéc. 171.

11. Voir D. Pardee, *RSO* IV, *Les textes para-mythologiques de la 24e campagne (1961)*, Paris, 1988, *ad loc.* ; idem, *Les textes rituels*, à paraître, *ad* RIH 78/20:10-11 ; A. Caquot, *TO* II, p. 57, 115.

12. Sur les divinités ougaritiques portant un nom formé sur la racine KṮR, voir mise au point récente de Pardee, « Koshar » et « Kosharot », *in Dictionary of Deities and Demons in the Bible*, Leiden, 1995, p. 913-917.

13. Nous employons « abîme » comme traduction conventionnelle de *thm*, le mot qui en ouest-sémitique désigne la mer d'eau fraîche sous-jacente à la terre.

elléborée pousse en Syrie. Ses sépales sont de couleur bleuâtre et ses graines de couleur noire entrent dans des préparations culinaires. En botanique, *nigella* sert à désigner un genre parmi lequel figure la nigelle ciliée *(nigella ciliaris)*. Elle tire son nom de ses « sépales, pétales et carpelles qui portent de longs poils semblables à des cils » [14]. Cette espèce pourrait entrer dans la comparaison évoquée.

6'. **pʿn**, terme qui s'oppose à *yd*.
Le /b/ est à interpréter soit comme une préposition, soit comme la fin d'un mot plus long, par exemple de *åb* dans l'expression courante dans les textes épico-mythologiques : *åb ådm*, titre du dieu *ʾIlu*. La première hypothèse semble la plus vraisemblable puisque la ligne suivante donne *bbšrk* et que le scribe n'a pas l'habitude de marquer la séparation de la préposition du nom qu'elle introduit. En revanche, la lecture que nous avons préférée du point de vue épigraphique, {bådt .}, ne trouve pas d'explication aisée (*cf.* peut-être *Gen.* 2:6, où *ʾēd* est en rapport avec les eaux souterraines).

7'. Le terme **ḥmm** contient l'idée de « chaleur » mais à quelle forme? Il faut sans doute songer à un substantif comparable à l'arabe *ḥumām* « fièvre ».

8'. Le nom **kbkb** est suivi ou précédé chaque fois de noms de divinités groupées deux par deux, ainsi que A. Caquot l'a observé. À sa suite, « on se demandera donc si le nom "astre" ne sert pas en ce contexte de déterminatif des théonymes, comme bien souvent le nom de *ʾil*, à l'instar peut-être de l'idéogramme DINGIR du cunéiforme accadien » [15].

9'. L'expression **šmm.w thm** précédant tout autre binôme divin fait peut-être allusion au principe cosmogonique. Elle se rencontre également dans un texte du même genre, RS 24.244:1, où elle est plus directement associée à Šapšou. Il existe tout un faisceau de divinités binômes comportant des éléments similaires : dans les textes rituels, on rencontre *årṣ-w-šmm*, « Terre-et-Cieux », où l'ordre des éléments est de bas en haut, le contraire de *šmm-w-thm*, et *ǵrm-w-thmt*, « Montagnes et Eaux (de l'abîme) » [16], où l'ordre est de haut en bas mais où « les Cieux » ne figurent pas.

11'. La présence du terme *kbkb* qui précède ou suit un binôme invite à corriger {yss} en *ḫss* malgré la présence d'un séparateur, et à voir la mention de la double divinité *kṯr-w-ḫss*. Quant à la correction de /y/ en /ḫ/, elle suppose que ʾIloumilkou a par inadvertance doublé les clous verticaux superposés.
ydd est souvent employé comme épithète de Môtou mais cela n'est peut-être pas le cas ici, compte tenu du fait qu'il précède *šd* avec lequel il forme un binôme divin suivant.
La mention de **šd** est particulièrement importante pour l'histoire des religions, ainsi que le rappelle A. Caquot [17], puisqu'elle permet d'établir « que les Ougaritains ont connu un dieu *šd* » et qu'elle constitue un jalon non négligeable à « la préhistoire du titre divin Shadday » [18].

12'. **yrtḥṣ** : les attestations de ce verbe se répartissent en deux groupes : celles des textes épiques et celles des rituels. Le sujet est masculin : Kirta (roi nommé) dans la légende ou le roi dans les rituels. Ce verbe marque une nouvelle étape dans le déroulement de ce rite. Si le nom divin **qdš** est masculin, il faut le distinguer d'une déesse *qdš* qu'on a pu identifier à la déesse nue *qdšw* égyptienne. Un dieu *qdš* est connu par le texte rituel RS 24.271:20' et bon nombre de savants croient que le premier élément du binôme divin *qdš-w-åmrr* désigne une divinité masculine [19].

13'. Le /y/ précédant **ylḥm** peut être soit le suffixe de 1re personne du singulier, soit la dernière consonne d'une racine en rapport avec la nourriture ou la boisson, tel que *šty*, *šqy* « boire ».

---

14. Nous tenons à remercier M. Nehmé de nous avoir fait part de ce renseignement extrait de son ouvrage de botanique actuellement en préparation.

15. A. Caquot, « Une contribution ougaritique à la préhistoire du titre Shadday », *Congress Volume, Paris 1992*, Leiden, 1995, p. 5.

16. Le « sens » du nom est fourni explicitement par l'équivalence accadienne indiquée dans les versions syllabiques des « panthéons » d'Ougarit (voir D. Pardee, P. Xella, « Mountains and Valleys », *in Dictionary of Deities and Demons in the Bible*, Leiden, 1995, p. 1135-1136 ; et D. Pardee, *RSO* XII, *Les textes rituels*, 2000, *ad* RS 1.017 et RS 24.643 *verso*).

17. A. Caquot (note 15), p. 5-12.

18. Une autre opinion sur les noms *šd*, *šdy* et *šdrpʾ* a été exposée par E. Lipiński, *in Zeitschrift für Althebraistik* 8, 1995, p. 247-274.

19. Voir D. Pardee, *RSO* XII, *Les textes rituels*, 2000, *ad* RS 24.271:20'.

Il est délicat de proposer un sens à **yḫṣ** parce qu'il s'agit d'une racine faible (à moins qu'il ne s'agisse simplement d'une faute pour {yrḥṣ}) et dans la mesure où la syntaxe de la ligne n'est pas claire (le mot peut être lié soit avec *b lḥmy* soit avec ce qui suivait au début de la ligne suivante).

14'. [...]**rṯ** est vraisemblablement à mettre en parallèle avec *mrṯ*, « boisson » ; *trṯ*, « une qualité supérieure de vin », conviendrait aussi dans ce contexte. Le terme suivant **dʿt** peut être traduit par « sueur ». Ce serait un répondant ougaritique au *ʿaraq* arabe, l'eau de vie, « sueur » du vin (si la métaphore n'est pas à limiter à l'usage moderne où elle exprime l'aspect visuel de la distillation).

15'. **ảrbʿtm** : il s'agit d'un *hapax legomenon*. Pourtant dans un texte administratif inédit (RS 94.2184+), on trouve les formes *ṯlṯtm* et *ḫmštm* et le sens semble en être, respectivement, « trois » et « cinq ». Malgré la ressemblance avec l'hébreu *ʾarbaʿtayim*, « quatre fois », le sens de la forme ougaritique ne semble donc pas être identique.

16'. **prṯt** n'était pas attesté jusqu'alors en ougaritique. On ne connaît que *prṯ*, nom de personne. Nous proposons d'interpréter *prṯ* par l'accadien *pirištu* [20] à l'acceptation sémantique étendue, de le traduire par « secret » et d'y voir une allusion au passage *CTA* 5 V:6-11 : « Et toi (Baʿal), prends avec toi ton nuage, ton vent, ta foudre, ta pluie, tes sept valets, tes huit *officiers*, avec toi Pidray, la lumineuse, Talay, la pluvieuse » [21].

17'-19'. Il faut peut-être voir dans ces quelques lignes une description géographique.

rḫbn : il existe deux autres attestations de ce terme dans le corpus : l'une provenant d'un texte de genre littéraire incertain mais que l'on désigne souvent comme une lettre, RS 16.394:60 (*PRU* II 2), mais le contexte est trop fragmentaire pour qu'on puisse l'exploiter. L'autre, un texte administratif (RS 15.031 = *PRU* II 96:1), paraît fournir un élément intéressant : *b gt mlkt b rḫbn* « dans le *gt* de la reine, dans le Raḫbanou », où le terme semble avoir un sens géographique en rapport vraisemblablement avec le grand fleuve du pays d'Ougarit, le Nahr el-Kebir, qui portait dans l'antiquité le nom de Raḫbanou [22].

20', 21'. La présence de **prṯt bʿl** permet de mettre en relation ces deux lignes avec la ligne 16'. Il semblerait que la même action soit répétée deux fois, si bien que, si l'on essaie de reconstituer le récit, on peut supposer un passage de l'inaccompli à l'accompli.

22'. L'interprétation de **qṭy** est liée à l'analyse du {y}, marque du gentilice ou 1re personne du singulier. Ainsi, on peut le traduire par « l'homme de *qṭ* » [23].

23'-24'. La lecture des quelques restes d'écriture est ici malaisée et l'interprétation l'est encore plus. Nous ne reconnaissons aucun terme ougaritique certain (l'un ou l'autre des {k} à la ligne 23' pourrait évidemment correspondre à la préposition *k*, mais nous n'avons trouvé aucune interprétation convaincante des signes suivants).

28''. Nous analysons comme suit les signes {*dbtkh*} : *d* relatif, *b* préposition, *tk* nom commun signifiant « milieu » et *-h* suffixe postposé 3e sg. f. On pourrait aussi penser à un seul mot (*cf. dbảt*, *CTA* 10 II:21, 22, en rapport avec la déesse ʿAnat). Mais la première hypothèse nous paraît la plus probable compte tenu des lignes suivantes, spécialement en raison des parallèles *l bth* (l. 29'') et *ysb bt mḫrh* (l. 30''), car le second semble exclure une référence à un homme ou une allusion à ʿAnat. Devant ce terme, il faut sans doute restituer une forme du verbe ʿDB sur le modèle de la ligne 37''. De fait, le sens du verbe doit être en rapport avec l'usage de *ʿdbt* en *CTA* 4 VI:36-39 où le mot désigne les « ustensiles » du palais de Baʿlou.

---

20. W. von Soden, *Akkadisches Handwörterbuch*, *s. v.*

21. *Cf. TO* I, p. 247-248.

22. P. Bordreuil nous signale aussi la nouvelle lecture d'un sceau qui porte un anthroponyme où *rḫbn* figure comme élément théophore : *ʿbdrḫbn*, « serviteur du (dieu) généreux ». Nous l'en remercions vivement et renvoyons pour tout renseignement complémentaire à sa publication, le *Recueil des inscriptions sigillaires ouest-sémitiques*, en préparation, n° 120.

23. Il est clair d'après la liturgie connue par RS 1.002 (*CTA* 32) que l'entité géopolitique qui portait le nom de *qṭ* avait une résonance particulière pour les Ougaritains (*cf.* la nouvelle étude de ce texte, avec la bibliographie antérieure, par D. Pardee dans *RSO* XII, *Les textes rituels*, 2000). Pour l'identification du toponyme *qṭ*, voir M. Weippert, « Ein ugaritischer Beleg für das Land "Qadi" der ägyptischen Texte ? », *Zeitschrift des deutschen Palästina-Vereins* 85, 1969, p. 35-50.

30''. En raison de l'état du texte, on n'est pas en mesure de déterminer si le verbe **YSB** signifie « entourer », « faire le tour de », ou « faire le tour de sorte qu'on retourne à ».

mḫr est ambigu à traduire car on connaît par le rituel RS 22.225:7 (*CAT* 1.96) une source qui porte ce nom. De Moor et Spronk proposent sans explication de traduire *mḫr* par « rival » dans ce texte [24]. Ils le rapprochent sans doute de l'accadien *māḫiru* [25]. On peut aussi penser au mot *mḫr*, « prix », sens qui rappelle les tractations à la fin de RS 24.244 (*Ugaritica* V, 7) [26]. Dans ce dernier cas, le *h* serait plutôt locatif, « il retourne à la maison du prix » – l'allusion serait à un élément de l'histoire disparu du texte mutilé.

32''-33''. La présence de ***åbn l åbn*** à la fin de la ligne 32' laisse supposer que la formule **pslt l pslt** devait se trouver au début de la ligne 33'.

33''. Il est frappant de trouver dans ce texte, dont les attaches littéraires avec RS 24.244 sont peu nombreuses, le motif du dieu *Ḥôrānu* qui dialogue avec un personnage féminin situé à l'intérieur d'une maison [27]. C'est le troisième texte d'inspiration mythologique où cette divinité joue un rôle important [28].

34''. Sont difficiles à déterminer tant l'origine du mot **MNTN** que son analyse syntaxique – s'agit-il du nom de la reine, du nom de son domaine, ou d'un qualificatif (un nom commun dans un rapport du génitif avec le nom précédent) [29] ? Cela dit, il nous paraît imprudent, devant ce passage où le thème ressemble à celui d'une section de RS 24.244 (voir remarque précédente), de nier tout rapport avec l'un des mots clés de ce dernier texte, à savoir le mot *mnt*, « la récitation (de l'incantation), la conjuration ». On se souviendra que le mot *mnt* figure dans les deux parties principales de ce texte, la première où la cavale fait répéter douze fois sa conjuration devant douze divinités, et la seconde où la maison de la cavale (ou peut-être celle de *Ḥôrānu*), est qualifiée de *bt mnt*, « la maison de la conjuration » [30]. Ici aussi la situation comporte une maison, le dieu *Ḥôrānu*, un personnage féminin (dont l'identité est inconnue), un dialogue entre les deux personnages et un mot qui peut s'interpréter comme une forme allongée de *mnt* ou « hourritisée » sur le modèle pln+n.

mrbdh [31] **ytn** : *cf.* RS 24.291:2-3 (*Ugaritica* VII, p. 41-44), *trbd ʿrš pdry b ⸢š⸣t mlk*, « tu dresseras le lit de Picray avec la literie du roi » [32]. Le *mrbd* peut être un tissu de luxe, comme le montre *PRU* II 111:11, où il est question de huit « couvertures (à l'intention du) roi » (*ṯmn mrbdt mlk*).

35''. Le terme **ḫlm** est connu en hourrite [33] avec le sens de « chant », mais la présence d'un terme hourrite en cet endroit a de quoi surprendre. Dans un texte ougaritique (*CTA* 12 I:25) la racine ḪL se trouve en étroit rapport avec l'acte de naissance et dans un autre (*CTA* 10 II:29) la même racine semble dénoter une danse tournante (*// tr // lkt // ḫl*) en rapport avec la conception et la naissance (les *Kôṯarātu* sont nommées à la ligne suivante). Sans la formule parallèle, il n'est pas possible de savoir si notre texte fait allusion à l'un ou l'autre de ces actes exprimés par ḪL ; mais si ce texte envisage les même rapports entre *Ḥôrānu* et

---

24. *A Cuneiform Anthology of Religious Texts from Ugarit*, Leiden, 1987, p. 110.

25. *Cf. CAD* M_1, p. 99-101.

26. *Cf.* D. Pardee, *RSO IV, Les textes para-mythologiques*, ch. VII ; A. Caquot, *TO* II, p. 79-94.

27. *Cf.* D. Pardee, *ibid.* ; A. Caquot, *ibid.*

28. Si RS 24.251 (*Ugaritica* V, 8) est trop mutilé pour permettre de connaître l'activité du dieu d'après ce texte, sa position à côté de *ʾIlu* au début de la liste des divinités évoquées au *verso* du texte lui assure un rôle important. *Cf.* D. Pardee, *RSO* IV, *Les textes para-mythologiques*, ch. VIII ; A. Caquot, *TO* II, p. 95-100.

29. Il paraît invraisemblable qu'il s'agisse de la même localité que celle portant le nom de *mnt*, attestée une seule fois jusqu'ici (*PRU* V 76:33), autant en raison de l'insignifiance du lieu que de la différence de forme. On rencontre pourtant certains toponymes qui revêtent une grande importance dans le texte rituel RS 1.002 (*CTA* 32) mais qui sont pour ainsi dire inconnus par ailleurs : voir le commentaire de D. Pardee dans *RSO* XII, *Les textes rituels*, 2000.

30. Sur le sens du mot *mnt*, son interprétation dans les deux parties principales de RS 24.244 et sur l'emploi d'un même terme ou de deux termes similaires dans les deux parties principales des textes « para-mythologiques », voir D. Pardee, *RSO* IV, *Les textes para-mythologiques*, ch. VII et X.

31. S. Ribichini, P. Xella, *La terminologia dei tessili nei testi di Ugarit*, Roma, 1985, p. 50.

32. D'après la traduction de D. Pardee, *RSO* XII, *Les textes rituels*, 2000.

33. E. Laroche, *Ugaritica* V, Paris, 1968, p. 535.

son interlocutrice que ceux décrits dans la dernière partie de RS 24.244, cette interprétation devient plausible.

Le sens du mot **ỉṯt** dans deux lettres (*CTA* 50:15 ; *PRU* II 13:14) et un texte mythologique (*CTA* 14 IV:201) est toujours débattu. Tout ce que l'on peut dire au sujet de la nouvelle attestation est qu'elle ne fournit pas la preuve dirimante de l'une ou l'autre des deux acceptions proposées : « X existe » (ici, il faudrait traduire « il y a une femme » ou « la/une femme existe ») et « don » [38]. À titre provisoire, nous interprétons le terme ici comme une métaphore exprimant la pensée que le rôle de la femme est celui de mettre au monde des enfants (voir le commentaire précédent de *ẖlm*). L'état du texte nous empêche de savoir si cette déclaration, apparemment dans la bouche de l'interlocutrice de *Ḥôrānu*, est en rapport ou non avec la mention explicite plut haut dans ce texte de la mise au monde d'un enfant (l. 22').

Le verbe ṮNY marque d'ordinaire en ougaritique le fait de parler, qu'il s'agisse ou non d'une véritable répétition. Parce que le préfixe verbal *y-* s'emploie aussi bien pour la 3ᵉ p. du masc. sing. que pour la 3ᵉ p. du masc. duel/pl., il n'est pas possible de déterminer si c'est *Ḥôrānu* qui reprend ici la parole, ou s'il s'agit de lui et de son interlocutrice, ou encore d'autres personnages du mythe.

Parce que, du moins en des circonstances ordinaires, on ne répond pas « entre les yeux » (c'est-à-dire « sur le front, le crâne ») [39], nous concluons que les mots **bn ʿnm** expriment soit les premiers mots de la réponse, soit un complément de l'acte qui devait suivre la locution subordonnée « quand il répond ». On pourrait aussi envisager qu'il ne s'agit pas du syntagme signifiant « entre les yeux », mais du mot « fils » (pluriel ou singulier, état absolu ou construit), qui pourrait même être le sujet du verbe précédent, et que le mot suivant signifie soit « les yeux » soit « la source » (avec *-m* enclitique). Sans la suite du texte, on n'est pas en mesure de trancher entre ces diverses possibilités.

36''. Le « retournement du manteau » est le geste majeur d'un rite incantatoire qui caractérise la prière musulmane pour la pluie (« *istisḳaʾ* » [40]).

37''. **tqdmnnn** : la présence du suffixe marquant le complément d'objet direct (*-nn* ou *-nnn* selon l'analyse du premier {n} comme faisant partie ou non de la forme verbale de la 3ᵉ p. du pl. f. [41]) ne laisse pas de doute sur le caractère transitif de la forme. *Cf.* RS 34.126:30-31 (*RSO* VII 90), où ce verbe est employé pour exprimer la présentation d'une offrande.

38''-39''. Il est probable qu'il faut restituer sur le modèle de RS 24.252:26-27 (*Ugaritica* V 2) *l ymt špš w yrẖ w nʿmt šnt ʾil*, « ... pour les jours de *Šapšu* et de *Yariẖu* et (pour) les meilleures années de *ʾIlu* ». La restitution n'est pourtant pas évidente, car l'expression varie ici, *ḥnt* se trouvant à la place de *nʿmt šnt*. On pourrait songer à la restitution de {*w yrẖ w šnt*} au début de la ligne 39'', car elle remplirait assez bien l'espace disponible [42] en plus de donner un sens satisfaisant et nettement plus religieux que dans l'autre texte : « ... pour les jours de *Šapšu* et de *Yariẖu* et (pour) les années de grâce de *ʾIlu* ». On sait depuis 1933, année de publication de RS 4.474 (*CTA* 30), et malgré la confusion qui a régné depuis 1963 sur l'orthographe du mot, que la « grâce » fut pour les Ougaritains l'une des principales caractéristiques du dieu *ʾIlu* : selon la ligne 6, *ḥnn ỉl*, « la grâce de *ʾIlu* », est une hypostase du grand dieu lui-même [43].

38''. On rencontre pour seulement la deuxième fois la formule **nrt ỉl špš** (l'autre attestation étant *CTA* 6 III:24), contre une douzaine d'attestations de *nrt ỉlm špš*. On peut expliquer la variante de trois façons : (1) les deux textes sont fautifs [44] ; (2) les deux attestations montrent que la formule ne signifie pas « la

---

38. Bibliographie chez D. Pardee, « Ugaritic Bibliography », *AfO* 34, 1987, p. 376, 377.

39. Bibliographie chez D. Pardee, « Ugaritic Bibliographie », *AfO* 34, 1987, p. 379 ; *idem*, *RSO* IV, *Les textes para-mythologiques*, ch. III, *ad* RS 24.245:5 ; *cf.* A. Caquot, *TO* II, p. 48.

40. T. Fahd, « Istisḳaʾ », *Encyclopédie de l'Islam*, nouvelle édition, t. IV, Leyde-Paris, 1978, p. 282-283.

41. Sur la première forme du suffixe, très rare, voir D. Pardee, « Three Ugaritic Tablet Joins », *JNES* 43, 1984, p. 243-245 + n. 14.

42. La seule ligne dont la restitution paraît certaine, la suivante, compte neuf signes et demi pour combler à peu près le même espace.

43. Sur la question épigraphique (la coquille de {ẖnn} pour {ḥnn} dans *CTA* a été adoptée sans critique par bon nombre de spécialistes) aussi bien qu'au sujet de l'interprétation générale de ce texte difficile, voir D. Pardee, *RSO* XII, *Les textes rituels*, 2000

44. Dans *CAT* la notation de 1.6 III:24 est « *nrt . il*<m> *. špš* ».

lumière des dieux », mais « la lumière de *ʾIlu* » (non pas /nīratu ʾilīma/ mais /nīratu ʾilima/) ; (3) il s'agit de deux formules différentes [45].

39". Aucun séparateur ou espacement n'indique une coupure dans la succession de signes **ksmḫṯ**. On reconnaît *ks*, « coupe », et *ḫṯ* qui désignera d'après le sens de *ks* un liquide non identifié. Reste à rattacher le /m/. Dans l'absolu, deux possibilités se présentent : il peut s'agir d'un duel ou d'un substantif à *m*-préformante dérivé de *ḫṯ* [46].

40"-43". Ces lignes constituent le colophon, comme l'indiquent les doubles traits et les éléments certains de la titulature du scribe ʾIloumilkou qui sont conservés [47].

40". La formulation reprend la typologie des autres colophons de ʾIloumilkou, ce qui permet de proposer, avec une grande vraisemblance, la restitution suivante : {[spr . ʾilmlk . š]⌈b⌉ny}. On en déduit alors la largeur de la lacune.

Pour une interprétation du terme **prln**, voir par exemple l'étude de W. H. van Soldt [48].

41". Le parallélisme avec les autres colophons de ʾIloumilkou s'arrête ici. Tout comme pour le récit proprement dit, la traduction est délicate en raison de l'état fragmentaire de la tablette.

bb⌈-⌉. La lecture du troisième signe n'est pas sans ambiguïté, mais celle de {l}, ou peut-être de {ṣ}, paraît vraisemblable. Dans les deux cas, il pourrait s'agir soit de la préposition *b* + un terme *bl* ou *bṣ*, soit d'un mot de trois lettres, *bbl* ou *bbṣ*. On comprend *bbl*, « Babylone », toponyme inattesté jusqu'à présent en ougaritique, et *b bṣ*, « dans du byssus », mais l'absence du texte précédent empêche de choisir entre ces deux possibilités ou d'en proposer d'autres.

mspr.hnd : l'expression renvoie sans doute au récitant lui-même et à son récit. Le terme *hnd* est le démonstratif proche. Quant à *mspr*, il est rarement attesté en ougaritique, et toujours comme nom signifiant « le récit, l'acte de réciter » [49]. Nous le distinguons ici de *spr*, comme le texte invite à le faire, mais aussi de *mspr* nom commun des textes cités : nous analysons la préformante *m*- comme la marque du participe du schème-D. L'absence du texte suivant empêche pourtant de savoir si *hnd* est adjectif démonstratif (« ce récitant, lui-même [il a ...] ») ou pronom démonstratif avec fonction ici de complément d'objet direct (« et il récitait ceci lui-même »).

hwt : Nous ne connaissons aucun parallèle à ce terme. Nous le décomposons en *hw* + *m*, particule de renforcement.

42'. Il faut sans doute considérer que le *-h* de **rbh** est un suffixe; on obtient donc le mot *rb* dont la signification la plus courante est « chef, maître ». On serait bien sûr tenté de le mettre en relation avec ʾAtta/enu, dont ʾIloumilkou se déclare l'élève dans ce colophon comme dans d'autres.

D'après l'orthographe de **ỉnd** sans séparateur, connue maintenant par trois attestations (ici et dans le texte inédit RS 94.2284:9, 11), il est légitime de penser qu'il s'agit d'un nouveau lexème, une particule composée de la particule négative *ỉn* et de l'élément d'allongement *-d*, ce dernier étant étymologiquement identique au pronom relatif. La composition de la particule est donc identique à celle du pronom/adjectif démonstratif *hnd* (< *hn* + *-d*).

45. Ce qui semble clair, c'est que la formule minoritaire ne peut pas signifier tout simplement « la lumière (de) la divine *Šapšu* », car {il} serait une forme masculine avec de chaque côté une forme féminine : « la lumière, le dieu, (la déesse) *Šapšu* ».

46. En RS 1.003:22 (*CTA* 35), on trouve le mot *ḫṯm* désignant une offrande. Pourtant dans ce texte, le {ṯ} est entouré d'un cercle irrégulier, indication possible d'un texte fautif. En tout cas, dans le texte rituel, rien n'indique qu'il puisse s'agir d'un liquide.

47. Voir Dalix (ci-dessus note 2).

48. « *ʾAtn prln*, 'ʾAttā/ēnu the Diviner' », *UF* 21, 1989, p. 365-68.

49. *CTA* 19 IV:225 ; *CTA* 4 V:105; *CTA* 32:27 ; RS 24.251:14 (selon l'orientation *recto/verso* proposée par D. Pardee (*RSO* IV, ch. VIII), et adoptée par A. Caquot (*TO* II, p. 95-100), et dans *CAT* 1.107.

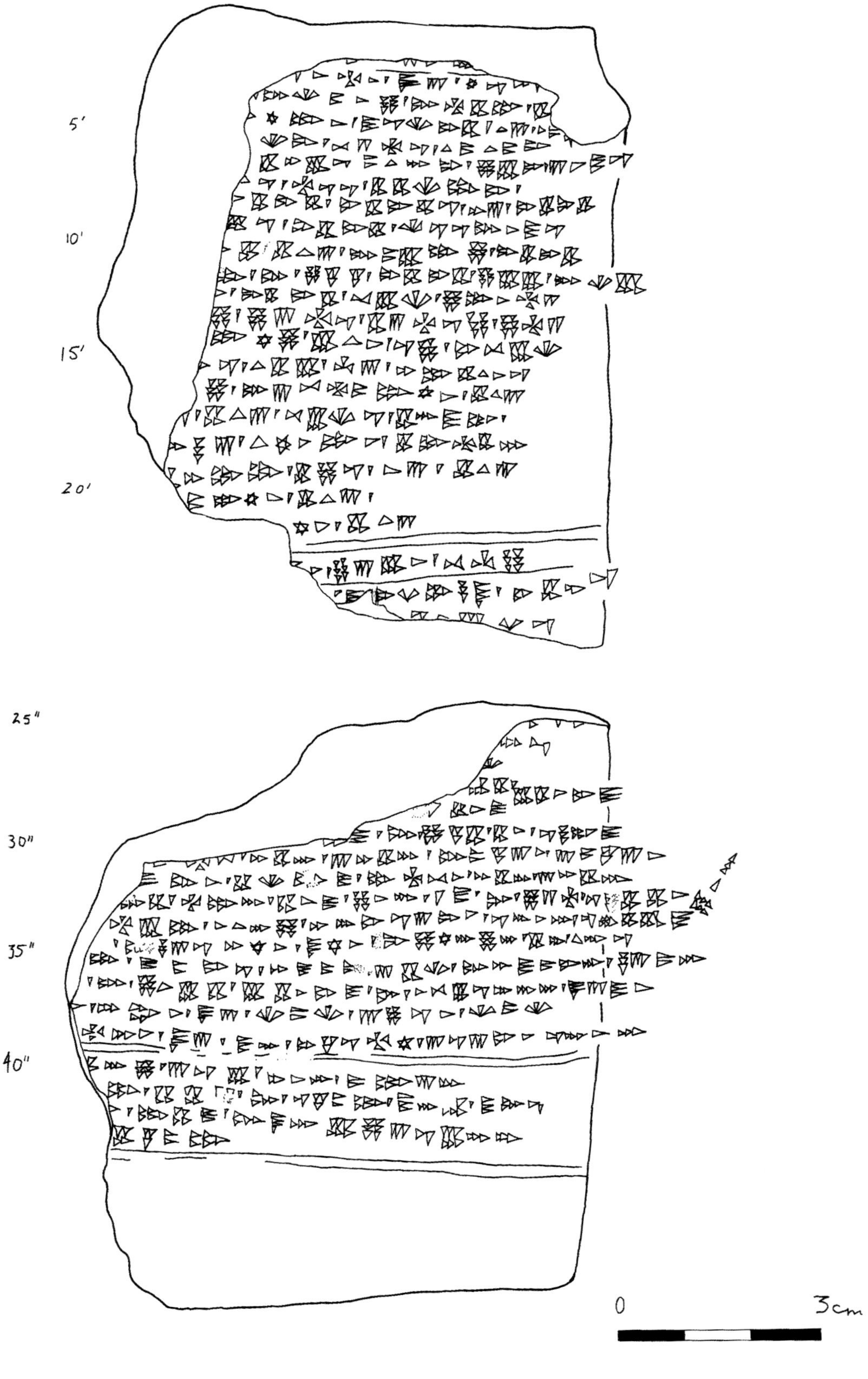

Figure 35. Tablette n° **53** (RS 92.2016)

Figure 36. Tablette n° **53** (RS 92.2016).

13. FRAGMENTS

RS 86.2209. ***Cunéiforme***

Musée de Damas DO 7750. Dim. 45 x 53 x 28.

RS 86.2219. ***Fragments***

Musée de Damas sans numéro. Dim.

[B]	41 x 29 x 19
[D]	19 x 26 x 10
[E]	14 x 12 x 6
[F]	9 x 15 x 6
[G]	14 x 10 x 6
[H]	12 x 7 x 4
[I]	21 x 24 x 10

RS 86.2238. ***Anépigraphe***

Musée de Damas sans numéro. Sans dimensions indiquées.

RS 86.2239. ***Fruste***

Musée de Damas DO 7774. Dim. 52 x 23 x 15.

RS 86.2246 B. ***Fruste***

Musée de Damas sans numéro. Dim. 20 x 11 x 9.

RS 92.2003. ***Fruste avec une empreinte sigillaire***

Musée de Damas DO 7794. Dim 8 x 56 x 22.

ANNEXES À LA SECONDE PARTIE

INDEX ACCADIEN

Anthroponymes

'Abd-malik : **23**:5
'Abd-Yariḫ : **23**:30
'Abdūnu : **23**:18
'Aburšānu : **23**:18, 20 (un autre)
'Abuškānu : **23** 16
'Abī-Mil[ku] : **23**:21
Abiramu : **3** : v^{c} 5'
Abu : **4**:10
Adad-dayyān : **9**:16 (voir aussi : Addu-dīni)
[Adad-y]ašma' : **13**:1
Addu-dīni : **2**:4 (voir aussi : Adad-dayyān)
Ammaia : **1**:32'
'Ammuiānu : **23**:10
'Ammīnu : **23**:4
'Ammurapi : **4**:2 ; **18**:4
Ana⸢nišae⸣ : **25**:10'
Ani-Šarru : **24**:4
'Apšinu : **23**:21
Ari : **6**:11
Attanabu : **23**:15
Atte[n]ab[i] : **25**:7'
Aḫu-yaqaru : **23**:2

Ba'alazki : **23** 26
Badūnu : **15**:11'
Beya : **18**:1
Burāqū[nu] : **23**:22
[B]ēltayu : **6**:21

Dadituwanza : **4**:8
Dagan-ba'alī : **8**:1
Dagan-tali' : **8**:14'
Dan-ilūti : **3**:2
Dananu : **2**:4

Ebi : **23**:5
Ehli : **23**:14
Ella-madu : **23**:19
Ella-ma[: **23**:19
Ellunu : **23**:22
Eni-kalli : **23**:4

Gan.[..] : **25**:3'
Gupānu : **23**:1

Hatpamua : **1**:13'
Hili-Šarruma : **23**:9
Ḫaliānu : **25**:10'
Ḫiya-'ilu : **23**:12
Ḫupiyānu : **23**:27

Ilu-taḫmu : **23**:26
'Inānu : **23**:8
'Iršiānu : **23**:30
Ittinu : **25**:5'
Iṣṣur-Rašap : **9**:3, 28
'Izzīnu : **25**:9'

Kabizi : **23**:29
Kiri-made : **23**:7
Kišinu : **23**:3
Kukku : **4**:7
Kušwa[: **25**:9'

Mali-tenu : **23**:7
Marniptah : **1**:12'
Māšu : **23**:20
Matenu : **23**:13
Matinu : **23**:25

Ourtenou : voir Urtenu

Piganu : **23**:24
Pulima.[..] : **25**:4'
Putāmiyu : **23**:29

Sulupānu : **23**:3
Ṣabītu : **25**:6'
Šaqqā'u : **14**:13', 17', 21'
Šin[...] : **23**:8
[Šipiṭ]-Ba'al : **6**:2
⸢Šu⸣kinnatu : **23**:27

Tamar-Hébat : **9**:17
Tamar-tenu : **23**:23
[T]ašamme : **13**:70
Tun-Išhari : **23**:11
Ṯūb-'ammu : **23**:10, 13 (autre)

Ugā[rānu] : **19**:8'
Umma-'abi : **14**:36'

Urhi-Tešub : **2** :1
Urtenu : **2** :2, **8** :2, **9** :1, **10** :2 (voir aussi *index ougar.*).
'Uzzīn[u] : **23** :23
Yabininu : **2** :3
Yakūyu : **23** :24
Yarīmānu : **23** :2
Yarīmu : **13** :67 (fils-de-), 72 (fils-de-) ; **14** :8' (fils-de-), 12' (fils-de-), 16' (fils-de-), 20 (fils-de-), 30' (fille-de-), 34' (fille-de-)
Yataru (fils-de-) : **13** :4, 45, 46
Yaša'-'ilu : **23** :15
Yašmi'u : **23** :1
Yattin-Ku : **23** :12
Ziminu : **9** :29
Zu.[..] : **25** :8'
[....-b]ēl-zēria : **7** :1
[...-dum]qī : **7** :2

Théonymes

(le déterminatif divin n'a pas été repris)

30 : **22** :9
a.ab.ba : **22** :30
a.meš : **22** :29
alam : **1** :12', 13'
Amon : **18** :7
aš-ra-tu$_4$: **22** :13
aš-ta-bi : **22** :12
Ba'al : **1** :13', 15'
[*da-a*]*d-m*[*e-ša*] : **22** :18
dieu de l'Orage : **13** :22, 28, **14** :45'
dingir *a-bi* : **22** :1
dingir-*lu*$_4$: **22** :3
dingir.meš uru.ki : **22** :27
dingir.nita *ù* dingir.munus.meš : **22** :28
dug bur.zi.níg.naga$_2$? : **22** :36
e-ni hu-ra-ut-hi : **22** :33
e-ni tu-ma-me-ri : **22** :31
Ea : **8** :6 ; **22** :11
eš$_{11}$.dár : **22** :24
gìr : **22** :14
har : **22** :14
hur.sag *ha-zi* : **22** :10
hur.sag.meš : **22** :29
idim : **22** :2
[*i*]*š-ha*[*-ra*] : **22** :22
ki : **22** :2
kur : **22** :5
ma-lik.meš : **22** :42
⌈maš.maš⌉ *id-ri-ip-pí* : **22** :16
ma-za-ra : **22** :26
[*na-r*]*a nam-za-r*[*i*] : **22** :17
nin.mah : **22** :4
nin.urta : **22** :23
Ra : **18** :8
sá : **22** :43
Seth : **18** :8
siriš : **22** :25
Soleil : **1** :5', 8', 9', 20'
šar-ra-ši-ia : **22** :8
su-ra-su-gu-WA : **22** :32
u : **22** :38, 39, 40, 41
u *hal-bi* : **22** :6
u hur.sag *ha-zi* : **22** :7
utu : **22** :15
za.mùš : **22** :37

Toponymes

Aleppins : **5** :5
Aruwa' : **4** :9
Aštata : **8** :7
Atunu : **24** :4
Beyrouth : **11** :1
Carkémiš : **2** :11
Égypte : **1** :17', 19', 22' ; **13** :62' ; **14** :8', 22', **18** :3, l. 8
hittite (pays) : **2** :12
'Inumaka : **24** :3
Ougarit : **1** :16' ; **4** :3 ; **5** :2 ; **8** :5 ; **9** :6, 21 ; **11** :2 ; **12** :1 ; **13** :2 ; **14** :14', 26', 49' ; **15** :7' ; **18** :4
Riqdu : **23** :10
Sidon : **13** :1, 21, 31, 47
Ṯallurba : **24** :1
Ṯumaria : **24** :2
Turha? : **1** :29'
Ununéens : **4** :13
Uškani : **4** :11 ; **23** :17

INDEX OUGARITIQUE
(alphabétique)

Vocabulaire

ʾU « et » : **46**:3, 9'; **51**:21 (ʾUY); **52**:1
ʾABN « pierre » : **53**:31'bis, 32'bis
ʾḪD « prendre, saisir »: **51**:4, 7, 23
ʾAḪT « sœur » : **49**:24
ʾAD⁻-ˇ « ? » : **53**:6'
ʾDN « prêter l'oreille » : **52**:8
ʾADN « seigneur » : **49**:2
ʾAḤD « un » : **36**:3, 4, 5, 7, 8, 9, 10, 11, 13, 14, 16; **39**:10'
ʾIL « dieu » : **49**:7, 26; **50**:5; **53**:2' (?)
– ʾLT « déesse » : **53**:37'
ʾALP « bœuf » : **42**:9', 11'; **51**:10, 18, 21
ʾUM « mère » : **49**:3
ʾAMT « servante » : **51**:20
ʾIND « rien du tout, nullement, personne » : **53**:42'
ʾANK « je, moi » : **49**:16, 21, 33; **52**:2; **53**:34'
ʾAP « aussi » : **51**:9
ʾARṢ « terre » : **52**:12
ʾIṮ « il y a » : **49**:37
ʾIṮT « don » : **53**:35'
ʾAṮT « femme » : **53**:35'
ʾAT « tu, toi » : **50**:19
B « dans » : **51**: 5, 12, 13; **50**:24; **53**:1', 6', 7', 13', 17', 18', 19', 28', 32', 33', 37', 41' (?), 43'
– BD « dans la main (les mains) de » : **38**:2'; **39**:9', 11', 13'; **49**:37
BŠR « chair » : **53**:7'
BN « entre » : **53**:35'
BN « fils » : **44**:1, 3; **45**:1, 2, 3, 4, 5, 6, 7, 8; **46**:1', 2', 3', 4', 5', 7', 8', 10', 11', 12', 13', 14', 15', 16', 17', 18'; **49**:5; **52**:10
BNŠ « (membre du) personnel » : **48**:1
BʿL « maître » : **49**:17; **50**:2, 6, 12, 21
BʿR « brûler, détruire » : **50**:23
BṮN « serpent » : **52**:4, 6
BT « maison » : **40**:11; **44**:6; **50**:17, 21; **53**:1', 29', 30', 33 bis
G « voix » : **53**:33'
GB « corps » : **52**:14
GHR « résonner » : **52**:11
GT « pressoir, ferme fortifiée » : **35** II:35
ḪL « douleur (de l'enfantement) » : **53**:35'
ḪLPN (sorte de vêtement) : **53**:36'
ḪMŠ « cinq » : **39**:16', 17', 18', 19', 20', 21', 22', 23', 24, 26'; **40**:11
– ḪMŠM « cinquante » : **37**:2; **39**:3'; **42**:9'
ḪSR « manquer » :**49:** 34
D (pronom relatif) : **33**:1 (?) ; **39**:9', 11', 3', 15' ; **43**:1 ; **51**:22, 23 ; **52**:1 (DY) ; **53**:28', 37'
DBB « tourmenteur (par la parole) » : **52**:9, 13
DBḤ° « sacrifice » : **33**:1
DD « pot » (une mesure) : **39**:3', 10', 12', 14', 16', 17', 18', 19', 20', 21', 22', 23', 24', 25', 26'; **40**:3, 4, 5, 6, 7, 8, 9, 10, 11, 12 ; **42**:9', 10', 11', 12', 13'
HBṬ « abaisser, mettre à bas » : **51**:17, 19, 24
HW « lui » : **53**:41' (HWM)
HWT « parole » : **52**:9, 10; **53**:32'
HLN « ici » : **49**:9
HM « si » : **53**:4'
HN « voici » : **49**:9, 29; **50**:9; **53**:39'
HND « celui-ci » : **53**:41'
HPK « retourner, renverser » : **53**:36' (tris)
HT « voici » : **51**:18
W « et » : **37**:3, 5; **43**:2, 3, 4, 5; **46**:6'; **49** (RS 92.2005):3, 10, 16, 20, 21, 36; **50**:7, 9, 12, 14, 16, 17, 21; **51**:9, 19; **52**:2, 3, 4, 11; **53**:3'bis, 9', 10', 11'bis, 16', 30', 31', 32', 33', 35', 36', 37'bis, 41', 42'
ZBB « écumer » : **52**:1
ZT « olive » : **37**:5
ḤBR « charme » : **53**:3'
Ḥ°DR « chambre » : **53**:34'
ḤYT « ? » : **40**:9
ḤMM « chaleur » : **53**:7'
ḤMR « âne » : **39**:9', 11', 12', 14'
ḤNN
– ḤNT « grâce » : **53**:39'
Ḥ°PR « ration » : **36**:1
ḤṢ « ? » : **53**:13'
Ḥ°RŠ « artisan » : **49**:20
Ṭ°B « bon » : **49**:19
ṬL « rosée » : **53**:15'
YGB (espèce d'oiseau ?) : **33**:4
YD « main » (voir aussi B : BD) : **50**:24; **53**:6'
YDʿ I « savoir, connaître » : **52**:1
YDʿ II (YḎʿ)
– DʿT « sueur » : **53**:14'
YLD « mettre au monde » : **53**:22'
YM « jour » : **53**:38'
YM « mer » : **53**:19'
YRḪ « mois » : **49**:22
YRṮ (< WRṮ)
– MRṮ ou TRṮ « sorte de vin » : **53**:14'
YTN « donner » : **49**:21; **53**:1', 33', 34'
K « comme » (préposition) : **53**:14'
K « quand » (conjonction) **:** **51**:15 (KM); **52**:8, 12 (KMM); **53**:35'
KBD (élément de chiffrage non traduit) : **37**:3; **38**:1'; **39**:10'; **44**:9', 10'
KBKB « étoile » : **53**:8'bis, 9', 10'bis, 11', 12'
KBŠ « foulon » : **34**:10'
KD « jarre, mesure-*kd* » : **37**:5

KHN « prêtre » : **34**:3'
KŠP « sorcier » : **52**:9, 13
KS « coupe » : **53**:39'
ŠBʿ « sept » : **33**:2, 3, 5, 6; **42**:5; **44**:4
– ŠBʿD « sept fois » : **50**:7bis
ŠKB « se coucher » : **53**:4'
ŠKR « embaucher » : **38**:2'
ŠLM « bien se porter » : **49**:6, 8 (D), 10, 26, 27 (D), 30; **50**:5 (D), 11
– ŠLM « bien-être » : **49**:7, 11, 31; **50**:13, 14, 16, 17
ŠMM « cieux » : **53**:9'
ŠMN « huile, graisse » : **37**:4; **38**:2'
ŠMʿ « écouter » : **50**:18
ŠʿRM « orge » : **39**:3', 6', 11', 12', 14'
ŠPK « verser » : **52**:12
ŠPT « lèvre » : **52**:11; **53**:3', 32'
L « à, pour » : **39**:8', 9', 11', 12', 14', 16', 17', 18', 19', 20', 21', 22', 23', 24', 25', 26'; **40**:1, 9, 10, 11, 12; **42**:9'bis, 10', 11', 12', 13'; **49**:1, 3, 6, 7, 24, 26; **50**:1, 6; **51**:2; **52**:14bis, 15; **53**:6', 31'bis, 32', 38', 39'
L « ne ... pas » : **51**:17; **52**:1, 3, 5, 6, 7, 8
– ʾAL « ne ... pas » : **50**:22; **53**:8'
LB « cœur » : **49**:14
LBŠ « vêtement » : **53**:36'
LḤM « manger » : **53**:13'
LḤM « nourriture, pain » : **53**:13'
LM « pourquoi ? » : **51**:4, 17
LMD « enseigner » : **53**:42' (D?)
– LMD « élève » : **53**:40'
LQḤ « prendre » : **53**:16'
MʾID « très » : **50**:11
MʾIT « cent » : **37**:2, 4; **38**:1'
MḪR « ? » : **53**:30'
MD (sorte de vêtement) : **51**:5, 12, 13, 16
MḤTʾ « ? » : **53**:39'
MY « qui ? » : **53**:14', 33'
MLKT « reine » : **53**:34', 39'
MN (pronom interrogatif) : **51**:14
MNM « quoi que » : **49**:11
MNTN « ? » : **53**:34', 39'
MRʾ « être gras » : **42**:10', 13'
MRʾU ʾIBRN « officiers (recrutés pendant le règne ?) de *ʾIbirānu* » : **34**:7'
MRʾU SKN « officiers du préfet » : **34**:8'
MRR « passer » : **52**:2 (R)
MǴY «arriver » : **51**:15
NḪL « torrent » : **53**:18'
NHR « fleuve » : **53**:17'
NH° (qualificatif d'huile ou de graisse) : **37**:4
NH°L « héritier » : **46**:6'
NŠM « gent humaine » : **52**:10
NʿM « bon » : **50**:19
NʿR « jeune homme, page, cadet » : **34**:2'
NQD « pasteur » : **34**:5'
NRT « lumière, lampe » : **53**:38'
NǴR « garder » : **49**:8, 27; **50**:5

SBB « faire le tour de, entourer » : **53**:30'
SPR « compter » : **53**:41' (D)
– SPR « document (écrit) » : **53**:43'
ʿBD « faire, produire » : **53**:15'
– ʿBD « serviteur » : **50**:4, 10, 20, 22
ʿD « jusque » : **49**:35
ʿDB « préparer » : **53**:28', 37'
ʿT° (espèce d'oiseau ?) : **33**:2
ʿŠR « dix » : **37**:3; **38**:1'; **39**:7', 16', 25'; **40**:2; **44**:4, 5, 7; **48**:3
– ʿŠRM « vingt »: **39**:10'; **40**:1; **42**:10'; **44**:9'
ʿLY « monter » : **52**:4, 6bis
– ≤L « sur » : **35** II:35; **49**:22; **52**:3, 6; **53**:4'
ʿM « avec » : **49**:9, 13, 29, 37; **50**:10, 20; **51**:16
ʿN « œil, source ? » : **53**:35'
ʿNY « répondre » : **53**:34'
ʿPʿP « paupière » : **53**:5'
ʿPS « retenir (?) » : **51**:14
ʿṢ « bois » : **52**:3
ʿQR « ? » : **33**:3
ʿQRB « scorpion » : **52**:5, 7
ʿRB « entrer » : **53**:33'
P « bouche » : **52**:11
PLD (sorte de vêtement) : **40**:9
PSLT « (pierre) façonnée, sculpture » : **53**:31'bis
PʿN « pied » : **50**:6; **53**:6'
PRLN « devin ? » : **53**:40'
PRS « fraction » (une mesure) : **40**:2
PRṮT « secret » : **53**:16', 20', 21'
ṢʾIN « petit bétail » : **42**:10'
ṢH° « appeler » : **52**:1, 2; **53**:33'
QDŠ « saint » : **52**:3; **53**:14' (?), 17' (?)
– QDŠ « personnel sacré » : **34**:4'
QDM « être devant » : **53**:37' (D)
QL « tomber » : **50**:9
QMH° « farine » : **40**:2
QNN « se dresser » : **52**:5, 7bis
QṢH° « nigelle » : **53**:5'
RʾIŠ « tête » : **53**:5' (?)
RB « grand, chef » : **53**:42'
RBD
– MRBD « couverture » : **53**:34'
RBʿ
– ʾARBʿ « quatre » : **36**:12; **39**:8', 12'; **40**:6; **42**:12'; **44** (92.2015):10'
– ʾARBʿTM « quatre » (?) : **53**:15'
RGM « parler, dire » : **49**:2, 4, 25; **50**:2; **51**:3
– RGM « parole, message » : **49**:12; **50**:18
RḤṢ « (se) laver » : **53**:12' (Gt)
RḤQ « être loin » : **53**:31', 32' (D)
– MRḤQTM « de loin » : **50**:8
RŠʿ « méchant » : **52**:10
Rʿ « compagnon » : **43**:2, 3, 4, 5
RʿY « berger » : **40**:5
ṮB « retourner » : **49**:12 (Š), 32 (Š); **50**:19 (Š)
ṮDṮ

– ṮT' « six » : **37**:3, 5; **44**:6; **48**:2
ṮLṮ « trois » : **36**:2; **39**:14'; **40**:1, 2, 5; **42**:2; **48**:1
– ṮLṮM « trente » : **39**:5'; **44**:2
ṮMK « ? » : **53**:2'
ṮMN « huit » : **40**:3; **42**:9'
ṮMN « là » : **49**:10, 30
ṮNY « répéter, (re)prendre la parole » : **53**:35'
– ṮN « deux » : **36**:1, 6, 15; **38**:1'; **42**:6
ǴR « ? » : **51**:11
TB ʿ « partir, s'en aller » : **43**:1
THM « abîme » : **53**:4', 6', 9'
TH°M « message » : **51**:1; **49**:4; **50**:3
TH°T « en dessous de » : **52**:4, 8; **51**:2'
TK « milieu » : **53**:28', 37'
TŠʿ « neuf » : **37**:2; **42**:11'
TL « colline » : **53**:19'
TMNT « forme, membres (du corps) » : **52**:15
ŚŚW « cheval » : **39**:16', 17'

Toponymes

ʾU⌜-⌝[...] : **51**:22
ʾUBRʿY : **36**:6
ʾUBŚ : **35** II:19
ʾAGM : **35** I:31
ʾUḪNP : **35** I:20
ʾUṬNʾ : **51**:9
ʾUŠKN : **36**:12 **48**:3
– ʾUŠKNY (gentilice) : **51**:8
ʾILŠTMʿ : **48**:2
ʾULM : **35** I:22; **36**:4
ʾAMḎY : **35** I:36
ʾAP : **35** I:23
ʾAR : **36**:2
ʾAR(Y) : **35** II:7
ʾARNY : **36**:8
ʾARR : **53**:19'
ʾIṮGH (?) : **40**:4
ʾAǴT : **35** II:3; **40**:9
ʾATLG **35** I:25
BʾIR : **35** I:29
BṢR : **35** II:29
BQʿT : **36**:10
GBʿLY : **35** I:26 **36**:3
GLBT(Y) : **35** II:14
GNʿY : **35** I:34
ḪLB GNGNT : **35** II:25
ḪLB KRD : **35** I:37
ḪLB ʿPRM : **35** I:35
ḪLB ṢPN : **35** II:15
ḪPTY : **35** I:30
ḪRṢBʿ : **35** I:28
DMT : **35** II:9
HZP : **35** I:27
ḤL : **35** II:24
ṬBQ : **36**:14; **43**:1
YKNʿM : **35** II:10
YNY : **35** III:4
YʿRT : **35** III:2
YPR : **35** III:1
KBRY : **35** II:18
ŠBN : **36**:13; **48**:1; **53**:40' (gentilice : ŠBNY)
ŠLMY : **35** II:6; **41**:3
ŠMGY : **35** II:31
ŠMNY : **35** II:32
ŠʿRT : **36**:9
ŠQL : **40**:6; **35** II:33
ŠRŠ : **36**:16
LBNM : **35** II:30
MʾIḪD : **35** II:36; **41**:2
MDḪ : **35** II:20
MLD : **35** II:37
MLK : **36**:1
MʿQB : **35** I:38
MʿR : **35** II:2, 6; **36**:7
MʿRBY : **35** I:21; **36**:5
MṢBT : **35** II:22
MRʾIL : **35** II:17
MRʾAT : **35** II:1
NNʾU : **35** II:27
Z°RN : **35** II:39
SLḪ : **35** II:23
SNR : **35** II:21
ʿNMKY : **35** II:12
ʿNQPʾAT : **35** II:13; **36**:11
ʿRM : **35** II:28
PD : **35** I:24
Ṣʿ : **35** I:33
ṢʿQ : **35** II:38; **36**:10
QṬY (gentilice) : **53**:22'
QRT : **35** II:5; **47**:31'
RʾIŠ : **41**:1
RH°BN (nom de fleuve) : **53**:18'
RQD : **35** I:19; **36**:15; **48**: 4
ṮLH°NY : **35** I:39; **47**:30'
ṮLRBY : **35** II:4
ṮMRY : **35** II:8
ṮPN : **35** I:32
ǴBL : **35** III:3
TZN⌜-⌝[...] : **35** II:2
TRB : **35** II:34
ŚLD : **35** II:16
[...]Y : **35** I:10
[...]Š : **35** I:15
[-]⌜L⌝MH (?) : **40**:2
⌜-⌝MḪR (?) : **40**:3
[ ]⌜-⌝T : **35** I:18

Anthroponymes

ʾUB[...] : **46**:13'
ʾABY : **49**:24
ʾIBRḪṮ : **39**:23'
ʾIBRMD : **39**:20'
ʾADN : **45**:7
ʾILY[...] : **45**:8
ʾALP (?) : **40**:12
ʾIMRT : **44**:1
ʾANNṮB : **39**:22' ; **40**:7
ʾANNTN : **50**:3
ʾARTN : **39**:19'
ʾURTN : **49**:1; **52**:14
ʾAǴLTN : **39**:21'
ʾATL⸢-⸣[...] : **39**:11'
ʾATN : **53**:40'
BDDN : **45**:3
BYY : **40**:10
BḎ⸢-⸣R : **49**:3
BʿL⸢--⸣[...] : **46**:5'
GRBZN : **39**:24'
GR[...] : **51**:2
ḪDYN : **46**:11'
ḪḎMRT : **50**:1
HWʾIL : **44**:7
ḤGBN : **40**:8
YKY : **39**:18'
KŠY : **45**:2
KḎǴDL : **46**:9'
ŠLMN : **45**:6
ŠMTR : **45**:1
MTN : **39**:13'
NGGN : **45**:5
NKLY : **50**:15
NR⸢-⸣[...] : **39**:26'
ʿBDŠḪR : **46**:10'
ʿZʾILT : **49**:4, 23
ʿN : **46**:8'
ʿṮTRY : **46**:7'
PRS(N) : **46**:12'
QWY : **40**:11
ṮBʿL : **44**:3
TBLM : **39**:15'
TNʾABNM (?) : **42**:8'
⸢-⸣ḤM : **39**:9'
[?]⸢-⸣YL : **43**:4
⸢-⸣LMǴ : **43**:5
[ ]⸢-⸣N : **43**:2
⸢-⸣QRW : **45**:4
⸢-⸣RD⸢--⸣T : **39**:25'
[ ]⸢-⸣RY : **43**:3

Théonymes

ʾIL : **53**:38', 39'
BʿL : **53**:3' (?), 10', 16', 17', 19', 20', 21'
ḪSS : **53**:11' (!)
ḤRN : **53**:33'
YDD : **53**:11'
KṮR : **53**:11'
KṮRT (?) : **53**:4'
ŠD : **53**:11'
ŠPŠ : **44**:6; **53**:38'bis
MLK ʿṮTRT : **39**:17'
ʿṮTRT : **53**:18'
PDRY : **53**:10'
QDŠ : **53**:12' (?), 14' (?), 17' (?)
RŠP : **39**:16'

Nom de mois

ḪYTR (?) : **49** 5:22

CONCORDANCE
avec les numéros d'inventaire RS de la mission

Inv. RS	N° *RSO* XIV
RS 18.054 (*PRU* IV)	**15**
RS 86.2208	**14**
RS 86.2209	Fragm. p. 407
RS 86.2210 [A]	**29**
RS 86.2210 [B]	**27**
RS 86.2211	**17**
RS 86.2212	**11**
RS 86.2213	**36**
RS 86.2215	**45**
RS 86.2216	**5**
RS 86.2219 [A], [C]	Lexico. p. 237
RS 86.2219 [B], [D à I]	Fragm. p. 407
RS 86.2220	**23**
RS 86.2221 + 86.2225 + 86.2226 + 86.2240	**13**
RS 86.2221 [A], [B]	**13** note 9
RS 86.2222	Lexico. p. 237
RS 86.2223	**19**
RS 86.2225 (voir 86.2221)	**13**
RS 86.2226 (voir 86.2221)	**13**
RS 86.2227	**25**
RS 86.2228 + 2229	Lexico. p. 237
RS 86.2230	**18**
RS 86.2231 + 86.2233	Lexico. p. 237
RS 86.2232	**10**
RS 86.2233 (voir 86.2231)	
RS 86.2234	**16**
RS 86.2235	**39**
RS 86.2236	**6**
RS 86.2237	**40**
RS 86.2238	Fragm. p. 407
RS 86.2237	Fragm. p. 407
RS 86.2240 (voir 86.2221)	**13**
RS 86.2241 A	**20**
RS 86.2242	Lexico. p. 237
RS 86.2243	Lexico. p. 237
RS 86.2244	**24**
RS 86.2245	Lexico. p. 237
RS 86.2246 A, B	Lexico. p. 237
RS 86.2247	**42**
RS 86.2248	**43**
RS 86.2249 A	**21**
RS 86.2250	Lexico. p. 237
RS 86.2251	Lexico. p. 238
RS 88.0237	**33**
RS 88.2008	**47**
RS 88.2009	**2**
RS 88.2011	**3**
RS 88.2012	**28**
RS 88.2013	**4**
RS 88.2015	Lexico. p. 238
RS 88.2016	**38**
RS 88.2158	**1**
RS 88.2159	**51**
RS 88.2215	**32**
RS 92.2001 + 2002	**35**
RS 92.2203	Fragm. p. 407
RS 92.2004	**22**
RS 92.2005	**49**
RS 92.2006	**8**
RS 92.2007	**7**
RS 92.2008	Lexico. p. 238
RS 92.2009	**22**
RS 92.2010	**50**
RS 92.2011	**31**
RS 92.2012	**48**
RS 92.2013	**41**
RS 92.2014	**52**
RS 92.2015	**44**
RS 92.2016	**53**
RS 92.2017	**9**
RS 92.2018	**30**
RS 92.2020	**26**
RS 92.2021	**12**
RS 92.2022	**46**
RS 92.2057	**37**
RS 92.2175	**34**
RS 92.3179	Lexico. p. 238
RS 92.6278	**31**

BIBLIOGRAPHIE ET ABRÉVIATIONS

de la seconde partie (« Bibliothèque * * »)

Actes Tunis 1991 = *Actes du IIIe congrès international des études phéniciennes et puniques, Tunis, 11-16 novembre 1991*, Tunis, 1995.

AHwB : voir W. von Soden.

AISTLEITNER J., *Wörterbuch der ugaritischen Sprache*, Berlin, 1963.

AJA = *American Journal of Archaeology*

ALP S., *Hethitische Briefe aus Maṣat-Höyük*, Ankara, 1991.

ALTMAN A., « Trade Between the Aegean and the Levant in the Late Bronze Age: Some Neglected Questions », *in Society and Economy in the Eastern Mediterranean (c. 1500-1000 B.C)*, M. Heltzer, E. Lipiński eds, Louvain, 1988.

AMADASI GUZZO M.-G., « Tanit-ʿŠTRT e Milk-ʿŠTRT : ipotesi », *Orientalia* 60, 1991, p. 82-91.

ANEP = PRITCHARD, 1969.

ARNAUD D., « Une lettre du roi de Tyr au roi d'Ougarit. Milieux d'affaires et de culture en Syrie à la fin de l'Âge du Bronze », *Syria* 59, 1982, p. 101-120.

ARNAUD D., « La lettre Hani 81/4 et l'identification du site de Ras Ibn Hani (Syrie) », *Syria* 61, 1984, p. 15-23.

ARNAUD D., *Emar* VI, Paris, 1986.

ARNAUD D., « La Syrie du Moyen-Euphrate sous le protectorat hittite : contrats de droit privé », *Aula Orientalis*, 5, 1987, p. 211-241.

ARNAUD D., *Textes syriens de l'âge du Bronze récent*, Barcelone, 1991.

ARNAUD D., « Les ports de la "Phénicie" à la fin de l'âge du Bronze récent (XIV-XIIIe s.) d'après les textes cunéiformes de Syrie », *Studi micenei ed egeo-anatolici*, 30, 1992, p. 179-194.

ARNAUD D., « Jours et mois d'Ougarit », *Studi micenei ed egeo-anatolici* 32, 1993, p. 123-129.

ARNAUD D., « Relecture de la liste sacrificielle RS. 26.142 », *Studi micenei ed egeo-anatolici* 34, 1994, p. 107-109.

ARNAUD D., « Le vocabulaire de l'héritage dans les textes syriens du Moyen-Euphrate à la fin de l'Âge du Bronze récent », *Studi Epigrafici e Linguistici sul Vicino Oriente Antico* 12, 1995, p. 21-26.

ARNAUD D., « Études sur Alalah et Ougarit à l'Âge du Bronze récent », *Studi micenei ed egeo-anatolici* 37, 1996, p. 47-65.

ARO J., *Studien zur mittelbabylonischen Grammatik*, Helsinki, 1955.

ARO J., *Die akkadischen Infinitivkonstruktionen*, Helsinki, 1961.

ASTOUR M.C., « New Evidence on the Last Days of Ugarit », *AJA* 69, 1965, p. 253-258.

ASTOUR M.C., « Places Names », *in Ras Shamra Parallels* II, L.R. Fischer ed., Rome, 1975.

BADRE L. *et al.*, « Notes ougaritiques I : Keret », *Syria* 53, 1976, p. 15-125.

BASS G.F., « A Bronze Age Shipwreck at Ulu Burun (Kas): 1984 Campaign », *AJA* 90, 1986, p. 269-296.

BAURAIN C. *et al.*, *Phoinikeia grammata. Lire et écrire en Méditerranée. Actes du colloque de Liège, 15-18 novembre 1989*, Namur, 1991.

BEYER K., *Die aramäischen Texte vom Toten Meer*, Göttingen, 1984.

BIBERSTEIN-KAZIMIRSKI A. de, *Dictionnaire arabe-français*, Paris, 1960 (abrégé = *Dictionnaire*).

BORDREUIL P., « Cunéiformes alphabétiques non canoniques », *Syria* 58, 1981, p. 301-311.

BORDREUIL P., « Quatre documents en cunéiformes alphabétiques mal connus ou inédits (UH 138, RS 23.492, RS 34.356, musée d'Alep M.3601) », *Semitica* 32, 1982, p. 5-14.

BORDREUIL P., « Arrou, Gourou et Ṣapanou. Circonscriptions administratives et géographie mythique du royaume d'Ougarit », *Syria* 61, 1984, p. 1-10.

BORDREUIL P., « Découvertes épigraphiques récentes de Ras Ibn Hani et Ras Shamra », *CRAI* 1987, p. 289-301.

BORDREUIL P., « Un village oublié d'Ougarit mentionné dans un texte de Mari », *N.A.B.U.*, 1987, 91, p. 48-49.

BORDREUIL P., « Nouvelles restitutions de toponymes de l'Ougarit », *UF* 20, 1988, p. 9-18.

BORDREUIL P., « À propos de la topographie économique de l'Ougarit : jardins du midi et pâturages du nord », *Syria* 66, 1989, p. 263-274.

BORDREUIL P., « À propos de Milkou, Milqart et Milkʿashtart », *Maarav* 5-6, 1990, p. 11-21.

BORDREUIL P., *Recueil des inscriptions sigillaires ouest-sémitiques* (à paraître).

BORDREUIL P., « Nouvelles inscriptions phéniciennes de la côte de Phénicie », *Actes Tunis 1991*, 1995, vol. I, p. 187-192.

BORDREUIL P. et CAQUOT A., « Les textes en cunéiformes alphabétiques découverts en 1977 à Ibn Hani », *Syria* 56, 1979, p. 95-315.

BORDREUIL P. et CAQUOT A., « Les textes en cunéiformes alphabétiques découverts en 1978 à Ibn Hani », *Syria* 57, 1980, p. 343-367.

BORDREUIL P. et MALBRAN-LABAT F., « Les archives de la maison d'Ourtenou », *CRAI* 1995, p. 443-456.

BORDREUIL P. et PARDEE D., « Ugarit », *Anchor Bible Dictionary* VI, p. 695-721, New-York, 1992.

BORDREUIL P. et PARDEE D., « Un abécédaire du type sud-sémitique découvert en 1988 dans les fouilles archéologiques françaises de Ras Shamra-Ougarit », *CRAI* 1995, p. 855-860.

BORDREUIL P., PARDEE D. *et al : voir RSO* V 1, 1989.

BORDREUIL P. *et al* : voir *RSO* VII, 1991.

BOTTÉRO J., « Les inventaires de Qatna », *Revue d'assyriologie et d'archéologie orientale* 43, 1949, p. 1-40.

BROCKELMANN C., *Lexicon Syriacum*, Halle, 1928.

BRON F. et ROBIN C., « Nouvelles données sur l'ordre des lettres de l'alphabet sud-arabique », *Semitica* 24, 1974, p. 77-82.

CAD = The Assyrian Dictionary of the Oriental Institute of the University of Chicago, Chicago, 1956 ss.

CALLOT O. : voir *RSO* X, 1994.

CANCIK-KIRSCHBAUM Ch., *Die mittelassyrischen Briefe aus Tall Šēḫ Ḥamad*, Berlin, 1996.

CAQUOT A., « Correspondance de ʿUzzin fils de Bayaya (RS 17.63 et 17.117) », *in Ugaritica* VII, Paris, 1978, p. 389-398.

CAQUOT A., « Une nouvelle interprétation de la tablette ougaritique de Ras Ibn Hani 78/20 », *Orientalia* 53, 1984, p. 163-176.

CAQUOT A., « Information sur la 46e campagne de fouille de Ras Shamra », *CRAI*, 1986, p. 437-439.

CAQUOT A, « Une contribution ougaritique à la préhistoire du titre Shadday », *Congress Volume. Paris 1992*, Leiden, 1995 (= *Congress Volume*).

CAQUOT A. et CUNCHILLOS J.L., *Textes ougaritiques* II, Paris, 1989 (abrégé = *TO* II).

CAQUOT A., SZNYCER M. et HERDNER A., *Textes ougaritiques* I, Paris, 1974 (abrégé = *TO* I).

CAT = DIETRICH M., LORETZ O. & SANMARTÍN J., *The Cuneiform Alphabetic Texts from Ugarit, Ras Ibn Hani and Other Places (KTU : second, enlarged edition)*, Münster, 1995.

COCHAVI-RAINEY Z., « Egyptian Influence in the Akkadian Texts Written by Egyptian Scribes in the Fourteenth and Thirteenth Centuries B.C.E. », *JNES* 49, 1990, p. 57-65.

Congress Volume = CAQUOT A., « Une contribution ougaritique à la préhistoire du titre Shadday », *Congress Volume*, Paris 1992, Leiden, 1995.

CRAI = Comptes rendus de l'Académie des Inscriptions et Belles-Lettres.

COURTOIS J.-C., « Yabninu et le Palais sud d'Ougarit », *Syria* 67, 1990, p. 103-142.

CTA = HERDNER A., *Corpus des tablettes en cunéiformes alphabétiques découvertes à Ras Shamra-Ugarit de 1929 à 1939*, Paris, 1963.

DEIMEL A., *Pantheon babylonicum*, Rome, 1914.

DE MOOR J.C. & SPRONK K., *A Cuneiform Anthology of Religious Texts from Ugarit*, Leiden, 1987.

DE MOOR J.C. & WATSON, W.G.E., *Verse in Ancient Near Eastern Prose*, Neukirchen-Vluyn, 1993.

DEPUYDT L., « On an Egyptianism in Akkadian », *Orientalia Lovaniensia Periodica* 27, 1996, p. 23-27.

DICK M.B., « The Legal Metaphor in Job 31 », *The Catholic Biblical Quarterly* 41, 1979, p. 37-50.

Dictionnaire = voir BIBERSTEIN-KAZIMIRSKI A. de.

Die Keilalphabete = DIETRICH M. & O. LORETZ, *Die Keilalphabete. Die phönizisch-kanaanäischen und altarabischen Alphabete in Ugarit,* Münster, 1988.

DIETRICH M. & LORETZ O., « Epigraphische Probleme in *KTU* 4.609: 10-11 », *UF* 10, 1978, p. 423.

DIETRICH M. & LORETZ O., « Die ugaritischen Gefassbezeichnungen *ridin* und *kw* », *UF* 19, 1987, p. 27-32.

DIETRICH M. & LORETZ O., *Die Keilalphabete. Die phönizisch-kanaanäischen und altarabischen Alphabete in Ugarit,* Münster, 1988.

DIETRICH M. & LORETZ O., « Die Alphabettafel aus Bet Šemeš und die ursprüngliche Heimat der Ugariter », *in Ad bene et fideliter seminandum. Festgabe für Karlheinz Deller zum 21. Februar 1987*, Neukirchen-Vluyn, 1988, p. 61-85.

DIETRICH M. & LORETZ O., « Rāpiʾu und Milku aus Ugarit », *UF* 21, 1989, p. 123-131

DIETRICH M. & LORETZ O., *Mantik in Ugarit*, Münster, 1990.

DIETRICH M. & LORETZ O., « Ugaritisch bʿr I "einzünden" und bʿr II "verlassen" », *UF* 22, 1990, p. 51-65.

DIETRICH M. & LORETZ O., « Hurritisch-ugaritisch-hebräisch tbl "Schmied" », *UF* 22, 1990, p. 87-88.

DIETRICH M., LORETZ O. & SANMARTÍN J., « Zur ugaritischen Lexikographie (XI) », *UF* 6, 1974, p. 19-45.

DIETRICH M., LORETZ O. & SANMARTÍN J., *Die keilalphabetischen Texte aus Ugarit einschiesslich der Keilalphabetischen Texte ausserhalb Ugarits.* Teil I. *Transkription*, Neukirchen-Vluyn, 1976 (abrégé = *KTU*).

DIETRICH M., LORETZ O. & SANMARTÍN J., *The Cuneiform Alphabetic Texts from Ugarit, Ras Ibn Hani and Other Places (KTU : second, enlarged edition)*, Münster, 1995 (abrégé = *CAT*).

DIJKSTRA M., « On the Identity of the Hittite Princess Mentioned in Label KTU 6.24 (RS17.72) », *UF* 22, 1990, p. 97-101.

DOZY R., *Supplément aux dictionnaires arabes*, Leyde, 1881.

EDEL E., *Ägyptische Ärzte und ägyptische Medizin am hethitischen Königshof,* Opladen, 1976.

EDEL E., *Die ägyptisch-hethitische Korrespondenz aus Boghazköi in babylonischer und hethitischer Sprachen*, Opladen, 1994.

ESLINGER L. & G. TAYLOR eds, *A Scribe to the Lord. Biblical & Other Studies in Memory of Peter C. Craigie*, *Journal for the Study of the Old Testament* Supplement Series 67, 1988, p. 55-68.

FAHD T., « Istisḳa' », *Encyclopédie de l'Islam*, nouvelle édition, t. IV, Leyde-Paris, 1978, p. 282-283.

FREILICH D. & PARDEE D., « {ẓ} and {ṭ} in Ugaritic : A Re-examination of the Sign-Forms », *Syria* 61, 1984, p. 25-36.

FINKELSTEIN I. & NA'AMAN N., *From Nomadism to Monarchy*, Jerusalem, 1994.

FISCHER G.H., « Fächer und Wedel », *Lexikon der Ägyptologie*, Wiesbaden, 1972ss.

FREYDANK H., *Mittelassyrische Rechtsurkunden und Verwaltungstexte* III, Berlin, 1994.

GAG = W. von Soden, *Grundriss der akkadischen Grammatik*, Rome, 1952.

GARDINER A., *Egypt of the Pharaohs*, New York-Oxford, 1966.

GORDON C.H., *Ugaritic Textbook*, Rome, 1965 (abrégé = *UT*).

GRAY J., « The Blood Bath of the Goddess Anat in the Ras Shamra Texts » *UF* 11, 1979, p. 315-324.

GREENSTEIN E.L. & MARCUS D., « The Akkadian Inscription of Idrimi », *The Journal of the Ancient Near Eastern Society of Columbia University* 8, 197, p. 59-96.

GRÖNDAHL F., *Die Personennamen der Texte aus Ugarit*, Rome, 1967 (abrégé = *PTU*).

GUBEL E., *Les Phéniciens et le monde méditerranéen*, Bruxelles, 1986.

GURNEY O.R. « Babylonian Prophylactic Figures and their Rituals », *Annals of Archaeology and Anthropology* 22, 1935, p. 31-96.

HAAS V. & WILHELM G., *Hurritische und luwische Riten aus Kizzuwatna*, Neukirchen-Vluyn, 1974.

HELCK W., *Zur Verwaltung des Mittleren und Neuen Reichs*, Leyde-Köln, 1958.

HELCK W., « Die Beziehungen Ägypten-Ugarit », *in* M. Dietrich & O. Loretz eds, *Ugarit. Ein ost-mediterranes Kulturzentrum im Alten Orient*, Band I, Münster, 1995.

HELTZER M., *The Rural Community in Ancient Ugarit*, Wiesbaden, 1976.

HELTZER M. & LIPINSKI E., *Society and Economy in the Eastern Mediterranean (c. 1500-1000 B.C.)*, Louvain, 1988.

HERDNER A., *Corpus des tablettes en cunéiformes alphabétiques découvertes à Ras Shamra-Ugarit de 1929 à 1939*, Paris, 1963 (abrégé = *CTA*).

HERDNER A. « Lettre de deux serviteurs à leur maître », *in Ugaritica* VII, Paris, 1978, p. 75-78.

HERDNER A., « Nouveaux textes alphabétiques de Ras Shamra, 24e campagne, 1961 », *in Ugaritica* VII, Paris, 1978, p. 1-74.

HUEHNERGARD J., *The Akkadian Dialects of Carchemish and Ugarit*, PhD. Harvard University, 1979.

HUEHNERGARD J., *Ugaritic Vocabulary in Syllabic Transcription*, Atlanta, 1987 (= *Vocabulary*).

HUEHNERGARD J., *The Akkadian of Ugarit*, Atlanta, 1989.

IRVINE A.K. & BEESTON A.F.L., « New Evidence on the Qatabanian Letter Order », *Proceedings of the Seminar for Arabian Studies* 18, 1988, p. 35-38.

ISBELL C.D., *Corpus of the Aramaic Incantation Bowls*, Missoula, 1975.

JNES = *Journal of Near Eastern Studies*.

JONES D., *A Glossary of Ancient Egyptian Nautical Titles and Terms*, Londres, 1988.

KBo = *Keilschrifttexte aus Bogazkoï*.

KINNIER-WILSON J.V., *The Nimrud Wine Lists*, Londres, 1972.

KRISTENSEN A. L., « Ugaritic Epistolary Formulas : A Comparative Study of the Ugaritic Epistolar Formulas in the Context of the Contemporary Akkadian Formulas in the Letters from Ugarit and Amarna », *UF* 9, 1977, p. 143-158.

KTU = DIETRICH M., LORETZ O. & SANMARTÍN J., *Die keilalphabetischen Texte aus Ugarit einschiesslich der keilalphabetischen Texte ausserhalb Ugarits*. Tel I. *Transkription*, Neukirchen-Vluyn, 1976.

KUB = *Keilschrifturkunden aus Boghazköi*.

LABAT R. et MALBRAN-LABAT F., *Manuel d'épigraphie akkadienne. Signes, syllabaire, idéogrammes*, Paris 1996.

LACKENBACHER S., « KUB III, 35 », « *Ugaritica* V n° 36 », *N.A.B.U.* 1994/3, 57, p. 50 et 51.

LACKENBACHER S., « Une correspondance entre l'administration du pharaon Merneptah et le roi d'Ougarit », *in RSO* XI, 1995, p. 77-97.

LACKENBACHER S., « *Girgû* dans un texte d'Ugarit », *N.A.B.U.* 1996/1, 11, p. 7.

LACKENBACHER S., « RS 88.2158 », *N.A.B.U.* 1997/1, 35.

LANDSBERGER B. *et al.*, *Materialen zum sumerischen Lexikon*, Rome, 1937ss (abrégé = *MSL*).

LAROCHE E., « Documents en langue hourrite provenant de Ras Shamra », *in Ugaritica* V, Paris, 1968, p. 448-544.

LAROCHE E., « Glossaire de la langue hourrite », *Revue Hittite et Asianique* 34-35, 1976-1977.

LAROCHE E., *Glossaire de la langue hourrite*, Paris, 1980.

LIPINSKI E., « Shadday, Shadrapha et le dieu Satrape », *Zeitschrift für Althebraistik* 8, 1995, p. 247-274.

LIVERANI M., *Prestige and Interest. International Relations in the Near East ca. 1600-1100 B. C.*, Padoue, 1990.

LOMBARD P., « Contexte archéologique et données épigraphiques. Quelques réflexions sur l'interprétation du gisement de 1973-1992 », *in RSO* X, 1995, p. 227-237.

LOUNDINE A.G., « L'abécédaire de Beth Shemesh », *Le Muséon* 100, 1987, p. 243-250.

MAUER G. & MAGEN U., *Ad bene et fideliter seminandum. Festgabe für Karlheinz Deller zum 21. Februar 1987*, Neukirchen-Vluyn, 1988.

MAYER W., *Untersuchungen zur Grammatik des Mittelassyrischen*, Neukirchen-Vluyn, 1971.

Mélanges linguistiques offerts à Maxime Rodinson, C. Robin éd., Paris, 1985.

MILANO L., « Alimentazione e regimi alimentari nella Siria preclassica », *Dialoghi di Archeologia* 3, 1981, p. 85-121.

MSL = LANDSBERGER B. *et al.*, *Materialen zum sumerischen Lexikon*, Rome, 1937 ss.

MOOREY P.R.S., *Ancient Mesopotamian Materials and Industries*, Oxford, 1994.

MORAN W., *Les lettres d'El-Amarna*, Paris, 1987.

MORAN W., « Some Reflections on Amarna Politics », *in* Z. Zevit *et al.* eds, *Solving Riddles and Untying Knots. Biblical, Epigraphic and Semitic Studies in Honor of Jonas C. Greenfield*, Winona Lake, 1995, p. 559-572.

N.A.B.U. = *Notes assyriologiques brèves et utilitaires*, Paris.

NOUGAYROL J., *Le Palais royal d'Ugarit* III : *Textes accadiens et hourrites des Archives Est, Ouest et Centrales,* Paris, 1955 (abrégé = *PRU* III).

NOUGAYROL J., *Le Palais royal d'Ugarit* IV : *Textes accadiens des Archives Sud (Archives internationales)*, Paris, 1956 (abrégé = *PRU* IV).

NOUGAYROL J., « Textes suméro–accadiens des archives et bibliothèques privées d'Ugarit », in *Ugaritica* V, Paris, 1968, p. 1-447.

NOUGAYROL J., *Le Palais royal d'Ugarit* VI : *Textes en cunéiformes babyloniens des Archives du Grand Palais et du Palais Sud d'Ugarit,* Paris, 1970 (abrégé = *PRU* VI).

PARDEE D., « The Preposition in Ugaritic », *UF* 8, 1976, p. 215-322.

PARDEE D., « The Semitic Root mrr and the Etymology of Ugaritic mr(r)//brk », *UF* 10, 1978, p. 249-288.

PARDEE D., « Merôrat-petanîm >Venom< in Job 20.14 », *Zeitschrift für die alttestamentliche Wissenschaft* 91, 1979, p. 401-416.

PARDEE D., « New Readings in the letters of ʿzn bn byy », *Archiv für Orientforschung, Beiheft* 19, 1982, p. 39-53.

PARDEE D., « Ugaritic », *AfO* 30 (1983/84), p. 321-329.

PARDEE D., « Three Ugaritic Tablets Joins », *JNES* 43, 1984, p. 239-245.

PARDEE D., « Will the Dragon Never be Muzzled ? », *UF* 16, 1984, p. 251-256.

PARDEE D., « Ugaritic », *AfO* 33, 1986, p. 117-147.

PARDEE D., « Ugaritic Bibliography », *AfO* 34, 1987, p. 366-471.

PARDEE D., « La vie sur des tablettes », *Le Monde de la Bible* 48, 1987, p. 29-31.

PARDEE D., « Epigraphic and Philological Notes », *UF* 19, 1987, p. 199-217.

PARDEE D., « A New Datum for the Meaning of the Divine Name Milkashtart », *A scribe to the Lord. Biblical & Other Studies in Memory of Peter C. Craigie,* L. Eslinger *et al.* eds, *Journal for the Study of the Old Testament*, Supplement Series 67, 1988, p. 55-68.

PARDEE D. : voir *RSO* IV, 1988.

PARDEE D., « Ugaritic Proper Nouns », *AfO* 36-37, 1989-1990, p. 390-513.

PARDEE D., « Poetry in Ugaritic Ritual Texts » in *Verse in Ancient Near Eastern Prose,* J.C. De Moor *et al.* eds, Neukirchen-Vluyn, 1993, p. 207-218.

PARDEE D., « Koshar rvk » et « Kosharot twrvk » *in Dictionary of Deities and Demons in the Bible*, Leiden, 1995, p. 913-917.

PARDEE D. : voir *RSO* XII, 2000.

PARDEE D., *Les textes épistolaires* (en préparation).

PARDEE D. & XELLA P., « Mountains and Valleys ňyqm[hw ňyrhh », *Dictionary of Deities and Demons in the Bible*, Leiden, 1995, p. 1135-1136.

PARDEE D.,SPERLING S.D., WHITEHE J.D. & DION P.E., *Handbook of Ancient Hebrew Letters*, Chicago, 1982.

PARDEE D. & WHITING R.M., « Aspects of Epistolary Verbal Usage in Ugaritic and Akkadian », *Bulletin of the School of Oriental and African Studies* 50, 1987, p. 1-31.

Phoinikeia grammata = *Phoinikeia grammata. Lire et écrire en Méditerranée. Actes du colloque de Liège 1989*, Namur, 1991.

POSENER G., SAUMERON S. et YOYOTTE J., *Dictionnaire de la civilisation égyptienne,* Paris, 1959.

PRITCHARD J.B., *Ancient Near Eastern Pictures Relating to the Old Testament*, Princeton, 2nd ed. 1969 (abrégé = *ANEP)*.

PRU II, V : voir Ch. VIROLLEAUD

PRU III, IV, VI : voir J. NOUGAYROL.

PTU = GRÖNDAHL F., *Die Personennamen der Texte aus Ugarit*, Rome, 1967.

PUECH É., « La tablette cunéiforme de Beth Shemesh. Premier témoin de la séquence des lettres du sud-sémitique », *in Phoinikeia grammata*, Cl. Baurain *et al.* éd., 1991, p. 33-47.

PUECH É., « Origine de l'alphabet », *RB* 93, 1986, p. 161-213.

RAINEY A.F., « El-'Amârna Notes », *UF* 6, 1974, p. 295-312.

RB = *Revue biblique.*

RENZ J., *Handbuch der althebräischen Epigraphik*, Darmstadt, 1995.

RIBICHINI S. & P. XELLA, *La terminologia dei tessili nei testi di Ugarit*, Rome, 1985.

RSO = *Ras Shamra-Ougarit*, ERC, Paris :

IV : PARDEE D., *Les textes para-mythologiques de la 24e campagne (1961)*, 1988.

V 1 : *La trouvaille épigraphique de l'Ougarit. 1 :* BORDREUIL P., PARDEE D. *et al, Concordance*, 1989 (= TEO 1)

V 2 : *La trouvaille épigraphique de l'Ougarit. 2 :* CUNCHILLOS J.L., *Bibliographie*, 1989 (= TEO 2)

VI : YON M. *et al., Arts et industries de la pierre*, 1991.

VII : BORDREUIL P. *et al, Une bibliothèque au sud de la ville*, 1991.

X : CALLOT O., *La tranchée « Ville Sud ». Études d'architecture domestique*, 1994.

XI : YON M., SZNYCER M. et BORDREUIL P. éd., *Le pays d'Ougarit autour de 1200 av J.C.*, 1995.

XII : PARDEE D., *Les textes rituels*, 2000.

RYCKMANS J., « A. G. Lundin's Interpretation of the Beth Shemesh Abecedary : A Presentation and Commentary », *Proceedings of the Seminar for Arabian Studies* 18, 1988, p. 123-129.

RYCKMANS J., « L'ordre alphabétique sud-sémitique et ses origines », *in Mélanges linguistiques offerts à Maxime Rodinson*, Paris, 1985, p. 343-359.

RYCKMANS J., MÜLLER W.W. & ABDALLAH Y.M., *Textes du Yémen antique inscrits sur bois*, Louvain-la-Neuve, 1994.

SALVINI M. & WEGNER, *Die Rituale des AZU-Priesters*, Rome, 1986.

SANMARTÍN J., « Die ug. Basis NṢṢ und das "Nest" des Bʿ‎L (KTU 1.3 IV 1f) », *UF* 10, 1978, p. 449-450.

SANMARTÍN J., « Glossen zum ugaritischen Lexikon II », *UF* 10, 1978, p. 349-356.

SANMARTÍN J., « Glossen zum ugaritischen Lexikon (VI)* », *UF* 21, 1989, p. 335-348.

SAPORETTI CL., *Onomastica medio-assira*, Rome, 1970.

SASS B., « The Beth Shemesh Tablet and the Early History of the Proto-Canaanite, Cuneiform and South Semitic Alphabets », *UF* 23, 1991, p. 315-326.

SCHAEFFER C.F.A. *et al., Ugaritica* V, Paris, 1968.

SCHAEFFER C.F.A. *et al., Ugaritica* VII, Paris, 1978.

SEGERT S., *A Basic Grammar of the Ugaritic Language with Selected Texts and Glossary*, Berkeley, 1984.

SINGER I., « Takuḫlinu and Ḫaya: Two Governors in the Ugarit Letter from Tel Aphek », *Tel Aviv* 10, 1983, p. 3-25.

SINGER I., « Egyptians, Canaanites, and Philistines in the Period of the Emergence of Israel » *in From Nomadism to Monarchy*, I. Finkelstein *et al* eds, Jerusalem, 1994, p. 282-338.

SOUROUZIAN H., *Les monuments du roi Merenptah*, Mayence, 1989.

TALLQUIST K., *Akkadische Götterepitheta*, Helsinki, 1938.

THUREAU-DANGIN F., « Trois contrats de Ras Shamra », *Syria* 18, 1937, p. 245-255.

TEO : voir *RSO* V.

TO I = CAQUOT A., M. SZNYCER & A. HERDNER, *Textes ougaritiques* I, Paris, 1974.

TO II = CAQUOT A. & J. L. CUNCHILLOS, *Textes ougaritiques* II, Paris, 1989.

TROPPER J., « Das letzte Zeichen des ugaritischen Alphabets », *UF* 27, 1995, p. 505-528.

TSUKIMOTO A., « Aus einer japonischen Privatsammlung : drei Verwaltungstexte und ein Brief aus mittelassyrischen Zeit », *Welt des Orients* 23, 1992, p. 21-38.

UF = *Ugarit-Forschungen.*

Ugaritica V = voir Schaeffer *et al.* Paris, 1968.

Ugaritica VII = voir Schaeffer *et al.*, Paris, 1978.

UT = GORDON C.H., *Ugaritic Textbook,* Rome, 1965.

VALBELLE D., « La (les) Route(s)-d'Horus », *Bibliothèque d'études* 106/4, 1994, p. 379-386.

VAN SOLDT W.H., « ʾAtn prln, " ʾAttā/ēnu the Diviner" », *UF* 21, 1989, p.365-368.

VAN SOLDT W.H., « Labels from Ugarit », *UF* 21, 1989, p. 375-388.

VAN SOLDT W.H., « Tbṣr, Queen of Ugarit ? », *UF* 21, 1989, p. 389-392.

VAN SOLDT W.H., *Studies in the Akkadian of Ugarit, Dating and Grammar*, Neukirchen-Vluyn, 1991.

VAN SOLDT W.H., « The Topography and the Geographical Horizon of the City-State of Ugarit », in *Ugarit and the Bible*, C.J. Brooke *et al.* eds, Münster, 1994.

VAN SOLDT W.H., « KTU 4.784:2 », *UF* 27, 1995, p. 485-86.

VIROLLEAUD Ch., *Le Palais royal d'Ugarit* II : *Textes en cunéiformes alphabétiques des Archives Est, Ouest et Centrales*, Paris, 1957 (= *PRU* II).

VIROLLEAUD Ch., *Le Palais royal d'Ugarit* V : *Textes en cunéiformes alphabétiques des Archives Sud, Sud-Ouest et du Petit Palais*, Paris, 1965 (*PRU* V).

VIROLLEAUD Ch., « Les nouveaux textes mythologiques et liturgiques de Ras Shamra (XXIVe campagne, 1961) », *in Ugaritica* V, Paris, 1968, p. 545-606.

Vocabulary = voir HUEHNERGARD J.

VON SODEN W., *Akkadisches Handwörterbuch*, Wiesbaden, 1958-81 (abrégé = *AHwB*).

VON SODEN W., *Grundriss der akkadischen Grammatik*, Rome, 1952 (= *GAG).*

WATSON W.G.E., « Ugaritic Onomastics (I) », *Aula Orientalis* 8, 1990, p. 113-127.

WATSON W.G.E., « An Unusual Prostration Formula in Ugaritic Akkadian », *Die Welt des Orients* 24, 1993, p. 39-41.

WATSON W.G.E., « Non-Semitic Words in the Ugaritic Lexicon », *UF* 27, 1995, p. 533-558.

WEINFELD M., « Judge and Officer in Ancient Israel and in the Ancient Near East », *Israel Oriental Studies* 7, 1977, p. 65-88.

WEIPPERT M., « Ein ugaritischer Beleg für das Land "Qadi" der ägyptischen Texte ? », *Zeitschrift des Deutschen Palästina-Vereins* 85, 1969, p. 35-50.

WISEMAN D., *The Alalakh Tablets*, London, 1953.

YAMADA Y., « Reconsidering the Letters from the "King" in the Ugarit Texts ; Royal Correspondence of Carchemish ? », *UF* 24, 1992, p. 431-446.

YON M. *La cité d'Ougarit sur le tell de Ras Shamra*, ERC, Paris 1997.

YON M. *et al.* : voir *RSO* VI, 1991.

YON M. *et al.*, « Fouilles de Ras Shamra-Ougarit 1984-1987* (44e-47e campagnes) », *Syria* 64, 1987, p. 171-191.

YON M., SZNYCER M. et BORDREUIL P. éd. : voir *RSO* XI, 1995.

ZEVIN Z., GITIN S. & SOKOLOFF M. eds., *Solving Riddles and Untying Knots. Biblical, Epigraphic and Semitic Studies in Honor of Jonas C. Greenfield*, Winona Lake, 1995.

ZADOK R., « Girgû, girrigû », *N.A.B.U.* 1997/1, 16, p. 17-18.

IMPRESSION, BROCHAGE
IMPRIMERIE CHIRAT
42540 ST-JUST-LA-PENDUE
MARS 2002
DÉPÔT LÉGAL 2002 N° 4050

IMPRIMÉ EN FRANCE